中国社会科学院
学术大师治学录

中国社会科学院科研局编
中国社会科学出版社

图书在版编目(CIP)数据

中国社会科学院学术大师治学录／中国社会科学院科研局编．—北京：中国社会科学出版社，1999.12（2013.12 重印）
ISBN 978-7-5004-2551-9

Ⅰ.①中… Ⅱ.①中… Ⅲ.①社会科学-科学工作者-生平事迹-中国-现代 Ⅳ.①K825

中国版本图书馆 CIP 数据核字(1999)第 46666 号

出 版 人	赵剑英
责任编辑	任　明
责任校对	林福国
责任印制	李　建

出　　版	中国社会科学出版社
社　　址	北京鼓楼西大街甲 158 号（邮编 100720）
网　　址	http://www.csspw.cn
	中文域名：中国社科网　010-64070619
发 行 部	010-84083685
门 市 部	010-84029450
经　　销	新华书店及其他书店

印刷装订	北京市兴怀印刷厂
版　　次	1999 年 12 月第 1 版
印　　次	2013 年 12 月第 2 次印刷
开　　本	710×1000　1/16
印　　张	44.5
插　　页	2
字　　数	719 千字
定　　价	98.00 元

凡购买中国社会科学出版社图书，如有质量问题请与本社联系调换
电话：010-64009791
版权所有　侵权必究

序

我祝贺《中国社会科学院学术大师治学录》的出版，并十分高兴地向读者推荐这本书。中国社会科学院（前身为中国科学院哲学社会科学部）是国家哲学社会科学的最高研究机构，这里集中了一批国内外知名的学者，他们是我国学术理论界的前辈，对我国哲学社会科学事业的发展和国家的文化建设事业做不明不白不可磨灭的贡献，可以称得上是大师级的人物。将他们的治学成果、治学经验和优良学风加以总结集中介绍给大家，对弘扬先进的学术思想和优秀的民族文化，提高哲学社会科学研究水平，启迪和教育年轻一代学人，都有着重要的意义。恩格斯说过："一个民族要想登上科学的高峰，究竟是不能离开理论思维的。"可见，繁荣和发展我国的哲学社会科学的学术事业，对于我们要想登上科学的高峰，对于建设有中国特色的社会主义事业具有重要的现实意义。

学术大师们的治学成就是极为辉煌的，他们各自在文、史、哲、经等众多学科领域都有里程碑式的卓越建树。他们中有的因为重大的学术发现，在一片荒地上开辟出新的路径，建立起新的学术领域，成为新学科的开拓者和奠基人；有的在原有学科的小径上披荆斩棘，因为自己的学术创新观点，变崎小径为宽阔的通途，使原有学科大步向前推进了，发展了；得丰满和成熟；有的则因引进了新的研究方法，使原为平静无奇的学科和山重水复疑无路学科，转瞬间出现柳岸花明又一村的书面。在书中我们还会看到，多数学术大师的成就并不局限于某一方面，而是横跨几个领域，令人惊奇和称羡。总之，这些学术大师是为振兴祖国的学术事业，为新中国的哲学社会科学的许多学科的建立、成长、繁荣、发展做出了卓越贡献的人，值得我们永远记念他们。

从这本书中，我们可以看到学术大师们一些鲜明的治学特点或者说他们的治学经验。首先是他们崇高的学术愿望。这种愿望是要使祖国尽快振兴起来的愿望，是要使中华民族永远立于世界民族之林的愿望。用郭（沫若）老的话来说，是要有一种"中国人应该自己起来，写满世界文化史上的白页"的志向。这个志向和愿望鼓舞着他们在荆棘丛生的学术道路上不畏艰难险阻，勇往直前。这种愿望和志向在许多学术大师那里体现为一种对民族和社会的深切关怀。

其次是于创新的精神。创新是学术的生命，在任何一个学科领域，如果没有新的观点、新的发现、新的资料、新的方法，学科就会停止在原地。一切科学创新都带来新的发展，一切发展都是创新的结果。创新精神是学者的一种深切的学术关怀，一个学者如果没有了创新的愿望和要求，他在学术上就不可能再有作为了，也就是停止了自己的学术生命。学术大师们之所以被人们尊为学术大师，就是因为他们具有强烈的创新精神和不断的创新贡献。

第三是实中求是的科学态度。这种态度正如有的大师所说的，"在学问上只当问然不然，而不问善不善"的态度。科学只是追求真理，而不问对谁是否有利，只要认为真理在自己手中，纵觀有千万人反对，也要勇往直前。实事求是是无产阶级辩证唯物主义的世界观和真理观。这种世界观、真理观与无产阶级的价值观是统一的。因此，科学上所追求的真理，对无产阶级和广大人民总是善的、有利的。

第四是学术大师具有的深厚功底。这种功底是中国传统文化的功底。要研究文史哲经任何一种学术，不熟悉和不研究中国的传统文化是不可想像的，可以说花果的鲜硕和贡献的大小，与其在传统文化上的功底是相关的。

第五是马克思主义的指导，也就是坚持辩证唯物主义和历史唯物主义和历史唯物主义。学术大师中许多人是共产党员，不少人长期担任领导职务，他们很自觉地坚持马克思主义立场、观点和方法从事学术研究；有的学术大师在建国前的研究虽没有明确的马克思主义为指导的思想，但他们的实际研究工作是运用了辩证唯物论和历史唯物论的观点和方法的。现在有一种看法，认为坚持马克思主义指导研究工作会限制学者的创造精神，这种看法是完全没有根据的。中国社会科学院一定要坚决贯彻江泽民同志题词精神，一定要把中国社会科学院办成马克思主义的坚强阵地。

现在我还想强调说说学术大师们为人称道的优良学风。首先是有的放矢的学风。这就是说，学术研究要从实际出现，要从解决实际中的问题出发。这些问题或者是社会实践中向学术提出的问题，或者是学术本身发展中凸显出来的问题，学术研究是为解决这些问题而展开的。研究的结果使理论得以向前发展，回到实践则可以解决实践中的问题。即魏像历史学理论的研究，如刘大年同志所说，也应该是"讲过去的事，回答现在的问题，瞻望未来，是历史科学的基本特点"。其次是研究工作要占有翔实资料的学风。这意味着从事任何问题的研究，必须掌握前人和今人对该问题的研究成果，还要尽量多地掌握有关史料，并且对某些史料还必须进行一番怀疑、辨伪、考信的工作。那些不想在占有翔实资料上下功夫，企图走捷径的做法是徒然无成的。第三是学术研究还要有敢于自我批判的学风。批判别人的理论或观点做到有理有据尚且不易，要批判自己的学术观点或理论就更难了。我们的学术大师把自我批判称为"自省"，认为"学贵有自得，亦贵有自省，二者相因，不可或缺，前者表现为科学探索精神，后者表现为自我批判的勇气"。第四是不畏艰险，勇于攀登的学风。按照马克思的说法，科学研究是在崎岖的小路上攀登，只有那些不畏艰险，勇于攀登的人，才有希望到达光辉的顶点。用我们学术大师的话来说，他们选择的就是"咬住青山不放松"的精神，是"只顾攀登不问高"的精神。第五是严谨的学风。他们的论文、著作，他们的观点、理论，都是通过全面收集材料，进行周密论证，冥思苦索，反复推敲，直到认为无懈可击才提出和发表出来的，总是力图做到颠扑不破，万无一失。这样的研究成果，是经过了千锤百炼的成果，因而能够到达一个学术的高峰。学术大师们的优良学风还有许多，这里不再赘述。

　　读者阅读这本书，当会发现书中的每一位学术大师都为祖国的振兴，为学术的繁荣做出了辉煌的贡献，他们伟大的学术风范，为我们树立了光辉的榜样。与学术大师学风范相对照，这些年我们学术界确实存在一种浮躁的学风。这种学风企图不经过自己艰苦的探索而希望做出惊人的成果，表现为一种急功近利的情绪。浮躁乃治学之大敌，误己害人，终无一成。我希望一切有志于哲学社会科学研究事业的同志们，以学术大师们为榜样，坚决摒弃不良的学风，以实际行动，为繁荣我国的学术事业做出自己的贡献。

1999年9月

目 录

郭沫若 *Guo Moruo*	001
胡乔木 *Hu Qiaomu*	021
马　洪 *Ma Hong*	051
胡　绳 *Hu Sheng*	073
潘梓年 *Pan Zinian*	103
范文澜 *Fan Wenlan*	123
陈　垣 *Chen Yuan*	143
陆志韦 *Lu Zhiwei*	161
金岳霖 *Jin Yuelin*	181
陈翰笙 *Chen Hansheng*	197
郑振铎 *Zheng Zhenduo*	215
罗常培 *Luo Changpei*	233
吕振羽 *Lü Zhenyu*	255
侯外庐 *Hou Wailu*	275
吕叔湘 *Lü Shuxiang*	297
冯　至 *Feng Zhi*	315
许涤新 *Xu Dixin*	345
尹　达 *Yin Da*	363
钱俊瑞 *Qian Junrui*	381
周　扬 *Zhou Yang*	399
骆耕漠 *Luo gengmo*	415
丁声树 *Ding Shengshu*	431
夏　鼐 *Xia Nai*	449

狄超白 *Di Chaobai*	473
季羡林 *Ji Xianlin*	487
何其芳 *He Qifang*	507
向　达 *Xiang Da*	529
刘大年 *Liu Danian*	545
于光远 *Yu Guangyuan*	569
顾颉刚 *Gu Jigang*	591
俞平伯 *Yu Pingbo*	613
罗尔纲 *Luo Ergang*	637
贺　麟 *He Lin*	655
钱钟书 *Qian Zhongshu*	681
后记	702

郭沫若

(1892—1978)

著名的历史学家、古文字学家、作家和诗人。曾任中国科学院院长，哲学社会科学部委员、主任。

郭沫若出生于四川乐山。学名开贞，1919年9月首次署名沫若。20年代中期，开始使用"鼎堂"一名。1914—1923年，走着一条从立志学医到弃医从文之路，出版诗歌集《女神》，开一代诗风，确立起在新文学史上的崇高地位。1924年，初步转向马克思主义方面来，经瞿秋白推荐、林伯渠具体安排，1926年应聘为广东大学（不久改为中山大学）文科学长。随即投笔从戎，参加北伐，历任北伐军总政治部秘书长（少将军衔）、副主任（中将军衔）。1927年3月底写成《请看今日之蒋介石》发表，8月初赶赴南昌参加武装起义，经周恩来、李一氓介绍加入中国共产党。1928—1937年，在日本"走了他应该走的唯物主义的研究道路"，成为中国马克思主义新史学的开拓者，并奠定了在甲骨文、青铜器研究领域内大师的学术地位。1937年抗日战争全面爆发，"别妇抛雏"秘密回国，投身抗日洪流。根据中共中央的安排，出任国民政府军事委员会政治部第三厅厅长（后为政治部文化工作委员会主任），开展抗日救亡工作，一方面撰写大量政论性的文章，一方面在学术研究和文艺创作上取得重要成就。中华人民共和国成立后，连选连任中国人民政治协商会议第一、二、三、五届全国委员会副主席，相继当选为中国保卫世界和平大会主席，被中央人民政府任命为政务院副总理兼文化教育委员会主任，出任中国科学院院长兼历史研究所所长，又当选为中华全国文学艺术工作者联合会主席。1954年以后，连选连任全国人民代表大会常务委员会副委员长。郭沫若还是中国共产党第九届、第十届中央委员会委员。作为国务活动家和世界和平使者，耗去大量时间和精力。但从政之余，仍然努力实践着在学术研究和文艺创作上"努力攀登不问高"的誓言。

郭沫若

一

作为世界文化名人、学术大师，郭沫若在步入文坛不久即已形成以中国文化为基点的世界文化观和跳出"国学"范围的中国文化体系，并长期贯穿在学术文化活动中，推动和影响着半个多世纪以来中国学术文化的发展。

从童年和学生时代可以看出，郭沫若对于传统文化的接受基本上是从感情的喜好出发的。8岁时读唐诗和司空图的《诗品》，后来关于诗的见解大体上是受《诗品》的影响。9岁左右就产生出一种连他本人都感到"有点奇怪"的现象——喜欢李白、柳宗元，而不怎么喜欢杜甫，更"有点痛恨"韩愈。进入本世纪的最初几年，开始大量接触新书刊，读古书也比较有条理了。同时，养成日后好议论和好做翻案文章的"脾气"。17岁前后，林琴南的翻译小说成为他所嗜好的一种读物，以致对其后来的文学倾向有决定的影响。如果说报考天津陆军军医学校是想取得官费离开四川，那么到日本留学选择医科则是受"富国强兵"时代的影响。然而，当时的德文教员以文学士居多，尤其喜欢采用德国的文学作品为课本，郭沫若本已决心抛弃的文艺倾向又被"煽动"起来，并使他将旧文艺和新文艺深深地结合在一起。在日本的学医生活，基本上被诗歌创作、文学活动所取代。因为喜欢歌德、泰戈尔，便和哲学上的泛神论思想接近了。泛神论思想不仅影响他的诗歌创作和对中国古代神话的认识，还表现在他对先秦诸子的论述中。

当由感情的喜好逐渐进到理性的追求时，郭沫若的心路告诉人们，他与新文化运动的代表人物们有着两个最大的不同之处。一是他没有像多数人那样直接接受国外关于改造社会的思想学说，只是在寻求国外文化与传统文化的相通之处。二是在打倒"孔家店"的高潮时期，他身居日本这样一个既有东方传统又善于吸收西方科学的国度中，一面表现出对西方文化的狂热崇拜和追求，一面又使他得以用"旁观者"的态度冷静地对待中国"固有的文化"，形成影响他日后思想认识和学术研究的独特的世界文化观。他既不主张"全盘西化"，又不固守"文化本位"，而是强调中外文化"合璧"，既要唤醒我们固有的文化精神，又要吸吮欧西的"纯粹科学的甘乳"。

如何认识和"吸吮欧西的纯粹科学的甘乳"，郭沫若有过两次重大的选择。第一次选择如果说是凭着感情的喜好，创作了白话诗《女神》，开辟出新文学的发展路径；那么当他进到理性的追求时，瞩目"欧西的纯粹科学的甘乳"的目光便集中在了马克思、恩格斯的社会主义学说上，并且注意到辩证唯物论的"阐发与高扬"已经成了"中国思想界的主流"，于是以中国的国情、中国的传统来考验辩证唯物论、历史唯物论的适应度，写下又一部具有开拓意义的著作《中国古代社会研究》，代表着新史学发展的方向。

从此以后，郭沫若的学术研究大体可以如此划分：20年代末至30年代中，以甲骨文和青铜器等古文字、古器物为基础，进行中国古代社会研究；30年代后期至40年代中，一面配合历史剧创作进行历史人物研究，一面纵论先秦诸子思想学说；50年代，主要精力放在古代社会分期问题和古籍整理方面；60年代则以历史人物研究与历史剧创作影响着当时的社会科学和文学艺术领域；在50—70年代的20余年间，随时都有对于古文字、古器物的单篇考释或研究论文发表。

这中间，要特别提到郭沫若关于"科学的中国化"的思想。他认为："今天要接受科学，主要的途径应该是科学的中国化。"[①] 这一思想既融会在他的世界文化观之中，又包含着"以大众化为其目标，以文学化为其手段"和以"政治的民主化以为前提"的完整内容。直至逝世之前，他的最后心声依然是："我们一定要打破陈规，披荆斩棘，开拓我们科学发展的道路。"[②]

[①] 《"五四"课题的重提》，《郭沫若全集》文学编第19卷，人民文学出版社1992年版，第544—545页。

[②] 《科学的春天》，《人民日报》1978年4月1日。

在以中国国情考验外来思想文化之际，郭沫若即已明确提出：中国人应该自己起来，"写满"世界文化史上的白页。50年代以后，他的世界文化观进一步理论化。如果对他的整个学术道路作一概括性总结的话，可以说自1919年至1978年的60年间，他正是不断引进外来思想，以中国的传统考验其适应度，吸吮其科学的甘乳，促进民族新文化的创造，再走出去，填写世界文化史上的白页。

二

1928年3月，郭沫若亡命日本，得以比较客观地潜心于对传统文化的考察。在从事国外理论与学术文化著作的翻译过程中，逐渐意识到简单地把历史唯物论只作为纯粹的方法来介绍，生硬地玩弄一些不容易理解的译名和语法，反而会使其在接受与运用上增加障碍。因此，他采用了围绕"国学"介绍"国学"的做法，使历史唯物论"中国化"。同时发现恩格斯的《家庭、私有制和国家的起源》"没有一句说到中国社会的范围"，便决心以这部名著为"向导"来撰写"续篇"，在恩格斯所知道的美洲印第安人、欧洲古代希腊、罗马之外，提供出"他未曾提及一字的中国的古代"。

1928年7月底8月初，郭沫若与古史辨派"不期而同"，从"文籍考订"入手打开"层累地造成"的《周易》这座神秘的殿堂，写出《周易的时代背景与精神生产》（后改名《周易时代的社会生活》）。紧接着，又推出《〈诗〉〈书〉时代的社会变革与其思想上之反映》。两篇文章，反映郭沫若对中国古代由原始社会向奴隶社会、由奴隶社会向封建社会变革的最初认识。在写作过程中，他感到《易》、《诗》、《书》中有"后人的虚伪的粉饰"，认为必须找寻没有经过后世的影响而"确确实实足以代表古代的那种东西"。于是，超越古史辨派"文籍考订学"的做法，迈出"考古证史"的步履。自1928年8月底起，在两个月的时间里读完了日本东洋文库中所藏甲骨文的著作以及王国维的《观堂集林》，踏进甲骨文的研究领域。一面攻读，一面考释，完成了《卜辞中的古代社会》这一长篇论文。观点是根据恩格斯《家庭、私有制和国家的起源》一书

"摘录"的，材料则以罗振玉、王国维的甲骨文研究为出发点，综合考察了殷商社会的生产状况和组织结构。随后，又以摩尔根《古代社会》和恩格斯《家庭、私有制和国家的起源》为"必须知道的准备知识"，将《卜辞中的古代社会》的基本观点浓缩出来，写成《中国社会之历史发展阶段》，概述了中国社会历史发展的各个不同阶段：西周以前为原始公社制，西周时代为奴隶制，春秋以后为封建制，最近百年为资本制。在准备将以上各篇结集出版之际，又赶写了《周代彝铭中的社会史观》，以青铜器铭文论证西周社会是奴隶社会。1930年3月，上述各篇结为《中国古代社会研究》一书由上海联合书店出版，成为代表中国新史学发展方向的开山之作。

《中国古代社会研究》一书，针对当时的"国故"之争，在认识上和方法上有着两个重要方面的突破。其一，"跳出"经史子集的范围，以地下出土实物为出发点，去认识"古代社会之真情实况"。其二，"跳出"传统观念的范围，引进外来的辩证唯物论观念。由此，确立起一个全新的"中国古代文化体系"。如果说30年代初郭沫若在"风雨如晦"的年代推出《中国古代社会研究》是披荆斩棘"开辟草径"，那么到40年代末吕振羽、范文澜、翦伯赞、侯外庐等各领风骚的史学新著陆续问世，在中国则已形成一个代表史学发展方向的史学家群体。

尽管《中国古代社会研究》一书有"错误的结论"，但具体结论的错误却无法掩盖这样一个事实，即它是以20年代最新的思想观念——唯物史观为指导，综合了当时最有代表性的两大学术派别——古史辨派、考古证史派的最新成果，确立起自己独特的中国古代文化研究体系，领导了此后的学术文化潮流。

在这之后，郭沫若对于中国古代社会性质继续进行探索，不断完善他的奴隶制时代研究体系。40年代作古代研究"自我批判"，从三个方面展开：一是肯定殷代为奴隶社会，二是基本确立起西周奴隶社会说的体系，三是关于战国封建论的一些基本观点大体形成。进入50年代，主要讨论的是奴隶社会与封建社会的分期问题。《奴隶制时代》一书阐述的三个问题，一是论定殷代为奴隶社会，二是重申西周也是奴隶社会，三是重点研究奴隶社会向封建社会的转变，强调"奴隶制的下限在春秋战国之交"，并认定西汉不是奴隶社会。经过完善的"战国封建论"，成为我国古史分期讨论中颇具影响的一派。1972年发表《中国古代史的分期问题》，进一步强调解决问题的关键在于抓住在封建社会中的农民阶级与地主阶级这个主要矛盾，而且特别是地主阶级这个矛盾方面，如果在某一个历史时期，不存在严格意义的地主阶级，那个时期的社会便根本不可能是封建社会。

三

甲骨文、金文研究是郭沫若研究中国古代社会不可分割的组成部分，他曾经把《中国古代社会研究》与《甲骨文字研究》、《殷周青铜器铭文研究》作为古代研究的"三部曲"。前面说到，他对传统经典《易》、《诗》、《书》产生怀疑，因"疑经"转而对地下出土的实物——甲骨文、青铜器进行研究，很快就在这两大领域分别取得举世瞩目的巨大成就。

在甲骨文研究领域，郭沫若走着一条"读破它、利用它、打开它的秘密"的路径。1931年出版的《甲骨文字研究》，反映的是对于甲骨文"读破它、利用它"的初始阶段的水平。"识字"是一切探讨的第一步，而且文字本身也是社会文化的一个重要象征。因此他对甲骨文字的考释，大多根据字的原始形义，结合文献中对字的解释，再参照相关的民俗学资料，纳入他对古代社会的基本认识当中。虽然有些考释尚有不同看法，但就其本身而论，大都能成其为一家之言。

当郭沫若开始"打开它的秘密"，对甲骨文自身特点进行考察之际，便发现自己先前的"读破它、利用它"存在着某些"错误的看法"，并逐步作出纠正。这一转变，集中体现在1933年出版的《卜辞通纂》一书中。通过传世的甲骨精品，确立起认识甲骨文的"系统"，将甲骨文按照干支、数字、世系、天象、食货、征伐、畋游、杂纂8类编排。这不仅把甲骨卜辞各项内容的内在联系交代得一清二楚，而且为初涉这一领域指明了入门的路径，即先从判读卜辞的干支、数字、世系入手，进而探寻其所显示的社会内容。

这一"系统"的建立，既使其得以纠正罗振玉、王国维的错误考释，认识罗振玉、王国维未认识的字句，更使其洞悉甲骨卜辞本身的诸多奥秘。突出的例证是：考释"世系"类的卜辞之后，列出一个基本完整的殷代先公先王先妣世系表，解决了其中一些长期争论不休的问题，为纠正《史记》记载失误提供了可靠证据。

改变殷代产业以"牧畜最盛"的看法，也是与其建立卜辞"系统"紧紧联系在一起的。关于殷人产业"以农艺牧畜为主"的说法，就是在总结了"食货"类的卜辞之后得出的论断。由此，他先前关于商代是"金石并用时代"和"氏族社会末期"的看法也开始有所改变。

郭沫若对于甲骨卜辞自身奥秘的探索，大致表现在两个基本方面：一是当时如何占卜记事（包括占卜、刻写、用辞、行文等），二是后人如何科学利用（包括区分时代、断片缀合、残辞互足以及校对去重等）。

对于当时如何占卜记事，郭沫若没有亲身发掘甲骨的经历，只是凭着对传世甲骨的细心观察和认真研究，即获得了与董作宾差不多是殊途同归的巨大成就。关于占卜的次数即"兆序"、占卜用骨和卜后刻写的问题，他都提出了带规律性的概括和有预见性的合理探索。特别是甲骨文的刻写部位、行款顺序，即所谓甲骨文例，《卜辞通纂》阐发尤多，纠正了前人不少错读。书中约有一小半是按甲骨原大摹画片形，在相应位置作出隶定（即用今天的文字标识），不仅给初学者提供了方便，就是对研究者也有助于使其减少失误。

在科学利用卜辞方面，郭沫若虽然没有将其断代分期的探索系统化，但他的断片缀合和残辞互足却是重大创获。断片缀合，是将二片乃至三片、四片残破、分散的甲骨片经过缀合而基本恢复原貌，使片断记事得以完整。由于一事多卜，记录同一事的残损严重的卜辞可以相互补足，成为比较完整的史料，这就是所谓的"残辞互足"。通过缀合和互补，还发现著录重复的甲骨片。《卜辞通纂》中校出重片18片，《甲骨文合集》校出重片6000余片，为著录甲骨以来的一次总清理。

在甲骨学发展近80年的历史中，有50年取得的成就与郭沫若的创造性探索密不可分。他的甲骨文研究使甲骨学的发展由草创迈向成熟，并预示着后来推进的基本趋势。郭沫若虽然未来得及为《甲骨文合集》写出"前言"就离世而去了，但他作为主编确实是当之无愧的。

在青铜器铭研究领域，自北宋以来著录的殷周青铜器多达三四千件，但多数年代和来历不明。1929年，为了考古学上有所借鉴，郭沫若翻译出版了德国人米海里斯的《美术考古学发现史》（后改译名为《美术考古一世纪》），把考古纳入"美术的视野"。《殷周青铜器铭文研究》一书是最初的实践，书中16篇考释、韵读、综合研究的思路和编次，一年以后被《两周金文辞大系》吸收和扩展。

《两周金文辞大系》以及增订成的《两周金文辞大系图录考释》，改变了以往"以器为类"的著录方法和孤立考释器铭的治学传统，理出两周青铜器铭的历史系统和地域分布，首次建立起研究两周彝铭的科学体系。

郭沫若的"颇有创获"的做法，首先在于自古今中外的43种著录中选取324器，分作上、下编。上编为西周金文162器，仿效《尚书》体例，以列王为序，自武王至幽王，仅缺共和一代。下编为列国金文162器，仿效《国风》体例，以国别为序，共30余国。其《图编》专辑形象，依器类形制和年代排比。《录编》专辑铭文，通常为数百字，长铭重器则多达数千言。

第二，严格选定"自身表明了年代的标准器"，然后以"标准器"为中心推证其他器物。所谓"标准器"，是指铭文中有周王名号或著名人物、事迹的铜器，即郭沫若所说"自身表明了年代的标准器"。这样的"标准器"选定很严格，总共30余器。"标准器"之外的器铭年代判定，一是根据"标准器"铭文中的人名和史事，联系与之相关的年代不明的器物，借以推断其所属王世；二是根据文辞字体和年月日辰，比较联系"标准器"，推定其所属王世。

其三，以花纹、形式作为考定器物时代的重要手段。每一时代的器物有每一时代的花纹与形式，花纹形式在决定器物的时代上占有极重要的位置，尤其对无铭文的器物，则可以作为考订时代的惟一线索。在增订《大系图编》时，专门写有一篇"序说"——《彝器形象学试探》，概括论述了不同时期器物形制、纹饰的主要特征，将中国青铜器时代（自殷周前期至战国末年）划分为四期——滥觞期、勃古期、开发期、新式期，为中外学术界所接受和沿用。郭沫若从器物的形制、花纹入手进行考察，以青铜器的形象求得其历史系统，以历史系统与地域分布建立起认识中国青铜器的科学体系，勾画出其发展轮廓，这一举世公认的巨大成就，体现了形象思维与逻辑思维的完美结合。

释读周代彝铭，确立断代体系，是要探讨两周社会，因而发掘出若干重要史实，为研究两周社会开出了新局面，这是郭沫若超出其他古文字学家、古器物学家的地方。

四

考察周秦诸子思想，是郭沫若取得又一重大学术成就的领域，这是与其对中国古代社会的认识紧紧联系在一起的。郭沫若初涉周秦诸子，是1921年发表的《我国思想史上之澎湃城》。文章勾画了中国远古历史的轮廓，设想的"各家学术之评述"包括老子、孔子、墨子、庄子、惠施等。当他以唯物史观为指导确立起新的中国古代文化体系之后，1935年底写成《先秦天道观之进展》。在总结先秦天道思想的演进时，不仅注意各派的承传，更留神相互间的影响和趋同。进入40年代，郭沫若对于秦以前的社会和思想作出系统研究，呈献出考察周秦之际学术高潮的"姊妹篇"——"偏于考证"的《青铜时代》和"偏于批评"的《十批判书》，成为其贯通子部诸家学说的代表作。

40年代恢复周秦诸子研究，是从1943年8月剖析墨子思想开始的，继而探讨了秦楚之际的儒，认为秦以后实质上是"墨存而儒亡"。接着，对韩非子作了"颇为彻底"的"清算"。又从《诗》中选出10首"纯粹"关于农事的篇章进行解释、翻译，而后综合论证西周为奴隶社会。

在研究方法上，由于不满意于"游离了社会背景"而专谈周秦诸子的做法，他强调注意诸子思想的"社会属性"，从中寻得其基本立场或用意，并归纳自己的方法说："我尽可能搜集了材料，先求时代与社会的一般的阐发，于此寻出某种学说所发生的社会基础，学说与学说彼此间的关系和影响，学说对于社会进展的相应之或顺或逆。"[①] 自1944年7月至1945年2月，郭沫若实践这一研究方法，使他的先秦诸子思想研究形成一个比较科学的体系。

对于儒家的研究，郭沫若一生中有过三次既相区别又有联系的认识，

[①] 《〈青铜时代〉后记》，《郭沫若全集》历史编第1卷，人民出版社1982年版，第617页。

除了他本人思想上的变化而外,还清楚地表明他对于孔子及儒家两重性的揭发。其一,孔子的思想,主观努力上抱定一个"仁"字,客观世运中认定一个"命"字。二者相调适则顺应之,二者不相调适则固守自己。这作为一种人生哲学,表现了入世与出世、进取与隐退、杀身成仁与保全天年的两重性。其二,秦以后的"儒"作为"百家的总汇",实即人们通常所说的"儒学"或"儒家文化",成为中国传统文化的一个代名词。其所蕴含的两重性,是毋庸赘言的。其三,郭沫若再三论证秦以前的"儒"与秦以后的"儒"不能"完全混淆",但历史上"站在支配阶级立场"者却必定要"完全混淆"之。当支配权尚未转移之前,打出孔子的"仁"来,以"同情人民解放"的面孔号召推翻支配阶级;当新的支配权一固定,便又举起秦以后的儒家理论,用其为"今日的武器"。"尊孔"者故意树起一个"歪斜的形象","反孔"者自然也就反对的是这一被"歪斜的形象"。本来面目与"歪斜形象"间,又成为一种两重性。

郭沫若20年代关于老子、庄子的设想,经过30年代与"古史辨派"的辩论,至40年代才完成系统研究。首先指出道家的名称虽然不古,但其思想却很有渊源,肯定其为先秦诸子中渊源最长的一家。依据《庄子·天下篇》的分析,知道当时道家主要分为三派,即宋钘、尹文为一派,田骈、慎到为一派,关尹(环渊)为一派。它们兴起的学术意义在于使先秦思想更加多样化、更加深邃化,儒家、墨家都因而发生质变,阴阳、名、法诸家更是在三派的直接感召下派生出来的。

宋、尹一派,认为是站在黄老的立场"以调和儒墨",强调其在学术发展中的"连锁作用"。慎、田一派,在郭沫若看来,是把道家的理论"向法理一方面发展"了。至于关尹一派,则认为"很露骨地"主张着"愚民政策",是向"新时代的统治者效忠"。对于这一派演变为术家,郭沫若大加挞伐说:老聃之术传于世者二千余年,在中国形成为一种特殊的"权变法门",养出了大大小小不计其数的"权谋诡诈的好汉"。考察三派的演变,宋、尹一派演变为名家,慎、田一派演变为法家,关尹一派演变为术家。庄子的出现,从三派吸收精华,采取关尹、老聃的清静无为的一面,而把他们关于权变的主张扬弃了,从而维系了"老聃的正统",形成与儒、墨两家"鼎足而三"的局面。对庄子及其后学的批判，郭沫若留下两段精彩的论述。一是挖出了中国两千多年来滑头主义处世哲学的老根——这是由庄子的消极厌世思想"培植出来的"。二是揭出庄子后学流为"卑污"乃至堕为骗子的原因：一种思想，一旦失掉了它的反抗性而转为御用品的时候，都要起这样的质变。批判法家是郭沫若40年代提出来的。就研究情况而言，却断断续续经历了3个年头。清算了社会机构的变革之后，看到社会有了变革才有新的法制产生，有了新的法制才有法家思想出现。前期法家如商鞅"行法而不用术"，主张公正严明，一切秉公执法，以法为权衡尺度，不许执法者有一毫的私智私慧以玩弄权柄。这些"纯粹的法家"，以富国强兵为目标，他们所采取的是"国家本位"，而不一定是"王家本位"。倡导于老聃、关尹，发展于申不害的"术家"，则把"法"放在无足轻重的地位，逐渐演变为"帝王南面之术"。到了韩非，将申、商"二人综合"了，因而应该称为"法术家"。对于韩非的思想，郭沫若这样分析：最重要的就在把老子的形而上观接上了墨子的政治独裁，把墨子的尊天明鬼、兼爱尚贤扬弃了，而特别把尚同、非命、非乐、非儒的一部分发展到了极端。在韩非的"法治"思想中，"一切自由都是禁绝了的"，包括行动自由、结社自由、言论自由，乃至连思想的自由也要禁。

五

苏活古书生命是郭沫若一生整理古籍的最基本态度。这一方面，在他个人的学术研究生涯中占据着重要地位，从不同领域、不同侧面展示出他在古籍整理方面的认识与特色、成就和贡献。

早在20年代初，郭沫若便将《国风》中的许多抒情诗给它"换上一套容易看懂的文字"，选译了40首诗，结集为《卷耳集》出版，使得许多年轻人对于古代文学渐渐发生了研究的兴趣。郭沫若认为，不论对于传统文化还是外来文化，都要"向作品本身去求生命"，弄懂原著。而弄懂原著的关键在于使原先颇具生命力的作品通过今译，能够在今天"苏活转来"。他特意写了一篇《古书今译的问题》，强调整理国故的最大目标，是"使有用的古书普及，使多数的人得以接近"，并满怀自信地预言："我觉得古文今译一事也不可忽略。这在不远的将来是必然盛行的一种方法。"① 时至40年代，更进一步指出，传统的注释方法总嫌寻章摘句，伤于破碎，没有整个翻译来得那样的直截了当。同时，把古书今译问题提到关系继承和接受文化遗产的高度。50年代初，他又系统地把《屈原赋》作了今译。

对于《屈原赋》各篇时代性的考定，主要是为了编排次序。而对《易》、《诗》、《书》、《考工记》、《管子》等典籍的时代性的考定、真伪的辨别，则形成郭沫若对待古文献的鲜明特点。在作古代研究"自我批判"时，首先"检讨"的是"处理材料"的问题，强调材料的真伪或时代性如未规定清楚，"比缺乏材料还要更加危险"。在那前后，他对秦以前的主要文献的时代不断作出考定。关于《周易》，专门写有《周易之制作时代》一书。至于《诗》三百篇的时代，则认为"尤其混沌"，前人的说法"差不多全不可靠"。他的《由周代农事诗论到周代社会》一文，是一篇融会古籍整理（包括年代考定、古文今译、内容分析）与历史研究的文字。

校勘和诠释，历来是整理古籍最为基本、最见功力之处。《管子集校》一书，集中显示出郭沫若在这方面的独特路径和所取得的巨大成就。首先是在版本搜集、对勘上下大工夫，总共得17种版本和稿本，从中发现不同的版本系统，为前所未闻的创见。同时，尽可能无遗地网罗以往校释《管子》的诸家著述，达42种之多。书中征引古今学者之说，不下110家。全书写有2000余条"沫若案"，总字数不下20万字。其独特之处大致可以归纳为：以校为主，校注一体；不仅校字校句，而且校节校篇；校释与辨伪、校释与断代结合；运用甲骨文、金文、隶书、草书等新旧文字作校释；以现代经济学等学科的思想注入校释。这种带有研究性质的校改，将《管子》一书的整理推向了新的高度，被认为是"前所未曾有"的第一部博大精深的批判继承祖国文化遗产的巨大著作。

古籍整理与学术研究紧密结合，是郭沫若自《离骚》今译与屈原研究、农事诗考察与周代社会研究起即形成的一大治学风格。围绕集校《管子》展开研究者，一是从比较语句入手，即获创见；二是由某篇校释出发，进行简要研究，

---

① 《郭沫若全集》文学编第15卷，人民文学出版社1990年版，第163页。

得出重要结论；三是从校释出发，写出相关时代或人物的长篇研究论文，《〈侈靡篇〉的研究》是最具代表性的一篇，成为"二千年来第一次"对《侈靡篇》所作的全面的和深入的探讨。

自古以来的古文献专家或考据家、历史学家，对于古籍的考释与研究，成绩卓著者不乏其人。但形成系统认识、鲜明特色的，却又屈指可数。郭沫若的《〈屈原赋〉今译》、《管子集校》、《再生缘》前17卷校订和《崖州志》校勘等在古籍整理方面的特点与成就，在当今学术领域是独树一帜的。

六

郭沫若是一位兼具诗人气质和学者博识的文化巨人，因而形成他独特的思维特点和学术风格。在他的庞大的文化体系中往往贯穿着热爱诗人的美、崇尚哲人的真的双重追求，即如他本人所说"以理智为父以感情为母"。这一特点，反映在他的学术文化研究领域，差不多决定着他的论题选择、研究路数和所作评价。由感情喜好出发，生出选题兴致，求得多种表现形式，或诗，或剧，或文。一旦进入研究境界，在论辩的推动下，定要尽一切努力去寻求证据，非得弄清真相不可，以求得理智的归宿。这主要表现在两个方面。

第一，诗词曲赋之中品评人物。其中，以考释屈原、辨胡笳诗、考陈端生、评李说杜，最能展示其思路敏锐、勇于创新的学术风格和研究成果的长久价值。

郭沫若自幼就喜欢屈原，疑古思潮的中坚人物胡适却怀疑屈原的存在。1935年年初，青铜器研究刚刚告一段落，郭沫若便立即开始了《离骚》今译和屈原研究。从作品入手考察屈原的时代及其生卒年，学者与诗人、逻辑思维与形象思维的交织，使他揭开了这个两千多年来的奥秘。由《离骚》开头的两句"摄提贞于孟陬兮，惟庚寅吾以降"，立刻联想到《尔雅·释天》中的"太岁在寅曰摄提格"，再联系自己考释的甲骨文字，认为那两句说的就是屈原的生庚年月。结合《吕氏春秋·序意》篇，推算出屈原生于公元前340年正月初七。又由《九章·哀郢》的内容推断公元前278年郢都被攻破，屈原涉江怀沙而自沉。在确认屈原其人的存在不可动摇之后，进而讨论屈原的作品，以历史文献与地下出土卜辞相结合，发掘各篇作品的内证以及读音声韵、文风文体特点。值得注意的一点是，1936年发表《屈原时代》一文，虽然还维持"殷代为氏族社会的末期"的认识，但已经非常明确地提出屈原的时代是"奴隶制与身份制的交换枢纽"的看法。仔细寻味起来，郭沫若在40年代对于先秦社会的再认识，对于周秦诸子学术的考察，大体都可以从他30年代的屈原研究中找到源头。

1921年，郭沫若在第一篇论述古典文学的论文《〈西厢记〉艺术上的批判与其作者的性格》中即把《胡笳十八拍》与《离骚》相提并论。自1958年年底至1960年年初，一连写出10篇文章，除了表示"替曹操翻案"的意向之外，即全力投入关于《胡笳十八拍》艺术价值和蔡文姬著作权的研讨和论辩当中。凡是涉及蔡文姬或《胡笳十八拍》的文字、绘画、书法等等，都亲自过目，详加考证，从中发掘有力的证据或线索。征引资料，除了"正史"、野史、笔记之外，包括金石铭文、敦煌文书、文集别集、诗词歌赋、琴谱画卷、书法字帖、佛教典籍以及文学史、语言学、语音学等著作，多达数十种。他还特别注意从论敌的观点中吸收合理的意见和有用的资料，以深化自己的研究和论证。

论辩《胡笳十八拍》刚刚冷下来不到一年，又掀起研讨《再生缘》及其作者陈端生的热潮。1960年年末，郭沫若读完陈寅恪的《论再生缘》一文后，以"补课"和"检验"陈寅恪的评价是否正确的双重心理，开始了《再生缘》一书的阅读。首先发现陈端生所作前17卷与后3卷续作完全不同，便决定核校《再生缘》前17卷原作。大段脱落得以补全，整页误刻得以厘正，满篇的脱字脱句、错字错句得以补全、订正。一年之中，郭沫若两次访问陈寅恪，连续发表7篇研讨文章。"壬水庚金龙虎斗，郭聋陈瞽马牛风"[①]这副对联，成为郭、陈两人交往从有误会到开始了解的真实纪录。

郭沫若四五岁受"诗教的第一课"是母亲口授唐诗，去世前六七年的最后一部著作《李白与杜甫》说的还是唐诗。对于唐代诗人，郭沫若有专门评述的是王维、李白、杜甫、白居易4人。评述王维、白居易，主要从诗歌创作的角

---

① 关于这副对联，社会上有不同的传说。1961年11月15日郭沫若访问陈寅恪后，日记中记录了二人谈论《再生缘》的情况，最后写道："'壬水庚金龙虎斗，郭聋陈瞽马牛风。'渠闻此联解颐，约谈一小时，看来彼颇惬意。"

度谈其诗的特点及影响，大体属于"纯文学"研究的范围。另一种情况是由诗入史，从诗作中发掘史实，以定其人物的评价。李白与杜甫的研究，表现的是郭沫若由前一种情况向第二种情况的转变，以及两种情况的交织。诗人、学者兼而为之，性情、理智交相融会，使他写出了《李白与杜甫》这本书。

从学术研究的角度来审视这本著作，至少有以下几点是超越前人的。其一，透过李、杜尤其是李白的遭遇，生动地展开了唐代社会由盛转衰的历史画卷。《关于李白》这一部分用了两个副标题来点出李白政治活动的两次"大失败"，足以使人联想到"开元盛世"的歌舞升平和天宝后期的战乱流离。第三部分《李白杜甫年表》单独开列"史事札记"一栏，自李白出生至杜甫中毒身亡，逐年记述主要史事，显然是想通过李、杜的经历反映唐玄宗前后整整70年间的社会变动。其二，以诗证史，把李白的身世、李杜宗教生活等项研究推进到一个新的层次。不仅在前两部分注意"唐代思潮"对他二人的影响，就在年表部分同样表现出对三教转移的留意，尤其是佛教的传入。

至于李、杜的评价，是自中唐以来就争论不休的一个问题。郭沫若自幼就"喜欢李白"而"不甚喜欢杜甫"，面对"千家注杜，一家注李"的状况，内心的不平衡是可想而知的。出于学者的理智，他明确表示只是要翻"抑李而扬杜"的旧案，恢复"李杜并称"的平衡局面。但当他展开论述时，一进入诗的意境，诗人郭沫若便渐渐淹没了学者郭沫若，感情的"好恶"时不时地战胜着学者的理智，书中自然而然地流露出了"扬李抑杜"的明显倾向。完全可以说，《李白与杜甫》这本书是学者郭沫若与诗人郭沫若"相混合"的产物。

第二，把"运动、变化"的中国历史"大舞台"的若干片断（细节）"复制"出来，以文艺的形式再现于戏剧的小舞台，历史学与历史剧的关系被提到科学与艺术关系的高度。因此，郭沫若的历史剧作在其全部著作中占有一种非常特殊的位置。

30年代后期、40年代前期，郭沫若的历史剧作进入成熟阶段。五幕历史剧《屈原》为其成熟阶段的杰出代表，蕴含着他研究屈原的重要成果。五幕历史剧《虎符》在把握"历史的精神"方面，使其历史研究与历史剧作关系的理论得到新的充实：史学家发掘历史的精神，史剧家发展历史的精神。当他的历史剧作进入到一个新的探索时期之后，形成"入情入理地去体会人物的心理和时代的心理"的认识,并把"人物的心理和时代的心理"看成是比单纯的"史料的分析"更为重要的因素。近些年来史学理论问题研讨中有一个"热门"话题——历史心理学,涉及的就是这个问题。《蔡文姬》、《武则天》两剧的完成,使郭沫若更加注意历史研究作为一门科学与艺术的关系,明确提出历史学与历史剧的关系实为"科学与艺术"的关系,并希望在一定程度上结合起来。在科学研究逐步深入的今天看来,当年提出"科学与艺术"的结合,不失为一项颇具预见性的认识。郭沫若的科学思维与艺术思维相结合,确实是进行科学研究的一项重要方法,应当充分认识而加以继承。

* * *

在1919—1978年这60个年头里,郭沫若始终与中国学术文化的走势紧密相连,并成为各个不同时期学术潮流的代表人物。邓小平评价说:

> 郭沫若同志是我国杰出的作家、诗人和戏剧家,又是马克思主义的历史学家和古文字学家。早在"五四"运动时期,他就以充满革命激情的诗歌创作,歌颂人民革命,歌颂社会主义和共产主义,开一代诗风,成为我国新诗歌运动的奠基者。他创作的历史剧,是教育人民,打击敌人的有力武器。他是我国运用马克思主义观点研究中国历史的开拓者。他创造性地把古文字学和古代史的研究结合起来,开辟了史学研究的新天地。他在哲学社会科学的许多领域,包括文学、艺术、哲学、历史学、考古学、金文甲骨文研究,以及马克思主义理论著作和外国进步文艺的翻译介绍等方面,都有重要建树。他长期从事科学文化教育事业的组织领导工作,扶持和帮助了成千上万的科学、文化、教育工作者的成长,对发展我国科学文化教育事业作出了不可磨灭的贡献。他和鲁迅一样,是我国现代文化史上一位学识渊博、才华卓著的著名学者。他是继鲁迅之后,在中国共产党领导下,在毛泽东思想指引下,我国文化战线上又一面光辉的旗帜。[①]

---

① 邓小平在郭沫若追悼大会上的悼词,《人民日报》1978年6月19日。

或许他的研究成果有待深化，或许他的某些观点未被普遍认同，但若否认郭沫若的学术成就，势必造成中国现代学术文化史的断档和空白。郭沫若三个字，是与本世纪中国学术文化发展紧紧联系在一起的！

（谢保成　撰稿）

作者简介

谢保成，1943年生，北京人。中国社会科学院历史研究所研究员、中国郭沫若研究会副秘书长。长期从事中国史学史研究和隋唐政治、学术文化研究。曾写有《郭沫若评传》及有关学术论著多部（篇）。

郭沫若主要学术著作目录

《中国古代社会研究》 上海联合书店1930年3月初版，人民出版社1954年9月改版。收入《沫若文集》第14卷，《郭沫若全集》历史编第1卷。

《甲骨文字研究》（据著者手迹影印） 上海大东书局1931年5月初版，人民出版社1952年9月修订改版。收入《郭沫若全集》考古编第1卷。

《殷周青铜器铭文研究》（据著者手迹影印） 上海大东书局1931年6月初版，人民出版社1954年8月修订改版。收入《郭沫若全集》考古编第4卷。

《金文丛考》（据著者手迹影印） 日本东京文求堂书店1932年8月初版，人民出版社1954年6月修订改版。收入《郭沫若全集》考古编第5—6卷。

《卜辞通纂》（据著者手迹影印） 日本东京文求堂书店1933年1月初版。收入《郭沫若全集》考古编第2卷。

《两周金文辞大系图录考释》（据著者手迹影印） 日本东京文求堂书店1935年3月、8月初版，科学出版社1957年12月增订改版。收入《郭沫若全集》考古编第7—8卷。《殷契粹编》 （据著者手迹影印） 日本东京文求堂书店1937年5月初版，科学出版社1965年5月增订改版。收入《郭沫若全集》考古编第3卷。

《屈原研究》 重庆群益出版社1943年7月初版，1947年8月收入《历史人物》。后收入《沫若文集》第12卷,《郭沫若全集》历史编第4卷。

《青铜时代》　重庆文治出版社1945年3月初版,重庆群益出版社1946年5月改版。收入《沫若文集》第16卷,《郭沫若全集》历史编第1卷。

《十批判书》　重庆群益出版社1945年9月初版。收入《沫若文集》第15卷,《郭沫若全集》历史编第2卷。

《历史人物》　上海海燕书店1947年8月初版。收入《沫若文集》第12卷,《郭沫若全集》历史编第4卷。

《奴隶制时代》　上海新文艺出版社1952年6月初版,人民出版社1973年5月改版。收入《沫若文集》第17卷,《郭沫若全集》历史编第3卷。

《管子集校》　科学出版社1956年3月初版。收入《郭沫若全集》历史编第5—8卷。

《李白与杜甫》　人民文学出版社1971年10月初版。收入《郭沫若全集》历史编第4卷。

胡乔木
(1912—1992)

著名的马克思主义理论家、中共党史和文字改革专家。曾任中国社会科学院院长,哲学社会科学部委员。

胡乔木原名胡鼎新，江苏盐城人。1930年毕业于扬州中学，就学于清华大学历史系。同年加入共青团，任北平团市委干部。1932年在盐城加入中国共产党。1933年转学浙江大学外文系，因领导学生运动于1935年初被迫离校，即到上海参加左翼文化运动，曾任文总党团书记、中共江苏省临委委员。1937年5月奉调赴陕北。先后任安吴战时青训班负责人、中央青委委员，主编《中国青年》。1941年2月起任毛泽东秘书、中共中央政治局秘书，直到1966年"文化大革命"爆发。在延安期间，协助毛泽东编辑《六大以来》等历史文献，参与领导文艺界整风运动，参加《关于若干历史问题的决议》起草工作，并为《解放日报》撰写社论。1947年4月随毛泽东转战陕北。1948年4月到西柏坡后任新华社总编辑和社长。新中国成立后，任中共中央宣传部常务副部长、中共中央副秘书长、书记处候补书记、人民日报社社长、中央人民政府新闻总署署长等职，并为中共中央文字问题委员会主任、中国文字改革委员会委员、汉语拼音方案审订委员会副主任。"文化大革命"中遭迫害。1975年任国务院政治研究室主要负责人，协助邓小平进行整顿。1977年组建中国社会科学院并任院长。在中共十一届三中全会上被重新选为中央委员，任中共中央副秘书长、毛泽东著作编委会办公室主任。五中全会当选为书记处书记。历任中共中央文献研究室主任、中共中央党史研究室主任等职，并为国务院学位委员会主任、《中国大百科全书》总编委会主任。他是中共八届、十一届、十二届中央委员，十二届政治局委员，中顾委常委；第一届全国政协常委；第二、三、五届全国人大常委。

胡乔木是组建中国社会科学院的第一任院长。中国共产党在思想文化、宣传教育战线上的重要领导人。他对哲学、社会科学、人文科学的许多学科，有高深的造诣和独创的见解，称得上是一位百科全书式的马克思主义学者。本文对他最有建树的几个学科的学术成就作简要介绍。

一　中共党史研究

胡乔木在学术上成就最为卓著，影响最为巨大的，莫过于对中共党史这一中国特有的全新的学科的开创和拓展。

胡乔木1930年秋至1931年冬曾就读于清华大学历史系，但没有多久就放弃了对历史学的攻读，成了用笔从事革命活动的共产党人。但历史的机缘偏偏要将历史学家的称号赐予他。由毛泽东决定，《人民日报》1951年"七一"前夕发表了胡乔木写的《中国共产党的三十年》。从此，胡乔木的名字就同中共党史研究联系在一起。《中国共产党的三十年》第一次用马克思列宁主义的普遍原理与中国革命的具体实际相结合的观点完整地、系统地简要叙述了中国共产党的历史。发表以后，当即成为广大干部群众学习、了解中国共产党历史和毛泽东思想的教科书。这部书被公认为中共党史的奠基之作，对党史教育和党史研究产生了深远的影响。当年39岁的胡乔木，用不到一个星期就写成这部扛鼎之作，不是偶然的。1941年2月胡乔木担任毛泽东秘书后做的第一件工作，就是在毛泽东指导下编"党书"：最初是《六大以来——党内秘密文件》，接着选编《两条路线》，后来又编《六大以前》。通过对党的文献系统的整理编纂，胡乔木打下了扎实的史料根基。作为毛泽东和政治局的秘书，胡乔木又直接参加了1941年9月政治局会议讨论党的历史经验，延安整风中高级干部的两条路线学习，《关于若干历史问题的决议》的起草，亲身领受毛泽东及其战友的教诲，对党的历史自有非同寻常的理解。胡乔木掌握了丰富的史料，又把握了历史的逻辑，挥笔写就一部中国共产党30年的历史可说是瓜熟蒂落。

胡乔木再次把党史研究作为重要工作来做，是在事隔30年后。为拨乱反正、继往开来，中共中央决定作第二个历史决议，对建国以来三十多年历史作出总结。这个决议由邓小平主持，具体负责起草的是胡乔木。邓小平提出，这个决议最核心的一条要确立毛泽东的历史地位，坚持和发展毛泽东思想[1]。而对"文化大革命"的历史作出全面科学的总结成为正确评价毛泽东和毛泽东思想的关键。

这项工作实际上从十一届三中全会前后就已开始。胡乔木是三中全会邓小平的主题报告、全会公报以及加快农业发展等文件的主要起草者，这些文件记录了思想路线、政治路线和组织路线的拨乱反正。三中全会闭幕后，胡乔木即在中宣部碰头会上讲话[2]，对毛泽东晚年发动和领导"文化大革命"的错误理论，如"无产阶级专政下继续革命"理论、党的历史只是路线斗争的历史等，提出质疑，予以否定。紧接着，又在中国社会科学院作报告[3]，围绕三中全会工作着重点转移这个主题，扼要地评述了建国以来的历史发展过程，更加深刻地批评上述毛泽东晚年发动"文化大革命"的错误理论，并指出社会政治安定和按客观经济规律办事是社会主义经济发展必不可少的两个条件。在1979年春从右面来的错误思潮开始泛滥的时候，胡乔木协助邓小平起草了《坚持四项基本原则》的讲话。此后，胡乔木又在邓小平指导下主持起草了叶剑英国庆30周年讲话。把毛泽东同林彪、"四人帮"严格分开，对林彪、"四人帮"的极"左"

---

[1] 见《邓小平文选》第2卷，人民出版社1994版，第291页。

[2] 以《关于社会主义时期阶级斗争的一些提法问题》为题收入《三中全会以来》和《胡乔木文集》第2卷。

[3] 以《党的十一届三中全会的重大意义》为题收入《胡乔木文集》第2卷。

路线进行了全面深入的分析批判，对毛泽东思想恢复了七大的提法，并指出是集体智慧的产物，还明确肯定毛泽东的《论十大关系》、《关于正确处理人民内部矛盾的问题》和八大主要文献的指导意义。

虽然在三中全会前后已经有了这样的准备和基础，但为达到邓小平提出的要求，历史决议从起草到通过还是足足花费了20个月的时间。作为起草组的负责人，胡乔木殚精竭虑，呕心沥血，贯彻邓小平、陈云等中央常委的意图，集中集体讨论的意见，完满地解决了评价"文化大革命"10年内乱的历史与确立毛泽东历史地位、坚持毛泽东思想的种种问题。胡乔木在历史决议起草过程中所作的《〈历史决议〉要注意写的两个问题》、《〈历史决议〉中对"文化大革命"的几个论断》、《关于〈历史决议〉的几点说明》等三十多次谈话、讲话，他起草和修改的决议文本，对建国以来三十多年特别是"文化大革命"的历史，对毛泽东与毛泽东思想，作了历史的具体的分析和科学的评价，如：论定"'文化大革命'是一场由领导者错误发动，被反革命集团利用，给党、国家和各族人民带来严重灾难的内乱"；深刻分析"文化大革命"之所以发生和持续10年之久的原因以及毛泽东之所以犯严重错误的原因；提出把毛泽东晚年思想上行动上的错误，同毛泽东思想加以区别，对毛泽东思想加以肯定；指出毛泽东思想的活的灵魂，它的根本思想原则，是实事求是，群众路线，独立自主，等等，是这一时期胡乔木党史研究的结晶。

1987年中共十三大以后，胡乔木退居二线。他仍担任中央党史领导小组副组长，集中精力面对党史工作。晚年的研究没有原来那种同当前工作的密切联系，更多地具有个人学术研究的特点。他的思索与探讨在更深、更广的层次上驰骋，取得了丰硕的成果。其代表作是同"党史三会"① 异曲同工的"党史三论"：1989年春访问美国所作学术讲演：关于中国在50年代怎样选择了社会主义、关于中国1958年至1978年间为什么会犯"左"倾错误、为纪念中国共产党建党70周年而作的《中国共产党怎样发展了马克思主义》。还有两项有巨大

---

① 指胡乔木对党史上三次重要会议的评论文章：《党的"八大"的基本精神》、《党的十一届三中全会的重要意义》、《十二大的重要成就》。

和深远影响的党史工作，这就是对40年代、50年代毛泽东的回忆和对《中国共产党的七十年》一书的指导和审定。

"党史三论"都把理论、历史、现实紧密结合而又各具特色。关于中国在50年代怎样选择了社会主义这篇讲演，采取了一个全新的角度，通过经济分析来回答这一重大政治问题。文章从中国革命历史的全局着眼，具体分析了50年代中国经济迅速恢复的4个基本因素（实现了全国财政经济的统一，国营经济的日益强大，资本主义经济的弱小和发展困难，新中国的国际环境：西方的封锁和苏联的援助），论证中国要确保国家的独立和统一，发展国民经济，只有社会主义才是惟一的出路。关于中国为什么会犯"左"倾错误的讲演，论证方法独特。它用主要篇幅具体剖析了1958年至1978年间犯"左"倾错误导致中国经济动荡和停滞的原因，同时又以对中华人民共和国40年历史的审视，提出在1957年社会主义的主题需要从革命斗争转向和平建设时，党内存在着两种趋势的观点。论文通过对两种趋势此消彼长的分析，论证中国"所选择的社会主义并不是跟'左'倾错误相联系，而是跟经济进步、文化进步、社会进步、政治进步相联系的"[①]；代表这种根本趋势的是1949—1956年的中国，特别是1979—1989年的中国。"尽管'左'的倾向仍然需要警惕，但是总起来说，改革和开放不可逆转"[②]，这是共和国40年历史的结论。《中国共产党怎样发展了马克思主义》是一篇"提纲式的论文"，它贯通中国共产党70年的历史，从12个方面，论述了以毛泽东为核心的第一代中央领导集体和以邓小平为核心的第二代中央领导集体对马克思主义理论作出的重要发展和贡献。文中提出"中国在50年代确立了社会主义制度，在80年代实行了改革开放。中国的一切成就都应归功于这两座里程碑"，"改革开放事业是50年代社会主义改造事业的真正的续篇"[③]的论断，把两代领导集体对中国社会主义道路的艰

---

① 《胡乔木文集》第2卷，人民出版社1993年版，第269页。

② 同上。

③ 同上书，第295、311页。

辛探索及其积极成果联系起来，统一起来，精辟独到，意义深远。"党史三论"可以说是胡乔木晚年写下的中国社会主义革命和建设史纲要。

《回忆毛泽东》一书，胡乔木本想从自己了解的情况入笔，写40年代、50年代毛泽东的思想和活动，形成一部毛泽东思想形成和发展的历史。可惜没有来得及完成。在他逝世后两年，编写组把写书过程中胡乔木的二十多次"谈话录"和19篇"初拟稿"，编成《胡乔木回忆毛泽东》出版。"谈话录"主要谈全书设想和40年代的15个题目，具有相当高的学术价值。胡乔木着重回忆毛泽东从皖南事变到抗美援朝期间的许多重要历史活动，对毛泽东的思想和活动，作了许多深刻的阐述和精彩的评论，对毛泽东的一些不合适的看法和做法，也恰如其分地表示了自己的见解。胡乔木还谈到了一些历史事件的具体情节，说明了一些重要历史活动的原委，澄清了一些重大的历史疑问。"谈话录"涉及的历史研究方法，主要是研究毛泽东思想要同具体政策的制定与实施、同国际形势的发展变化、同党内矛盾的处理结合起来的思路，对党史、国史研究很有参考价值。"初拟稿"是党史工作者在胡乔木指导下查阅档案、进行研究后写成的，披露了大量珍贵史料，对理解"谈话录"涉及的历史事件和人物是很好的补充。

胡乔木对中共党史研究最后一项重要贡献是指导和支持《中国共产党的七十年》的编写和出版。1991年夏，他抱病审读了书稿中写中共八大以后三十多年的章节，提出了重要的修改意见并亲笔作了不少修改，使这本书增加光彩，减少疏漏。他为该书写了《题记》，赞扬这是"一部明白晓畅而又严谨切实的历史"。说"这本书写得比较可读、可信、可取，因为它既实事求是地讲出历史的本然，又实事求是地讲出历史的所以然。夹叙夹议，有质有文，陈言大去，新意迭见，很少沉闷之感。"这段话可以看做是胡乔木为党史书的编写立下的一杆标尺。

类似这样从指导思想和方法论上对党史研究提出的原则和要求，是胡乔木党史学术思想的重要组成部分。除上述关于编写方面的要求外，特别值得重视的有两点：其一，胡乔木反复强调"要加强党史工作的科学性"。他说，"党史工作的战斗性所以有力量，是因为我们依靠的是科学，依靠的是真理"，"我们需要用科学的态度、科学的方法、科学的论证来阐明党的各种根本问题"。他提出："历史要分析"。要按照实事求是的原则，具体分析历史问题。他认为像中国为什么走社会主义道路，毛泽东为什么会犯"文化大革命"的严重错误，这样一些重大历史问题，需要着重分析历史背景，要从国内国际历史发展中寻找原因，而不能着重从个人的性格、品质去寻求说明。对于若干认识不一、多有误传的具体历史事件，不应当回避，要实事求是地写清楚。他还提出，"对党的历史的研究要进一步深入，精密化，更要重视详细地占有材料"，这是写出有战斗力的历史著作的前提。其二，胡乔木一贯主张研究党史要注意四面八方。他认为，"党的历史与一定的社会政治、经济发展的历史是不能分开的，否则我们党的历史便得不到科学的解释。"惟此，他提出，第一，党史要表现党是在人民中间奋斗的，党的斗争是反映群众要求的，是依靠群众取得胜利的。第二，党是依靠与党密切合作的人共同奋斗的，这些人在党史中也应当有自己的地位。第三，党史既要写党的中央和中央领导人的活动，还要写党的地方组织、党的优秀干部和广大党员群众的活动。第四，党史要阐明党的每一步胜利都是马克思主义与中国的实际情况相结合的结果，为此还有必要把中国党同共产国际关于中国革命的主张，中国和苏联东欧国家关于建设社会主义的主张进行比较研究①。

二 新闻学研究

胡乔木从投身革命开始，同报刊编辑、新闻出版就结下了不解之缘。30年代，胡乔木在清华大学读书时就主编过革命小报，同时是革命刊物《北方青年》的重要撰稿人；以后又在家乡盐城办过文艺刊物《海霞》和小报《文艺青年》；在浙江大学编过壁报；到上海后编辑过左翼文化运动的报刊；

---

① 本段观点和材料主要依据沙健孙的《胡乔木同志谈党史工作》和刘大年的《历史要分析》，载《我所知道的胡乔木》，当代中国出版社1997年5月第1版。

赴延安后任《中国青年》主编。

在 40 年代和 50 年代，新闻工作是胡乔木投入精力最多的领域。在新闻工作实践中，胡乔木成为杰出的政论家，卓越的新闻学家，新中国新闻事业的奠基人。

从 1941 年 6 月起，胡乔木就在毛泽东指导下为《解放日报》撰写社论，并在改造《解放日报》的过程中做了不少工作。到 1946 年 11 月从延安撤退，他写的社论共有 56 篇（按收入《胡乔木文集》者计）。其中《驳蒋介石》、《教条与裤子》、《请重庆看罗马》等篇传诵一时。1945 年在重庆，为《新华日报》写过评论和新闻。在转战陕北途中，胡乔木没有停下手中的笔，新华社不时播发他写的社论。

1948 年春到达西柏坡后，胡乔木出任新华社总编辑。为迎接全国解放新局面的到来，党中央决定集训新华社主要干部。在刘少奇主持下，胡乔木负责集训的组织领导。参加者有范长江、吴冷西、陈克寒、梅益、石西民、朱穆之等十多人。胡乔木主要通过编发稿件，特别是每天晚上的稿件讲评会来训练干部。通过集训，既完成了解放战争三大战役的宣传报道任务，又提高了每个干部的马克思主义理论修养和新闻业务水平。集训期间，胡乔木发现新闻工作中存在不少带普遍性的问题，及时提出解决这些问题的系统意见，并由他主持起草，以中宣部和新华社名义发出了一系列指示，内容涉及"纠正各地新闻报道中右倾偏向"、"改善新闻通讯写作"、"改进新闻报道"、"克服新闻迟缓现象"、"加强综合报道"等方面，对整个新闻工作的改进很有益处。

1949 年 8 月，《人民日报》成为党中央机关报后，胡乔木是第一任社长。新中国成立，胡乔木担任新闻总署署长，1951 年又担任中宣部常务副部长，主管的主要是新闻。在制定新闻工作方针政策，领导新闻事业发展的过程中，更加显示出胡乔木作为新闻学家的敏锐、精深和渊博。1956 年为贯彻"双百"方针，他又代表中央领导《人民日报》的改版工作。50 年代他为办好《人民日报》倾注了心血。他的基本工作方法，还是一如既往：写稿、改稿和报纸评讲会。据粗略统计，从新中国成立到 60 年代初十余年间，胡乔木为《人民日报》撰写的和审改的评论和文章总计近五百篇，其中国际评论约二百篇①。《再论无产阶级专政的历史经验》、《西藏的革命和尼赫鲁的哲学》成为具有重大国际影响的杰作。

进入新时期后，胡乔木贯彻解放思想、实事求是的思想路线，继续关注并不断推进新闻事业的改革和发展，他在《人民日报》上发表了许多篇热情讴歌改革开放的短评、杂感、随笔。同时又坚持四项基本原则，致力于扭转思想战线上涣散软弱的状态，抵制和反对资产阶级自由化思潮在新闻工作中的表现。

胡乔木毕生写下的大量社论、时评和新闻，为中国新闻工作者留下了珍贵的范本。他对新闻工作的大量论述和关于新闻学的系统讲座，则是他长期从事新闻写作、领导新闻事业过程中，运用马克思主义理论、学习毛泽东新闻思想和实践的结晶，构成了中国无产阶级新闻学的基础。

关于办报方针 胡乔木提出，《人民日报》"要坚持正确的办报方针"。他多次强调，"报纸是党的工具，是帮助党推动工作前进的"②。报纸是党和政府联系群众的桥梁，报纸要宣传马克思主义和党的方针政策，要报道社会主义经济建设的形势、成就和问题③。1950年3月，他对改进报纸工作提出三条意见：一要联系实际，二要联系群众，三要在报纸上开展批评与自我批评。指出：报纸是给群众看的。报纸是用来向群众讲话的。要把我们的报纸当作表现群众生活中重要问题的工具。要把群众的兴趣逐步引导到政治上和建设工作上去。并指出：有了批评和自我批评，报纸才有声音。在报纸上进行批评，对于共产党的报纸来说，应该是一个根本原则④。

在1956年7月1日为《人民日报》改版写的社论《致读者》中，胡乔木对

---

① 崔奇：《向乔木同志学习写评论》，载《我所知道的胡乔木》，第349页。崔奇是按《人民日报》现存档案中胡乔木的手稿统计出来的。

② 《胡乔木文集》第3卷，第15页。

③ 以上意见转引自商恺《胡乔木热心关注新闻界》；袁鹰：《胡乔木同志和副刊》。分别见《我所知道的胡乔木》，第505、104页。

④ 《关于目前新闻工作中的两个问题》（1950年3月29日），见《胡乔木文集》第2卷，第325—338页。

报纸的性质和办报方针作了这样的表述："《人民日报》是党的报纸,也是人民的报纸,从它创刊到现在,一直是为党和人民的利益服务的。"明确了党的各种报纸应该发表党的指示,同时尽量反映人民群众的意见。提出要"扩大报道范围",多发新闻,发多方面的新闻,广泛反映国内国际生活里的重要的、新的事物;要"开展自由讨论",加强"报纸是社会的言论机关"的功能,明确表示在我们报纸上发表的文章,并不一定都代表编辑部的意见;从此在报纸上开展了工作问题和思想学术问题的讨论。《人民日报》改版对冲破教条主义和党八股习气的束缚起了积极作用。

胡乔木又注意警惕右面来的干扰。1982年春,有人曲解"是党的报纸,也是人民的报纸"的命题,提出"党性来源于人民性又高于人民性"的说法,为新闻工作摆脱党的领导制造理论根据。胡乔木及时指出,这种说法"离开阶级分析的方法","难以成立"①。问题的实质是对党不信任②。胡乔木阐明:"共产党的党性,只能来源于无产阶级的阶级性,来源于科学社会主义思想。……因为共产党具有这种先进性,所以它在每一个不同的历史时期,都能够代表最广大人民的利益。如同不能把近代无产阶级和科学社会主义的先进性说成来源于'人民性'一样,也不能把党性说成是来源于'人民性'。"据此,胡乔木指出:"党报必须加强与群众的联系,既代表党也代表人民的利益,遇有某些复杂的情况需要分别采取适当措施,而不要笼统引用'人民性'这个含混不清的概念来作为包治百病的药方。"③ 同时他又指出,"我们的新闻事业既是党的新闻事业,也是人民的新闻事业。""新闻工作的党性原则是有范围、有限度的。对非党的新闻工作就提不到党性原则。"④

关于评论 胡乔木指出:"评论是报纸的灵魂,是报纸的主要声音"。"党所

---

① 《关于新闻工作的党性和人民性问题》,《胡乔木文集》第2卷,第521、527页。
② 1983年10月28日胡乔木的谈话。
③ 《关于新闻工作的党性和人民性问题》,《胡乔木文集》第2卷,第527—528页。
④ 《谈新闻工作的改革》(1985年1月23日),《胡乔木文集》第3卷,第192页。

以要办报纸，就是因为要对各种事情发表党的意见，发表评论。"① 他说："报纸需要各种形式的评论，标出'评论'的是评论，没有标出来而内容带有评论性的也是评论。""除了社论之外，还要有四五百字或六七百字的小评论。"还要创造各种形式的评论，特别是"评论性的消息"、"评论式的报道"和"报道性评论"②。对怎样写好评论，胡乔木有很多精辟之论。他说："评论要言之有物，有的放矢。并不是不要原则，而是要原则同具体相结合，而且生动的东西要多一些。"评论文章的题目越具体越好，结构不要平淡，文章要有变化，有波澜，有辩论，有疑问，有批驳，有激动。好的文章应当是夹叙夹议的。要把抽象的东西和具体的东西适当地结合起来。只有全面反映出事物的两重性——反映本质，又反映现象，才是生动的，全面的。评论文章要写得有兴味，要议论风生。好的评论，都有一定的幽默。评论里真正的幽默，能够把矛盾摆到一个很尖锐的位置上，使评论具有很强的说服力③。

关于新闻、通讯　早在1942年为改进《解放日报》的工作，胡乔木就提出要善于把每天发生着的丰富的和有教育意义的新的东西写成新闻和通讯来供给报纸；我们最需要努力发展的，是好的新闻和通讯。报纸的生命主要寄托在大大小小的新闻和通讯上面④。他认为，只有详细地大量占有材料，把情况吃透，把历史和现实结合起来，文章才能写得有深度，有立体感，生动活泼，让人爱看⑤。他以为记者不定点、满天飞更好，写出的新闻和通讯可以上下左右地议论和比较，现在和历史比较，有人物，有场景，夹叙夹议，生动活泼，读者爱看⑥。

关于副刊　胡乔木在1946年那篇《短些，再短些！》的名文中要求副刊没

---

①　《要加强地方报纸的评论工作》(1955年11月2日)，《胡乔木文集》第3卷，第8、9页。

②　同上书，第9、10、11、14页。

③　同上书，第16—20页。

④　《把我们的报纸办得更好些》(1942年7月18日)，《胡乔木文集》第1卷，第77—78页。

⑤　穆青：《新闻工作者的良师益友》，载《我所知道的胡乔木》，第188页。

⑥　商恺：《胡乔木热心关注新闻界》，载《我所知道的胡乔木》，第510页。

有太多的列宁所谓"知识分子的议论",每天万把字的版面"切实而紧凑地传达着生活和战斗的各个侧面,传达着群众的嘈杂,好比生意旺盛的花园一般!"1956年《人民日报》改版,胡乔木谈了办好副刊的意见并亲自改写"副刊稿约",他主张副刊要作为贯彻"百花齐放、百家争鸣"方针的重要园地,对学术问题和艺术问题,可以有不同意见乃至争论,不要只有一种声音,文责自负,并不是每一篇文章都代表党中央;副刊稿件的面尽可能地宽广,路子不能太狭窄;作者队伍尽可能地广泛,去请各方面的人为副刊写稿。他强调,杂文是副刊的灵魂,要放在首位。要批评社会上的种种不良风气和弊病。稿件的篇幅在一千字左右[1]。此后,《人民日报》的副刊基本上是按照胡乔木的主张办的。

关于多出名记者 人民日报、新华社等新闻单位培养出一批名记者、名编辑、名评论员,是胡乔木对新闻队伍建设的要求和期望,带有战略眼光。他指出:培养的办法有两个:一是多写评论和述评,这是一种高层次的新闻报道。二是让记者下去,多跑一些地方,深入调查研究,多写一些有深度的通讯。记者不下去,浮在上面,专跑会议、跑"衙门",是跑不出名记者来的[2]。他指出:一个优秀的新闻工作者应该毕生努力,从三个方面修养自己:一是政治思想道德品质方面的修养,二是学术理论文化知识方面的修养,三是新闻编采业务方面的修养[3]。

关于文风 在延安为改进《解放日报》,胡乔木就提出"废除党八股,建立新文风","打破一切固定格式"、"建立新鲜活泼生动有趣的文风"的要求[4]。1946年他又提出"短些,再短些!"的著名口号。50年代,他反复强调改进文风,提出"报纸上的文章总是越短越好","要尽可能地删短",要删到无可再删的程度,使读者感到处处精彩而没有一点掺水的地方。"报纸上的文字应该力求言之有物,言之成理,而且言之成章。""尽量把文章写得有条理,有兴味,

---

[1] 袁鹰:《胡乔木同志和副刊》,载《我所知道的胡乔木》,第195页。
[2] 穆青:《新闻工作者的良师益友》,载《我所知道的胡乔木》,第191页。
[3] 商恺:《胡乔木热心关注新闻界》,载《我所知道的胡乔木》,第511页。
[4] 《报纸和新的文风》(1942年8月4日),《胡乔木文集》第1卷,第84、81页。

议论风生，文情并茂。"① 经过"文化大革命"10 年动乱，胡乔木总结同林彪、"四人帮"斗争的经验教训，把革命文风同科学态度联系起来进行论述，指出"科学态度是革命文风的基础"。"有了科学态度，我们才谈得到革命文风。"② 科学态度有两个基本要求："要求对客观真实的忠实。忠实于实际，而不是忠实于个人的愿望、忠实于个别原理、忠实于个人"；"还要求对客观事物作一种全面的历史的探讨，要求找出客观事物的规律性。"他很有针对性地指出，要树立革命的文风，"必须自觉扫荡八股和诡辩"。"革命文风不能从写作过程本身来解决。它只能从对于客观事物和人民群众要求的深入观察，革命斗争的锻炼，革命理论的掌握，以及对写作主题的认识来解决。"

三　文字改革和汉语规范化研究

早在青年时代，胡乔木对语言文字的研究就怀有浓厚的兴趣，对汉字改革十分关心。1930 年他还是一个高中生，就发表了研究淮扬方言语音的文章。1935 年作《向别字说回来》，以鲁迅的《从"别字"说开去》为因由，阐述自己对简化汉字和拼音化的看法。他还发表了一个《全国拉丁化汇通方案》。当时他是赞成用拉丁化新文字取代汉字的。

新中国成立后，适应经济、文化建设和社会生活的需要，中共中央十分重视文字改革工作。1949 年 10 月成立中国文字改革协会，胡乔木受毛泽东委派，为发起人之一。1953 年 10 月又任中共中央文字问题委员会主任。1954 年 10 月设立中国文字改革委员会，承担文字改革三项任务：简化汉字，推广普通话，制订和推行《汉语拼音方案》。胡乔木是制定《汉字简化方案》（1956 年国务院

---

① 《要加强地方报纸的评论工作》（1955 年 11 月 2 日），《胡乔木文集》第 3 卷，第 10 页；《致读者》（1956 年 7 月 1 日），《胡乔木文集》第 1 卷，第 482 页。

② 此处和以下引文均引自《科学态度和革命文风》（1978 年 6 月），见《胡乔木文集》第 2 卷，第 383、378、379、398、398 页。

公布),《汉语拼音方案》(1958年全国人大批准)的主要参与者,《国务院关于推广普通话的指示》(1956年)也是他负责起草的。对这三个法规性的文件,他都在重要会议上或作专题报告,或作详细说明。他的学术思想和观点,在制定这些重要文件的过程中得到阐述和论证,也被这些文件所吸收。

关于简化汉字 胡乔木指出,"简化汉字,首先是对已经存在的事实的承认。""简体字的存在实在已经有几千年的历史了。""汉字简化是历史的趋势,为了减轻学习汉字的人的负担,必须简化汉字。"① "现在简化的办法,可以说是一种革命的改良","是适合于群众的迫切需要的"②。

关于推广普通话 胡乔木指出,语言不统一,使得我们在政治上、经济上、文化上都遇到许多障碍,已经成为我们国家生活里面的一个尖锐问题。③ 推广普通话,对于政治、经济、文化来说,是迫切需要解决的问题,对于汉语本身的发展,对于文字改革,也是迫切需要解决的问题。推广普通话,"首先要把标准语确定下来","汉语应有统一的语音"。为此,他提出要研究方言,实行有系统的方言调查,要研究汉语的语汇、语法④。在1956年起草《国务院关于推广普通话的指示》时,胡乔木概括语言学界的意见,提出汉语统一的基础,"就是以北京语音为标准音、以北方话为基础方言、以典范的现代白话文著作为语法规范的普通话"⑤。并历史地、具体地说明这种"汉民族共同语""是汉语历史发展的自然的结果"⑥;推广普通话,"是促进汉语达到完全统一的主要方法"。⑦

关于制定和推行《汉语拼音方案》 在对《汉语拼音方案(草案)》的说明中,胡乔木从对北京话同上海话、武汉话、南京话等方言的对比中,分析北京话语

---

① 《汉字简化和改革的问题》(1955年3月15日),《胡乔木谈语言文字》,人民出版社1999年版,第80、83页。
② 《在全国文字改革会议上的发言》(1955年10月23日),《胡乔木谈语言文字》,第104、100页。
③ 《汉字简化和改革的问题》(1955年3月15日),《胡乔木谈语言文字》,第108—109页。
④ 《汉字简化和改革的问题》(1955年3月15日),《胡乔木谈语言文字》,第91页。
⑤ 《国务院关于推广普通话的指示》(1956年2月6日),《胡乔木谈语言文字》,第184—185页。
⑥ 《在全国文字改革会议上的发言》(1955年10月23日),《胡乔木谈语言文字》,第117页。
⑦ 《国务院关于推广普通话的指示》(1956年2月6日),《胡乔木谈语言文字》,第185页。

音清浊、尖团、声调（调类调值）的特点，说明拼音方案为什么以北京语音为标准音的道理；从对比分析汉语和印欧语系诸种语言的不同，说明拼音方案为什么采用拉丁字母为工具而又不完全遵守国际上使用拉丁字母习惯的道理，都有很强的说服力，很高的学术性[1]。

胡乔木是汉语规范化的倡导者之一。胡乔木认为，"在语音方面是统一的，在语法方面、词汇方面是合乎现代汉语规范的。这样子，我们的语言才能够进到完全成熟的阶段。"[2] 为此要做许多科学工作。语言学家的任务之一就是要发现语言里面的客观法则[3]。建立和推行语言标准，这就是实现规范化。他指出：汉语方言分歧严重，使汉语规范化工作显得特别重要和迫切。要把汉语规范工作当作一项非常重要的政治任务[4]。胡乔木不遗余力地为汉语规范化而努力。1951年6月6日《人民日报》发表了在胡乔木主持下撰写的《正确地使用祖国的语言，为语言的纯洁和健康而斗争》的社论，接着经他组织，连载了吕叔湘、朱德熙的《语法修辞讲话》。胡乔木特别重视词典编纂和方言调查。在《关于推广普通话的指示》中明确规定任务：1956年上半年完成《汉语拼音方案》；1956年编好确定语音规范为目的的普通话《正音词典》；1958年编好以确定词汇规范为目的的中型的《现代汉语词典》；1956—1957年完成全国每一个县的方言初步调查。在日常生活中，纠正《人民日报》和出版物（从青年到名家）语言使用上不规范的毛病，成了胡乔木的习惯。

80年代初，从对第二次汉字简化方案（1977年12月）的得失以至存废，引起了文字改革的又一次热烈讨论。1982年1月胡乔木以中共中央书记处书记、中国社会科学院院长的身份，在文改会主任会议上发表讲话，总结30年来文改会担负三项任务取得的成绩，就今后怎样继续完成三项任务，特别是汉字的整

---

[1] 《〈汉语拼音方案（草案）〉的几点说明》（1958年1月10日），《胡乔木谈语言文字》，第193—209页。

[2] 《在全国文字改革会议上的发言》（1955年10月23日），《胡乔木谈语言文字》，第131页。

[3] 《在现代汉语规范问题学术会议上的谈话》（1955年10月31日），《胡乔木谈语言文字》，第151页。

[4] 《在现代汉语规范问题学术会议上的谈话》（1955年10月31日），《胡乔木谈语言文字》，第167页。

理和简化工作怎样适应信息处理和机械化的需要，提出了战略性转变的意见。他指出："我们不能再像过去那样单纯考虑如何减少汉字的笔画和汉字的字数，零零碎碎地去搞这个字怎么简化，那个字怎么简化；而是要研究和提出一些重要原则，全盘解决汉字的整理和简化，以适应汉字信息化的要求。"胡乔木提出实现汉字信息化的路径，是"首先把现代汉字的字形改造成为许多可以独立的字形组合成的字，也就是先要把汉字改造成拼形的文字。"而分析汉字字形结构应以部件为单位。根据这个思路，胡乔木提出了减少汉字结构单位——部件，减少汉字结构方式，减少汉字笔形，尽量分解汉字等简化汉字的15条原则[1]。这些中肯的意见，是以他长期研究的成果作基础的。其中重要的著作，就是他在"文化大革命"身处逆境写出的、长达数万字的《汉字部件论》[2]。

关于简化字的修订 胡乔木认为，要通盘考虑，不仅要考虑废止"二简"，对1956年公布的"一简"中明显不合理的字也要考虑改掉。针对有些语言学家急于实行拼音化的主张，他说，"据我看，一百年左右时间实现不了拼音文字。"[3]"汉字是消灭不了的"，"在很长的时期内汉字还要用，拼音化的过程将是很长的"。胡乔木指出："在新的历史时期内，仍然要坚持文字必须稳步进行改革的方针。"当前文字改革的任务主要是：大力推广普通话，积极普及普通话；研究整理现行汉字，制定现代汉语用字的各项标准；进一步推行《汉语拼音方案》，使《汉语拼音方案》在实际应用中完善化、规范化等。这就把文字改革工作放在切实可行的基础上[4]。

四 文学艺术研究

文学艺术也是胡乔木一生与之结下不解之缘的领域。1930年4月他还是一

---

[1] 本段引文均见《关于当前文字改革工作的讲话》(1982年1月23日)，收入《胡乔木谈语言文字》。
[2] 陈章太：《胡乔木对语言文字工作的特殊贡献》，《语文建设》1997年第7期。
[3] 《关于文字改革工作的谈话》(1982年4月2日)，《胡乔木谈语言文字》，第313、315页。
[4] 《关于当前文字改革工作的意见》(1984年10月18日)，载《文字改革》月刊1985年第1期。

个高三学生，就发表了《近代文艺观测》，论述19世纪末到20世纪20年代近代文艺"颓废派—未来派—普罗派的起伏"，并由此表示自己科学社会主义的信念。他从小受到古典文学的家学熏陶，中学时代接受了新文学的启蒙，在浙大外文系又提高了欧美文学的修养，他所受的教育和聪颖的禀赋，使他成为一个学贯中西、博古通今、能诗善文的革命文学青年。他在清华大学办过革命小报，在盐城办过进步文艺刊物，1935年到上海后很快就走进了领导左翼文化运动的行列，发表评论和诗作。在以后的政治生涯里，仍然保持着对文艺的热爱和关注。中共十一届三中全会以后，胡乔木作为党和国家领导人之一负责指导包括文学艺术在内的思想文化战线的工作。他既坚持解放思想、改革开放，又坚持四项基本原则、反对资产阶级自由化，为发展和繁荣社会主义文艺，进行了坚持不懈的努力。六十多年间，胡乔木对马克思主义文艺理论和毛泽东文艺思想的论述，对古今中外文艺发展历史的研究，对古今中外文艺家、文艺作品、风格流派的评论，对中国诗歌内容与形式的论述，有不少系统的、精辟的见解。这里择要做一些介绍。

（一）对毛泽东文艺思想采取科学分析态度，这是胡乔木在新时期对社会主义文艺理论的一大贡献。

胡乔木在1981年8月思想战线座谈会上讲话指出，毛泽东《在延安文艺座谈会上的讲话》的"根本精神，不但在历史上起了重大作用，指导了抗日战争后期解放区文学创作和建国以后的文学创作的发展，而且是我们今后任何时候都必须坚持的"①。同时，对毛泽东文艺思想"也要采取科学的分析态度"，第一次明确指出："长期的实践证明，《讲话》中关于文艺从属于政治的提法，关于把文艺作品的思想内容简单地归结为作品的政治观点、政治倾向性，并把政治标准作为衡量文艺作品的第一标准的提法，把具有社会性的人性完全归结为人的阶级性的提法（这同他给雷经天同志的信中的提法直接矛盾），关于把反对国民党统治而来到延安、但还带有许多小资产阶级习气的作家同国民党相比较、同大地主大资产阶级相提并论的提法，这些互相关联的提法，虽然有它们产生

---

① 《当前思想战线的若干问题》（1981年8月8日），《胡乔木文集》第2卷，第491页。

的一定的历史原因,但究竟是不确切的,并且对于建国以来的文艺的发展产生了不利的影响。这种不利的影响,集中表现在他对于文艺工作者经常发动一种急风暴雨式的群众性批判上,以及1963、1964年关于文艺工作的两个批示上。这两个事实,也是后来他发动'文化大革命'的远因和近因之一。"① 这番话,总结了历史的教训,纠正了理论上的偏差,使文艺工作者思想得到解放,促进了社会主义文艺的发展。

(二)对作家作品、思潮流派进行文艺批评,是胡乔木指导文艺工作的主要方式,表达了他的文艺观点和学术思想。

从1936年春发表评论赞扬萧军的《八月的乡村》"带给了中国文坛一个全新的场面"开始,胡乔木文艺批评的注意力首先集中在对优秀作品的发现和褒扬。他欣赏郭小川的《厦门风姿》"用白话写新式的律诗,究为诗史上的创举"②;称赞茹志鹃的《百合花》"是现代中国最好的短篇小说之一"③;魏巍的《东方》是"文化大革命"以后写抗美援朝的成功之作中最重要的一部④;他认为谌容的中篇《人到中年》"写得很好。像陆文婷这样的主人公,同样是建设社会主义的重要力量"⑤;他多次称赞陈祖芬的报告文学,说《共产党人》写得"十分动人,发人深省"⑥。这样的例子举不胜举。对电影、电视这样的最有群众性的艺术门类,胡乔木更为热情关注。他称赞"1981年电影成绩是很大的",肯定《喜盈门》"表现了在家庭关系上的社会主义美德",《牧马人》"是有实际生活根据的",决不能称为"脱离现实的理想主义"⑦。他以很大的热情希望"全国的男女老少人人都看一遍"电影《高山下的花环》,肯定"这部影片的最

---

① 《当前思想战线的若干问题》(1981年8月8日),《胡乔木文集》第2卷,第493—494页。
② 《致陈毅、康生》(1962年9月6日),《新文学史料》1997年第3期。
③ 《谈军事题材文学的创作》(1982年4月27日),《胡乔木文集》第3卷,第166页。
④ 同上书,第169页。
⑤ 同上书,第170页。
⑥ 转引自陈祖芬《真的就是胡乔木》,载《我所知道的胡乔木》,第388页。
⑦ 《对我们的电影艺术的进步要有信心》(1981年12月27日),《胡乔木文集》第3卷,第171、173、175页。

大突破是在军事题材的影片中写了悲剧"①。他赞扬《四世同堂》"是一部洋溢着爱国主义热情、富有民族风格和地方色彩的优秀电视连续剧","攀登上了电视艺术的高峰",说明不要一味跟在西方的现代流派后面追,可以制作出具有中国民族风格的高水平的作品②。从这些评论中,可以看到胡乔木的美学理想和对于社会主义文艺繁荣发展的期待。

胡乔木文艺评论的主要着眼点是文艺发展的社会主义方向。对作品和思潮的错误所作的批评尤其是这样。他指出:"正确的批评当然首先要坚持四项基本原则,这是任何领域的批评的共同基础。"正确的批评至少要具备三个条件:对需要批评的对象,要有全面深入的了解;人民内部的批评一定要有团结的愿望;批评要既入情,又入理③。胡乔木正是从上述原则和要求出发对剧本《苦恋》和影片《太阳与人》进行了批评。他指出《苦恋》和《太阳与人》"歪曲地反映了我国社会现实生活的历史发展,实际上否定了社会主义的中国,否定了党的领导,而宣扬了资本主义世界的'自由'"。他从多方面对作品的错误进行了入情入理的分析,指明无论是《苦恋》还是《太阳与人》极力向人们宣扬的观点,"正是资产阶级自由化思想的一种重要的典型表现"。"显然,不对《苦恋》和《太阳与人》进行批评,并通过这种批评使我们的文艺界、思想界和全党受到教育,增强同资产阶级自由化倾向作斗争的能力,我们的文艺事业和其他事业就很难保证自己的社会主义发展方向。"④ 对有的文艺刊物大谈对四项基本原则的所谓"突破"和"修正",以及文艺领域的一些错误思想问题,胡乔木也进行了严肃的批评⑤。对当时改变文艺领域和整个思想战线的软弱涣散的状况起到了积极作用。

---

① 《希望人人都看〈花环〉》(1984年11月),《胡乔木文集》第3卷,第374—375页。

② 《电视剧〈四世同堂〉的启示》(1985年9月3日),《胡乔木谈文学艺术》,人民出版社1999年版,第321页。

③ 《当前思想战线的若干问题》(1981年8月8日),《胡乔木文集》第2卷,第485—487页。

④ 同上书,第460页。

⑤ 见《当前思想战线的若干问题》(1981年8月8日),《胡乔木文集》第2卷,第476—478页。

对保守、僵化的思想胡乔木也进行有说服力的批评。有人不赞成用"党的出版物"来替换"党的文学"的不确切的旧译，不赞成用"文艺为人民服务，为社会主义服务"的新口号来代替"文艺为政治服务"的旧口号，胡乔木指出，"党的文学这种说法是不清楚的"，"不能把文学艺术这种广泛的社会文化现象纳入党独占的范围，把它说成是党的附属物，是党的'齿轮和螺丝钉'。"用"为人民服务，为社会主义服务"的新口号来代替"为政治服务"的旧口号，"有很大的必要"，两个口号"根本的不同在于新口号比旧口号在表达我们的文艺服务目的方面，来得更加直接，给我们的文艺开辟的服务途径，更加宽广。"①

对片面宣扬现代派的批评，显示了胡乔木进行文艺批评的特点：既突出文艺的政治方向和社会效果，又从中外文学史的大量事实出发进行科学的分析。他肯定"艺术的创新是永远需要的"，但需要研究在创新的名义下的实际内容，"艺术不能离开生活"，"创新离不开艺术最根本的原则"。现代派的情况相当复杂，无论中国和外国，不少追求现代派或采用现代派手法的作家还是反映现实，追求社会正义，批判资本主义的。但是，"现代主义在20世纪也不能成为主流"，"现实主义产生了许多文学人物、场景，提出了许多有社会意义的问题，道路很广阔。现代派太不能与之相比了。""如果在利用现代派技巧的幌子下来掩盖反对社会主义的内容，那么我们是要坚决反对的。"②

（三）对文艺理论研究、文学史研究，胡乔木提出了科学的、合乎艺术规律的原则和方法。

胡乔木指出：文艺理论研究的对象应该是文学的直接现实，而不只是文艺批评和理论著作，要以马克思主义的方法去研究文学本身，建立真正有系统的理论③。文学史研究的对象是文学创作的有重要意义的成果。文学家在文学史上的地位，必须与他的文学著作成果（包括质与量）成正比。要紧紧围绕主要的

---

① 《关于文艺与政治关系的几点意见》（1982年6月25日），《胡乔木文集》第2卷，第533、536页。

② 《高高举起社会主义文学的旗帜》（1983年6月3日），直接引用的文字顺序见《胡乔木谈文学艺术》，第281、285、284、285、287、282、288页。

③ 据《关于文艺理论研究问题》（1978年12月），《胡乔木谈文学艺术》，第106—107页。

作品、它的出现、它和过去文学的区别和继承的关系，做很多的研究①。中国文学史"要研究中国文学的特殊面貌，它的特殊的发展规律"②。政治不能够决定文学的发展。当代中国文学史是政治干涉文学相当多的时期，然而粗暴的干涉"没有造成任何一部值得写入文学史的作品"。他不赞成以事件来划分文学史的阶段，那样就"过于着重或夸大政治编年史的影响了"。对那种充满各种政治事件、口号，充满政治分析和作家作品政治鉴定的文学史，他表示了强烈的不满③。

（四）胡乔木对中国诗歌形式有精深的研究，对创造新格律诗作了探索和尝试。

胡乔木从30年代到90年代，一直没有停止过对诗歌形式的研究和创造新的诗体的努力。他指出：中国诗体有两个轨道——一个是三、五、七言的奇数字句型，另一个是四、六、八言的偶数字句型。经过很长时间，由诗经、楚辞时期的偶数字句型为主变为两汉以后的以奇数字句型为主。此后五七言诗成了诗的正宗。宋以后词、曲起来，可以说是三五七言、四六八言的综合。到了"五四"时期新诗出现，情况再变，好像倒过头来，基本上以偶数字句型为主。他又研究诗的音节，发现民歌的音节一般一三五七是重音，旧体诗差不多和它完全相反，更着重二四六的重音④。胡乔木指出平仄之分至少在周代就已开始被人们意识到，所以诗经、楚辞中用平韵的作品远远超出用仄韵的。这种情况，历代诗赋词曲和现代歌谣、歌曲、新诗一直没有改变；而且不论实际调值在各时期和各方言区有多大的不同。说明平声、仄声确有明显区别⑤。胡乔木认为要

---

① 《如何把握中国当代文学史的研究对象》（1979年8月29日），见《胡乔木文集》第3卷，第60、62、66页。

② 《关于文艺理论研究问题》（1978年12月），《胡乔木谈文学艺术》，第107页。

③ 《如何把握中国当代文学史的研究对象》（1979年8月29日），直接引文见《胡乔木文集》第3卷，第65页。

④ 《诗歌的形式问题》（1959年5月20日），《胡乔木谈文学艺术》，第47—50、53页。

⑤ 《诗歌中的平仄问题》（1981年6月12日致赵元任），《胡乔木谈文学艺术》，第155页。

进一步探究：上述规律或情况为什么会发生，比如汉语中为什么平声字远远超出仄声字？两汉时诗体的变化是不是因为汉语在这时发生了什么变化[①]？胡乔木主张把新诗诗体确定下来。体裁和形式可以多样，但诗总要有一定的约束，要节奏整齐[②]。他"试图运用和提倡一种简易的新格律。其要点是以汉语口语的每两三个字自然地形成一顿，以若干顿为一行，每节按各行顿数的同异形成不同的节奏，加上适当的韵式，形成全诗的格律。"[③] 他自己尝试的格律形式是每行四拍（顿），每拍两三个字（音节）；不采取一个或四个字作为一拍的办法，有时把"的"放在下一拍的起头，拿容易念上口做标准[①]。

五　对国际国内重大问题的研究

运用马克思列宁主义、毛泽东思想，研究解决国际共产主义运动和中国革命与建设中的重大理论问题和实际问题，在胡乔木毕生的科学研究中占有重要地位。他在毛泽东、邓小平指导下写了不少文章。这里简要评介其中最为重要的几篇。

一篇重要文章是《再论无产阶级专政的历史经验》。这是毛泽东亲自主持、经中共中央政治局多次讨论修改、于1956年12月29日发表的《人民日报》编辑部文章。胡乔木是文章的起草人。《再论》是4月发表的《一论》（即《论无产阶级专政的历史经验》）的续篇，针对从那以后全世界反苏反共浪潮继续发展，接连发生波兰事件和匈牙利事件，国际共产主义队伍思想严重混乱，回答了当时迫切需要解决的重要问题。文章肯定苏联革命和建设的基本经验，指出十月革命的道路是各国革命和建设必须走的共同的康庄大道，同时每个国家又

[①]《诗歌中的平仄问题》（1981年6月12日致赵元任），《胡乔木谈文学艺术》，第155页。
[②]《诗歌的形式问题》（1959年5月20日），《胡乔木谈文学艺术》，第59—60页。
[③]《〈人比月光更美丽〉初版后记》，《人比月光更美丽》，人民文学出版社1993年第2版，第99—100页。

有它自己的具体的发展道路；文章进一步评价斯大林的功过，在指出他后期所犯的严重错误、分析其产生的原因的同时，肯定他的功绩，论定"他的一生乃是伟大的马克思列宁主义革命家的一生"；文章在系统批判教条主义错误的同时，又深刻地揭露和批判了修正主义，指出他们借口反对教条主义、借口发展社会主义民主，否定无产阶级革命和无产阶级专政，否定民主集中制，否定共产党的领导；文章联系历史和现实，批评了大国主义的错误和危害，要求克服大国主义和民族主义的倾向，加强无产阶级的国际团结。文章第一次提出毛泽东的区分两类性质不同的矛盾——敌我之间的矛盾和人民内部的矛盾——的思想，并明确指出以此作为讨论问题的根本立场。通篇文章都运用毛泽东关于两类不同性质矛盾的思想来分析问题、解决问题。这就使这篇政论闪烁着哲学的光辉。这篇论文是中国共产党在苏共二十大后在国际共运中发挥中流砥柱作用的代表作。

胡乔木另一篇论述科学社会主义的文章，是写于1990年4月的通信《对社会主义的新认识》①。此文篇幅短小而视野开阔、思想深远。胡乔木概括一百多年关于社会主义概念的发展变化，从方法论的高度指出，科学社会主义理论"不可能是一次完成的，现在也没有完成，只是已有很大进步"；这很大进步，用一句话来概括，就是对社会主义的认识"过去的想法离不开共产主义的初级阶段"。离开"共产主义初级阶段"的传统看法来认识社会主义，就看到了关于共产主义的目标由近变远，社会主义阶段的时间由短变长、成熟程度由高变低（主要表现在对商品经济的认识），革命形势由高潮转入低潮，"这从形式上说可以看成后退，……而实质上却是真正的前进，使经济活力和人民生活大大前进了。"胡乔木从实事求是地认识社会主义这一根本点上，有力地论证了"改革开放对于社会主义国家来说确是从理论到实践上的一场深刻的革命"。受通信的限制，胡乔木对新认识没有展开论述，进行论证，但就是从他提出的观点和思路来看，不能不说胡乔木在他的晚年又一次站到了对科学社会主义认识的前列。

在十一届三中全会前几个月召开的国务院务虚会上，胡乔木作了题为"按

---

① 此信收入《胡乔木文集》第2卷，见该书第665—667页。

经济规律办事"的重要发言①。这是1978年兴起的思想解放运动中最重要的经济论文之一。胡乔木科学地总结"大跃进"和"文化大革命"的经验教训,特别是"唯意志论"盛行所造成的惨痛损失,强调经济工作必须按客观经济规律办事,不能按违反经济规律的长官意志办事。尤其重要的是,他指出,社会主义制度不能自动地保证经济有计划和高速度发展,"只有把社会主义制度的优越性同发达资本主义国家的先进科学技术和先进管理经验结合起来,把外国经验中一切有用的东西和我们自己的具体情况、成功经验结合起来,我们才能够迅速提高按照客观经济规律办事的能力,才能够加快实现四个现代化的步伐。"这段话对改革开放作了强有力的理论论证,为加快实现四个现代化指明了途径。对怎样按照经济规律办事,胡乔木提出了一系列重要的指导思想、方针政策和改革措施,很多是长期视为禁区、人们噤若寒蝉的。他强调按经济规律办事就是要遵守价值规律,按供求规律办事。要把国家、集体、个人的利益直接地结合起来,使企业中的每个人都能从物质利益上关心国家计划的完成,关心企业经营的成果;要坚决贯彻按劳分配原则,处理好有关个人物质利益的问题。他提出要逐步建立起一套适应现代化需要的科学的管理制度和管理方法,达到精简、统一、效能、节约、反对官僚主义的目的。他要求扩大经济组织和经济手段的作用,提出推广合同制,发展专业公司(托拉斯),加强银行的作用,发展经济立法和司法等四方面重要改革建议。文章在国内外引起强烈反响。美国、日本等国的著名经济学家认为它在经济理论方面为中国吹响了改革开放的号角②。"按经济规律办事"这个口号在国内广泛传开,对拨乱反正起了积极的推动作用。

  胡乔木最有影响的哲学著作是《关于人道主义和异化问题》。这是继邓小平在1983年10月中共十二届二中全会上讲话批评了有一些同志热衷于谈论人道

---

① 这篇发言后来修改整理成文在1978年10月6日《人民日报》上发表,题为《按照经济规律办事,加快实现四个现代化》。经修改后又由人民出版社出版单行本。收入《胡乔木文集》第2卷,见该书第401—432页。

② 转引自马洪《中国社会科学院的奠基人》,载《我所知道的胡乔木》,第109页。

主义和所谓异化①以后，为了以马克思主义理论探讨和说明"人道主义和异化"问题而于1984年1月3日在中央党校作的讲话，经修改补充在1月27日《人民日报》发表。胡乔木指出：围绕人道主义和异化问题展开的争论，其核心和实质是究竟应该用怎样的世界观和历史观，是马克思主义的历史唯物主义还是人道主义的历史唯心主义，作为我们观察人类历史发展、社会主义社会发展和指导自己行动的思想武器②。此文在学术上的一个突出贡献，是区别人道主义两个方面的含义：一个是作为世界观和历史观，一个是作为伦理原则和道德规范③。指出许多宣传人道主义的文章没有区别这两种含义，批评那种用作为世界观和历史观的人道主义来"补充"马克思主义，甚至要把马克思主义归结为或部分归结为人道主义的错误思潮，着重批评了这种错误思潮的典型命题——"人是马克思主义的出发点"，论述了人类社会和人们的社会关系（首先是生产关系）是马克思主义历史观的新出发点，并由此出发建立了马克思主义的科学体系，找到了无产阶级解放和全人类解放的现实的革命的道路，从而对解决人的问题提供了一个科学的答案。这篇文章的另一个重要内容是批评用"异化"论的说法来解释社会主义社会的消极现象。文章对"异化"一词作了历史的考察，说明成熟时期的马克思已经超越了异化的理论和方法，而创造了科学的马克思主义的理论和方法；把"异化"作为表述某些特定现象的概念来使用，则严格限制在特定的历史时期（阶级对抗的社会特别是资本主义社会）。把异化说成为马克思说明历史、说明资本主义的一般方法的观点，进而认为异化是一般规律也应该成为分析社会主义社会的一般方法的观点，同马克思使用异化概念的实际

---

① 邓小平在十二届二中全会的讲话中指出："人道主义和异化论，是目前思想界比较突出的问题。"批评"有一些同志热衷于谈论人的价值、人道主义和所谓异化，他们的兴趣不在批评资本主义而在批评社会主义"；所谓社会主义存在异化的说法，"这实际上只会引导人们去批评、怀疑和否定社会主义，使人对社会主义、共产主义的前途失去信心"。见《邓小平文选》第3卷，第40—42页。

② 《胡乔木文集》第2卷，第582—583页。

③ 同上书，第582页。

情况不相符。文章指出:"资本主义转变为社会主义,是历史发展中的一次根本性飞跃。这是一条极其重要的历史分界线。如果不承认这条历史分界线,把马克思用以表述资本主义对抗社会关系时使用过的异化概念,搬来分析社会主义的社会关系,必然导致严重歪曲我们的社会主义现实","这绝不可能帮助我们解释和克服社会主义社会中存在的任何消极现象,只能对这些问题的解决以至对社会主义制度本身带来破坏性的影响"[1]。文章对认为我国社会主义发展过程中存在所谓"思想异化"、"政治异化"或"权力异化"和经济领域的异化的观点,进行了深刻的入情入理的批评。

以上五个方面,只是胡乔木理论和学术成就的主要方面,他在法学、教育学、出版事业、文献研究编纂学、档案学、方志学以至自然科学等许多方面,或有相当深入的研究,或有高明独到的见解,这里无法一一列举;而且,他的主要工作和最重要的贡献,还不在哲学、人文社会科学的研究,而在党和国家许多重要文件(从共同纲领、宪法到各种重要的讲话、章程、决议、决定、公报、宣言)的起草、修改以及领导人著作的整理和编辑。他的一生与党和国家的事业融为一体,鞠躬尽瘁,死而后已。诚然,像所有的大学问家一样,胡乔木的思想理论、学术观点难免有历史和认识的局限,也难免存在着矛盾和偏颇,但他那多方面的卓著成就,那不倦探求真理的精神,实事求是、精益求精的学风,不能不令同辈和后人钦佩,给同辈和后人以启迪。他是中国现代学术之林中不可多得的一株乔木,伟岸挺拔,不可摇撼。

(程中原 撰稿)

---

[1] 《胡乔木文集》第2卷,第626、627页。

作者简介

程中原，1938年生，江苏锡山市人。当代中国研究所副所长、研究员，《胡乔木传》编写组副组长。研究领域：中华人民共和国史，中共党史，中国现代文学史。著有《张闻天传》等著作。

胡乔木主要著作目录

《关于目前新闻工作中的两个问题》（1950年3月29日）

　　《胡乔木文集》第2卷，人民出版社1993年7月出版。

《中国共产党的三十年》（1951年6月）

　　《胡乔木文集》第2卷，人民出版社1993年7月出版。

《汉字简化和改革问题》（1955年3月15日）

　　《胡乔木谈语言文字》，人民出版社1999年6月出版。

《再论无产阶级专政的历史经验》（1956年12月29日）

　　《胡乔木文集》第1卷，人民出版社1992年5月出版。

《西藏的革命和尼赫鲁的哲学》（1959年5月6日）

　　《胡乔木文集》第1卷，人民出版社1992年5月出版。

《诗歌的形式问题》（1959年5月20日）

　　《胡乔木谈文学艺术》，人民出版社1999年6月出版。

《按照经济规律办事，加快实现四个现代化》（1978年10月6日）

　　《胡乔木文集》第2卷，人民出版社1993年7月出版。

《党的十一届三中全会的重大意义》（1979年1月6日）

　　《胡乔木文集》第2卷，人民出版社1993年7月出版。

《历史决议》中对"文化大革命"的几个论断（1980年9月21日）

　　《胡乔木文集》第2卷，人民出版社1993年7月出版。

《当前思想战线的若干问题》（1981年8月8日）

　　《胡乔木文集》第2卷，人民出版社1993年7月出版。

《关于当前文字改革工作的讲话》（1982年1月23日）

  《胡乔木谈语言文字》，人民出版社1999年6月出版。

《关于文艺与政治关系的几点意见》（1982年6月25日）

  《胡乔木文集》第2卷，人民出版社1993年7月出版。

《关于人道主义和异化问题》（1984年1月3日）

  《胡乔木文集》第2卷，人民出版社1993年7月出版。

《中国在五十年代怎样选择了社会主义》（1989年3月29日）

  《胡乔木文集》第2卷，人民出版社1993年7月出版。

《中国共产党怎样发展了马克思主义》（1991年6月25日）

  《胡乔木文集》第2卷，人民出版社1993年7月出版。

马 洪

(1920—2007)

著名的经济学家。曾任中国社会科学院工业经济研究所所长、中国社会科学院院长。

马洪出生于山西定襄。原名牛仁权，曾用名牛黄、牛中黄；在延安时，为准备派往外地做秘密工作的需要，由当时的中央组织部部长陈云为他把牛黄的名字改为马洪。1936年加入党所领导的牺盟会。1937年加入中国共产党。1938年到延安，先后在中央党校和马列学院学习和工作。抗日战争胜利后，马洪从延安被派往东北，在中共中央东北局工作。建国以后，曾任东北局委员、副秘书长，后调到中央，任国家计划委员会委员兼秘书长。"高饶事件"时被认为是高岗的"五虎上将"之一，下放北京市第一和第三建筑公司工作，后又调任国家经济委员会政策研究室负责人。"文革"后复出，创建中国社会科学院工业经济研究所并任所长，后任中国社会科学院副院长、院长，兼任国家机械委员会副主任，国务院副秘书长，国务院发展研究中心主任。现任国务院发展研究中心名誉主任，兼任北京大学、清华大学、复旦大学、上海交通大学客座教授。马洪是中共十二届候补中央委员，十三届、十四届党代表，第七届全国人民代表大会常务委员会委员兼财经委员会副主任。

马洪是在中国革命和建设土壤上成长起来的我国当代著名的经济学家。他的治学经历，颇具传奇色彩。他13岁读完小学就挑起了养家糊口的重担，16岁参加革命走南闯北，既没有读过名牌大学，更没有留过洋，但他却在经济管理、经济改革、经济结构、经济发展战略、工业经济和企业管理等多种学科领域进行了一系列开创性的研究。他不但在经济学方面有理论修养，而且是我国经济决策咨询战线上的一位开拓者和领导者，从而使他成为享誉中外的经济学大师。

马洪之所以能够取得如此显赫的成就，同他所走的治学道路和所持的治学态度，密不可分。一言以蔽之，就是他了解我国的国情、民情，同时又有勤奋、严谨、科学、求实的精神。这是他成功的关键。

治学道路的起点

马洪的马克思列宁主义基本理论的功底，是在党中央培养理论干部的最高学府——延安马列学院（后改为中央研究院）奠定的。马洪1938年4月被选派到中央党校学习。在此之前，他已有了两年多工人运动的经历，他参加了同蒲铁路总工会的筹建并被推选为同蒲铁路总工会的负责人之一。他曾按照党的指示代表同蒲铁路总工会同铁路当局谈判；代表同蒲铁路工人武装自卫队同阎锡山当局谈判，维护工人合法权益。

在斗争中，他开始积累了革命斗争的经验和策略。他就是在这样一种实践的基础上进入中央党校的。毕业后他又于当年12月被选派到马列学院学习，然后留校工作，直到抗日战争胜利。在马列学院学习和工作的7年多的时间里，他如饥似渴地阅读了大量的马列主义经典著作，聆听过毛泽东、刘少奇、陈云等中央领导同志的报告，接受过毛泽东亲自为他颁发的延安模范青年奖章，还多次在张闻天率领下深入农村和城镇进行调查研究。这段学历和经历，成为他此后长期在理论和政策研究战线工作的起点，也是他治学道路的起点。

张闻天当时担任马列学院院长，他不仅在党的历史上有过重大的功绩，而且对毛泽东思想的形成和发展，也做出了宝贵的贡献。他对于马克思列宁主义的坚定信仰和刻苦钻研的精神，在我们党和革命队伍中表现得非常突出。他的理论学习，不是片言只语、表面引证，而是特别重视系统地攻读马列原著，结合中国的具体实践，融会贯通。他注重理论联系实际，深入调查研究，向群众学习，向现实生活学习。他的理论修养、思想方法、严谨学风，对马洪的成长产生了很大的影响。

1941年初，党中央决定开始整风学习，提倡全党坚持理论联系实际的学风，调查社会政治、经济、文化和各阶级、各阶层的情况，为此，专门成立了以毛泽东为主任、任弼时为副主任的调查研究局，陆续组成各种类型的调查团，深入各地进行广泛的调查研究。

为了贯彻中央的决定，了解抗日战争时期中国社会的基本状况和中国革命的基本问题，张闻天亲领调查团于1942年初在陕北以生产力与生产关系为主题，以土地占有变化与租佃关系为主要内容开始了农村调查。马洪自始至终参加了这个调查团。调查团在工作中非常注意运用科学的调查方法，在掌握大量实际材料的基础上，去粗取精、去伪存真，经过研究分析，写成了《神府县贺家川八个自然村调查》、《兴县碧村调查》、《兴县十四个自然村的土地问题研究》、《米脂杨家沟的调查》等调查报告，张闻天还亲自写了《关于在农村发展新民主主义经济的一个问题》。这次时间长达一年半的调查研究，使我党对抗日战争时期我国抗日根据地农村状况有了更深入细致的了解，为检验党的路线、方针、政策的执行情况提供了全面、客观的资料，可以说，至今仍是我们正确认识和研究历史经验的一份宝贵的史料。特别是其中《米脂杨家沟的调查》，是马洪参与并提供调查素材，由张闻天主持写成的，当时由延安新华书店出版，解放后又由人民出版社再版发行，是当时很有典型意义的一本农村调查报告。这一年半的调查研究，使马洪对当时的农村和城镇的阶级斗争和经济情况，有了更深入的了解。在调查研究中，马洪将自己所学的马克思列宁主义理论和所从事的工作，有机地结合起来，不仅更深刻地领会了马克思列宁主义的理论实质，而且对建立正确的世界观和方法论起了重要的作用。

作为一位社会科学的学术大师，从马洪的文凭来看，起点固然很低，然而从他掌握和运用马克思列宁主义原理，认识社会、了解社会，再从实践中提炼，上升为理论的本领和学问来看，起点之高却是非同凡响的。

独特的治学风格

马洪所处的时代，是中国发生天翻地覆的巨变的时代。从一个贫穷落后的半封建、半殖民地的旧中国，经过抗日战争、解放战争，建立起了新中国；即使是建国以后的几十年间，我们也摸索着走过了一条极为曲折、复杂的道路。当我们面对改革、开放、建立社会主义市场经济体制所取得的成就而回顾历史的时候，我们每一个人都会感到，这几十年间中国社会形成的反差，是历史上任何时候都无可比拟的。马洪从他的少年时代就投身于这个伟大变革的斗争之中，他是踏着时代的脉搏而且是站在斗争的前列走过来的。历史的正、反两个方面的经验，是一个伟大的学校。马洪所处的时代与他的经历和道路，使他有可能形成自己的治学风格。事实上，时代确实也造就了他的这种独特的风格。

作为马洪的助手和学生，我对他的风格感受颇深，而且从中受益匪浅。据我的体会，至少以下三个方面可以作为马洪的学风和治学经验，向读者介绍。

一　深入实际　调查研究

实事求是，是无产阶级世界观的基础，是马克思主义的思想基础。讲求实事求是，首先要把"实事"搞清楚，因此，深入实际、调查研究，就成了我们党的优良传统、优良作风。在革命的年代里，马洪在革命根据地进行的长时间的调查研究，奠定了他的独特学风的根基，是他治学道路的实践基础，使他受益终生。每当重大事件到来之际，他总是非常自觉、非常自然地从调查研究入手。这样的事例很多，实际上这已成了他的一种习惯。

（一）全国解放前夕，马洪随东北局进驻沈阳　在此期间，马洪先后担任东北局委员、城市工作委员会副书记、东北局副秘书长，他的工作重心集中在城市工作特别是工业生产和基本建设上。为了掌握第一手资料，马洪多次主持召开了工业座谈会，及时摸清面上的情况、分析工业生产的总体形势。他还用了大量的时间和精力，亲自在沈阳冶炼厂和第一机床厂作典型调查，深入到车间、班组，找人座谈，征求意见。经过一段的调查研究，提出了发展城市工业的总体思路。他认为，对城市工业的管理，应按产业来组织，在产业内部应建立和完善一整套适合国情的促进生产力发展的行政管理和党的组织领导制度。

在这一时期，通过深入调查研究和大量的经济管理工作实践，使马洪开始形成了条理化、系统化的经济管理思想和观点，这在他组织起草的东北局的各种工作报告、决定、决议中都有具体体现。例如，他提出：东北虽是全国的工业基地，但在抓好工业的同时，绝不能放松对农业的工作；工业生产计划要注意均衡，注意合理调整工业结构；生产与节约、产量与质量、生产与安全并重；大力发展地方中小型工业企业，发挥其对国有大企业的补充和促进作用。马洪的这些观点，对当时东北地区的工业生产起到了积极作用。经过1950年和1951年，仅用了两年时间，东北地区的工业生产就恢复到了战前水平。

（二）第一个五年计划和"大跃进"之后，马洪在国家经济委员会　这时全党都在思考，如何找到一条既同资本主义国家的做法有本质区别，又同前苏联的做法有所不同的、适合我国情况的社会主义建设道路。为此，党中央号召大兴调查研究之风。当时马洪在国家经济委员会负责政策研究室的工作，如何尽快改善企业管理、加速工业发展，就成了他肩负的极其重要和迫切的任务。这时，他仍然是从调查研究入手。

60年代初，中央书记处主持经济工作的李富春亲自领导了对北京10个工厂和单位的系统调查，并选定北京第一机床厂为重点调查对象，由马洪负责组织调查组并主持了对该厂的调研。调查组进厂后深入到生产第一线，同班组工人们打成一片，采取由点到面、逐步深入的方法，做到全面系统而又不失典型性。经过半年多的调查，摸清了企业的全面情况，最后写出了《北京第一机床厂调查》一书。像这样深入细致地调查解剖一个企业，写出如此详尽的著作，在过去还是没有过的。在这次广泛而又深入的企业调查的基础上，中央决定起草《国营工业企业工作条例》（"工业七十条"）。马洪参加了这个条例的起草工作。

"工业七十条"是中国国营工业企业管理的第一个总章程，它的出台对于贯彻执行"调整、巩固、充实、提高"的八字方针，纠正"左"的思想影响，提高企业管理水平，起了重要作用。

调查研究的成果，马洪不但注重用来指导实际工作，而且注重上升为理论。在制订"工业七十条"的同时，他还主持编写了60万字的《中国社会主义国营工业企业管理》一书。这是一部具有历史意义的、代表那个时代最高水平的著作。它没有照搬原苏联的模式，而是从中国的实际出发，既肯定了我国社会主义建设中的成功经验，也总结了教训，特别是批判和否定了"大跃进"中的严重脱离实际的主观主义和违背客观经济规律的东西，系统地提出了适合当时我国情况的企业管理制度和方法。这本书对当时纠正"左"的错误有积极作用，对后来普及工业企业管理知识，提高工业企业管理水平也起到了显著的作用。

我当时刚刚大学毕业，就参加了企业调查和《中国社会主义国营工业企业管理》一书写作的全过程，也就是在这个过程中，我学习和练就了研究与写作的基本功。我深感这部著作凝聚着马洪的心血，贯穿着马洪调查研究中形成的管理思想，从写书指导思想和基本观点的提出，到篇、章、节的设定；从论证方法、行文格调的要求，到逐字逐句的修改定稿，都出自马洪之手。书的初稿和最终定稿差别之大，只有参加了写作的人，才能体会得到。所以我认为，这部著作，既可以说是集体成果，又应当说是马洪的个人专著。

（三）"文革"之后，马洪复出　　"文革"以后，国家逐步走上正规，马洪的学术和政治生涯也出现了转机。他在"文革"之后的复出，又是从企业调查起步的。

1977年4月中央召开了工业学大庆会议，号召全国企业学习大庆的经验。为此，国家计划委员会组织有关同志去大庆考察，从政治经济学和企业管理制度的角度对大庆的经验进行研究和总结，马洪参加并领导了这次考察，他在大庆蹲点，用了一年的时间，和参加写作的同志们一起，写出了《对大庆经验的政治经济学考察》（于光远主编、马洪等副主编）和《大庆工业企业管理》（马洪主编）两本书，由人民出版社出版。

在大庆写书的后期，马洪受命筹建中国社会科学院工业经济研究所。记得在建所之前，他就曾带我搞了一个《红星养鸡场调查》，那时他就已开始思索着企业经营机制问题。同时，他还着手调查研究面上的情况，指示我组织"双周座谈会"，以他的名义（建所后以中国社会科学院工业经济研究所的名义）邀请中央各部业务主管部门的负责人前来座谈。每次会议他都亲自主持，仔细提问，认真听取汇报，用了几个月的时间，把整个工业经济部门和企业的情况、问题摸得一清二楚。在此期间，他还指导我同他一起写了一篇文章《论充分发挥企业的主动性》，以"马中骏"的笔名在《光明日报》（1978年9月）发表，较早地提出了经济体制改革的中心环节在企业，不能只在中央与地方的关系上兜圈子，要充分发挥企业的主动性，认为解决经济管理体制问题应当把发挥企业的主动性作为基本的出发点；强调应当把正确处理国家、企业和个人的经济关系作为体制改革的中心问题；提出了企业是处理国家、企业和个人关系的关键的一环。

在此之后，他又按照中央的部署主持了经济结构问题调查组，全面系统地摸清了整个国民经济各部门、各方面的状况，在此基础上，系统地向中央提出了调整结构、促进发展的意见和建议。他撰写的《深入调查研究、探寻我国合理的经济结构》等论文和他主编的《中国经济结构调整研究》一书，都系统地阐述了中国经济结构的现状、问题以及如何进行调整和改革的建议，具有极高的理论深度和现实指导意义。他强调指出，导致经济结构不合理的原因，最重要的是盲目追求高指标、高速度，破坏了综合平衡；片面强调发展重工业、以钢为纲，忽视了农业和轻工业的发展；片面追求高积累，不注意人民生活的改善；人民公社化搞过了头，挫伤了农民的积极性；政企不分，企业缺少自主权，不能很好地发挥市场的调节作用，等等。《中国经济结构调整研究》一书，是在国内外关于中国经济问题影响极大的一本书，还分别在原苏联和美国用俄文和英文出版。

总之，深入实际、调查研究，贯穿在马洪整个治学过程之中，是他的本色，也是他治学的一种独特的风格。

二 古今中外 兼收并蓄

马洪革命和学术的实践活动，已有六十多年的历程，其中一大半的时间是在封闭的环境中走过来的。特别他又是从农村革命根据地起步的，外边的世界是什么样子的，不要说切身体验，就连参考资料也难以搞到。就是在这样的环境下，他也没有忘记搜集外部的信息。他主张，研究问题一定要广开思路，参考国外有益的东西，古今中外、兼收并蓄，使前人的成果能够为我所用。他的很多突破性的新思想、新观点，都是这样形成的。

（一）**研究企业的本质** 60年代初，在制定"工业七十条"和编写《中国社会主义国营工业企业管理》一书的时候，他就在深思着到底什么是企业。当时在我国政治上已经开始强调"以阶级斗争为纲"，认为企业是培养共产主义新人的"大学校"，若是把企业看成是生产单位、经济组织，那时已开始犯忌，至于追求利润，那就更成了"修正主义的货色"。马洪那时就曾经提出疑问：企业同学校到底有没有区别？企业是"大学校"，那我们还办学校干什么？企业当然要出人才，但是如果企业不出产品、不赢利，我们还办企业干什么？

记得马洪在写书组曾多次同大家探讨上述这些问题，他说，写企业管理首先要搞清楚什么是企业。要求大家研究历史、研究外国，搞清企业是怎么样发展起来的，古人是怎样说的，国外又是怎样看的。要求把古今中外关于什么是企业的说法切切实实搞清楚。当时虽能找到一些古人之云，但我国古代对企业的论述很少，而近代我国商品经济又很不发达，企业理论也很贫乏。从国外的情况来看，当时同苏联的关系已经恶化，新书不多，但还是找到了一本罗勉策夫著的《企业经济学》，他让大家认真学习和研究。至于美国的书则根本没有。马洪专门组织当时在中国科学院经济研究所工作的建国初期从美国回来的同志，查找英文资料，从中挑选了一本美国的《企业管理学》译成中文，安排手工打印，发给写作组成员人手一册，要大家认真研究参考。这在当时，实为难能可贵的。

关于什么是企业，虽然做了比较深入的研究，但可惜受当时环境所限，难以正面定义这个虽很重要但又极为敏感的问题。尽管如此，这部著作还是旗帜鲜明地从现代工业企业生产的基本特点出发，阐明了国营工业企业的根本任务，首先是要按照国家计划规定，增加社会产品，满足社会需要。而且必须在国家的统一计划下认真地讲究赢利，努力完成和超额完成国家规定的上缴利润任务，扩大社会主义积累。

我们都还记得，那时已经开始批判孙冶方"利润挂帅"了，所以，上边的说法，在当时已是冒了很大的风险。直到改革开放之后，在马洪主编《中国工业经济管理》和《中国工业经济问题研究》这两部著作的时候，才更加直接地回答了这个问题，为企业下了明确的定义。这时关于工业企业是不是要搞生产，已经不说自明了，在给企业下定义的时候，关键在于如何看待营利。马洪在《中国工业经济问题研究》一书中指出：西方经济学家为企业下的定义是："以营利为目的、有独立会计的经济单位就是企业。"社会主义工业企业就是建立在公有制基础上实行独立核算的从事工业生产活动的经济单位。而"实行独立核算这个构成企业的标志，实际上包含了获得利润和建立独立会计的双重含义。"这就直接触及了企业的本质，实际上，是对"什么是企业"这个根本问题，在认识上同国际接了轨。

（二）探寻改善和加强企业管理的方略　马洪从建国初期就开始研究如何改善和加强企业管理，一直在注意搜集国外的最新动态。改革开放之后，条件才真的成熟了。1978年马洪在创建工业经济研究所之初，就设立了国内室、国外室和综合室三个研究室，调来了一批懂得英、日、俄语的同志，专门搜集、研究国外管理理论和管理动向，他从这里得到很多信息，了解到很多新的情况。

马洪还多次率团出访，既考察了日本、美国和欧洲各主要发达国家，也考察了像印度这样一些发展中国家，认真进行国际性的调查、比较和研究，努力汲取有益的东西，形成观点，用来指导我国经济改革、发展和管理的实际工作。

1978年11月，他参加了由袁宝华带队的国家经委企业管理考察团，赴日本考察了一个多月。这是他初次出访，参观了很多企业，搜集了大量的第一手材料。回国后撰写了《日本企业家是怎样管理企业的》一文；又与邓力群、孙尚清、吴家骏一起撰写了《访日归来的思索》一书（中国社会科学出版社1979年出版）。通过考察和研究，马洪认为日本企业中有很多能够促进生产力发展的东西，对中国企业是有借鉴价值的。日本的企业大多数是中小企业，企业之间主要是按专业化与协作的原则组织起来的。企业间的协作关系用合同的形式固定下来。企业的一切经营管理活动和生产活动，都是以产品质量为中心，各级管理人员和每一个工人对此都有非常明确的认识，企业的各项规章制度都是围绕着这个中心并为它服务的。日本的企业为了走在世界的前列，非常重视人才培训，把它看做是一项战略任务，每个大公司都有设备先进、师资齐全、教材成套的培训中心。为了提高效率，日本企业非常重视将职工的利益同企业的利益联系起来，采取包括"终身雇佣制"，"年功序列工资制"以及严格、科学的考核与奖励制度，集体福利制度等灵活多样的办法，充分发挥职工群众的积极性和创造性。这次考察是在十一届三中全会前夕，这些经验，在当时对于完全处在计划经济体制下的我国企业来说，都是富有新意的。马洪考察归来后，结合我国企业改革的实际，积极宣传推广这些经验，对加强企业管理、推进和深化企业改革，起了重要作用。

1979年10月马洪率"中国工商管理考察团"访美近一个月，重点考察美国的管理教育。归国后，马洪在中央党校作了题为《美国经济与管理教育》的报告，对美国的科技、经济和社会发展做了客观的评价，认为战后美国经济之所以能有较大发展，是因为在科技进步、人才培养、经济关系调整、管理水平提高等方面有了许多新举措，其中有不少是值得我们借鉴的。为此他主编了《美国怎样培养企业管理人才》一书。之后，他根据当时我国改革开放急需提高企业管理人员的素质和水平，和蒋一苇等同志一起，于1984年举办了全国经济管理刊授大学，共4期，培训了4万人，对我国新时期培养企业管理人才作出了积极贡献。国家也由此开始在高校设立了工商管理系，增设了工商管理的硕士和博士点，使企业管理人才培养走入正轨。

1980年5月，马洪随国家经委代表团去维也纳参加欧洲论坛，在考察了瑞士、德国、法国之后，在论坛会上发表了演说，分析了欧洲工业发展和企业管理值得我国借鉴之处。同时指出，欧洲虽然经历了第二次世界大战的破坏，在经济复兴过程中美国也曾发生过很大影响,但重建后的欧洲并没有美国化,而是保持了自己的传统。中国实行现代化,也要向西方国家学习对自己有用的东西,但绝不是要西方化,而是要搞中国式的社会主义现代化。

除此之外,马洪还访问了其他许多国家,如西班牙、葡萄牙、瑞典、丹麦、意大利、南非、澳大利亚、新加坡、韩国等。通过考察,立足我国,放眼世界,以开阔的视野审视我国经济发展、经济改革和企业管理等方方面面的问题和前景,提出了一系列重要的观点和建议。他还主编了《国外企业管理比较研究》一书,系统地研究、介绍了国外企业管理理论和方法。

(三) 发起和组织长期稳定的对外学术交流 为了借鉴日本的经验,1982年马洪组织中国和日本两国专家共同编写了《现代中日经济事典》(中方主编马洪、副主编吴家骏;日方主编下河边淳、副主编菅家茂),共160万字,只用了不到10个月的时间,就分别在中国和日本用两国文字出版发行(中文本由中国社会科学出版社出版发行)。这是我国第一部经济事典,对于促进学术交流、增进相互了解,起了重要作用。

1981年由谷牧发起、马洪主持成立了"中日经济知识交流会",由中日两国政界、经济界著名人士为成员,轮流在两国举行会议,至今已举办了18次。1983年马洪发起组织了"中日经济学术讨论会",由中日两国著名经济学家为成员,隔年轮流在两国举行会议,至今已举办了6次。1990年马洪又发起组织了中韩两国类似的经济学术交流会。这些交流活动,对于学习国外经验,具有很重要的意义。每次会后都出版发行论文集,其中有很多好的建议,对我国经济改革和发展发挥了很好的作用,也有很多观点发人深思,在我国学术界产生了很大反响。例如,著名经济学家日本东京大学教授小宫隆太郎发表的"我的印象是,中国不存在企业,或者几乎不存在企业"的观点,就是在一次"中日经济学术讨论会"上发表的。他通过对中日企业的作用、功能、机制等多方面的比较和分析,充分论证了他的观点,具有很强的说服力,对于我国活跃学术思想、深化企业改革,起了促进的作用。

(四) 适应世界潮流,推进我国新技术革命 70年代以来,面对世界范围出现的新技术革命的浪潮,我国各界对于新技术革命的内容、性质及其可能带来的社会经济后果，众说纷纭，认识不一。1983年10月9日，当时国务院总理召集会议研究此问题，并指定马洪组织专家进行研究。为此，马洪先后召开了3次上百人参加的会议，进行"新技术革命和对策"研究。提出要抓住机遇、迎接挑战，指出：新兴技术的发展和应用，必将带来生产力的飞跃和产业结构的变化；知识越来越成为发展生产力、提高竞争力和取得经济成就的关键；信息技术将大大提高人类思维活动的效率，导致劳动方式的巨大变化；管理体制的改革已成为促进技术与经济发展的重要条件；经济和技术的变革将引起就业机会的变化和世界市场的激烈竞争。

在分析了世界新技术革命发展趋势的基础上，从我国国情出发提出了相应的对策，主要是：第一，要有重点地发展新兴产业，争取在10—20年内较大幅度地提高新兴产业在国民经济中的比重。从技术发展水平看，到本世纪末，要从总体上达到发达国家70、80年代水平，有些方面特别是某些新兴技术领域，要争取达到当时的世界先进水平，有些方面要根据我国的特点，开发独创的技术。第二，要积极应用新技术促进经济建设战略重点部门的发展，同时要加速传统产业的改造，使一些传统产业的发展能走捷径，尽可能地跨越一些发展阶段。第三，新兴技术研究开发和新兴技术产业的建设，应当采取"有限目标，突出重点"的方针，要吸取过去盲目追求"全面赶超、自成体系"的教训，有所为而有所不为，集中力量发展重点。第四，军民结合、军品优先，充分发挥军工系统的力量，促进新兴技术的发展。第五，各地要根据自己的条件对发展新兴产业做出具体部署，要应用新兴技术提高管理水平。第六，多途径引进国外先进技术，同时对国内新技术的研究开发与应用，采取适当的鼓励和保护政策。第七，加快新兴产业经营管理体制的改革。第八，加快教育改革的步伐，加强智力开发。

这项研究还针对我国情况，提出了重点产业发展方向：1. 要利用新技术加速传统工业改造，包括：发展机电一体化产品，用微电子技术改造旧设备；采用高新技术成果，革新传统工艺；推广应用新材料，促进产品更新换代；在生产过程控制、工程设计、企业管理等方面有步骤地应用计算机。2. 要把信息技术作为发展新产业的重点，包括：发展集成电路产业；发展电子计算机，建立软件产业；加快现代通讯网络的建设。3. 要加强新兴产业的物质基础建设，加速发展信息材料、节能材料、特殊条件下使用的结构材料。4. 积极发展航天技术、核技术和海洋工程技术。5. 加强生物技术的基础研究，逐步建立起生物技术新产业。

研究成果《新技术革命和对策》的报告，于1984年作为国务院文件转发全国各地，最后汇集成书并获得了国家奖。这一研究对我国新技术的发展，产生了极其重要的作用。

由于马洪注意不断地从外部吸取营养，不懈地探寻和追求新鲜事物，所以他能够始终站在理论的前沿，保持着他在学术上的青春和活力。这也是他治学的又一种独特的风格。

三　集思广益　参与决策

马洪认为，学风问题里面，最重要的就是理论联系实际问题。做理论工作，要研究社会发展的规律，根据这些规律，解决现实生活里的问题。因此，必须集思广益，集中群众的智慧，集中自然科学工作者和社会科学工作者的智慧，为党和政府的决策献计献策。这种精神强烈地表现在马洪治学的全过程。

（一）理论研究要为领导机关决策服务　在马洪整个治学的过程中，无论是在领导机关工作或是在研究机构工作的时候，他始终都坚持理论联系实际，为现实服务，为领导机关决策服务。在国家计委和国家经委工作的时候，他直接做的就是政策研究工作，直接参与决策；到了中国社会科学院和国务院发展研究中心这样的研究机构以后，他仍然是这样做的。

1982年马洪在全国哲学社会科学规划座谈会上的报告中指出："邓小平同志在十二大开幕词中指出'把马克思主义的普遍真理同我国的具体实际结合起来，走自己的道路，建设有中国特色的社会主义，这就是我们总结长期历史经验得出的基本结论。'这一科学论断，应当成为我们社会科学工作的根本指导思想和总的研究课题。我们必须在马克思主义一般原理指导下，从中国的国情出发，努力探索我国社会主义建设的客观规律和特点，建设具有中国特色的马克思主义的哲学社会科学。"但是他在同一个报告里，也特别强调指出，我们的社会科学工作还远远没有达到这样的要求，他说："我们的科研工作还不能有力地配合现代化建设的需要，有些学科还没有把研究社会主义现代化建设中迫切需要解决的重大问题摆在重要的地位，这种状况必须迅速加以改变。"为此，他对中国社会科学院的科研方法和科研考核办法提出了具体的改革方案。

改革方案中提出，搞科研最重要的是选好课题，同时还要采用正确的方法，还要有合理的科研组织工作来保证。对科研成果的考核，改革方案中提出，社会科学研究成果的学术价值的大小，应看社会效果，即以它对社会主义物质文明和精神文明建设的作用大小、好坏作为鉴定的标准，不要管它是什么形式、什么体裁，要不拘一格。研究人员当然要写出有学术价值的大部头的书，但是，研究报告只要真有学术价值的，照样可以成为评定高级学术职称的成果依据。马洪在天津的一次讲话中指出：在我们社会科学工作者里面，有这么一种认识，认为只有出大部头的书，才是学问，也不管那个大部头的书究竟社会效果怎么样。甚至还有人认为研究人员的报告，即使对党和国家做出了很大贡献，这个不算学问，不算是什么理论家，不算是什么学者。他严厉地批评了这种不正确的认识。

马洪是这样主张也是这样做的。他先后带领中国社会科学院和国务院发展研究中心的研究人员，针对我国社会主义现代化建设中的突出问题，进行了大量的富有开创性的研究，涉及面很宽。概括起来可以分为三类：一是关于国家中长期发展战略和政策的研究，主要包括"2000年的中国"的研究、新技术革命和对策的研究、中国社会主义市场经济问题的研究、产业政策和地区发展等问题的研究；二是为现实的重大经济问题的决策和政策制定提供咨询意见；三是受国务院委托，研究一些具体的实际经济问题。前一类，像《2000年的中国》，提出了系统的报告，出了书，并获国家奖；后两类的数量不胜枚举。这些研究对于政府的决策起了很重要的作用，产生了很好的社会效果。

总之，马洪认为，"社会科学院要做党和政府的助手。""党和政府总是希望我们社会科学工作者能够献计献策，真正对社会主义现代化事业出一些好的主意。"① 对此他是身体力行的。

（二）理论研究要努力在重大问题上突破　马洪认为，为领导机关决策服务，目的是为我国社会主义事业贡献力量，因此不能回避敏感问题，不能绕开重大问题，必须在这些问题上进行理论突破。

关于我国经济体制改革目标的争论由来已久，核心是计划和市场的关系问题。在这个重大问题上，马洪是认真作了研究的。他在1984年11月19日《经济日报》发表了《社会主义制度下的商品经济》一文，全面论述了有计划的商品经济的理论。

在中共十二届三中全会召开的前夕，马洪给当时国务院总理写信，建议把"社会主义经济是有计划的商品经济"这一提法写进全会的决议中。他说："这个问题太重要了，如果不承认这一点，我们经济体制改革的基本方针和现行的一系列重要的经济政策都难以从理论上说清楚。""我们三十多年的实践证明，凡是在一定程度上承认商品经济和发挥价值规律的作用时，我国的经济发展就顺利、就迅速，经济效益就好，否则，就得到相反的结果。但是长期以来，把计划经济与商品经济看做是互不相容的、相互排斥的、截然对立的东西，从认识上说，这往往是经济战线上产生'左'的一个重要原因。"②

在《我的经济观》一书中，马洪写道："计划经济与商品经济并不是相互排斥的，二者是可以内在地统一起来，融为一体的。"他认为我国今后改革的方向，关键在于实现计划经济和市场调节相结合。为此必须做到：深化企业改革，完善企业经营机制；加速市场发育，完善社会主义市场体系；转变政府职能，完善社会主义宏观管理体系。

1985年5月30日，马洪在《加强社会主义制度下市场经济的研究》一文中又一次指出："我们通过改革建立的社会主义有计划的商品经济是一种用有宏观管理的市场来配置资源的经济，我认为，在这个意义上也可以叫作社会主义市

---

① 《开创社会科学研究的新局面》，中国社会科学出版社1984年版，第28页。

② 《我的经济观》，江苏人民出版社1991年版，第4页。

场经济。"①

党的十四大明确了我们改革的目标是建立社会主义市场经济，应该说是同理论和政策研究战线上的许多人的不懈努力分不开的。为了使这一改革目标深入人心，为广大群众所理解和把握，江泽民主席指示马洪编一本宣传、普及社会主义市场经济基本知识的读物。马洪立即组织一些同志写了一本《什么是社会主义市场经济》，江泽民主席亲自作序。这本书广受社会各界的欢迎，产生了很大的社会影响。

（三）提倡社会科学工作者与自然科学工作者相结合　要解决社会主义现代化建设中的实际问题，不但会遇到大量的社会科学方面的问题，而且还会遇到大量的自然科学方面的问题。比如，要发展经济，要实现四个现代化，这首先是一个经济问题，但也包含着大量的技术问题，孤立地从经济上或者孤立地从技术上来解决问题都是不行的。因此马洪在很多场合大声疾呼，社会科学家和自然科学家两家结合起来才能解决问题。他号召社会科学工作者要学习自然科学。他认为，不仅技术和经济的问题联系密切，社会科学的其他学科在不同程度上和自然科学也发生着不同形式的联系，像哲学、社会学以至考古学，都离不开自然科学。而且社会科学和自然科学相互结合、相互交叉，形成越来越多的边缘科学，像管理学就是一个明显的例子。

马洪在他多年的研究实践中深深地体会到社会科学家学习自然科学知识的重要性，非常注意向自然科学家请教。记得在中国社会科学院工业经济研究所成立不久，他就增设了一个现代管理研究室，而且向社会公开招聘人才，那次通过考试进入工业经济研究所的，都是工程技术专家和计算机专家，这些人对工业经济研究所科研工作的开展起了重要的作用，后来有些人还成了创立中国社会科学院技术与数量经济研究所的骨干力量。

为了推动社会科学家和自然科学家的合作，马洪1983年2月，在中国科学院山西能源重化工基地技术攻关论证会上发表了"略论社会科学工作者和自然科学工作者的合作"的讲话，而且还写了一个题为《关于加强社会科学和自然

---

① 《建立社会主义市场经济新体制》，河南人民出版社1992年版，第423页。

科学的结合，解决社会主义现代化建设问题的建议》的内部报告。他说："我国社会科学工作者和自然科学工作者，常常是从各自的角度出发提出解决问题的方案，很少在一起共同研究解决社会主义现代化建设的重大课题。因而，自然科学工作者、工程技术人员提出的方案，往往只注重技术上是否先进而忽视经济上是否合理；社会科学工作者提出的方案，往往只有定性的结论，而缺乏定量的分析，并且都是以自然科学工作者、工程技术人员提出的方案为前提进行推论的，前提一错，全盘皆错。"为此他从7个方面提出了具体建议：1. 改革发展规划与重大建设项目论证的组织工作；2. 改革干部的选拔和培训制度；3. 改革自然科学与社会科学学科体系分立的教育制度；4. 改革自然科学和社会科学的研究制度和体制；5. 改革有关政策；6. 改革咨询工作；7. 国务院科技领导小组，把自然科学和社会科学两方面的科研工作和人才合理使用，统一领导起来。马洪的建议，受到了中央的重视，起了很好的作用。

上边从三个方面介绍了马洪治学的独特风格。深入实际调查研究也好，古今中外兼收并蓄也好，最终都是为了集思广益，从各个方面吸收营养，来解决我国改革和发展中遇到的实际问题。要这样做，就需要有严谨求实的精神和虚怀若谷的胸怀。马洪在长期的研究实践活动中，形成了这样的品格，从而使他能够在研究探讨学问的过程中，真正做到尊重不同意见，集中群众智慧，不断深化自己的学术思想，不断为我国社会主义事业作出贡献。

硕果累累的金秋

回顾60多年马洪革命和治学的历程，虽然有很多波折，但他一生时光的利用是充分的，效率也是很高的。即使是50年代以及"文革"时期下放基层，他也是不停顿地工作着、思索着、积累着。现在可以说正是硕果累累的金秋。

早在延安时代，他就在《群众日报》等报刊发表了几十篇文章。建国以后，他不光是写了很多内部研究报告，而且以"牛中黄"的笔名在报刊发表了大量的文章。改革开放以后，随着肩负责任的增加，更是成果不断。

马洪有影响的著作很多，后面所刊"马洪主要著作目录"仅是其主要的著作。

（吴家骏　撰稿）

作者简介

吴家骏，1932年生于北京。1960年毕业于中国人民大学工业经济系。现任中国社会科学院工业经济研究所研究员，中国工业经济研究与开发促进会常务副会长。曾任日本亚洲经济研究所客座研究员，东京大学客座教授。60年代初就参加马洪主持的有关工业调查和写作，1977年又协助马洪筹建社科院工经所，长期任该所副所长。

马洪主要著作目录

著　作

《中国社会主义工业化问题》　中国青年出版社 1956 年 12 月出版。

《我国国民收入的积累和消费》　中国青年出版社 1957 年 11 月出版。

《社会主义再生产和国民收入的分配》　中国青年出版社 1963 年 12 月出版。

《中国社会主义国营工业企业管理》　人民出版社 1964 年 2 月出版。

《中国经济调整、改革与发展》　山西人民出版社 1982 年 10 月出版。

《开创社会科学研究的新局面》　中国社会科学出版社 1984 年 5 月出版。

《探索经济建设之路》　上海人民出版社 1984 年 8 月出版。

《经济结构与经济管理》　人民出版社 1984 年 12 月出版。

《中国社会主义现代化的道路和前景》　上海人民出版社 1988 年 10 月出版。

《改革　开放　发展》　山西经济出版社 1991 年 1 月出版。

《中国经济发展战略初探》　江苏人民出版社 1992 年 8 月出版。

《建立社会主义市场经济新体制》　河南人民出版社 1992 年 12 月出版。

主　编

《中国经济结构问题研究》　人民出版社 1981 年 12 月出版。

《什么是社会主义市场经济》　中国发展出版社 1993 年 10 月出版。

《中国工业经济问题研究》　中国社会科学出版社 1983 年 2 月出版。

《中国工业经济管理》　经济管理出版社1982年4月出版。

《中国经济开发——现在与未来》　经济管理出版社1933年10月出版。

《国外企业管理比较研究》　中国社会科学出版社1982年2月出版。

《当代中国》　中国社会科学出版社、当代中国出版社出版。

胡 绳

(1918—2000)

著名的马克思主义理论家、哲学家和史学家。曾任中国社会科学院院长,哲学社会科学部委员。

胡绳原姓项，祖籍浙江钱塘。生于江苏苏州。1934—1935年北京大学哲学系肄业。1935年下半年起在上海一面自学，一面写作，同时参加中共党组织领导的文化工作，并投身于爱国救亡运动。抗日战争开始后到武汉。1938年1月加入中国共产党。以后几年中，先后在武汉、襄樊、重庆、香港工作，主编和编辑多种报刊，并在这些地方参与党在文化方面的领导机构的工作。1942年又到重庆，在党的机关报新华日报社工作，直到抗日战争胜利。1946年至1948年，先后在上海、香港工作。1948年10月离开香港，辗转进入河北省平山县解放区，在中共中央宣传部工作。1949年参加第一届人民政协，为社会科学界代表团成员之一。中华人民共和国建立后，在政务院出版总署、中共中央宣传部、中共中央党校、中共中央政治研究室、红旗杂志社等机构工作。"文化大革命"中遭受迫害，被撤销一切职务，停止工作。1973年后逐渐恢复工作。1982年起任中共中央党史研究室主任。1985—1998年任中国社会科学院院长。他是中共第十二届中央委员（1982—1987），第四、五届全国人大常委会委员（1975—1983），第七、八届全国政协副主席（1988—1998），香港特别行政区基本法起草委员会副主任、澳门特别行政区基本法起草委员会副主任。他还是中国科学院哲学社会科学部委员和常务委员，曾任国务院学位委员会副主任；是中国史学会会长、孙中山研究会会长、全国中共党史学会会长。1990年被聘为欧洲科学院院士。

胡绳

　　胡绳长期担任中国社会科学院院长,担任过中央宣传部、《红旗》杂志社、中央党史研究室、中央文献研究室等中国共产党思想理论宣传部门的领导工作。他是在国内外享有盛誉的马克思主义理论家、哲学家、史学家。在六十多年间,他运用马克思主义研究中国的历史和现实问题,写下了大量的文章和多部著作。1998年12月出版的《胡绳全书》比较完全地反映了他一生研究和写作的丰硕成果。本文对他在几个重要方面的理论学术成就作一简要介绍。

　　胡绳的青少年时期是在抗日战争的连天烽火中度过的。抗日战争时代对于那一代青少年的思想和生活有着极大的影响。1931年"九·一八"事变和次年"一·二八"事变,日本帝国主义侵占我国东北、侵犯上海。胡绳那时刚刚从初中毕业进入高中,严重的民族危机深深地震撼了这个少年学生的心。胡绳写了一首自由体的长诗,描绘他傍晚进城时看到河边夕阳无可挽回地落下去的情景,诗的最后说:但你不息的伟大精灵啊,你将得到永生!抒发了作者对故国衰落的悲怆和渴望它崛起的向往,表达了一种悲壮的爱国情怀。这时他开始与中国共产党党员接触,从他们那里读到地下党组织出版的报刊,也读到一些马克思主义书籍,逐渐领会到马克思主义是他所寻求的正确认识中国和世界的思想指南,萌发了社会主义、共产主义的理想。1933年他和一些同学在学校里公开办了一期纪念马克思逝世50周年的壁报,表现了少年胡绳追求真理的勇气。1934年下半年他高中毕业,考入北京大学哲学系。他在那里读了一年,不满意那种大学生活,便自动退学。这时他已经在一些报刊上发表文章。1935年下半年起他在上海一边自学,一边写作,同时参加中共党组织领导的文化工作,并投身于爱国救亡运动。

那时的上海，思想文化战线的中共党员与党外进步人士共同战斗，冲破国民党的高压，挣脱"左"倾教条主义的束缚，掀起了一个颇具特色的革命的思想文化运动。胡绳这时候写了一系列宣传党的抗日民族统一战线方针的文章。他在文章中提倡各种倾向的文化界人士在抗日救亡的大目标下实现大团结大合作。1937年3月，他写了一篇《胡适论》，对胡适在"五四"新文化运动中的历史作用和他所倡导的理性主义精神，作了公允的评价，并且提出，在当前的民族救亡运动中，"在反对复古，反对封建的传统，反对神秘主义的玄学，反对汉奸文化，反对一切愚民政策的战斗中间，理性主义和自然科学仍有资格做我们的战友！"① 这是20年代初以来，很少见到的左翼文化界主张联合以胡适为代表的右翼文化人士的声音。与此同时，胡绳还针对文化界对党的统一战线方针的另一种误解写了《我对于现阶段中国思想的意见》一文。当时进步文化人士中有人写文章认为，既要抗战，各方面都有抗日的共同要求，就不必再有各派、各种思想的区别，而要由政府来统一思想。这种主张实际上有利于国民党的反动文化统制。胡绳在文章中提出，"思想的各种各样并不是危机，倘若任何一派思想要靠政治力量和武力来强迫地灌输到民众中去，使他们盲目地信仰，那才是危机！""一定要各派思想都在抗敌救亡的大目标下自由地发展，这样才能保证中国思想的活泼的发展和光明的未来。"②

1937年抗日战争全面爆发后，胡绳到了武汉，并于1938年1月参加中国共产党。此后几年先后在武汉、襄樊、重庆、香港工作，主编和编辑多种报刊，并参与党在文化方面的领导机构的工作。1942年胡绳从香港又到重庆，在党的机关报新华日报社工作。

---

① 《胡绳全书》第1卷上册，人民出版社1998年版，第19页。
② 同上书，第28、29页。

一 思想文化评论

这时大后方的思想文化领域，由于抗战初期兴起的爱国主义热潮，形成了新的民族觉醒。但在对民族文化的提倡中，逐渐又一次涌现出一种反理性主义和复古主义的思潮。这种思潮，有的是从中国古代搬来的超然于是非人我以外的道家思想，有的是从外国贩来的新黑格尔学派的神秘主义，有的是在讲述历史中歌颂中国封建时代的专制政治。而这种反映在学术论著中貌似高超的反理性主义思潮，又是符合当时国民党政府推行文化专制主义和愚民政策的需要的。胡绳这时写了一系列思想文化评论文章，对在学术文化界很有名气的冯友兰、贺麟、钱穆等的几本著作，用马克思主义观点进行了深刻的分析批判。

胡绳在《评冯友兰著〈新世训〉》一文中，指出冯氏所倡导的"人的生活方法"，是脱离具体的社会实践、脱离具体的生活内容的一种抽象空洞的生活形式。冯氏标榜重理性，但又主张理智要服从道德；标榜"以理化情"，但又用"天人合一论"使人生还之于自然，不接受理智的指导，实际上是在自然主义精神下消灭感情，也消灭理智。这些都开了走向反理性主义的后门。冯氏将"为无为"作为生活方法的一个重要项目，根据道家的"率性而为"说主张人只须随着他的兴趣去行事，不必计较其成就和效果，也就是主张人的行为的无目的性，一种绝对的反功利主义。但这在现实里是行不通的，于是又承认人的生活中还有一部分事情在道德上应该做。这道德就是儒家的一套维护封建等级制的观念。胡绳的文章详细分析了这种人生哲学的反理性主义倾向，最后归结说："从儒家借来了其道德观念，从道家借来了其对于生活的自然主义的看法或理想，拼在一起，虽然加上了新的意义，对二者的本质是改变不了多少的。""实际上是社会的人，却想用自然的眼睛来看人世，对一切人世采取不关心的态度；实际上是自觉的人，却以无我的态度应付人事，在一切行为中采取'无所为而为'的态度。这难道就是冯先生向生活在这一个激烈的大时代的中国人所指示的生活方法么?"①

　　冯友兰所著的《新事论》是讨论社会文化问题的,作者表示此书旨在指引"中国到自由之路"。胡绳的《评冯友兰著〈新事论〉》一文肯定了冯氏的一些正确观点,但又指出,冯氏把一种生产方法生产制度的转变看做只是生产技术的改进;又认为社会制度、政治制度和思想意识都会随着生产技术的改进而自然而然地改变,轻视社会政治文化改革的反作用。基于这种看法,冯氏对辛亥革命、五四运动的意义作了否定的评价,认为辛亥革命只是使中国的进步多了一番迟滞,是"破坏了国家的组织中心"。五四运动使清末人的实业计划晚行了30年。而中国现在也无非就是继续清末人兴实业、办工厂的工作。因此冯氏引清末的洋务运动者为同调,认为张之洞提出的"中学为体,西学为用"的主张也就是"新事论"的主张。胡绳运用完整的马克思主义唯物史观,剖析了冯氏对生产力在社会发展中的决定作用的片面的机械的了解,由此而形成的对历史事件估计的错误。胡绳指出,对历史的估计就是对实践的态度。"按照《新事论》中的意思,我们现在要使中国自由,也就只要努力去开工厂,兴实业,政治问题不必管,思想意识的改造更不必管(那么,抗战的胜利要不要呢?)——这是把我们的历史何等地单纯化了啊!这是把我们的现实任务何等地单纯化了啊!"②

　　胡绳还写了《一个唯心论者的文化观》,批评贺麟著的《近代唯心论简释》。这篇批评文章说,贺麟跟随西方那些新黑格尔学派,将黑格尔学说和辩证法神秘化。贺氏认为辩证法既是一种方法,又不是方法,是一种直观。用这种直观来考察社会文化,不是从实际历史发展中去考察,而是单就理论上先天地去考察。贺氏将"道"说成是超越文化,超越一切自然与社会的不可捉摸的东西。因此他在一切文化中特别重视宗教。他不从社会关系上来说明道德,而是把道德看成天意(即所谓"道")在人事上的反映。这样,道德自然要受宗教的支配了。贺氏用这种神秘主义对封建社会的三纲五常作出"新"解释,将这

---

① 《胡绳全书》第1卷上册,第117—145页。
② 同上书,第171页。

些道德教条反映的人对人的关系曲解为人对理念、对名分的关系。贺氏将17、18世纪欧洲的人本主义和中国古代儒家的注重人伦混为一谈，竟认为儒家的封建道德与西洋的近代精神相符合。胡绳在分析这些观点的谬误之后说："从欧洲贩运来的大资产阶级的腐败时期的直觉论和神秘主义思想，回来加入到旧礼教的复古营垒里去——这倒的确是目前中国文化的一个值得我们深思的现象。"①

胡绳另外写的批评钱穆著作的两篇文章，都是涉及中国历史和现实的若干重要问题的。在《评钱穆著〈文化与教育〉》一文中，针对钱氏用中国古代的宰相制度和科举制度来证明中国的传统政治不是专制政体而是民主政体的说法，胡绳从国体和政体两方面进行分析，指出由国体看，汉唐宋明等朝代无非都是地主阶级占统治地位的国家；由政体看，通过皇帝个人的意志来组织政权机关，行使政权力量，也就是高度中央集权的君主专制政体。钱氏将宰相与王室说成是二权分立的民主政体，是根本违背了历史事实的。钱氏还认为科举制度证明"中国政府早已由民众组织"。其实这种制度就是经常选择出一批适合地主阶级需要的人才来行使政权，那正表明是地主阶级专政的国体和政体，与民主政治是不相干的。钱氏还认为中国传统文化的优异价值就在于"孝"和"中庸"，说这是中国五千年来所赖以立国而现在又赖以抗战的精神力量。胡绳通过分析"孝"和"中庸"，指出这种封建观念绝对不能成为新时代中国人的合理的人生观，而是要毫不容情地加以抛弃的。钱氏还用"殖民文化"一个概念来笼括四百多年的全部西洋文化，对其中民主主义文化和社会主义文化都不加区别地加以排斥，而又特别赞扬欧洲中世纪的封建文化。胡绳对此批评道：这些新的复古论者们所看到的"西学"，只是欧洲中世纪的封建文化和资本主义腐败时期的法西斯思想，因此就自然能和那中国封建时代统治者的传统文化和洽一致，体用相合了。②

胡绳写的《论历史研究和现实问题的关联》一文，批评了钱穆在《国史大纲引论》中反映出来的历史研究的复古倾向。钱氏不加区别地把对于已往历史

---

① 《胡绳全书》第1卷上册，第146—152页。
② 《胡绳全书》第1卷上册，第209—230页。

的批判态度统统以嘲弄口吻称之为"革命的蔑视",予以反对。胡绳指出这种说法的谬误后说,钱氏所反对的那种认为中国自秦以来两千年是专制政体的观点,那种认为两千年中的支配思想是与专制政体相适应的封建思想的观点,那种认为两千年来社会经济形态是封建经济的观点,都是科学地研究中国历史所必须把握的根本观点。这些封建时代政治经济文化的遗毒至今仍然残存着,成为阻碍中国进步的因素,正是我们在革新中应除去的主要对象。钱氏完全放弃了对历史的批判,而负起了歌颂一切旧的历史遗产的任务,这哪里还有任何一点革新的意义呢?钱氏还认为中国历史的最重要的特点是"我民族文化常于和平中得进展是也",以此来否定中国历史上一切人民斗争,连太平天国斗争的进步作用也予以否定。胡绳批评这种观点说,在中国长期封建历史中,可以从最低级到最高级划分成许多阶段,而大规模的农民斗争,正是从这一阶段发展到另一阶段的基本动因。近百年由太平天国开始相继而来的一次次斗争也多是进步的推动力量。钱氏这种所谓和平进展论调的作用何在呢?原来他再三重复强调的意思是,秦汉以来的政制、社会组织、学术思想都是"适合于我国情的",都是包含了民主、自由、平等精神的,所以对这些都不能轻言改革。胡绳认为,"这种说法倘在满清末年出现,其必然得到皇家的奖励是无疑的,到了现在,虽也未始没有人加以称扬,但为时岂非已经太迟了吗?"[①]

胡绳还写了《论反理性主义的逆流》,批评当时西方法西斯主义者和他们的追随者中国的战国策派通过歌颂战争来宣扬侵略、宣扬反理性主义,还写了《论诚》一文批判蒋介石宣扬的充满法西斯思想的力行哲学。胡绳指出,"法西斯思想是反理性主义思潮的集大成者,也就是近代思想最反动的一个表现。""我们要坚持科学的精神,坚持思想的自由发展,坚持合理的思考,从这里面培植我们的远大的理想,实事求是的精神,反对一切盲从和独断,打碎一切反理性主义!我们一面要排斥因袭的传统的成见,一面要排斥西方腐败思想的传染,而在民族解放战争中充分发扬清醒的、现实的、科学的理性主义。"[②]

---

① 《胡绳全书》第1卷上册,第263—277页。

② 同上书,第92—100页。

胡绳后来在回顾这一批文章的写作时说，"在这里我评论了当时存在着的各派的思想、若干家的学说，用现在的话来说，我参加了当时的百家争鸣。"这些文章"总的说来，贯串着的主题就是在马克思主义立场上捍卫理性与自由。"[①] 1946年这些文章收入在上海出版的一本论文集，书名就叫《理性与自由》。这些文章在抗战时期和战后国民党统治区的知识界中发生过广泛的良好的影响。汝信在1998年12月举行的《胡绳全书》座谈会上发言回忆说："50年前读胡绳同志著《理性与自由》一书，留下十分深刻的印象。这是我在大学时代读的胡绳同志的第一部学术著作，对于刚开始接触马克思主义的青年学生来说是上了生动的一课。"他还谈到这次重读这些文章，"特别感到亲切。这些文章不仅是中国现代思想发展的一个真实记录，反映了当时思想文化斗争的一个重要方面，即中国马克思主义和国民党统治区各种思想流派之间的斗争，具有重大历史价值，而且今天读来仍受很多启发，可以从中学习到不少东西。"汝信还举了一例子，他说："我后来在哲学所的导师贺麟先生是胡绳同志在重庆时期批评的对象之一，他对我说过学术批评对他的思想转变所起的有益促进作用。贺先生是曾经表示坚决不愿放弃唯心论的，但后来终于皈依马克思主义，以80高龄加入共产党作为最后政治归宿。我们今天需要的正是这样的学术批评。"[②]

二　马克思主义通俗读物的写作

在上述抗战前两三年上海兴起的很有生气的革命思想文化运动中，以艾思奇的《哲学讲话》（后改名《大众哲学》）为代表的一批宣传马克思主义的通俗读物特别引人注目。这些通俗读物一扫此前宣传上的教条主义和党八股气味，针对当时的形势和群众的思想状况，用读者喜闻乐见的形式，帮助读者学会用马克思主义观察和分析问题，受到广大读者的热烈欢迎。胡绳在1937年写的

---

① 《胡绳全书》第1卷上册，第19、24页。

② 《中共党史研究》1999年第2期，第10页。

《论近两年来的思想和文化》一文中，对这些通俗读物的成绩作了高度的评价。他说："通俗化运动在近两年来更是有非常成功的，……许多作家在把高级理论通俗化的工作上所达到的成功也是极可珍视的。理论的通俗化和庸俗化虽然似乎相隔只有一张纸，但差别却是极大的，因为只有靠了理论的深入，理论和实践的融合，才能开展理论通俗化。有些人以为近年来的通俗化运动的成功只是在于理论的普及这一点上，而理论本身并不曾有进步，这种看法其实是错误的。"①

胡绳写出的许多讲解马克思主义哲学和中国问题的读物，正是属于这一类将高级理论通俗化的成功之作。1937年他出版了第一本哲学小书《新哲学的人生观》，同年还写了一本《哲学漫谈》，1938年写了《辩证法唯物论入门》，1940年写了《思想方法》，1948年写了《怎样搞通思想方法》。在论述中国的历史和现实问题方面，1945年他写了《二千年间》，还写了《中国问题讲话》，1948年写了《孙中山革命奋斗小史》。所有这些作品，都写得深入浅出，清晰好读，受到广大读者特别是青年人的广泛欢迎。曾多次重印，销路很广。如《怎样搞通思想方法》一书，在1948年出版后到1955年，共印行了约六十万册。这本书的日文译本于1955年由东京三一书房出版，先后印行了近二十万册。这些作品并不是对马克思主义基本原理和前人观点的简单复述，而是将基本原理融会贯通，结合分析具体实际问题进行再创造，写出了作者的研究心得，有许多新意。他的几本哲学通俗读物，在写法上不是只用一些生活之事来作比喻，而是结合大量自然科学、社会科学知识，特别是抗日战争的形势和现实问题来作说明。这与某些同类读物比较是一个进步。他的《二千年间》在写作体例上是别创一格的。这本书不是沿袭一般历史书按照时间顺序写，而是将中国二千年历史当做一个整体，从中选出若干重要问题，如专制皇帝、官僚制度、军事制度、土地问题、民族问题等，来进行剖析。这本书出版后受到读书界的特别注意和称赞，十分畅销。建国初期，这本书曾在一些地方作为中学的历史教科书使用。

---

① 《胡绳全书》第1卷上册，第49页。

胡绳写出的这一系列通俗读物，是他致力于马克思主义理论和学术普及工作的一大成就，也是他研究和写作生涯中独具特色的一部分。

三、中国近代史研究

胡绳自30年代末开始研究中国近代历史，1939年发表第一篇论文即《论鸦片战争——中国历史转变点的研究》。以后陆续写了一批论述中国近代历史事件和历史人物的文章。在中国人民争取民族解放的斗争进入最后决战的前夕，1947年他在香港只用几个月时间写成一部题为《帝国主义与中国政治》的专著，于翌年在当地出版。这本书不是一般地叙述帝国主义影响、操纵中国政治的一件件事实，而是着重考察分析列强在侵略中国的过程中，怎样寻找和制造他们的政治工具；他们从中国统治者和中国人民中遇到了怎样不同的待遇，以及政治改良主义者乃至资产阶级革命派对帝国主义的种种幻想，曾经怎样损害了中国人民革命事业，等等。通过这种研究，胡绳第一次发现和说明了自1840年鸦片战争开始的八十多年间封建统治者、人民、外国侵略势力三者间的真实而复杂的关系。

胡绳指出："有许多研究中国近代史的著作有意无意地造成了一种错觉。他们把帝国主义侵略中国的政策描写得这样单纯，以致把清政权写成是不断地受着帝国主义国家欺凌侮辱的可怜的存在。这种描写是不合于历史事实的。"历史的事实是，"自1840年以后的二十多年间，在帝国主义侵略中国的过程中已经渐渐形成了中国统治者和中国人民双方不同的同外来侵略者之间的新关系。"[①]"在鸦片战争开始时，外国侵略者还认为清朝政府是阻止他们在中国自由行动的绊脚石，但鸦片战争的结果却使他们看出，这个政府是经不起武力威胁，可以使其软化的。"与此同时，"清朝政府所坚持的排外政策也在鸦片战争中第一次

---

① 《胡绳全书》第5卷，第189页。

发生了根本的动摇，中国人民则表现为不同外国侵略者相妥协的力量。"① 所有这些加强了清朝统治者与人民的对立，也使列强懂得对中国的统治者与人民采取不同的态度。这在1860年前后表现得十分明显，当时"列强对太平天国和清政府态度的变化简单说起来就是：对太平天国，由拉变成打；对清政府，由打变成拉——英侵略军之所以在1860年一直打到清朝的京城，本来的目的就是为拉。"② 等到他们又一次打败了清政府，订立了《天津条约》与《北京条约》后，他们便乐于承认它是一个"合法政府"，而要给以"道义上的扶助"，公然帮助它镇压太平天国。至此"清朝统治者和外国侵略者已经因共同镇压中国人民的革命运动而建立了友谊。他们之间虽然有猜忌、嫉恨，甚至有过战争，但在基本上是可以建立互相信托的关系的。这样就使得《南京条约》以来在中外关系上所形成的结合达到了最高峰"。③ 这本书在生动地说明这些复杂的历史演变过程之后，令人信服地指出，"帝国主义和中国封建主义相结合，把中国变为半殖民地和殖民地的过程，也就是中国人民反抗帝国主义及其走狗的过程"④ 这一中国近代史的主题，在1864年即太平天国失败时已全部形成。

胡绳在这本书中进一步说明，在1860年后，外国侵略者在逐步建立对清政府的控制的前提下，一面竭力保护腐朽的清王朝，一面努力使其接受某些机器设备、新式技术以及西方资本主义国家间的各项规定，以求清政府得以适应其半殖民地国家的地位，满足列强向中国输出商品、掠夺原料和镇压中国人民革命的需要。正是通过继续扶植中国封建统治势力以镇压中国人民的办法，列强在第二次鸦片战争后的三十多年间已经使自己成为中国的主人。

庚子事变中清朝统治者与义和团的关系是近代史研究中一个复杂难解的问题。此前很多历史书都说慈禧太后为首的顽固派同情义和团是因为他们本来也很恨洋人。胡绳在这本书中提出了与此不同的见解。他在深入分析了一系列史

---

① 《胡绳全书》第5卷，第159—160页。

② 同上书，第179页。

③ 同上书，第184页。

④ 《毛泽东选集》第2卷，人民出版社1991年版，第632页。

料之后指出："在这整个事变中清朝统治集团的态度只有着这样的两个趋向：慈禧太后、端王以及在北方的多数当权者们，他们因直接感受义和团势力的威胁，所以不得不冒险采取赞助义和团的欺骗办法。而李鸿章、刘坤一、张之洞、王之春等东南各省的督抚，他们既同义和团事变区域隔离较远，又同帝国主义关系紧密，并且大多有过打太平天国、打捻党的经验，所以他们始终坚持应以'剿除乱民'为第一义，无论如何反对把同列强的关系当儿戏。……这两种趋向虽互相不同，却又是在清政府整个政策中并行不悖的。"所以，"反对外国侵略者的义和团运动在实质上是和封建专制统治者相对立的，封建专制统治者并没有真正支持人民的爱国运动，只是加以狡诈而恶毒的欺骗。"①

《帝国主义与中国政治》以其独到的史识和对历史规律性的深入揭示，以及脉络清晰、自然流畅的表述方法赢得众多读者和中外史家的长久兴趣。1952年7月，该书经修改在北京出第1版，迄至1995年，共出过7版。此外还先后有英文、俄文、德文、西班牙文及日文的译本。

1953年胡绳在中共中央马列学院讲课时，写了4万字的《中国近代史提纲》（1840—1919）。这个提纲曾由学院印成小册子传到史学界。在此期间，胡绳对中国鸦片战争至"五四"运动这一段历史形成了一些看法，并在翌年发表的《中国近代历史的分期问题》一文中对这些看法作了初步说明。这篇文章，连同上述《提纲》，对当时中国近代史的教学与研究产生了很大的影响，并引起学术界对中国近代史分期的一场热烈的讨论。

《中国近代历史的分期问题》一文主要是提出了三次革命高潮的概念，主张以此作为中国近代史即1840年至1919年这段历史分期的标准。第一次革命高潮是1851—1864年的太平天国；第二次革命高潮是中日甲午战争后的几年，发生了1898年的戊戌维新运动和1900年的义和团运动；第三次革命高潮是自1905年同盟会成立到1911—1912年的辛亥革命。"三次革命高潮"的提出，实际上涉及到怎样认识、说明中国近代历史发展的本质内容和基本线索的问题。胡绳认为，"中国近代史是充满了阶级斗争的历史。中国从封建社会一步一步地变成

---

① 《胡绳全书》第5卷，第247页。

半殖民地半封建社会，这不仅是说，外国帝国主义侵略势力成为中国社会内部生活中的一个恶毒的因素，而且表示中国社会内部渐渐产生了新的阶级（资产阶级和无产阶级），引起了中国社会力量的重新配备，在中国社会各阶级相互间以及它们和外国帝国主义侵略势力间出现了错综复杂的关系，并由于中国人民反抗帝国主义及其走狗而出现了激烈和复杂的阶级斗争。"因此，"中国近代史著作的基本任务就是要通过具体历史事实的分析来说明在外国帝国主义侵略中国的条件下，中国社会内部怎样产生了新的阶级，各个阶级间的关系发生了些什么变化，阶级斗争的形势是怎样发展的。"① 用上述"三次革命高潮"作为分期标准，就可以从中国近代历史的复杂事实中找到一条基本的线索，从而有助于深入而清晰地揭示历史发展的内在联系及其变化过程。因为"这三次革命高潮中阶级力量的配备和关系是各不相同的。这正是中国近代社会经济结构的发展过程中的各个不同阶段的集中反映。"②

胡绳的《帝国主义与中国政治》一书，和稍早出版的范文澜的《中国近代史》（上册）一起，对新中国的中国近代史学科的建设产生了深远的影响。在建国初期，"大多数研究者认为，只有根据他们提示的研究方向和研究方法深入研究，才能得到科学的结论。这两部书对近代历史事件的描绘和解释，后来成为许多研究者进一步研究的基础和依据。"③ 也就是说，由于这两本书的影响，开始形成了中国近代史的研究规范。待到胡绳提出"三次革命高潮"的概念，这种研究规范从内容到形式便大体完备。今天的史学界将这种研究规范称作"传统规范"，认为"'三次革命高潮'的提法根据革命形势的涨落把握近代历史发展变化的脉络，体现了传统规范的精神而又简约明了，对于推动传统规范指导下的常规研究发生过重要作用。"史学界还认为，"多年以来，在传统规范指导下我们的研究工作取得了重要成绩。""传统规范根据历史唯物主义的基本原理，运用阶级分析的方法，说明了近代历史过程的规律性，从而使近代史研究成为

---

① 《胡绳全书》第2卷，第158页。
② 《胡绳全书》第2卷，第162—163页。
③ 张亦工：《中国近代史研究的规范问题》，载《历史研究》1988年第3期。

一门科学。""通过这种研究，我们对于中国近代社会基本阶级关系，对于中国近代的政治、军事、外交等方面的历史现象有了比较深入的了解。这是我们进一步研究不可缺少的基础。"①

70年代，胡绳利用"文革"中"靠边站"的机会写出七十多万字的《从鸦片战争到五四运动》一书，于1981年由人民出版社出版，1997年出版修订本。本书序言表示赞同按照社会性质来划分中国近代史和中国现代史，把前者规定为1840年鸦片战争到1949年中华人民共和国成立的历史，说明这正是本书没有采用"中国近代史"这样的书名的一个原因。这部著作问世后，受到历史学界和广大读者的重视，不仅推动了中国近代史的研究，也是一部能够使读者从对历史的系统了解中受到深刻的爱国主义、社会主义教育的优秀读物。这本书出版后，上海人民出版社和红旗出版社又分别出版了字体较大的版本和简本。这三个本子都经过多次重印，累计共三百余万册。

在《从鸦片战争到五四运动》一书中，胡绳以"三次革命高潮"为结构骨架，论述了1840—1919年间的中国历史。他从这80年间中国社会历史发展的实际出发，系统地分析、描述了中国社会经济结构和各个阶级的发展状况；除对封建统治者与外国侵略势力的关系作了比《帝国主义与中国政治》更为充分、具体的剖析外，还着重论述了农民阶级和资产阶级在反帝反封建斗争中所起作用的变化，以及它们之间的分离和结合，并由此说明三次革命高潮的特点和相互关系，说明前一高潮发展到后一高潮的客观必然性以及这种发展变化的复杂多样的表现形态。本书序言中借用章太炎1906年所说的"以前的革命，俗称强盗结义；现在的革命，俗称秀才造反"来概括革命形势的变化："太平天国时期是'强盗结义'，而秀才已开始迹近'造反'，不过'秀才'是不愿把自己卷入'强盗结义'中的，到了同盟会时期，已是'秀才造反'为主，而且'秀才'还想运用'强盗'的力量——三次革命高潮时期形势的不同，就发动力量来说，基本上就是这样。"② 此外，从本书中也可以看到，关于中国人民革命的打击对

---

① 张亦工：《中国近代史研究的规范问题》，载《历史研究》1988年第3期。
② 《胡绳全书》第6卷上册，序言，第26页。

象,也有一个发展过程,反帝与反封建一直互不相连,直到辛亥革命才将二者初步结合起来。通过上述这些系统的分析,本书就使读者对这80年间的历史有了一个完整的而不是零散的、本质的而不是浅表的认识。正像有的论者所指出的,"胡绳同志这部著作,一是大气笼罩,近代中国的阶级斗争、各阶级复杂的相互关系及其演变过程,关键突出,情节昭然,人们可以从中找到历史前进的客观规律性。二是实事求是,严格按照事件的时间顺序,通过具体材料,自然地表现出那些斗争和演变过程。解说鲜明,寓议论于史实叙述之中。以前若干中国近代史著作,不是前一条不足,就是后一条欠缺,显得科学性差,说服力不强。胡著把这两条紧密地结合起来,形成了它的特色,在中国历史学著作里,是一部很好体现了马克思主义理论的科学著作。"①

《从鸦片战争到五四运动》一书除了上述特色外,还对一些历史事件提出了新的见解和新的思想。例如,作者在分析《天朝田亩制度》时指出,"在这幅小农民画出来的理想国的图案中,没有城市,没有商业,没有独立的手工业","这些东西在一个农民的自给自足的社会中没有存在的余地";并仔细地考察、叙述了太平天国在实践中从取消商业到有限制地设立某种"公营商店",再到放开市场、听任自由贸易的演变过程,指出太平天国的城市政策存在着致命弱点,他们不承认但却消灭不了、也控制不了"商品经济这个'魔鬼'",这说明"他们所设计的整个社会由废除剥削制度的自给自足的农村组成的方案"是一种空想②。又如,作者不赞同把光绪皇帝说成是维新派的皇帝,书中以大量史实为根据,指出"光绪皇帝在百日维新中形式上是接受了康有为这一派的主张,实际上他还是走张之洞这一派的路子。在组织上,他主要也是倚重洋务派,而不是依靠维新派。""他所采纳的其实是洋务派的政治路线。"这不是光绪皇帝个人意志而是当时的社会历史条件决定的③。这些论点和分析都具有深化研究的作用,很为史学界注意。

---

① 刘大年:《戊戌变法的评价问题》,载《近代史研究》1982年第4期。

② 《胡绳全书》第6卷上册,第124—126页。

③ 《胡绳全书》第6卷下册,第537—538页。

胡绳在《帝国主义与中国政治》一书中，曾提出：洋务派的兴办洋务事业，"只是在当时列强侵略者所允许、所给予的范围内学习资本主义的某些东西"，"不过是想以资本主义的皮毛来维持旧社会秩序、旧统治秩序的实质"①。这个观点在《从鸦片战争到五四运动》一书中得到进一步的充实和发展。书中在区别洋务派官僚和资产阶级改良派时，对二者在发展中国资本主义问题上持有的不同立场、所走的不同路子和所起的不同作用进行了仔细、具体的论述。胡绳在本书再版序言中说，书中这方面的论述未能充分展开，它所触及的实际上是关于工业化、现代化的两种不同的道路问题。他说："经过鸦片战争外国资本主义侵略势力进入中国以后，要原封不动地保持封建社会的原样，已经是不可能的。帝国主义的压力不允许中国统治势力闭关自守，也不允许一切保持原样。帝国主义的压力刺激了中国人民追求新的道路。在这种情况下，中国近代史中的现代化问题不可能不出现两种倾向。一种倾向是在帝国主义允许的范围内的现代化，这就是，并不要根本改变封建主义的社会经济制度及其政治和意识形态的上层建筑，而只是在某些方面在极有限的程度内进行向资本主义靠拢的改变。另一种倾向是突破帝国主义所允许的范围，争取实现民族的独立自主，从而实现现代化。这两种倾向在中国近代史中虽然泾渭分明，但有时是难以分辨的。这本书曾仔细地将上个世纪60年代至90年代的洋务派官僚和资产阶级改良派加以区别。那时的洋务派官僚是上述的第一种倾向的最早代表人。那时的资产阶级改良派是后一种倾向的先驱。"②胡绳的这个见解对于以现代化问题为主题来说明中国近代史，对于进一步认识和评价史学界争论很大的洋务运动，无疑都有重要的启迪作用。

---

① 《胡绳全书》第5卷，第213页。
② 《胡绳全书》第6卷下册，第10页。

四　中共党史研究

　　胡绳于1982年起任中共中央党史研究室主任，一直到现在。他在主持党史研究室的工作中，对中共党史的研究和写作，对民主革命时期和社会主义时期党史的总体把握，以及对一些重要事件、重要人物的评论，都通过发表许多讲话和文章，提出了自己的见解。1991年由他主编的《中国共产党的七十年》，是一部具有很大权威性的中共党史简明读本，在干部和群众中流传很广，发行量达到六百多万册，并有英文译本。

　　在《关于〈中国共产党的七十年〉的编写情况》一文中，胡绳概括地说明了这本书的主题思想。他说："这本书想写出党在民主革命时期、社会主义革命和建设时期取得的伟大成就，而这些成就是经过艰难曲折的过程取得的。党在中国人民中的领导地位，是在历史发展中形成的。""中国革命的全部过程，一直到社会主义建设，只有在中国共产党领导下才能实现。社会主义是中华民族、中国人民的历史的选择，所以不论经过怎样的风风雨雨，它都能够在中国大地上开辟前进的道路。"胡绳还说明民主革命所以能取得胜利，"是由于党能够很好地解决马克思主义的普遍真理与中国革命的具体实际相结合的问题"。党在这个过程中犯过错误，有种种原因，"但总的说来，在中国这样一种复杂的社会历史情况下，党在从幼年到成熟的过程中，发生这样那样的错误是难免的。从这些错误中，可以看出中国革命问题的复杂性，提供了重要的经验教训。在遵义会议以后，以毛主席为代表的党中央总结了这些经验，独立自主地走出了一条通向胜利的道路。"党在社会主义时期也经历了类似的曲折的过程。"这本书一方面要说明在曲折和犯错误的过程中，中国的社会主义事业仍然是在向前发展；另一方面又说明，在中国这样一种特殊的历史条件下，建设社会主义确实是一件不容易的事情。""这些错误和曲折也显示了中国的社会主义建设问题的复杂性，提供了许多宝贵的经验和教训。"以邓小平为代表的党中央很好地接受了这些经验和教训，把马克思主义的普遍原理同中国建设的具体实际相结合，找出一条适合中国情况的建设社会主义的道路,从十一届三中全会开始,开辟了一个新的时代①。

这本书在记述"文革"前10年的一段历史时,提出在探索社会主义建设道路的过程中,党的指导思想有"两个发展趋向"的观点。即一个趋向是在探索中逐步形成的一些正确的和比较正确的理论观点、方针政策和实践经验;另一个趋向是逐步形成的一些错误的理论观点、方针政策和实践经验。这两种趋向许多时候是相互渗透和交织的。后一种趋向直接引导到"文革"这场灾难,而前一种即正确的趋向也正是十一届三中全会以来正确的路线方针的先导。这里提出的"两个发展趋向"的观点,是一个很重要的观点。胡绳说,"也许至少这是提供了足以贯穿社会主义时期历史的一种看法"②。

胡绳在纪念建党75周年的一篇讲话中,讲到如何写"文革"这段历史时说:"我们主张,党史上讲'文化大革命',既讲'文化大革命'的错误发展的情况,又讲'文化大革命'时期对这种错误进行的种种抵制和抗争。"他在具体讲述了这种斗争的复杂状况后说:"纵然是在错误路线占据主要地位的时期,党的健康力量、党的活力、党的优良传统依然存在,并且总是不断地进行反抗和斗争,在斗争中经受考验并向前发展。……这种斗争虽然是艰难的、曲折的、复杂的,但终究是取得了胜利。"③对这段历史的写法,也是贯穿"两个发展趋向"观点的表现。

胡绳在《党的十一届三中全会的历史意义》一文中,对十一届三中全会的历史意义作了充分的论述和高度的评价。他认为这次全会"确实决定了中国的命运"。如果没有三中全会后一系列的政策,没有邓小平的建设有中国特色社会主义理论,没有党的基本路线,"那么就不是社会主义建设发展得好不好的问题,不是发展中有什么困难的问题,而是我们的社会主义是否还存在的问题,也就是说有亡党亡国的危险。"我们党现在所坚持的"一个中心两个基本点"的

---

① 《胡绳全书》第3卷下册,第584—586页。

② 同上书,第586—587页。

③ 《胡绳全书》第3卷上册,第266、271页。

基本路线，"是一条避免亡党亡国，使中国走向繁荣富强的正确道路"。"隔的时间越久，就越能看出十一届三中全会的历史意义，这就像遵义会议一样。"① 因此，他提出"把十一届三中全会作为划分时期的标志，把社会主义时期党的历史分为三中全会以前和以后两个大时期。""现在看来，党的十一届三中全会在社会主义时期的历史意义，与1935年遵义会议在民主革命时期的历史意义是相似的。民主革命时期的历史，也可以划分为遵义会议以前和以后两大时期。"② 胡绳提出这个划分社会主义时期党史的标志的意见，是一个很重要的指导思想。

胡绳还在多篇讲话和文章中，提出加强和改进党史研究的许多意见。他一贯主张历史研究要与现实保持联系，认为我们不是为过去而研究过去，研究过去还是为了现在和将来。他要求党史工作者要关心现实，关心现实生活中的思想问题、理论问题。"我们应选择那些在历史上本来就重要，对现实生活有意义，对振奋人们精神，提高人们思想境界和思想方法有好处的问题，抓紧进行研究。"③ 他提出，研究民主革命时期的党史一要充分论证教条主义的危害，破除迷信，二要发扬毛泽东思想的创造性，即实事求是，敢于创造的精神。对社会主义时期的党史，首先要用历史事实证明十一届三中全会以来党的基本路线的正确性，也要说明社会主义建设的长期性。他还要求党史工作者注意学习中国近代史，学习理论。讲党史和革命史，要多讲一点革命的背景，使人们了解革命不是主观制造出来的，而是在一定的历史的政治、经济和社会条件下形成的。还要多讲一点党外的群众、多讲一点爱国民主人士同中国共产党的关系，给予共产党的帮助，注意讲中间势力的作用和变化，等等。

---

① 《胡绳全书》第3卷下册，第593、594页。
② 同上书，第590页。
③ 同上书，第556页。

五　中国社会主义问题研究

从80年代以来，胡绳以很大精力关注和研究中国社会主义发展的现实问题和理论问题，发表了一系列很有理论深度的论文。作者称这些文章为"直接讨论政治问题的政论文章"。这些文章都是针对现实生活中一些重要疑难问题而发的，总是以论述的深刻和见解的新颖而引起国内外知识界的广泛注意。

"文革"结束后，知识界有一部分人从10年浩劫的回顾中产生对社会主义的怀疑，提出为什么中国不能走资本主义道路的问题。破除这种怀疑并不是很容易，而这又是中国坚持社会主义所必须首先回答的问题。胡绳写了《为什么中国不能走资本主义道路》、《关于近代中国与世界的几个问题》等文章，对这个问题作了系统的回答。这些文章没有抽象地去比较社会主义与资本主义的优劣，而是从深入分析近代中国经历的特殊的历史过程作出论证。文章认为，帝国主义的侵略、掠夺和压迫，使近代中国变成半封建半殖民地社会。帝国主义列强和它们支持的地主买办阶级对中国人民的联合统治，是中国陷于贫穷落后、不能独立发展资本主义的根源。中国资产阶级没有能力解决中国的独立问题（从帝国主义的压迫下解放出来）、土地问题（农民从封建的土地关系下解放出来）、民主问题和统一问题。解决这些问题，完成民族民主革命的任务，是由无产阶级的政治代表中国共产党领导人民实现的。在民主革命取得全面胜利之后，当然不可能建立资产阶级统治的国家，走资本主义道路。因此，按照中国的历史条件，经过新民主主义走向社会主义，是中国人民所能选择的最好的道路。

胡绳在《论中国的改革和开放》等文章中，论述中国经过20年社会主义建设后提出改革开放方针的历史必然性和必要性。他说中国在开始进行社会主义建设时，惟一可以参考和学习的就是已有三十多年历史的苏联的经验。这时我们在建设中有些做法虽与苏联不同，但受苏联的影响还是很明显。到1956年毛泽东发表《论十大关系》的讲话时，"中国领导人的指导思想已经明确，不能完全按照苏联的模式做，而应找出适合中国情况的自己的道路。"① 从这时起，中国在连续20年的时间，为探索中国自己的社会主义建设道路做了各种努力。这期间犯过大跃进、人民公社化运动和"文化大革命"两次大错误，使建设事业受到很大的损失。这些错误是由于要克服苏联类型的僵化模式，错误地运用了过去中国革命中群众斗争、阶级斗争的经验造成的。在犯错误和克服错误的过程中，也积累了许多正面的经验。"在探索中所得到的一些正确的经验，固然为1978年以来的改革提供了重要的因素；在探索中所犯的错误，也使人们懂得不应那样做，并且从中学到许多在没有犯错误以前不懂得或不真正懂得的事情。从70年代末到80年代，以邓小平为代表的中国领导人很好地总结以往的正面和反面经验，所以才能够从中国的具体情况出发，逐步提出通过改革和开放走有中国特色的社会主义道路的一套方针、政策。中国人民迅速接受改革的思想和方针、政策，并且积极地参加改革，也是因为已经有了过去那么多的经验的缘故。"②

胡绳在《党史研究和思想政治工作》一文中，谈到当时有一种全盘否定建国40年成就的倾向，提出要肯定和珍惜这40年取得的很大的成就，同时也要总结和吸取犯错误的经验教训。他总结这种经验教训说："我看有两个根本问题。一个是我们没有认识到从革命时期到建设时期的转变是一个根本的转变。……再一个是我们没有充分认识中国的国情，并从中国国情出发，进行社会主义建设。"③

作者指出，中国进入建设时期就不能破字当头，而要立字当头，即一切以建设为主，一切着眼于建设。决不能再以阶级斗争为纲，用阶级斗争去冲击经济建设这个中心，他说，"现在我国人民掌握了政权，一切问题应该通过社会主义的自我完善，通过健全民主和法制，通过逐步建立各种制度来解决。在建设的过程中把旧的东西、坏的东西铲除掉，逐步消除其影响。""我们只有在已有

---

① 《胡绳全书》第3卷上册，第111页。

② 《胡绳全书》第3卷上册，第115页。

③ 《胡绳全书》第3卷下册，第580页。

的基础上，逐步进行量的转变，部分质的转变。因此，可以说，我们的方法是改良的方法。"① 他指出，"'文化大革命'的基本教训之一恰恰是，在应该主要是从事建设的时期，却以为破是一切，只要破了就会有一切，其实是造成丧失一切的危险。"作者认为，十一届三中全会以来确立的一个中心、两个基本点的路线，就是一条以立为主的路线。他说："改革固然是要破除僵化的经济体制和与之相联系的社会上层建筑和思想，但改革不是简单的破。它是社会主义制度的自我完善，是为了不断发展社会主义生产力。"②

作者对我国进入社会主义时期面临的特殊国情作了深入的分析。他说："我们的社会主义社会的前身是半殖民地半封建社会。在这社会里虽然有资本主义，但很不发达。我们没有经过发达的资本主义社会阶段。我们从旧社会得到的'遗产'中，几乎完全没有资本主义社会所能提供的一切。因此，在我们的社会主义建设中，不可能不在经济、政治、文化等方面遇到许多特殊的问题和特殊的困难。"③ 作者举例说，这些特殊问题是，"在全社会，特别在广大农村，生产社会化的程度很低，商品经济很不发达；文盲大量存在，国民教育很不普及，社会教育设施很少；科学技术落后，知识分子数量少，有较高水平的知识分子更少；非常缺乏大生产和大商业的经验，因而经营管理方法很落后，如此等等。"④ 如果看不到这种特殊国情，以为在"一穷二白"的基础上更容易建设社会主义，以为只凭一些"纯洁"、"完美"的社会主义抽象概念作指导，就能很快完成社会主义时期的任务，那当然会犯大错误。

有鉴于此，作者着力论证了我们必须运用资本主义的文明成果来建设社会主义的问题。作者在《社会主义和资本主义的关系》一文中，特意提出并阐释了一个人们不大熟悉的马克思主义观点，即社会主义社会和资本主义社会除了对立的关系外，还有一种继承关系。他指出，资本主义初起时的空想社会主

---

① 《胡绳全书》第3卷下册，第580—581页。

② 《胡绳全书》第3卷上册，第370—371页。

③ 《胡绳全书》第3卷上册，第26—27页。

④ 同上。

不懂得这种继承关系，马克思、恩格斯创立的科学社会主义则对这种关系作了合理的说明，列宁在面临社会主义建设的现实任务时，更是特别强调了继承资本主义"遗产"的重要意义。作者由此得出结论说，"社会主义不是在一块'空地'上建立新的大厦，它必须继承资本主义社会所创造的巨大的生产力，充分利用资本主义社会的科学、技术和组织社会化大生产的手段和方法，吸取资本主义的全部对社会主义有用的文化。"[①] 只有这样才能创造出比资本主义更高的文明。在原本资本主义不发达的国家里，能否解决好继承资本主义的文明遗产的问题，是关系到社会主义建设成败的重要条件。这也是中国必须实行对外开放的原因之一。中国近十几年实行改革开放政策以来，经济建设有了长足的进步，但是从经济发展的总体上看，我们还远远落后于发达的资本主义国家。因此，学习和继承资本主义的一切对社会主义有用的"遗产"，仍然是我们必须做好的一件大事。换句通俗的话说，我们不能补"走资本主义道路"的课，但必须补"继承资本主义遗产"的课。

90年代末，胡绳继续研究社会主义与资本主义的关系问题，发表了《毛泽东的新民主主义论再评价》等文章，提出了自己的新见解。他认为，对于社会主义与资本主义的关系，是用民粹主义的思想还是根据马克思主义理论去处理，是中国革命诸多问题中一个十分重要的问题。他列举本世纪20年代以来在这个问题上有过的几种有影响的看法。一种看法是，中国可以从农业国家跳过资本主义（跳过工业化）直接到达社会主义。这种看法一般被称为民粹主义。与此相反的一种看法是，只有经过资本主义工业的大发展，才谈得上社会主义。在此时期革命的领导权就应属于资产阶级。第三种看法是，民主革命取得胜利之时，应立刻就转变为社会主义革命，甚至在民主革命时期就要一般的反对资本主义。这些错误观点都使中国革命遭受过严重的失败。抗战时期毛泽东提出新民主主义理论，是总结实践经验对这个问题的透彻的解决。到中共七大毛泽东在《论联合政府》中继续发挥新民主主义理论，确定了需要资本主义的广大发展的方针。毛泽东多次鲜明地批判了当时表现为破坏工商业、破坏城市、分配

---

① 《胡绳全书》第3卷上册，第137页。

土地搞绝对平均的民粹主义思想。这对1948年革命大军进城时起了很大的积极的影响。

胡绳认为在毛泽东一生最辉煌的时期之一（1939—1949），是坚决地反对民粹主义的。甚至可以说，从理论和实践两方面坚定地、透彻地反对民粹主义，毛泽东是我们党内的第一人。

胡绳认为，建国之初，我们党对何时和如何进行社会主义革命的问题采取了非常慎重的态度。当时中央领导人都讲发展新民主主义经济可能要一二十年。但到1953年党宣布过渡时期的总路线，到1956年完成了社会主义改造，到1958年农村实现人民公社化，事情有了很大的改变。当时农业生产力没有任何显著提高，认为从人民公社就能进入共产主义，这是什么思想？只能说实质上属于民粹主义的范畴。此后二十多年间，与人民公社制度相联系的种种混乱思想，如"割资本主义尾巴"、"穷过渡"等，都只能使人联想到民粹主义。

胡绳在谈到重温这些经验的现实意义时说，我们今天坚持实行的一系列积极地利用资本主义、以促进社会主义发展的制度和政策，如果按照民粹主义的思路，是不可能设想的。但正是这些才符合马克思主义和中国国情。因此，重新学习、认识毛泽东的新民主主义理论，对于我们今天理解邓小平理论、理解改革开放、把发展生产力摆在首位等方针政策都是很有帮助的。

六　对发展马克思主义的论述

80年代末到90年代，随着世界局势的重大变化，关于马克思主义的发展前途和历史命运问题，成为国内外众多人士十分关心和议论的热点。胡绳也着重关心和研究了这个问题。首先，对作为马克思主义在中国发展的新阶段——邓小平理论，胡绳在多篇文章中，做了大量深入浅出的论述。其中，1994年6月16日在人民日报发表的长文《什么是社会主义，如何建设社会主义》，尤为作者学习和宣传《邓小平文选》第三卷的力作。这篇文章紧紧抓住对马克思主义的创造性发展这个主题，从四个方面作了精到的分析。作者在谈到"发展生产力"时，着重论述了破除对贫穷的公有制、贫穷的社会主义的崇拜的重要性，高度评价了邓小平的"把发展生产力作为中心，而公有制和按劳分配制的发展，必须服从于生产力发展的要求"这一思想。作者认为，邓小平的这一思想是以新的东西丰富了马克思主义。这是对几十年流行于国际和国内的一种错误观点的突破。这一新思想，不仅对中国有着十分重要的意义，并且在世界范围内带有普遍的意义。作者在谈到"社会主义的初级阶段"时指出，这一科学概念，不是从一般的意义上，而是特别从中国国情出发提出来的。它的重要性就在于表明，我们所实行的一切方针政策都必须符合于社会主义初级阶段的实际，而不拘泥于社会主义的一般形式，或者说，不能按照抽象的社会主义纯洁性的标准作出判断。切实掌握这一点，是我们在社会主义建设上的重大突破。在谈到"改革也是解放生产力"时，作者将国际上六十多年间社会主义建设在体制方面的主要弊端概括为两点：第一是过分地依赖集中的国家权力，以此来管理一切，支配一切。第二是没有从资本主义社会吸取建设社会主义有用的一切文明成果。作者通过总结中国的历史经验指出，"生产力的发展所受到的束缚不是来自资本主义，而是来自在一定历史条件下与某些对社会主义的错误观念相联系着的不适当的社会主义经济体制。在这种情况下，要用过去革命的办法来解放生产力，只能说是开错了药方。"① 作者在谈到"社会主义市场经济"时指出，在过度集中的计划经济的弊端日益暴露出来的情况下，"不对计划经济进行根本的改革，不承认和接受市场经济的优点，那就不仅造成经济上的萎缩，而且形成政治上的不安定。"② 他认为，"打破对计划经济的迷信，打破对市场经济的禁忌，不但肯定社会主义社会可以利用市场经济这种手段，而且肯定社会主义社会应当把资本主义制度下积累起来的有利于社会化大生产，有利于社会经济发展进步的一切市场经济的经验，利用过来为社会主义服务。这是邓小平同志对社会主义理论的一个极重要的贡献。"③

---

① 《胡绳全书》第3卷上册，第225页。

② 同上书，229页。

③ 《胡绳全书》第3卷上册，第231页。

作者有关社会主义问题的论述，是对邓小平的建设有中国特色的社会主义理论所作的精辟的阐释和发挥，并将这个问题的研究推进到了一个新的高度。

1994年12月24日，胡绳在北京举行的学习《邓小平文选》和建设有中国特色社会主义理论研讨会开幕式上，发表了《马克思主义是发展的理论》的讲演。这篇讲演从百余年来国际政治、经济和科学技术发展变化的广阔范围来论述马克思主义的发展问题，提出一些新颖、独到的见解，引起理论界的强烈的反响和高度赞扬。

作者认为，从19世纪末叶到现在，人类对自然的认识，人类的社会历史都发生了巨大的变化和发展。现在我们会感到马克思主义已有的发展还不能和现实生活相适应，因而感到发展马克思主义是每个真诚的马克思主义者所应该担负起的任务。文章论述了100年来科学技术的迅猛发展使人类对自然界的认识所达到前所未有的新水平，认为我们应该利用这些新认识来丰富马克思主义的世界观。当代科学技术的发展又为资本主义和社会主义的发展带来许多新问题。马克思主义要发展就必须面对这些问题。

作者着重论述了100年间马克思主义的社会主义理想在世界上很广泛的地域内成为现实的问题，指出这里有两个必须注意的历史现象。其一是社会主义首先不是诞生在资本主义最发达的国家，而是诞生在资本主义欠发达甚至很不发达的国家。二是社会主义制度在一些国家中建立之后没有能长期保持。在论述这两个历史现象时，作者特意提出并阐释了马克思主义一个很重要的观点，即俄国的农村公社有可能不通过"资本主义制度的卡夫丁峡谷"走向社会主义。所谓不通过"资本主义制度的卡夫丁峡谷"，就是指不通过资本主义一切可怕的波折，不经过发达的资本主义社会建立社会主义。按照马克思的论述，这种国家如果不经历一些过渡阶段，不保证生产力的极高度发展，不能享受资本主义的一切肯定成果，是不可能径直走向社会主义的胜利和成熟的。胡绳在另一篇谈话中谈到这个问题时说，一些社会主义国家建设的成功和失败，由此提供的正面经验和反面的经验，都证实了这个观点的科学性。而邓小平的建设有中国特色的社会主义理论，包括社会主义初级阶段论，以发展生产力为中心的社会主义本质论，社会主义市场经济论等等，都是与马克思这个重要观点有着密切联系的，是对马克思主义的科学社会主义理论十分出色的继承和发展。

胡绳在这篇文章中还提出马克思主义从革命的科学发展为建设的科学的问题。建设的科学所要研究的是如何建立新社会的问题，而不是如何推翻旧社会的问题，因此它的内容绝不能只限于原有的革命的科学。治理一个国家和发动一场革命是性质不同的事。受压迫的政党和执政的政党对社会所负的责任也极为不同。革命是在社会动乱中发生，建设则要求社会安定。在这两种不同的历史条件下，阶级斗争的作用及其具体形式，当然大不相同。所有这些都说明建设新社会的科学必须着重依靠对新的经验的总结。本世纪90年代初，社会主义事业在苏联和东欧国家中的瓦解，证明社会主义建设的科学远没有成熟。在建设的领域内，马克思主义者需要摆脱妨碍人们实事求是的种种思想桎梏，总结已有经验，开创新的局面。

在1998年12月举行的《胡绳全书》座谈会上，龚育之在发言中说："我们许多老的理论工作者，对于邓小平理论、建设有中国特色的社会主义理论，是很尊重、很拥护的，对于这个理论的形成和发展，阐述和传播，是作了贡献的。但是，像胡绳这样，写了这么许多很有影响、很有深度、很有新意的研究这个理论的论文的，并不多见。所以特别可贵。"[①]

胡绳是一位学识渊博、成就卓著的学者。除了马克思主义哲学、历史学是他的长项外，在社会学、政治学、文艺学、逻辑学、语言文字学等方面，也都很有造诣。他治学的一大特点，是始终坚持与时代的需要、人民的需要相结合。他曾说过，他一生所写的文章，总的说来，没有一篇不是和当时的政治相关的。这种精神使得他的研究和写作能够随着时代的步伐而不断前进。许多学术界人士都称赞胡绳治学谨严，总是力求充分占有并严格核实材料，从客观事物本身探求其固有的内在联系。他的作品以言之有据、注重分析、逻辑严密、说理透彻见长。在1998年12月举行的《胡绳全书》座谈会上，他表示，"展望21世纪的世界与中国，我们必须进一步解放思想，不受一切过时的成见的约束，大胆地又是用最严谨的科学态度提出适合时代要求的新的观点，新的理论。""我

[①] 《中共党史研究》，1999年第2期，第5—6页。

愿意在有生之年，追随我们的理论和学术大军，继续做一点有益的事。"从这里，我们看到这位理论学术界的一代宗师在八十余岁高龄时所表现的"壮心不已"的气概。

（郑惠、徐宗勉　撰稿）

作者简介

郑惠，1928年生，湖南桃江人。1948年北京大学肄业，同年参加革命。后长期从事研究和编辑工作。1986—1994年任中共中央党史研究室副主任，协助胡绳主持党史研究室工作。曾参与编写《中国共产党的七十年》，主持编写《中国共产党历史》上卷，并发表一些党史论文和评论。

徐宗勉，1932年生，安徽庐江人。1950年中央团校肄业，1951年在中共中央宣传部工作，任胡绳的秘书。后从事近代史研究、教学和编辑工作。曾任《历史研究》杂志主编、《中国社会科学》杂志总编辑、编审。发表过一些评论、历史研究论文和专著。

胡绳主要著作目录

《新哲学的人生观》　生活书店 1937 年出版。

《辩证法唯物论入门》　新知书店 1938 年出版。

《理性与自由》　华夏书店 1946 年出版。

《怎样搞通思想方法》　三联书店 1948 年出版。

《二千年间》　开明书店 1946 年出版。

《帝国主义与中国政治》　香港生活书店 1948 年出版。

《从鸦片战争到五四运动》（上、下卷）　人民出版社 1981 年出版。

《马克思主义与改革开放》　香港三联书店 1997 年出版。

《胡绳诗存》　三联书店 1992 年初版，中国社会科学出版社 1996 年增订版。

《胡绳文集》（1935—1948）　重庆出版社 1990 年出版。

《胡绳文集》（1979—1994）　中国社会科学出版社 1994 年出版。

《胡绳全书》（六卷九册）　人民出版社 1998 年出版。

《中国共产党的七十年》（主编）　中共党史出版社 1991 年出版。

潘梓年
(1893—1972)

　　著名的哲学家。曾任中国社会科学院哲学社会科学部委员、副主任，哲学研究所所长。

潘梓年名宰木、定思、弱水、任庵，江苏宜兴陆平村人。1911年就读于上海大同书院和龙门师范，1914年在无锡东林小学任教。1920年到北京大学哲学系当了三年旁听生。1923年先后到河北保定育德中学和河南开封二中任教。1927年在上海加入中国共产党，接着就被派往家乡宜兴，参加重建中共宜兴县委和发动秋收暴动。1927年被调往上海从事党的左翼文化工作。开始担任《北新》、《洪荒》等进步刊物的主编。1929年根据党的指示创办华南大学，任教务长。1930年到上海左翼文化运动的领导机关工作，先任社会科学联盟（"社联"）负责人，后任左翼文化总同盟（"文总"）书记，也是"文总"地下党的文化工作委员会（"文委"）负责人之一。1932年至1933年，他还担任中共江苏省委机关报《真话报》总编辑。1933年5月14日由于叛徒出卖，被捕入狱。1937年6月，经国共代表谈判后被释放出狱。1937年10月，他受周恩来的指派到南京筹办《新华日报》，任社长长达9年。1947年报纸被迫停刊后撤回延安，担任党中央城市工作部研究室主任。1948年12月，他被派往河南郑州筹办中原大学，任校长兼党委书记。1949年5月被调到武汉，先后任武汉军事管制委员会文教部长和中南军政委员会教育部长、文委副主任兼高教局局长等职。1954年，调到中国科学院，负责筹建中国科学院哲学社会科学部和哲学研究所，并筹备出版《哲学研究》刊物。1955年11月哲学研究所成立，任所长。1956年任中国科学院哲学社会科学部副主任和分党组书记。他是哲学社会科学部的学部委员、一级研究员，全国人大第一、二、三届代表。1972年4月10日，在"文革"中遭受残酷迫害，病逝于狱中。

一　刻苦研读马克思主义哲学

潘梓年从小是在父亲任教的私塾里读四书五经的。1911年，18岁的潘梓年在辛亥革命的影响下，产生了追求新知识和新文化的强烈愿望，执意要去上海求学。后来，受到"五四"运动带来的新思潮的影响，他终于在1920年到北京大学哲学系当了旁听生，主要攻读哲学、逻辑学和新文学。当时的北京大学，"五四"运动的革命思潮仍如巨涛奔涌，《新青年》、《新潮》等进步刊物在学生中广为传阅，他就是在这样的环境中开始接受了马克思主义的熏陶，新的思想、新的世界观也开始在他的头脑中逐步形成起来，并奠定了他后来从事马克思主义哲学研究的基础。

1927年，他在上海从事党的左翼文化工作时，开始有机会读到《共产党宣言》等马克思主义书籍。由于地下工作的环境复杂、任务繁忙，他还不可能比较系统地静心研究马克思主义哲学。1933年他被捕入狱，判为无期徒刑，但潘梓年的革命意志一直非常坚定、乐观。他不仅顶住了叛徒的诱降，经受住了敌人的威迫和酷刑，还在狱中团结、带领同牢房的难友跟国民党狱方作斗争，终于争取到了一定的学习环境和学习条件。狱方开始同意由家属有限制地带进一些图书让他们阅读。那时，潘梓年的胞弟潘菽正在南京中央大学任教，潘梓年每次都通过潘菽尽可能地多带些书籍供他阅读，他特别需要研读与马克思主义哲学有关的著作。为了避过狱方的检查，潘菽总是尽可能地带这方面的英文著作，狱方看不懂也就无法禁止，有时就用小说书的封面包装一些哲学、逻辑学书籍甚至马列著作带进狱中。潘梓年后来经常说，在狱中的4年是他第一次也是惟一的一次真正有较长的时间和较大的精力去研读与马克思主义哲学有关的著作，思考和钻研马克思主义哲学的基本理论问题。应当特别提到的是，潘梓年作为一名被国民党判处无期徒刑而被关在暗无天日的监狱中的政治犯，生活非常困苦，身体不断瘦弱。为了刻苦研读马克思主义的哲学著作，他不仅要学会与狱方的查禁作斗争，还要在极端恶劣的环境中坚持锻炼身体，以增强体质，这无疑是需要超乎常人的坚强决心和毅力的。经过4年的潜心攻读和研究，他终于基本上掌握了马克思主义哲学的基本原理，而且获得了许多独立研究的心得，并整理、撰写了约四十万字的《矛盾逻辑》一书（手稿）。当时他一次次地把自己写出的初稿交由潘菽带出狱中，本想待出狱后再修改出版。但出狱后，由于战争环境和生活颠簸，潘菽一直未能找到这批手稿①。潘梓年在1937年出狱后，只好利用一个多月的休息时间，凭着手中的资料和记忆，将《矛盾逻辑》一书的轮廓改写成《逻辑与逻辑学》的一本小册子正式出版。这本小册子虽然字数不多，但这是潘梓年刻苦研读马克思主义哲学的最早记录和最初成果，而且终于成了潘梓年一生中最具代表性的哲学和逻辑学专著。

现在我们已经无法了解到潘梓年在狱中究竟阅读过哪些与马克思主义哲学有关的著作，也很难说清楚他在那极端困苦的条件下潜心研究马克思主义哲学的具体情景和可贵精神。但我们从《逻辑与逻辑学》一书所论述的内容中，完全可以了解到当时研读与马克思主义哲学有关书籍的广泛性和刻苦性。书中所论马克思主义哲学的基本理论虽然篇幅不多，却相当全面、深刻地概述了马克思主义哲学的基本规律和基本范畴，可以算得上是我国早期比较完整地介绍马克思主义哲学基本原理的有名著作之一。全书分为绪论、方法论（逻辑学）和技术论（逻辑术）三大部分。在"绪论"部分，作者首先是相当广泛地讨论了思维与思维方法，即讨论了思维活动的物质基础、思维内容与客观世界的关系和思维的物质表现形式等。但为了要讲清楚这些理论问题，不仅要涉及到哲学

---

① 直到"文革"以后，潘菽的家属终于在一个长期没有打开过的木箱里发现了潘梓年的部分手稿，约二十万字。

本体论和认识论的基本原理，还要涉及到生物学、心理学、语言学等许多领域。由于作者把逻辑学等同为本体论、认识论、辩证法和方法论，所以在"方法论"（逻辑学）部分，作者实际上专门讨论了辩证法的基本规律和基本范畴（作者称为"辩证诸方法"）。在"辩证法的基本规律"一章，作者分别论述了"对立统一规律"、"质量互变律"和"否定之否定律"。应当承认，作者对每一条规律的论述都是相当深刻和全面的。在"对立统一律"一节，作者论述了"统一物的分裂"，讨论了统一物自身所包含的内在矛盾不但是互相渗透在统一物的每一分子每一质点之中，而且贯彻于统一物发展的自始至终全部过程中。还讨论了矛盾之"主导的一面"等基本内容。在"质量互变律"一节，作者讨论了质与量的规律性、从量变到质变与从质变到量变的辩证关系，讨论了渐变与突变等。在"否定之否定律"一节，作者又讨论了否定的本质、两次否定的特点，强调否定不是简单的取消，否定之否定也不是简单的循环等。作者在"辩证诸方法"一章，就具体讨论了本质与现象、根据与条件、必然性与偶然性、法则与因果性、形式与内容、可能性与现实性等辩证法的一系列范畴。我们在这里，不是要全面介绍书中对这些基本原理的详细论述，而是要说明作者对马克思主义哲学基本原理的介绍是相当全面和完整的，作者对这三条基本规律的介绍已经概括了这三条规律最基本、最重要的理论内容。而这些都是作者当时在与外界隔绝和十分艰苦的牢狱生活中，经过自己的独立思考和苦心钻研得出来的理论概括和认识总结，由此更可以想象到潘梓年当时研读马克思主义哲学书籍的广泛性和艰苦性。也正是在这个时候，潘梓年开始真正掌握了马克思主义哲学的基本原理，并成为我党早期的一位著名的马克思主义哲学家。

二 始终坚持理论联系实际的治学道路

潘梓年的学术生涯最早是从1920年到北京大学哲学系学习开始的，那时候他就从《新青年》、《新潮》等进步刊物中开始接受马克思主义的熏陶，决心把参加革命实践和研究马克思主义哲学作为自己的毕生事业，并且坚持走理论联系实际的治学道路。由于潘梓年生活在中国人民为争取民族解放和人民自由而奋斗的战争年代，所以他自始至终都没有脱离过革命战争的斗争实践。应当承认，潘梓年的一生首先是革命实践家的一生，也是坚持理论联系实际治学道路的一生，这正是潘梓年作为一个马克思主义哲学家最光辉和最可贵的本色。

1927年9月，他根据党的指示在上海参加党的左翼文化工作。开始他在北新书局负责主编《北新》、《洪荒》等进步刊物，不久就被派到上海左翼文化运动的领导机关工作。也正是在他从事党的左翼文化工作期间，他才开始有机会阅读到《共产党宣言》等一些马克思主义经典著作，他尤其酷爱学习与马克思主义的哲学有关的书籍，而且开始学习用马克思主义哲学观点分析当时的国际、国内形势。那时在《北新》等刊物上，几乎每期都登有他写的文章，有时在同一期上用不同笔名写了好几篇多至七八篇。其中有揭露帝国主义之间正在策划着的战争和瓜分阴谋的；有揭露日本帝国主义的侵华野心的；有揭露军阀之间的混战和专制统治的本质的；有揭露国民党以"清党"为名屠杀共产党人和进步青年的种种罪行的；等等。潘梓年就是在如此复杂、尖锐的斗争中迈开了理论联系实际的治学之路的。

他在狱中基本写成的《逻辑与逻辑学》一书，也绝不是纯理论的抽象论述，而是处处联系着科学知识、生活实际和革命实践来阐述着马克思主义哲学的基本原理。例如，在"思维与思维方法"一章中，他就运用生理学、心理学等科学知识论述了思维是一种特殊的官能，讲述了思维与感觉的关系等。在论述"对立统一律"时，他也是联系着大家熟悉的生活知识来讲述机械运动的方式；联系着生物学知识以解释有机界的新陈代谢运动；联系着社会生产实践和社会阶级关系以说明社会的矛盾运动等。在讲述"质量互变律"时，作者更是联系许多物理、化学等自然科学知识讲述质与量的规定性和量变与质变的辩证关系等。在讲述"否定之否定律"时，则是联系到社会发展的历史与规律，联系到不同社会发展的特点以说明否定的本质，否定之否定的过程和规律等。作者在论述辩证法的诸范畴时，就更多地联系到抗日战争初期的客观实际，以说明日本帝国主义虽然暂时拥有强大的物质条件的现象，但却有不可能克服的虚弱的政治、经济和心理本质；而抗日军民虽在物质上暂时处于劣势，而在政治上、经济上永远处于优势。这就是现象与本质的差异与转化。他还强调，只有通过脚踏实地的抗日战争才能由争取抗战胜利的可能性变成现实性，等等。这也说明，《逻辑与逻辑学》一书的出版，正是他在马克思主义哲学理论研究上的一个重要里程碑，也是他在坚持理论联系实际的治学道路上迈出的光辉的一步。

1937年6月，潘梓年在国共合作抗日的形势下得到了释放。潘梓年出狱不久，就根据周恩来的指示到南京筹办《新华日报》，并担任《新华日报》社长达9年之久。整整抗战8年，他一直战斗在国民党统治区的新闻战线上。为了使《新华日报》能成为我党飘扬在国民党统治区的一面团结抗日的红旗，他在中共南方局和周恩来同志的直接领导下，和国民党顽固派进行了艰苦曲折和卓有成效的斗争。应当肯定，长期的革命斗争不仅使潘梓年取得了丰富的实践经验，也为他深入理解和牢固掌握马克思主义哲学理论创造了最重要、最宝贵的条件。潘梓年绝不是一个单纯满足于忙忙碌碌的实践家，在他担任《新华日报》社长的九年多时间里，不论革命工作多么紧张、繁重，他从来都没有完全忘记、放松过理论宣传和理论研究，而且自始至终都是把理论研究和革命实践有机结合起来。在抗日战争的年代，他曾先后写出了一批如何争取抗战胜利的专著和专论。1938年，他就写了《论抗战时期的文化运动》和《争取抗战胜利》两本著作。接着从1938年到1941年，又先后发表了《自力更生与争取外援》、《互相帮助共同发展争取抗战胜利》、《坚持抗战，争取更大的国际同情与援助》、《中国抗战与国际反法西斯斗争》等专论。在这些论著中，他充分运用马克思主义的哲学观点，分析了争取抗战胜利的内因和外因及其相互关系，论证了只有通过自力更生坚持持久的抗战斗争，并在争取外援的条件下才能取得抗战的最后胜利，才能变可能性为现实性等等。与此同时，他还先后发表了《关于认识论与辩证法的同一问题》、《关于"由量变到质变"的辩证律》、《共产主义与马列主义》、《真理只有一个》、《关于动机与立场》、《物质与精神的关系》等理论性较强的哲学论文。而且每一篇论文都不是无的放矢地空谈理论，而是有的放矢地为解决一个实际问题或具体论点而写的。例如，在《关于"由量变到质变"的辩证律》一文中，潘梓年就是为反驳当时有的反动文人"发明"的一种所谓"创进理则"而写的。这种"创进理则"，一方面攻击质量互变律是把"质的转变认为完全由于量的增加",因而是"落伍了的机械论";一方面则鼓吹"一个国家或社会的质的转变,……并不一定由于量的增加"[1],从而否认量变是质变的必要条件。潘梓年在文章中指出,质变虽不是简单地由量的增加来决定的,但质变都必须由量变作准备。文章揭露这种否定量变的"创进理则"实际上就是为了要人们放弃和放松为争取抗战胜利所作的一点一滴的努力,是为了否定自力更生的内因论,而主张完全依赖外援的外因论。又如,他在《共产主义与马列主义》和《真理只有一个》等文章中,则批判了陶百川等人企图用民主主义来取代共产主义,揭露了他们否认马克思主义关于阶级斗争和社会革命等历史唯物主义原理的真正用心。

全国解放初期,潘梓年的工作又日益繁忙起来,1949年至1954年,他在担任中南区教育部部长期间,一直忙于领导河南、湖北、湖南、广东、广西、江西六省原国民党统治时期留下来的大、中、小学的接管工作和全国大、专院校的院系调整工作。可贵的是,潘梓年不论工作多么繁重,他也没有完全忘记宣传和推动马克思主义的哲学研究,并于1951年发表了《新哲学研究的方向》一文,强调"用马克思主义哲学研究中国的实际问题"。指出:"研究哲学最主要的是总结当前现实的斗争经验,找出它的规律来"[2],这就为新中国的哲学研究事业指明了方向。

1954年,他被调到中国科学院,担任哲学社会科学部副主任兼哲学研究所所长,为了筹建和领导哲学社会科学部和哲学所的工作,他付出的艰辛是可以想象得到的。但潘梓年坚持理论联系实际的治学原则和治学道路也得到了更进一步的贯彻和发扬。1958年,群众中出现了学哲学、用哲学的热潮,他为了及时了解群众学哲学、用哲学的经验,他曾不顾自己年近古稀的高龄,亲自带着自己的研究生和助手到河南的郑州、开封、洛阳、许昌、登封等六七个市、县的郊区农村作调查,每天晚上亲自听取当地干部、群众的介绍,参加群众的各种会议,历时达两个月之久。并在调查研究的基础上,他先后在河南禹县和郑

---

[1] 《关于"由量变到质变"的辩证律》,载《新华日报》1941年6月8日。

[2] 《新哲学研究的方向》,载《新建设》1951年第3卷第6期。

州大学作了题为《辩证法是哲学的核心》等学术报告。不仅充分肯定了群众学哲学、用哲学的热情，而且以大量生动的事实，结合马克思主义哲学产生的历史，深入浅出地论述了辩证法是哲学的核心，马克思主义哲学是改造世界的武器等基本理论，论述了世界观和方法论的关系，人的主观能动性和客观规律性的关系以及如何由必然王国向自由王国过渡等。1964年和1965年，他还两次去农村作调查研究，每次一蹲就是几个月。为了推动与发展马克思主义的哲学研究，他不断努力用马克思主义的哲学观点具体分析、论述我国革命和建设中的实践经验。1958年，他写了《从马克思主义国家学说方面对毛主席两类矛盾学说的一点体会》，文章特别联系我国革命的实际，强调国家消亡的必然性及其条件，并从哲学的角度具体分析了在我国条件下正确处理人民内部矛盾、民主与专政、民主与集中等关系。1959年，他又在《宏伟的远景规划，卓越的科学理论》一文中，从哲学的角度论述了我党的群众路线和实事求是的优良学风。他根据当时大跃进的现实，颇有针对性地指出："力戒浮夸就是革命的热情和科学分析相结合。这些都是实际工作中能否贯彻辩证唯物主义的问题。"[1]

正是由于潘梓年能始终坚持理论联系实际的治学道路和治学原则，才真正称得上是一位名副其实的马克思主义哲学家。

三　在马克思主义哲学领域进行的勇敢探索

潘梓年作为我党老一辈的马克思主义哲学家，在长期的革命战争年代，不得不用最大的时间和精力从事于革命斗争的实际领导工作，而且必须把马克思主义的宣传和普及工作作为最重要的任务，因此不可能像某些哲学家那样把全部时间或精力用来进行深入的理论研究。但即使这样，他也没有真正放松过在理论联系实际的原则下进行马克思主义哲学的理论研究和勇敢探索。

应当肯定的是，他在1937年出版的《逻辑与逻辑学》一书，就是他早期在

---

[1] 《宏伟的远景规划，卓越的科学理论》，载《哲学研究》1959年第1期。

马克思主义哲学理论上勇敢探索的有力证明和可喜成果。不能忘记,他当时是在充满白色恐怖的牢房中,凭着自己在极端困难的条件下所能看到的一点与马克思主义哲学有关的书籍,开始独立地、比较系统地研究了马克思主义的哲学原理,这完全是经过作者自己的认真思考才勇敢地提出了的"一己之见",(本书"弁言")实际上只是自己"敢想敢干的成果"。(本书"敬请批判")这就充分反映了作者在当时条件下进行理论探索的真正勇气和科学创见精神。例如,作者对"对立统一律"的表述,至少有四点在当时是很有新意和非常难能可贵的:一是作者强调了事物内部的既对立又统一是事物发展的根本动力。"一个事物的能够运动与发展,其根源,就在于它本身包含着两个互相矛盾的对立部分。"二是相当深刻而又完整地论述了矛盾的普遍性原理。他分析了机械运动(位置的运动或移动)、有机界运动(新陈代谢)和人类发展的历史(社会现象)以后指出:"一切的一切,都是这样地充满着互相矛盾的两个对立部分的统一体",并指出:"矛盾不但是互相渗透在一个统一物的每一分子每一质点之中,而且贯彻于这统一物发展的自始至终的全过程之中。"三是提出了矛盾主导方面的论点,既互相矛盾着的对立部分"其中有一方面是站在主导的地位在克服、解决、扬弃其他的一方面。"四是提出了两种不同性质矛盾的初步见解,指出社会主义国家现在有、今后仍要有各种矛盾,但社会主义社会的矛盾和资本主义社会的矛盾"本质上是有着不同之点的。"书中对质量互变律和否定之否定律的表述,也都是相当精辟和很有新意的。他肯定辩证法的规律必须是三个,而不是两个或一个。认为对立统一律"是剖析一切事物运动与发展的根源","质量互变律,是对立统一律更具体的体现","是阐明这运动发展的具体历程",而否定之否定律则是"把一切事物的发展从形式上定型化"了。他特别指出:"在否定之否定这一整个发展阶段中所包含的质变与量变不止一次,而有两次或更多次"。所以"否定之否定是辩证法的一个独立规律"。① 书中对辩证法的"否定"和"否定之否定"的本质也提出了比较深刻的新见,指出辩证法的"否定"和

---

① 以上引文均见《潘梓年文集》,江苏人民出版社1990年版,第121、211、149、151、152、153、154、160页。

机械论的"取消"是根本不同的。"一个事物的被否定并不是全部被取消了,所被否定的,只是那种不合时宜的、破烂而不可救药的运动方式。至其所有好的,仍有用处的内容或成分,则仍吸收在新的事物之中而予以保存在新的方式下继续发展下去。"① 这就叫做"扬弃"。作者强调,否定之否定不是简单的循环,"而是旋转到更高一级的开始状态"。② 应当指出,潘梓年当时在牢狱中进行独立研究和探索时,并没有见到毛泽东的《矛盾论》等著作,因而具有较大的个人创见性。所以书出不久,他就寄赠给了毛泽东,毛泽东很快给了他复信(石西民、潘菽当年见过此信),表扬了他在哲学领域作出的贡献,并勉励他在哲学研究方面继续努力。

全国解放后,他在1956年写了《对我国过渡时期的经济基础和上层建筑怎样进行研究》一文,这是潘梓年在历史唯物主义领域进行探索的重要尝试。他在文章中首先指出:"我们没有在任何著作上看到……过渡时期的生产方式。但是,书本上没有讲过的东西,并不能妨碍实际生活中能够出现这种东西",更"没有理由因为书本上没有讲过就否定事实上确已存在了的东西"。他强调:"不能光从书本上去找根据,主要要从事实方面去找根据。"③ 正是凭着这种敢于实事求是的科学态度,作者在对我国过渡时期的经济基础和上层建筑的论述中提出了一系列独到的理论见解。其重要的论点有三:第一,应该肯定过渡时期的经济基础的客观存在,反驳了当时有人否认有过渡时期经济基础存在的论点。作者提出:尽管我们"不准备也不应该把我们的社会主义事业建筑在现有的经济状况上",但是"革命的目的却要把现有的情况当作基础加以改造、加以发展而成"。"应当肯定,过渡时期有它自己的经济基础。"④ 第二,过渡时期的经济基础不只限于社会主义成分,还应包括非社会主义成分,反驳了当时有人认为只有社会主义经济成分才是过渡时期的经济基础的论点。作者认为:"如果要从

---

① 以上引文均见《潘梓年文集》,江苏人民出版社1990年版,第162页。
② 同上书,第163页。
③ 《对我国过渡时期的经济基础和上层建筑怎样进行研究》,载《哲学研究》1956年第4期。
④ 同上。

实际出发，那么很显然，我们的社会主义经济不只要从已有的社会主义经济扩大、加强而成，同时也要从资本主义经济、小商品经济等非社会主义经济成分的改造而成。因此，我们没有理由把非社会主义经济成分排斥在我们过渡时期经济基础之外。"① 第三，过渡时期的经济基础是几种不同经济成分的一个完整的统一体，反驳了当时有人把过渡时期存在的几种不同经济成分看作是杂凑在一起或并列在一起的混合体的论点。作者认为："几种不同的经济成分在我国过渡时期经济基础中错综地存在着"，但"他们是一个统一体，它们是按照整个社会经济生活内在联系有机地组织在一起，成为一个统一而完整的经济基础的有机构成部分。这就是过渡时期所独有的经济基础。"②

此外，潘梓年对客观规律性和主观能动性的关系也曾作过较多的研究和论述。他在上面提到的这篇论文中说："有了科学，特别是有了马克思主义这一科学……因而使得人类自己就有可能从在客观发展规律支配下行动着的被动地位，转变到掌握、运用各种客观发展规律来为自己服务的主观能动性。"1959年，他还在《辩证法是哲学的核心》一书中，专门列出了《从必然的王国向自由的王国跃进》一节，生动具体地论述了主观能动性和客观规律性的辩证统一。指出："我们要掌握主动权，首先要掌握客观发展规律。如治水，不能随便想怎么办就怎么办，先要勘察、看地势、看水文、看水库修在什么地方，……我们懂得客观发展规律了，也就懂得了科学，我们就能利用这个科学来改造自然，改造世界，我们不是蛮干，是讲科学道理的。什么道理呢？这就是客观规律。"③ 他还颇有针对性地指出："不符合客观发展规律，就要犯'左'的错误，就要失败，就要脱离相当大一部分群众。"④ 他正是在我国"大跃进"的狂热年代，勇敢地从理论上阐明了主观能动性必须建立在对客观发展规律的认识和运用基础上。

1962年，潘梓年开始从行政领导岗位上退居二线，准备集中精力搞研究工

---

① 《对我国过渡时期的经济基础和上层建筑怎样进行研究》，载《哲学研究》1956年第4期。

② 同上。

③ 见《潘梓年文集》，第43—44页。

④ 同上书，第44页。

作，计划在他古稀之年，把过去长期研究的成果整理出来，写出《辩证唯物主义与历史唯物主义》和《逻辑学》两本专著。他多次对他的助手说，这两本书绝不是讲些空洞的一般原理，一定要写出自己几十年研究马克思主义哲学和中国实际相结合的真正心得。为此，他在助手的帮助下做了上千张资料卡片，并已开始动笔。即使在"文化革命"的风暴几乎把所有的人从书斋中赶出来的时候，他还在进行苦心的理论探索。所以，如果这两本书能够写出来，无疑会更充分地反映出他在理论上长期进行研究、探索的勇气和新见。只是由于"文化革命"的浩劫和摧残，才使他在学术上长期为之而努力的夙愿未能实现。可贵的是，潘梓年在理论上勇于探索的精神一直坚持到他生命的最后时刻，即使在他受到"文化革命"的冲击和来自上面的某种压力时，他仍然坚持认为，作为学术问题都是可以讨论的。

应当指出，潘梓年在理论上进行的这些探索，重要的不是作者提出的观点是否全都正确无误，这些无疑都是可以继续讨论的。重要的也不在作者是否对马克思主义哲学的理论宝库增添了什么新的论点，这当然是很不容易的事，也不是随便可以作出结论的。真正重要的是他那种在理论上勇敢探索和敢于实事求是的科学精神，这正是一个理论工作者最难能可贵的品质，也是一个马克思主义哲学家应该具有的修养和品德，潘梓年是具备了这种品德和修养的老一辈马克思主义哲学家。

四 永远保持谦虚谨慎的优良学风

潘梓年深深懂得，在马克思主义哲学的理论研究和探索中，主观认识和客观实际之间是很难一下子达到完全统一的。因此，在理论探索中缺点和错误是很难完全避免的，这就要求我们在理论研究中永远保持谦虚谨慎的治学态度。潘梓年就是这样一位在理论探索中永远保持着谦虚谨慎的著名学者。

前面说到，潘梓年1937年写的《逻辑与逻辑学》一书，在宣传与探索唯物辩证法的基本理论方面作出了重要的努力和贡献。但是他仍然在该书的"弁言"

中强调:"作者敢提出一己之见,就正于明达,……希望能引起一般人的讨论与批评,以求个人的进步。"[1] 他还在原著中反复申明:有的地方只是个人提出的"一点新的见解","作者希望在这一点能够得到充分的批评,使自己有所进益。"[2] 对于"作者自己觉得可以说是'心得'的一点,有予以充分讨论的必要的一个问题。"[3] 该书在1961年重版时,作者又在"敬请批判"的前言中指出:书中"写出的东西谈不上是什么研究成果,至多只是敢想敢说的成果吧了。""现在把原版重新印行,不正好用以征集批评意见,在有时间重写时获得很多很好的匡正吗?"[4] 他的这些表白决不是虚伪作态,而是反映作者对自己在理论探索中可能出现的某些缺点或失误保持着清醒的估计,并且以真诚的愿望采取了欢迎批评的态度。例如,汪奠基曾在自己的一本当时尚未出版的《中国逻辑思想简史》书稿中,批评了潘梓年在《逻辑与逻辑学》一书中把辩证逻辑和形式逻辑区分为"逻辑学"与"逻辑术"的观点,只能是一种机械的分割,对整个逻辑学来说,这是不正确的划分。潘梓年不仅不为自己作辩解,而且非常支持出版汪奠基的这本书,表现了一个马克思主义哲学家在学术领域应有的胸怀和风度。

潘梓年对有真才实学的老专家是十分敬重的。1965年,他为了写充足理由律的文章,向十多位逻辑界的老专家发出了"求教信"。哲学所的许多老专家在他主持哲学所工作期间,都感到心情很舒畅。我国著名的哲学家、逻辑学家金岳霖教授生前谈到这种体验时,曾诙谐地说:"我工作的年代,就是潘老领导哲学所的年代。"他平时每写一篇文章,总要征求许多同志特别是老专家的意见,而且欢迎大家提出不同的或反对的意见。有一次他把自己刚写好的一篇论文拿到一个会议上征求大家的意见,当时张岱年等教授认为这篇文章还不够成熟,不宜发表。他当即欣然表示同意。他的这种谦虚谨慎的治学态度至今还在一些

---

[1] 见《潘梓年文集》,第121页。

[2] 见《潘梓年文集》,第121页。

[3] 同上书,第122页。

[4] 同上书,第211—212页。

老专家中留有深刻的印象。北京大学的张岱年教授曾深有感慨地说：他跟潘老只接触过几次，但潘老那宽厚待人、平易近人的作风给他留下了深刻的印象。

在哲学所逻辑研究组（室）内经常发生激烈的学术争论，潘梓年有自己的独立见解，但从不压制与自己不同的意见。所以，无论是受他支持的或跟他有分歧的学者，都对他在学术上的民主作风十分敬佩。他跟中青年人，包括他的学生讨论问题，也都采取平等的态度，尊重他们的意见，鼓励他们坚持自己的看法。当时还是研究生后来担任哲学所所长的邢贲思，曾多次就什么是历史唯物主义的"物"跟潘梓年发生过争论，潘老一面坚持自己的看法，一面很耐心地倾听学生的意见，并和蔼可亲地对邢贲思说："这个问题应该再研究、再讨论。"邢贲思说："跟潘老讨论学术问题，我们是敢说话、敢坚持的。"

潘梓年这种谦虚谨慎的态度还突出表现在他对自己已经认识到的错误总是采取敢于承认和勇于改正的科学态度上。许多人都知道，他在1937年写的《逻辑与逻辑学》一书曾把逻辑学简单等同于哲学辩证法，而把形式逻辑直接等同于哲学上的形而上学世界观，并从哲学上对形式逻辑采取了误解和批判的态度。但他当时就已承认："书出不久，就发现里面幼稚可笑之处甚多，以停止出版为宜。"[①] 解放后，他在自己的著作和论文中已经纠正了把形式逻辑当作形而上学批判的错误态度，而且明确肯定形式逻辑是一门独立于辩证法的逻辑学，并写有《谈学逻辑》（1958）一文，积极宣传学习形式逻辑的重要意义。1937年他还认为"形式逻辑的三个思维规律，即同一律、矛盾律、拒中律已绝对不能用。"[②] 而现在却强调："人们的任何知识都要以事物的相对稳定性为基础，……这个相对稳定性反映到人的思维里就成了同一律。"[③] 并承认形式逻辑"是从人类几千年的经验中总结出来的一门科学。"[④] 潘梓年在理论研究中的那种敢于承认失误和勇于纠正错误

---

① 见《潘梓年文集》，第211页。

② 同上书，第144页。

③ 《逻辑研究同样要联系实际》，载《哲学研究》1958年第7期。

④ 《谈学逻辑》，载《新观察》1958年第9期。

的思想境界，更加体现了他在治学方面谦虚谨慎的优良学风。

五、为开拓和发展新中国的

哲学研究事业鞠躬尽瘁 1954 年，潘梓年被调到中国科学院，负责筹建中国科学院哲学社会科学部和哲学研究所，并筹备出版我国第一本哲学理论刊物——《哲学研究》，作为推动全国的哲学研究和团结全国哲学工作者的重要阵地。经过多方努力，《哲学研究》于 1955 年 3 月正式创刊，他担任编辑委员会召集人（相当于主编）。次年 6 月中国科学院哲学社会科学部成立，他任学部委员和学部副主任（主任由郭沫若院长兼任，潘老一直是实际上的第一负责人），并担任学部分党组书记。1955 年 11 月成立哲学研究所，他兼任所长。平时他除了主持哲学社会科学部的日常工作外，主要负责领导哲学研究所。自那时起，他就把自己的余年全部献给了我国的哲学研究事业。

潘梓年在担任哲学所所长的十多年中，为推动全所和全国的哲学研究事业不遗余力。1956 年，全国制定十二年科学发展规划时，他就在《人民日报》上著文强调，哲学研究的任务极为繁重，但"目前从事哲学研究的队伍还很小，具有一定研究成果的哲学专家特别缺乏，哲学中的许多学科还是空白和薄弱的"[①]。并提出了培养干部、扩大队伍、加强薄弱环节、填补空白学科、整理遗产和出版专著与通俗读物等迫切任务。

为了办好《哲学研究》，潘梓年一开始就把团结、依靠全国有真才实学的专家作为一条重要措施。由他负责组成的《哲学研究》编委会包括了当时全国一批最有威望的哲学家，如李达、杨献珍、艾思奇、胡绳、冯定、于光远、周建人、汤用彤、冯友兰、金岳霖、孙定国等，这就在实际上形成了一个全国哲学研究工作的领导核心。在潘梓年的主持下，编委会定期召开会议，研究《哲学研究》的编辑方针，审定每一期稿件等。他十分重视通过《哲学研究》贯彻自由讨论、百家争鸣的方针，他在《发刊词》中明确写道："自由讨论，自由批判的作风，必须成为编辑工作中坚决贯彻的一个工作方针。"《哲学研究》在他的支持下，十分重视发表各种不同学派、不同学术观点的文章。不仅发表了一大

---

① 《有计划地大力开展哲学研究工作》，载《人民日报》1956 年 4 月 20 日。

批代表各学科、各学派的老专家的学术专论，也发表过一批中青年学者的论文，有力地推动了全国的哲学研究工作。

他经常亲自组织、主持各种学术讨论会，支持、帮助各学科开展研究工作。1959年，为纪念"五四"运动40周年，他和杨献珍一起在中央党校主持召开了"关于主观能动性和客观规律性问题"的讨论会。同年5月中旬，他又和杨献珍、胡锡奎、金岳霖等一起，在中国人民大学主持了一次规模较大的全国逻辑讨论会。为推动中国哲学史的研究，他曾多次赞助和参加中国哲学史讨论会，并动员学部委员、佛学专家吕在南京开办了一个佛学研究班，为抢救佛学遗产培养了研究骨干。有的同志深有所感地说，这是潘梓年为抢救佛学遗产立下的一个功劳。他对自然辩证法的研究也给予了特别的关注和支持，十分重视哲学工作者和自然科学工作者的联合，强调研究自然科学应该用马克思主义哲学作指导，而研究哲学的人则最好能熟悉一门自然科学知识。他还积极支持创办《自然辩证法研究通讯》，并为刊物题名。1962年8月，在哈尔滨召开的全国第一次自然辩证法座谈会，他参加会议并致开幕词。

潘梓年对于帮助、培养中青年也曾给予了极大的关怀。1956年他积极支持哲学所在全国第一批招收副博士研究生，并亲自带培了3名辩证唯物主义研究生。他从不强调自己领导工作繁忙而做一个空挂名的导师，为了培养好这3名研究生，他的指导可以说是非常严格和具体的，他帮助研究生制订学习计划，强调加强基础训练；他带领研究生到农村作长期调查，接触实际；他亲自为研究生拟题目，具体指导写论文；他还把自己总结出来的学习研究马克思主义哲学的具体方法详细传授给研究生，严格要求研究生做好四种学习记录：一是做好经典著作的语录卡片；二是写好读书心得，把自己学习中的心得体会写成短文，每篇心得他都要亲自看过，连引文、标点方面的差错都亲自改正；三是做好重要文件、文章的索引，以便随时查考；四是做好札记，把平时学习、生活中想到的有关新的理解、看法，点点滴滴随时记下来。研究生们在潘梓年的严格、具体指导下，都打下了较好的学习、研究基础。当年是他的研究生、后曾任哲学研究所辩证唯物主义研究室主任、国务院学位委员会学科评议组成员的研究员赵凤岐深有体会地说：潘老这种严格、认真的治学态度和治学方法对我的帮助太大了，我今天在培养 8 名研究生时用的就是潘老培养我们的方法，效果很好。当时在潘梓年任哲学所所长时的一批研究生，以后都成了研究员或知名学者，有的还担任了中国社会科学院副院长、研究所所长或研究室主任，这里除了这些同志的自己勤奋努力之外，也包含潘梓年的一份心血。

潘梓年离开我们已经二十多年了，他的一生不仅是革命家的一生，也是为推进和发展马克思主义的哲学研究事业而奋斗的一生，他为马克思主义哲学在中国的传播和发展作出了自己应有的贡献，他的一生无愧为我党老一辈马克思主义哲学家的光荣称号。

（周云之　撰稿）

作者简介

周云之，1934 年 2 月生，江苏宜兴人。1956 年 9 月考入北京大学哲学系学习，1962 年 10 月分配到中国科学院哲学社会科学部担任潘梓年的秘书。后任中国社会科学院哲学研究所研究员，主要从事哲学、逻辑学特别是中国逻辑史的研究，有多种中国逻辑史的论著问世。

潘梓年主要著作目录

《逻辑与逻辑学》　　三联书店 1937 年出版，1961 年再版。1990 年被收入
　　《潘梓年文集》。

《大家来学点哲学》　　上海人民出版社 1958 年出版。

《辩证法是哲学的核心》　　河南人民出版社 1959 年出版。

《潘梓年文集》　　江苏人民出版社 1990 年出版。

《关于认识论与辩证法的同一问题》　　《新华日报》1941 年 4 月 11 日。

《关于由"量变"到"质变"的辩证律》　　《新华日报》1941 年 6 月 8 日。

《物质与精神的关系》　　《群众》1943 年 8 卷 4 期。

《新哲学研究的方向》　　《新建设》1951 年 3 卷 6 期。

《对我国过渡时期的经济基础与上层建筑怎样进行研究》　　《哲学研究》
　　1956 年 4 期。

《否定之否定——辩证法三条基本规律之一》　　《哲学研究》1956 年 5 期。

范文澜

(1893—1969)

著名的历史学家。曾任中国科学院（现中国社会科学院）近代史研究所所长，哲学社会科学部委员。

范文澜字芸台，又字仲云，曾用笔名武波。生于浙江绍兴。1913年考入北京大学，1917年毕业，继续在北大文科研究所进修并任校长蔡元培的秘书。1922年以后在天津南开中学和大学任教。1926年加入中国共产党。1927年初，曾来北京晋见党的领导人李大钊。回津后不久，李大钊被捕牺牲，天津党组织也遭到破坏，范文澜得南开校长张伯苓的掩护，逃来北平。此后，在北京大学任教，兼在其他大学授课。1932年任北平女子文理学院国文系主任，次年受聘为院长。在此期间，又曾以"共党嫌疑"两次被捕，经蔡元培等保释出狱。1936年离开北平，去开封河南大学任教，投入抗日救亡运动。1938年开封沦陷，范文澜在河南桐柏山区参加新四军的抗日游击战争。1939年10月去延安。次年1月任马列学院历史研究室主任，其后成立中央研究院，任副院长兼历史研究室主任。抗日战争胜利后，1946年晋冀鲁豫边区成立北方大学任校长。次年建立历史研究室，兼任主任。1948年，北方大学并入华北大学，任副校长，兼历史研究室主任。中华人民共和国建国后，1950年成立中国科学院，华北大学历史研究室并入科学院，建立近代史研究所，任所长。1956年6月，当选为中国科学院哲学社会科学部委员、常务委员。同年9月，在中国共产党第八次全国代表大会上当选为中央委员会候补委员。1969年4月，当选为中共第九届中央委员会委员。同年7月在北京病逝。

范文澜是当代著名的马克思主义历史学家。他的著述生涯，大致经历了三个阶段。从20年代初从事学术著述到1939年去延安为第一阶段，1940年抵达延安至中华人民共和国建国前为第二阶段，建国以后为第三阶段。

一

范文澜最早出版的著作，是在南开大学讲授《文心雕龙》的讲义，题为《文心雕龙讲疏》（1925年10月），天津新懋印书局出版。他在北京大学学习时，音韵、训诂学家黄侃曾讲授《文心雕龙》课程，讲义题为《文心雕龙札记》出版。范文澜就学于黄侃，得其传授，在黄著的基础上，进而广征博引，祛疑解惑，写成《讲疏》。南开大学校长张伯苓曾把此讲义送给当时在南开任教的梁启超阅看。梁氏大为赞誉，亲自为本书的出版写了序言。说本书"徵证详敷西，考据精审，于训诂义理，皆多所发明。"此书印数不多，但出版后立即受到学术界的重视，范文澜也从此蜚誉士林。

1927年他回北大教书后的几年间，把在北大所学和毕业后10年间的积累作了全面的整理，相继完成了多种学术著述。

他到北大执教后出版的第一部著作是《诸子略义》。此书原是在南开时讲授《国学要略》的讲义，"自序"作于1926年12月。出版时间当在1927年末至1928年初，即他在北大授课的第一年。我所见此书的铅字排印本，版心有"京师大学校"、"文科出版课印"等字样。北京大学被北洋军阀政府强制改名为"京师大学校"是在1927年8月。次年6月蔡元培具呈南京政府，请求恢复北京大学校名。此后虽仍有周折，但"京师大学校"的校名即不再沿用。此书应是在此期间授课的讲义，由学校刊印。书名题为《诸子文选》，当是依据开课的名称，但序言仍标《诸子略义序》。他自己提及此书，也还是称为《诸子略义》[①]。本书的内容并非诸子文章的选编，而是对诸子学说的评介。自"孔子以前的文化"至两汉诸子，并论及魏晋清谈与"文心雕龙诸子"。他认为先秦诸子流派只有儒墨道三家，其他都是三家的支派。墨家有"别墨"，儒家支派也可称为"别儒"，刑名出于道家，不应"别立法家"。对两汉诸子学的评论，如论《太玄》、《昌言》等，也多发前人所未发。这时的范文澜已在1926年入党，当时的北大，由于蔡元培倡导思想自由，又经过新文化运动的洗礼，师生思想极为活跃，积极反对北洋军阀的封建统治。范文澜在本书序言中指出"自儒家独行于中国，学术消沉"，由于"学定一尊"。他赞颂"方今世运更新，数千年来思想之桁杨一旦尽解，学问不受政治之迫压，各得骋其才智，钻研真理。"此书未经出版社出版发行，因而流传不广，仅在北大师生中传播。

  1929年8月，范文澜《水经注写景文钞》一书，由北平朴社出版。朴社是顾颉刚创办的学术团体。顾颉刚与范文澜同年生，同年考入北大预科，但因中间患病辍学，1920年才在北大文科毕业，比范文澜晚了3年。1923年他自上海回到北大文研所国学门。1926年编印《古史辩》，形成古史辩学派。范文澜也应邀参加了朴社。此后，顾颉刚曾一度去厦门，1929年又回到北京，在燕京大学和北京大学执教。《水经注写景文钞》是一部写景文的选编，范文澜用白话文体为本书写了序言，突破了黄侃等人反对白话文的"师法"。在这篇序言里，他只用很少的笔墨讲了本书所据的版本，随后便由自然界的景物说到现实社会的不平。他说："社会好似黑压压一大片野生森林"，"不材恶木繁荣超过一切，良木不免于枯槁。"指责"青山丽水间"，"富贵人"和"伟人"这类人多了，"会被血腥铜臭弥漫着，像大雨前烟雾那样昏暗"。乡下农夫和都市中工人，"备受种种压迫"。序言最后描述他的理想社会是"衣食无虑，贫富不争，机诈消灭，浩浩荡荡努力向着文明路上直奔前进"。这大概是范文澜最早发表的一篇白话

---

  ① 见《与顾颉刚论五行说的起源》，载《史学年报》1931年第3期。

文，以富有特色的文笔，生动自然地表述了他的社会、政治观点。

1929年9月，北平文化学社出版了范文澜的名著《文心雕龙注》的上册和中册。全书分为3册，上册是原书本文和校勘，是传世诸版本与前人校本的集校，中、下册是注释。下册1932年续出。1936年开明书店又把注释分录于各卷本文校勘之后合订再版。在刊印《讲疏》之后，又以汉学家注经的方法，广征博引，考镜源流，著成考订详赡的注释。此书出版后，享誉一时，至今仍被公认为注释此书的巨制。1959年，人民文学出版社据开明版重印，曾请范文澜为新版写篇序言。他没有同意，只为新版题写了书名。

1931年1月，文化学社又出版了他的《正史考略》。这是范文澜第一部历史学或史部目录学著作。前此的出版物大都属于古典文学和哲学范围，所以，他在本书绪言中谦称："文澜褊陋，未尝学史。窃欲勾杂旧闻，缀为一编。"这是一篇较长的绪言，论述了《春秋》、《左传》以来的史学源流。他认为：司马迁以来的所谓"正史"，或出一人之手，或成一家之学。唐代以后，国史成为官书，修史奉行故事，史学为之无光。这和他在《诸子略义》序言中所表述的思想是一致的。本书的编写，大体上也是基于他讲授《国学要略》史部和《史通》的讲义，整理修订而成。书中对《史记》至《明史》二十四部史书，分别作了具体的评介，其间评论得失，多有创意。二十四史以外，又列入了柯绍心文所著《新元史》。此书成于1920年，次年曾由北洋军阀政府徐世昌以大总统令列为正史，称为二十五史。范文澜在介绍本书时完全不理此事，以示对北洋军阀政府的蔑视。绪言中也只是提到清乾隆时的二十四史，不承认所谓二十五史。对《新元史》一书的介绍方法是：胪列原书本纪目录、卷数，表、志、传的类目、卷数，不作评论，只是把日本东京帝国大学授予柯氏博士学位的本书审查报告原文录入。书中特为标出著者署名仍用清翰林院国史馆的职衔，是一种含蓄的指责。柯氏在清末宣统元年（1909年）正月至民国元年（1912年）四月实任大学经科监督。其间宣统二年（1910年）还曾署理京师大学堂总监督，1933年去世。《正史考略》出版时，柯氏仍然健在。范文澜在书中称他为柯先生，是表示对北大前辈师长的尊重。

1933年10月，范文澜的一部重要著作《群经概论》由朴社出版。清末京师大学堂成立初期，曾设经科，后合并于文科。范文澜在校求学时，文科的黄侃、陈汉章、刘师培等人仍然讲授经学课程。范文澜得诸师传授，于经学致力甚殷，毕业后，又在京津各大学先后讲授与经学有关的课程，在此基础上纂成此书。全书分为十三章。第一章为"经名数及正义"，第二章以下分别讲述易、尚书、诗、周礼、乐、仪礼、礼记、春秋及三传、论语、孝经、尔雅、孟子，故名为"群经"。书名"概论"，但并不是概括的评论，而是对诸经的性质、内容、篇目、存逸、真伪及相关诸问题，分别作深入而具体的评述。编纂方法遵依述而不作的宗旨，以汉学家注释经书的体例，旁征博引，解释群经。经学自汉代分为今、古文派，清儒解经之作，浩如烟海，众说纷纭。本书对诸经有关问题，条分缕析，摘引前人精萃之论，彼此贯通，使读者对诸经概况、前人研究成果及问题所在一目了然。新文化运动以来，俗儒的"尊孔读经"已遭摒弃，但经学作为传统的学术仍然不能不是学者需要了解和研究的课题。该书以其具体详赡受到学术界的重视。范文澜自1927年回北大执教，出版《诸子略义》以来，6年间相继出版著述5种，是他平生著述最勤、出书最多的时期。1929年出版的《水经注写景文钞》曾自题为"范文澜所论第七种"，《文心雕龙注》题为"范文澜所论第四种"，晚出的《群经概论》题为"范文澜所论第一种"，读者对此或以为费解。这其实表明，他回北大执教后，打算把多年来所学所教的学术作一全面的总结，计划编写一系列的著述。列为第一种的是《群经概论》，第二种是《正史考略》，第三种不见题署，当是北大出版的《诸子略义》，第四种是《文心雕龙注》，第五种当是拟列《文心雕龙讲疏》，出版时尚未题署种次，题署第七种的是《写景文钞》，只有第六种不见着落。范文澜在京津各大学以及后来在河南大学都曾讲授过中国文学史，有讲义印行。吕振羽曾几次和我说起，他早年读过此讲义，颇为赞赏，嘱我设法找到。我曾就此事问过范老。他说当年确曾印过这部讲义，但印数不多，他手边早已无存，不知下落了。由此可知，他在公开出版的几种著作上题署"范文澜所论"第几种，并非依据出版时间先后，而是依据经、史、子、集（文论、文学史、文钞）顺序排比，计划构成一套国学著述系列。只是由于其中三种是作为讲义刊行，迄未能按照原计划出版完帙。

范文澜的系列著作，大多是来源于在北京大学学习和执教时的学术积累。在他的著作中并且经常把北大师长的讲论引录到书中，注明出自某师。最负盛名的《文心雕龙注》不时在注释中引录黄侃、陈汉章的论述，称为"黄先生曰"、"陈先生曰"。书前的例言申明："愚陋之质，幸为师友不弃，教诱殷勤。注中所称黄先生即蕲春季刚师，陈先生即象山伯师。其余友人则称某君，前辈则称某先生，著其姓字，以识不忘。"《群经概论》更多引录黄、陈及刘师培的论述，甚至有时立为一节，注明全出某先生。第一章"唐人正义"节称："刘申叔先生论正义之得失甚精，兹录其全文如下。""今古文家法"节注明全出陈伯先生。第四章"毛诗词例举"、第九章"左氏学行于西汉考"、"谷梁荀子相通考"等篇注明录自刘申叔先生。"三传平议"注出黄季刚先生。书中论述，引据"某先生曰"，更是数见不鲜。范著中引录当时北大诸先生的讲论，有些已收入他们本人的著作，有些则是讲授的讲义，由于范文澜的引录而得以传世。从这个意义上说，范文澜不仅是新文化运动以前北大学习传统国学的最后一班学生，而且是当年北大国学的集其大成的继承人。

范文澜在学术上继承北大的国学传统又融入自己的新思想，形成一系列著作，但他并没有停留在这一阶段。1935年，他再次被捕出狱后，面对国民党统治的腐败和日本侵略的威胁，学风与文风为之一变。

1935年冬，他写成《大丈夫》一书，对历史上25位抗敌御侮的爱国志士、民族英雄，依据多种记载"审慎稽核，组织成篇"，用生动的语言描述壮烈的事迹，全书充满激情，令人读来为之感动。本书卷首的"凡例"中指出："一个国家要是政治腐败，民穷财尽，本身既非崩溃不可，外患自然乘虚而入。"本书作为民众教育资料"对于民族精神的提倡，或者多少有些贡献"。"并且希望每个读者也都学做大丈夫"。本书在1935年底完成，1936年7月由上海开明书店出版，取得很大的成功。至1949年3月，先后印行6版，受到广泛的欢迎。

《大丈夫》一书的出版，在范文澜的著作生涯中是一个转折。他作为深研经学和《文心雕龙》的专家转而致力于历史人物和历史事件的研究，从继承汉学家法，校勘考释，转而编写贡献于民众教育的深入浅出的读物，为尔后《中国通史简编》一书的编写，开拓了先路。

二

　　1936年，范文澜因去北平继续受到反动当局的监视，8月间去开封河南大学文学院任教，并参加中共河南省委领导下的抗日救亡运动。在开封期间，他在《风雨》、《经世》等刊物上连续发表时事评论文章，宣传抗日救国，引起强烈的反响。1938年6月，开封沦陷，他前往确山竹沟镇，投笔从戎，直接参加新四军的抗日游击战争。1939年，国民党当局制造竹沟反共事件。这年10月，中共中原局书记刘少奇指示他去延安，并亲自写信把他介绍给毛泽东。1940年1月他到达延安，受到毛泽东的接见。范文澜当时以研治经学和《文心雕龙》著名于世，这年夏季延安新哲学年会邀约范文澜在新建的延安大礼堂作经学史讲演。先后讲演三次。前两次，毛泽东都亲自来听讲，第三次因病未去，看过讲演提纲后亲自写信给范文澜说："提纲读了，十分高兴，倘能写出来，必有大益，因为用马克思主义清算经学这是头一次，因为目前大地主大资产阶级的复古反动十分猖獗，目前思想斗争的第一任务就是反对这种反动。你的历史学工作继续下去，对这一斗争必有大的影响。"[①] 范文澜的这个讲演提纲，曾题为《中国经学史的演变》，发表于延安出版的《中国文化》第2卷第2、3期。

　　与此约略同时，他开始了《中国通史简稿》一书的编写。当时的形势是，党中央正准备在全党整风，肃清"左"倾教条主义的思想影响。毛泽东一再号召全党，注意研究中国的历史实际和革命实际。基于这种需要，范文澜受党中央的委托，主持编写一部供广大干部阅读的中国历史读本，以便读者了解中国历史发展的概貌。他作为马列学院历史研究室主任，组织研究室的人员集体编写。按朝代顺序，分工起草。范文澜追记说："由于缺乏集体写作的经验，对如何编法没有一致的意见，稿子是齐了，有的太详，有的太略，不甚合用。组织上叫我索性从头写起。一九四年八月至第二年四五月完成上册（五代十国以

[①] 《毛泽东书信选集》，人民出版社1983年12月版，第163页。

前），至年底完成中册。"① 所以，本书出版时虽题署"中国历史研究会编"，实际上是由范文澜独立写成，学术界也公认为他的代表作。

本书的编写宗旨和特定的需要，都要求编者不能沿用旧有的历史著作或教科书的编写成例，而必须自辟蹊径。马克思主义传入中国后，郭沫若等学者曾应用马克思主义学说研究中国古代社会。30年代的中国社会史论战中，也有一些专论刊布。但是，应用马克思主义观点叙述中国整个历史的全面贯通的著述，还是前此所未有。范文澜曾说：本书属于"尝试着用马克思主义观点、方法写的历史"。与旧类型历史书不同之处，他自己归结为五点。

（一）"书中肯定历史的主人是劳动人民，旧类型历史以帝王将相作为主人的观点被否定了。"

（二）"按照一般社会历史发展的规律，划分中国历史段落。""旧历史写尧舜禹汤文武所处的时代都是一个样。"本书"试用一般的社会发展原则到具体的中国历史，这是和旧历史完全不同的。"

（三）"中国是长期延续的封建社会，但三千年来决不是没有发展。本书把封建社会分成三个时期（应该是四个时期，明以后自为一期），说明它的发展过程。"关于时期的划分，着重于经济基础的变动，并注意到文化思想的发展。

（四）"写阶级斗争，着重叙述腐化残暴的统治阶级如何压迫农民和农民如何被迫起义。""肯定农民起义的作用，同时也要指出农民阶级本身缺乏组织性和觉悟性，因之它只能起着有限的推动作用。"

（五）"书中注意收集生产斗争的材料，古代的科学发明以及有关农业、手工业的知识，还是写得不少。"②

范文澜自己归结的这5个要点，都不同于旧类型历史书，在当时确是全新的观点和编写方法。著者长期从事学术著述，治学谨严，学识渊博，这些观点建立在坚实的学术基础上，通过具体史实的系统叙述得到体现。全

---

① 《关于中国历史上的一些问题》，载《范文澜历史论文选集》，中国社会科学出版社1979年4月版。
② 以上引文俱见《关于中国通史简编》一文，载《新建设》1951年第4卷第3期。

书很少引用马克思主义经典作家的文句，绝少教条式的空泛议论，而是具体分析具体事物，夹叙夹议，显示出中国历史的特点。所以本书出版后，既反对了"离开中国特点谈论马克思主义"的教条主义，又开拓了用马克思主义的历史唯物主义观点编写中国历史的新境界，从两个方面取得了具有时代特征的成就，开一代之学风。

当时，国民党政府统治区的一些大学，用于教学的中国通史一类书籍，多是用文言体写作，引用古籍原文说解，不便于广大读者阅读。本书采用口语文体，力求做到明白易懂。由于著者具有较深厚的古典文学修养，行文造句，独具风格，一洗教条主义"洋八股"的积习，赋有民族化、大众化的特色，读来引人入胜。编写体制也注意深入浅出，多有新创。例如关于古代各项制度的讲述，历来被认为是较为枯燥的课题，本书讲到历史上的制度规定，往往援引有关历史事例作生动的论证，使人读来饶有兴味，并不觉得枯燥。又如书中很少引用古籍原文，必要引用时，多将原文译为生动确切的口语或加以口语说解，使人易读。如此等等，也都是不同于旧型史书的显著的特色。

本书上、中两册于1941年至1942年先后在开展整风运动的延安出版，从观点、体裁到语言文字，以全新的面貌呈现在读者面前，受到广泛的欢迎。解放区各地干部多视为必读之书。在重庆《新华日报》连载后，也受到国民党政府统治区广大读者尤其是进步青年的欢迎，在学者中也引起反响，得到赞誉。抗日战争胜利后，在上海公开出版，进而受到国际学术界的重视。本书出版后的10年间，先后有8种版本刊行。至于各版本的重版、翻印次数和发行的册数，已无法统计。1950年上海重排的一卷合订本，一年之内即重版6次。于此可见，本书出版后风行一时的盛况和广泛的影响。

《中国通史简编》只出版了上册和中册，原计划下册编写近代部分，因著者参加延安整风运动而中断。整风运动后，他又接受编写中国近百年政治史的任务，完成了另一部开拓性的名著。

整风运动开始前，毛泽东就在《改造我们的学习》的报告中提出："对于近百年的中国史，应聚集人材，分工合作地去做，克服无组织的状态。应先做经济史、政治史、军事史、文化史几个部门的分析的研究，然后才有可能作综合的研究。"① 依据这个号召，1943 年党中央组织人力，分别编写 4 部著作，负责人分别是：经济史陈伯达，政治史范文澜，军事史郭化若，文化史欧阳山。范文澜接受这个任务后，不得不把编写《中国通史简编》下册的计划先行搁置，全力投入近百年政治史的写作。鉴于编写通史简编的经验，此书开始编写即由他独力承担。原计划以"五四"运动为界分为上下两编。上编写到义和团运动就因抗战胜利自延安转移而终止了工作。已写成的这一部分书稿，题为《中国近代史上编第一分册》，1946 年由新华书店出版。1947 年 9 月，华北新华书店重印《中国通史简编》，将原来的上、中册分编为 6 册，已出的《中国近代史上编第一分册》作为《中国通史简编》第 7 册和第 8 册，合为一书刊行。但此书原是中国近百年政治史的一部分，只叙述重大政治事件，与《中国通史简编》上、中册的体例并不一致。尔后，仍题为《中国近代史上编第一分册》，单独出版。1948 年 4 月，原编为上、中册的《中国通史简编》经过修订，改编为上、下册再版。《中国近代史》上编第一分册出版后的 8 年间，先后刊印 9 版，中经 4 次修订。著者为 1954 年的第 9 版写了"九版说明"，并将书名改订为《中国近代史上册》。

中国历史学家向来以研究清以前的历史为主，只有少数几位史学家涉猎过近百年史。范文澜博通经史，研究范围也只是清以前的古史，接受任务后，奋力开辟，尽量阅读当时所能见到的文献资料，在两年的时间里写出了 30 万字的书稿。本书的编写，依据毛泽东关于"帝国主义和中国封建主义相结合，把中国变为半殖民地和殖民地的过程，也就是中国人民反抗帝国主义及其走狗的过程"② 的论断，对义和团以前的历史，编为 8 章。第 1 章，鸦片战争。第 2 章，中国人民的反抗斗争。第 3 章，太平天国革命。第 4 章，第二次鸦片战争。第 5 章，洋务派的自强及第一次割地狂潮。第 6 章，甲午战争及第二次割地狂潮。第 7 章，戊戌变法。第 8 章，义和团反帝运动。在这 8 个篇章里，对 1840 年以

---

① 《毛泽东选集》第 3 卷，人民出版社 1952 年版，第 803 页。

② 《中国革命和中国共产党》，《毛泽东选集》第 2 卷，第 626 页。

来，帝国主义侵略中国和中国反帝反封建的重大事件，分别作了具体的详细的论述。本书的出版，使广大读者得以系统了解鸦片战争到义和团的基本史实，也为历史研究开拓了新径。出版后的 10 年间，一再重印，对中国近代史研究和教学，产生了很大的影响。从那时以来的 50 年间，中国近代史的研究已有很大的进展，新的研究著作不断问世。人们对近代历史发展过程的认识，较之当年也深刻得多、周密得多了。但范著近代史作为以马克思主义、毛泽东思想为指导的近代史开山之作，它所作出的贡献和起过的作用，仍然受到人们的尊重。

三

中华人民共和国建国以后的 20 年间，范文澜的学术工作，主要是重新著作一部中国通史。

范文澜为人十分谦逊。他一再申明，在延安时编写的中国通史和中国近代史两书，成书仓促，都还只是"草稿性质"。在《中国通史简编》1948 年的校订本的"再版说明"中说："在延安编写的时候，因为材料缺乏，人力薄弱，仅仅一年半的日期，仓促脱稿，自然产生许多缺点，距离实际合用的通史，还有十万八千里。"1951 年，他又在一次讲演里，对此书作了自我评估，谦称是尝试应用马克思主义观点、方法编写的新型类通史，同时又列举本书的缺点作了自我批评。这篇讲演的记录，题为《关于中国通史简编》，在《新建设》杂志公开发表。他在学术上勇于自我批评和不懈追求的精神，在当时的学术界曾引起很大的反响。

中国科学院建立后，范文澜获得良好的工作条件和利用图书资料的便利，决心重新编写一部中国通史，在近代史研究所建立中国通史组，协助他工作。自 1953 年至 1965 年陆续完成 4 册出版，写至隋唐五代时期，共约一百万字。此书的编写仍以广大读者为对象，但尽力反映著者的学术研究成果和学术见解，是一部深入浅出的专著。出版时虽曾题为《修订本中国通史简编》，但并非延安本《中国通史简编》的简单的修订，而是重新编写的另一部中国通史。范文澜逝世后，此书在1978年再版时，书名改题为《中国通史》，以与延安时编写的《中国通史简编》相区别。

在本书第一册出版后，他曾撰写《关于中国历史上的一些问题》一文[①]，对新著遵循的基本观点作了说明。其中最重要的是以下几点：

（一）封建社会开始于西周。关于中国历史进入封建社会的时代，学术界曾有过不同的主张。1940年初，范文澜到达延安后，曾撰写《关于上古历史阶段的商榷》一文，刊于《中国文化》第一卷第三期。文中明确提出："殷代是奴隶社会，西周是封建社会，这是我党历史学者吴玉章同志的主张。"他表示赞同这一主张，并作了进一步的论证。尔后，在延安编写《中国通史简编》，即采用了这一主张。重新编写的中国通史，仍然继续主张封建社会开始于西周。在《关于中国历史上的一些问题》一文里，又作了专题论证。从土地所有制、农民的私有经济和西周的分封制度与宗法制度等方面申明西周时期开始进入封建社会的论据。此后，他在其他与此有关的论著里，始终坚持这一论点。因而被认为是"西周封建说"的积极的倡导者。

（二）关于汉民族的形成。这是范文澜提出的一个新的研究课题。这一问题的提出，是由于50年代初，斯大林发表《马克思主义与语言学问题》，指出"随着资本主义的出现，封建分割的消灭、民族市场的形成，于是部族就变成为民族"。[②] 中国没有经过资本主义社会，汉族何时成为民族，便成为必须回答的问题。范文澜从秦汉时期的历史实际出发，提出当时的汉族已具有斯大林所说的民族特征，已经形成为民族，并且是自秦汉时起中国成为统一国家的主要原因。[③] 当时，斯大林去世未久，他的论著具有极高的理论权威，范文澜此说一出，随即在学术界和理论界引起强烈的反响。讨论的文章曾被集结为《汉民族

[①] 原载《中国科学院历史研究所第三所集刊》1954年第1集。又刊于《中国通史简编》修订本第1册，1955年版，作为本书的《绪言》。

[②] 《马克思主义与语言学问题》，人民出版社1951年版，第10页。

[③] 《关于中国历史上的一些问题》中此节，曾题为《试论中国自秦汉时成为统一国家的原因》，刊于《历史研究》1954年第3期。

形成问题讨论集》出版。① 一些学者严厉指责范文澜此说是背离了斯大林学说,他却坚持不悔。随着学术实践的发展,他的这一论点,被日益众多的历史学家、民族学家所赞同,成为公认的基本观点。②

(三)关于国家与民族。《关于中国历史上的一些问题》一文对历史上国家与民族的概念,提出了不同于旧本《中国通史简编》的新解。旧本应用"中国"这一概念,往往只是指中原汉族地区。本文提出秦以后"汉族和当时国境内各少数族的共同祖国,就是中国"。"各族的祖先也就成了各族的共同祖先——伯祖和叔祖。""祖先中一部分是当时的统治阶级。他们做坏事,应该得到各族的共同指责;如果他们做出有益于历史发展的某些好事,那末,也应该得到各族的共同赞许。"依据这样的理解,著者力图以民族平等的观念,编写出中国各民族共同的通史。此后出版的新编通史第2册对匈奴、羯、鲜卑、氐、羌各族创立的所谓"五胡十六国"各有独立的章节。第4册对回鹘国、吐蕃国、南诏国也各有独立的篇章,分别叙述各少数民族的历史发展。这种编例,是此前中国通史一类书籍不曾有过的创举,著者为此付出了很多的心血。近代史所中国通史组的同人余元安、王忠等同志也都做出了自己的贡献。范文澜在《关于中国历史上的一些问题》一文中着重提出要分工合作,研究少数民族史,说"没有少数民族史的研究,中国历史几乎无法避免地写成汉族史"。为此,他曾组织中国通史组的同人分别研究各少数民族的历史和语文,为编写各民族共同的通史打下基础。

以上几点,我以为是《关于中国历史上的一些问题》一文所提出最重要之点,也是重新编写中国通史时所着眼的重点。至于书中的具体论述,多有新创,不需例举。新编的中国通史,作为一部学术专著,仍然保持了深入浅出、生动鲜明的文风,既无烦琐考据的流弊,也无"洋八股"和教条主义的陋习。出版后再次受到广泛的欢迎,成为广大读者学习历史的喜读之书,也是史学工作者的必备之书。自1953年第1册出版至1978年改题《中国通史》重排新版以前,

---

① 《历史研究》编辑部编:《汉民族形成问题讨论集》,三联书店1957年版。

② 参看《中国大百科全书》民族卷,"汉族"条。

第1至第4册，已多次重印，累计发行一百四五十万册。本书原计划编写4册，100万字。但第2册写完，已超过50万字，不得不改变计划，编写10册300万字。范文澜逝世后，按照组织上的安排，我和中国通史组的同事们与所外专家合作，继续编写未完成的6册，陆续出版，至1993年出齐，算是实现了他的未完成的计划。1994年范著前4册与续编6册，合订为10卷本，在1995年发行，至1997年底重印了6版。

建国以后，范文澜虽然以主要精力编著中国通史，同时也为推动中国近代史的研究做了大量工作。

中国科学院建院时，原华北大学历史研究室并院建所。范文澜作为这个单位的领导人，虽然打算继续从事中国通史的研究工作，但并没有建立历史研究所，而是建议成立了近代史研究所。这是因为他希望缩小工作范围，培养专门人才，以使近代史研究这个薄弱领域得到充实和发展。近代史研究所成立时，研究人员不过十余人。在他任所长的20年间发展到近百人，培育出一批卓有成就的专家，取得显著的成绩。

早在建国前夕的1949年7月，范文澜负责中国新史学研究会筹备会工作，即着手编辑《中国近代史资料丛刊》，组织历史学家对近代重大历史事件分别编辑专题史料，陆续出版。为纪念义和团反帝运动50周年，首先由翦伯赞主持编辑了《义和团》专题史料，1951年3月出版。1951年7月，中国史学会宣告成立，郭沫若为主席、范文澜为常务副主席，主持会务，继续组织编辑近代史资料丛刊。至1959年，先后出版《太平天国》、《回民起义》、《戊戌变法》、《鸦片战争》、《中法战争》、《中日战争》、《辛亥革命》、《捻军》、《洋务运动》等专题史料10种。其中多者8册，二百几十万字，少者4册，也有一百几十万字，可以说是建国以来由学者选编的规模最大的一部史料书。近代史资料甚为分散，搜集不易，《丛刊》的出版，为近代史研究者，特别是藏书较少地区的研究者提供了极大的便利，推动了近代史研究的开展。

1955年，范文澜发表题为《中国近代史分期问题》的长篇论文，系统地论述了鸦片战争至五四运动历史发展过程。他认为这80年间的历史可以划分为四个时期：1840—1864年为第一时期，1864—1895年为第二时期，1895—1905年为第三时期，1905—1919年为第四时期。每一时期又可细分为若干段落。论文对各个时期的历史特点作了理论说明，表达了作者的学术见解。本文被视为范文澜关于近代史研究的代表作。论文发表后，曾在史学界引起热烈的讨论。1956年他又在一次讲演里，重申此意并作了若干补充。此后，他还就一些重大事件作过若干专题论述。

据上所述，范文澜在建国以后虽然没有再来编写近代史的综合性著作，但在人才培养、史料编纂、理论探讨等方面都作过许多工作，为我国近代史研究事业作出了贡献。

在此期间，范文澜还先后接受党和国家领导人的委托，在古籍整理和资料编纂等方面作出了贡献。主要有：（一）1953年毛泽东亲自委托范文澜、吴晗组织历史学家校点《资治通鉴》，这项工作由范文澜主持完成，在1956年出版。（二）1956年，毛泽东又委托范文澜、吴晗组织标点前四史，范文澜与吴晗邀集有关专家集议，分工进行，写信向毛泽东汇报，并提出标点二十四史的建议。毛泽东随即亲自复信给范、吴，表示赞同。范文澜逝世后，二十四史的校点，由中华书局组织完成。（三）1953年，国务院编制第一个五年计划时，厂矿选址，急需地质资料，依据地质学家李四光的倡议，委托范文澜主持搜集历史文献上的地震记录，作为参考。这项工作，在范文澜亲自主持下，由金毓黻等历史学者和地震学者合作完成，编为《中国地震资料年表》出版，开创了历史学与自然科学工作者协作为经济建设服务的先例，也为中国地震史的研究奠定了基础。（四）1959年西藏平乱后，周恩来总理委托范文澜组织编辑一部西藏地方史料的选编，以说明西藏地方与祖国的历史关系。这项工作在范文澜主持下，组织有关单位历史学家协作，编成《西藏地方历史资料选辑》一书，起自唐代止于西藏解放，是第一部自古至今的西藏地方史料选编。

范文澜早年继承北京大学的汉学传统，研治经学，功力深厚。他在延安讲演中国经学的演变，被毛泽东称许为"用马克思主义清算经学，这是头一次"。从那时以来，他一直希望应用马克思主义观点编写一部中国经学史。建国以后，他还曾将此项目列入他的科研工作计划，拟在重写中国通史完成后从事这一工作。可惜未能实现。1963年他应《红旗》杂志的邀约，为一些单位从事理论工作的同志，作了4次关于经学史的讲演，一直讲到近代的经学。讲演的记录经他审阅校订，曾由《红旗》杂志刊印成册，题为《经学》，在内部流传。范文澜逝世后，改题为《经学史讲演录》，刊入《范文澜历史论文选集》。这是他生前所作的最后一次长篇讲演，也是他留给后人的最后一篇长文。

四

范文澜自20年代参加革命，一直以学术研究作为职业。他的治学态度的特点可以概括为两个字，即"实"与"冷"。

范文澜早在北京大学就学时，受汉学家治学方法的熏陶，著述务求实证。当他接受马克思主义以从事学术研究后，自觉地扬弃了旧学问家烦琐考据的流弊，在原来治学经验的基础上形成了自己的严谨和务实的学风。去延安以后，经受了反教条主义的整风运动的洗礼，更加力戒脱离实际的空谈，力求研究问题从中国的实际出发。他常说，应用马克思主义研究历史就是应用马克思主义的观点方法具体分析历史的实际状况，而不是削足适履，使历史的论述符合于某个现成的公式或现成的结论。典型的事例，是前面提到的关于汉民族形成问题的讨论。他提出秦汉起汉族已形成为民族，这在当时需要极大的理论勇气。虽然受到许多指责，他依然充满自信，因为这一论点并非来自抽象的思维推理，而是基于对中国历史实际的具体分析。他的几部历史著作，也都是具体论述具体史实，极少空泛的议论。他曾拈出"平实"二字，认为研究历史应该力求持论平允，合乎实际。"必须坚持有实事求是之意，无哗众取宠之心的老实态度。"[①] 历史学不同于哲学，而是一种实学，是否合乎历史实际是评价史学论著的依据和标准。从历史实际出发，经过平实的分析论述，力求接近历史实际，整个研究过程始终贯穿一个"实"字。这应是范文澜治史态度和治史方法的显著特点。

---

① 《反对放空炮》，载《历史研究》1961年第3期。

范文澜治学态度的另一特点是"冷"。1957年他在一次讲演中说:"我经常勉励研究所的同志们下'二冷'的决心,一冷是坐冷板凳,二冷是吃冷猪肉(从前封建社会某人道德高尚,死后可入孔庙,坐于两庑之下,分些冷猪肉吃),意思就是劝同志们要苦苦干,慢慢来。"[①] 范文澜在研究所内外多次提倡"二冷"之说,在学术界也流传甚广。所谓坐冷板凳,包含两层意思,一是甘于寂寞,不慕虚荣,二是埋头苦干,不急于求功。范文澜所提倡的这种治学精神,对年青一代有过很大的影响,而他自己则是身体力行,做出表率。他在延安时期,在窑洞中油灯下日夜写作,以致一目失明。建国以后,一再恳辞领导上原拟委任他的行政领导职务,专心著述,淡泊自甘。每天上、下午都去研究室伏案工作,直到日暮方才离去,十余年如一日。著作出版,从来不领取报酬,应得的稿费全部上交给国家。家无藏书,别人送他的书籍,也交给近代史所图书室登记收藏,需用时再按规定手续借阅。平时生活极为俭朴,在研究所的建设上,也一贯提倡艰苦朴素的作风。晚年卧病,医嘱休息,但只要身体条件尚可,仍然奋力写作,辛勤工作了一生。

作为中国科学院近代史研究所的所长,范文澜以其倡导的严谨务实的治学态度为近代史所建立了优良的学风,他一生无私奉献是后人学习的榜样。

(蔡美彪 撰稿)

---

① 《历史研究中的几个问题》,载《北京大学学报》1957年第2期。

范文澜

作者简介

　　蔡美彪，1928年生，浙江杭州人。中国社会科学院近代史研究所研究员，中国元史研究会名誉会长。1953年起协助范文澜编著多卷本《中国通史简编》。1969年范文澜逝世后，主持编写该书宋、元、明、清时期6卷，与范著《中国通史》4卷合订共10卷出版。

范文澜主要著作目录

《文心雕龙讲疏》　天津新懋书局1925年出版。

《诸子略义》　京师大学校文科出版课1928年印行。

《水经注写景文钞》　北平朴社1929年出版。

《文心雕龙注》（上、中、下）　北平文化学社分别于1929年9月、12月和1931年6月出版。另"合订本"由上海开明书店1936年出版；人民文学出版社1958年又出版校订本。

《正史考略》　北平文化书社1931年出版。

《群经概论》　北平朴社1933年出版。

《大丈夫》　上海开明书店1936年出版。

《中国通史简编》（上、中）　延安新华书店1941、1942年出版。

《太平天国革命运动》　延安新华书店1945年出版。

《中国近代史》上编第一分册　新华书店1947年出版；上册修订第9版，人民出版社1955年出版。

《修订本中国通史简编》（一、二编，三编第一册、二册）　人民出版社分别于1953年、1958年、1965年出版。

《范文澜历史论文选集》　中国社会科学出版社1979年出版。

《中国通史》第一、二、三、四册　人民出版社1994年出版。

陈 垣
(1880—1971)

著名的历史学家和教育家。曾任中国科学院历史研究所第二所（现中国社会科学院历史研究所）所长、哲学社会科学部委员。

陈垣字援，曾用名圆、星藩、援国等。出生于广东新会。小时在广州度过。入私塾诵读四书五经和《书目答问》等，打下了较深厚的国学文献基础。1904年在广州与人筹办《时事画报》，宣传反清的革命思想。1911年又与人合办《震旦日报》，主编该报副刊《鸡鸣录》，影响很大。1917年因父亲病由西医治愈，因而进美国教会办的博济医学院学习西医；后又转到光华医学院学习，毕业后留校作助教。辛亥革命后，1913年被选为众议院议员，开始定居北京。1920年在京创办平民中学，任校长。1921年2月，任教育部次长。后相继在北京大学、北平师范大学、辅仁大学、燕京大学等校任教授，并先后担任过北平师范大学历史系主任，辅仁大学校长，京师图书馆馆长，中央研究院院士、评议员和历史语言研究所特约研究员等职。建国后，1952年任北京师范大学校长。1954年任中国科学院历史研究所第二所所长。1955年当选为中国科学院哲学社会科学部委员。

陈垣于1959年加入中国共产党。曾是北京市第一、二、三届人民代表，北京市政协副主席；全国人民代表大会第一、二、三届代表和常务委员会委员。

陈垣

陈垣13岁读私塾时，有一次在老师书架上发现一本《书目答问》①的书，引起他很大兴趣，爱不释手，按照这本书所列书目买书，并发愤苦读，从此走上了治学之路。此后七十多年，陈垣取得的学术成就是多方面的，他是我国著名的元史专家、宗教史专家和中西交通史专家，同时又是古文献学专家，对年代学、校勘学、目录学、史料学、避讳学等，都有精深独到的研究，一生写下专著、论文近二百篇（部），对中国宗教史和历史文献学作出了重要贡献。

一

陈垣在学术上的重要成就和贡献之一，是关于中国宗教史的研究。

我国是多种信仰并存的国家，各种宗教在我国的存在有很长的历史。世界三大宗教（佛教、基督教、伊斯兰教）以及道教和民间宗教等，都在我国历史上发生过不同程度的影响，成为中国传统文化的组成部分。然而过去我国学者对宗教的研究多语焉不详，对中国历史上曾经存在并产生重要影响的宗教，很少涉及。陈垣在这方面作了开拓性研究，他的研究成果为国内外学术界所瞩目。

1917年，陈垣进入史学领域发表的第一篇论文《元也里可温教考》，就是一篇研究我国古代宗教史的论文。这篇论文刊登在《东方杂志》上，以后又出版了单行本。也里可温教，是我国元代

---

① 《书目答问》，清末张之洞所著（1875），是一部指导治学门径的举要目录书。

对13—14世纪再度进入中原的景教和新来自欧洲的天主教的蒙古语称谓。西方基督教的一派于唐代初年（635年）传入中国，自称为"景教"（意为光明正大之教），中历经六代王朝，流传不衰。然而到唐武宗玄昌五年（845年），皇帝下令灭佛，景教亦受株连，曾一度绝迹。至蒙古族建立元政权后，该教再度进入中原并逐步发展。中国基督教历史上的这段历史，过去几百年来没有人作过专门研究。陈垣的论著以丰富的资料对元朝基督教的情况作了全面考证和论述，解决了这一问题，并开拓了中国宗教史研究的新领域。该文发表后，立即引起国内外学者的重视。1917年底，陈垣在日本访学，还专门应日本学术界的邀请就此论文进行了宣讲，得到日本学术界的重视与好评。

此后不久，陈垣又连续发表了有关中国宗教史的论文多篇。如《开封一赐乐业教考》（1919）、《火祆教入中国考》（1922）、《摩尼教入中国考》（1923）等。这几篇都是关于中国古代宗教的论文。"一赐乐业教"为中国古代对聚居在河南开封犹太人所信奉的犹太教称谓；"火祆教"又称"拜火教"，为我国古代对流行于古代波斯（今伊朗）及中亚地区的"琐罗亚斯德教"的称谓，该教约在6世纪传入中国，隋唐时期一度很流行，后绝迹；"摩尼教"旧译"明教"、"明尊教"等，为古波斯兴起的宗教，该教在琐罗亚斯德教的理论基础上，吸收了基督教、佛教等教的教义而形成，于6—7世纪经中亚进入中国，曾长期流行于民间。以上三教加上也里可温教，都是在中国古代一度流行并产生较大影响的宗教，但我国过去学者对它们研究得极少。陈垣上述"古教四考"，对其发展历史作了详细考证和论述，具有开拓意义，在国内外学术界影响很大。

陈垣在宗教史上的研究并不止于这4种"古教"。他对中国宗教史的研究是多方面的。不论是古代宗教还是今天仍然存在的宗教，不论是世界三大宗教还是中国土生土长的道教，他都进行过深入的研究探讨，有多种成果问世。

关于基督教研究 早在广州生活时，陈垣就对基督教在中国传播的历史产生兴趣，开始浏览大批有关基督教书籍，积累了大量的文献资料，想写一部《中国基督教史》。后来因种种原因这部著作没有写成，但他在收集来的丰富的文献资料基础上，先后发表了有关基督教史的论文三十多篇，涉及中国基督教的历史、典籍、人物等。如《基督教入华史略》（1924）、《从教外典籍见明末清初之天主教》（1934）、《吴渔山先生年谱》（1937）等，都是陈垣对基督教研究的重要著作。

关于佛教研究　早在1918年，陈垣就发表了《记大同武州石窟寺》的佛教研究论文。1938年又编纂《释氏疑年录》，对从东晋至清初的二千八百多名僧人的生卒年作了系统的核实考订，为研究中国佛教史提供了便利条件。1942年陈垣在辅仁大学为研究生开设"中国佛教史籍"的课程，从《大藏经》及有关史料中搜集了大量资料，加以分析研究，写成文稿再给学生讲授，受到学生欢迎。这部文稿后形成为《中国佛教史籍概论》一书发表。该著作对中国佛教史的典籍作了详细研究和介绍；尤其对过去难于掌握的六朝以来的佛教典籍，用简明语言介绍给读者，这是前人没有做过的。该书至今仍为研究中国佛教史的重要著作，不断再版。《大藏经》的《嘉兴藏》，过去很少有人涉猎利用，是陈垣对其作了详细研究考证，开创了利用《嘉兴藏》里僧人语录内容作为考史资料，为佛教史研究打开了经藏资料的宝藏，这是陈垣对中国佛教史研究的重要贡献。此外，他还发表佛教史论著多部（篇），如《大唐西域记撰人辩机》（1930）、《佛教能传布中国的原因》（1931）、《明季滇黔佛教考》（1940）、《清初僧诤记》（1941）等，都在学术界产生很大影响。

关于伊斯兰教史研究　陈垣对其也作过研究，写有《回回教入中国史略》（1928），对伊斯兰教入传中国的源流作了考证和叙述。在该文中，陈垣还提出要编纂一部《中国回回教志》的设想，并列出较详细的编纂内容和体例。这一设想后因种种原因未能实现，但对中国伊斯兰教史的研究，有很大帮助，到今天仍有指导意义。

关于道教史研究　道教是中国本土宗教，经籍繁多。陈垣为了研究道教，曾把《道藏》里面的各家金石记、文集和碑记、拓片等，凡涉及道教的，全部录出，共收从汉至明代各种道教碑记一千三百多种，编为100卷，曾起名《道家金石略》。后因工程太大，校订隹隹不易，当时没有全部完成和出版。① 但陈垣却利用这些珍贵资料写出了《南宋初河北新道教考》（1941）一书。我们知

---

① 该书后由陈垣后人陈智超整理校补，于1988年由文物出版社出版。

道，道教在宋朝由于皇帝的提倡，曾有大发展；特别是宋徽宗时期，采取抑佛崇道政策，道教地位空前提高，全国不少人信仰道教。金人统治后，道观在战乱中大量被破坏，道士星散，广大道教信徒对旧道教失去信仰，旧道教遭到沉重打击。于是，在北方信奉道教的民众（主要是些读书人），为反抗金人统治，逃避金人干扰，乃创立全真道、太乙教等新道教。陈垣的书，详细考证了这段历史，这是过去学术界很少有人研究的。因此，该书的出版对中国道教史研究作出了贡献。

二

陈垣对宗教史的研究，大都是从古文献考证出发的。他一生对古文献资料的整理十分重视。早年陈垣就呼吁过要把我国浩如烟海的文献古籍，用科学的方法加以整理，编写成工具书，以利于学人参考。他说这一工作是"一人劳而百人逸、一时劳而多时逸"的工作，意义重大。陈垣不仅呼吁整理古文献，而且还身体力行，一生中在目录学、校勘学、年代学、史料学、避讳学等方面，都作出了杰出的成绩，给我们留下了丰富的遗产。

关于目录学 少年的陈垣在广州上私塾时，看到张之洞的《书目答问》，对中国文史书籍有了初步了解；后又看到《四库全书总目提要》，对文史目录开始深入研究。当时他远在广东，很想能看到全部《四库全书》；但想到该书深藏于宫中，①今生是难以看到了。后来他迁居北京。1915年，承德文津阁《四库全书》运到北京，先存放于古物保存所，后移存于京师图书馆。陈垣得知消息后，大喜过望，于是和京师图书馆联系后，每天去图书馆阅读该书。这一读就是10年，对《四库全书》在收集、编纂、禁毁、抽换等等情况，作了全面深入的研究，使自己成了著名的目录学家。在此基础上，他编写了一些目录学工具书，如上面提到的《中国佛教史籍概论》，就是一部研究佛教史的目录书籍；还有

---

① 指故宫文渊阁所藏《四库全书》，该书现在台湾。

《明末清初教士译著现存目录》，这是研究基督教史的一部目录书，等等。

关于年代学 研究历史必须要先知道年代，要知道和考订历史事件、制度、人物与历史文献等的年代和时序，于是就有年代学。年代学是历史文献学研究的主要课题。陈垣在这方面作出了开创性研究。陈垣在研究外来宗教和中西交通史过程中，深感历代纪年不同和换算的复杂性及困难。中历纪年、西历纪年和回历纪年，这三者之间不仅差异很大，而且换算起来非常复杂困难。以中、西历来说，一年要相差几十天，尤其岁首和岁尾差误更大。一般西历岁首，都在中历岁末。再以中历同回历来说，更是复杂。回历用的是太阴历，与中历换算，每经三十二年多就会积差1年；一千年就要差三十多年。陈垣经过多年深入研究，已经掌握了中、西、回三者历法的规律，解决了换算的困难；但他考虑到其他搞历史的人不易解决，每回都还要在年代上作一番考证，因此他决心编一本讲年代的书来替大家解决这一问题。1921年他放下其他研究任务，花了4年时间来研究这三种历法，相继完成了《二十史朔闰表》（1925）和《中西回史日历》（1926）这两部著作。从此，中国就有了中、西、回三历对照的年表，中国史学界也就有了这三种历法纪年能进行换算的工具，给历史研究带来了极大的方便。这是陈垣对历史年代学的一大贡献。他的这两本著作至今还在再版，仍为人们所运用。

关于校勘学 陈垣在和目录学有关的校勘学上，也非常重视并有专著出版。他认为校勘是搞史学的"先务"，否则，"日读误书而不知，未为善学也"。陈垣治元史，以《元典章》为例作实践。他以清末沈家本所刻《元典章》为底本，用5种本子对勘，共校出沈刻本的衍脱、颠倒、讹误、妄改之处有1.2万多条，写成了《元典章校补》（1931）。在此基础上，他又选出一千多条进行总结，找出其规律，共提炼成42例，写成《元典章校补释例》（又名《校勘学释例》）（1931）。这不仅是对沈刻本《元典章》的校勘释例，也是一般校勘学的释例。因为陈垣在这本书中不仅举出行款、字句错误的通例，还举出因不懂元代用字、用语和名物而致误的特例。这就告诉人们，校勘不单是要校出文字的异同，还要掌握有关的历史知识。陈垣在书中最后提出了8条"校例"，其中包含4种校勘方法，由浅入深，综合利用，这样，校勘学就成为具体而系统的了。因此可以说，陈垣的《校勘学释例》是我国校勘学上继王念孙《读书杂志》、俞樾《古书疑义举例》之后的一部总结性著作。陈垣一生还写了有关校勘的书籍多种，如《元秘史译音用字考》（1933）、《墨井道人传校释》（1936）等，对我国校勘学作出了贡献。

关于避讳学　避讳是我国历史上一种特有现象，从周秦以来的两千多年间，历代古籍因避讳皇帝的名字，用改字、空字或缺笔的办法，造成原文十分混乱，给史学研究带来极大困难。陈垣在治史过程中深感于此，于是就搜集了较完备的避讳材料，写成一部《史讳举例》（1928），简明扼要地总结了历代的避讳情况。说明了避讳虽是封建时代的产物，给治史带来了困难，但正因其复杂，也可以用其来审定史料的年代。该书最后专列一章，举出各朝讳例，便于检阅。陈垣的这部著作，总结了避讳的一般规律，使学者能够依据它来解释、辨别、判断古籍的真伪、时代和疑难问题，对版本、校勘和考证工作有很大意义。

三

1937年，日本帝国主义发动了全面的侵华战争，北平随即沦陷。陈垣因种种原因没有撤退到大后方去，仍留在沦陷的古城里。陈垣是一个爱国的具有正义感的史学家，他要为自己受难的祖国做一点事，于是开始了抗日战争时期"因史论政"的著作。这是陈垣治学生涯中重要的一章。

抗日战争8年里，陈垣共写了7部专著，即《旧五代史辑本发覆》（1937）、《释氏疑年录》（1938）、《明季滇黔佛教考》（1940）、《清初僧诤记》（1941）、《南宋初河北新道教考》（1941）、《中国佛教史籍概论》（1942）、《通鉴胡注表微》（1945）。还有若干论文。在这些著作中，他一改过去治学偏于考证、议论较少的风格，都是结合当时政治情势背景"有为而发"。他探讨宋金、宋元、明清之际政治情势下的佛道两教活动背后的政治思想，宗教内部斗争所反映的民族矛盾和斗争等，陈垣自己说，这些"言道、言僧、言史、言考据"的著述，都是"托词"，其实是在"斥汉奸、斥日寇、责当政耳"。而最能反映陈垣这一时期的思想并在学术上有大成就者，当属《通鉴胡注表微》这一大作。

宋朝司马光的《资治通鉴》是一部中国历史巨著。司马光活着时就说过，同代人只有王胜之一人曾读过一遍，可见其不易读的了。到了南宋袁枢作《通鉴纪事本末》，才给读者以很大便利。宋末胡三省又在此基础上作《通鉴注》，这一工作比袁枢的工作更繁难，给读《通鉴》的人解决了许多难题。因此《通鉴注》就与《通鉴》本身一起成为不朽的著作了。① 然而胡三省是什么人，有什么学问，宋元各史都没有立传，他的立身行事沉埋了将近七百年；而胡注《通鉴》下了什么功夫，后世学者也未深究。尤其胡三省隐居不仕，其爱国思想用隐晦的文字深藏于《通鉴注》中，更是无人发现和知晓。陈垣在日寇占领下的古城生活，境遇和胡三省有相通之处，他研读胡注，对胡三省发生了极大兴趣，下决心要给《胡注》作"表微"。于是陈垣在1944、1945年两年期间，专治《胡注》，并运用平生擅长的年代学、校勘学、目录学、史源学、考证学、避讳学以及宗教史、元史等优厚学术素养，写成了这本《通鉴胡注表微》。

《表微》共20篇。前10篇是关于史法的，计"本朝"、"书法"、"校勘"、"解释"、"避讳"、"考证"、"辩误"、"评论"、"感慨"、"劝戒"；后10篇是关于史事的，计"治术"、"臣节"、"伦纪"、"出处"、"边事"、"夷夏"、"民心"、"释老"、"生死"、"货利"。首先，陈垣详细考证了胡三省的身世和埋藏于《通鉴注》中的爱国思想。"解释篇"说胡氏是有迹无名的隐士，宋亡后谢绝人事，凡26年而后卒。认为《通鉴注》撰于宋亡之后，故《四库提要》称之为元人，然而细察胡对宋的称呼，"实未尝一日忘宋也"。陈垣在各篇中对此引述许多资料进行了考证。其次是陈垣在《表微》中征引群籍既多而审慎。陈垣为写此书所征引的书籍，除正史外，达二百多种。为了使考证出来的结论可靠和可信，他对这二百多种书籍作了区别分类对待：一是必须要引证的五代以前的史籍；二是宋人的著作，尤其是和胡三省同时代人的作品（如周密，他的话在书中引述最多，因为胡三省和他对亡宋政治态度一致，只是表现形式不同），这较可信；三是宋元以来诸家的议论。通过这些资料审慎的运用，因而得出的

---

① 现在中华书局出版的《资治通鉴》标点本，就是用的胡注本。

看法就具有可信的价值。第三是对明清以来治《通鉴》者作了总结。陈垣在书中对明清以来历代治《通鉴》的著作分别考察和分析批评，指出其得失所在。第四是陈垣在上述基础上发出自己的议论和结论。这些议论有关于考证作学问的，如讲考证，认为"考证贵能疑，疑而后能致其思，思而后能得其理。"（"考证篇"）"史贵求真，然有时不必过泥，凡事足以伤民族之感情，失国家之体统者，不载不失为真也。"（"边事篇"）等等。有关于做人处事的，如"人生须有意义，死须有价值，平生犹不甚觉之，乱世不可不措意也。"（"生死篇"）等等。还有感伤政治的，如"孟子言：'诸侯之宝三：土地、人民、政事。'徒拥有广土众民，而不能澄清内治，是之谓乱国。乱国之民，不能禁其不生异心也。"（"解释篇"）等等。这些议论精辟独到，都是结合当时的政治背景有感而发，不仅反映了陈垣如何治学，也反映了他如何做人，反映了他在危难凄苦中对祖国的一片丹忱。总之，《通鉴胡注表微》可说是陈垣的精湛之作，书中总结了他几十年的治史经验和成就，又把这些经验和成就推到了一个新的高度。陈垣自己也说过，这部著作是他"学识的记里碑"。

四

陈垣治学的主要特点是勤奋、务实和谦逊。

陈垣从年轻治学开始，就非常勤奋和用功。70岁以前，他每天凌晨4时起床，读书写文章，几十年从不间断。他总是不停地给自己提出任务，不断地克服困难拿出成果。抗日战争时期，他为了要利用《嘉兴藏》里僧人语录内容的资料，要到一个人迹罕至的藏书处去看《嘉兴藏》。那个地方蚊子很多，他总是天天打了预防针，然后去看书。这种勤奋和坚韧不拔的精神，使他终于为佛教史研究打开了经藏资料的宝藏。为了研究《元秘史》等，他五十多岁开始学习蒙古文。后来到了晚年，80岁了，眼睛差了，他还每天手执放大镜读书写文，孜孜不倦地校订《册府元龟》和《旧五代史》。真可以说活到老学习研究到老。另外，陈垣研究任何一个问题，都有一股追根究底、克服一切困难，定要拿出一个成果的精神。上面提到,早年在研究工作中,他遇到中西历对照困难,当时还没有一本完整的中西历对照的书,他就决心自己做一部精确的中西回对照日历表。这个工作是相当繁难的,且费时费力,于是他放下其他研究工作,历时四年多,做了一部《中西回史日历》和一部《二十史朔闰表》,不仅给自己研究提供了方便,也给整个史学研究提供了方便,有这两本书,年代学就可以讲清楚了。像上述其他著作,如《〈元典章〉校补释例》、《史讳举例》等,他都是以这种精神花"笨工夫"完成的。这和时下学界那种急功近利、浅尝辄止的不良学风,真是形成显明对照。

陈垣一生治学重实际,不尚空谈。"务实"是他治学的一大特点。他每研究一个问题,总是千方百计地先搜集有关史料,且力求完备。研究中,必先充分掌握第一手资料,必不得已才用第二手资料。我们看他的著作,总是征引几十种上百种著作,有的引书达二百多种。《元西域人华化考》,是陈垣中外关系史的名著(由此"华化"二字成为专门名词),被陈寅恪誉为"精思博识"之作,此书征引资料就有二百多种。为了搜集资料,他也是花"笨工夫"去一点一滴阅读有关各种古籍。别人不注意的,他注意到了;因太费时费力别人不去看的,他长时间花大力气去读去看。《四库全书》他先后读了10年,这在治史的学者中是不多见的。因为资料完备,所以结论就有可靠性和可信性。陈垣每提出一种学术观点,总要使其务求客观、准确。没有充分证据,他不轻易下结论;他的所有学术结论和观点,都有事实史料为依据。因此他的著作,真积力久,功夫深厚。

上面已说,陈垣治学风格,在"九·一八"事变以后有所变化。以前他重考证,议论较少,让史料说话;以后因政治形势变化,他注意了"经世之学",议论多了。但即使这时,他的治学也是务实,反对空发议论,而是把考证和议论熔为一炉。陈垣认为考证固然是一种客观的事实论断,可是历史事实有时也需要作者作出精确的解释,解释不同,事实也就变了样子。他在抗日时期写的《通鉴胡注表微》,就是考证出色、见解独到的范作。

陈垣是著作等身、知名的大史学家,但是他从不自得和自满,更不去摆什么架子,对学问他总是持谦逊的态度。他的文稿都不是一挥而就的,常常是反复修改，要改到四、五次才能定稿。文章出来，他总请三种人给他提意见：请专家看，请同辈朋友看，请学生看。他请人看，要求从内容到文字提出意见，意见不怕多，但偏不许说捧场话。他认为只有这样，他才能"得益"，文章才能减少错误并立住。他给学生留的要求提意见的便条，常有这样的话："文中砂石甚多，殊不满意，请细为雠勘、讥弹，以便洗刷磨砻，至盼，至盼。""承示各节，应时改定，倘有疑义，仍请不吝指摘，俾加邃密，至以为感。"① 他的这种为学谦逊精神，不禁令学生感动，也使他们学到了怎样治学的正确态度。

五

陈垣一生爱国爱民，随着时代不断前进。他从小就以救国救民为己任，渴望中国能够兴盛富强。年轻时在广州，看到列强欺凌中国，而清廷丧权辱国，他心中无比愤恨，积极参加了反清反帝的革命斗争。他和朋友们办《时事画报》，抨击清朝政府，激发群众革命热情。1905年，美国政府续颁《华工禁例》，排斥华工，激起国人极大愤怒。广州、上海等地掀起声势浩大的反美拒约爱国运动。陈垣也积极参加到这个运动中来，在《时事画报》上刊出反美专号，并出版漫画讽刺腐败当局对美国的奴颜婢膝。他当时认为，要使国家摆脱贫穷落后面貌，就必须提高文化，发展科学。他学西医也是由此出发的。

辛亥革命后，陈垣当选为国会议员来到北京。他以为帝制被推翻，国家将会兴盛起来，于是他创办平民中学，后又当了教育部次长，想通过做好教育工作，来为国家兴盛做点事。可是不久，现实状况一次次打破他这种想法。军阀连年混战，百姓民不聊生，国家更加贫弱。陈垣愤然辞去教育部职务，不再和这种"肮脏的政治"为伍，从此采取了一种"不问政治"的政治态度。他专心在大学教书和著述，再不和政治发生联系。事实也是这样。以后几十年中，他不和官场发生联系，蒋介石邀请他参加"国难会议"、"庐山会议"，他都拒绝

---

① 柴德赓：《我的老师——陈垣先生》，载《史学丛考》，中华书局1982年版，第436页。

参加；他的老朋友胡适多次约请他在自己主编的政论刊物上发表文章，他也一概不写。国民党的"达官贵人"请他出山，向他送礼，他全不理睬。他完全埋首于书斋，"不问世事"，从事学术研究和著述。

然而陈垣的这种"不问政治"，并不是不关心政治。他的爱国忧民思想丝毫不减。这尤其表现在抗日战争时期。他困处枯城，思想和治学发生很大变化。作为一名爱国的史学家，他杜门谢客，不与日本人和汉奸发生任何联系，表现了崇高的民族气节。一次一个日本东京帝国大学的教师，自称是研究东方思想的，特地请一位日本老博士（陈垣的老友）写了介绍信来求见陈垣，说是只谈学问，不谈其他。陈垣不得已见了他。此人说明来意后，陈垣对他说："你要研究东方思想，怎么来到北平呢？北平现在沦陷，有什么真思想可谈，你有胆量就到我们抗日后方去了解。"这个日本人连说：这些话是来北平后第一次听到，别处是听不见的。陈垣这种正气凛然的态度，使在旁的学生感动得几乎掉泪。[①]另外，陈垣在悲痛之余振奋起来，一改过去治学风格，通过学术研究，"以史论政"，来曲折表达自己热爱祖国、坚持抗日的不屈精神。过去陈垣治学，对清代乾嘉学派比较推崇，尤其服膺钱大昕。抗日战争后，他感到只讲钱氏之学不够了，于是注意了"经世之学"，提倡"有意义的史学"。他在给学生讲"史源学实习"课所用的教材，也由赵翼《廿二史札记》和王鸣盛《十七史商榷》，改用全谢山的《鲒奇亭集》，目的是"讲全谢山之学以振之"，激发同学们的"故国思想"。上述陈垣在这一时期内所写的7部著作，特别是《通鉴胡注表微》，贯穿了他那热爱祖国、相信抗战必胜，以及揭露敌人残暴和痛斥汉奸卖国求荣的思想。

抗日战争胜利后，陈垣欣喜若狂，他不愿再"蛰居斗室"了，出来参加社会活动，迎接祖国的亲人。然而残酷的现实，又一次使他失望了。日本人刚走，美国人来了，仍是趾高气扬地横行在中国的土地上。接收大员的巧取豪夺，物价一日三涨，国民党又打起了内战，百姓更加苦不堪言。陈垣万万想不到自己苦等了8年，等到的竟是这样残酷的现实。他又一次失望了。他感到苦闷、彷

[①] 柴德赓：《我的老师——陈垣先生》，载《史学丛考》，第437页。

徨，他也不愿和国民党新贵们为伍。他保持缄默，3年中除写点短文外，一篇文章也没有发表过。但是陈垣在观察，在观察中一步步认清了国民党反动派的本质。他开始支持青年学生开展的反饥饿、反内战的活动，去到警备司令部坐索被捕学生。他在自己的《通鉴胡注表微》一书最后定稿时，又特地补上一篇"货利"，明斥"发国难财"的人；还补一篇"民心"，提出"外战犹有民族意识为之防，内战则纯视民心之向背。"到北平解放前夕，陈垣坚决拒绝乘坐国民党反动政府来接他南下的飞机，决心留下来迎接解放，表明他思想上对即将建立的新国家的期盼。

解放后，陈垣目睹解放军严明的纪律，对人民政府为人民的各种正确政策，非常满意。尤其是他通过学习《毛泽东选集》和马列主义书籍，非常兴奋，认为这些道理真是闻所未闻，"可惜自己闻道太晚了"。陈垣在党和政府分配给他的工作岗位上努力工作，同时走出书斋积极参加各种政治活动，认真加强自我思想改造，提高阶级觉悟。他在实践中加深了对中国共产党的认识，他发表文章说："只有社会主义才能救中国，这是颠扑不破的真理，这话不是空说的，是我几十年亲身的经历告诉我的。"[①] 于是在他年近八十高龄时，他向党提出了入党申请。党也批准了他的申请，陈垣成了一名光荣的中国共产党党员。这在当时知识界中引起了巨大反响。从陈垣过去的一生看，他从不轻易参加什么党派团体。年轻时在广州，他宣传维新思想，当时很多人和康有为有关系，他却不是康派；后来他办报纸，鼓吹反清革命，但没有加入同盟会；他在辅仁大学当校长多年，辅仁是天主教教会办的学校，教会年年为他祈祷，希望他能加入天主教，但陈垣坚不入教。而在晚年，陈垣却申请加入中国共产党。对不了解他的人来说，这是一件十分奇怪的事情。其实并不奇怪。陈垣一生爱国爱民，追求真理，服从真理。晚年遇到中国共产党，他找到真理，找到归宿了。

陈垣为人正直，一生胸襟坦荡，光明磊落，轻于财物，不谋私利。他平生除读书治学喜购书籍文物外，一无嗜好。他逝世前立下遗嘱：将4万元稿费交

[①] 转引自刘乃和《陈垣同志勤奋的一生》，载《中国当代社会科学家》(4)，书目文献出版社1983年版，第109页。

作党费；4万册书籍和两大箱文物捐给国家。

附注：本文参考了柴德赓、刘乃和等先生的有关文章。

（郑文林　编撰）

作者简介

郑文林，1936年生于河南郑州。1960年中国人民大学哲学系本科毕业。曾任中国社会科学出版社社长兼总编辑、编审。

陈垣主要著作目录

《元也里可温教考》　载《东方杂志》1918年第15卷第1—4号。

《开封一赐乐业教考》　载《东方杂志》1919年第17卷第5—7号。

《火祆教入中国考》　载北京大学《国学季刊》1923年第1卷第1号。

《摩尼教入中国考》　载北京大学《国学季刊》1923年第1卷第2号。

《元西域人华化考》　载北京大学《国学季刊》1923年第1卷第4号（前4卷）；《燕京学报》1927年第2期（后4卷）。

《二十史朔闰表》　北京大学研究所国学门丛书（1925）。古籍出版社1956年第1版；中华书局1962年第1版。

《中西回史日历》　北京大学研究所国学门丛书（1926）。中华书局1962年第1版。

《回回教入中国史略》　载《东方杂志》1928年第25卷第1号。

《史讳举例》　载《燕京学报》1928年第4期。科学出版社1958年第1版；中华书局1962年第1版。

《元典章校补释例》（又名《校勘学释例》）　载《蔡元培先生六十五岁庆祝论文集》（1932）。中华书局1959年第1版。

《释氏疑年录》　《励耘书屋丛刻》第2集第4种（1939）。中华书局1964年第1版。

《明季滇黔佛教考》　《辅仁大学丛书》第6种（1940）。科学出版社1959年第1版；中华书局1962年第1版。

《清初僧诤记》　载《辅仁学志》1940年第9卷第2期，中华书局1962年第 1 版。

《南宋初河北新道教考》　《辅仁大学丛书》第 8 种（1941）。科学出版社 1958 年第 1 版；中华书局 1962 年第 1 版。

《中国佛教史籍概论》　科学出版社 1955 年第 1 版；中华书局 1962 年第 1 版。

《通鉴胡注表微》　载《辅仁学志》1945、1946 年第 13、14 卷 1、2 合期。科学出版社 1958 年第 1 版；中华书局 1962 年第 1 版。

陆志韦
(1894—1970)

著名的语言学家、心理学家。曾任中国科学院（现中国社会科学院）语言研究所研究员，哲学社会科学部委员。

陆志韦原名陆保琦，浙江省湖州府吴兴县南浔镇人。1908年入苏州东吴大学附属中学学习，1910年进入东吴大学。因父母早逝，生活贫困，在学期间，靠奖学金、友人资助及兼任小学教师维持。1913年大学毕业，留任本校附属中学中文、英文和地理教师。1916年作为东吴大学优秀学生被保送到美国留学，进范德比尔特大学及彼阿伯第师范学院学习宗教心理学，翌年转入芝加哥大学研究院生理学部心理学系，学习生理心理学，1920年毕业，获得哲学博士学位。同年回国，任南京高等师范学校教授，1922年任东南大学心理学系教授，系主任。1927年应燕京大学之聘，任心理学系教授兼系主任。1933年获得一项奖学金再次赴美国芝加哥大学研究生理心理学。次年完成进修回国。历任燕京大学代理校长，校务委员会主席、校长。抗日战争期间，因支持学生的抗日活动，曾于1941年被捕入狱。抗日胜利后，领导了燕京大学的复校工作。中华人民共和国成立后，他继续主持燕京大学的工作。1952年高等院校院系调整后转到中国科学院（现中国社会科学院）语言研究所从事语言学的研究，任一级研究员，哲学社会科学部委员。他还先后担任过中国人民政治协商会议第一届全国委员会委员，中国科学院心理研究所筹备委员会主任，汉语拼音方案委员会委员，《中国语文》杂志社编委，语言研究所汉语史研究组组长等职。

陆志韦

陆志韦是我国著名的心理学家、语言学家、教育家和诗人，也是国际知名学者。他学识渊博，思力锐敏，在语言学和心理学两方面都有深入的研究，取得了卓越的成就。而在语言学方面，他研究的领域更为宽广，成就更为突出。从汉语音韵学，到现代汉语语法、词汇、文字改革等方面都有精深的研究，发表了大量论著，产生了深远的影响。

陆志韦的科研生涯可分为前后两期，前期研究的是心理学，后期研究的是语言学。

在南京高等师范和东南大学任教期间，陆志韦孜孜不倦地潜心致力于实验心理学、教育心理学、社会心理学以及比内（Binet Alfred）测验等研究，出版了《订正比内—西蒙测验说明书》、《社会心理学新论》等著作，提出了很多新见解，受到中外心理学界的重视。他翻译的《教育心理学概论》（原作者 E. L. 桑代克），第一次向我国读者介绍了巴甫洛夫学说和西方心理学各个流派的理论和方法。陆志韦从而被公认为我国现代心理学的开创者和奠基人之一。

现代心理学是现代科学中的一门新兴的学科。在 20 世纪 20 年代末期，它脱离哲学的母体才只有几十年的光景，人们对它的科学性还不免持怀疑态度。就是在这种情况下，陆志韦等人开始把西方的现代心理学引入了我国。

在任燕大心理系主任期间，陆志韦通过精心筹划，把心理系建成了一个具有先进设备的科系。他开设的系统心理学课程，被认为是一个创举。为了利用国外优越的实验条件，1933 年他再次赴芝加哥大学研究生理心理学，主要是神经生理学技术，一年完成进修后回国。由于他多年来悉心探索，不断有新成果，在心理学界赢得了很高的声誉，与潘菽一起被誉为"南潘北陆"①。

1934年陆志韦由美国回国后，由于时局动荡，学校经费短缺，无法继续进行心理学的实验研究工作。本来心理学与语言学就有一定的联系，他早已由生理心理学而知语言学之大要。这时就只好转而研究语言学与心理学有关的问题了。因为研究语言学可以有许多不受实验条件限制的课题。正如他常说的"两只耳朵一支笔，随时随地可以做，不必跟着仪器走"。于是关于儿童语言的研究，拼音文字的实验，北京话单音词汇的收集和研究，就在这个时候开始了。从1938年起他开始阅读有关音韵学书籍，虽在日寇监狱里，也从未停止过。继此以往，他跟语言学就结下了不解之缘，远在到语言研究所之前，他就已经倾全力于此了。近三十年的时间，他采用现代语言学的理论和方法，撰写了一系列论著，在把中国传统语言学引向科学化和现代化道路方面，发挥了极为重要的作用。

在语言学领域里，音韵学是陆志韦用力最多、贡献最大的方面。他强调研究汉语音韵要注意两点。一是"不可忘了汉语是汉语，是汉台语系的一支。'能近取譬'，最为重要。最好是用汉语来解释汉语，用语言生理学来参证。单是东拉西扯的引用些外国语的例子，断不能教人明了汉语的历史。"② 二是要"能了解语音的变化自有它生理的，物理的基础"。说话时，"喉头发音，整个口腔是一架活动的共鸣器。口腔一移动，会教所有的辅音跟元音受到普遍的影响。凡是论到上古音跟中古音的沿革，假若所设想的条件根本跟口腔的自然活动不相符合，那样的学理就没有讨论的价值。"③ 这两条原则无疑是十分正确的。

他所研究的语音史的跨度很大。从西周到现代北京话三千多年的音变大势差不多都进行了研究。也像一般的研究程序一样，他先对中古音系，即《切韵》或《广韵》音系进行深入的研究，以便为上古音和近代音的研究打下必不可少

---

① 关于陆志韦心理学研究情况参考了《陆志韦传》编写小组编：《陆志韦传》，见《文史资料选编》第40辑，北京出版社1991年版，第1—68页。
② 《陆志韦语言学著作集（一）·古音说略》，中华书局1985年版，第64—65页。
③ 《陆志韦语言学著作集（一）·古音说略》，中华书局1985年版，第64页。

的基础。1939年至1940年间，他连续发表了《证〈广韵〉五十一声类》、《三四等和所谓"喻化"》、《唐五代韵书跋》、《The Voiced Initials of the Chinese Language》（《汉语的浊声母》）、《试拟〈切韵〉声母之音值并论唐代长安语之声母》等有关中古音的一系列论文。

《证〈广韵〉五十一声类》一文是针对清人陈澧《切韵考》系联法而作。陈澧根据反切上字的同用、互用和递用，把《广韵》的声类归纳为51类，然后又根据"又切"（即又音），再把51类系联为40类。陆志韦此文先从检查《广韵》又切入手，发现如充分利用又切系联，51类可合并为24类。陈澧作40类，显然是胸有成竹的主观产物，并未贯彻自订的系联条例。但24类更为荒谬，既有悖于史实，又无当乎今世方言。从而他认识到《广韵》的又切所保存之声韵未必与正切同一系统，且每一又切各自有其来历，亦不必自成系统。又切的系联，万不足以为分类的标准。于是他创为统计法，把陈澧用正切系联所得的51类作为基础，根据各声类在同一韵类相逢数与几率数比值之大小，辨协和与冲突之势，以定声类和声组的分合。结果考得《广韵》声类分为甲乙两大群，共51类。甲群相当于等韵的三等类，乙群相当于等韵的一二四等类。不用说这51类已经经过了调整，已非陈氏51类的旧观了。这结论与早年曾运乾《〈切韵〉五声五十一类考》所得结论基本相合，可以说殊途同归。所以陆志韦此文的价值不仅在于它的结论本身，更重要的是在于研究方法的创新。正如他自己所说："本篇所述，其旨趣在补充系联法之不足，而予《广韵》声类以数理的证明。其结论之新颖与否，无足轻重，若于治学方法万一有得，亦不空此一举矣。"① 他把现代数理统计法应用于汉语音韵学的研究，实为首创，对音韵学研究的科学化和精密化，起到了很大的推动作用。

《三四等与所谓"喻化"》是中国学者对瑞典著名汉学家高本汉（B. Karlgren）关于《切韵》声母"喻化"（即j化）说提出批评的第一篇论文。《广韵》一些声母的反切上字一二四等与三等有分组趋势，即一二四等为一组，三等为另一组。高本汉根据反切的这一现象以及他所认为的一等字现代官话都

---

① 《燕京学报》，1939年第25期，第26页。

为硬音，三等字现代官话都变为颚化的塞音、塞擦音和擦音两条理由，认为中古声母应当分为 j 化的和非 j 化的两类，三等是 j 化的，一二四等是非 j 化的。三等的介音是 ɪ，四等的介音是 i，在前的声母不 j 化，在 i 前的声母都 j 化，只有 ts 等和 tʃ 等例外。陆志韦此文认为高氏的 j 化说是不能成立的。指出他三方面的错误。一是所举今音的证据根本站不住。现代官话不仅三等字变为颚化音，四等字也变为颚化音，因而断不能用来证明中古三等韵声母的颚化，事实上现代方言遍中国也找不到 j 化的痕迹。二是齿头音精、清、从、心四母切上字也有分组趋势，而高氏未能细察《广韵》反切，又把三四等合韵中的四等也当作三等，从而认为精组四母没有 j 化声母，把《广韵》的 51 类误认为 47 类。结果既说凡 ɪ 之前均 j 化，但又有 tsɪ-，sɪ 等写法，陷入自相矛盾之中。三是喻三本为匣母三等，它跟匣母的关系即为甲类和乙类的关系。而高氏却以喻三和喻四相配，把喻三写成 j 化的，作 jɪx，喻四写成不 j 化的，作 jix，也是明显的错误。这样一来，高本汉的 j 化说就基本上被陆志韦给否定了。然后他参考高丽译音、日本汉音和暹罗音提出了自己的假设，认为三等有 ɪ 介音，祭、仙等韵当作 iä，四等没有 i 介音，齐、先等韵当作 ɛ。后来陆志韦在《试拟〈切韵〉声母的音值》一文中指出："反切常例，上下字弘细必同。切下字以 i 起者其切上字必具 i 或其它窄元音。"[①] 一语道破了反切上字分组的原因，这也是他假定三等有介音 ɪ，四等没有介音的最好注脚。四等没有介音的学说现在已为大多数学者所接受。

此外陆志韦此文还批评了高本汉不承认三四等合韵中重出的喉牙唇音（即重纽）在语音上有区别的论点。认为有重纽的韵很多，其出现在声母上很有规律，而且早在《守温韵学残卷》里就已经有此现象，绝非出于偶然。因而断言："法言之世。三四等合韵中之重出小韵，在若种方言中不同音读。"至于重纽究竟是怎样的区别？此文只肯定是韵母的不同，是介音还是元音，未作肯定。关于重纽有区别，区别在于韵母的观点，现今已被大多数学者所公认。

《The Voiced Initials of the Chinese Languaga》（《汉语的浊声母》）一书不同

---

① 《燕京学报》1940 年第 28 期，第 43 页。

意高本汉中古浊塞音和浊塞擦音是送气音的说法，认为它们是不送气的。这一观点在陆志韦的《试拟〈切韵〉声母的音值》、《〈说文〉、〈广韵〉中间声类转变的大势》以及《古音说略》等论著里都有所论证。他的主要论据有三方面。一是梵汉译音。隋唐以前的译经，不论南朝北朝，全都用《切韵》的浊音来译梵文的不送气浊音，而在译梵文的送气浊音时，则往往表现出有困难，要用种种办法来对付。二是《广韵》的一字重读。从重读两音的声母关系看，不送气清音跟浊音重读的多于跟送气清音重读的；反之，浊音和清音的重读，也是以不送气的清音为多。三是形声字。形声字每一个"声"里面，得声字跟声首的声母不同的居多，其中清跟浊，送气跟不送气的关系，情形正跟《广韵》的一字重读一样。根据以上这些论据，他认为："肯定古汉语的浊音全作不送气的，不至于有大错。至少《切韵》的浊音必得用 b，d，g 来代表，断不能用 b'，d'，g'。"他的这一学说，经过后来学者的进一步论证，差不多已为音韵学界所公认。

《唐五代韵书跋》一文对当时已发现的唐五代《切韵》增订本的残卷，如王国维手写的《切韵》残卷 3 种，敦煌本和项元汴跋本王仁昫《刊谬补缺切韵》，蒋斧藏《唐韵》等都作了详细的考辨，对它们的体制，字数，传承关系，发展源流等都提出了自己的见解。

在以上诸论著的基础上，陆志韦又发表了《试拟〈切韵〉声母之音值并论唐代长安语之声母》一文，参考梵汉对音，域外译音，现代方言等，对《切韵》声母系统作了全面的构拟，后来在《古音说略》里又作了补充论证。除了上文已提及的浊音不送气和取消 j 化之外，还有两点创见。第一主张照二组字作 tʃ 等，不作 tʂ 等。理由主要是：汉译梵文审二、审三译 ś 或 ṣ 不太区别，说明汉语无 ṣ 等；三十六字母把照二和照三合为一个照组，说明两者差别不大，不能一是 tʂ 等，一是 tɕ 等；照二组既在二等韵出现，也在三等韵出现，三等有 i 介音，拼 tʂ 等不协调。第二认为床三跟禅母的位置应当互换，即床三是擦音，而禅是塞擦音。主要理由是：床三和喻三在《广韵》同一韵母下不相逢，两者不能冲突，必定是相像得太过之故，喻三既是擦音 ɣ，床三也就应当是擦音 ʑ，而不能是塞擦音 dʑ；谐声通转和《广韵》一字重读床三通心、邪，而禅几乎不通心、

陆志韦

邪，可见床三当作擦音；床三字往往译梵文的，如阿述达（Aokatta），实叉难陀（iksananda），也是床三作擦音之证。此外本文还根据梵汉译音假定唐代长安方言唇音已经半轻唇化，作 pf 等，鼻音均为同部位浊塞音的前置成分，即 mb，nd，nɖ，ndʐ，ŋg 等。这些新见解，很富于启发性，得到了很多学者的支持。

在 1943 年初稿、1947 年四稿付印的《古音说略》里，陆志韦对《切韵》声母系统的构拟未作改变，只是补充了一些论证。这上文已经介绍过了。现在介绍一下他在《切韵》韵母系统研究上的一些主要新见。

一、纯四等没有 i 介音。三等韵参考王静如的意见，假定有 I，i 两个介音，重纽是介音的区别，三等作 I，四等作 i。其它声母根据切下字系联，照三组、日母、喻四、精组作 i，喻三、来母、知组、照二组作 I。其他三四等合韵也按照同样的声母类别作 I 或 i。纯三等韵与重纽三等同型，也作 I。也就是说 I 和 i 的区别贯穿全部三等韵。

二、把高本汉的两个合口介音 u，w 合并成一个，作 w。

三、根据现代吴语、谐声通转现象，否定了高本汉把一等重韵的区别和二等重韵的区别都作为长短音区别的说法，而把它们都改定为元音音色的不同。如覃作 ɒm，谈作 ɑm；删作 ɐn，山作 an 等等。

四、不认为台灰两韵的区别是开合口的区别，而认为它们是主要元音的不同，台作 ɒì，而灰作 wəì。

五、根据庚三等唇音不轻化的事实，否定了高本汉庚三等是纯三等韵的说法。认为在某种方言里庚三等原是清韵的重纽三等。陆法言根据另一种方言，把它们分开了。于是把庚三等的主元音由高本汉的 ɐ，改定作 æ。

六、高本汉认为唇音轻化的条件，一是合口，二是后面有 I 介音。陆志韦认为合口不是唇音变轻的条件，唇音变轻的条件，一是在介音 I 之前，二是在中后元音之前。

以上这些新见解，加上前文所述的声母方面的创获，使得陆志韦所建立起来的《切韵》的声韵系统，比起高本汉的来，具有一个崭新的面貌。对提高《切韵》音系的研究水平，作出了重要贡献。

1963 年陆志韦发表了《反切是怎样构造的》一文，长达 5 万多字。这是他研究中古音，也是他研究语言学的最后一篇论文。此文对宋濂跋本王仁昫《刊谬补缺切韵》一书和徐邈、吕忱、郭璞、王肃、孙炎、韦昭等人的反切上下字配搭关系进行了全面的统计和深入的分析。他认为造反切时为了使拼切准确，反切上下字之间往往有意无意地存在一种彼此要求互相协调的现象。这样就使得在上下字的选择上往往表现出一些超出反切基本规则要求之外的倾向。统计分析这些倾向，将会获得反切本身无从提供的某些语音信息，以便为中古音韵系统的构拟提供一些参证。文章主要有以下各项发现：

一、切上字用二、四等的少，用一、三等的多，可能因为二、四等的元音比较紧张，拼切时不易抛弃之故。

二、一二四等和三等切上字分组趋势和《广韵》基本一样。不过早期反切在协调程度上比后期略差一些。

三、切上字韵尾-ŋ，-k 最多，-n，-t 大减，-m，-p 极少。可见韵尾抛弃较难。-k 当时也许已弱化为 ˉk。

四、切上字合口字用的特别少，显然因为韵母有曲折，不易抛弃之故。独韵模、虞、鱼三韵字用的特别多，可以推知模韵不是合口韵的 uo 而是单元音 o（u）。效摄字用得也少，可见也是曲折韵母。

五、之韵字用作切上字的特别多，大概它的韵母早已单化为 i。

六、去声字很少用作切上字。规避去声字，说明它大概是个曲折调，与"去声分明哀远道"可以相印证。曲折调作上字对拼切不利。

七、一二四等、纯三等、重纽韵切上字有明显规避浊浊的倾向，B 类三等韵（东三等、钟等）有明显规避清清的倾向。这现象比较难解释。不过清浊声母有选择，可能表明在反切作者的语感上，同韵母的字，清浊声的调值不完全相同。

八、切下字很少用送气的塞音和塞擦音，显然因为送气声母不易抛弃，对拼切不利。浊的塞音和塞擦音比送气清音多用，可证浊声母是不送气的。

九、从魏晋到《切韵》三四百年间，反切上下字所反映的各种倾向有惊人的一致性。

以上发现的这些现象都是事实，但解释只是一种推测，未必都正确。作者也一再作这样的声明。不过这种对反切上下字关系全面的统计研究，充分利用反切的弦外之音，能挖掘出"正统的音韵学研究方法所不能挖掘出来的东西"，为音韵学的研究开辟了一条新渠道，在国内外都产生了很好的影响。

《古音说略》可说是陆志韦研究音韵学的集成之作。书内对中古音和上古音都作了全面的论述和构拟。关于中古音学说的要点上文已经介绍过了。现在简略地谈谈他的上古音学说。

陆志韦很不满意高本汉所构拟的上古韵母系统。他认为构拟古音要注意两点。一是要考虑音位之间的分辨率。过分近似的符号分辨率低，实际语音未必能有。比如高本汉把收-ŋ, -K尾各部拟了 u ŭ ô ǫ o ǒ å 7个近似的后元音，可是汉语历史上是否有一种方言会把这7个元音作为不同的音素，很值得怀疑。二是所假定的音变公式应该是互相关联的，不允许互相矛盾。比如公式 ŭk > åk，ok > uok 单独看未始不可，但合起来看，当 ŭk > åk 的时候，ok 能 > uok 吗？据此他所拟的后元音只有 u, ɯ, o, ɔ, ʌ 5个，清晰度较高，整个元音的数目也比高氏少。

高本汉把大部分阴声韵都构拟了辅音韵尾，但却从歌、侯、鱼三部中各分出一部分他认为与入声没有关系的字，把它们构拟为开音缀。陆志韦根据朱骏声《说文通训定声》一书中的谐声、通假及先秦押韵材料，对之、宵、幽、侯、鱼、脂、祭7个阴声韵部直接、间接与入声韵的关系作了全面的检查，结果发现除了有些独字和几个范围极小的声首不能直接证明收-b, -d, -g 以外，没有不与入声发生关系的阴声字。至于一般认为不通入声的歌部，在谐声和押韵里也有很多跟-d, -g, -n 相通的例子，说明它也是一个有辅音韵尾的韵部。他认为高本汉所谓的开尾字，是从主观出发，采取硬把形声字说成是会意字，或割裂《说文》，把一声分为二声、三声，或把各声之下硬删去好些入声字等等办法，强行分出来的。例如他把《切韵》的模韵分成二系，一用"故"字代表开音缀 o, wo，一用"路"字代表闭音缀 âg, wâg，认为"故"类不通入声。然而"故"从"古"声，"古"声之下有入声"涸"字，大徐读若"狐舟之舟"，小徐读若"狐貉之貉"。实际上"故"和"古"的关系，等于"貉"和"各"的关系，"涸"明明是"固"声，"固"又从"古"声。但高氏硬说"涸"是从水从固，是水干之意（solid water），来切断"古"跟入声的关系。高氏的主观，由此可见一斑。陆志韦强调断不能从《诗》韵、谐声划出一部分来，把它们跟入声割裂，绝对证明他们是上古的开音缀。他认为上古没有开音缀的结论"尽管是不近情的，然而这样的材料只可以教人得到这样的结论"[①]。阴声韵没有开音缀，是陆志韦上古音学说的最大特点。著名学者李方桂在他的《上古音研究》一书里接受了陆志韦的这一学说。

对谐声和《诗》韵陆志韦也有自己的看法。他认为谐声并不要求主元音相同，古韵文的押韵更不须各个字的主元音相同。从古至今中国人做诗从来不像西欧人那样拘执。基于这一认识，他不主张一个韵部必须只有一个主要元音，认为相近的元音可以通谐或通押。这样就使他在分部和拟音上出现两点与众不同的地方。一是表面上虽然也接受清人的二十一部（至，脂不分），但各部的内含有些却与清人很不相同。比如他把幽部的主元音拟成 ɯ，宵部的主元音拟成 ʌ，ɒ，ɔ，他认为这两部的元音比较相近，通谐或通押是允许的。因此他把与幽部相通的豪、肴、萧诸韵的字都仍然归入宵部而不归入幽部。这样幽部里少了效摄字，宵部里多了通幽部的效摄字，致使两部的归字与清代人有很大差别。二是韵部之间的界线有时变得模糊不清起来。比如他把宵部的肴韵主元音拟作 ɔ，介乎宵部的 ʌ 与侯部的 ɔ 之间，因此他把肴韵既归宵部，又归侯部。这样，宵部和侯部的界线就不清了。他常说拟音之后，分部就不那么重要了，指的就是这种情况。

关于上古声调系统，陆志韦创立了五声说。在《切韵》祭、泰、、废，四个独立去声韵的启发下，根据《诗》韵和谐声去入通转的事实，参考方言和暹罗语，假定上古去声有两个，一长一短。上古的短去声通入声，是因为音量的相像。后来混入长去声，是因为调子的相像。这个短去声可以叫第五声。祭、泰、废在上古就是短去声，到中古变成了长去声。其它阴声字也都可能有长、短去声的分别。陆志韦认为李登《声类》以五音命字，吕静《韵集》宫商角徵羽各为一篇，可能是古有五声的迹象。陆志韦的这个五声说极具启发性。

---

① 《古音说略》，第95页。

陆志韦还把各种收声之间的通转关系进行了一次全面的梳理和分析，提出了很多自己的看法。比如根据侵、蒸、中三部的通转，他认为周朝以前这三部全收-m，到了周朝，大多数方言蒸部已变为收-ŋ，但西北方言蒸部仍然收-m，因为二《雅》和《秦风》蒸部仍然有与侵部通押的例子。又比如真、耕两部东周以后通押的比较多，可以认为是古人押韵疏忽的结果，因为两部的元音相同或相近。如此等等。这类解释虽然未必都能得到赞同，但也不失为一家之言。

《说略》的第13章为《〈说文〉〈广韵〉中间声母转变的大势》，是根据已发表的同名文章修改而成。本章纵论了从谐声到《切韵》汉语声母发展演变的大势。根据的材料主要是《广韵》的一字两读和谐声。一字两读反映的情况和谐声基本一致。陆志韦认为谐声情况复杂，用举例或大致观察的办法，往往顾此失彼，挂一漏万，不能准确，只有用统计法进行研究才能避免这类失误，才能抓住谐声材料所反映的主要和本质的现象。于是他以《广韵》51声类作基础，用统计法——计算它们相逢次数跟几遇数的比值，以比值的大于1或小于1作为判断相逢是必然或是偶然的大致标准。这样，就使他的立说有了比较可靠的基础。应用数理统计法研究谐声资料，也是陆志韦的首创。他所设计的统计公式也屡屡为人们所承用。

根据对谐声资料的统计，和对《广韵》一字重读的观察，陆志韦认为利用这样的材料，不可能重构周朝任何方言的声母系统。《切韵》的51类跟形声字之间，不能列出一对一的音素转变条例。详尽的结论，只有等同系属语言的比较研究才有可能办到。因此上古声母他只确定了22个，即p, ṕ, b, m, ɸ（帮组）; ts, tś, dz, s, z（精庄组）; t, t́, d, n, l（端、知、章组）; k, ḱ, g, ŋ, x, r, -（见系）。特点是浊音不送气，章组作舌头塞音，喻三和匣母合一，与晓母通谐的明母字分出作ɸ。复辅音他认为不知其详，但他肯定有"辅音+L"型复辅音，即KL, PL, TL等（KL代表kl, k'r等）。陆志韦在没有把握的情况下对古声母不勉强定音，正是他治学实事求是精神的表现。

《诗韵谱》（1948）和《说文谐声谱》是《古音说略》的后继之作。本来打算以此两书作为《说略》的附录。可惜《说文谐声谱》当时未及付印，"文革"动乱期间，书稿遗失，殊为可惜。《诗韵谱》为《诗经》定韵，并把每个韵脚用陆志韦自己构拟的上古音——予以注明，以便阅读。这种做法，在国内亦属首创。他认为清人分析《诗》韵的疏漏在于拘执三种成见。一是拘执汉魏以后近体诗的格律。二是拘执平上跟去入的界线。三是拘执古韵的分部。他还认为要知道韵脚在哪里，必须先从谐声推求出字的元音跟收声，然后才可以读《诗经》，才可以用《诗经》韵脚跟谐声的分部互相校对，以定其当否。他自己就是按照这样的程序做的。再加以对前人弊端的洞察，此书订正了前人很多失误，把对《诗》韵的研究提高了一步。此外陆志韦还有《楚辞韵释》（1947）一文，认为楚辞韵与《诗》韵的不同之处，主要在于虚字"之"字押韵较多，大概是轻重音的区别不像《诗》音的清楚；支、歌、脂三部通押较多，支部可能收-d；东部与侵，中部通押，东部当收-m。这些意见都很有参考价值。

《〈说文〉读若音订》（1946）是陆志韦研究汉代语音的一篇论文，是对《说文》读若进行逐字订音的首创之作。全文长达九万多字。文中对每一个被读若字和读若字都注上作者自己所拟定的上古音、汉音，有的还注上《切韵》音。让读者不仅能知道各字的汉代读音，而且能知道它们的沿革。文章揭示了许慎时代汉音的许多特点。声母方面：KL 等与 K 等，L 等均随意为读若，说明复辅音已经消失；ti-等（照三）绝不读若 tI-等（知等），说明 ti-等已颚化为 tʃi-等，喻四也变为 j-。韵母方面：鱼、侯两部分立，中、东两部似混；读若比较严格，元音的实在音色反不易确定，不过扬雄、班固等押韵，前元音窄化，而鱼、阳部主元音后移，可能是当时普遍现象，许慎也许包括在内；支、歌、脂（第五声例外）、鱼（限麻韵平上声）各部均已失去辅音韵尾。声调方面：仍保持五声。这些揭示都是很宝贵的。因为不仅在当时，就是到现在此文仍然是对东汉的声、韵、调系统作全面研究的惟一论文，为填补这段语音史研究的空白作出了贡献。

1946 年陆志韦开始了对近代语音史的研究，首先发表了《释〈中原音韵〉》一文。《中原音韵》的时代处于《切韵》和现代音之间，又是一部反映当时官话语音的全新韵书。一般都把它的音系看作是近代语音的代表音系。这就是陆志韦把它作为研究近代音的首选目标的原因。文章构拟了《中原音韵》的声韵系统，提出了一系列新见解。比如认为《中原音韵》还有入声，并且入声还有阴、阳之别；微母字并不是 v，而是带有唇齿成分的半元音，可以写作 w；照二、知二与照三、知三还有分别；见系声母细音字还没有颚化；鱼模韵中三等字的主元音当作 u，而不能作 y，《中原音韵》音系并不是现代北京话的祖语；等等。这些新见解，或是不易之论，或是极富启发性。对提高人们对《中原音韵》音系的认识起到了重要作用。

从他自己所构建的《中原音韵》音系出发，向上追溯到可能代表中原官话源头的邵雍的"天声地音"音系，撰写了《记邵雍〈皇极经世〉的"天声地音"》(1946) 一文，考定了此书音系的大要。然后又从《中原音韵》向下，把它以后问世的记载官话的一些重要韵书和韵图，进行了研究，连续发表了《记兰茂〈韵略易通〉》(1947)、《记徐孝〈重订司马温公等韵图经〉》、《记毕拱宸〈韵略汇通〉》、《金尼阁〈西儒耳目资〉所记的音》(以上 1947)、《记〈五方元音〉》、《论〈三教经书文字根本〉》(以上 1948) 等论文。最后以入声做专题，考察了它的历史演变，发表了《国语入声演变小记》(1948)。以上共 9 篇论文，总名原为《古官话音史》，最近由语言研究所近代汉语研究室编校出版，更名为《陆志韦近代汉语音韵论集》。他对上述这些韵书和韵图作了深入的分析和必要的比较，不仅考定或拟定了它们的语音系统，而且还时时指出各音素之间的发展线索和过程，使人们对从北宋到清初六百多年官话语音的形成和发展有了一个比较清楚和具体的认识。他在这方面所开拓的深度和广度都是前所未有的，贡献十分突出。

陆志韦是第一个在高本汉的研究基础上，用新的观点建立起自己新的中古和上古音系的中国学者。也是把西方语言学理论和研究方法引进中国，推动中国传统音韵学研究走上现代化道路的少数几个语言学家之一。

音韵学之外，现代汉语词汇和语法则是陆志韦语言学研究的另一个重点。他原来是想通过研究语言与思想的联系来研究思想心理学的。所以从 30 年代起，他就开始收集和研究北京话的单音词汇。他认为汉语的基本资料是单音词。"要了解汉人的思想作用，说话的条理，或是从语言学的观点来了解现代汉语，就得把那些单音词彻头彻尾的，彻里彻外的，翻来覆去的，颠来倒去的搞它一次。"① 只有先知道了单音词在说话里所占的位置，才能进一步研究多音词会怎样改变那个位置，才能整理出汉语的普通语法。于是他花了多年时间写成了《北京话单音词词汇》一书。此书虽延至1951年才问世，但他1938年发表的《国语单音词词汇导言》一文就是现在书中《说明书》的初版，可知书的写成当不晚于此年。《说明书》长达3万多字，共分两章。第一章说明从句子中分离词的方法。他强调给词下定义的困难，认为与其愣下定义，不如先说明在每个具体环境下，怎样能规定某个语言格式是一个词而不是词的一部分或是几个词。把这些法子汇合起来，自然会得到词的定义。词是那些法子所规定出来的东西。于是他创造了"同形替代法"，用它来分离和确定句子中的词。所谓"同形"是指"互相替代的成分不单要属于同一个词类，并且意义要相仿佛。从形式跟意义两方面说，它们在整个格式里占有同等的地位。那样的整个格式能叫做同形的。"② 碰到不是单音的，"得再用这'同形替代'的原则来把它分析，分析到不能再分析了，所得到的语音符号叫做'词'。'词'是用同形替代的法子的最后产品。"③ 他认为这个方法用起来比叶斯柏森"能不能拆开"的原则更注意到语言的形式，更是机械的。结构派的重要人物哈里斯（Z. S. Harris）在他的《结构语言学方法论》（《Methods in Structural Linguistics》，1947）一书中提到了陆志韦的替代法，并说，就是他的方法之一。可是陆志韦说他的同形替代法并非全是结构派的方法，而是他在科举考试的时候学的对对子的法子。确实，"同形"的两个条件，词类相同，意义相关，可不正是对对子的基本要求吗？

第二章给词划分类别。他认为分类的标准最重要的是一个词在句子里的最普通的地位，其次是它的意义。所谓"最普通的地位"，就是最常见的地位。在这种地位上已经证明是某类，以后在别种地位上也叫做某类，除非地位的变化叫词在意义上发生了清楚的改变。根据这样的原则，书中把词划分为7大类，即名词、变化词（动词）、形容词、指代词、副词、作用词（虚词）和杂词。

---

① 《北京话单音词词汇·序》，科学出版社1956年版，第8页。
② 《北京话单音词词汇》，科学出版社1956年版，第8页。
③ 同上书，第6页。

数词、量词都附在指代词里,是最大的特色。不论是划分词类的原则,还是所划分的词类,在当时都不失为一种创新。

本书所收北京的单音词和词素很丰富,正如作者自己所说的"没有研究过的单音词为数不多了"。每个词或词素下所列例句,都是地道的北京话,共6千多条。因此本书不仅是研究汉语语法、词汇的重要参考书,而且在拼音联写,学习北京话等方面也都有重要参考价值。

不过陆志韦后来对此书所用的分离单音词的方法感到不太满意。1955年发表了《对单音词的一种错误见解》一文,对自己的"同形替代法"进行了批评。他认为有两点不妥。一是没有真心诚意地从社会交际手段的角度来观察汉语的单音词,而是关起门来,只图在理论上自圆其说,建立一个构词法的系统;二是没有诚诚恳恳地向旧时代的中国语言学家学习。中国人向来有"实字"和"虚字"的分别。"虚实"在构词法上占截然不同的地位,不论在文言,在口语,都是一样。他认为处理虚字,必得用类比法,排比法,也就是"同形替代法",而实字不能这样处理。凡是用此法来说明的实词大部分是词素。陆志韦这种知错必改的作风,显示了一个科学家的本色。

《汉语的构词法》是陆志韦研究语法的又一重要成果。为了解决拼音文字的联写问题,他领导了一个研究小组,从1953年冬季起,开始了汉语构词法的研究,至1957年研究报告写成出版。全书共分20章,其中18章都是他自己起草的。只有《动补格》和《动宾格》是管燮初和任建纯分别起草的。书中用来分析的语言小片段主要是从词典里收集的语文性词条,共四万多条。第一章着重讨论了分析方法问题。强调词为什么是词,不能单凭意义的单纯性、抽象性等等来决定,而主要是凭它的形式、凭它的内部结构。在比较了各种分析方法之后,认为"扩展法"比较有效。所谓扩展法,就是在结构类型相同而长短不同的句子里找出"自由运用"的最小单位,也就是不能再扩展的语言小片段。这个片段就叫做词,不论它还包含多少个语素。广义地说,扩展法不过是同形替代法的一种,互相替代的成分是某和0,0也是一种"形",插进去要保证不变形式。这方法虽然有它的局限性,比如不能作为测验动宾结构是不是词的惟一方法,但它尽可能地利用了形式这个尺度,摆脱了词意和概念的束缚,还是一个比较有效的方法。第二章讨论虚字。认为虚字是造句的骨干，构词学上的关键，"可以凭它来开辟和简化分析手续"。第三章以下，基本上是按照结构类型的不同分别进行讨论的。第三、四、五、七、八、九、十一、十二、十三等9章依次讨论偏正格的名词、动词、形容词、副词、连词等。第六章讨论数词和数、量、名结构。第十章讨论副词（单音）。第十四至十九章依次讨论后补格、动宾格、主谓格、并列格、重叠格以及重叠又并列的格式。第二十章讨论后置和前置成分。各章讨论时大都应用扩展法分析各种结构类型，以确定词和非词的界线，并随时提出联写与否，如何联写，以及词典里该不该收录的建议。本书是第一部专门研究汉语构词法的著作，利用材料涵盖面之广，分析的深入和细致都是前所未有的。对语法研究、文字改革和词典编辑等都有重要参考价值。

在《构词法》出版前一年，陆志韦还发表了《汉语的并立四字格》一文，用扩展法对并立四字格进行了细致的分析，确定了并立四字格哪些是词，哪些是词组的界线。并讨论了这些四字词在句子里所能处的地位，来进一步确定它们作为词的资格。文章并对并立四字格的来源作了探索。可以跟《构词法》第十七章《并列格》互相参证。

构词法的研究在汉语语法研究方面迄今还是一个比较薄弱的环节。陆志韦的开创性工作为汉语构词法的研究奠定了一个重要基础。

陆志韦不仅是个科学家，而且还是一个才华横溢的抒情诗人。"五四"新文化运动时期，他积极投身于其中，成为文体改革的热情推动者，是新诗的开路人之一。出版了《渡河》、《渡河后集》、《申酉小唱存》等新诗集，为新诗坛增色不少。此外他对旧诗也很有研究。曾发表过《试论杜甫律诗的格律》一文，提出了很多新见解。30年代还在芝加哥大学、燕京大学为美国和英国朋友讲授过中国旧诗。讲稿是用英语写的，先内部印行，后来由吕叔湘校勘出版，书名为《中国诗五讲》（《Five Lectures on Chinese Poetry》）。这样，他又为向国外介绍中国诗歌出了一份力。

作为著名学者的陆志韦，孜孜不倦地以追求真理为己任，从不以个人得失存乎其间。他的学说即使被人称道，如一旦自己发现有不妥时，马上就发表文章进行自我批评。上文提到的对待他所创造的"同形替代法"就是如此。他的学术地位很高，堪称一代大师，但当学生或晚辈对他的某些学说不认同，而提出批评时，只要是对的，他不但欣然接受，而且还鼓励对他的学说加大批评力度。这在学生和晚辈中间一时传为佳话，深深地感染了他们。在他们眼里，陆志韦的学术形象更加崇高了。

陆志韦在培养年轻人方面，也表现得很突出。在主持燕京大学校务工作的时候，对贫困学生经常热情帮助，给予他们种种方便，使他们能够顺利完成学业。在语言研究所的时候，他领导过不止一个研究小组，对组里年轻人的科研和学习，他都倾注了很多心血。除了有时给他们讲课之外，最繁重的是给他们审改稿子。他要求特别严，有的稿子要反复审改七八次。要是没有极大的热情和责任感，这是绝对办不到的。

陆志韦不论在学术成就，学术风范，还是为人师表方面，都是人们学习的榜样。

（邵荣芬　撰稿）

作者简介

邵荣芬，又名邵欣伯，1922年12月生。1950年浙江大学中国文学研究所研究生毕业后，至中国科学院语言研究所工作。历任助理研究员、副研究员、研究员。研究汉语音韵学兼及词汇学、词典学等。著有《汉语语音史讲话》、《中原雅音研究》、《切韵研究》、《经典释文音系》、《邵荣芬音韵学论集》等书。1988年被选为中国音韵学研究会会长，现任该会顾问。

陆志韦主要著作目录

著　作

《社会心理学新论》　商务印书馆 1924 年出版。

《订正比内—西蒙测验说明书》　商务印书馆 1924 年出版。

《第二次订正比内—西蒙测验说明书》（陆志韦、吴天敏修订）　商务印书馆 1936 年出版。

The voiced Initials of the Chinese language：When Were they Aspirated
　哈佛燕京社 1940 年英文单行本。

《古音说略》　载《燕京学报》专号之 20，1947 年；1985 年中华书局重新排印，编入《陆志韦语言学著作集》（一）。

《诗韵谱》　载《燕京学报》专号之 21，1948 年。

《北京话单音词词汇》　人民出版社 1951 年出版；修订本，科学出版社 1956 年出版。

《汉语的构词法》（陆志韦等著）　科学出版社 1957 年出版。

《陆志韦近代汉语音韵论集》　商务印书馆 1988 年出版。

论　文

《证〈广韵〉五十一声类》　载《燕京学报》第 25 期，1939 年。《三四等与所谓"喻化"》　载《燕京学报》第 26 期，1939 年。

《〈说文〉读若音订》　载《燕京学报》第 30 期，1946 年。

《对单音词的一种错误见解》　载《中国语文》第 4 期，1955 年。

《汉语的四字格》　　载《语言研究》第 1 期，1956 年。
《构词学的对象和手续》　　载《中国语文》第 12 期，1956 年。
《反切是怎样构造的》　　载《中国语文》第 5 期，1963 年。

金岳霖

(1895—1984)

　　著名的哲学家、逻辑学家。曾任中国社会科学院哲学研究所副所长，哲学社会科学部委员。

金岳霖，字龙荪，中共党员。1895年生于湖南省长沙市。1901年入明德学校读小学，1907年入雅礼学校读中学，1911年夏考取清华学堂高等科。1914年从清华学校毕业后以官费留学美国，初入宾夕法尼亚大学，1917年获学士学位；同年入哥伦比亚大学研究院，1918年获文学硕士学位，1920年获博士学位。1921年12月赴英国留学，之后在德国、法国、意大利等国游历。1925年11月回国。1926年至1937年在清华大学任教授，曾任哲学系主任。"七·七"事变后，随清华师生至长沙临时大学教书。1938年2月至昆明，任西南联合大学文学院哲学心理学系教授兼清华哲学系主任。1943年至1944年应邀访美讲学一年。1946年返北平继续在清华大学任教。曾当选为中央研究院院士。1948年清华大学解放后任哲学系主任，文学院院长。1952年全国院系调整后到北京大学任教，并任北大哲学系主任，并主编《光明日报·哲学研究》副刊。1955年奉调参与筹建中国科学院哲学研究所，此后一直担任中国科学院（后中国社会科学院）哲学研究所研究员、副所长，哲学社会科学部委员。主要社会兼职有：国务院学位委员会第一届学科评议组成员，《中国大百科全书》哲学卷编委会顾问，中国逻辑学会会长、名誉会长，中国逻辑与语言函授大学名誉校长等。曾被推选为第三届全国人民代表大会代表，第二、三、五、六届全国政协委员。

金岳霖

　　1995年8月26日18时55分，中央电视台二频道《历史上的今天》栏目的女主持人开始播音："今天是中国现代杰出的哲学家、逻辑学家金岳霖诞生100周年。"她用甜润的嗓音述说了金岳霖对我国现代哲学和现代逻辑学发展所作的重要贡献，并向海内外观众展示了金岳霖在不同历史时期的照片和他的主要著作。

　　正在北京参加金岳霖百年诞辰学术讨论会的海内外学者，看完电视后热烈地议论起来。他们一致认为，中央电视台是第一次把一位哲学家的诞辰放入凝重的《历史上的今天》，而金岳霖享受这一殊荣是当之无愧的。

　　金岳霖从小在家乡读书，接受过中国传统文化的教育，也经历了祖国有被瓜分危险的恐惧，在心灵中萌生出强烈的救国之情。1911年夏，他考取清华学堂，从长沙到了北京。这期间，他经历了辛亥革命，为封建王朝的被推翻而兴高采烈。

　　1914年，金岳霖从清华学校毕业后以官费留学美国。最初学的是商业学，但不久他便对此没有了兴趣。他给五哥写信表述了自己对商业学的看法："簿记者，小技耳。俺长七尺之躯，何必学此雕虫小策！昔项羽之不学剑，盖剑乃一人敌，不足学也。"① 于是，他放弃了商业科，而改学政治学。1918年，他在哥伦比亚大学获硕士学位，硕士论文的题目是：《州长的财政权》。金岳霖在论文中强调了以法治理国家的法制精神，并且提出："如果法律要使人们全然感到满意，那么，这种法律就必须十分严厉以能防止政治弊病，而且还要具有充分的灵活性以便树立政治良风。"他说，在今天"州长不再是年代相隔很远的暴君的代理人，而是人

---

① 金鼎汉：《缅怀我的叔父金岳霖教授》，载《金岳霖学术思想研究》，四川人民出版社1987年版，第360页。

民的公仆。"① 1920年，金岳霖获博士学位，博士论文题目是《T. H. Green 的政治学说》。T. H. 格林是属于因引进德国政治思想到英国去而起先被赞赏后来被谴责的那些学者之列。金岳霖既不同意格林的追随者们"过高地赞美他"，也不同意格林的批评家们"对他有时显示了不该有的敌意"；而是从格林的形而上学的和伦理学的背景、自然权利学说、国家的基础、国家干预原则的适用等方面全面地评论了格林政治哲学思想的长处和不足，提出了许多深刻而独到的见解。这篇博士论文问世半个多世纪了，至今在国外仍有学者引用它的论点。

格林是一位英国新黑格尔派的哲学家。金岳霖由于研究格林的政治思想而接触到他的哲学思想。当时，金岳霖受到格林的唯心论的强烈吸引，"头一次感觉到理智上的欣赏"，"最初发生了哲学上的兴趣"。他靠近了唯心论，但并没有走上唯心论的道路。用他自己的说法，"我的思想似乎徘徊于所谓'唯心论'的道旁"②。因此，大体上说，在哥伦比亚大学留学时期可以看作是金岳霖哲学思想萌芽时期。

1921年末，金岳霖赴英国留学。一个学业上的原因是，格林是英国新黑格尔派的哲学家，金岳霖由格林进而去研究英国最著名的黑格尔主义者布莱德雷。另一个原因是，金岳霖在哥大读书期间，学校里请了3位英国老师讲学，为他到英国继续学习打下了基础。在金岳霖之前，哥大的同学张奚若、徐志摩已去了英国。

在英国，金岳霖由布莱德雷而接触罗素。他认为，用罗素可以驳倒布莱德雷的诡辩。罗素自己也说过，在反叛黑格尔主义这件事情上，穆尔带头，他是紧随其后。在欧洲留学期间，罗素和休谟对金岳霖的影响最大。他后来在《论道》的绪论中说，1922年（民国十一年）在伦敦念书，罗素的 Principles of Mathematics，使他认识到哲理之为哲理不一定要靠大题目，就是日常生活中所常用的概念也可以有很精深的分析。而"此精深的分析也就是哲学。"从此以后

---

① 《金岳霖学术论文选》，中国社会科学出版社1990年版，第22、23页。

② 金岳霖：《论道》，商务印书馆1987年版，第3页。

他"注重分析，在思想上慢慢地与 Green 分家"①。休谟的 Treatise 以流畅的文字提出许多的重大问题，作一种深刻的讨论，其"天才之高"，使他"不能不敬服"②。英国留学时期，是金岳霖哲学思想基本定型的时期。在哲学观点上，他从维护科学和经验常识的立场出发，接受了朴素的实在论，从而开始反对格林的唯心论和休谟的唯心论。在哲学方法上，他接受了罗素和穆尔的逻辑分析方法，抛弃了新黑格尔派混乱的玄思方法。可以说，是罗素和休谟最终使金岳霖走上了研究哲学和逻辑的道路。

金岳霖于1925年底回国，至1948年共20多年间，先后在清华——西南联大——清华任教，深入研究哲学和逻辑学，撰写了《逻辑》、《论道》和《知识论》3部重要著作，发表了一批重要论文，建立了自己的哲学体系。这一时期是金岳霖哲学思想成熟和取得丰硕成果的时期，从此也奠定了他在中国现代哲学史中的地位。

《逻辑》一书是大学教材，也是学术著作。作者站在现代逻辑的高度，对传统逻辑存在的种种问题作了深刻的批评。他指出，传统逻辑运用自然语言有很多歧义，不讨论空类，对命题形式和推理形式都讨论得很不充分等等。作者在书中第一次提出必要条件假言命题形式。他说："表示必要条件的假言命题，在传统逻辑之中没有明文的承认，而在日用语言中反有现成的形式。"③ "除非……不"是表示必要条件的假言命题。作者进而提出必要条件假言推理形式，总结出必要条件与充分条件的关系，以及必要条件假言推理的规则。金岳霖选取怀德海和罗素合著的权威的数理逻辑著作《数学原理》中的近300个定理，组成一个精干的逻辑演算系统，并且讨论了逻辑与逻辑系统的种种问题，如逻辑的完全性、一致性和独立性问题等。作者介绍罗素的逻辑演绎系统时，还指出罗素系统混淆对象语言和元语言的缺陷。《逻辑》一出版，即受到学术界的重

---

① 金岳霖：《论道》，第4页。
② 同上。
③ 金岳霖：《逻辑》，三联书店1961年版，第53页。

视。贺麟称它是"国内惟一具新水准之逻辑教本。"①《逻辑》是我国第一本比较详细地、有系统地讨论逻辑、包括数理逻辑的书，它对我国数理逻辑的发展起到极大的作用。我国初期的数理逻辑学家都直接受到其影响。在今天看来，《逻辑》这本书仍然有其本身的价值。

《论道》一书是金岳霖的本体论。这一本体论体系可以概括为"能"与"式"、"共相"与"殊相"、"理"与"势"三对范畴。"能"与"式"是构成现象世界的两类本体。"能"是不具备任何性质或规定性的纯材料。"式"是包括了所有可能的可能，把所有的可能析取地排列起来就是式，可能是可以有能而不必有能的"样式"。"能"必然要实现式中的一些可能，式中必然有一些可能要有能。因此，无无式的能，也无无能的式。事物的属性分为共相和殊相。"殊相"存在于一特殊个体之中，与相应的特殊个体共存亡。"共相"是实现了的可能，它存在于个体类中，并表现于这一类中的任何一个体之中。这一类中的所有的个体都不存在了，则与之相应的这一共相也就不复存在；但这一类中的任何一个体不存在，共相仍为共相。总之，殊相表现共相，共相表现于殊相。共相与共相之间有关联，共相的关联叫做"理"。它是相应的共相关联之下任何个体所不得不遵守的必然的规律，所以又称为"固然的理"。殊相是变动不居、生生灭灭的，殊相的生灭叫做"势"。理有固然，势无必至，是至尊无上的变的原则。"道"包括式和能，是现实世界的总历程和总规律，也是现实世界中万事万物运动变化的历程和规律。

《论道》肯定现实世界是有规律的川流不息、运动变化的过程，它无始无终，无极而太极。在这个川流不息的无穷历程中，一切不合理的和不完美的事物都要逐渐被淘汰，而一切合理的和完美的事物都要逐渐变成现实，因此现实世界也就逐渐达到至真、至善、至美。"道"是中国最崇高的概念，也是"思想与情感两方面的最基本的原动力"②，所以作者把他的本体论著作取名为《论道》。《论道》是中国现代哲学中最系统完备、最富有创造性的本体论专著，也

---

① 贺麟：《五十年来的中国哲学》，辽宁教育出版社1989年版，第29页。

② 金岳霖：《论道》，第16页。

是第一位中国哲学家在这个领域里所做的非常有意义的理论创造。它为中国哲学界提供了一个融会东西方哲学智慧、运用严密的逻辑分析和逻辑论证方法讨论哲学本体论问题的活生生的样板。

《知识论》是金岳霖的知识论，或称认识论，是关于知识的普遍规律的理论体系。《知识论》肯定现实世界是独立于人和任何认识者的，又是可以认识的。因为每一类认识者都有正常的感觉知觉，都可以用感觉知觉去接受外界事物呈现在认识者面前的所与，并从所与的殊相中抽象出共相，以形成意念。意念和概念同时具有摹状和规范两种性质，用意念和概念去摹状和规范所与的结果就是经验。外界事物呈现于不同种类的认识者的所与是可以不同的，但意念和概念具有的抽象性和普遍性，是各类认识者共同的。本然世界是可以通过意念、概念来认识的。

值得注意的是，《知识论》把"有官觉"和"有外物"看作是知识论的出发命题，认为不承认有官觉，则知识论无从说起；不承认有外物，则经验不能圆融，明确反对传统知识论的主观唯心主义的出发方式。因为后者既得不到真正的客观存在的外物，也得不到认识者共同的真假。《知识论》提出意念得自所与、又还治所与的思想。得自所与的意念是接受方式，还治所与的意念是规范作用，体现了在认识过程中感性认识与理性认识的统一，既反对了传统知识论中的唯理论的"天赋观念论"，也反对了绝对的经验主义立场。《知识论》认为事实是意念和所与的结合，意念和所与是事实的两个最基本的分析成分。意念接受所与以形成事实，这一过程必须遵循归纳原则，而归纳原则（"如果——则大概"）是永真的。

《知识论》一书在中国哲学史上第一次建构了一个系统的、完整的知识论体系，它也是中国哲学史上第一部技术性很高的哲学专著，为中国哲人在世界哲学领域里争得较高的地位作出了重要贡献。

金岳霖是中国现代最有成就的哲学家和逻辑学家。当年张申府曾著文赞扬说："如果中国有一个哲学界，金岳霖先生当是哲学界的第一人。"[①] 冯友兰认

[①] 转引自张岱年《忆金岳霖》，载《金岳霖学术思想研究》，四川人民出版社1987年版，第35页。

为，金岳霖在中国现代思想史上占据"三个第一"，即"中国第一个真正懂得近代逻辑学的人"，"中国第一个懂得并且引进现代逻辑学的人"，"是使认识论和逻辑学在现代中国发达起来的第一个人。"①

建国后，金岳霖以极高的热情学习马克思主义哲学，接受了马克思主义实践观点，以此证明人们感知内容的正确性和客观性；他接受了唯物辩证法，认为唯物辩证法是正确的思想方法和工作方法。同时他仍然认为形式逻辑不是形而上学，遵守形式逻辑是人们正确思维的必要条件。金岳霖站在马克思主义哲学立场上，不断批判自己过去的哲学思想。他以往的实在主义是从早期的罗素和穆尔那里来的。50年代至60年代中，金岳霖写了《罗素哲学》一书，书中系统地批判罗素哲学，也是对自己以往哲学思想的一次"清算"。他写完一部分就征求同行们的意见，听取大家的批评。书中留有较多的时代的痕迹，对罗素哲学的评论也有欠公允和不够准确之处。但是，《罗素哲学》毕竟是他自觉运用马克思主义思想武器所进行的一次"战斗"，是"中国当代的一位杰出哲学家对西方当代的一位杰出哲学家的评论"，②因此是很有深度的，颇能给人以启发。金岳霖指出，罗素哲学的基本情况是"理论"和"实际"相割裂，罗素继承了休谟，并从右边批判康德；罗素歪曲了形式逻辑而导致形而上学；罗素是用感觉内容替换感觉对象，并且驳斥了罗素所谓从对感觉材料的直接认识能够推出关于客观事物的间接知识的观点，批评了罗素所谓以感觉材料为基本原料的构造论。金岳霖对罗素哲学的"中心骨架"——中立一元论体系作了细致的解剖，指出罗素的失败的尝试中包含有极为重要的理论思维的教训。《罗素哲学》是值得研究罗素哲学的学者一读的。

此外，金岳霖在我国五六十年代的逻辑大讨论中发表了两篇重要论文。一篇是《论真实性和正确性的统一》，指出当时争论的双方都混淆了蕴涵和推论、"那么"和"所以"，进而阐述了蕴涵与推论、"那么"与"所以"的根本区别。

---

① 冯友兰：《怀念金岳霖先生》，见《金岳霖学术思想研究》，第30页。

② 冯契：《罗素哲学·跋》，上海人民出版社1988年版，第290页。

另一篇是《客观事物的确实性和形式逻辑的头三条基本思维规律》,该文指出,为了使得思维认识能够正确地反映客观事物及其规律,必须解决客观事物的确实性和思维认识经常出现的不确定性的矛盾。形式逻辑的头三条基本思维规律既有反映性又有规范性,它们所反映的是客观事物确实性只有一个这样的客观规律,它们又规范思维认识的确定性。以上两篇文章是当年逻辑大讨论引出的最重要的学术成果之一。

金岳霖在50—80年代,组织编写《形式逻辑通俗读本》,主编高校逻辑教材《形式逻辑》,支持创办中国逻辑与语言函授大学,为逻辑学的普及做了许多有益的工作。

需要特别指出的是,金岳霖不仅是中国现代杰出的哲学家和逻辑学家,也是一位出色的教育家。他于1925年回国后即从事高等教育工作,到1955年调到哲学所止,在教育战线整整工作了30年。如果从1920年9月在华盛顿治大学讲授中文算起,他从事高等教育的时间就有35个年头。他创办了清华大学哲学系,历任哲学系主任、文学院院长,1952年以后又任北京大学哲学系主任。他先后在清华、西南联大、北大开过多种课程,指导过多名研究生。直到1964年,他还在哲学所招收了最后一名研究生。如果把他指导研究生的经历也加到一起,他从事教育工作的时间就更长了。

抗战期间,金岳霖在美国发表演讲,阐述他的教育思想。他认为教育的内在目的是使受教育者得到个性的完善和发展,成为有知识、有道德、有高度文明的人;就人类文化发展的观点看,教育的价值在于使人类优秀的文化得以保存、延续和发展,推动社会走向更高的文明。他在长期的教学活动中实践着自己的教育思想,为中华民族培养出一大批学养深厚、成果斐然、蜚声海内外的哲学家和逻辑学家。逻辑学家沈有鼎、王宪钧、胡世华、徐孝通、周礼全,哲学家冯契、任华,计算机专家唐稚松,国际著名数理逻辑学家、美籍华人王浩以及台湾著名学者殷海光等,都曾就学于金岳霖的门下。这在中国现代教育思想史上是少见的。

金岳霖在学风和治学方法方面有许多值得我们学习和借鉴的地方。

比如，他认为，搞哲学需要有"彻底的和经过训练的怀疑态度"①，要有批判精神和创新能力。他教导学生这样做，他自己也是这样做的。所谓"彻底的怀疑"，是说对任何事物、任何问题都要问个"为什么"，因为科学是没有禁区的。做学问要尊重前人已经取得的成果，但尊重不等于迷信，不能盲从，不能将别人的成果当做教条。正确的做法是要审视，要想一想别人为什么会得出这样的结论，它的根据是否充足，这就是怀疑。乔冠华晚年回忆说，在清华哲学系读书那几年，金先生对他帮助很大，在某种意义上说是金先生教会了他对任何事物都要好好地想一想，不要轻易相信书上的话，也不要轻易听别人的道理。是金先生教他怎样去思考②。思想起于怀疑。不怀疑就不可能发现问题，也就无法进行科学研究。所谓"经过训练的怀疑态度"，是说怀疑有正确与错误之分，要学会正确的怀疑态度和怀疑方法。提倡彻底的怀疑，不是提倡怀疑主义，不是否定一切。因为否定一切或肯定一切，同样是最简单的解决问题的办法，都是使我们不用思考问题，因而也就排除了哲学的可能性。科学研究是艰苦的，怀疑的过程也是艰苦的。要用心思考怀疑的根据和消除怀疑的方法。

彻底的怀疑态度也就是一种批判精神。这里所说的"批判"，自然不同于我们以往开展的那种"革命大批判"。批判不是用某种权力去压制对方，打倒对方，彻底否定对方；而是对已有的科学成果进行科学的分析，实事求是的批评，肯定其合理内容，否定其错误内容，从而推动科学的进步。金岳霖对深受其影响的休谟就进行了"彻底的怀疑"和科学的批判，既吸取了他们哲学的积极成果，也指出了他们哲学中存在的问题，而解决这些问题就成为自己哲学的出发点。比如，金岳霖指出，休谟在归纳问题上的困难之一，是他在哲学上不承认人的理性抽象，不能正确解决个别和一般、特殊和普遍之间的关系，不懂得特殊的事实表现普遍的理，因此也就不可能解决由特殊到普遍的认识飞跃，当然也就在归纳问题上陷入困境，并且束手无策。金岳霖对知识论的研究就是为了

---

① 《金岳霖学术论文选》，第436页。

② 乔冠华：《金岳霖先生教我怎样去思考》，载刘培育主编《金岳霖的回忆与回忆金岳霖》，四川教育出版社1995年7月第1版，第112页。

解决归纳问题的理论困难的。从这个意义上也可以说，没有对休谟的"彻底的怀疑"和科学的批判，也就没有金岳霖的《知识论》。

金岳霖在《逻辑》一书中对传统逻辑存在的问题做了深刻的批评。他明确指出，这种批评的目的就是要使初学者"得到批评的训练"，使学习者对"任何逻辑及任何思想均能运用其批评的能力"[①]。可见金岳霖对批评和"批评的训练"是十分重视的。

做学问不仅要有经过"训练的怀疑态度"和"批评的训练"，同时要能够提出自己的新见解，这就要有创造能力。金岳霖早年在博士论文中曾说，人要进步就要向前看，不能总向后看。"在中国，创造性的贫乏主要是由于对过去过分推崇。"他还指出，人的个性中包含着创造性，教育的内在价值之一就是要发展与完善人的个性，包括发展人的创造能力。"人类的创造能力是不应低估的，因为归根结底，这种创造能力是文明向前发展的动力。"[②] 在今天，发展人的创造能力不仅是教育的内在目的之一，也是时代的呼唤。面对知识经济的到来，只有培养出大批具有创新精神和实践能力的高级专门人才，科学才能创新和进步，经济才能发展和昌盛。

金岳霖认为，做学问、特别是搞哲学，一定要有清晰的思维，科学的方法，深邃的分析，严密的论证。这些都与逻辑有关。

他说，搞哲学，每个概念、每个命题都应该是明确的、清晰的，不能含糊。又说，哲学的任务不在于告诉人们一些结论，哲学的兴趣在于"那些获得这些思想和使这些思想相互联系的方法。"哲学"必须以论证服人"，而进行论证时，就要"受到逻辑的约束"。他强调说，如果哲学主要与论证有关，那么严格的推理就是必不可少的。一个哲学家如果认为他的信念是从理性得出的，那么他的观点站得住站不住，"必定由他们推理的可靠性来决定"，就是说"由逻辑来决定"[③]。一些哲学家之所以受到批评往往不是因为他们的思想，而是因为他们发

---

① 金岳霖：《逻辑》，第145页。

② 《金岳霖学术论文选》，第133、78页。

③ 《金岳霖学术论文选》，第442页。

展这些思想的方式，许多哲学体系都是由于"触到逻辑这块礁石而毁灭的"。

强调逻辑能力和逻辑标准不仅仅是金岳霖的为学之道，也是当年清华哲学系的共识。清华哲学系1936年的招生简章就曾这样写道：

本系同人认为，哲学乃写出或说出之道理。一家哲学之结论及其所以支持此结论之论证同属重要。因鉴于中国原有之哲学多重结论而忽略论证，故于讲授一家哲学时，对于其中论证之部分特别注重，使学生不独能知一哲学家之结论，并能了解其论证，运用其方法。又鉴于逻辑在哲学中之重要及其在中国原有哲学中之不发达，故亦拟多设关于此方面之课程以资补救。因此之故，本校哲学系在外间有逻辑派之称。①

金岳霖在少年时代就有很高的逻辑天赋。念中学时，他就指出"金钱如粪土，朋友值千金"这个流行的民谚有问题，因为用这两句话做前提，得出的逻辑结论应该是"朋友如粪土"，而这个结论与谚语的本意正好相反。后来在欧洲留学期间，金岳霖对逻辑学产生了浓厚的兴趣。回国后他不仅在清华教逻辑，又在教几年逻辑以后去美国哈佛大学从师谢非老先生系统地学习逻辑学。他对当时国外最新的逻辑成果有良好的把握。他以逻辑为工具，运用逻辑分析方法研究哲学，创造哲学体系。冯友兰称赞金岳霖长于分析，表面看起来没有问题的事情，经他一分析，问题就层出不穷。他能把很简单的事情说得很复杂。读过《论道》和《知识论》的读者都会感受到作者那种剥丝抽茧、层层深入的讨论哲学问题的风格和严密论证的逻辑力量。张岱年说："金先生以严密的逻辑分析方法讨论哲学问题，分析之精，论证之细，在中国哲学史上可谓前无古人。"②

金岳霖做学问的又一特点是融会中外古今。他对西方哲学和中国哲学都有深刻的理解。早年他在英国留学，仔细地研究过休谟、穆尔和罗素，接受了英国的朴素的实在论。回国后，他又深入地系统地研究了西方哲学的许多重要派别，如柏拉图的理念论，亚里士多德的形而上学，笛卡儿的哲学，英国的经验主义，康德的认识论，柏格森的生命冲动论及现代各种分析哲学，对此都有透

---

① 见《清华周刊·向导专号》，1936年6月27日。

② 《忆金岳霖先生》，载《金岳霖学术思想研究》，第35页。

彻的理解和体悟。另一方面，他从小读四书五经，受过中国传统文化的熏陶。进入哲学领域后，他不断阅读中国传统哲学著作，如先秦道家、名家、儒家著作及宋儒的代表著作等。他不仅对中西的哲学思想和哲学家进行比较，指出二者的不同，更能将中西哲学思想融会贯通，形成他自己的哲学体系。《论道》这部本体论著作的最重要的概念是"道"、"式"、"能"。"道"大体上就是中国道家的"道"，"式"和"能"大体上是中国朱子的"理"和"气"，也是西方亚里士多德的"形式"和"质料"。可以说，《论道》既有西方哲学的思想精髓，也有中国哲学的隽永意味，是金岳霖融会中西哲学思想的代表作，也是他自己认为最满意的一部形而上学著作。

金岳霖从内心里喜欢哲学，一生对哲学的探索十分执著。从现在查到的资料看，他公开发表的第一篇哲学论文是1926年6月23日刊登在《晨报副刊》上的《唯物哲学与科学》。在这篇文章中他说："近年来对于政治——不仅是中国的政治，无论哪国的政治，——极觉得灰心，而对于哲学颇有兴趣。"他称自己是"哲学动物"，就是把他"放在监牢里做苦工"，也"仍然是满脑子的哲学问题"[①]。

他的《论道》和《知识论》两部重要哲学著作都是在抗日战争期间完成的。1937年抗日战争开始。暑假后金岳霖同清华的师生转移到长沙，面对日军的飞机轰炸，金岳霖默默地撰著《论道》，冯友兰写《新理学》。次年春又迁到昆明。有一个时期，金岳霖同朱自清、陈岱孙、李继侗、陈福田等教授住在昆明北门街71号唐（继尧）家花园戏台的大包厢里。几位教授把大包厢里最安静的一个角落划出一块给金岳霖，供他写作用。据一些老朋友回忆，当年昆明的工作条件很差，不仅没有安静的写作环境，连稿纸、白报纸也没有。但是，不论生活与工作条件如何艰苦，只要环境尚能许可，他无不每日上午伏案著述。没有稿纸，他就找一些油光纸裁成笔记本那么大做稿纸用。他习惯于冥坐深思，有所得才笔之于纸。他不轻易发表自己的著作，其问世者总是慎思明辨学有创见的成果。大约在1943年，他完成了70万字的《知识论》。一次空袭警报拉

[①]《金岳霖学术论文选》，第156、160页。

响，他将书稿带进了防空洞，坐在屁股下面。警报解除后，他匆匆走出来竟将书稿忘在了防空洞里，等他想起来再回去找，书稿不见了。怎么办？他毫不犹豫：重写！从昆明写到四川李庄，又从云南写到北平，花了5年时间，他硬是把70万字的《知识论》重新写出来了。这是何等刻苦，何等执著啊！金岳霖重写《知识论》的故事在学术界一直传为美谈。

金岳霖是学术泰斗，一代宗师，在国内外学术界有崇高的威望；他又是谦逊诚实、虚怀若谷的学者。他乐意和同行（包括他的学生们）讨论学术问题，真诚地听取同行们的意见；凡是对他的批评，不管言辞如何尖锐，只要批评得对，讲得有道理，他就欣然接受。1959年，金岳霖写了一篇5万多字的论文《论"所以"》，发表在《哲学研究》上。他的学生周礼全有不同意见，写了《〈论"所以"〉中的几个主要问题》也发表在《哲学研究》上。当时有的人曾担心此事会影响他们之间的师生情谊。可是，金岳霖读了周礼全的文章后亲切对周说："你如果有时间，我希望你能多花些功夫，把《论'所以'》提炼和修改一下。我仍然认为这篇文章提出了一个重要问题。"[①] 这件事生动地表现了金岳霖在学术上的民主精神。我自己也经历过一件事：1964年我考金先生的研究生，我提交的论文的主要观点正是导师所反对的。入学之初周礼全先生还告诉我：金先生原来决定考生考英语，因为疏忽而在招生简章上没有特别注明。当看到我的报名表上填的是俄语时，他曾希望最好考生成绩不好，不录取。然而待考试完了金先生却说，根据我的试卷成绩和论文水平"没有理由不录取"。这是何等博大的胸怀！另一方面，只要金岳霖认为是正确的，就敢于坚持，不唯书，也不唯上。学界许多人都知道金岳霖批评艾思奇的事儿：50年代初，艾思奇"三进清华园"，帮助师生学习马克思主义。一次艾思奇在大会上错误地批评形式逻辑是形而上学。金岳霖主持大会，他在会议结束时说：艾思奇同志的讲话很好，好就好在他的话完全符合逻辑。金岳霖以此来说明形式逻辑是科学，而不是形而上学。

（刘培育　撰稿）

---

① 周礼全：《怀念金岳霖师》，载《人物》1995年第6期。

作者简介

　　刘培育，1940年生于吉林省扶余县。1964年毕业于吉林大学哲学系。同年考取中国科学院逻辑专业研究生，导师金岳霖先生。1967年毕业后留哲学所逻辑研究室从事研究工作。现为中国社会科学院哲学研究所研究员，博士生导师，中国逻辑学会副会长，金岳霖学术基金会秘书长。

金岳霖主要著作目录

The Political Theory of Thomas Hill Green　［美］哥伦比亚大学，1920年。

《唯物哲学与科学》　晨报副刊，第57期，1926年6月。

Prolegomena　《哲学评论》第1卷1—2期，1927年4月、6月。

《冯友兰〈中国哲学史〉审查报告》　载《中国哲学史·附录》，上海商务印书馆，1934年9月。

《逻辑》　清华大学出版部，1935年；商务印书馆1936年出版，1937年2版；三联书店1961年出版，1982年重印。

《论手术论》　《清华学报》，第11卷1期，1936年1月。

Truth in True Novel　《天下月刊》，第4卷4期，1937年。

On Political Thought　《天下月刊》，第9卷3期，1939年。

《论道》　商务印书馆1940年出版，1985年重印。

Chinese Philosophy　1943年完稿，《中国社会科学》，1980年第1期。

《知识论》　1948年完稿，商务印书馆1983年出版，1987年重印。

《论真实性与正确性的统一》　《哲学研究》，1959年第3期。

《客观事物的确实性和形式逻辑的头三条基本思维规律》　《哲学研究》，1962年第3期。

《在全国逻辑讨论会开幕式上的发言》　载《逻辑学文集》，吉林人民出版社1979年出版。

《罗素哲学》　上海人民出版社1988年出版。

《金岳霖文集》（4卷）　甘肃人民出版社1995年出版。

陈翰笙

(1897—2004)

著名的经济学家和历史学家。曾任中国社会科学院顾问，世界历史研究所名誉所长，哲学社会科学部委员。

陈翰笙出生于江苏无锡。1915年赴美国攻读历史专业，1920年毕业于美国波莫纳大学，1921年获芝加哥大学硕士学位。后赴德国柏林大学史地研究所工作，1924年获柏林大学博士学位。同年，应蔡元培邀请，到北京大学任教。在李大钊的指导和影响下，逐步接受马克思主义。1925年，经李大钊介绍加入中国共产党。次年加入共产国际。1927年李大钊被捕，陈翰笙处境危险，前往苏联，在国际农民运动研究所任研究员。1929年，应蔡元培邀请，任中央研究院社会研究所副所长，组织大批青年社会工作者，广泛开展中国农村经济调查。1932年，他秘密参与宋庆龄组织的"中国民权保障同盟"的重要活动，多方营救受反动派追捕的革命者和爱国民主人士。在抗日战争年代，1939年，他在香港创办英文半月刊《远东通讯》，宣传中国共产党的抗日主张，团结华侨和国际进步人士，支持中国的抗日战争，第一个向海外揭露皖南事变的真相。同年，他参加宋庆龄倡导的"工业合作运动"和"保卫中国大同盟"活动。1942年，香港沦陷后，赴广西桂林从事革命活动。1944年重庆军委会密电逮捕他，他逃往印度。1946年再度赴美，在华盛顿州立大学等校任教，还通过美国进步人士对美国政府施加影响，反对美国支持国民党发动中国内战。新中国成立后，1950年应周恩来的召唤，回国参加工作。历任外交部顾问、中国对外友好协会副会长、《中国建设》杂志副主编、中国科学院哲学社会科学部委员、中国社会科学院顾问、世界历史研究所名誉所长，《中国大百科全书》总编委会副主任。

陈翰笙

人生百岁难得，陈翰笙同志，大家亲切地称他陈翰老，却跨过期颐之寿，已是102岁的老人！陈翰老漫长的一生是一幅绚丽多彩的画卷。作为革命前辈，他毕生致力于振兴中华；作为学者宗师，他在中国学术史上写下了光辉的一页。

一

陈翰笙的学术研究活动始终和他的革命活动紧密地结合在一起，他撰写的专著和论文约400余种，涉及经济、社会、历史和政治等领域。

陈翰笙在经济学和社会学领域里最突出的贡献，是在本世纪20年代末30年代初对中国农村经济进行调查和研究。他把调查中获得的大量材料，以马克思主义的观点进行分析、归纳，从而对中国社会的性质和经济结构作出判断。陈翰笙在这里将经济学和社会学完整地结合在一起。

在20年代末到30年代初，在中国学术界曾就中国的社会性质问题发生过激烈的论战，有的认为中国还根本谈不上资本主义，有的则认为在大革命失败后中国已进入资本主义社会。

对于中国的社会性质问题，中国共产党虽然一再提出了它是一个半殖民地半封建社会的正确论断，但由于缺乏系统的材料进行深入的论证，因而在理论界仍然没有明确的、统一的认识。中国究竟是什么性质的社会？这是一个关系到中国革命性质、任务、对象、动力和前途的大问题。

中国学术界关于中国社会性质问题的论战在苏联亦有反映。陈翰笙在苏联莫斯科国际农民运动研究所工作期间，曾与该研究所东方部部长马季亚尔就中国社会性质问题进行争论。马季亚尔认为，"从20世纪初，西方资本主义传入后，中国也就成了资本主义。中国的农村也就成了资本主义农村。"[①] 陈翰笙虽然反对他的观点，但拿不出具体实例来驳倒马季亚尔，使他口服心服。这就促使陈翰笙回国后对中国社会性质问题进行探讨。

1929年春，经蔡元培邀请，陈翰笙到中央研究院社会研究所工作，任副所长，陆续聘用王寅生、钱俊瑞、薛暮桥、张锡昌、张稼夫、孙冶方、姜君辰和秦柳方等一批有志青年组织中国农村经济调查组，分赴全国各地农村进行调查。从1929年至1934年，调查组先赴江苏无锡、河北保定、广东岭南、广西、河南、陕西等地进行选点调查；尔后到营口、大连、长春、齐齐哈尔调查难民问题和去安徽、河南、山东的烟草地区调查烟农的生活。在调查开始时，首先组织成员学习《资本论》的有关部分，并决定从土地问题入手，采用阶级分析方法，调查农村生产关系，最终证明中国农村社会和中国社会性质。调查组深入基层，挨家挨户调查，进行精确的各种类别的数字统计。调查组对被选点进行了有计划、有组织的全方位调查，掌握了中国农村经济的大量的第一手资料。1933年陈翰笙和其他同志一起，共同组织成立"中国农村经济研究会"，会员逐步发展到一千余人。次年，在上海出版《中国农村》月刊，由薛暮桥任主编，大量刊登中国农村调查报告和专论，参与论战，进一步阐发了农村经济调查成果。由于陈翰笙等人的文章经常发表于《中国农村》杂志上，故被称为"中国农村派"。

在广泛调查研究的基础上，陈翰笙先后发表了40余部著作和论文，其中有《亩的差异》（1929）、《黑龙江流域的农民和地主》（1929）、《中国农村经济研究之发轫》（1930）、《封建社会的农村生产关系》（1930）、《难民的东北流亡》（1930）、《中国的田地问题》（1930）、《中国的农村研究》（1931）、《现代中国的土地问题》（1933）、《广东农村生产关系与生产力》（1934）、《中国的地主和农民》（1936）、《工业资本与中国农民》（1939）、《三十年的中国农村》等等。这些著作论述的问题归纳起来有以下一些重要观点：

---

① 陈翰笙：《四个时代的我》，中国文史出版社1988年版，第40页。

一、重视生产关系的研究，尤其要重视农村的生产关系的研究。陈翰笙认为："一切生产关系的总和，造成社会的基础结构，这是真正社会学的研究出发点；而在中国，大部分生产关系是属于农村的。"① 从这个指导思想出发，陈翰笙作出决定：中央研究院社会研究所社会学组就拿中国农村生产关系的研究作为它的第一步工作。

在蒋介石政权的统治下，民生凋敝，也有人或是出于慈善救济，或是出于农业改良的目的，到农村去调查，但他们注意的或只是些社会现象，或只是农业生产技术。陈翰笙批评道："他们都自封于社会现象的一种表列，不曾去了解社会结构的本身。大多数侧重于生产而忽视了生产关系。"② 陈翰笙着重调查和研究生产关系，所以他揭示了农村问题的实质。他写道："农村诸问题的中心在哪里呢？它们是集中在土地之占有与利用，以及其他农业生产的手段上；从这些问题，产生了各种不同的农村生产关系，因而产生了各种不同的社会组织和社会意识。"③ 陈翰笙的观点是完全符合马克思主义的。

二、根据土地的占有与使用以及劳动力雇佣情况，科学地将农户分为地主、富农、中农、贫农和雇农五类，④ 解决了对农村各阶级的划分问题。当时也有一些其他的分类法，如将农户分为自耕农、半自耕农、佃农。此分类法完全依据经营方式划分的，这样的分类不能明确说明农村的生产关系，因为自耕农既包括一般自耕农，也包括富农和贫苦自耕农；佃农中有佃富农，也有一般佃农。至于将农户分为小农家、较大农家、大农家、更大农家的分类法，那就更不科学了。陈翰笙运用阶级分析法，正确地说明了农村的阶级结构。因而被社会科学界沿用至今。

三、帝国主义已逐步控制中国的主要经济命脉。依据大量材料，陈翰笙不仅指出鸦片战争以后，帝国主义的"洋货侵入农村，将农民的资本吸收到外国，

---

① 陈翰笙：《中国的农村研究》，载《陈翰笙文集》，复旦大学出版社1985年版，第43页。

② 同上。

③ 同上。

④ 陈翰笙：《现代中国的土地问题》，载《陈翰笙文集》，第48页。

作循环不息的剥削"；①而且进一步指出："最近帝国主义者用大量资本输入以后，直接便捷地在中国设立银行、工厂、把持中国的金融，垄断中国的工商业，操纵中国的航空、铁路、原料等等。"②帝国主义对中国经济命脉的控制，必然导致中国国家主权的丧失。从陈翰笙的论证中不难得出中国已进入半殖民地社会。

四、中国存在资本主义生产关系，但占支配地位的是封建生产关系。

陈翰笙指出，"19世纪中叶以来工业资本的侵入，尤其是金融资本的侵入，已经促进了中国经济的工业化，其最大的影响即工业化和农产品的商业化，已渐次深入农村"③。但陈翰笙又指出，当时农村中，地主仍然占有农村绝大部分土地，而广大贫雇农只能依附于地主，或租地而耕或为地主扛活，受地主超经济的剥削，因而工业资本的入侵并没有从根本上改变旧的生产关系。陈翰笙并以资本主义较发达的无锡农村调查材料来进一步证明这一论点：在无锡农村"以资本主义形式经营农业者占7.1%，一部分以资本主义形式经营农业者占24%，以前资本主义经营农业者占68%。最后一种形式自然是最流行的"。④陈翰笙通过对农村生产关系的调查，论证中国是一个半封建社会。

陈翰笙对中国社会性质的研究以无可辩驳的事实证明中国乃是半殖民地半封建社会。这对正确认识中国的革命性质，论证改革封建制度的必要性，正确阐述党的方针政策起了很好的作用。值得指出的是，陈翰笙和他的战友从事农村经济调查，是在国民党政府残酷的文化围剿下，是在左倾路线在中国共产党内占统治地位的情况下进行的。陈翰笙以合法的身份为掩护，不高谈革命词句，注意团结朋友，从而突破了国民党的文化围剿，突破"左"倾的束缚，取得了

---

① 陈翰笙：《中国田地问题》，载陈翰笙、薛暮桥、冯和法合编：《解放前的中国农村》（二），中国展望出版社1986年版，第79页。

② 陈翰笙：《中国田地问题》，载陈翰笙、薛暮桥、冯和法合编：《解放前的中国农村》（二），中国展望出版社1986年版，第79页。

③ 陈翰笙：《中国的农村研究》，载《陈翰笙文集》，第44页。

④ 《中国田地问题》，第45页。

很大成绩。农村调查确确实实地是一件马克思主义工作。胡绳在庆祝陈翰笙百岁华诞座谈会上这样说道:"在破除"左"倾束缚中,我们党有好些同志做过工作,许多是我们钦佩的老前辈,陈翰老是其中的一位。"①

农村经济调查极大地推动了马克思主义社会学在中国的发展。这次调查,其时间之长、人数之多、范围之广是空前的,可以说是马克思主义社会学在中国的一次大规模实验。这次调查的成功,使中国社会学研究面貌为之一新,并为我国社会学研究树立了一个良好榜样。正是在这次调查的影响下,新中国成立以后,即1958年春,在薛暮桥、孙冶方主持下,成立无锡、保定经济调查小组,由国家统计局负责在两地区30年代调查过的村庄调查30年代以后这些地区的经济变化。1997年中国社会科学院与荷兰合作,又踏着30年代调查的足迹到无锡、保定进行调查。

通过中国农村经济调查和"中国农村经济研究会"的建立及其活动,培养了一大批像王寅生、钱俊瑞、张锡昌、张稼夫、孙冶方、姜君辰、薛暮桥、孙晓村、冯和法、秦柳方、吴大琨等经济学家和社会学家。他们无论在30年代后或是在新中国时期,在经济学和社会学研究领域都占有重要的学术地位,作出了重要的学术贡献。

陈翰笙在研究中国经济的同时,对世界经济特别是印度经济也进行了研究。

从1944年抵达印度后,陈翰笙就开始关注和研究印度经济,先后发表的较重要的专著和论文有:《印度和巴基斯坦经济区域》(1950)、《印度国大党的土地政策》(1959)、《印度农村阶级》(1961)、《印度土地改革》(1962)和《印度粮荒为什么如此严重》(1966)等等。而《印度和巴基斯坦经济区域》(以下简称《区域》)则为其代表作。全书共30万字。成书于1950年,原著为英文,1959年由商务印书馆翻译出版,1983年由商务印书馆再版。此书1980年以《南亚农业区域》书名在印度出英文版,1982年由印度德里联合出版社再版。本书先后共印4版,足见其社会之重视程度。

---

① 张椿年、陆国俊主编:《陈翰笙百岁华诞集》,中国社会科学出版社1998年版,第11页。

经济不平衡发展，是世界上每个国家经济发展中带有规律性的问题，处于殖民地统治下的印度和巴基斯坦更是如此。印度地理学家丹普、辛姆金斯和斯佩特在研究印、巴地区经济时曾进行区域划分，但因划分的标准偏重于"地理而忽视了社会经济方面"，并没有揭示出印巴各区域的基本特征。

陈翰笙在印度期间，十分注意印巴经济区域划分问题。他认为，只有正确进行印巴经济区域划分，才能具体说明帝国主义者在印巴两国遗留下来些什么祸害，说明两国在争取经济独立、建设一个完整的经济体系方面所面临的现实情况。不仅如此，因为印巴两国与中国亦有类似的历史命运和社会情况，弄清印巴两国各区域经济发展不平衡问题，对中国也有借鉴意义。

陈翰笙确定以地形、农田水利、耕作方法、土地制度、当地一般经济发展等5项标准进行分类、考察和研究。而在这5项标准中，陈翰笙认为土地制度这一项，"是区划化的一个关键"①。这正是陈翰笙与印度学者在划分区域中的根本区别。

为了取得划分经济区域的第一手资料，陈翰笙根据5项标准进行逐个考察，他北至阿富汗附近的信德，南至印度洋海岸，东到加尔各答，西至孟买，收集了许多具体资料。在印度期间，他住在很矮的棚子里，冒着印度炎热的天气，汗流浃背地认真查阅1927—1928年英国出版的14巨册的"皇家印度农业调查团证词"，从中摘录大量资料。到美国撰写《区域》一书时，陈翰笙从费城、波士顿、纽约和华盛顿图书馆借阅有关资料。

《区域》首先按5项标准将印度和巴基斯坦分为21个经济区，其中印度16个，巴基斯坦5个，然后，进行逐个考察，以阐明各个经济区的特征：在地形方面，平原地区、高山地区、丘陵地起伏地区和沙漠地区在生产和生产关系上的不同区别；在水利方面，半沙漠地区与河流纵横的三角洲地区的差别；在耕作方面，种植经济作物区和产粮区的差别；在土地制度方面，有田赋制度、租佃制度和雇农制度的差别；而在当地一般经济发展的情况方面，有的地区近代

---

① 陈翰笙：《印度和巴基斯坦经济区域》序言，商务印书馆1959年版，第6页。

工业相当发达，有的地区几乎没有厂矿企业。

《区域》阐明了各个经济区 5 个方面的主要特点。它既有利于印度、巴基斯坦对各个经济区的认识，又有利于对两国经济的综合研究。这对改变印度、巴基斯坦两国经济发展的不平衡性，消除殖民主义遗留下来的一切畸形发展现象，制订经济发展计划，具有参考价值。更重要的是，《区域》以大量的篇幅揭示了两国农村土地高度集中和人民悲惨生活的种种事实，它对印巴两国的土地改革起到了一定的推动作用。

二

陈翰笙不仅对我国马克思主义政治经济学研究的发展作出了巨大的贡献，而且在我国的世界史领域内也有开创性的研究。

陈翰笙在这方面的较为重要的著作和文章有：《人类的历史》（1921）、《中国和巴基斯坦的友好关系》（1956）、《1857 年印度大起义时期英国人的态度》（1957）、《法国 1789 年革命前夕各阶级》（1961）、《古代中国与尼泊尔文化交流》（1961）等等。

陈翰笙的最早的史学代表作是《1912—1913 年的伦敦大使会议，暨阿尔巴尼亚的独立：外交研究》，这是他在芝加哥大学的硕士论文，写于 1921 年，9 万余字。论文研究的是第一次世界大战前夕一段重要的欧洲国际关系史。1912 年 10 月，保加利亚、塞尔维亚、希腊和门的内哥罗等巴尔干国家在沙俄的支持下向统治巴尔干部分地区的土耳其宣战，结果取得胜利。如何处理土耳其在欧洲的领土，如何对待土耳其统治下的阿尔巴尼亚，成了一个十分重要的问题。1912 年 12 月 17 日，英、俄、法、德、奥、意 6 国的大使在伦敦开会，并于 1913 年 5 月 30 日签署了伦敦和约，一致赞成阿尔巴尼亚独立。土耳其在欧洲的领土，除伊斯坦布尔和色雷斯的一小部分土地外，由保加利亚、塞尔维亚等战胜国瓜分。论文一针见血地指出西方大国干预巴尔干半岛事务的原因："国际竞争和国际纠纷并不限于阿尔巴尼亚周围与其直接交界的国家，所有强国对巴尔干半岛或多或少都有着经济或战略利益。"① 巴尔干半岛位于欧洲南部,是通往近东和远东的要道,阿尔巴尼亚占据着亚得利亚海的战略要地,其海港城市发罗那是亚得利亚海的直布罗陀,如果有一支强大的海军,就能控制沿岸所有的国家。因此,保加利亚、塞尔维亚、希腊等巴尔干国家都想在时机成熟时取得对阿尔巴尼亚的控制权。巴尔干地图的修改,牵动着每个西方大国的神经。论文具体分析了大国在巴尔干问题上的矛盾。19世纪末,帝国主义列强已把世界瓜分完毕,由于列强力量发展的不平衡,德国后来居上,实力逐渐赶上或超过拥有巨大殖民地的英、俄、法三国,于是重新瓜分殖民地和势力范围的斗争不可避免。20世纪初,英、俄、法结为协约国,德、奥、意形成三国同盟。每个帝国主义集团的成员都把巴尔干作为自己扩张的基地。任何一个西方强国不容巴尔干半岛和阿尔巴尼亚成为另一个敌对大国的势力范围。然而1912年的形势是,无论是协约国还是同盟国都还没做好以武力解决问题的准备,而巴尔干国家,塞尔维亚也好,保加利亚也好,或者是希腊,没有西方某个强国的支持,也很难控制阿尔巴尼亚,在这样的情况下,当时的伦敦大使会议只能同意阿尔巴尼亚民族独立。

　　伦敦大使会议的决议只是大国一时妥协的结果,他们之间的矛盾并没有解决。论文把伦敦大使会议比作江湖医生。"他随身只有膏药和碘酒,根本不能治毒疮,只能加速致命的腐烂过程"。② 论文认为"1914年至1918年的世界大战间接地起因于阿尔巴尼亚炎症的变化"。③

　　第一次世界大战以后,英、法、美、日等战胜国为拟定对德、奥等战败国的和约于1919年召开巴黎和会,论文联系这次会议时说:"庸医就是庸医,外交界的江湖医生有他们的共性。后来1919年在巴黎召开的四国会议并不比伦敦大使会议更好,两者都是遮遮掩掩的达成妥协,两者实现和平都是违背正义和

---

① 李新玉编:《陈翰笙文集1919—1949》(英文版),商务印书馆国际有限公司1996年版,第16页。

② 同上。

③ 李新玉编:《陈翰笙文集1919—1949》(英文版),第14页。

自由原则的权宜之计。"①

论文的过人之处是看到了帝国主义之间的矛盾不会因一纸和约而消失。

陈翰笙的论文是在收集大量的文献基础上写成的,分析深刻,言必有据。1921年以后巴尔干半岛的历史进程不可能以原貌出现,但是大量的矛盾引起的种种冲突的事实却证实了论文的预见。论文虽写于70余年以前,今天读来并不感到它距离我们十分遥远,因为巴尔干半岛至今仍不十分太平。它不失为我国世界史研究领域中的一篇力作。

《印度莫卧尔王朝》是陈翰笙又一部历史著作。陈翰笙认为印度是我国的近邻,两国有悠久的历史关系,它在第三世界中占有重要的地位,我们应该了解它。

莫卧尔王朝(1526—1761)建立了印度历史上最大的封建帝国。在它统治的二百多年中,波斯文化与印度原有文化逐渐融合起来,奠定了今日印度文化的基础。今日印度外交官穿的正式礼服,就是莫卧尔王朝时期的礼服。

《印度莫卧尔王朝》一书,语言生动,数万字的著作,可以一口气读完,但它的学术价值则在于力求探明印度先是一个文明古国,后来有一个时期远远落在西方国家后面的原因。

陈翰笙把16世纪前后中国、英国和印度的历史进行对比,指出这3个国家发展的不同程度:"16世纪时,我国刚有一些资本主义的萌芽,但英国早就从封建社会进入资本主义社会。印度还没有发展到封建制度的最后阶段。"② 这里所谓的封建制度的最后阶段指的是封建地主制度,直到17世纪末,印度还盛行封建领主制度。封建领主制不同于封建地主制。领主仅有征收田赋的权利;地主有买卖土地的权利,土地可以继承。因为封建领主没有财产继承权,变得异常奢侈,把大量的钱财不是用于生产,而是用于及时行乐上。领主没有土地所有权是印度经济和文化落后于西欧的重要原因。

陈翰笙引用马克思的话:种姓制度也是"印度进步和强盛道上的重要障

---

① 李新玉编:《陈翰笙文集1919—1949》(英文版),第14页。
② 《陈翰笙文集》,第356页。

碍"。种姓是一种封闭式的等级制度，人一生下来就为了某一特定的种姓服务，人们只有在同一种姓内才可以通婚，人的交往受到严格的限制。

陈翰笙的另一世界史代表作是由他主编的《华工出国史料汇编》（以下简称《汇编》，共10辑），总计350万字，1985年由中华书局出版。

从19世纪初叶起，华工就开始漂洋过海，19世纪50年代达到高潮，直到20世纪初才告结束。这期间，出国的华工已达2000万人次，分布在世界各地。勤劳智慧的华工，在异国他乡，作出了不可磨灭的贡献。可是直到20世纪80年代初，我国对华工史还很少研究，远远赶不上时代的要求。原因之一就是缺乏有关华工问题的系统的第一手资料。

陈翰笙30年代初在侨乡广东进行过农村经济调查，开始注意华工、华侨问题。1936—1939年他在美国纽约曾担任《华侨日报》编辑，新中国成立后仍然很关心有关华工、华侨史研究工作。80年代初，陈翰笙目睹我国对华工史研究举步维艰的境况，便承担并完成了主编《汇编》的这项工作。

《汇编》总目分序言、编例和10辑的目录。

《汇编》序言《猪仔出洋——700万华工是怎样被拐骗出国的》，是由陈翰笙亲手所写，是其50年来有关华工出国史的研究成果。它既集中反映了陈翰笙有关华工出国史的史学思想，又对编辑《汇编》具有实际指导意义。

"序言"反映陈翰笙对研究华工史有着宽广的视野。它把研究华工问题放到当时历史时代中去进行考察。它指出，华工的兴起表示了西方国家为追求利润而野蛮掠夺和残酷剥削华工的"血腥罪行"，同时也反映了中国封建官僚体制和卖国主义的官僚买办政权与侵略者狼狈为奸，出卖中国人民的"可耻行径"。华工出国是中外反动派相互勾结、共同剥削中国人民的这一历史时代的产物。

"序言"对华工出国的遭遇，寄予深切的同情；对他们所创造的业绩，大力歌颂。

《汇编》在编辑过程中，在取材、编排和撰写"出版说明"等等方面，都充分吸收和贯彻陈翰笙的这些指导性意见。如在取材上，一方面不是按某一种观点对史料进行取舍割裂和排比；另一方面，对恶毒歪曲事实，攻击华工的史料，则"概不收录"。

《汇编》在编排方面具有严肃的科学性和严密的逻辑性。就以10辑的具体安排来说：

《汇编》第1辑《中国官方文书选辑》，第2辑《英国议会文件选辑》，第3辑《美国官方文件选辑》，构成第1个单元。它属于中国和外国的官方文书，是一种可信的、珍贵的文献。其中第1辑最为重要，它包括中国外务部档、电报档、上谕档、总理各国事务衙门档、朱批档等等重要的清代档案。

第4辑《关于华工出国的中外综合性著作》，单独构成一个单元。属于根据调查所得而撰写的报告和资料，内容包括两个部分：一部分为张荫桓、崔国因等清代出使西方的使节的有关华工问题的日记，记载内容均为亲眼所见，是很可信的资料。它是华工痛苦遭遇和种植园主暴行的见证。另一部分是中外专著、期刊论文和报章评论中涉及华工的具有参考价值的史料。

第9和第10辑构成最后一个单元，按地区分类、编排。分别为《东南亚华工的中外私人著作》、《拉丁美洲的华工》、《美国和加拿大的华工》、《大洋洲的华工》、《非洲的华工》和《第一次世界大战时期出国的华工》（实际是欧洲的华工）。这单元内容较为复杂，但其中亦有大量的第一手资料。

《汇编》既有正确的思想指导，又有严密的编排方法，内容极其丰富，是一部具有较高学术价值的文献资料集。它的出版为研究华工出国史创造了极为有利的条件，标志着我国华工出国史研究进入了一个繁荣的新阶段。

此外，陈翰笙还一贯重视世界历史知识的普及工作。

陈翰笙认为，通过学习外国史，可以使广大青少年了解世界各民族的兴衰荣辱和历史的发展过程，用以认识社会发展的普遍规律，从而确定马克思主义的唯物史观和正确的人生观。1979年，陈翰笙已是八十又二的高龄，还接受商务印书馆的聘请，担任《外国历史丛书》编委会主编。在他人的口读下，从1979年12月至1990年10月审改296部丛书书稿。

三

陈翰笙运用其熟练掌握中、英、德、俄4种语言和经常出入国门内外的特殊条件，撰写了大量有关中国政治和国际社会的政论文章，总计不下二百余篇，约数十万字。就其内容来看，这些文章大都紧密地围绕着我国各个历史时期的革命中心，评析国内外大事，有的是以时论方式直接加以发表，有的则以书信形式，间接公布于世。

早在1919年，陈翰笙在美国波莫纳大学读书期间，就撰写《好心的外交》一文，历数美国对华的不友好政策，又严厉痛斥了美、日两国以"牺牲中国利益为代价"在华盛顿签订的《蓝辛—石井协定》，向美、日相勾结的政治交易打了第一枪。

在北京大学任教时期，陈翰笙根据革命形势的发展，围绕"五卅运动"、"三·一八惨案"、"北伐战争"等国内大事，撰写了《不许干涉中国》（1925）、《三·一八惨案目击记》等几十篇文章，这些文章揭露了国内外反动派的丑恶面目，同时又为共产国际的机关刊物《国际通讯》撰稿，使共产国际及时了解中国情况。

在中华民族生死存亡的抗日战争期间，陈翰笙更是满腔热血，撰写政论文章百余篇。在1937年4月，他就写出《日本工业界纠纷日多》一文，指出了日本的种种内部危机和扩大侵略中国的可能性。1937年10月15日，他在致弗雷德里克·V.菲尔德的书信中通过对日本10位参议员个人历史的分析，考察日本新设立的"内阁参议"的性质，指出了日本进一步法西斯化。其后不久，陈翰笙又撰写《中日战争的经济背景》（1938）、《中日持续战争的前景》（1938）等政论文章。在这篇《前景》的文章中，陈翰笙对中国的政治、军事、财政和行政作了剖析，最后得出了"中国继续存在的前景极为良好"[1]的科学结论，

---

[1] 《陈翰笙文集1919—1949》（英文版），第301—302页。

并满怀信心地指出：中国人民"必将胜利，因为在历史上进步的因素总会赢得胜利的"。① 这篇文章的发表是对日本帝国主义散布"速胜论"、国民党宣传"亡国论"的有力批判。1941年1月6日，我国发生国民党残害北上抗日的新四军的"皖南事变"，陈翰笙获悉后义愤填膺，于1月21日致函太平洋学会秘书长埃德华·卡特，第一个在国际上揭露国民党袭击新四军的罪行。2月14日，他又在自己创办的《远东通讯》上全面公开地予以报导，在国际上引起了强烈反响。1946年叶挺同志出狱后，特地登门拜访，向陈翰笙致谢。

抗日战争胜利后，陈翰笙虽然身居异国，但仍然撰写《中国的土地改革》（1948）一文，以满腔的热情，歌颂中国共产党领导的"种地的人必须有地，有地的人必须种地"的土改政策，高度赞扬我国的土地改革运动。

四

陈翰笙的学术生涯是丰富多彩的，许多治学经验值得总结。

陈翰笙经常对我们说：学术研究是一种创造性劳动，就是要解决问题，尤其是要解决现实中存在的问题。陈翰笙正是遵循这一原则，始终将学术探讨同我国和世界现实相结合，从而取得了卓越的学术成就。

为正确地解决实际问题，陈翰笙认为必须努力学习马克思主义。1924年，他就与一位苏联朋友开始共同研讨《资本论》。从此以后，他一直以马克思主义作为自己的行动指南。他注重学习马克思主义的立场、观点、方法，反对教条主义和学院式的研究。他回忆1927年在第三国际农民运动研究所工作的情况时说："我觉得当时莫斯科盛行一种学风，谁能背诵经典著作，辩论起来就占上风，不习惯实事求是……我对那种教条主义学风深为反感。"② 陈翰笙不空谈马克思主义，也不以"左"的面目去吓唬人，注意团结朋友，扎扎实实地作马克

---

① 《陈翰笙文集1919—1949》（英文版），第301—302页。
② 《陈翰笙百岁华诞集》，第283页。

思主义宣传工作。

　　陈翰笙尊重实据，注重资料，重视调查研究。陈翰笙对我们说：搞研究工作，一定要亲自收集资料，丰富的资料是研究工作的基础。他为了解决当时中国社会性质问题，跑遍大江南北，调查取证；他为了划分印度巴基斯坦经济区域，又跑遍了印度的山山水水。正是他实地调查，解决了一个又一个大大小小的难题。

　　陈翰笙主张文章要有感而发，言之有物。他反对空话连篇，装腔作势。为使读者能很好接受，他主张长话短说，文字明快，通俗易懂，生动活泼。他尽管被人称之为"一代学者宗师"，但大量文章有的每篇仅几千字。在教条主义学风盛行的时代，他的文章却给人们一种清新的感受。

　　陈翰笙一生勤奋，真正做到了活到老、学习到老、工作到老。尽管他眼睛几近失明，90高龄时仍继续设帐收徒、教授外语。在他百岁华诞时，还向前来祝贺的同志们提出请求："让我干点事体，因为不干点事体，我觉得不好。"

　　为人民工作，为人民著述，这是陈翰笙的本色。

　　陈翰笙是中国社会科学工作者的楷模！是学术界的宗师！

（张椿年、陆国俊　撰稿）

陈翰笙

作者简介

张椿年，1931年生，江苏溧阳人。原苏联列宁格勒大学历史系毕业，后一直在中国社会科学院世界历史研究所工作，曾任所长。现为研究员，中国史学会副会长，全国政协委员。

陆国俊，1939年生，江苏武进人。1960年北京大学历史系毕业，后一直在中国社会科学院世界历史研究所工作。现任研究员，中国拉丁美洲史研究会副理事长等。

陈翰笙主要著作目录

著　作

《中国农村经济研究之发轫》　中央研究院1930年出版。

《封建社会的农村生产关系》　中央研究院社会研究所1930年出版。

《广东的农村生产关系和生产力》　中山文化教育馆1934年出版。

《工业资本和中国农民》（英文版）　上海别发洋行1939年出版。

《美国垄断资本》　世界知识出版社1955年出版。

《印度和巴基斯坦经济区域》　商务印书馆1959年出版。

《印度莫卧尔王朝》　商务印书馆1979年出版。

论　文

《1912—1913年的伦敦大使会议，暨阿尔巴尼亚的独立：外交研究》
　　（1921）　商务印书馆1999年出版。

《中国田地问题》　《农业周报》1930年第53—55号。

《中国的农村研究》　《劳动季刊》1931年第1卷第1号。

《三十年来的中国农村》　《中国农村》1941年第7卷第3期。

《独占集团与中国内战》　《经济周报》1947年第4卷第1期。

《美国农业及其危害》　《经济研究》1958年第8期。

《印度国大党的土地政策》　《国际问题研究》1959年第2期。

《印度农村阶级》　《经济研究》1961年第11期。

郑振铎

(1898—1958)

著名的文学史家，文物考古学家、作家。曾任中国科学院（现中国社会科学院）考古研究所及文学研究所所长，哲学社会科学部委员。

郑振铎，原名木官，字警民，笔名有西谛、CT、文基、郭源新等。原籍福建长乐。生于浙江永嘉（今温州市）。少年时代在永嘉求学，于1917年考入北京铁路管理学校。通过广泛阅读西方哲学社会科学论著和以俄国文学为主的西方文学作品，接受了"五四"新文化运动的洗礼。1919年11月，他与瞿秋白、耿济之等人创办了综合性刊物《新社会》，宣传"五四"新思潮。1920年11月，他带头发起组织了我国现代第一个新文学团体——文学研究会。1921年，他到上海工作，先后主编《时事新报》的《学灯》和《文学旬刊》，1923年起又主编《小说月报》。1925年"五卅"运动初期，与叶圣陶、胡愈之等人合编《公理日报》，揭露和抨击帝国主义暴行。1927年"四一二"反革命政变后，他又领衔签署致国民党当局的抗议信。随即为避难远走英、法等国。1928年回国，仍到商务印书馆工作。1931年9月后，到北平燕京大学中文系任教，并主编《文学》月刊和《文学季刊》。1934年到上海，任暨南大学文学院院长，创办了大型文学丛刊《世界文库》。抗日战争爆发后，在危险艰难的条件下，与许广平等人组织复社，出版《鲁迅全集》、《列宁文选》，为抢救和保护祖国的珍贵图书文献不致被炮火毁灭和被敌伪掠夺，组织了文献保存同志会，奋不顾身地进行战斗。抗战胜利后，他立即全力投入民主运动，主编《民主》周刊和大型文艺杂志《文艺复兴》。新中国成立后，先后当选为全国政协委员、全国人大代表，担任国家文物局局长、文化部副部长，并兼中国科学院哲学社会科学部委员，中国科学院考古研究所、文学研究所所长。1958年10月17日率领中国文化代表团前往阿富汗王国和阿拉伯联合王国友好访问时，因飞机失事而牺牲。

郑振铎

五四时期是一个风云激荡的时期,是一个需要巨人,并且产生了巨人的时期,在反对封建旧文化、建设新文化的过程中,很难用一个领域、一种学问来范围他们,他们是一种在知识领域中全面发展的人,他们就像长江大河,汪洋浩瀚。郑振铎正是在这一难得的历史机遇中,经过自己长期的百折不回的艰苦探索,在新文学创作,在文献学、文学史学、历史学、考古学、编辑学、民俗学等新文化的许多方面取得了令人惊讶的成绩,成就了一个新文化运动的坚强战士,一代杰出的学者。

郑振铎从20年代末开始,在京沪两地多所高等学校中文系任教,讲授中国文学史、中国戏曲等课程,又先后主编或参与编辑出版报纸、杂志37种,图籍14种,丛书22套,选编、校点、影印的中外著作40余种。撰写的主要专著有《文学大纲》、《插图本中国文学史》、《中国俗文学史》、《近百年古城古墓发掘史》等。他还写了许多诗歌、散文、小说,出版有短篇小说集《家庭的故事》、《取火者的逮捕》、《桂公塘》,散文集《山中杂记》、《海燕》、《欧行日记》、《西行书简》、《民族文话》、《蛰居散记》,翻译了俄、苏、印度的作品十多种。

郑振铎的学术活动贯穿于他一生的工作中,涉及到社会科学的许多方面,但择其要者,主要是在新文学现实主义文艺理论的探讨、中国文学史学的建树、中国文物考古学术的开拓三个方面。

一

"五四"新文化运动初期,文化革命的先驱们主要从事政治文化运动,高举民主和科学的大旗,向封建伦理道德为核心的整个封建文化展开斗争，一些新文化团体和文化刊物，还不可能一开始就把注意力集中在文学方面。直到1921年"文学研究会"、"创造社"等文学社团陆续成立以后，新文学运动才从一般的革命运动中分离出来，形成独立的队伍，有了自己的刊物，这才"成为纯粹的新文学运动"，并从而使其有"更精深的进展与活跃"。① 郑振铎是文学研究会的主要发起人和具体组织者。叶圣陶说："文学研究会的成立，可以说主要是振铎兄的功绩。我参加文学研究会，为发起人之一，完全是受他的鼓动；好几位其他成员也跟我相同。"② 是郑振铎推荐沈雁冰（茅盾）担任《小说月刊》主编，对这个刊物进行革新，与他自己主编的《文学旬刊》相呼应，积极鼓吹为人生的艺术。他与茅盾成了文学研究会最主要的理论阐释者，因此他对"五四"新文学运动的发展，除了组织上的劳绩外，文学批评和文艺理论的建树，是应该充分认识的。

在当时文学界新旧思想的尖锐斗争中，郑振铎发表了许多文艺论文，坚持新文学的使命和现实主义的方向。他在《文学研究会丛书缘起》、《〈俄罗斯名家短篇小说集〉序》、《文学的定义》、《文学与革命》等文中，把文学比作"人生的镜子"，要求文学真实地反映社会生活，要"和时代的呼号相应答，敏感着苦痛的社会"，"极深刻真切"地"叙述旧的黑暗"。为此，他十分强调生活对于创作的重要作用，认为"凡是一种痛苦的情形，非深入其中的人决不能极真切极感动的把它写出"，③ 写作者不仅要敏锐深刻地观察生活，还要研究生活、"体味"生活。他认为能够体味生活，也是成为一个作家的条件，因为只有"能体味"，才会从事实里见到意义，从平凡里见到精深，从琐碎里见到完整；能体味，才会丰富的优美的想象开来，在心头织成种种超自然的文采。生活中平凡、琐碎的事实，"经作家深入体味，又给他用了精妙的技术，处处适宜的组织起来，就教读者不只看见了这些，还在这些以外接触了作家的体味的。于是，因

---

① 郑振铎：《〈中国新文学大系·文学论争集〉导言》，上海良友图书印刷公司1935年10月初版。
② 《〈郑振铎选集〉序》，福建人民出版社1984年1月版。
③ 《文学与革命》，载《文学旬刊》1921年7月30日第9期。

了同意而发生鉴赏的喜悦。"① 在这里，"体味"不但有体验的含义，还包含了感受、思考、开掘、发现等意思，郑振铎用极鲜明的语言，阐明了体验生活与艺术构思之间的联系。

新文学运动的勃起，遭到了封建复古派以及鸳鸯蝴蝶派等旧文人的反对，郑振铎主编的《文学旬刊》，曾全力以赴，发表了《新旧文学的调和》、《消闲》、《论武侠小说》、《谴责小说》等文章，对他们的恶劣影响与腐蚀作用，进行了深刻的揭露与批判。新文学运动的战士的斗志，诚如郑振铎后来所总结的那样："是一步步的随了反对者们突起而更为进步，更为坚定；他们扎硬寨，打死战，一点也不肯表示退让。他们是不妥协的！"② 正是在与"文以载道"的封建复古派以及形形色色的消闲文艺的斗争中，郑振铎进一步提出了"血与泪的文学"的命题，他指出："在此到处是榛棘，是悲惨，是枪声炮影的世界上，我们的被扰乱的灵魂与苦闷的心神，恐总非它们所能安慰得了的吧。而且我们又何忍受安慰？……我们所需要的是血的文学，泪的文学，不是'雍容尔雅'、'吟风啸月'的冷血的产品。"③ 在这里他想强调的是，文学不是反映一般的"时代"、"社会生活"、"人生"，而是要求反映工农群众遭受的压迫剥削之苦，揭露帝国主义侵略和军阀的黑暗统治，把眼光从比较抽象的人生转向了社会底层的被压迫被剥削者，因此"血与泪的文学"这一命题的提出，不仅使比较空泛的"为人生"、"改造人生"的口号更具体化了，而且使之发生了具有革命意义的深化和变革。

尤其值得注意的是，郑振铎在强调新文学的伟大历史使命时，一开始就提醒作家们要顾到"文学"两字，他说："血与泪的文学不仅是单纯的'血'与'泪'，而且是必要顾到'文学'两字。尤其必要的是要有真切而深挚的'血'与'泪'的经验与感觉。虚幻的浮浅的哀怜的作品，不作可以。"④ 同时他还指

---

① 《小说月报》第17卷第9号。
② 《〈中国新文学大系·文学论争集〉导言》。
③ 郑振铎：《血与泪的文学》，载《文学旬刊》1921年第6期。
④ 郑振铎：《无题》，载《文学旬刊》第44期。

出："写实主义的文学，虽然是忠实的写社会或人生的断片的，而其裁取此断片时，至少必融化有作者的最高理想在中间。"① 从这段话里可以看出郑振铎虽则强调了对底层民众生活的关注，但是他并没有走向"题材决定论"，"必要顾到'文学'两字"，把题材与作家的审美活动紧密地联系起来，求得坚实的内容与完美艺术的结合，而要做到这一步，作家首先是要有"真切而深挚的'血'与'泪'的经验与感觉"。现实主义作家应当把"最高理想"融化在作品中。

我们把这些论述联系起来，就可以窥见郑振铎比较完整的现实主义文学观。他认为，第一，文学应当"为人生"；第二，我们需要的是血的文学，泪的文学，血与泪的文学，将成为中国文坛的趋向；第三，作品中不仅单纯需要"血"与"泪"，而是必须顾到"文学"两字，作品中必须有审美指向；第四，作者真切而深挚的"血"与"泪"的经验与感觉，是审美指向成功的关键；第五，作品中要融化有作者的最高理想，用作者的最高理想来指导如何裁取社会生活断片，用作者的最高理想来照亮这些事实，使作品显示它的意义，而这种最高理想，又不是硬嵌进去的，而是"融化"进去的，使之成为作品的有机部分，成为作品的灵魂。这就避免了标语口号式的文学。这些观点，层层递进，相互补充，因此尽管郑振铎没有一本专门的文艺理论的专著，但是他的散见在各篇文章中的精彩观点，组成一个关于为人生的现实主义文学的比较完整的理论，在捍卫文学研究会的为人生的宗旨和创作原则方面，他和茅盾是两尊护法尊神，既为同仁们的创作提供了现实主义理论上的支持，又对复古派和游戏消闲派的攻击予以坚决回击。

二

郑振铎的学术活动中，对古典文学研究占有重要地位，其中特别是对中国文学史的研究关注的时间最长，成果也最为丰饶。与其他许多新文学运动战士

---

① 郑振铎：《文艺丛谈》，载《小说月报》1921年第12卷第3号。

稍稍不同的是，郑振铎在"五四"新文学发轫之初，就对整理古代文学遗产，发掘其中民主性精华有较清醒的认识，没有绝对化地一味要打倒、要抛弃。他在接手主编《小说月报》伊始，就在该刊组织了"整理国故与新文学运动"的讨论，并且自己撰文明确表示："我主张在新文学运动的热潮里，应有整理国故的一种举动"，指出新文学运动的真意义。"一方面在建设我们的新文学观，创作新的作品，一方面却要重新估定或发现中国文学的价值，把金石从瓦砾堆中搜找出来，把传统的灰尘，从光润的镜子上拂拭下去。"① 他把整理国故看成是新文化运动的题中应有之义，所以在实际上纠正了"五四"时期某些新文化运动代表人物对待中国传统文化的偏激言论主张，真正地坚持了"五四"文化方向。他反复倡导要以"近代的文学研究的精神"，来整理中国的传统文学。具体到中国古典文学和中国文学史的研究整理领域，他指出："一方面以现代的文学批评的眼光，来重新估定中国文学的价值，一方面以致密谨慎的态度去系统地研究中国自商周以迄现代的文艺的思想与艺术。"②

这种"近代的文学研究的精神"，包含着从世界文学的角度来看中国文学的宏阔气度，包含着对一切重新估量的批判眼光，同时也包含着对任何事物不作绝对肯定或绝对否定的比较辩证的思想方法。1927年他撰写的《文学大纲》，是他以世界文学眼光来打量中国悠久文学的一次重要的尝试。1923年，他看到英国作家约翰·特林瓦特撰写的《文学大纲》，发现这部号称世界文学史的著作，完全是以英美两国为中心的，根本称不上真正的世界文学史，因此决定参考原书，脱胎换骨，重新编撰真正意义上的世界文学史。从1923年下半年开始，历时4年，他写成了4册80余万字的这部大书，对荷马史诗、希腊神话、印度史诗和中世纪欧洲、波斯、阿拉伯、日本的文学和欧洲的文艺复兴，18、19世纪的欧洲文学，以至英美的小说、戏剧和戏曲都作了叙述。《诗经》、楚辞、汉赋、《史记》以后中国几千年间在文学上的辉煌成就，也都贯通融会其间，一直写到新世纪的文学，完全突破了西方学者的"欧洲中心论"，全书记述

---

① 郑振铎：《新文学之建设与国故之新研究》，载《小说月报》1923年第14卷第1号。
② 郑振铎：《小说月报第十五卷号外中国文学研究号征文启事》，载《文学》1923年第94期。

东西方文学的发展历程，各占一半篇幅，使得百年前德国文豪歌德提出的"世界文学"的伟大构想，第一次以完整的史的形态呈现出来。它内容丰富，气魄宏伟，在当时极大地开阔了国内文学工作者的眼界，在加强中外文学交流和比较研究等方面有很大影响。

《文学大纲》的出版，显示了郑振铎探求文学历史的强烈兴趣，也显示了他结构鸿篇巨制的学术功力和魄力，这些为他撰写一部前无古人的中国文学史作了充分的准备，打下坚实的基础。1932年出版的《插图本中国文学史》，是郑振铎一生中最重要的代表著作，他自己也说："十余年来，所耗的时力，直接间接，殆皆在本书。"郑振铎认为中国文学自来无史，这二三十年所刊布的不下数十部中国文学史，几乎没有几部不是肢体残废、或患着贫血症的，有的连文学史是什么体裁，也不曾懂得，更多的是没有什么自己的主张与发见。至于英国人翟理斯的《中国文学史》，"有地方未免太误会了，有许多地方并且疏漏得利害。"[①] 郑振铎认为，文学史当然不能求全责备，但是不能遗落各个时代富有特色的作品，比如唐、五代的许多"变文"，金、元的几部"诸宫调"，宋、明的无数的短篇平话，明、清的许多重要的宝卷、弹词，迄今任何一部文学史都不曾提及。即如作为元、明文学最有成就的戏曲与小说，以及散曲，文学史家也往往是漠然置之。为此郑振铎不无激愤地说："难道中国文学史的园地，便永远被一般喊着'主上圣明、臣罪当诛'的奴性的士大夫所占领着了么？难道几篇无灵魂的随意写作的诗与散文，不妨涂抹了文学史上的好几十页的白纸，而那许多曾经打动了无数平民的内心，使之歌，使之泣，使之称心的笑乐的真实的名著，反不得与之争数十百行的篇页么？"为此郑振铎发愿"要写一部比较的足以再现出中国文学整个真实的面目与进展的历史。"[②]

《插图本中国文学史》1932年12月由北平朴社出版部初版，共4册。1957年12月北京作家出版社再版，共64章，收插图174幅，从文字的起源，一直叙述到晚明的文人创作。我们之所以感到这是一部全新文学史，不仅是因为它的

---

① 郑振铎：《译Giles的〈中国文学史〉》，收入《中国文学论集》，上海开明书店1934年3月初版。
② 《插图本中国文学史·自序》，北平朴社出版部1932年12月初版。

郑振铎

插图丰富、名贵，以及作为考古的古代文物珍品保存的价值，都极为珍贵，而首先在于作者秉持着一种全新的文学史观，以此为指导，他才能写出一部比较完备的文学史，揭示中国文学整个发展的过程。郑振铎认为，文学史著作不仅仅是作家传记的集合体，文学史的主要目的是记述在一定环境、时代、人种之下文学的变异和发展过程。根据郑振铎的理解，文学史著作在揭示文学历史的真实面貌和发展线索时，其最终应该着眼于"人类的最崇高的精神与情绪的表现"，两者的结合就构成了文学史著作的基本线索。

在传统的文体观念中，小说、戏曲被视为是"名不列于四部，言不齿于缙绅"的卑下艺术，它们没有资格进入史的殿堂。郑振铎的这部史书，长篇小说、元杂剧、明传奇以及一些剧作名家，都已入史，并且列为专章；小说、戏曲恢复了它们科学的尊严，得到了它们应该取得的历史地位。这部文学史另一个开天辟地的举动是把过去不登大雅之堂的民间文学、通俗文学列入史，如"变文的出现"、"鼓子词与诸宫调"、"话本的产生"、"戏文的进展"、"讲史与英雄传奇"，以及"散曲的作家们"，也都是专章叙述。因为在郑振铎看来，这些民间文学、通俗文学与人民群众的日常生活息息相关，它们反映了普通百姓的喜怒哀乐，离开这些生动的带着泥土气味的文学样式，文学史如何能反映人类崇高的精神和情绪呢？因此郑振铎的这一尝试，不仅仅是极大地丰富了中国文学史的内容，而且是文学史编写方面一种带有革命性的变革。

此书的重要特色与学术价值，除以上两点外，还应该提到，它在论到各种文体产生和发展时，注意从社会经济基础着眼，因而具有初步的唯物史观；此书脉络清晰，根据中国文学本身发展的特点来进行分期分段，把漫长的中国古代文学分为上中下三卷，分别为古代文学、中世文学、近代文学，每卷又分若干章，这些章节安排，构成一部文学史的基本骨架，都带有郑振铎的个人特色。每一卷或第一章，都自成体系，从横的方面反映了各时期文学的总貌与成就，从纵的方面又体现了文学史发展的线索与规律。此书还开创了在中国文学史著作中进行广博的中西文学比较的先河。作者自己说，全书大约有三分之一以上的内容，是以前和当时其他人写的文学史著作中所未讲到的，这种创造精神，是值得我们学习的。

新的文学史眼光,大胆的革新创造,丰富的史料,以及大量精美插图,使得这本专著一问世,就得到学术界广泛的好评,认为此书是对中国文化界和史学界的很大的贡献。赵景深在《我与文学》一书写的文章中,称赞此书材料新颖广博,叙述优美流畅,尤其在小说、戏曲等方面,论述了别人从未曾见过的许多作品。1935年《人间世》杂志在学术界与读书界发起推荐"五十年来百部佳作"评选活动,叶圣陶、夏丏尊、赵景深、陆侃如、冯沅君、章锡琛、王伯祥、徐调孚等著名作家、学者,都热情地推荐了此书。日本著名学者长泽规矩也,则在1933年3月日本的《杂志学》杂志上介绍了此书,赞扬郑振铎对中国戏曲、小说特别有研究,并认为他所取得的成就已超过著名学者王国维。

这一时期,郑振铎在赶写专著之余,还撰写了几篇很有影响的长篇论文,如《元代"公案"剧发生的原因及其特质》、《元明之际的文坛的概观》、《论元人所写商人士子妓女间的三角恋爱剧》,都是在唯物史观的指导下,注意从经济和政治方面来探讨元代各种文学现象的扎实之作。他寓政论于文学史研究中,文章内容充实,显得大气磅礴,富有锋芒,在当时就受到鲁迅的高度赞赏,称之为"洞察隐密",多次向外国友人推荐。

1938年由商务印书馆于长沙出版的《中国俗文学史》,这是郑振铎学术研究方面又一部代表作,它的出版,标志着中国"俗文学"学科的正式建立。专著第一章"何谓俗文学",首先对俗文学的界定、俗文学的特征进行论证。作者通过对中国文学发展史全面系统的考察,认为作家文学在艺术形式上无一例外都来源于民间文学,许多正统文学的文体原都是由"俗文学"升格而来的。他把"大众的"视为俗文学的第一大特征,认为"俗文学是发生于民间,为民众所写作,且为民众而生存的"。同时,郑振铎还对俗文学本体进行研究,阐明俗文学是无名的集体创作,有着创作方式上的集体性及匿名性的特征,指出俗文学由集体创作,在民间流传,广大民众既是俗文学的作者,又是它的传播者和享受者。郑振铎又指出俗文学依靠口传,是流动的,不曾被文字固定下来,因而它又有口头性和变异性这两个基本特征。这些认识,在当时是难能可贵的,就它的系统性和深刻性来说,当时还没有哪一位作家和学者能够企及。

《中国俗文学史》全书共14章,按时代分别叙述了古代歌谣,汉代的俗文学，六朝民歌，唐代的民间歌赋，唐代的变文，宋金的杂剧词、鼓子词与诸宫调，元代的散曲，明代的民歌、宝卷、弹词与子弟书，清代的民歌等的兴起、流传与演变情况。过去被封建士大夫阶级所鄙夷、所排斥的通俗文艺作品，如今登堂入室，争得了与"正统文学"平起平坐的地位。郑振铎为俗文学撰写一部专史，更是学术史上的创举，这不能不说是文学观念的一个革命，一个突破。《中国俗文学史》的出版，表明了中国"俗文学"学科的正式建立，郑振铎为这门学科的建立奠定了坚实的基础。

三

郑振铎不幸遇难的时候，郭沫若写过这样的悼念诗句："同行英杰成雄鬼，一代才华化电花。"郑振铎的确是学富五车的一代才华，令人敬佩的民族英杰。新中国成立前，他对中国美术史，特别是美术考古和古代社会生活方面的文物资料，进行了广泛的收集和开拓性的研究；新中国成立后，郑振铎主持全国的文物管理和图书馆、博物馆工作，兼管考古研究所工作，是新中国文物考古事业的主要奠基人。

20年代郑振铎避难欧洲期间，于1928年初编写了《近百年古城古墓发掘史》，第一次向国内学术界介绍埃及、巴比伦、亚述和特洛伊、迈锡尼、克里特等地的重要考古发掘。当时，作为我国近代考古学诞生的重要标志的殷墟发掘尚未着手进行，郑振铎鉴于当时中国还没有像样的考古发掘，在这部书中大声疾呼："为了我们的学问界计，我们应该赶快联合起来，做有系统的、有意的、有方法的发掘工作"；并且表示："谁要是有意于这种工作，我愿执锹铲以从之！"[①] 郑振铎的这部流传较广的《发掘史》，筚路褴褛，具有开创意义，对于在我国普及考古知识，提倡科学发掘，起了积极作用。

郑振铎对中国古代版画资料的收集与研究，更是花费了许多精力，他率先

---

① 《古迹的发现与其影响》，《近百年古城古墓发掘史》序，原载《民铎》1929年第6卷第5号。

垦殖了中国美术史上这片被人忽视的处女地。正如他重视文学作品中的那些鼓子词、变文等等俗文学一样，他对美术作品中被称为"小人书"的版画情有独钟。他从开始收集古代版画之日，便充分认识版画的学术价值，将版画看作研究古代"生活实相"和"社会变迁"的生动史料，所谓"凡民间之起居衣食，上自屋宇之演变，衣冠之更易，下至饮馔娱乐好尚之不同，皆皎然有可征者。"[①] 郑振铎还从艺术史的角度指出这些版画，"它不是一种'附庸'的艺术，它不单单作为书籍的插图，或名画的复制品而存在，它有独立性，它是中国造型艺术的一个重要部门。"[②] 郑振铎从20年代开始，就着手收集古代版画，三十多年中，据自述："所得、所见、所知自唐宋以来之图籍，凡三千余种，一万余册，而于晚明之作，庋藏独多；所见民间流行之风俗画、吉祥画（以年画为主），作为饰壁与供奉之资者，亦在千篇以上。"（《中国版画史图录·自序》）正是由于郑振铎掌握的版画资料格外丰富，取得的成果也就最大。30年代，他和鲁迅合作，编印《北平笺谱》，重刊《十竹斋笺谱》。1940年到1947年，他陆续编印了《中国版画史图录》5辑20册，《图录》所收资料，上起唐宋和元代，下迄清末民初，共收版画1700余幅，实为前所未有集大成之作。1952年他又从《图录》一书当中，遴选三百多幅有代表性的，再补充二百多幅新资料，编成《中国古代木刻画选集》，再加1956年撰写的《中国古代版画史略》，共计9册。1957年，郑振铎又着手编辑《中国古代版画丛刊》，按照他的计划，《初编》选收宋代以来的插图书36种，以后再编《二编》、《三编》，乃至七、八编，但是在郑振铎生前仅出《初编》18种，便被迫停顿下来了。

郑振铎1940年着手编纂《版画史图录》的时候，身处上海"孤岛"。图录的编辑和出版，寄托着一个爱国知识分子的拳拳之心。有感于中国版画作为"世界版画之鼻祖，且具有一千余年灿烂光华之历史"，却竟然遭到西方学者不公正的忽视和误解，于是郑重申明：自己20余年来，倾全力搜集我国版画之

[①] 《中国版画史图录·自序》，原载《文学集林》1940年第3辑。

[②] 《中国古代版画史略·绪言》，原载《中国古代木刻画选集》，人民美术出版社1985年版。

书,其目的在于"誓欲一雪此耻"。① 他满怀激愤地说:"余惟尺有所短,寸有所长。书生报国,毛锥同于戈戟,民族精神之寄托,唯在文化艺术之发扬,历劫不磨,文事精进,乃可卜民族前途之伟大光荣。"②

抗战胜利以后,郑振铎又马不停蹄地着手编纂《中国历史参考图谱》。他认为:"史学家仅知在书本文字中讨生活,不复究心于有关史迹、文化、社会、经济、人民生活之真实情况,与乎实用图象、器用形态,而史学遂成为孤立与枯索之学问。论述文物制度者,以不见图象实物,每多影响之辞,聚讼纷纭而无所归,图文既不能收互相发明之用,史学家遂终其生于暗中摸索,无术以引进于真实的人民历史之门。"③ 于是郑振铎便主要以一人之力,编纂《中国历史参考图谱》一书,使之"化繁为简,取精撷华",以便历史学者"置此一编,而亲炙于古人之实际生活"。④ 从1946年到1950年,这部24辑的《中国历史参考图谱》终于出齐,共计618版,收录各类图片3003幅,从上古、殷商、春秋战国,一直至清代,选录了大量精致的图片,特别是刊载了许多历年发掘中尚未正式发表的考古照片,相当充分地体现了那个时期的考古成果,实在是难能可贵。郑振铎还为部分图谱撰写了说明,既有各辑所涉历史情况的总体说明,又有每个图版和每幅图片的具体介绍。许多知名历史学家认为,出版这部"图谱",是中国史学界的一件大事,不仅为人民大众学习了解我国的历史文化提供了方便,对于搜集资料不易的史学工作者也大有裨益。他们把这项工作誉为"前不见古人,后不见来者"的"傻工作"。历史学家翦伯赞指出:"郑振铎编撰《中国历史参考图谱》,我认为是中国史学界的一件大事。根据我个人研究历史的经验,图谱之于史实的究明,较之文字的纪录,更为确实可靠。因为文字只能给予吾人抽象之概念,而图谱则能给予吾人以具体之形象。……我以为郑

---

① 《中国版画史图录·自序》,原载《文学集林》,1940年第3辑。

② 同上。

③ 《中国历史参考图谱·自序》,上海出版公司1951年版。

④ 同上。

撰此书，与其称之曰《中国历史图谱》，不如称之曰《绣像中国史》。"① 郭沫若更是高度赞扬并推荐了这部书，他写道："中国人谁都应该研究历史，要研究中国历史，最好是参考图谱。郑振铎先生以献身的精神编纂这部《中国历史参考图谱》，实在是一项伟大的建设工程。这是应该国家做的工作。而郑先生以一人之力要把它完成；每一个中国人凡有力量的都应该赞助他这项工作。"②

郑振铎的学术活动，始终贯穿炽热如火的爱国主义精神，这是他充满激情和活力的创造活动的思想基础。他编写《文学大纲》，编纂各种图录、图谱，节衣缩食大量收购古籍和陶俑等文物，皆出于为国争光的雄心，他要洗刷帝国主义对中华民族的轻视和诬蔑，保护祖国珍贵的文化遗产，伸张中华民族正气。譬如他在1947—1948年中，花了很大力气编印《韫辉斋所藏唐宋以来名画集》、《西域画》、《域外所藏中国古画集》，目的就是要把"英、法、德、日帝国主义者们怎样在中国西陲恣意掠夺我们伟大的艺术品的面貌完全暴露出来。"③ 他在《〈西域画〉（上辑）》中，具体地揭露了帝国主义是如何以"探险"为名，多次深入到我国新疆和甘肃西部，大肆掠夺古西域的壁画和敦煌"千佛洞"的文化宝藏，成为他们国家博物馆、图书馆中的珍藏品的。他为了保存祖国的艺术瑰宝，并使之发扬光大，他殚精竭虑，耗费了大量的时间和精力，但是爱国激情鼓舞着，使他始终乐此不疲。

郑振铎有着高度的事业心，在学术活动中，他有恢宏的目光和旺盛的干劲，凡是他认准了的事情，不论有多大困难，总是披荆斩棘地干下去。他每编一部书，实际上都是当作一项学术研究来对待，而在研究中不断地又有新的课题在前面呼唤着他。在他身上，有着一种可贵的永不满足的实干精神。他撰写《插图本中国文学史》，搜集资料，不避烦琐，不畏艰难，前后花了10多年时间；编纂《中国历史参考图谱》，工程浩大，他自始至终以一人之力，凭着一种不计成败得失，看准了就拼命干的"呆子"精神，从编纂、校对、出版、财务、资

---

① 载《文艺复兴》，1941年第3卷第5期。

② 同上。

③ 《〈中国历史参考图谱〉跋》。

料、广告到发行，都是亲自一手完成。

在学术研究工作中，他特别强调占有材料，强调取证的丰富和准确，并在实证的基础上，取精用宏，披沙拣金，然后得出自己的结论。他有丰富的藏书，为了搜寻中国古代小说、戏曲以及俗文学方面的史料，他耗费了许多心血。他的藏书，既不是为了以书多眩人，也不是以此渔利，完全是为了研究工作的方便（他牺牲后，其家属遵照他的遗愿，将10万册珍贵的图书全部捐赠给北京图书馆）。在文学史和历史研究中，他喜欢图文并茂，使图文互为发明。他撰写《俄国文学史略》、《文学大纲》、《插图本中国文学史》都有许多插图，图片资料所显示的社会历史生活画面，与严密的学术论述交相辉映；他编纂的《中国版画史图录》、《中国历史参考图谱》、《伟大的艺术传统图录》，更是以图片资料为主，辅以简要、准确的文字说明，不仅对于广大读者形象地认识祖国悠久历史大有帮助，它本身也是珍贵的艺术精品。

"五四"新文学发轫时期，在新文学的启蒙上，他做了大量的开创性的工作；在中外文学研究中，他成功地构建了自己独特的学术范式。在郑振铎的生命路程和学术研究生涯中，涌动着一股创新的激情，而他的创新精神，又与脚踏实地的苦干精神结合起来。他强调学术创新，创新是学术前进和发展的动力。总是重复前人或名人的结论，学术研究就没有生命力，只有创新之路常青。他的每一项学术研究，编纂的每一部著作，都是一项创新工程。1922年，他主编了我国第一本儿童文学专刊《儿童世界》周刊；1924年，他撰写了《俄国文学史略》，为新文化运动以来第一部完整介绍俄国文学历史的著作。1927年他编著的《文学大纲》，第一次从真正完整的意义上进行世界文学发展历史的描述；《插图本中国文学史》、《中国俗文学史》，都有着开创性的作用。在历史研究、文物考古方面，他都有创新之举，1956年郑振铎以国务院科学规划委员会考古学组组长的名义，与尹达、夏鼐等一道，主持制订了《考古学研究工作十二年远景规划》，这个规划的基本设想是，考古研究的主要任务应该放在创新方面。这就是说，要在马克思主义的指导下，提高田野考古的科学水平，以便取得翔实可靠的实物资料，然后利用这些新取得的资料，结合过去积累的成果，进行科学的分析和综合的研究，使考古学成为真正的历史科学。郑振铎就是这样，以百折不挠的毅力，完成了史学、文学、文物考古等方面一系列彪炳史册的大工程，他的劳绩，他的敢为天下先的创造精神，永远值得我们景仰和学习。

（王保生　撰稿）

作者简介

王保生，1940年12月生，江苏丹阳人。1964年南京大学中文系毕业，分配到中国社会科学院文学研究所工作。现为文学研究所研究员，《文学评论》副主编，中国作家协会会员。撰写有《沈从文评传》，编著有《断魂枪》（中国现代小说卷）以及现代文学研究论文几十篇。

郑振铎主要著作目录

《俄国文学史略》　1924 年 3 月商务印书馆出版。

《近百年古城古墓发掘史》　1930 年 4 月商务印书馆出版。

《插图本中国文学史》　1932 年北平朴社出版部出版。

《中国文学论集》　1934 年上海开明书店出版。

《佝偻集》　1934 年上海生活书店出版。

《短箭集》　1936 年上海文化生活出版社出版。

《中国俗文学史》　1938 年 8 月商务印书馆出版。

《中国文学史》（中世卷第三篇上）　1930 年 5 月商务印书馆出版。

《中国古代版画史略》　原载《中国古代木刻画选集》，人民美术出版社 1985 年出版。

《中国历史参考图谱》　上海出版公司 1951 年出版。

《郑振铎艺术考古文集》　郑尔康编，文物出版社 1988 年 9 月出版。

罗常培

(1899—1958)

著名的语言学家。曾任中国科学院(现中国社会科学院)语言研究所所长,哲学社会科学部委员。

罗常培，字莘田，号恬庵，满族，北京人。中国现代语言学奠基人之一。1919年毕业于北京大学中文系。在旧中国，他先后任西北大学、厦门大学、中山大学、北京大学、西南联合大学等校教授，原中央研究院研究员。新中国成立后，任中国科学院语言研究所首任所长，一级研究员，中国科学院哲学社会科学部委员，中国文字改革委员会委员，中央民族事务委员会委员，第一届中国人民政治协商会议代表，第一、二届全国人民代表大会代表等职。

罗常培

　　许多人知道罗常培是满族，又姓罗，在有关文章或言谈中，误认为他是满清皇族爱新觉罗的本家。其实，他的远祖是吉林宁古塔的萨克达氏。他自己说："我本寒门衰族，和'胜朝贵胄'毫无关系。"① 他父亲最好的差事也只做到守卫北京宣武门的"城门吏"，七品小官，家无恒产，靠微薄的薪金养家。1916年，父亲因急病去世。丧事刚完，离他中学毕业考试只有两星期，忧伤加着急，后脖子上长了个"砍头疮"的险症。他忍着剧痛，裹着绷带，硬把考试应付下来了。他的一生挚友、和他同年、同月、同日出生的史学家郑天挺教授曾说："他律己很严，能持人所不能持。"② 这话最能概括罗常培的人品和性格。像顶着重病应考，这种倔强上进、不甘落后的精神贯穿他的一生。

　　中学毕业前，他遵从父兄意见，课余从闽人蔡璋学会了速记。当初只是为将来谋生学一技之长，没想到这一步跟日后走上语言研究这条道不无关系。中学毕业后，他经蔡璋引荐，在国会众议院当速记技士，月薪大洋80元，相当优厚，非但能独立生活，而且能补贴家用，偿清因父丧的债务，哥嫂喜欢，亲友羡慕。他这时还不满18岁，自己也有少年得意、踌躇满志的气概，去见母校三中校长夏瑞庚。一见面夏校长就说："你不要觉着得意，其实现在正是你最危险的关头。"劝他不要住进同事的宿舍，不要同流合污，应当工作余暇多读些书，积蓄一些学费，准备考大学。这番话对他是当头一棒。他深自警惕，从此把夏校长比作一座灯塔，在危机四伏的世道上照亮了他前进的方向，直至晚年还不时向人提起，认为是一生的转折点。就在这年（1916），他考入北京大学

---

① 见他的"自传"，载《罗常培纪念论文集》，商务印书馆1984年版。
② 见《中国语文》1959年1月号"悼念罗常培先生"专辑。

中国文学系（当时称为"门"）。从此一面在北大读书，一面每周匀出三个半天去国会作速记。

国会议员来自全国各地，好几百人。开会时语音庞杂的发言，给这位青年速记员养成特别敏锐的辨别方音的能力。这是工资之外的一笔很得益的无形收入。例如若干年后，他在青岛初次碰见游国恩，问游"贵处?"游脱口说出"临川"[tim t́uan]。他马上听出有三个值得注意的方音特点：1."临"字的声母[t]，2."临"字收闭口韵[m]，3."川"字的声母[t́]。这些特点引起他研究临川方言的兴趣，征得游国恩同意，他不顾盛暑，用几天时间记下游国恩的方音。① 这是数年后写成《临川音系》的最初材料。他这种对方言特点的敏感，固然跟已经从事多年语音和音韵学的研究工作有关，也跟早年在速记工作中练就的听力有关。在北大就读期间，他还用速记作笔记，刘师培讲古代文学，他在堂上用速记记下"口义"，回家逐句翻成文言。20多年后，在抗战后方整理出版，即标明"仪征刘申叔先生遗说"的《汉魏六朝专家文研究》一书。北大教授梁漱溟应聘往山东讲学，约罗常培同行，以便临场速记。罗把演讲从头至尾速记下来，参酌他人笔录，整理成书。这就是梁漱溟的名著《东西文化及其哲学》，曾风行一时。

罗常培在北大学习期间，正是"五四"前夕到"五四"爱国运动爆发的1919年，也就是以新文学运动为动力的新文化运动逐年逐月高涨时期。作为运动策源地和中心的北京大学内部，各种思想互相激荡，斗争激烈。罗常培起初是站在刘师培、黄侃等守旧派教授一边。这一派"五四"前夕办了个杂志《国故》，妄图和早已成为新文化运动旗帜的《新青年》杂志相抗衡。但它抱残守阙，复古倒退，毫无生气，影响甚微。对比之下，青年罗常培不能不受向旧文化冲锋陷阵、生气勃勃的《新青年》杂志的影响，思想逐渐转变。促使他转变的关键，是1919年4月1日北大校长蔡元培《致〈公言报〉并答林琴南君函》。这封信给了林琴南等封建卫道者以有力的驳斥，震动很大。罗常培说：从此

---

① 见《临川音系》自序，商务印书馆1940年版。

"我的思想完全以蔡先生的思想自由和学术自由做骨干。"① 蔡元培在北大所坚持的思想言论自由、学术研究自由的原则,在"五四"时期确实起了推动社会进步的重大作用,而且,他本人也成了许多知识分子崇拜的对象、做人的榜样。罗常培就是拿蔡元培"博大而坚贞"的精神,做自己追求的人格。1940年蔡在香港病逝的第二天,他写了篇悼念文章,就是以《博大和坚贞》为题,发表在昆明的一家报纸上。

"五四"时期新文化运动的中心北京大学,孕育了许多新一代知识分子,类型不一,各有千秋。罗常培无意于谋求官职,也没有去投身革命,所选择的是个人奋斗、成名成家的学术道路,思想行为则力求独立不阿、不亏大节。在那个急遽转变、充满各类性质矛盾的时代,罗常培也有他个人的矛盾:学的是刘师培、黄侃等传授的旧文学,而又有对新文学、新知识的向往和求索;看够了"安福系"国会的混乱、腐败,可又从这里领取工资。为求解决思想困惑,他1919年在中文系读满三年毕业(北大那时规定文科三年毕业),又进了哲学系。北大哲学系"五四"时期如日中天,是个热门,许多人抱着与罗常培一样的追求真理的目的进这个系,希望对各种派别的学说斗争,求得哲学上是非高下的辨别,以此去观察错综复杂的社会现象,把握好自己。但他在哲学系读到第二年,国会解散,生活失去来源,不得不离开北大,去天津南开中学教书。此后数年,随着政局频繁更迭,作为政府装饰物的国会,时开时关,他在国会的速记工作也几上几下。教过几任中学,有时也兼着速记,还当过京师第一中学的代理校长。他教中学给学生灌输新知识,代理校长财务公开,吸引德才兼备的好教师,有点蔡元培治理北大的作风。他日后回忆这段生涯,认为自己干得不错。主要的是,无论教书还是办学,都表现了不因循苟且、不阿世媚俗的精神。

1924年友人介绍他到西安刚刚成立的西北大学做国学专修科主任兼教授,教文字学。这时他26岁,学生有许多比他大的,程度参差不齐。文字学关于音韵部分,大体依照他的北大老师钱玄同《文字学音篇》的说法,自编讲义。既然教学生,即使一本师说,自己创见很少,也要把师说解说清楚。这是他通过

---

① 见他的"自传"。

教课认真研究音韵学的开始。他的《中国音韵学导论》一书，最初就是他在西北大学教音韵学的讲义，所谓"椎轮为大辂之始"。后来，他在许多大学讲音韵学，这部讲义也就随着教学经验的积累，随着自己对音韵学和语音学的深入研究，陆续修改8次，历时25年，才在1949年正式出版，还因为没有把全书改为白话表示惋惜。这本书只有7万多字，可以说字字落实，毫无浮词，介绍了必要的音韵学历史和分析汉字音韵结构的方法，以简驭繁，深入浅出，最能体现他严谨而又明畅的学术风格。

在西北大学只呆了一年，因战乱离开西安回到北京，仍在段祺瑞的执政府干速记的旧营生，兼职教中学。这样对付到1926年，"三·一八"惨案发生，段祺瑞凶相毕露，北京形势险恶。许多学者心怀忧忿，纷纷离京。恰好厦门大学来京延聘教师。罗常培于是同鲁迅等人南下，想找个安静地方作学问。但在厦大不到一年，同去的人都先后离去。他在厦大的时间虽短，却做了两项有意义的事：一是研读西方语音学名著，并试着用语音学观点解释原先所编音韵学讲义中一些模糊笼统的地方。语音学用于声韵学，有些像解剖学之于医学。他用语音学中物理或生理的观点，把音韵学中一些基本概念加以定性剖析。这也是他日后从事音韵学专题研究的发轫工作。另一件事是教学之余调查厦门方音，罗常培治学的一个特点是善于抓住时机，不轻易放过，这只是一例。他除了直接调查当地方音，还征集地方通俗韵书、里巷谣谚和传教士所作厦门话罗马字母拼音材料，互相参证，为日后写成《厦门音系》一书做准备，这也是他从事方言研究以至民族语言研究的起步。

他离开厦门到广州中山大学任教始于1927年，开声韵学、等韵研究、声韵学史等课程。1928年赵元任（1892—1982）到广州调查方言，罗向他请教一些疑难问题，把多年积下的疑问没日没夜的和赵讨论了一星期，才把以前并未彻底明白的一些音韵学方面的问题从语音学的角度搞清楚了。而且，赵元任记音的时候，他也跟着记。记完后，如果自己记的与赵相同，就很高兴，增强了信心；如有不同，也知道自己差在哪里，好进一步请教。这一星期他进益很大。后来他不止一次地对人说起："赵元任和我的关系是介乎师友之间的。"赵比他大七八岁，但他这话所侧重的不在年龄而在学问方面。他平生乐于向人学习，择善而从,"以能者为师"。在他的著作中,你可以见到,哪怕是很小的地方,如果是采用他人文章或是口头意见,包括他的学生辈的,也必注明来源,从不掩饰,不像某些人即使大段剽窃也居然缄口不言。

在中山大学教书的时候,他越来越感到自己的学问不充实,应当充实自己再去教别人,于是在 1928 年辞去中山大学教授职务,到正在广州筹建的中央研究院历史语言研究所语言组任专任研究员。他的主要志趣是,在总结前人音韵学成就的基础上,援引印欧比较语言学方法,利用方言和对音等新材料,从一个个专题研究入手,逐步把这门学问推向新水平,开创新局面。他立下决心,披荆斩棘地前进。1929 年元旦他加入人寿保险 20 年,"我要玩命,非干出名堂不可!"这就是前面提到的"他律己很严"那股倔强上进的劲儿。这样,他在中央研究院前后 7 年(1928—1934),写出 20 多篇有关声韵学的论文,其中影响较大的有《耶稣会士在音韵学上的贡献》、《切韵鱼虞之音值及其所据方音考》、《知彻澄娘音值考》、《梵文颚音五母之藏汉对音研究》、《中原音韵声类考》、《释重轻》、《释内外转》、《中国方音研究小史》等篇。论文之外,在此期间还出版了《厦门音系》、《唐五代西北方音》、《国音字母演进史》3 部专著。①《临川音系》也快完稿。还调查了徽州六县方言,编出汉魏六朝韵谱和《经典释文》的反切长编。这些工作都为日后的研究做准备。更有一项大工程,那就是跟赵元任、李方桂合译瑞典汉学家高本汉(B. Karlgren)的巨著《中国音韵学研究》。他在中研院期间,真是"玩儿命干"。他继承传统的朴学严谨精神,又掌握现代语言学的方法和原则,用方言和对音材料,以帮助考证,构拟历史语音;用历史语音的系统驾驭复杂的方言现象。这样相互验证,相互促进,所以成绩卓越,音韵学和方言研究的两方面都起到继往开来、承前启后的作用。

至于高本汉《中国音韵学研究》的翻译工作,中研院打破不译书的成例而独译此书,是因为高本汉把印欧比较语言学的一套方法介绍到中国来,使中国音韵学传统的分类分部之外,在构拟历史语音方面有了管用的办法和工具。翻

---

① 罗常培论文和专著发表的年月、刊名或出版社名称、地点,请参看《罗常培先生著作年表》,载《罗常培纪念论文集》,商务印书馆 1984 年 3 月出版。本文不一一注明。

译此书，不但要把原文（法文，1926）译成汉文，还要改正其错误，加入新的材料，甚至一部分改写。高氏所用的一套音标是瑞典方言字母，要改用国际音标，也是非常细致的工作。原著者在中译本的赠序中说："他们三位全是在这门学问里极精彩的工作者，对于中国语言史上全有极重要的论著。"这三位开创中国现代语言学的泰斗，合译这本书，是我国语言学界的一件大事。他们合作而又略有分工，"所有改编跟加译者注的地方，关于音韵方面的，罗君担任的最多。"（中译本"译者序"）这个中译本（初印本1940年由商务印书馆出版），几十年来影响深远，至今未衰。

罗常培在中研院的辛勤工作，确立了他在中国语言学界的领先地位。

1934年，北京大学刘复（半农）教授到内蒙调查方言，染回归热，回北京后旋即去世。他留下的语言学课程和研究项目要有人接替。学校从多种因素考虑人选，认为罗常培最为合适。但中研院史语所未必肯放。于是，以借聘的名义同史语所商定，这年秋天来北大任教。北大是罗常培的母校，他也乐意承担这个职务。

这时中文系主任是文学院院长胡适兼着。自罗常培到系，日常系务实际由罗常培代理。1935年我入北大中文系，到系办公室报到，首先见到的就是罗先生。算来那年他才35岁上下，白皙丰满的面貌，和蔼可亲的神态，纯正文雅的北京话，给了我最初的深刻印象。

他从1934年到北大担任教授，直到1950年出任中国科学院语言研究所（现属中国社会科学院）所长、研究员，中间除了1944年秋到1948年夏，以北大访问教授的身份在美国讲学，没有离开过北大。就是到语言所之后，起初还是兼着北大文科研究所所长和教授，和北大仍然有着业务上的密切关系。

罗常培来北大之初，和魏建功分工：魏讲授音韵学概要和音韵学史方面的课程，罗常培开语言学、语音学和某些音韵学专题课。还有一门"域外音韵论著述评"，评介外国人研究汉语音韵的著作，发给学生铅印讲义，个别篇章曾写成专文正式发表过。能做而且肯做这项工作的，当时无第二人。

罗常培讲课条理清楚，引人入胜。语言学中某些内容，尤其涉及音韵学问题的，每每叫初学者感到艰涩，罗常培却能深入浅出，举重若轻。他间或举某些特异的语言现象，以加深学生的理解和兴趣。例如，他讲方音之间的对应关系是有条件的，不能简单类推。比方广州一部分h-声母的字在北京话里是k-声母（如"开"字，广州hoi，北京kai），但不能认为所有广州读h-的字转换成北京音都读k-。早年间北大有位广东顺德籍的老教授黄节先生，在堂上把西汉解诂《诗经》的毛亨说成毛坑（茅坑），就是忽略了这点，简单类推，传为笑柄。

北大有个"语音乐律实验室"，是刘半农创建的，大约是国内最早的语音实验室。这里有刘半农从法国弄回的一些测验乐理和语音的仪器，发音器官模型，还有他自己发明的"乙二声调推断尺"。这个实验室给语音和声韵的教学和研究许多方便。罗常培写《临川音系》就利用过"声调浪纹计"和"乙二推断尺"，把临川话的声调测出非常细致的数据，作了科学的说明。他教语音学，结合方言调查的训练。就在这实验室里，教每人亲自操作，测试自己方言的音调，得出升降、高低、长短一目了然的图谱。讲到声韵学里声母清浊，当堂拿出一个简单的"浊音计"，叫我们挨个儿贴着自己喉部测试，一下子把这个声韵学史上含混不明、淆乱已久的问题搞明白了。现在的语音实验有了声谱仪和计算机等先进设备，实验方法也由静态变为动态，但在三四十年代，北大的这个实验室，设备和作用那时也是先进的。语音学是语言学一切部门的基础，一些人正是听罗常培讲语音学开窍，后来从事语言工作的。罗常培在北大开过多次语音学课，直到1952年，他已经到语言所任职，还和王均在北大语言专修科合开这门课，并把历年积累的研究汉语方言和少数民族语言的有关材料增补讲义，整理成书，即他们两人共同署名的《普通语音学纲要》，1957年正式出版。

30年代的大学教师除了在课堂上和学生接触，平日很少有机会见面，也不过问学生的个人生活。偶有例外，印象就特别深。1937年6月，北平读满两年的大学生和高中生（均为男生），数千人集中在西苑军营接受29军一个半月的军训，以适应山雨欲来的抗战形势。这是顶着日本在华北的侵略势力的高压决定下来的（"七七事变"后，日方向29军提出的许多无理要求之一就是解散西苑军训）。记得6月8日，我们集合在北大红楼后面广场去西苑的时候，罗先生特地赶来送行，勉励有加，令我们非常感动，留下深刻印象，何况是在"华北之大，放不下一张书桌"的严峻环境之中，透着点悲壮行色的出发时刻。

果然，军训刚满一个月，就在卢沟桥爆发了"七七事变"。尽管日本人在恫吓，军营入夜四面枪声不断，军训还是坚持按照原定期限结束。但北平很快就陷落了。北大，这个多年来作为危城北平的精神支柱，这时校长蒋梦麟和文学院长胡适都在南方，只剩下以秘书长郑天挺教授为首的一些教授在维持残局。罗常培除了协助郑天挺联络教授互通声气之外，加紧进行自己的研究工作，赶写《临川音系》定稿，以工作来排遣忧烦。他说："故都沦陷之后，是否还应该每天关在屋里，埋头伏案地去做这种纯学术研究？这件事的是非功罪颇不容易回答。可是我当时想我既不能投笔从戎，效命疆场，也没有机会杀身成仁，以死报国；那么，与其成天楚囚对泣，一筹莫展，何如努力从事自己未完成的工作，藉以镇压激昂慷慨的悲怀？假如能在危城中，奋勉写成几本书……自觉对得起自己，对得起学校，对得起国家！"① 这段话表露了一个爱国知识分子的悲愤和执著的敬业精神。在这篇文章里，他记下了北大的教授们在日军的刀光剑影中的心情和动态，勉力支撑学校到最后一刻的过程，至足感人。

北大、清华、南开组成了"长沙临时大学"的消息终于传到北平。北大校长敦促教授们南下的电报也到了。留在北平的北大30多位教授，凡愿意而且能够走的都三三两两南行。罗常培1937年11月中旬也离别妻小（想不到一别11年），从天津乘船到香港，辗转从广西梧州到达设在湖南南岳山中的长沙临时大学的文学院，立即开课。文学院汇集3校许多名教授，过着集体生活，而且国难当头，自动减薪。每天清早，晨雾未散，山风吹寒，教授们自愿和男女生一起在操场行升国旗仪式。战争改变着人，也密切了师生关系。

在南岳安静的环境里只呆了几个月，南京失守，武汉震动，学校不得不迁往云南昆明，改名为西南联合大学。罗常培随着学校搬迁。1940年，他继朱自清任西南联大中文系主任，兼着北大文科研究所所长（3校仍有各自的研究机构）。罗常培自1938年入滇，到1944年离滇赴美讲学，一呆又是7年。当初他在中研院"玩儿命"干了7年，把我国音韵学和方言研究的水平提到新的高度。在云南7年，他也毫不惜力，为发展我国语言科学贡献辉煌。可分四方面来说：

---

① 《七七事变后北大的残局》，载《北京大学五十周年纪念特刊》，北京大学出版部1948年印。

一是积极开展云南的语言调查研究工作。联大3校都有教学与研究并重的优良传统。罗常培在联大教课和主持系务之外，对于云南这个民族语言众多的"宝库"做了大量的调研工作。他自己做，也指导别人或配合别人做。他在《语言学在云南》（见《语言与文化》一书附录）一文中，把1938—1943年在云南进行的民族语言和汉语方言调查详细列出，归为"五纲四十一目"。在民族语方面，他亲自往滇西调查的有十几种，积下不少材料，单是"民家语"（即"白族语"）就调查过多次。后来发表的有《贡山俅语初探》（1942）、《莲山摆夷语文初探》（1950，与人合写）两部专著和几篇论文，大多数材料生前都没有来得及整理，甚为可惜。他还指导北大本科生和北大文科研究所研究生调查了云南的几支彝语，后来都整理出版了。他这些学生日后都成为民族语研究的佼佼者，如已故的傅懋勣教授、健在的马学良教授、高华年教授等。云南汉语和北方话相近，音系简单，引不起方言研究者的兴趣。罗常培从方言研究全局着眼，认为不该忽略，建议中研院抓紧时机调查。于是中研院组织人力，调查了云南98个县的方言（《云南方言调查报告》，1969年在台湾出版）。罗常培自己调查了昆明方言，写出《昆明话和国语的异同》发表（1941），有示范之意。他还指导学生调查别处云南方言，写成论文。例如指导陈士林写出《洱海沿岸四县方言调查》，发现这地带方言的一些特点（未刊）。陈士林建国后仍在罗常培领导下转而调查研究彝语，成为这方面的权威。

二是普及语言学和语文教学的知识。罗常培向来在从事高深研究的同时，不忘社会生活中的语言问题，尤其关心"国语运动"和语言教育。早期写过许多关于国语运动的文章，并穷原竟委地研究我国拼音字母的历史，写成《国音字母演进史》一书（1934；1959新版改题《汉语拼音字母演进史》）。到云南后，好几次应广播电台讲演，或应报刊写文章，谈论语文教学问题。主张充分利用注音符号和"国语罗马字"帮助认字，抨击官定国文教本专选文言排斥白话的复古逆流，认为中学国文教员应讲究教学法，自己要说国语。这些意见都很可取，切中时弊。他还在刊物上发表了一系列关于语言文字，尤其是音韵学的通俗性文章，如《误读字的分析》、《什么叫双声叠韵》、《语音学的功用》、《反切的方法及其应用》、《音韵学研究法》，等等。浅显易懂，启人心智。其中个别篇章收入《中国人与中国文》一书（1945）。谈音韵的原想结集为《恬庵谈音》，因出国而未果。他逃离北平南下的时候，行李中有100种北平俗曲的刻本和他用"丝贯绳牵"法归纳曲本用韵的初稿。1941年在昆明，他的老朋友老舍见了怂恿他出版，并给他写序。他整理成《北京俗曲百种摘韵》一书，1942年在重庆出版。重庆《新华日报》的记者郑林曦见了，写了篇书评，登在这家报上，题为《给诗人们介绍一本韵书》，称它"就内容说，称得起是一本通俗的科学著作；而所附的字汇，又可以实际帮助诗人们用来合辙押韵。"这书本来印数少，转眼即售尽，不见再印。作者说，也许原出版社因那篇书评吓得毁版了。新中国刚一成立，经作者校定，这书1950年得以在北京再版。罗逝世多年后，1986年又由天津一家出版社重排出版。可见这本通俗著作受到社会重视。

三是从语言研究扩展到语言与文化关系的研究。他当初写《临川音系》，在"叙论"一章论到赣方言和客家方言的关系，并论述了客家迁徙的过程。这是他把语言研究延伸到文化领域的开端。入滇以后，他把那章叙论单独抽出，修改为《从客家迁徙的踪迹论客赣方言的关系》，发表在一家期刊上。文章认为："如果有人把客家问题彻底地研究清楚，那么，关于一部分中国民族迁徙的途径，和语言演变的历程，就可以认识一多半。"随后，他自己说"磁石引铁似的"，尽力搜集藏缅族父子连名制的语言材料和有关文献，片纸只字都不放过，逐步深入研究，3次发表文章，最后总成一篇《论藏缅族父子连名制》长文，详细论证了以大理一带为中心的古"南诏国"（约8至10世纪）的建国者是有父子连名制文化特征的藏缅族，即现在有父子连名制特征的彝族和仍存这特征遗迹的白族的祖先，而不是没有这文化特征的非藏缅族的称为"白夷"或"摆夷"的傣族。这结论得到公认，非但解决了民族史上的疑难，而且有地缘政治的重要现实意义。1943年夏，他在西南联大主办的文史演讲会上，用"文化与语言"为题演讲，建立了日后《语言与文化》一书的间架。这书经过多年运作，用大量语言事实，中国的，外国的，古代的，现代的，论证语言与人类社会文化多方面的关系：从语词的语源和演变看过去文化的遗迹，从造词心理看民族的文化程度，从借字看文化接触，从地名看民族迁徙的踪迹，从姓氏和别号看民族来源和宗教信仰，从亲属称谓看婚姻制度，等等。全书只十余万字（包括附录数篇），却内容厚实，引证详细，读起来又使人情趣盎然。这本书最能体现他一贯倡导的"有几分证据说几分话"的严谨作风，又最能见到他深入浅出的笔底功力。他"自信这本小书对于中国语言学新路把路基初步地铺起来了"。1950年在北大出版，只印几千册，除了送人外，很快就卖完了。30年代后期"社会语言学"在我国升起一股势头，自然想起曾被推许为"我国第一部文化语言学或社会语言学开创性著作"的《语言与文化》，于是，有人从我这里找到作者题赠的一本，拆开复制了若干本，在少数人中间流传。1989年由吕叔湘提出，才由语文出版社重新排印出版，距离作者逝世已经31年了。

四是培养人才。罗常培培养人才的积极精神人多称道。例如北大袁家骅教授（1903—1989）曾经说："莘田对于培养青年，那是百分之百的坦率亲切，肯呕心沥血地加以指点的。"本来，讲课，指导研究，是身为人师的职责，但莘田先生不同一般。抗战前的北大，师生关系平日比较疏远，知识授受之外，教师不问学生生活方面的事。但记得我们班二年级时，莘田先生正指导我们作语音实验，有位高年级同学来交论文，满面酡红，酒气熏人。罗先生当着我们的面责备他不该酗酒，弄得这位老大哥很尴尬，连连解释："是药酒，药酒。"我们才发现罗先生温文和善之外另有非常严厉的一面。到云南后，师生间接触的机会多了，罗先生对学生"温而厉"的风范更为大家所了解。学生中政治态度左、中、右的都有，罗先生都一视同仁。如果有谁在学问上有一得之见，他不惜在课堂上表扬，或在文章中提到。如果知道谁行为有过失，他当面批评；谁生活有困难，他设法帮助。他可以说是"有教无类"的，而且不限于西南联大的学生。健在的语言学家南开大学邢公畹教授谈起：30年代末，他远道投奔迁移昆明的中研院史语所，不料阴错阳差，原先说好的研究生经费还没批下，办不了报到手续。正在着急，有人告诉他："你赶快去西南联合大学找罗莘田先生。他古道热肠，最愿意帮助年轻人，门路又多。"他于是以大学毕业论文为贽见初次去拜见罗常培。罗常培马上推荐他去一所中学教书，暂时度过生活难关。半年后又通知他，经费已批下，"你可以回所读书了。"（罗著《语言与文化》1989年新印本序言）那时西南联大的学生多半来自敌占区，音信难通，生活困难。他们把学校当成家，把教师看成父兄。物质条件虽十分简陋，而人才的培养质量很高。重要的原因之一就是亲密无间的师生关系，教授们对学生的爱护、关照，罗常培在这方面很突出。1945年罗常培回忆，过去5年里，他推荐去一些大学或研究所任副教授或讲师的单以中文系出身的而论，就有10人（致胡适信）。至于历届中文系毕业生甚至旁系的，由他介绍去中学或别的行当任职的，更难以数计。久而久之，学生们背后称他为"罗长官"或"长官"。这非但因为他热心"举贤任能"，而且由于他传授有方，关心学生生活。这是个既亲切又带点敬畏的雅号。元好问诗云："鸳鸯绣了从教看，莫把金针度与人。"罗常培曾引这诗反其意而用之，主张为人师者"要把金针度与人"。他教导学生："教书要深入浅出，研究要小题大做。"是出自肺腑经验之谈。1941年他在叙永联大分校讲"读书八式"："涵咏自得，采花酿蜜，剥茧抽丝，磁石引针，披沙拣金……"1942年在昆明北大文科研究所讲演"研究工作的性质"，都是以金针度与人，正所谓"善歌者使人继其声，善教者使人继其志"。他在云南7年，单从语言学方面说，口传心授，亲自带领学生操作，培育了一拨又一拨语言工作人才（前面已举出几位），无形中为将来新中国开国后急需的语言工作者作了储备。这是后话，当初没有料到的。

以上大约介绍了莘田先生在云南7年的业绩，年龄约40岁至46岁期间。有一天，他突然对我们几个学生喟然长叹："我40岁以前是卖命，40岁以后是卖名！"这话是有感而发，并带点自嘲意味。如上所述，他何尝像某些人那样躺在"名"上吃老本？终其一生，都随时在鞭策自己，奋进不息，不懈地开拓着我国语言学园地，哪有40岁前后之分？他写过一本游记性质的散文《苍洱之间》，其中有一段说："从前听一位朋友说：'没成名的人卖力，成了名的人卖名。'照我自己的经验，再参证许多当真成名的人的实例，处处都可以证明这句话是自暴自弃的。"这才是他的真话。

至于"名"这东西，所谓"三代以下"，谁不好名。但要看名是怎样来的，又怎样用，其间大有清浊高下之别。罗常培在滇多年，教课和研究之余，应邀上电台讲演，几次往大理向当地军、政、学界做报告，在刊物上写普及性文章，给报纸写"星期论文"，在各中学发表谈话，这些，都是"名"的社会效应。当时西南联大被称为国民党独裁统治下的"民主堡垒"，闻一多是这堡垒中的旗手。罗常培没有参与政治斗争，但风闻国民党要下令联大解聘闻一多等一些进步教授时，他以联大中文系系主任名义投书重庆《新华日报》表示抗议。他还跟闻一多两人联名发起过一次很不寻常的"五四"文艺晚会。时间是1944年5月8日，地点是西南联大图书馆前的草坪。10位对"五四"以来新文艺有成就和有研究的教授，各分专题依次上台介绍新文艺每个方面的成绩，加以评论。联大学生，附近各大中学生，以及社会青年，凡是爱好新文艺的，自动来听讲的近3000人。在皎洁的月光下（那天是阴历4月16日），大家安安静静坐在草地上听下去。晚会从7时开到午夜才散。这是一次弘扬新文艺、抗击国民党卵翼下复古逆流的盛会，收到极好的效果。若不是包括罗、闻两位发起人在内的这些教授平日社会声望的作用，也不会有这么大的号召力。这正是："顺风而呼，声非加疾也，而闻者彰。"如此用"名"，自是正道。

1944年秋，罗常培应美国朴茂纳学院之聘，出国讲学。按国民党政府规定，知识界一般出国人员要先去重庆"中央训练团"受训，并加入国民党，才发给官员出国护照，便于买较好的海船舱位，还有其他方便。而罗常培宁可领普通护照坐三等舱，不去受那法西斯集训。这样，他经印度到了美国。在美4年，先后在朴茂纳学院、伯克利加州大学、耶鲁大学讲课，指导研究生作博士论文，剩下的时间自己用功。在耶鲁时，周围环境中许多早已成名的老教授整天孜孜不倦的治学精神，对他起了很强的激励作用，归国后屡次听他说起。他还参加了密西根大学举办的暑期语言研究班，选修了三门课程，会见了美国一些著名的语言学家（如布龙菲尔德），了解到美国语言学界的许多情况。

他终于1948年8月回到别来11年的家乡北平。那时他一家大小住在北大东斋的一所宿舍，低矮而狭窄，是原先学生宿舍改的。他说，乍一从美国回到家里，深有《武家坡》剧中薛平贵回到寒窑的感觉。但他很快静下心来，谢绝各方面的活动，躲进东斋斗室和北大文科研究所的小办公室，开始整理文稿和存书。秋天北大开学，他所开课程中有门语言学。他在联大时开过"训诂学"，试着用语言学观点给这门传统的学问以新的内容。在美国几年业已留意摘录这方面的材料。这次回北大讲授语言学，在某些方面就结合训诂学里的问题来讲。比如讲到意义和声音的关系，就联系清儒"训诂之旨，本于声音，故有声同字异，声近义同"的学说，加以语言学观点的阐发。他有开拓一门"新训诂学"的设想，但紧接着是解放，别的事忙，这事无暇考虑了。

北平解放前夕，在四郊炮火声中，他加紧完成《语言与文化》一书，并协助布置北大50周年校庆展览。他这时还对共产党有所疑惧，但南京国民党政府派飞机来接一批教授南下时，他毫不犹豫地拒绝了。

北平和平解放后1949年纪念"五四"那天，他坐在台下听别人讲文艺理论，不禁想起当年和闻一多发起纪念"五四"文艺晚会的盛况，猛然感到自己落伍了，应该努力学习，赶上大时代。他开始走出书斋，去了解新事物，去接近群众。听了几次中央和北京市领导同志的报告，消除了自己是否是革命对象的疑虑。了解共产党也推崇学术研究，知识分子是属于工人阶级的脑力劳动者。他积极参加教职员工各种组织活动，努力学习时事政策，找些马列主义书籍来读。在座谈思想改造会上勇敢地带头作自我批评，恨自己"闻道较晚"（道，指马列主义），要急起直追。并在报上发表谈思想认识的文章多篇。他要求自我改造的态度是诚恳的、积极的，在教授们中形成一定影响。

他应邀参加了北京市一二两届各界代表会议，接着参加中国人民政治协商会议和亚澳工会代表会议。他的生活随着书斋外面世界的改变，也有了从所未有的新内涵。

1950年6月，中国科学院成立不久，他被任命为语言研究所所长。当他收到周恩来总理亲笔签署的任命书时，非常高兴党和政府对他学术上的肯定，政治上的信任，决心把所办好。他认真领会党所倡导的科研工作理论联系实际的原则。他说，现在的语言所不是原中研院的历史语言研究所。那个他在里面呆过多年的研究所曾在办所"旨趣"上公开宣称：是"点缀国家之崇尚学术"。现在的语言所不是点缀品，而是联系着党和国家语言政策的学术机构，决非摆设。

语言所1950年创办时人员很少，事情可不少。比如，制定研究方针，建立研究组室，延聘专家，罗致人才，以至买图书，添仪器，购置宿舍，罗常培无不操心。他是长期闭门著述、上堂教书的人，现在为这些事要比常人付出更多的精力去做，去适应。但他最操心的还是怎样贯彻基础研究和社会实际需要相结合的方针。比如，50年代初，中央号召广大干部学习语法修辞，《人民日报》为此发表社论，长期匀出宝贵的版面连载吕叔湘、朱德熙合写的《语法修辞讲话》。语言所也不得不像大学一样，派人去某些机关（如高级党校）讲语法修辞。在这股势头下，罗常培建议语言所开展语法研究。起初有人想不通，认为有现成语法书，不必另起炉灶。但罗常培态度坚决。于是成立语法小组，从搜集资料的基础做起，用较短的时间写出成品，从1952年起逐章发表在《中国语文》杂志上，后来修订成《现代汉语语法讲话》一书（1961，商务印书馆）。这部书不同于过去任何语法著作。它看似浅近易读，其实功底深厚，对发展我国语法学起了重要的推动作用。1952年，语言所和文字改革委员会联合创办《中国语文》杂志，罗常培担任主编。这个杂志在50年代，担负着发展我国语言学和讨论文字改革问题两大任务。实际上所有语言文字问题都能跟这两项任务拉上关系。那时语言刊物很少，许多语言文字问题都希望挤到这个杂志来展开讨论，难免产生一些学术意见之外的人事矛盾。作为主编，罗常培既要掌握杂志的编辑方针，又要协调作者与杂志、作者与作者之间的关系。为此，他倾注了不少心血。

在少数民族语文调查研究方面，他最初在语言所设置民族语文组，后来业务和人员日渐扩大，从语言所分出，单独成立一个所（以后又归并到民族研究所）。1951年，他出任中央民族事务委员会委员。这不是个空衔，在推动民族语文的调查研究、培养民族语文干部、帮助创制民族文字等方面，都需要他拿主意，提意见。

他担任许多和语言问题有关的委员会的委员，组织或参加一个个语言问题座谈会，连续发表具有指导性的文章。他的抱负和才识在党的信任和支持下得到充分施展。

1951年10月，教育部和文改会联合召开了"全国文字改革会议"；同月，中国科学院又召开"现代汉语规范问题学术会议"；12月，语言研究所和中央民族学院又联合召开"民族语文讨论会"。这三个全国性会议在北京召开，标志着建国两年多来语言中心工作阶段性的总结，并为进一步开展工作进行安排。这三大会议罗常培都是领导成员，并在汉语规范会议上作了长篇学术报告（与吕叔湘合作),广泛接触了来自全国各地语言学界的代表和文艺、戏剧、曲艺、新闻、电影、广播、出版等在使用语言上有示范作用的各方面代表。

日益繁多的语言工作单靠旧中国培养出来的少数人远远不够,罗常培多方设法培养语言工作人员:一是派遣有一定基础的年轻人去参加国家急需的语言工作,在实践中去锻炼、提高,独当一面。另一方法是开训练班。1951年就利用业余时间,在语言所开"语文干部训练班",训练了一批调查民族语言的干部。1952年,罗常培又亲自跟北大商定,在北大成立3年制的"语言专修科"。这批学员毕业后成了语言所和别单位语言工作的骨干。1956年初,教育部和语言所合办"普通话研究班",学员来自全国各地,每期约4个月。到1958年罗常培去世时为止,已经办了6期,为地方培养方言调查和普通话推广工作人员800多人。其中不少人在实践中成长为一些高等院校的语言学科的师资或语言工作的骨干。凡是这些培植语言工作干部的事,都离不开罗常培的策划、安排,并且他还亲自参加讲课。像前面提到的他和王均合著的《普通语音学纲要》,最初就是在北大"语言专修科"的讲稿,一再修订成书的。

语言所建所后他在所里所外忙着。每每到了晚上才有时间写自己的文章。解放后他出版了6部专著(其中4部与人合作,与蔡美彪合作的《八思巴字与元代汉语》是他逝世后1959年出版的),30多篇论文。这些论文多半是从学术观点上论语文中心工作的,如《从历史看中国文字改革的条件》(1952),《从汉字造字和音标的历史看汉语拼音方案的进步性》(1956)。篇数较多的是谈论少数民族语文问题的,如《国内少数民族的语言系属和文字情况》(1951),《为帮助兄弟民族创立文字而努力》(1954)。这些论文中有些是论语言学和文艺关系的。本来在30年代,他就写过一些这方面的文章,如《音韵与戏剧》(1935),《旧剧中的几个音韵问题》(1936)。解放后他更关心这方面的问题,尤其是相声。他的《相声的来源和今后的努力方向》1950年11月5日在《人民日报》一发表,对相声界起了拨云见日的影响。1952年语言所还召开过"相声语言座谈会",接受相声演员来所进修。罗常培当众赞许侯宝林是"杰出的语言学家"。这是罗常培独具慧眼的创见。日后侯宝林受聘为北大教授,到高等学校讲授相声的语言艺术,中国语言学会选他为理事,这都跟当年罗常培的影响不无关系。

　　罗常培从1952年起，就患高血压症，住院治疗，几进几出。即使住院，手头也闲不住，一回家又忙开了。他女儿罗慎仪教授（在美国）曾经写到："我们还没起床，他已经伏案握笔；我们已经一觉醒来，仍看见台灯映出他那高大的身影。父亲呵，父亲，你从来不会稍微吝惜自己的精力，爱惜自己的身体。"五十多岁的人这样长期带病拼搏，病只会越来越重。最后一次入住医院之前，双脚已经肿得穿不上鞋，还勉力整理文稿和书籍，希望后继有人。1958年12月13日，被推崇为承前启后、继往开来的我国现代语言学奠基人之一——罗常培先生辞世，年仅59岁。他留给后人的，不仅有四百多万字的著作，包括专著十多部，论文一百多篇，还有他那自强不息的精神，培育人才的风范，忠心耿耿执行国家语言政策的功绩。

（周定一　撰稿）

作者简介

　　周定一，1913年生于湖南酃县（今炎陵县），1935年入北京大学中文系学习，1939年在西南联合大学毕业。曾任西南联大、北大教职，中国社会科学院语言研究所研究员，近代汉语室主任。

罗常培主要著作目录

著　作

《厦门音系》　中央研究院历史语言研究所 1930 年出版；科学出版社 1956 年新版。

《唐五代西北方音》　历史语言研究所 1933 年出版；科学出版社 1961 年新版。

《国音字母演进史》　商务印书馆 1934 年出版；文字改革出版社 1959 年新版，改题《汉语拼音字母演进史》。

《临川音系》　商务印书馆 1940 年出版，1947 年再版；科学出版社 1958 年新版。

《中国音韵学导论》　北京大学出版部 1949 年出版；中华书局 1956 年新版，改题《汉语音韵学导论》。

《语言与文化》　北京大学出版部 1950 年出版。

《贡山俅语初探》　北京大学文科研究所油印论文之三，1942 年，昆明；又发表于北京大学《国学季刊》1952 年第 7 卷第 3 期。

《普通语音学纲要》（与王均合著）　科学出版社 1957 年出版。

论　文

《切韵鱼虞之音值及其所据方音考》　中央研究院历史语言研究所《集刊》1 本 3 分，1931 年。

《释内外转》（等韵释词之二）　中央研究院历史语言研究所《集刊》4 本

2分，1933年。

《罗常培语言学论文选集》　　商务印书馆1963年出版。

《耶稣会士在音韵学上的贡献》　　中央研究院历史语言研究所《集刊》1本3分，1930年。

《论藏缅族父子连名制》　　见《语言与文化》附录。英文稿发表于 H. J. A. S.，Ⅷ，No. 3&4，March，1945，Boston. 法文稿发表于 Han Hiue（汉学），二辑4期，1949年，北京。

吕振羽

(1900—1980)

著名的历史学家。曾任中国社会科学院哲学社会科学部委员。

吕振羽，名典福，又名典爱，字振羽，又字行仁，以振羽名世，曾化名柳岗，笔名曾用晨光、震宇、振虞、正于、曾与、一清等。出生于湖南省邵阳县。1916年入武冈中学，"五四"运动中，他被推为武冈学联会会长。1921年入湖南省公立工业专门学校，1926年毕业于湖南大学工科。同年9月参加北伐军，转战江西。1929年在北平主编《村治月刊》。1930年与郑侃、杨刚、刘思慕等人创办《新东方》杂志，建立"东方问题研究会"。1933年，经李达引荐到中国大学经济系执教，旋升任教授。1935年11月，受中共北方局和中共北平市委的委托，以左翼教授和中间人身份，去南京与国民党当局联系关于国共合作抗日的谈判。1936年3月，由周小舟介绍加入中国共产党。1937年9月，"湖南省文化界抗敌后援会"研究部主任。又参与组织"中苏文化协会湖南分会"，任理事，并与翦伯赞、谭丕模等编辑《中苏》半月刊。1938年8月，创办"塘田战时讲学院"，任常务副院长，同时为中共秘密党代表。1939年9月，奉命转移重庆，被聘为复旦大学教授。在周恩来的直接领导下，从事历史研究和统战工作，并参加以郭沫若为首的文化工作委员会的活动。1941年"皖南事变"发生后，奉命转移苏北根据地，在中共华中局党校任教，参加了苏北反扫荡作战。1942年3月，任刘少奇政治秘书，随刘少奇去延安。1943年1月，任刘少奇学习秘书，并任中共中央马列学院研究员，参加延安整风运动。1945年10月，任热西地委副书记，后又任冀热辽救济分会副主任。1948年8月，任辽东省委常委，主管城市工作。1949年10月，任旅大区党委委员兼大学部党委书记，并任大连大学校长兼党委书记。1950年11月，任东北人民政府文化教育委员会副主任。1951年8月，任东北人民大学（后改名吉林大学）校长兼党委书记。1954年当选为全国人大代表。1956年，当选为中国科学院哲学社会科学部委员。1959年，受中共中央党校之聘兼任教授，并任中央党校历史教研室顾问。1963年1月被幽禁。1967年1月被捕入狱。"文革"后被平反，1978年11月任中国社会科学院顾问。

一

从治学的角度看，吕振羽是从对现实政治研究，进而社会经济研究，再到历史研究的。他的治学特点是，非为学术而学术，而融革命与治学于一炉。他以马克思主义为指导，重新研究中国的历史实际，揭示历史发展规律、社会本质和社会走向，及其政治、经济、文化诸方面的重要经验和教训，以资实现对现实革命的指导价值。

1928年，他着重研究了南京国民党政府的外交政策，次年写出了《中国外交问题》一书，详细地评论了国民党政府的外交政策，直言不讳地指斥它对外"修约"的软弱性和妥协性，是一次"换汤不换药"的"失败的"外交。① 书中对帝国主义的强权外交进行了谴责，剖析了帝国主义者所谓的"人道和公理"的虚伪性，指出只有世界弱小民族的团结，才能抵制帝国主义的侵略。②

1929年，他主编《村治月刊》，研究地方自治问题。他曾到河北、山西等地考察调查，写成《北方自治考察记》等多篇文章。他想从基层的政治建设着手，实现他平民政治的理想。他的这种思想和研究并未维持多久，1930年春他便辞去《村治月刊》编辑之职。

1930年1月，他与郑侃、谭丕模、刘思慕、杨刚、穆雨君等人，创办了《新东方》杂志。同年10月，又组织了"东方问题研

---

① 吕振羽：《中国外交问题》，京城印书局1929年6月版，第8页。
② 同上书，第2—3页。

究会"。他们决心通过对东方问题的研究,与世界各弱小民族互通声气,组织一个"弱小民族国际",采取一致行动,遏制帝国主义侵略,摆脱殖民压迫,振兴中华。

1930年至1932年,就在他对东方问题的研究过程中,大量阅读了马克思主义理论著作,逐渐接受了马克思主义,成了一个坚定的马克思主义者。这期间,他写出并出版了《中日问题批判》和《最近之世界资本主义经济》(上)两书,发表了《中国国民经济趋势之推测》、《中国革命问题研究》等多篇论文。对西方资本主义经济危机和发展、中国经济发展的趋势、中日矛盾的实质,以及中国革命的根本问题,都作出了比较科学的研究。

1933年春,吕振羽经李达的引荐,到中国大学任教,讲授中国经济史、农业经济、计划经济和社会学概论等课程。6月,写成《中国上古及中世纪经济史》讲义,作为中国大学教材,由北平聚奎堂书局印行。该讲义一反其他体例,以马克思主义的生产力与生产关系的基本理论为指导,对中国上古和中世纪社会经济进行了系统的分析和研究。正是在这一基础上,奠定了他研究中国社会史和思想史的根基。

1933年下半年,他一面教学,一面对中国古代史进行分段研究。1934年4月,他写出了《史前期中国社会研究》一书,"给无人过问的史前期整理出了一个粗略的系统"。[①] 7月由北平人文书店出版,立即引起轰动。9月再版。次年日译本由日本东京改造社出版。

1934年,在《史前期中国社会研究》脱稿后,吕振羽又着手写作《殷周时代的中国社会》。1935年5月,该书脱稿。次年11月,由上海不二书店出版。书中对殷周两代社会性质作了详细分析,作出了大胆的推断,引起史学界的重视。

《殷周时代的中国社会》脱稿后,他打算续写秦到鸦片战争,但这时关于中国哲学史、思想史的论争引起了他的关注。郭沫若曾批评胡适的《中国哲学史大纲》,说它"对于中国古代的实际情形,几曾摸着了一些儿边际?社会的来源

---

① 吕振羽:《史前期中国社会研究》自序,1934年北平人文书店版。

既未认清,思想的发生自无从说起"①。此后,一些人也打着历史唯物主义的招牌,批判胡适的书,或写出新的中国哲学史、思想史。其中陶希圣写的4卷本的《中国政治思想史》引起了吕振羽的重视。吕振羽认为,该书严重歪曲了中国哲学史、思想史的实际,决定针锋相对地进行辩难,便也以《中国政治思想史》为名,写一部科学的中国哲学史、思想史,同时在中国大学开出了同名的课程,与在北大讲授此课的陶希圣唱起了对台戏。1936年8月,吕振羽将此书修改脱稿。1937年由上海黎明书店出版。

在这几年中,吕振羽还在国内许多报刊上发表了有关中国古代社会政治、经济、文化和思想方面数十篇论文,引起了学术界的重视,从此奠定了吕振羽在史学界的地位。

1937年至1939年,由于抗战形势紧迫,吕振羽基本上中止了学术研究,但仍写出了一本《中国民族解放运动史教程》,作为塘田战时讲学院学生教材。

1940年在复旦大学任教期间,他读到日本历史学家秋泽修二写的《支那社会构成》一书,发现该书以研究中国历史之名,为日本侵略中国张目。此书的一个中心思想是说中国社会结构具有"亚细亚的停滞性",说这是"中国社会的根本性格"。这种根本性格是中国社会自身无法克服的,只有外力才能打破,鸦片战争便是"中国经济近代化过程的转机",这次"中日事变"将"给予中国社会之特有的停滞性以最后克服"云云。② 吕振羽敏锐地从秋泽修二扑朔迷离的说教中看出了他的险恶用心,决定予以揭露和批判。但这种揭露和批判,必须是说理的,必须从中国社会自身的历史发展,特别是"亚细亚生产方式"、中国的奴隶制、中国封建社会的长期性等问题加以回答。同时,吕振羽又联系到30年代中国社会史论战中没有解决的那些问题,便一并给以回答。他连续地写出了《日本法西斯的中国历史观与三民主义的中国革命》、《关于中国社会史诸问题》、《"亚细亚生产方式"和所谓中国社会的停滞性问题》等多篇文章,回答了关于"亚细亚生产方式"、中国社会的"停滞性"、中国历史上的奴隶制等

---

① 郭沫若:《中国古代社会研究》自序,科学出版社1960年2月版。

② 吕振羽:《中国社会史诸问题》,三联书店1961年版,第56页。

问题。这些文章后来汇集为《中国社会史诸问题》一书，1942年由上海耕耘出版社出版。

与此同时，吕振羽接受周恩来的建议：从中国历史的发展写一本对青年进行爱国主义教育的书，坚持团结抗战，反对妥协投降。1940年秋吕振羽着手起草，到1941年2月，完成上半部8章。旋因局势紧张，吕振羽转移苏北，写作遂告中辍。前8章便以《简明中国通史》第一分册之名，于该年5月由香港生活书店出版。1948年2月，吕振羽在大连完成了通史后7章；5月，连同第一分册由大连光华书店分二册出版。次年1、4、5、7月，又由新华书店、三联书店、东北新华书店、香港新中国书局分别印刷初版和再版，并被确定为新中国大学丛书和干部读本。建国后，吕振羽又经过数次修订和增补，多次再版，前后印数约为六十万册，在历史教学和科研中发挥了它的重要作用。

吕振羽在华中局党校任教期间，曾写出《中国哲学史十讲》、《中国革命史十讲》，由于战争环境，惜未流传下来。

在延安时，吕振羽就开始写作《中国民族简史》，在转移东北的过程中，仍不断地搜集材料，并利用一切间隙写成了初稿，1948年在哈尔滨出版。

建国初期，吕振羽一直从事教育领导工作，很少有时间从事研究。1958年以后，他才将研究工作重新捡起，在民族关系史和哲学史等方面，发表了一系列颇有价值的论文。

50年代末60年代初，吕振羽在中共中央党校讲课期间，写成了《中国历史讲稿》二册，先由校内印发，1982年由党校整理、江明同志修订，1984年由人民出版社出版。

1963年至1965年，吕振羽在被隔离审查中仍没有放弃对历史的研究。他利用仅有的两份报纸和他的记忆力，在两年多的时间内，写下了32篇历史评论文章，取名为《史学评论》。他还回忆整理了昔日的诗词旧作，并写下不少新诗，集成了《学吟集初草》。这些都显示了身处逆境的吕振羽，对党对祖国对人民对事业的无比坚贞。

二

吕振羽给社会奉献的史学专著有16种（其中3种已散佚），史学论文一百六十余篇。涉及了中国经济史、社会史、哲学史、思想文化史、民族史、史学史、革命史、农民战争史等诸多方面。回答了一系列重大历史问题。其成就之丰，非一篇短文所能尽道。这里，只就吕振羽对中国史学具有开创和引导意义的一些方面，结合前辈与时人的评论，作一粗略的绍述。

（一）用马克思主义研究中国古代经济史的先驱者

本世纪以前，对中国古代经济史的研究，无人问津。本世纪西方史学传入后，有少数学者曾涉足这一领域，但大多作个别人和事的辨析，并未作生产力与生产关系、经济基础与上层建筑方面的系统研究。30年代初，在中国社会史论战中，有些人只是在原理原则上引用了马克思主义的一些经济学词句，却未真正去考查中国古代的经济情况。如把古代的商业说成"商业资本主义"，并将它描绘成中国的早期资本主义社会，等等。

1933年，吕振羽运用马克思主义的唯物史观，对中国上古及中世纪的经济发展进行了系统探索。他的《中国上古及中世纪经济史》虽未在社会流传，但其中很多重要论述，贯穿在他以后一系列著作中。如他对中国新旧石器时代工具的考察，对"茹毛饮血"、"钻燧取火"、"穴居野处"、"刀耕火种"、"共寒其寒、共饥其饥"、"力不为己"、"货不藏于己"等神话传说的分析，揭示了中国原始社会人类的生存状态；对殷商青铜器、社会生产、交换，以及统治阶级奢侈浪费的分析，揭示了中国奴隶社会出现的必然；对大地主、大官僚、大商人三位一体的经济结构的剖析，揭示了中国封建经济的一大特征，指出它是中国商业资本不可能转化为工业资本的一个关键；他对封建时代土地买卖的考察，认为它远不同于资本主义的自由买卖，而是在封建关系严重约束下进行的，二者不能混为一谈。特别是，他对中国资本主义萌芽问题的考察，有力地驳斥了"中国历史特殊"论，并引出了中国经济史研究中一个新的历史课题。1933年他就指出:"到清代前半期,封建经济已临没落,而开始跌入社会自身的过渡时期。历史的新因素已在形成的过程中。"① 1934年,他又指出,清代前半期"中国的资本主义因素,业已开始在孕育"。②

不久,他在《中国政治思想史》一书中,又进一步指出:到明清之际,不只表现都市经济的成长,已成为国民经济生活中的一个重要因素,而且自由商人等已开始以其资本直接投向生产,出现了资本主义工场手工业原始形态的东西。

1940年,吕振羽还从经济根源上分析了中国封建社会长期延续问题。他指出,由于中国地大物博,边疆人口稀少,可垦荒地较多,在战争年代或战争后,大量人口不断向少数民族地区或边疆移徙。"这样,一方面使生产力和生产关系的矛盾不断获得缓和;一方面大量人口移到新地区后,便使原住地区人口相对缺乏,因战争破坏的生产恢复迟缓"。流动人口到达新地区后,又因设备等条件缺乏,而不易在短期内赶上原先的生产水平,"大量人口不断他徙,使社会内部的剩余劳动人口不断得到消纳,这又阻滞了商业资本向生产资本的转化和商品市场的扩大"。这是"以汉族地区为中心的中国封建社会发展迟缓的重要原因之一"。此外,后进民族的统治者不断向内地进扰和侵夺,造成生产力的破坏,封建统治者将搜刮的财富用于奢侈浪费,而不用于扩大再生产,也都延缓了社会的发展。③吕振羽对中国经济史的研究,正如中国经济史学家孔经纬所说:他"不仅有开拓之功,而且有经得起后人验证的建树。"④

(二)中国原始社会史研究的拓荒人

上古三代,过去在中国浩瀚的典籍中,一直被称为至治之世的黄金时代。"致君尧舜上"曾被士大夫们作为最高理想追求。本世纪初,梁启超、严复、夏

---

① 吕振羽:《中国上古及中世纪经济史》讲义,北京聚奎堂书局1933年装订,第168页。
② 吕振羽:《史前期中国社会研究》,三联书店1961年版,第35页。
③ 吕振羽:《中国社会史诸问题》,三联书店1961年版,第61—63页。
④ 孔经纬:《吕振羽在中国经济史方面的重要贡献》,载《吕振羽和中国历史学》,吉林大学出版社1996年版。

曾佑等新史学家，用西方进化论史观，否定了上古的至治之世，但却未能深入研究，只把它作为一个"传疑时代"。而后西方实验主义方法，却引来了对中国上古史的否定。胡适的《中国哲学史大纲》，从"诗三百"讲起，说"东周以前无史"。疑古家们，又用"层垒地造成的古史"观，否定了中国上古的神话传说。于是，中国上古史的研究成为荒原。

20年代初，李大钊、蔡和森等人，从马克思主义社会发展史的角度，论述到原始社会的一般情状，但对中国原始社会也未能作深入考察。20年代末，郭沫若肯定了中国存在一个原始社会，而且商代就是。他说："商代才是中国历史的真正的起头！"① 殷商以前仍然是个谜。

吕振羽认为，这个问题不解决，马克思主义关于社会发展规律的学说在中国就得不到证实，人们就不可能建立起对马克思主义的深刻信仰。他在李达的支持下，于1934年4月写成了《史前期中国社会研究》，以中国当时已有的地下出土物为骨骼，以中国古籍中的神话传说为血肉，具体地描述了中国原始社会两个阶段的社会情景。他指出，旧石器时代相当于传说中的"有巢氏"、"燧人氏"、"庖牺氏"、"神农氏"、"女娲氏"时代，那是人类的"野蛮时期"；尧、舜、禹的传说，反映了母系氏族社会的情景，是考古学上的新石器时代，是人类进入开化阶段；夏代进入了男系氏族社会，是中国原始社会末期，考古学上已是"金石器时代"。夏代末期，由于生产力发展，旧的生产关系已成为桎梏，从而发生了"成汤革命"，中国开始进入奴隶社会。就这样，吕振羽从"崇古"与"疑古"之间找到了问题的关键，掘发出了看似荒诞不经的神话传说背后的真实历史，发现了隐藏在神仙鬼怪外衣下的人间世界。翦伯赞评价说："吕振羽对于在中国无阶级社会史的研究上，是尽了一个开辟的任务。"② 张忠培教授指出："更重要的是，他是将考古学遗存系统地纳入史前史研究，并给予马克思主义说明的先驱，从而为后人指明了正确的研究方向。"③ 的确，吕振羽揭示了中

---

① 郭沫若：《中国古代社会研究·导论》，科学出版社1960年版，第9页。
② 翦伯赞：《历史哲学教程》，北京大学出版社1990年版，第154页。
③ 张忠培：《立学高风世馨香》，载《吕振羽和中国历史学》，吉林大学出版社1996年版。

国原始社会的发展轨迹，建立起中国原始社会史科学体系，是名副其实的拓荒人。

（三）殷商奴隶社会说的始创者

关于殷商社会性质，自从郭沫若的《中国古代社会研究》出版后，引起了学术界的很大争议。吕振羽仔细研读了郭沫若的著作，对郭沫若的立场和方法表示钦佩，但他不能同意郭沫若对殷周社会的分析和结论，因而有必要对郭著加以辨正和补充。于是他写作了《殷周时代的中国社会》。

郭沫若判定殷商为原始社会，处于金石并用时代。吕振羽首先考察了殷墟出土的工具，从当时的青铜冶炼术和冶炼遗址的普遍存在，青铜器与其他器物出土比例，铜器的制造工艺，冶炼炉的容量等方面，得出了殷代非"金石并用时代"，而是"青铜器时代"的结论。

那么，青铜器究竟能表现出多大的劳动生产率？它是否足以达到摆脱原始社会而进入奴隶制时代？吕振羽认为："殷代不仅有很繁盛的畜牧，而且有很繁盛的农业；不仅在生产事业的领域里及其他事务上都使用奴隶，而且有专靠奴隶为生的自由民阶级和贵族集团的存在。在上层建筑的政治形态上已经完全看不见古代民主主义的形迹，充分表现在阶级支配的机能。"① 殷墟的出土物固然没有关于劳动生产率的直接说明，然而，它已有一个不劳而食的阶级。如果生产上没有剩余劳动物，这个坐食阶级是不会出现的。而且，这些人还"沉湎于酒"，过着一种"靡明靡晦，式号式呼，俾昼作夜"的荒淫生活。如果社会没有多余粮食，酒是不会被大量制造出来的。出土物中酒器之多令人瞩目。吕振羽认为，正是青铜文化"完成了使社会内部之阶级的最初大分裂的任务，而充任了国家之出现的主要因素"。② 他不同意郭说殷代还是"渔猎时代"。他从畜牧业、农业、手工业、商业诸方面论证了殷代是奴隶制经济。

吕振羽还从政治形态、社会生活、文化艺术诸方面作了分析，指出：殷

---

① 《史前期中国社会研究》，三联书店1961年版，第21页。
② 《殷周时代的中国社会》，不二书店1936年版，第62页。

代存在奴隶主贵族、自由民、奴隶三个阶层两大阶级；王位为男性世袭；神权至高无上；婚姻为一夫一妻制；甲骨文已到了声音文字的阶段，而非象形文字；八卦哲学、诗歌、音乐、精美雕刻、精湛的青铜工艺，都说明殷代文化已发展到相当高度，非原始社会所能有。

吕振羽对殷代社会全面而有力的分析，很快便赢得了学术界的广泛赞同。郭沫若后来也放弃了殷商氏族社会说，并重新加以论证。此后，史学界对殷商社会的研究，便以吕、郭的研究为出发点。

（四）西周封建论的建立者

旧史家们讨论"封建"都以西周为出发点，但都不是科学意义上的社会形态讨论，而是一种政治制度的研究。中国有没有封建社会阶段？封建社会始于何时？在30年代展开了一场论战，对前一个问题大都作了肯定的回答，后一问题却众说纷纭。郭沫若认定西周为奴隶制，东周进入封建社会（后来改为秦汉进入封建社会，再改为春秋战国之交）。吕振羽不同意他的这一论断。1933年，他在《中国上古与中世纪经济史》讲义和《史前期中国社会研究》中就提出了西周是中国封建社会的开始，并作了初步分析。他在1935年写作的《殷周时代的中国社会》一书中认为，"武王革命"是一次"奴隶革命"，结束了殷商奴隶制社会，跨入了初期封建制社会。西周的封建统治阶级为领主，而不是奴隶主。他们是由天子、诸侯、大夫、士组成。被统治阶级为农奴，他们由"庶人"或"小人"组成。其他还有自由民和家内奴隶。西周农奴"都有其独立的经济"，即有自己的生产工具和"私田"，不同于殷代奴隶。他们以劳役地租和贡纳奉献给领主。当时的生产组织形式是封建的庄园制。孟子所说的"井田制"虽不存在，但却相对地说明了庄园制的内容。

他认为，中国的初期封建制即领主封建制，它在春秋继续发展，到战国衰落。由于铁器的使用，农业生产迅速发展，手工业、商业也同时发达起来。公田制遭到破坏，土地买卖开始了，新兴地主连同土地的佃耕制便出现了。于是庄园制没落，地主经济兴盛，郡县制出现。秦以后，中国的封建制进入了另一个阶段。这样，吕振羽就从土地所有制形态、经济组织、社会阶段、剥削方式、政治结构、意识形态诸方面，论证了西周封建制及其变化，建立起他的"西周封建论"。

稍后翦伯赞、邓拓、吴玉章、华岗、吴泽等人也都主张西周封建论，范文澜也以西周封建社会的观点编写中国通史。"西周封建论"便成为史学界的一大学派，极大地启发与推动了中国先秦史研究。

（五）科学的中国历史分期理论的奠定者和实践人

自从社会进化论出现之后，西方史学界便开始将历史划分为顺序渐进的若干阶段，大大促进了历史研究。中国学者在本世纪初，也打破了儒家的历史循环论，试图将中国史划成若干阶段。但是他们并没有能建立起科学的历史阶段论。30年代初，此问题成为争论的一大热点。郭沫若在《中国古代社会研究》中，用马克思主义的历史一元论，将中国历史划分为原始社会、奴隶制社会、封建社会、资本主义社会四个阶段。但他除殷周社会外，并未对各阶段作进一步的论证。

吕振羽对郭沫若的观点做了重新考查。1933年，他将中国社会历史发展划分为：殷以前为原始社会，殷商为奴隶制社会，西周至鸦片战争为封建社会，鸦片战争以后为半殖民地半封建社会。① 1934年4月，他发表在《文史》杂志创刊号上的《中国经济之史的发展阶段》一文，和同年6月出版的《史前期中国社会研究》一书中，进一步阐述了这一观点。后来他在《殷周时代的中国社会》和《简明中国通史》，以及其他著作和文章中，分别对每个阶段进行了较详尽的论述。其要点是：原始社会分为两大阶段6个时期；殷商为奴隶社会；西周至战国为初期封建制。（已见前述）他将初期封建制分为3个阶段，即西周建立，春秋发展，战国衰落。他将秦以后到鸦片战争前称为"专制主义封建制"，也称地主封建制，划分为7个阶段，即：秦为建立期，汉为发展期，三国两晋南北朝为矛盾斗争扩大期，隋唐为复兴期，五代两宋辽金为高度发展和矛盾斗争再扩大期，元为逆转期，明清为再复兴到崩溃期。

这样，吕振羽就将中国社会史分期和中国封建社会内部分期问题系统地作

---

① 《中国上古及中世纪经济史》讲义，北平聚奎堂书局1933年装订。

了论证，提出了自己的独到见解，建立起自己的分期理论。建国后，学术界开展的中国封建社会历史分期讨论，正是以此为起点。先行者的足迹给人们以向导。

（六）以唯物史观写中国通史的最早作家

1934年4月，吕振羽在《史前期中国社会研究·初版序》中说："本书算是拙著《中国社会史纲》的第一分册（我计划共作四个分册，当继续出版）"。该书出版时，它的副标题即为《中国社会史纲一》，1936年，他的《殷周时代的中国社会》出版，标明为《中国社会史纲》第二分册。第三分册他打算写秦到鸦片战争，第四分册写中国近代史。1935年，他因赶写《中国政治思想史》，又参加南京谈判，后又因抗战全面爆发，而未能续写下去。直到1940年，周恩来建议吕振羽写一本简明中国通史，对青年进行爱国主义教育，他才重新拿起笔。他考虑，前两册通史研究性和论辩性成分比较重，不适合抗战时期对青年的教育，需要重新编写。为了照顾大学一、二年级学生和一般读者习惯，他采用章节体并以年代和朝代为线索，贯穿科学的分期思想。他计划写15章。1941年2月完成了前8章。旋因"皖南事变"，他不得不停止写作，离开重庆。通史前8章，在1941年5月，作为《简明中国通史》第一分册，由香港生活书店出版。后7章延至1948年完成。这样，吕振羽在30、40年代就写作了两部通史，一部是完成了的，一部则没有完成。而最早的一部通史是他在1933年开始写作的。

40年代，用唯物史观撰写的中国通史，还有范文澜主编的《中国通史简编》，翦伯赞的《中国史纲》一、二卷，邓初民的《中国历史教程》，吴泽的《中国历史简编》等。这些通史著述，都对建立中国通史体系，创通条例，开发阃奥，发挥了重要作用。但是从时间和体系上看，吕振羽的中国通史创作比以上诸书都早。

（七）《中国政治思想史》是用唯物史观系统研究中国思想史的开山之作

把思想史问题提到学术界讨论的首先是郭沫若。他在《中国古代社会研究》一书中提出，胡适的《中国哲学史大纲》对于中国古代的实际情形，几曾摸着了一些儿边际！社会的来源既未认清，思想的发生自无从说起。"所以我们对于他所'整理'过的一些过程，全部都有从新'批判'的必要。"① 在该书中，郭沫若以《〈周易〉时代的社会生活》、《〈诗〉〈书〉时代的社会变革与其思想上之反映》为标题，将思想的产生返回到社会基础去加以分析，从而揭示了思想产生的现实性和它的社会本质。1935年，郭又发表了《先秦天道观之进展》，探讨了自传说时代至战国间天道观的演变及基础。1934年，侯外庐也以唯物史观为指导，写出了《中国古代社会与老子》一书，深入地研究了老子思想所反映的时代。这些著述都是以唯物史观为指导的最早的中国思想史著述。不过，这些著述还不是系统的中国思想史。

如果说郭沫若是针对着胡适的《中国哲学史大纲》而去研究《周易》和《诗》、《书》，那么，吕振羽这时却针对着陶希圣的4卷本《中国政治思想史》而写出了系统的中国思想通史。

吕振羽的《中国政治思想史》的基本特点是，以"社会意识是社会存在的反映"这一唯物史观的基本原理，把思想史研究放在社会发展形态、物质生产、阶级斗争的基础上。全书10编，每编都以当时的社会形态特征做标题，根据阶级斗争和生产形势，分析各家各派思想的产生、发展和变化。通过社会政治、经济的变化阐明思想的底蕴。

作者将中国古代思想的产生、发展和变迁，理出了三条线索和两大阵营。即：统治阶级和阶层的思想；没落阶级和阶层的思想；被统治阶级的思想；以及哲学上的唯物主义和唯心主义两大阵营。

他认为，代表各时期统治阶级思想的有：《易卦》是殷代奴隶制向西周封建制过渡的统治阶级的政治哲学。《洪范》和《易传》是西周封建领主阶级的统治思想，孔子思想是初期封建制发展成熟的产物，是一种"保守论"。到战国时期，儒家思想一变为孟子的"调和论"，再变为荀子的"法后王"，三变为韩非、李斯的"专制主义"。到汉代，儒家思想为适应地主阶级的统治再变为贾谊、董仲舒等人的"大一统"思想。刘歆的复古主义，代表了王莽的贵族地主自救运动的政治哲学。在两晋南北朝矛盾扩大期，佛教成为北朝统治阶级的政

---

① 郭沫若：《中国古代社会研究》，自序，科学出版社1960年版。

治思想。儒道合一，便成为南朝统治阶级的思想。韩愈、李翱的"排佛论"，反映了唐代世俗地主的入世主义和中小地主的要求。进入专制主义封建制的两宋辽金元时期，代表大地主阶层的有周敦颐、张载和司马光的思想，代表中小地主阶层的有王安石思想。南宋大地主阶层内部的分裂，而有朱熹的折中主义二元论和陆象山的主观观念论。元代统治者则把寺院哲学和理学作为他们的统治手段。到专制主义崩溃的明、清时期，代表统治阶级思想的则有薛宣、陈献章、顾炎武、孙奇逢、李中孚等人，代表中小地主阶层的还有吴与弼、胡居仁等。

他认为，代表统治阶级中没落阶层的思想则有：老聃的复古主义、庄周的出世主义、竹林七贤的清谈派、葛洪的神仙术、王阳明的保守主义，等等。

他认为，代表新兴阶级与被统治阶级的思想有：杨朱、申不害、慎到、邹衍、商鞅、墨翟、许行、王充、鲍敬言、吕才、陈亮、叶适、王艮、李贽、颜元、黄宗羲、王夫之、龚自珍、魏源等人的思想。

这样，他就打破了旧思想史研究的窠臼，创立了一个崭新的中国思想史研究体系，揭示了唯物主义与唯心主义之间的斗争、继承、发展的相互关系，使人耳目一新。

尽管书中吕振羽对古代思想家的阶级划分和思想分析不一定恰如其分，甚至还有错误，但他却为中国思想史、哲学史，理出了一个井然有序的系统，为科学的中国思想通史奠定了第一块基石。他的开创之功是不可抹杀的。

（八）马克思主义中国民族史的开拓者

我国自古以来就是一个多民族的国家，源远流长，史不绝书。然而在旧典籍中，除汉族外，有关兄弟民族的历史记载，大多偏于政治史方面，并偏重于政权间的封赐贡纳，或征服、寇掠等军事行动，至于各兄弟民族的经济、文化、语言、风俗等广泛的社会内容则很少记述。至于对他们的研究，在近代以前并未开展。中国进入近代以后，由于西方列强的入侵，有识之士才开始了对边疆史地及边疆民族的研究。辛亥革命后，一些受西方新学熏陶的学者，才把目光投注于民族史，民族史研究才成为一门学问。如王国维、刘师培、林惠祥、吕思勉、缪凤林诸人，都写出了一些民族史研究著作。然而，在他们的研究中仍未能抛弃"内中华、外夷狄"、"中华正统、夷狄窃据"的旧观念。一些民族史的著述只是一部汉族史,而不包括少数民族;有的又只写少数民族,而不写汉族,处处都表现了大汉族主义思想。

30年代,吕振羽在研究上古史的同时,就关注民族的起源和发展。他在《史前期中国社会研究》一书中,就对中华民族的起源、繁衍、分布、迁徙,以及文化发展和演进等重要问题进行了考查。他在40年代编著的《简明中国通史》中,就用了三分之一的篇幅论述了各兄弟民族。1947年,他用唯物史观写出了我国第一本《中国民族简史》,对我国十多个民族的起源、体貌特征、语言、风俗习惯、宗教、文字、婚姻形式、分布地区、生存环境,以及社会形态演进等方面作了研究。50年代末至60年代初,他又对中国历史上民族关系的若干重大问题,发表了多篇论文,进一步推进了中国民族史的研究。据粗略统计,吕振羽对兄弟民族史和民族关系的论述,约在50万言以上。

在吕振羽的《中国民族简史》及其他论述中,体现了如下一些特点:

首先,他用民族平等的观念对待民族史。在《中国民族简史》中,他既考察了汉民族的形成和发展,也考察了满、蒙、回、藏、黎、苗、彝等十几个民族的形成和发展史。他将历代统治者给少数民族加上的侮辱性的名称一一改正,为他们正名。如将"猫"改成"苗","猺"改成"瑶","猓猓"改成"罗罗","㐱"改成"僮"等,将"犬"和"虫"的部首偏旁舍去。吕振羽认为,历史上的四次革命(指成汤领导的奴隶制度革命、武王领导的封建制度革命、民主革命和社会主义革命——笔者)都是各族人民共同进行的。各民族对中华民族的政治、经济、文化的发展都做出了自己的贡献。汉族虽然在中国历史的发展中起了主要作用,但其他民族的作用也绝不应小看。这就将中国民族史研究的立场、视野、对象和范围提高到一个新的境界。

其次,用阶级观点与历史主义分析历史上的民族关系。吕振羽指出,谈论民族关系应区分各民族统治集团与人民。"在我国,各族住区的交叉和人口杂居,或所谓大杂居小聚居的情况,都有了一个长远的过程","形成了经济上相互交流、影响、联系、依赖、推动和渗透的不可分割的纽带"。这是我国"民族关系的基本特点",是民族之间关系的"主流"。而民族分裂和战争,是各民族统治集团造成的,是暂时的。正是由于各族人民有"共同命运和共同要求",才

"形成了我国从秦汉以来就是一个统一的多民族的这个重大特点",也造就了中华民族强固的凝聚力和向心力。

他说,地下发掘表明,常有的两个或两个以上文化系统混合并存的现象,"显示了不同血统部落间平等联合和互相融合,显示着由血缘关系到地缘关系的人们集团转化的线索"。① 各个民族都是发展变化的,没有纯血统。他风趣地说:"谁说他的民族不是杂种,那便是说他们还是最原始群团。"②

再次,提倡以地下发掘、书本材料和民俗调查三结合的方法研究民族史。他从仅有的出土文化遗存,考察了中国人种起源。认为,"蒙古、华北一带是人类起源的圣地之一"。新石器和金石工具已能揭示"太古时代中国诸民族活动的一幅轮廓画"。③ 他并且对这幅轮廓画进行了描述。他特别强调民俗调查的重要性。在《中国民族简史》中,有不少材料都是来源于他的亲身经历和实地调查。如苗族、瑶族一些情况来源于他早年的了解。广东疍民生活是他亲自调查所得。他在革命转战途中,很注意对各民族干部、战士和乡亲故老的采访,都使他获得不少第一手材料。他曾说,由于实地调查,曾改变了他"过去一些不切实际的认识"。④ 他认为,要写好民族史就必须将三者结合,而不要轻信书本。他的这种研究方法,起到了良好的示范和先导作用。

50、60年代,吕振羽在对中国民族史继续探索中,对不少重大问题,发表了重要意见。如:中国人种的起源,中华民族的形成,民族战争的性质,民族同化与融合,国内民族的界定,民族英雄等问题。他的回答深刻地影响了民族史研究领域。因而,他不仅是中国民族史的开拓者,也是民族史深入研究的引路人之一。

(九)科学地利用神话传说探寻历史真相的第一人

吕振羽在写作《史前期中国社会研究》时,在史料运用上冒着很大风险。

---

① 以上见《论中国历史上民族关系的基本特点》,载《吕振羽史论选集》,上海人民出版社1981年版。
② 《中国民族简史》,三联书店1950年版。
③ 《史前期中国社会研究》,三联书店1961年版,第5、50页。
④ 《中国民族简史》,三联书店1950年版。

当时地下出土物，殷代以前还理不出一个系统，疑古学者将先秦两汉古籍大都看成伪书。在这种情况下，要想研究中国原始社会，究竟从何着手？吕振羽深感这一问题的难度。他经过冷静思考和审慎研究，在马克思主义哲学家李达的指导下，用历史唯物主义方法，对中国古代神话传说，作了独到的解析。他在该书中声明："在史前期这一阶段的研究上，我们能利用的材料，只有一些神话传说式记载和一些有限的旧石器新石器时代出土的遗物。"他认为，对伪托之书或篡改之书，不可一概否定。因为，"无论作者的动机如何，更无论其出自战国时代抑出自汉人之手，当时或有根据的材料，则为后代所不及见已归湮没者；一部分或系根据当时所流传之神话传说，而加以粉饰——用作者自己的时代意识去扮演出来。如果是凭空臆造，在当时也不可能有任何说服力和站得住脚的。尤其如司马迁的《史记》及班固的《汉书》关于殷代的记载，与今日发现的甲骨文研究出的结果，每多暗合；因而，他们在当时必有可靠史料的根据，为我们今日所不及见者。不然，以科学知识较低的古人，而所记每有合乎古代社会之事实，宁非奇迹？"他又说："神话传说本身，原系邃古各时代人类实际生活所构成的一种遗留到后代的传说，这些传说一定反映到后代人的脑子里，便被复制和混和起来。……他们又替每篇神话，都去找一个主人和它相结合。……因为不创造一个具体的人来作代表……对于邃古各时代的神话，是难于说明和流传的，尤其在人类还在低级阶段的时代。"因此，"伪史中有真的成分"。[1] 神话传说的正确运用，也可作为史料。

于是，他将各种古籍中的神话传说一一摘抄，用唯物史观加以梳理辨析，然后按照人类社会历史一般演进程序予以排比。就这样，原始群团的穴居野处、构木为巢、钻木取火、焚林而田、竭泽而渔、血族群婚、无制令而民从，母系氏族社会的知母不知有父、部落联合、耕稼陶渔、制弓矢、作衣裳，父系氏族社会的服牛乘马造车、筑城廓、王位男子世袭、女子出嫁、一夫多妻等等，一幅幅中国原始社会的生动图画，展现在我们眼前。这里，不是儒家所说的"至

---

[1] 《史前期中国社会研究》，三联书店1961年版，第5、50页。

治之世"，也不是疑古家所否定的子虚乌有，而是人类先祖们相替演进的低级生活场景。

此书一出，不仅填补了中国原始社会史的空白，在史料学上也为中国史研究开辟了一个新天地。

（刘茂林　撰稿）

作者简介

刘茂林，1933年生，江苏扬州人。中国农业大学教授、学术委员，中国郭沫若学会理事。主编与参编著作有：《吕振羽评传》、《郭沫若新论》、《郭沫若传奇》、《中国史学发展史》、《新史学五大家》等。

吕振羽主要著作目录

《史前期中国社会研究》　1961年三联书店出版。

《殷周时代的中国社会》　1962年三联书店出版。

《中国政治思想史》　1953年三联书店增订再版。

《简明中国通史》　1959年人民出版社新版。

《中国社会史诸问题》　1954年华东人民出版社出版。

《中国民族简史》　1950年三联书店增订版。

《中国历史讲稿》　1984年人民出版社出版。

《吕振羽史论选集》　1981年上海人民出版社出版。

侯外庐
(1903—1987)

著名的历史学家。曾任中国社会科学院历史研究所所长、名誉所长,哲学社会科学部委员。

侯外庐，原名兆麟，又名玉枢，自号外庐，山西平遥人。5岁从舅父诵习四书五经；12岁随父去永济，入新式小学堂。16岁考入山西汾阳河汾中学，此时正值"五四"新文化运动时期，侯外庐深受民主和科学思潮影响，即投身于爱国学生运动。1922年，分别考入北京法政大学和北京师范大学，同时攻读法律和历史。在李大钊等的影响下，由信仰民主主义转向信仰共产主义，曾主编秘密刊物《下层》，被北洋军阀政府通缉，不得不远走哈尔滨。1927年，赴法国留学，进入巴黎大学。1928年，着手翻译《资本论》，同年加入中国共产党，任中国语言支部书记，参与旅法劳工革命活动，主编《赤光报》。1930年回国，在哈尔滨法政大学任教。"九·一八"事变后，回到关内，分别在北平大学、北平师范大学任教授。1932年，因宣传抗日和进步思想，被捕入狱，次年出狱，还太原，主要从事《资本论》的翻译和古史研究。1937年"七·七"事变后，即往山西临汾民族革命大学任教。1938年春赴西安，与林伯渠、宣侠父等取得联系，全力以赴，宣传抗日。后因得悉国民党当局企图再次拘捕他，只身离开西安，转赴武汉。同年9月抵重庆，任《中苏文化》杂志主编，在周恩来的领导和关怀下，写了大量的抗日宣传文字，同时还担任中国学术工作者协会秘书，与学术文化界人士有广泛的交往，并结识了英国李约瑟、苏联费德林等外国知名学者。抗战胜利后，于1946年到达上海，与杜国庠、赵纪彬等共同撰著《中国思想通史》，主编《文汇报》副刊"新思潮"。1947年，避居香港，任达德学院教授。1948年，与郭沫若等一道进入东北解放区。1949年4月出席布拉格拥护世界和平大会。回国后，先后参加了新政协筹备会和中国人民政治协商会议。新中国成立后，历任中央人民政府政务院文化教育委员会委员、北京师范大学历史系主任、西北大学校长、中国科学院历史研究所副所长、中国科学院哲学社会科学部委员等职。1966年"文革"初始，即因吴晗《海瑞罢官》而受株连，遭到残酷迫害。"文革"结束后，得以恢复名誉和工作。1980年后，历任中国社会科学院历史研究所所长、名誉所长，《中国大百科全书》历史卷主编、《中国哲学》名誉主编等。曾当选为第一、二、三、五届全国人民代表大会代表，第六届全国政协委员、常务委员。

侯外庐

当代中国史林,名家辈出,作为老一辈马克思主义史学家,侯外庐的研究独树一帜。他的研究,以社会史与思想史并重,把思想史研究置于社会史研究的基础上为特色;他的著作,以体系之博大与思想之深刻见重于世,并形成了以他为首的学术群体——侯外庐学派,为中国现代史学的发展作出了重要贡献。

治学道路:从法学、经济学走向史学

侯外庐早先在北师大习读历史,而他并未由此直接走向史学研究。他曾概括自己的治学道路是:由法学到经济学,由经济学到历史学,而且自信这条路子走对了。他早年曾在北京法政大学攻读法律,积累了相当丰富的法学知识,虽无法学专著传世,然从其史学论著中也可以看到他的法学根底颇深。

侯外庐从法学转入经济学,转折点即是他翻译马克思的名著《资本论》。他翻译《资本论》,说来似乎有点偶然。据他回忆,1927年,在哈尔滨等待办理赴法签证期间,意外地在书摊上买到《资本论》等几种经典著作的英译本和日译本,天天在旅馆里翻阅,从此把翻译《资本论》作为赴法求学的目的。到达法国后,他加紧学习德文和法文,经过一年的准备,于1928年起步试译《资本论》,至1930年回国前,他已译出该书第1卷中的20章。1932年,他与王慎明(即王思华)在北平合译出版中文本《资本论》第1卷上册,1936年又自费出版他们合译的《资本论》第1卷全帙,迄于1937年抗战前,他已单独翻译出《资本论》第2、3卷书稿。抗日战争全面爆发后,他托人将书稿带往延安,惜在途中毁于战火。

侯外庐在1928—1937年的10年间,主要精力都放在《资本论》的翻译工作上。面对《资本论》这部凝聚了马克思毕生心血与智慧的巨著,年轻的侯外庐深感知识贫乏,不得不边翻译边补习各种知识,除德文、法文外,涉及西方的古典哲学、哲学史、政治经济学、经济史、莎士比亚的戏剧、歌德的诗、数学、机械学等广泛领域。他精读了马克思的《剩余价值学说史》,阅读了黑格尔、费尔巴哈、康德、亚当·斯密、萨依、西斯蒙蒂、李嘉图等人的大量著作。他晚年不无感慨地说,"回想起来,多亏了为翻译《资本论》所承受到的知识贫乏的压力,若不是那10年为摆脱知识贫乏的压力所做的努力,以后未必会有机会,也未必会有同样强大的动力,去从事那样广泛的阅读和认真的消化。"[1] 又说:"对《资本论》的翻译和研究,奠定了我的理论基础,我从中得益匪浅,所以做起社会史和思想史的探讨工作来颇感得心应手。大概就是这个缘故吧,数年之后,当我成为史学界一员时,以往那段为《资本论》,为政治经济学,孜孜苦斗的经历,反而不被人注意了。实际上,正是通过那段苦斗,赢得了理论上的武装,才构成我在社会史和思想史研究中的真正支柱。"[2]

《资本论》这部伟大著作推动侯外庐从法学走向经济学,又推动他深入史学,但是,直接促使他从经济学转向史学的还有另一部名著,那就是郭沫若的《中国古代社会研究》。1930年,侯外庐从巴黎取道莫斯科回到哈尔滨不久,便读到了郭沫若这部新著。此书的新颖内容,使他兴奋不已,即致函寓居日本的郭沫若表示钦敬。他认为,郭沫若此书依据中国的历史实际,应用马克思主义的理论和方法,回答了当时关于中国社会史论战中的若干重大问题,对中国古史作出了难能可贵的科学解释,开辟了"科学的中国历史学的前途"。当然,这本书也刺激了他本人对于中国古史的兴趣,只因他正在翻译《资本论》,尚无暇作专题研究,但他的方向则从此被确定下来了,研究中国历史成了他的毕生事业。

从法学到经济学再到史学的经历,使侯外庐的史学研究具有深厚的根底,宽阔的眼界,逐渐形成社会史与思想史相结合、"纵通"与"横通"相结合、实证方法与理论分析相结合的独特的学术路数和学术风格。

---

[1] 《韧的追求》,三联书店1985年版,第19—20页。

[2] 同上书,第67页。

侯外庐从其1931年撰著《中国古代社会和老子》起，迄1987年他逝世的半个多世纪，他对漫长的中国社会史和思想史做了广泛、深入的研究，著作等身，给后人留下了丰富的史学遗产。他的治学生涯，大致可划分为早、中、晚三个时期，兹简述于下。

早期（30年代初至40年代中期）可称之为发轫期

30年代初，郭沫若的《中国古代社会研究》出版后，引起轰动，学术界关于中国社会史的论战此时掀起了高潮。侯外庐怀着浓厚的兴趣注意到这场论战，但没有直接参与，仍埋头于《资本论》的翻译和教学工作。1931年，他在哈尔滨法政大学讲授"中国经济思想史"，讲义中写了"中国古代社会与老子"一章（1934年作为单行本出版），这本小册子是他走向史学的起点。1933年他自北平出狱回太原后，在翻译《资本论》之余，始阅读古史资料，并写了他的第一篇史学理论文章《社会史导论》。此后，还写下大量的古史笔记和几篇关于近代山西经济史的论文。

在30年代，侯外庐在历史研究方面虽已起步，然其论著不多，影响不大。究其原因，一是他将主要精力投入翻译《资本论》；二是抗战初期又忙于从事抗日宣传，很少有时间研究古史；三是他认为"科学研究应取严肃谨慎态度，在未充分做好理论准备，掌握材料以及作严肃思考之前，决不可放言高论。"[①] 他当时觉得自己在古史研究中，无论在理论方面还是材料方面，还需要进一步做好准备。

1941年皖南事变后，周恩来要求他留在重庆，继续主编《中苏文化》，并希望他借此从事学术研究。1941—1942年间，他撰成了《中国古典社会史论》和《中国古代思想学说史》。这两部书是相互补充的姊妹篇。《中国古典社会史论》探讨了古代国家起源和古代社会的发展路径，断定中国奴隶制社会起源于殷周之际，其社会特点具有"亚细亚性"。但作者在该书中尚未对"亚细亚性"问题进行深入探讨，后来他撰写了一系列有关"亚细亚性"问题的论文，结集出版《苏联历史学界诸论争解答》（以下简称《解答》）一书。1946年，作者对

---

① 《韧的追求》，第224页。

《中国古典社会史论》进行修改，吸收了《解答》一书中关于"亚细亚"生产方式的内容，更名为《中国古代社会史》。这部书既是作者对于中国古史的探讨，同时也是他对于20—30年代以来学术界关于中国社会史论战的总结。该书序言说，他对"这一门科学探讨了15年，在主要关键上都做过严密的思考，对于每一个基础论点的断案，都提出自己的见解。但是我从事这项研究是有依据的，一是步王国维先生和郭沫若同志的后尘，二是继承亚细亚生产方式的绪统。我力求在这两方面得到一个统一的认识"。侯外庐经过15年的探索之后，在理论与实践的结合上，把中国古史研究推进了一步。1950年，侯外庐又对该书进行修改，定名为《中国古代社会史论》。近年日本太田幸男教授等已将此书译成日文，由日本"名著刊行会"于1997年出版发行。

《中国古代思想学说史》的基本特点是，作者依据中国古代（即奴隶制）社会的历史发展，将古代（先秦）思想史划分为三个阶段：一、以《诗》《书》礼乐为代表的西周官学；二、从春秋末期以邹鲁缙绅为代表的《诗》《书》传授之学，演变为春秋战国之际的孔墨显学；三、战国时代的诸子百家并鸣之学。此书出版后受到郭沫若等的好评。

侯外庐本拟继续往下研究秦汉思想史，以及中古（魏晋南北朝）玄学，宋明理学，以迄近世思想，但在后来变更了计划，改为研究近世思想史。作出这种转变的原因，一是作者自己感到研究秦汉社会史是个大难题，如果搞不清秦汉社会的性质，也就很难究明秦汉思想的特质；二是当时周恩来建议他先研究近代史，于是他在1943—1944年间撰成了近80万言的《中国近世思想学说史》（上、下卷）。这部著作问世后，颇受学术界的重视，胡绳曾著文评论，说著者对王船山唯物主义哲学的论断是确切的。但也有学者如熊十力就不赞成说船山哲学是唯物主义，并与著者以书信往还辩难。

侯外庐自30年代初涉足史学，经过一段较长时间的学术积累，至40年代初便开始大踏步前进，无论在中国古代社会史和中国思想史研究方面都开拓了新领域，取得了突破性的成就。

中期（40年代后期至50年代初期）以撰著《中国思想通史》为中心，可称之为发展期或成熟期侯外庐自《中国古代思想学说史》成书后，即已萌发清理全部中国思想遗产的愿望；而在《中国近世思想学说史》问世后，此种愿望愈益强烈。1946年春，新知书店准备出版"新中国大学丛书"，向他约稿。他与杜国庠、赵纪彬、陈家康商定，合作撰著一部多卷本《中国思想通史》。不久，他和杜国庠、赵纪彬在上海很快完成了该书第1卷的撰著，次年即由新知书店出版。该书从第2、3卷起，又有邱汉生参与撰著。1947年，为躲避国民党政府的迫害，侯外庐、杜国庠移居香港，赵纪彬走青岛，邱汉生留在上海。他们在上海完成了第2卷的写作后，分别在各地完成了第3卷的写作，稿件集中上海，由邱汉生保管，至建国初期才得以继续出版。

50年代中期，侯外庐将自著《中国近世思想学说史》上卷进行修订，更名为《中国早期启蒙思想史》，由人民出版社于1956年出版。50年代后期，他又主持了《中国思想通史》第4卷的撰著工作。除原有4位作者外，又有白寿彝、杨荣国、杨向奎、诸青（即杨超、李学勤、张岂之、林英、何兆武）参加。该书分上下册，约90万言，篇幅之大，为诸卷之最。第5卷即《中国早期启蒙思想史》。自1946年撰著《中国思想通史》第1卷，至1961年他为5卷6册本《中国思想通史》作序，历时15年，至此这部长达260余万言的巨著得以问世。该书现又收入侯外庐自著《中国近代启蒙思想史》（在原著《中国近世思想学说史》下卷基础上修订成书）作为第6卷，新本将仍由人民出版社出版。《中国思想通史》叙述了从周公、孔子到孙中山、鲁迅的中国思想发展历程，博大、严谨、完整，自成体系，是学术界所公认的史学名著，也是标志我国马克思主义新史学发展的一座里程碑。

晚期（70年代中期至80年代中期）可称之为继续开拓和总结时期

"文革"伊始，侯外庐因受迫害致残；林彪倒台后，政治气氛稍有放松，他便抱病搜集自己有关封建社会史研究的论文，于1972年辑成《中国封建社会史论》一书。书中对他曾经受到猛烈批判的封建土地国有论原文照录，一字不改，不作半句检讨，表现出他在理论原则上的坚定性。

1973年，侯外庐不顾自己是否"解放"，自动组成写作班子，亲自指导大家撰著《中国近代思想史》一书。但在不久"四人帮"发动所谓"批孔"和

"儒法斗争"的气氛中，该书编写工作经常受到干扰，故在书稿完成后不得不更名为《中国近代哲学史》，由人民出版社于1978年出版。中国共产党十一届三中全会以后，科学的春天来临，此时侯外庐的身体虽然愈来愈衰弱，而他那颗追求科学的火热的心却愈来愈炽热。他带领助手们重新编写了《中国思想史纲》（上、下册）。此书既是《中国思想通史》的普及本，又依据当前学术研究的进展，增加了不少新内容，弥补了《中国思想通史》之不足。

80年代，侯外庐担任国家"六五"计划重点项目《宋明理学史》的主编工作。为了完成这一项目，他请邱汉生、张岂之共同担任主编，并以中国社会科学院历史研究所中国思想史研究室人员为主，组织力量，开展研究和撰著工作，历时6年告竣。该书分上、下卷，130余万言，由人民出版社分别于1984年和1987年出版。这部著作以其内容丰富，富于开拓精神，受到国内外学术界的好评，先后获得中国社会科学院和中华人民共和国国家教育委员会颁发的学术著作一等奖。

侯外庐最后一本著作，是他本人的回忆录《韧的追求》。此书费时5年脱稿。重要原因之一，是他的身体不好，连说话也很困难。书中的不少内容，靠他坐在椅子上或躺在病榻上，点点滴滴，慢慢口述或手写，请人记录整理出来的，可谓呕心沥血。这部著作是他对平生重要社会活动和学术研究的系统总结，亦为中国现代革命史和学术史提供了珍贵资料。

《侯外庐史学论文选集》（上、下卷），由中国社会科学院历史研究所中国思想史研究室编辑出版。该书编选了作者自30年代以来各个时期的史学论文。他在该书自序中，扼要地总结了自己的治学道路和治学方法。

对于马克思主义理论的探讨

侯外庐是我国最早的《资本论》中文译者之一，也是一位马克思主义理论家。笔者以为，他对于马克思主义理论的探讨，值得重视的有三点：一是关于生产方式理论的探讨；二是对亚细亚生产方式的理解；三是关于封建的所有权、占有权、使用权理论的分析。

关于生产方式理论 1939年，侯外庐在《中苏文化》杂志上发表了他早年撰成的《社会史导论》。该文依据《资本论》的观点，将生产方式的定义表述为："特殊的（历史上一定的）生产资料和特殊的（历史上一定的）劳动者（力）二者的特殊结合方式"。[①] 他解释说，之所以对相结合的两个要素：生产资料和劳动者（力）都冠以"特殊的"，即"历史上一定的"这个词加以修饰，就是因为马克思在对待历史上特定的生产方式，即在资本主义的场合，把一般劳动者看成"自由工人"，而一般生产资料则被看成和"他的"（原来和生产直接结合的）生产资料相"分离"了的生产资料，即已是打上了历史印记的生产资料，而不是单纯的物的因素了。换句话说，无论生产资料和劳动者，都是作为社会历史范畴出现的。他还认为，马克思对资本主义社会形态所做的高度概括，具有重要的方法论意义。更值得注意的是，作者明确表示，不应把生产方式归结为生产力和生产关系的相加，实际上是他不同意斯大林关于生产方式的定义，这在当时是需要很大的理论勇气。因此，他40年代在重庆以此作学术讲演时，就曾受到不少与会者的质疑。50年代初，他在北师大课堂上讲到他的生产方式定义时，同样受到听讲者的批评，说他的定义跟斯大林唱对台戏。以至"文革"时期，批判者对他的这一说法更是大张挞伐，给他戴上反斯大林的"修正主义"帽子。然而，他始终坚持认为自己的说法是有根据的，是符合马克思的原意的，是科学的。

侯外庐认为，研究历史，首先要知道生产方式，根据生产方式来区别某一社会的经济构成，确定其社会性质。反之，如果不应用政治经济学的理论和方法，研究特定历史时代的生产力和生产关系的变化以及由此而引起的生产方式的变化，就难以自然史的精确性去判明这一时代的社会性质，揭示历史的规律性，历史研究也就失去了最基本的科学依据。他对于中国历史——无论是古代的奴隶制社会和中古的封建制社会——的研究，都是从"生产方式"这一经济学的基本范畴开始的。

[①] 《韧的追求》，第227页。

关于亚细亚生产方式　所谓亚细亚生产方式，是马克思早先提出来的。然而，什么是亚细亚生产方式？人们向来理解不一。在20—30年代的中国社会史论战中，这个问题成为学术界争论的热点之一。侯外庐当时没有参与这场争论，至40年代他在《中国古代社会史论》中，系统地申论了自己的观点，主要有：第一，亚细亚的古代与古典的古代（古希腊、罗马），都是指奴隶制社会，均属于古代文明社会，两者的序列并不一定是亚细亚在前面，有时两者平列，不是作为不同类看待的。若将"亚细亚生产方式"理解为原始社会是不正确的。第二，亚细亚的古代，不是独立的社会形态，而是古代文明的特殊路径。因此，他不同意苏联学者对于亚细亚所作的各种解释，诸如亚细亚生产方式是东方的一种独特社会构成，或是把它当做"空白"史，以及所谓"变种论"、"过渡论"等等。第三，亚细亚生产方式属于古代史范畴，并未延续到现在，因此不能把今天的东方社会看成"亚细亚生产方式"的延长。他对于亚细亚生产方式的论述是很有见地的，而他应用这一理论揭示中国古代文明的特殊路径，其意义尤为深刻。（见后）

关于封建主义的土地所有权、占有权、使用权　1954年侯外庐在《历史研究》创刊号上发表了《中国封建社会土地所有制形式的问题》一文，1959年在《新建设》杂志发表《关于封建主义生产关系的一些普遍原理》一文，提出了他的封建土地国有的观点。他依据马克思的理论，把封建主义的土地所有权、占有权、使用权明确区分开来，论述这种土地所有权的"非运动"的、"安定的垄断"的性质及其与资本主义的自由的土地所有权的区别，正如他所指出的，这"不是白费心思的工作，而是对于我们的历史研究的深入有关工作"。[①] 这项工作深化了人们对于历史上土地所有制的不同形态及其内涵的认识，而且对于马克思主义理论的发展，也是极富价值的。

　　　　　古代社会史研究：从探讨中国古代文明路径入手

侯外庐研治中国社会史的成果，主要汇集于他的《中国古代社会史论》和《中国封建社会史论》二书中。这两部书有一个显著特色，即是作者力图把马克

---

① 《中国封建社会史论》，人民出版社1979年版，第52页。

思主义的理论和方法，应用到中国历史的实际中去，揭示历史的规律性和特点。他对中国古代史做了比较全面、系统的研究，并以"阐微"和"决疑"精神，对其中一些重大问题提出了独自的见解，令人瞩目。下面摘录他论述中国古代（奴隶制）社会和封建制社会的若干论点，藉以展现其中国社会史体系与特点。

关于中国古代文明的特殊路径　侯外庐对于中国古代社会的研究，是从探讨古代文明的路径入手的。他依据于马克思的"亚细亚"理论和恩格斯的国家起源论，将家庭、私有制、国家作为人类进入文明社会的路标，同时又将古代中国与古代希腊的社会作比较，结论是：古代希腊是从家族到私产再到国家，国家代替了家族，像"正常发育的小孩"，即文明的正常路径，属于"古典的古代"；中国则是从家族到国家，国家混合在家族里面，即所谓"社稷"，像"早熟的小孩"，即文明的特殊路径，属于"亚细亚的古代"。可以说，前者是新陈代谢，新的冲破了旧的，是革命的路线；后者则是新陈纠葛，旧的拖住了新的，是维新的路线。用中国古话，前者是人惟求新，器惟求新；后者则是"人惟求旧，器惟求新"。

关于氏族制的残存和家、室的意义　侯外庐认为，当人类进入文明社会时，古代希腊破坏了"旧的公社土地所有权"，中国则保留了原有的氏族公社，旧的公社土地所有权转移给了氏族贵族，于是"家"、"室"的奴隶成为特殊的劳动者，"家"、"室"本身则成为奴隶主财产的计算单位。50年代出土的山西"侯马盟书"有"纳室"（夺取奴隶）的盟誓，证实了他的这一论断。

关于"城市国家"的起源和发展　侯外庐认为，中国古代的城市国家与古代希腊的城邦是有显著不同的。古希腊的城邦出现了奴隶制的民主制度；在中国，"城邦"被蒙上一层厚厚的"封建"外衣。如文王作邑于丰，是其建国的伊始，丰邑也就是初期的城市国家。因有城市国家，也就有了国、野之分。至于后来东营洛邑，向东方殖民，这是周代国家的发展，具有划时代的意义。

关于封建社会的历史分期　侯外庐强调以法典化作为历史分期的标志，因为法典全面涉及经济基础与上层建筑，毫无掩饰地记录了社会各个历史时期各阶级各阶层的地位。他认为，战国中期至秦统一六国之前，属于奴隶制社会向封建制社会的过渡时期；秦汉之际是中国封建制社会的确立时期。汉初自高祖至武帝70年间,制订了一系列法典、律令,如萧何定九律,张苍作章程,韩信申军法,叔孙通定朝仪等等,这些都是确立封建社会的标志。关于中国封建社会史分期,也是以若干立法为其依据,例如,以唐代的"两税法"作为封建制社会前期向后期转变的标志;以明代的"一条鞭"法作为封建社会进入晚期的标志。

关于封建土地国有论 侯外庐说,他所讲的"国有"即马克思所指出的"国家(例如东方专制帝王)或君王是主要的土地所有者"。换言之,封建土地国有制即是皇权垄断的土地所有制,这是封建制社会长期占支配地位的土地所有制形式,虽然它不是惟一的形式。私有土地也是存在的,但在皇权支配下的一般私有权是不稳固的,它随时可能遭受来自国家行政权力以至暴力方式的剥夺。明代中叶以后,随着土地私有权(自由买卖)的发展,土地国有制的形式渐渐不占支配地位了。他还指出,中国封建主义的历史不仅表现出土地所有权和主权不分,而且更表现出国家对全国范围内的居民有极大的强施职役的权力;封建土地国有制是封建专制主义的经济根源,也是历代党争以及历代君主直接利用宗教而无皇权教权之分的根源。

关于封建制社会的品级结构 侯外庐应用历史唯物主义理论和方法,不仅注意对社会构成作阶级分析,且更注意对一个阶级内部作不同阶层的分析。例如,他不同意将封建地主阶级划分为大、中、小三个阶层,而是主张依据占有财产和权力的原则,将地主阶级划分为皇族地主、豪族地主(即豪门、豪强,或称品级性地主)和庶族地主(或称细族、寒门,亦可称非品级性地主、半品级性地主)阶层。这三个不同阶层是一种三角关系,有时相互支持,有时则发生对抗。但无论是豪族和庶族,他们都拥护皇权。豪族与庶族彼此势力之消长,在很大程度上影响到封建社会不同时期政治、经济以及思想文化的走向。

关于资本主义萌芽 侯外庐从土地关系的变化、手工业以及海外贸易的发展三个方面,考察了明代嘉靖、万历以来封建社会解体过程中的资本主义萌芽状况,指出土地国有制发展成为地主经济的经营方式,土地私有制和经营地主的势力都获得了空前的发展。当然,这时土地商品化的程度还很低,还不足以改变整个封建土地所有制;与此同时,由于城市手工业的发展,开始在一定程度上导致农业和手工业的分离，商业和都市的发展；海外贸易不但有沿海商人参加，还有内地各省的商人参加。所谓"富家以财，贫人以躯，输中华之产，驰异域之邦，易其方物，利于十倍"，就是当时发展海外贸易的写照。但由于旧生产方式对工商业的阻碍，封建朝廷对私商的禁止，官僚资本与高利贷的结合以及会馆制度对市场的排斥等等，都阻碍了商品经济的进一步发展。明清鼎革，满清贵族入关后接受了中原封建文化，强化了封建专制制度，因而遏制了资本主义萌芽的发展。

关于中国封建社会农民战争的特点 侯外庐用历史主义眼光，审视历代农民战争的纲领口号，认为中国农民战争的口号，应溯源于战国末年墨侠一派提出的一条公法："杀人者死，伤人者刑，墨者之法也。"（见《吕氏春秋》）封建社会前期，农民起义军喊出"杀人者死"的口号，反映了他们争取"人身权"的要求；封建社会后期，农民起义军喊出"平均"或"均等"的口号，则反映了他们争取财产权的要求。在中世纪的贫困世界，不可能实现"均平"和"平等"，这只不过是他们怀有良好愿望的空想。他还指出，农民战争对封建社会只能起到拆散的作用，而不能设计未来的新世界。由于农民起义军往往将其愿望与要求用强力塞进人们的头脑，因而在社会上产生了各种不同的思想反响，尤其影响到了等级微贱的庶族阶层的"异端"运动和"异端"思想，治思想史者不可不注意到此。

中国思想史研究：从古代先王、孔子到孙中山、鲁迅

侯外庐的思想史研究成果，主要汇集于《中国思想通史》一书中。这部巨著集中体现了侯外庐及其学派的治学成就、特点、风格和方法。

第一，《中国思想通史》是一部贯穿古今、篇幅浩繁的巨著。该书6卷7册，近300万言。第1卷在侯著《中国古代思想学说史》的基础上，融会了杜国庠的《先秦诸子思想概要》和赵纪彬的《古代儒家哲学批判》（50年代更名为《论语新探》），荟萃两家之见解和史料，叙述中国上古礼乐文明和思想的起源，春秋战国时代的孔墨显学以及诸子百家思想；第2卷叙述两汉思想，着重论述了政治大一统与儒学的官学化，董仲舒的《公羊春秋》学和王充的唯物论思想；第3卷叙述魏晋南北朝时期的儒学、玄学和佛学以及范缜无神论思想等；

第4卷（上、下册）叙述隋、唐、宋、元、明诸代思想学术，涵盖了从经学到佛学，从理学到反理学等各种思潮；第5卷叙述明清之际（17世纪）至鸦片战争（1840年）以前的早期启蒙思想；第6卷叙述清朝末年至民国初期（19世纪末至20世纪30年代）的近代启蒙思想，全书叙述了上下几千年中国思想发展的全程，是迄今学术界最为完整的一部论述中国思想史的通史著作。

第二，侯外庐的中国思想史研究，以社会史的研究为前提，着重于综合哲学思想、逻辑思想和社会思想（包括政治、经济、道德、法律等方面的思想）。他认为，哲学史不能代替思想史，但是思想史也不是哲学思想、政治思想、伦理思想和经济思想等等的简单总和，而是要在研究整个社会意识形态的历史特点及其变化规律的基础上进行综合。因此，他的研究既注意每种思想学说的"横通"（即其与社会历史时代的联系），又注意它的"纵通"（思想源流的演变）；既注意思潮与学派，又注意其代表人物。在研究顺序上，他并没有按照历史的顺序自上到下，而是先研究先秦思想和近世思想（即17世纪以后的早期启蒙思想和19世纪中叶以后近代启蒙思想），再研究从两汉至宋、元、明诸代思想，也就是先抓两头后中间的顺序。他也感觉到这样的研究顺序虽然不无缺陷，但这种做法对他后来研究封建社会思想史可以瞻前顾后，能起很好的借鉴作用。

第三，注意中国历史学的民族特点。侯外庐指出，"五四"以来史学界曾出现一种盲目仿效外国的形式主义学风，企图按照西方历史模式来改铸中国历史。他对此种学风深不以为然，早在40年代就希望我们中国人应当学会使用本民族的语言来讲解自己的历史与思潮，学会使用新的方法来发掘本民族的优良思想文化传统。他还特别注意到马克思主义历史科学的民族化问题，反对生搬硬套马克思主义经典。在这一方面，他确实用了不少精力，例如，对于中国古代社会发展的特殊路径和古代思想发展的特征的论述，对于中国思想史上唯物主义和反正宗的"异端"思想的优良传统的发掘，都是他在探索历史科学民族化过程中所做的尝试。当然，他也不是做得尽善尽美的，也有人批评他在这一方面之不足。

第四，蕴涵科学和民主的时代精神。如果通读《中国思想通史》，就不难发现作者从马克思主义的立场总结中国悠久的思想文化遗产时，很自然地继承了

"五四"新文化中的科学和民主传统，旗帜鲜明地以近代科学思想批判蒙昧主义，以近代民主思想批判封建专制主义。他很重视自然科学和哲学的联盟，如对明清之际的大科学家、大哲学家方以智的思想学术遗产，做了超越前人的深度发掘和研究；而对于封建道统及其代表人物如董仲舒、韩愈、朱熹等则取批评态度，但他之批评封建道统并非否定历史传统，而是以科学的历史观点和方法，揭示正宗儒学与封建专制主义的紧密联系，正宗思想对于人们思想的禁锢。与此同时，他特别重视历史上的优良思想传统，对于在历史上起过进步作用的一大批思想家，如：先秦时代的墨家，汉代的王充，唐代的柳宗元，宋代的王安石、叶适、陈亮，明代的王艮、何心隐、李贽，明清之际的早期启蒙思想家黄宗羲、王夫之、顾炎武、方以智、傅山、颜元以及清代的戴震、龚自珍等人思想中的人民性，被他重新发掘出来，使之重放异彩。此种价值取向，除反映出作者在科学上的开拓精神外，也是他的民主理念在史学研究中的表现。

第五，形成了一整套思想史方法论。侯外庐在史学研究中不但善于思考，而且有非凡的洞察力，这与他很讲求学术路数和研究方法是分不开的。他在《中国古代思想学说史》自序中，就曾提出一系列如何解决思想史研究中存在的问题，即："社会历史的演进与社会思潮的发展，关系何在？人类的新旧范畴与思想的具体变革，结合何存？人类思想自身的过程与一时代学说的个别形成，环链何系？学派同化与学派批判相反相成，其间吸收排斥，脉络何分？学说理想与思想术语，表面恒常掩蔽着内容，其间主观客观，背向何定？方法论犹剪尺，世界观犹灯塔，现实的裁成与远景的仰慕恒常相为矛盾，其间何者从属何者主导，何以为断？"他对于这些问题的解答，体现在他的整个研究过程中和他的一系列著作中。80年代，他在《侯外庐史学论文选集》自序中对此做了进一步的阐述，形成了他一整套研究思想史的方法论，其基本原则是实事求是，一切从实际出发，具体问题具体分析。兹摘要于下：

"纵通"与"横通"相结合，把握社会历史演进与社会思潮的联系 例如，西周的官学，春秋时代的缙绅之学，战国时代的诸子并鸣之学，两汉的经学，隋唐的佛学，宋明的理学，明清之际的早期启蒙思潮以及近代启蒙思潮与其他各种社会思潮，都是和中国社会历史的演进紧密相联的，必须在研究社会史的基础上，对社会思潮作全面的考察，力图把握社会思潮和社会历史的联系及其所反映的时代特点，进而研究不同学派及其代表人物的思想特色。

《中国思想通史》贯彻了"纵通"与"横通"这一研究方法，依据社会历史的演进，探究思想演变的历程，对自古以来各个历史时期的重要思潮，尤其对历史大转折时期的社会批判和总结思潮，如战国至秦汉之际的百家争鸣思潮，明清之际的早期启蒙思潮，都做出了带有规律性的探讨；对历史上各种学派及其代表人物，从古代先王、孔子到孙中山、鲁迅，皆有所论列。例如，对于古代先王观念的演变，作者在做了细致的历史考察后得出结论说，古代先王观是中国思想史的源头，但殷、周二代对于称王、尊王显然不同，殷代的帝王宗教观是一元的，周代却是二元的，在先王之外另创一个上帝，再由上帝授命于先王，使先王"克配上帝"，这是宗周时代思想的秘密，也是古代希腊所没有的。到了春秋时代，由于礼崩乐坏，宗法制动摇，出现了宗教先王向理想先王的转变。孔子是把先王加上理想上不可及的人性，墨子则把先王看成平常人的代表；孔门后学将先王更加神秘化，而墨家后学则把先王放弃了。由此可见，儒、墨的分野不仅是思想学术上的派别对立，而且也是社会分裂为不同阶级或阶层的反映。作者这样的描绘和分析，为思想史研究提供了一个范例。

注意分析范畴、概念之不同内容和实质　人类社会历史像一条奔流不息的长河，思想本身也是像河水一样流动的，变化的。例如，"民主"这一概念自古有之，但在古代和近代，其内容大相径庭，不可等同。再以中国思想史上的"理"为例，韩非讲的"理"就不同于朱熹讲的"理"，二者在哲学上有唯物、唯心之分。因此，考察人类新旧范畴更替与思想的具体变革，关键在于依据不同的历史条件，具体分析各种范畴在不同思想家的头脑中所反映的实际内容，而不是它的字面意义。

重视思想的继承性　思想的继承性是思想发展必不可少的一个环链。在历史上，任何一种思想学说的形成，都不可能离开前人所提供的思想资料作为其从事创造的出发点。至于对前人的思想遗产继承什么和怎样继承，则是由思想家个人所处的时代条件、阶级地位及其思想性格与方法、学术承传、知识底蕴，乃至某种偶然原因等诸种因素决定的。当然，继承并不意味着对前人思想简单的重复，总是包含不同程度的、甚至是性质不同的改造。历史上有建树的思想家总是在大量吸取并改造前人思想资料的基础上，形成自己的学说。在历史上，一种学术和思想世代相传，继承愈久，积累愈厚。例如，儒家的经学所以能像滚雪球一样越滚越大，和它通过笺注形式的继承关系而不断扩大其自身积累是分不开的。

注意观察学派之间的融合和批判，吸收和排斥 相互对立的学派可以反映出双方政治上的对立，这种对立有时带有阶级对立的性质；也可能并不反映二者在政治上的对立，而只是同一思想体系的某个环节上的差异（如宋明道学中程朱理学和陆王心学就带有这种性质），也可以反映出哲学上唯物主义与唯心主义的对立，或者唯心主义阵营内部客观唯心论与主观唯心论的对立；也可以反映出思想上的"正宗"与"异端"的对立；也可以反映出学术文化思想本身的不同形式和不同学风的对立（如汉学和宋学，今文经学和古文经学的对立）等等。相互对立的学派在各自批判对方的过程中，往往又或多或少地吸收对方的思想来丰富自己。有些彼此对立学派经过长期的相互批判而又相互吸收，最后趋于融合。最典型的例子，就是始于先秦时代的儒法斗争，至于汉武帝时期则形成儒法合流。学派融合与学派批判相辅相成，乃是思想史上带规律性的现象，反映了历史发展的辩证法。

妥善处理思想家的理想与现实、言辞与内容的矛盾 在思想史研究中，必须把某个阶级的著作方面的代表人物的理想与言辞同他们的本来面目与真实动机区别开来。比如，中国思想史上的"王道"理想和"仁政"学说，在不同时代、不同阶级、不同派别的思想家那里，具有不同的，甚至相反的内容。统治阶级的著作家通常以思想的普遍性形式来掩蔽其本阶级的狭隘利益，而代表被压迫阶级的进步思想家则往往借助于对历史的回忆或是对未来的憧憬，表示了他们对于黑暗世界的抗议。

史家不必给哲学家贴标签 哲学上的唯物论和唯心论是客观存在的事实，但是，如同不能简单地给每一种思想体系贴上某个经济范畴的标签一样，绝不能简单地给每一种哲学体系贴上"唯物论"或是"唯心论"的标签。在哲学上没有百分之百的唯物论者，也没有百分之百的唯心论者，更何况还存在动摇于二者之间的某些二元论者。因此，必须在全面考察思想家的思想体系的基础上，判断其哲学的基本倾向。关于哲学的转化问题，唯物主义和唯心主义作为彼此对立的哲学党派，它们之间是不可以相互转化的；但作为哲学家个人，从唯心主义逐步转变到唯物主义，或者从唯物主义逐步蜕变成唯心主义，也是经常出现的。唯心主义哲学的作用，不能一概抹杀，某些唯心主义体系中有其合理的内核，更不可一概而论地说凡是唯心主义和形而上学都是反动阶级的世界观，因为思想家的阶级立场、政治观点同他们的哲学观点有时可能并不一致。历史上有些政治上的先进人物，他们的世界观却是唯心主义的。

治学精神：自得与自省

侯外庐的治学精神，他本人归结为自得与自省。他说："学贵自得，亦贵自省，二者相因，不可或缺。前者表现科学探索精神，后者表现自我批判勇气。"[①] 他的科学探索精神，主要表现于阐微和决疑两个方面。所谓"阐微"，就是力图用科学的方法，从古文献中发掘历史的隐秘。例如，他解释《老子》"三十辐共一毂，当其无……"章，认为老子是中国古代社会商品概念最早的发现者，进而论证战国时代已经进入商品经济较为发展的奴隶制社会。又如，他在研究《公羊春秋》的过程中，阐述了《春秋繁露》中所谓"繁露"一词，正是董仲舒著述动机的奥秘所在。所谓"决疑"，就是关心解决历史的疑难问题，推动学术发展。他对社会史研究中若干重大疑难问题的解答已如上述，而他对思想史研究中重大疑难问题，如：关于老子思想的时代性问题、孔子的人类认识与墨子的国民自觉问题、先秦诸子思想所反映的各自阶级性问题、明清之际诸子中的早期启蒙思想性质问题，近世今古文学之争问题等等，也都做了解答，而且自信不是草率的漫然的自由其说。

在我国史林中，侯外庐自成一家而常与当代诸家争鸣，比如：他与郭沫若

[①] 《侯外庐史学论文选集》（上）自序，人民出版社1988年版，第19页。

争论孔子与屈原，与冯友兰争论郭象，与范文澜争论柳宗元，与王季思争论汤显祖《四梦》，与熊十力争论王船山等等，均显示其颇重自得的治学精神。

侯外庐治学也勇于自省，常用"戒慎恐惧"四字提醒自己。他说："历史科学如同其他科学一样，总是在探索中前进的，难免走弯路，有反复，因而不断执行自我批判，检点得失，总结经验教训，是十分必要的，否则就会故步自封。就资质而论，我是个常人，在科学道路上自知无捷径可走，惟有砥砺自学，虚心求教，深自省察，方能不断前进。"① 以他研究《老子》为例，自30年代撰写《中国古代社会与老子》至50年代修订重版《中国思想通史》第1卷的20年间，曾四易其稿。他说每作一次修改，都是一次自我批判。又如他晚年对太平天国领导人洪仁玕评价的修正，对科学技术进步作用的再认识等等，也都是他所做的自我批判。侯外庐对于自己的研究成果，从不孤芳自赏，而是经常检点得失。80年代初，他曾命我帮他重新审查他早先所作孔子和王艮，检查当时所论尚有何不足，甚至失误。但是，他又认为自我批判应当是郑重的，对于自己反复研究而得出的学术观点，不管人们对这个观点有过怎样的批评，只要在自己看来还没有足够证据和充分理由改变它之前，决不应轻易做自我否定。他十分赞赏马克思提倡"在科学上的诚实态度"，说要学大卫·李嘉图，而不要学马尔萨斯，无论在何种情况下，都要敢于坚持独立自得之见，不退缩，更不以曲学阿世。他鄙视那些在学术上毫无客观真理标准、东倒西歪的今是昨非论者，尤为鄙视那些见风使舵、毫无理论气节的风派人物。

侯外庐在学术上从不满足，他有像拓荒老农一样的勤恳，更有像郭老（沫若）一样的"只顾攀登莫问高"精神，是一个永无止境的追求者。他常勉励青年人说，科学上没有平坦的大道可走，困难很大很多，自己能做好上一个题目，未见得能做好下一个题目；现在手上的题目快要做完时候，就该考虑下一个题目如何开始，总之是要努力，要不断追求新的、更高的目标。80年代，先生已是耄耋之年，他还是觉得大部头的《中国思想通史》尚不完备，还想再做两大卷《补编》，然后再编成一部规模更大、水准更高的中国思想通史。虽然他最终

---

① 《侯外庐史学论文选集》（上）自序，第19页。

未能实现自己的宏愿,但他的治学精神将永远激励后人。

(黄宣民　撰稿)

作者简介

　　黄宣民,1934年1月生于江西萍乡,中国社会科学院历史研究所研究员、学术委员。1959年自中山大学历史系毕业后进入中国科学院历史研究所,长期跟随侯外庐从事中国思想史研究,并担任侯老晚年的工作助手、历史所中国思想史研究室主任等。参与撰著《中国近代哲学史》、《中国思想史纲》、《宋明理学史》;协助编辑、整理、出版《侯外庐史学论文选集》、《韧的追求》、《船山学案》、《中国近代启蒙思想史》等。

侯外庐主要著作目录

《中国古代社会史论》（修订本）　人民出版社1955年出版。

《中国封建社会史论》　人民出版社1979年出版。

《中国思想通史》（五卷六册）　人民出版社1963年出版。

《中国古代思想学说史》　重庆文风书店1944年出版。

《中国早期启蒙思想史》　人民出版社1956年出版。

《中国近代启蒙思想史》（黄宣民校订）　人民出版社1993年出版。

《中国近代哲学史》　人民出版社1978年出版。

《苏联历史学界诸论争解答》　中苏文化协会研究委员会1945年出版。

《宋明理学史》（主编，上、下卷）　人民出版社1984/1987年出版。

《论汤显祖剧作四种》　中国戏剧出版社1962年出版。

《韧的追求》　生活·读书·新知三联书店1985年出版。

《侯外庐史学论文选集》（上、下册）　人民出版社1987/1988年出版。

吕叔湘
(1904—1998)

著名的语言学家。曾任中国社会科学院语言研究所所长、名誉所长，哲学社会科学部委员。

吕叔湘，江苏丹阳人。1926年毕业于国立东南大学外国语文系。曾任职于丹阳县立中学、苏州中学、安徽省第五中学。1936年考取江苏省公费赴英国留学，先后在牛津大学人类学系、伦敦大学图书馆学科学习。1938年回国后先后在云南大学、华西协和大学、金陵大学、中央大学等学校从事教学和研究。其间还曾在开明书店任编辑，跟朱自清、叶圣陶共同编辑了流传很广的《文言读本》。建国后，1950年至1952年任清华大学中文系教授。1952年起任中国科学院语言研究所（1977年起改属中国社会科学院）研究员、中国科学院哲学社会科学学部委员、语言研究所副所长、所长、名誉所长。1978年至1985年任《中国语文》杂志主编，1980年至1985年任中国语言学会会长。1980年当选为美国语言学会荣誉会员。1987年获得香港中文大学荣誉文学博士学位，同年荣获首次吴玉章奖特等奖。1994年当选为俄罗斯科学院外籍院士。吕叔湘还积极参与我国人民的政治生活，1954年至1964年任中国人民政治协商会议第二、三届全国委员会委员，1964年起历任第三、四、五、六、七届全国人大代表，并任第五届全国人大常务委员会委员、法制委员会委员。

吕叔湘自幼爱好读书，中学时代，就阅读了大量中外优秀著作，在古文和外文方面打下了很好的基础。大学时代虽主修外国文学，但他还选修过中文、历史、化学、地学、生物学、心理学等课程。开阔的眼界、广博的知识为他以后的教学和研究工作提供了有利的条件，也是他能在语言研究上取得成就的重要原因之一。

吕叔湘在云南大学任教期间发表了他的第一篇有关汉语语法的文章，从此走上了语言研究的道路。在70多年的学术生涯中，吕叔湘一直孜孜不倦地从事语言教学、语言研究和语文知识的普及工作，他辛勤笔耕，共出版专著和编译20余种，发表论文和其他文章600余篇。其专著主要有《中国文法要略》、《汉语语法论文集》（增订本）、《语法修辞讲话》（与朱德熙合著）、《汉语语法分析问题》、《近代汉语指代词》等，参与撰述并审订了《现代汉语语法讲话》，是我国最具影响的词典《现代汉语词典》的前期主编和我国第一部语法词典《现代汉语八百词》的主编。已有商务印书馆6卷本《吕叔湘文集》出版，并将由辽宁教育出版社出版18卷本《吕叔湘全集》。这些论著内容广博丰富，涉及一般语言学、汉语语法、文字改革、语文教学、写作和文风、词典编纂和古籍整理等广泛的领域，是我国语言学界的一代宗师。他的大量论著丰富了我国语言学宝库，在推动我国语言研究和语文教学方面发挥了十分重要的作用。

一　汉语语法学的奠基者之一

我国的汉语语法研究是从100年前马建忠的《马氏文通》开

始的，马建忠、杨树达、黎锦熙、王力、吕叔湘、高名凯等是我国汉语语法学的奠基者，他们的著述带动了这个领域的研究，使得语法研究成为语言研究中最为活跃的领域，并且培养出一批中青年语法学家，为学科的建设和发展做出了卓越的贡献。

（一）从《中国文法要略》到《汉语语法分析问题》

吕叔湘前期代表性的语法学著作是《中国文法要略》（商务印书馆，1942，1944），这本书也是他的成名之作。当时经历了从马建忠《马氏文通》（1898）到黎锦熙《新著国语文法》（1924）等建立汉语语法体系的草创阶段，汉语语法学界深感模仿拉丁语法或英语语法而构筑的框架多有方枘圆凿之弊。"努力寻求中国文法的特点"成了当时的呼声。《要略》的出版令人耳目一新，在理论和方法上作出了许多贡献。对以后的汉语语法研究产生了广泛而深远的影响。该书主要贡献在于：

第一，构建了以动词为中心的句法模型。在分析句子时，认为句子中心是表示动作的动词，而表示动作之所由起，所终止，以及所关涉的各个方面的名词，都是对这个动词的补充，把话说明白，因而统统可称为"补词"。于是，句子中，动词这个中心以外，就有了"起词"，"止词"，"受词"，"关切补词"，"交与补词"，"凭借补词"等各种"补词"。法国吕西安·泰尼埃尔（Lucien Tesnière）在《结构句法基础》（1959）里提出过，动词是中心，"动词代表一整出小戏剧"，"人物语和情景语，它们是动词的直接从属成分"。美国菲尔墨（Charles Fillmore）在《"格"的语法》（1968）更进一步提出，"句子在基础结构中包含一个动词和一个或几个名词短语，第一个名词短语以一定的格的关系和动词联系"，以此"概念框架"来分析句法。提出这一以动词为中心、动名关系为基础的句法框架，吕叔湘比泰尼埃尔和菲尔墨都要早得多。当代中国流行的"配价语法"研究被认为实发端于《中国文法要略》。

第二，提出并研究了汉语语法结构之间的变换关系。当代转换语法重视句法结构之间的变换，不把它们看成孤立静止的对象，强调它们之间的动态联系。《要略》在上卷设有一章专门讨论句子和词组之间的变换关系，指出叙事句一般都能转化为名词性词组，而存在句、领属句和判断句则不能。书中细致地考察了许多句法结构之间相互转换的条件和规律,正如著名语言学家朱德熙所说:"《要略》应该说是研究汉语句法结构变换的先驱。"①

第三,以语义为纲全面描写汉语句法。根据语言研究可有从形式到意义和从意义到形式两种方法的思路,《要略》除在上卷"词句论"重点探讨汉语句法形式之外,下卷"表达论"用近全书四分之三的篇幅对汉语句法全面进行了语义分析。材料极其丰富,观察尤为细致。这种不是从听话人而是从说话人角度出发编写的汉语语法,朱德熙评价为"是迄今为止对汉语句法全面进行语义分析的惟一著作"②。可见该书对句法语义分析系统驾驭能力之难得。

第四,全书进行了多角度的"对比"。文言与文言,白话与白话,文言与白话,汉语与英语,特别是古今汉语比较,尤为着力。当时占主导地位的观点是只有同一语系的语言才能进行比较,有可能而且有必要大规模地将各种同语系和不同语系的语言进行比较,要到60年代以后才成为各国语言学家的共识。由此可见,无论在指导思想还是研究方法上,吕叔湘都走在时代的前列。

《中国文法要略》既有大量语言事实的精细描写,在理论上又提供了许多富有启发性的思想,博大精深,是继承与借鉴、务实与创新的典范之作,反映了前半个世纪汉语语法研究所达到的水平。

吕叔湘在汉语语法研究中非常注意理论的概括与总结,1979年出版的《汉语语法分析问题》是他后期语法著作的代表作。该书篇幅不长,约6.6万余字,也可视为一长篇论文,但这块"压缩饼干"已被学术界公认为一部重要的汉语语法理论著作,是语法研究者的必读书。吕叔湘在序中声明:这本书的宗旨是摆问题,他说曾经在什么地方看见过别人引用一位物理学家的话,说是在科学上提出正确的问题比寻求正确的答案还要难。吕叔湘积多年深入研究的经验,系统地把汉语语法体系中存在的问题何以成为问题,一一阐述明白,把语法问题的来龙去脉说得明明白白,读者读了可以"活泼思想,减少执着"。其实这本书的价值不仅在于正确地摆出问题,而且也在于他对长期以来汉语语法研究中

---

① 见《汉语语法丛书·序》,载《中国文法要略》,商务印书馆1982年版。

② 同上。

的一些基本理论问题和实际问题进行了系统深入的探讨。虽"基本上是在传统语法间架之内谈",但也吸取了结构主义和转换语法的一些长处。这一著作酝酿多年,是作者多年语法研究的经验总结,对我国当时的语法研究起着承前启后的作用。该书在许多问题上具有很大启发性。

第一,指出汉语语法分析的诸多麻烦,"根本原因是汉语缺乏严格意义的形态变化"。因而要理解和承认汉语语法现象的模糊性和分析标准的相对性。这一情况几乎涉及汉语语法的所有方面。作者长期研究的经验告诉我们,对汉语语法研究只能持实事求是的态度,任何浮躁都无补于事。

第二,提出词和短语都是语言的静态单位,备用单位;而句子则是语言的动态单位,使用单位。实质上是从更高的语用平面来审视句法问题。

第三,提出词的语法细分类"是推进语法研究的途径之一"。把词仅分成几个大类是远远不够的。这种粗疏的分类往往也是许多争议无法得出一致结论的原因。词的语法再分类,在句法和词典之间架起"连续统"的桥梁,在理论语言学分析和计算机自然语言处理上正不断显示其必要性和重要性。

第四,提出要在句法中给短语应有的地位。认为"把短语定为词和句子之间的中间站,对于汉语好像特别合适"。提升和突出了汉语短语的地位,为"短语本位"的句法观开辟了道路。

第五,在"动词中心"的基础上,构建了以动名关系为骨架的句法分析模型。动词是中心,前后的名词短语(带或不带介词)充当它的"补语",共同表示一个事件的主要要素。动词前后的非名词性修饰成分则构成"状语"。这是《要略》思想的进一步发展,本质上是系统描写了一个从语义结构到句法结构的映射(MAPPING)。

第六,对"动词之后"的复杂情况,包括双宾,兼语,连动乃至小句作宾之间的种种纠缠,试图提出一个统一处理的图式。同时提出要研究句子结构复杂化和句子格式多样化的问题。这显然是在当代语言学启示下极富开拓性的领域。可惜至今在语法学界尚未见系统的深入研究。

除了上述两种主要代表性的专著外,吕叔湘还写了大量论文,主要收在《汉语语法论文集》(商务印书馆,1984)一书中。《助词说略》(1956),《方位词使用情况的初步考察》(1965)、《形容词使用情况的一个考察》(1965)、《单音形容词用法研究》(1966)和《试论非谓形容词》(1981)等,都是对某一类词的近乎穷尽性的描写与分析。其中几篇是运用结构主义分析方法在汉语上种"试验田"。《从主语,宾语的分别谈国语句子的分析》(1946)和《被字句,把字句动词带宾语》(1965)则是对某些句型的深入研究,前一专题的研究成果对吕叔湘动词中心句法观的形成影响至大。《关于汉语词类的一些原则性问题》(1954),《说"自由"和"粘着"》(1962)和《关于"语言单位的同一性"》等,则是对某些重要理论和方法问题的探讨,也是对有关讨论的总结。关于词类问题和词与非词的划界问题,语法学界普遍接受了吕叔湘在上述研究中提出的看法。

80年代以来,我国汉语语法研究取得了丰硕的成果,研究视野大大开阔,对语言事实的挖掘更加深入,分析方法多样化了,理论上的建树也很有成绩,这些是广大语法工作者努力的结果,也是吕叔湘的理论指导发挥了作用。

(二)从《汉语语法论文集》到《近代汉语指代词》

这两部书是吕叔湘在汉语语法史研究方面的代表作。关于汉语史的分期,80年代中他提出了自己独特的看法,他不同意把"五四"以前的语言统统称为古代汉语,认为应该分成古代汉语和近代汉语两个时期,现代汉语只是近代汉语内部的一个分期。这个大胆的看法,在国内引起了很大的反响,尽管有些人对这种新的两分法不完全同意,但是对于应该在古代和现代中间分出近代汉语这个阶段,以及应该以口语与书面语的分化程度作为划分的标准,则几乎没有什么异议。吕叔湘对汉语史分期的新看法,贯穿了从语言发展的实际出发的唯物主义观点,是对汉语史分期问题的一大突破。正是由于吕叔湘的倡导,语言学界肯定了作为汉语史分支学科的近代汉语的学科地位。

吕叔湘是近代汉语学科的拓荒者和奠基人。早在40年代初期,吕叔湘就开始以古代白话文献为资料进行历史语法的研究,其成果集中反映在50年代结集出版的《汉语语法论文集》和1985年出版的《近代汉语指代词》中。当时专门以近代汉语为研究对象的学者几乎绝无仅有,他自己说:"这个工作在当时多少有点垦荒的性质。"① 在吕叔湘之前，古代白话资料已经受到黎锦熙、王力等学者的重视，但是全面系统地披览、开掘并加以利用的，当推吕叔湘。在《汉语语法论文集》所附的引书目录中，各类白话资料达数百种。从体裁上看，举凡笔记、小说、佛经、野史、诗词文集、释儒语录、变文、话本、平话、诸宫调、散曲、杂剧等，无不备载；吕叔湘对近代汉语资料的开掘，无论在广度还是深度上都是空前的，他为近代汉语学科的研究奠定了相当规模的资料基础。80年代初，他就加强近代汉语的资料工作提出了一系列重要的建议，如编写近代汉语文献的解题目录，辑印一批重要的文献资料，汇集词汇研究的成果，编辑读本作为高校教材等。这些工作现在大都完成，有力地推动了本学科的建设和发展。

在近代汉语语法研究方面，吕叔湘取得了令人瞩目的成绩，他的研究，解决了汉语史中的一些重要课题，不少已得到学术界的公认。比如现代汉语里不表疑问的语气词"呢"的来源，吕叔湘在《释景德传灯录中在、著二助词》一文里论证了这个语气词跟唐宋时期用在句末表示语气的助词"在、在里、里"有关。他还用吴语为佐证，说明语助词由处所词变化而来的可能性，更增加了结论的可信度。在《把字用法的研究》一文里，吕叔湘着意研究促使把字句产生和发展的根本原因。他比较了研究把字句出现条件的三个视角，认为只有从全句的格式观察，才能找到近代汉语里发展这种把字式的推动力，即"是因为动词的后面紧接着一些成分，不容许宾语插在中间，或是动词前头有特殊性质的副词，它们非放在宾语之后不可"。吕叔湘的分析，是对汉语处置式研究的一个突破，王力在《汉语史稿》的有关章节就参考了这篇文章的观点。

吕叔湘对近代汉语指代词的研究，成绩尤为突出。除了40年代的几篇专题论文之外，1985年出版的《近代汉语指代词》一书，更集中地反映了他在这一领域内研究的整体规模和成就。这本书的内容包括了近代汉语里三身代词、指示代词、疑问代词、数量代词的整个系统，材料丰富，描写入微，过去的语法史专书还没有这样全面地考察过近代汉语的指代词系统。特别是该书结合语义、

---

① 见《近代汉语指代词·序》，上海学林出版社1985年版。

用法描写语法，从语音、用法两方面推寻语源的写法，更显示出吕叔湘独特的学风和深厚的语言学功底。在这本书中，吕叔湘论证了三身代词"我、你、他"的来源；考察了复数词尾"们"的历史，代词词尾"家"的来历；发现了金元俗语中第一身复数分辨排除式和包括式，认为应是受到北方外族语言的影响所致；从语音和用法两方面论证"咱"是"自家"的合音，"怎么"是"作勿"连读的变音；考察了疑问词"什么"和"那"从产生之初到定形的各种形式，并对它们的来源提出了富于启发性的意见；考察了指示代词"这、那"在发展过程中的各种形式，论证了它们的语源等。跟语法史有关的一些虚词的来源，以前的学者也做出了可观的成绩，但正如梅祖麟所说，他们的不足之处在于，有的缺乏语法观念，只会分类排比，而不辨来龙去脉；有的只说结论，不摆证据，而吕叔湘在这两方面都有较大的改进，其成就超出了以前的学者和著作。①

吕叔湘在汉语语法研究上的一个突出特点是高度重视语言材料的搜集和分析，他的每一本著作、每一篇文章都是在充分占有材料的基础上写成的，贯穿了有一分材料说一分话的原则。他的论著中引用的大量例证，本身就具有很宝贵的资料价值。他很重视对语言资料的时代、反映的方言及真伪讹误等加以鉴别。他说："在语言发展的过程中起作用的不但有时间的因素，也还有地域的因素，应该先就每一种材料作一番分析，然后才能进行综合。"② 他把宋元时期的白话分成平话系白话和金元系白话，"平话系白话大致可信其依汴京与临安之口语，金元系白话则其初殆限于燕京一带而渐次南伸"。③ "北宋的时候，中原的方言还是属于南方系，现在的北方系官话的前身只是燕京一带的一个小区域的方言。到了金、元两代入据中原，人民大量迁徙，北方系官话才通行到大河南北，而南方系官话更向南引退。"④ 这种结合社会的变迁来认识语言的地域变化的观点是极具学术眼光的。

---

① 见《关于近代汉语指代词》，载《中国语文》1986年第6期。
② 见《汉语语法论文集·序》。
③ 见《汉语语法论文集·景德传灯录中在、著二助词》。
④ 见《近代汉语指代词·们和家》。

《近代汉语指代词》既有共时分析又有历时描写，在共时分析中还运用了语篇分析的方法。比如对第三身代词"他"的回指性的说明，对"他"在语篇中的同指规则的揭示，以及对"他"与"你""我"在指称性质上的差别的表述等，都是现代语言学关于指代现象的重要议题，可以说这本书是具有现代语言学意义的论著。

吕叔湘半个多世纪来的语法研究，代表了中国语法学发展的主流。他的著作在汉语语法体系建设以及理论和方法上都有开创意义，成为半个多世纪来我国现代汉语语法研究最有影响的成果。他既广泛借鉴国外语法理论最新成果，又努力探索汉语语法的民族特点；既积极建构汉语语法的新体系，又强调对语言事实客观详尽的描写；既重视语言形式分析的客观性和可操作性，又注意语义分析在语法研究中的重要地位；既注重现代汉语语法自身的系统性，又处处留意与外语、古代汉语以及方言的比较；既追求语法理论的科学性，又热心语法知识的应用与普及。吕叔湘贯通古今，融会中西，实事求是，严谨细腻，不断开拓，独创新见，始终为学界所推崇，成为语法学界的学术领袖。

二 推进语文规范化和普及语文教育的实践家

吕叔湘不同于那些只埋头于书斋进行个人研究的学者，他对社会的语文生活非常关注，对提高全社会全民族的语言文字水平充满了责任感，他在这方面为社会为国家作出的贡献，绝不低于他在语言理论上的贡献。

（一）积极推进语文规范化

吕叔湘于1954年起任中国文字改革委员会委员，1980年任副主任，直接参与了国家语言文字政策的制定。1956年吕叔湘、罗常培在现代汉语规范化问题学术会议上联名发表了《现代汉语规范问题》的讲话，全面论述了汉语规范化的原则问题，包括民族共同语的形成，民族共同语与方言的关系，语言规范化的对象、标准，语言规范化和语言发展以及个人风格等问题。吕叔湘本人在规范语法、语音、词汇、文字等方面积极参与，堪称表率。

吕叔湘

新中国成立不久，报刊和机关文件上都存在着语言混乱现象，吕叔湘、朱德熙合写了《语法修辞讲话》，1951年6月6日起在人民日报连载，帮助学写文章的人弄清"哪些格式是正确的，哪些格式是不正确的，某一格式怎样用是好的，怎样用是不好的"。书中举出当时流行的病句，分别从语法、修辞、逻辑等不同的角度加以说明。人民日报同时发表社论，题为《正确地使用祖国的语言，为语言的纯洁和健康而斗争!》。由此全国各行各业掀起了学习语法的热潮，无数的人正是从那时开始熟悉吕叔湘这个名字的。

吕叔湘是中外闻名的《现代汉语词典》的前期主编。这是一部为推广普通话、确定词汇规范为目的的中型词典，吕叔湘亲自为这部词典制定了字形、词形、注音、释义等方面的编写体例（长达1万余字），在审定初稿过程中，夜以继日，付出了辛勤的劳动。这部词典目前已发行3000多万册，在我国和世界上都有很大的影响。吕叔湘在80年代以76岁高龄担任《汉语大词典》的首席顾问，他高度评价词典工作为不朽的事业，鼓励参加编词典的中青年同志干它一辈子，自己还诙谐地保证："老老实实地干，决不三心二意。"

吕叔湘在推行《汉语拼音方案》和推广普通话上，既是制定政策的参与者，又是热心、积极的推广者。1958年国家公布《汉语拼音方案》之后，他写了一系列文章，把《方案》的来龙去脉，每部分内容，为什么是迄今为止的最佳方案，剖析得清清楚楚，他还积极推动把汉语拼音方案用到语文教学中去，提高了中小学语文教学的效率。

吕叔湘十分关心社会用字，他平时看书、读报遇到语法、词语、文字上的毛病，都不厌其烦地记下来，著文指出，必定纠正而后快。在他晚年写作的《语文常谈》（三联书店，1980）和《未晚斋语文漫谈》（语文出版社，1992）里有很多这类文章，从中可以看出他对语文规范工作有高度的责任心。语言学界同仁称他和王力一样，都是"龙虫并雕"的巨匠。香港中文大学授予他荣誉博士的赞词中说："今日荣颁荣誉文学博士学位者，是一位语文结构与匡正文句通病之专家。英语世界中，英文之用字造句法度遇有争议，常以佛勒之意见为准则。在中文领域中，我们则惯于以吕叔湘先生之意见为依归。"这个评价反映了吕叔湘在语文规范方面的权威地位。

(二）热心普及语文教育

1952年以前，吕叔湘长期从事中学、大学语文教学工作，1952年调到语言研究所以后，仍一直关心学校的语文教学。

早在1948年，吕叔湘就跟叶圣陶、朱自清合编了《开明新编高级国文读本》（6册）和《开明文言读本》（3册）。后者是为了解决中学生学习白话和文言时产生的一些矛盾，把文言和白话分开来教的一个试验。文言是中国文化、中国语文长期存在的特殊现象，吕叔湘从这里入手探讨语文教材的编写，对教改有很大的促进作用。

建国后，吕叔湘还参与和领导了中学教学语法体系的制定，无论是50年代的《暂拟汉语教学语法系统》，还是80年代的《中学教学语法系统提要》，吕叔湘都以极其认真负责的态度参与其事，不只是原则上的指导，而是亲自参加制定的工作。1981年，吕叔湘费心准备了长达八九千字的讲稿，详细说明怎样给中学生讲语法，那一年他已是77岁高龄的老人了。他平时收到中小学老师的信都认真回复，几乎有求必应，很多中小学教师把这位大语言学家看作自己的挚友。

吕叔湘是我国对外汉语教学的元老之一。早在1950年，当我国接收第一批外国留学生时，他就在清华大学担任东欧交换生中国语文专修班的班主任。从那时起，他一直关心这项事业的发展，曾经担任中国对外汉语教学学会顾问和世界汉语教学学会名誉会长。吕叔湘提倡语言对比教学，他说："把汉语作为外语来教，跟把英语或日语作为外语来教，遇到的问题不会相同；把汉语教给英美人，或者阿拉伯人，或者巴基斯坦人遇到的问题不会相同；在国外教外国学生汉语跟在国内教外国学生汉语，情况也不完全相同。"[1] "我们教外国学生，如果懂他的母语（或者他熟悉的媒介语），在教他汉语的时候，就能了解他的需要，提高教学的效率。"[2] 这些讲话指出了提高对外汉语教学质量的关键。

---

[1] 《对外汉语教学研究会成立大会贺词》，载《对外汉语教学》1984年第1期。

[2] 《通过对比研究语法》，1977年5月5日在北京语言学院的演讲，载《语言教学与研究》试刊第2期。

从以上论述可以看出，吕叔湘的成就在于：他是理论家，他的理论建树使他成为汉语语法学科的带头人；同时，他又是实践家，他的实践使语言研究对全社会作出了贡献。

三　辩证的学术思想和严谨、务实的学风

"文革"动乱结束不久，学术研究开始启动，吕叔湘发表了《把我国语言科学推向前进》[①]一文，阐述了语言研究如何处理中和外、虚和实、动和静、通和专这4对基本关系。这篇文章是吕叔湘数十年来从事语言研究和语言教学工作的经验总结，集中反映了他的辩证、科学的学术思想。

"结合"二字谈何容易　吕叔湘很注重对西方语言学理论和方法的借鉴，始终把国外的理论和方法当作研究汉语自身规律的工具和桥梁。他说："重要的是学习西方学者研究语言的方法，而不是套用他们的研究成果。"吕叔湘批评了谨守中国语言学的旧传统，对国外的东西一概不闻不问和不结合中国实际，空讲、照搬外国学说的两种偏向，提出"如果从中国传统语言学入手的人能在吸收西方语言学方面下点工夫，如果从西方语言学入手的人能在结合中国语言实际上下点工夫，那就最好了。"他在为龚千炎的《中国语法学史稿》（语文出版社，1987）所作的序里说，过去中国没有系统的语法论著，所有的理论都是外来的。"问题是不论什么理论都得结合汉语的实际，可是'结合'二字谈何容易，机械地照搬乃至削足适履的事情不是没有发生过。"这里，"谈何容易"四字正道出了吕叔湘在这方面苦苦探索的艰辛，而他的学术成就表明他是中西结合的典范。

理论从实验中来　吕叔湘很重视理论研究，认为正确的理论能引导人们去发现事实。但是他说："理论从哪里来？从事例中来。事例从哪里来？从观察中来，从实验中来。"如果没有感性知识做基础，那个理性知识就靠不住，就可能是骗人的玩意儿。吕叔湘用明代两位理学家关于散钱和钱串子哪个有用的争论

[①]　见《吕叔湘语文论集》，商务印书馆1983年版。

做比喻，生动形象地说明没有事实依据的空洞大道理是毫无用处的。他自己在研究过程中就很注意调查语言事实，认为解决问题的途径首先在于做调查。个别青年人误以为吕叔湘不重视理论研究，其实他反对的只是那种不想通过辛勤劳动就侈谈理论的路子，也就是那种用小本钱做大买卖、或是根本没本钱就想做大买卖的空头理论家。

口语是文字的根本 吕叔湘说对语言进行静态研究很重要，是根本，但不应到此为止，应当重视研究人们怎样使用语言。他很重视口语的研究，认为偏重书面材料，忽视口头材料的倾向是不对的，"口语至少跟文字同样重要，如果不是更重要的话。许多语言学家认为口语更重要，因为口语是文字的根本。"他鼓励研究人员作口语调查，使用转写材料进行研究。这些都反映了他动态的语言观。与此相关，吕叔湘既重视基础理论研究（他在这方面获得了卓越的成就，同时也很重视应用研究、用法研究，他在这方面同样获得了突出的成就），我国第一部语法词典《现代汉语八百词》就是由他主编的，这本书把现代汉语语法落实到虚词的用法上，成为汉语教学不可缺少的工具书。

画地为牢不是好办法 吕叔湘非常关心学科人才的成长，提醒他们一定要解决好通和专的关系，他多次指出我们的大学教员、研究人员专业分工过细，"画地为牢不是好办法，目光局限，不利于进步"。同时他认为教学跟研究分家，研究所跟大学分家，以及中文系跟外语系之间互不通气的现状有很多弊病，很难培养出大量合格的语言研究工作者。吕叔湘的这些看法都很有见地，可惜至今这些问题还没有得到很好的解决。吕叔湘在晚年一份自述的简历中把自己的治学原则总结为"强调广搜事例，归纳条理，反对摭拾新奇，游谈无根"。他的治学之道可以用"严"、"实"二字概括，凡是对吕叔湘有所了解的人，都对这两个特点有深切的感受。

写文章要凭材料说话 吕叔湘说搞研究、写文章一定要占有丰富的语言材料，决不能空口说白话。他经常告诫学生用材料尽可能用第一手材料，因为第二手材料有时候不可靠；引用译文最好要核对外文原文，因为有的译文靠不住。他自己做学问一直遵循这个原则，他的文章材料翔实，言必有据，有一分材料说一分话。

切忌一切"从我开始" 吕叔湘反复强调做研究工作的第一步是阅读和了解前人和时贤的有关论著,千万不能闭塞耳目,对学术动态不问不闻,对别人的相关研究漠不关心,一切"从我开始"。有的人自以为有所发现,殊不知别人早有研究,他不过是低水平重复而已。吕叔湘提醒学生,参考了别人的论著,应该一一注明,即使是平时口头交谈听来的,写文章时也要注明是某某人说的,不能"窃为己有"。

留有余地,不说满话 吕叔湘的文章都是摆事实,讲道理,说话总带商量的口气,从来不说满话、过头话。他总是客观公允地评论他人之说,即使有不同意见也不全盘否定对方,而是心平气和地跟对方讨论,显现出大学者的风度。有些问题一时难以下结论,他就主张先搁下,留待以后再说,千万不可强为之说。他长期钻研汉语语法,深知其中问题复杂,而且解决的方法也不限于一种,因此他不赞成"说一不二"的绝对态度,主张要留有余地。曾有人说过:有时候一个人的胆子跟学问成反比。大概指的就是像吕叔湘这类情况。

洗尽铅华呈本色 吕叔湘的文章有高度的科学性、学术性,但读起来很有生活气息,他写的普及性语言著作深入浅出,娓娓道来,连中学生都觉得饶有兴味。吕叔湘说,你著书立说为了什么,还不是宣传你的理论,让别人信服?这就不但要让人看懂,而且还要让人不费力就能看懂。他说写文章有两个理想:一是谨严,一个字不能加,一个字不能减,一个字不能换;一是流畅,像吃鸭儿梨,又甜又爽口。吕叔湘的文章摆事实,讲道理,有话则长,无话则短,是谨严和流畅兼具的典范。他说,"文章写就供人读,何事苦营八阵图?洗尽铅华呈本色,梳妆莫问入时无。"[①] 这首诗正道出吕叔湘坚持朴素、务实的学风的思想根源是他能一心为读者着想。他一生实实在在地待人,切切实实地说话,扎扎实实地做学问,因而他的成就是结结实实的。

吕叔湘品德高尚,对国家对社会有高度的责任感,他把毕生的精力都献给了人民的文化教育事业,堪称人民的语言学家。他关心青年,对他们寄予厚望,1983年捐献多年积蓄的6万元设立了中国社会科学院青年语言学家奖金,1987

---

① 见《未晚斋语文漫谈·有感》,语文出版社1992年版。

年又把荣获首次吴玉章奖特等奖的奖金转为青年语言学家奖金,还捐款捐书资助家乡的教育事业。他逝世后,家属遵照他的遗嘱:捐献角膜,遗体供医学解剖,种一棵树,骨灰撒在坑内,不做任何标记。他生前是学界大树,走后还不忘为后人留下一片绿荫。他的崇高品德赢得了语言学界、教育界和社会各界的广泛敬仰,是后学永远的楷模。

附记:本文写作时参考了吕必松、胡明扬、田小琳、黄国营等先生的有关文章和资料。

(江蓝生 撰稿)

作者简介

江蓝生,女,1943年生,湖北沔阳人。中国社会科学院副院长,研究员。1978—1981年就读于中国社会科学院研究生院,师从吕叔湘攻读近代汉语专业,获文学硕士学位。后留语言研究所从事汉语语汇史和语法史研究,曾任语言研究所所长。有著作多部。

吕叔湘主要著作目录

《中国文法要略》 商务印书馆 1942 年、1944 年出版；新一版 1982 年出版。

《汉语语法论文集》 科学出版社 1955 年出版；增订本，商务印书馆 1984 年出版。

《近代汉语指代词》（江蓝生补） 学林出版社 1985 年出版。

《汉语语法分析问题》 商务印书馆 1979 年出版。

《语法修辞讲话》（与朱德熙合著） 开明书店 1952 年出版；中国青年出版社 1979 年再版。

《吕叔湘语文论集》 商务印书馆 1983 年出版。

《现代汉语词典》（主编之一） 商务印书馆 1978 年出版。

《现代汉语八百词》（主编） 商务印书馆 1980 年出版。

《中国人学英语》 开明书店 1947 年初版，商务印书馆 1962 年新版，1980 年修订 2 版。

《吕叔湘论语文教学》 山东教育出版社 1987 年出版。

冯 至
(1905—1993)

著名的文学理论家、作家和诗人。曾任中国社会科学院外国文学研究所所长、名誉所长，哲学社会科学部委员。

冯至原名冯承植，字君培。出生于河北涿州。幼时在涿县上小学，1916年入北京四中学习。1921年入北京大学预科，后转入本科德文系学习。课余从事诗歌散文创作和德国诗歌翻译。1925年和友人办文学刊物《沉钟》（沉钟社），并与鲁迅交往。1927年北大毕业后在哈尔滨、北京教中学。1930年赴德国海德贝格大学留学，主修德语文学，兼及美术史及哲学。1931年在柏林大学研究歌德时代的文学。1933年回到海德贝格，1935年获博士学位。1935年回国后，先后在上海同济大学、西南联合大学和北京大学任教授。建国后，1951年任北京大学西方语言文学系系主任。1955年任哲学社会科学部委员。1964年调新成立的中国科学院外国文学研究所（现中国社科院外文所）任所长，1982年后改任该所名誉所长。冯至1956年加入中国共产党。是全国人民代表大会第一、五、六届代表。曾担任中国作家协会副主席、中国外国文学学会会长等多项社会学术团体领导职务。冯至还是瑞典、联邦德国、奥地利等国科学院外籍院士或通讯院士，获得过德国"大十字勋章"等多项奖项。

冯至是我国著名的诗人和学者。他在诗歌创作上的成就曾受到鲁迅先生高度评价;[1] 他的歌德研究把我国的歌德接受史推上了一个新的阶段;他的《杜甫传》是在对我国这位伟大诗人作整体研究基础上写出的第一本传记,是一本有很高学术价值的著作,受到毛泽东的赞扬。作为诗人和学者的冯至也是一位教育家,他一生教了28年的书,他以自己是一个教师而自豪。

一

冯至生在河北古城涿州。祖父是盐商,家境富裕,思想开明,有文化修养,但在他出世时已家道中落,他父亲的生活景遇不好,他能上学全靠他过早去世的生母和继母生前相继出于爱心的勉力支持。他在北京四中时就受"五四"新文学运动的熏陶激发,读郭沫若的《女神》、《三叶集》,尝试诗歌写作。他在北大本科德文系学习,两次选听鲁迅开设的课程《中国小说史略》,受到启发和影响。[2] 课余从事诗歌散文创作和德国诗歌的翻译。他和志同道合的朋友创立被鲁迅称之为五四新文学运动中"中国的最坚韧,最诚实,挣扎得最久的(文学)团体"——"沉钟社",[3] 他与这团体其他成员一起敬崇鲁迅,与鲁迅有接触并听过他亲自的教诲。北大毕业后,曾在哈尔滨、北京两地当中学教师,接触生活,不满现实;他热爱生活、热爱祖国,却看不到光明,这些都反映在

---

[1] 《鲁迅全集》,人民文学出版社1981年版,第6卷,第243页。
[2] 见《冯至选集》第2卷,四川文艺出版社1985年版,第392—393、422页。
[3] 《鲁迅全集》第6卷,第244页。

他这时期写的诗歌里。留德期间,作的是德国消极浪漫主义作家诺瓦里斯的博士论文,爱读的是里尔克的诗和书信,受到了反映资本主义精神危机的"存在主义"哲学的影响。[①] 回国后,他的至友杨晦劝告冯至"不要做梦了,要睁开眼睛看现实,有多少人在战斗,在流血,在死亡。"[②] 随后与他同访鲁迅,不久鲁迅先生逝世,参加了葬礼。

鲁迅的影响,诤友的劝告,特别是抗战时期充满忧患的现实的教训,使冯至的研究方向转向忧国忧民的中国大诗人杜甫和对人生、世界抱着积极态度的德国大诗人歌德。他在西南联大执教期间(1939—1946),以及随后在抗战胜利后北京大学任教期间(1946—1949),学术上下的功夫,主要在这两位具有经典意义的文学大师身上,在创作上不仅在那时候他写的散文中,即使在他27首著名的14行哲理诗中也可以看出这两位大诗人的影响:追求光明追求真理的积极的人生态度。1945年冬在昆明爆发的反对国民党发动内战的"一二·一"运动4名师生惨遭国民党军警杀害,冯至当时写出了至今镌刻在烈士墓的石碑上抗议国民党反动派暴行的悼诗《招魂》。动人心魄的诗句表明了冯至那时进步的政治态度。

建国后他在北大西语系的教学和任系主任(1951—1964)13年工作中,后期担任的科学院外国文学研究所所长(1964—1982)和名誉所长(1982—1993)29年工作中,以及众多的社会活动中,勤勤恳恳,认真负责,不辞辛苦。他在进行繁忙的公务活动的同时,进行写作和学术研究工作从未中断。哪怕在"文革"时期,他在失去人身自由和被迫下放劳动的恶劣条件下,依然笔耕不辍,写出像一棵棵青松翠柏似的旧体诗,译出了海涅著名代表作《德国——一个冬天的童话》,并写出了具有学术价值的研究海涅的论文。[③] 收入《冯至学术精华录》。

"文革"以后,他的创作获得了第二个青春。自此以后直到去世,他发表诗

---

① 见《冯至学术精华录》,北京师范学院出版社1988年版,第507页。

② 见《冯至选集》第2卷,第502页。

③ 见《冯至选集》第2卷,第502页。

文的数量就篇名统计，有90余种超过"文革"前16年写的一倍以上。① 冯至晚年写的诗文，主要收集在1989年他自己出版的文集《立斜阳集》，以及他去世后由他的女儿冯姚平收集出版的遗著《文坛边缘随笔》中。

这些诗文都是在国家遭到"文革"劫难后写的，他自己在"文革"中像许多干部和知识分子一样受到冲击和粗暴的待遇；然而诗文中没有流露懊丧情绪，没有忏悔声，也没有刻薄的语言；相反在他"文革"后两次自编的选集中收进了解放初期写的诗篇《我的感谢》②以表明他并不因"文革"中受到委屈而对共产党的信仰，对毛泽东的尊敬而发生动摇的心迹。他对过去也进行反思和批评，但他认为对待过去不能采取"今是而昨非"一笔抹杀态度，③所以他反思和批评的态度是高瞻远瞩和实事求是的。

我们在他"文革"后写的诗文中听到的主旋律，依然是对国家对人民充满强烈责任感的声音：一方面，对改革开放中见到的一些消极现象进行直言不讳的批评，发出振聋发聩的警告，④另一方面，继续积极参加国内外的学术活动，参加诗歌评审，培养研究生，多次到国外访问，介绍我国在"文革"后经过拨乱反正文艺学术复苏情况；对国内读者，作家，编辑来函请教，一一认真回答；求他为文集、选集作序的，很少拒绝；这些序言表明，撰写人对写序抱着严肃的态度，对集子的内容都经过他"研究一番，才能下笔"，他不肯"敷敷衍衍，说些不关痛痒的话"。这种把写序言不当应付差事，或照顾面子的严肃态度，在当今的写序言成风的"名人"圈里是罕见的。总之，"文革"劫后，在我们面前出现的冯至，是从烈火中飞出的一只"新凤凰"。

提到他的贡献，还应该提到，冯至是一位致力于增进国际了解的不倦使者。

---

① 按《冯至选集》，"文革"后自编的《立斜阳集》，冯姚平在冯至去世后编的《文坛边缘随笔》中所收诗文篇名（在一个篇名下有多首诗作以一篇计）后标的年代统计，解放后至"文革"共发表43篇，"文革"至逝世前共发表99篇。

② 见《冯至选集》第1卷，第171页。

③ 见《文坛边缘随笔》，上海书店出版社1995年版，第113页。

④ 同上书，第4—12页。

他出访许多国家，从北欧到南欧，从印度洋到加勒比海都留下他的足迹。他出国访问，必定向国外介绍我国文化和现状；访问回来，他把他在国外的见闻介绍给国内，看作是不可推卸的责任。他写的报告文学，感情真挚，文字优美，适合青少年阅读，有的选入了中学语文课本。

冯至笔耕一生，直到他生命的最后一刻，体现了一个作家和学者恪尽职守的精神。冯姚平为《文坛边缘随笔》写的前言中叙述了这位重病在身的88岁老人，怎样瞒着看护他的家人写出他发表的最后一篇文章的情况；她还向我们述说了，她的父亲怎样在医院里，停止了尿血，便要家人把他答应为"世界散文精华丛书"写的"总序"稿捎去医院，拿到病榻前继续工作的情况。但该文未能完稿，成了断片留给世人。让我们来看看冯至写下的最后的文字吧！

"总序"开了一个头，作者开篇对中西散文的异同进行历史的比较，读者被渊博知识、精辟见解和平易近人的语言所吸引。读者通过作者扼要的介绍已明白了中西散文的"异"，正带着极大的兴趣想了解中西散文的"同"，正当作者说了一点正进入第二点时，他这样说：

> 中国的春秋战国与古希腊、罗马是散文肇始也是空前繁荣的时期。中国在诗歌以外，希腊、罗马在诗歌戏剧以外，他们都留下用散文写出的有关历史、政治和哲学的名著。希腊、罗马还留下有气势磅礴的演说词，中国当时的政治家则擅长辞令和辩论，尤其是战国时期纵横家的言论；前者哲学说理惯用对话体，通过对话阐明哲理，后者也多用对话体，但没有长篇，多是片段；前者多用隐语，甚至寓言，后者的子弟中语言也极为丰富，因此多耐人寻味的名篇。但严格说来，都不能说是文学散文。在西方的文学史……[①]

没想到，说到这里，话头就像琴弦嘣的一声断了，没有声音了。多么令人遗憾！这不正生动地表明了这位诗人兼学者在自己的岗位上笔耕不止，写到生

[①] 见《文坛边缘随笔》，第181页。

命最后的一刻么？

1925年和朋友们一起创办的《沉钟》周刊第1期的刊头上，冯至写下了英国作家吉辛的一句话作为刊头词：①

> 而且我要和你们一齐都证实……
> 我要工作啊，一直到我死之一日。

冯至说到做到，他实践了年轻时作出的诺言。

二

人们谈到冯至，都说他是"诗人兼学者"；1988年5月冯至在德国被授予宫道夫奖时，授奖颂词把他称为"诗人型的学者，学者型的诗人和翻译家"。这些说法如实描述了冯至一生从事的工作。

那么能不能只谈他的学术，略而不提他的文学和诗歌创作？不，不能。作这样的回答，是因为恰恰冯至是个诗人，所以他的学术成就和治学就具有了别人没有的特点和优点。所以，要介绍冯至的学术成就不能不谈他的诗歌和文学创作的成就。

集诗人（或作家）和学者于一身的人，在我国前辈中是屡见不鲜的，鲁迅、郭沫若、茅盾、闻一多、朱自清乃至于不久前逝世的钱钟书和现在还健在的季羡林都是这样的人：他们身兼两种身份，既是学者又从事文学创作，两方面都做出了成就，有的成就是里程碑式的。然而，要指出的是：这些一身二任的大师，两者之间在某一方面有畸轻畸重的时候，或长期间断的情况。然而在冯至那里，两者基本上是齐头并进的。因此，诗歌和文学创作对他的学术研究（包

---

① 见《立斜阳集》，工人出版社1989年版，第101页。

括文艺评论）使用的方法上和探索的深度上发生的影响也特别明显。①

（一）诗歌

冯至打自17岁读郭沫若的《女神》，开阔了他对诗歌的视野，激发他的诗歌创作，②发表了他第一部诗集《昨日之歌》起，到去世前不久生日那天——此时他已是一个88岁的老人——他发自内心写出了充满了青春激情的诗篇《重读〈女神〉》为止，给自己的一生用诗歌画了一个圆满的圈。

冯至曾对人说，"诗不是文字游戏"，他认为诗歌的使命应该"是一个时代的心灵记录，也是一个时代的历史见证"。③ 这是我国传统的"知人论世"的观察文艺和分析文艺作品的基本方法，与马克思主义的反映论是相一致的。纵观他全部诗歌，冯至完成了诗人的这一神圣使命。他的诗歌是他写诗70多年经历的各个时代："五四"运动，抗日战争，解放战争，人民共和国建国初期，"文革"后拨乱反正实行改革开放时期（他称之为"第四阶段"）的心灵记录和历史见证。这应该是他留给我们这份诗歌遗产的宝贵之处。

但是，对冯至的诗歌创作的成就，仅仅指出这一点是不够的，还必须进一步说清楚，他是用什么样的方法和方式使他的诗歌来记录"一个时代的心灵"，使它成为"一个时代的历史见证"的？也即是要回答这样的问题：他对诗歌作为一种艺术，做出了什么特殊的贡献？冯至的诗艺有什么特点？

这里我就自己的体会，提出以下粗浅的看法：

1. 冯至的诗歌是"五四"时期抒情诗创作的一个突破并树立了一个榜样。他一登上诗坛，便用高度艺术性的诗句唱出了对"五四"以后有代表意义的青年们的追求和苦闷，感情真挚，思想深沉。20年代写的诗无论在诗情的深度上，或是语言技巧成熟上都超出了同时代的诗人，所以鲁迅说他是"中国最为杰出的抒情诗人"。他的抒情诗产生的动人和隽永的效果，是来自他写诗，不仅作到情、景交融，而且作到了情、理交融，甚至作到了情、景、理三者的交融。要

---

① 季羡林认为冯至"把这二者融为一体"，见《外国文学评论》1990年第3期，第39页。

② 见《我读〈女神〉的时候》，载《冯至选集》第2卷，第365—370页。

③ 见《文坛边缘随笔》，第257、273页。

达到这种境界,光靠感情和直觉是做不到的,还要靠对客观世界和事物的细致观察和认真思考。李广田说他写的是"沉思的诗",这话说得确当,得到诗人本人的首肯。①

2. 冯至受了外来形式的启发和影响,从德国的"叙事谣曲"发展出他自己的叙事诗,从里尔克的14行诗发展成他自己的14行诗。前者被朱自清誉为"堪称独步",②后者被文学史家孙玉石评介为"哲理诗作的高峰"。③冯至在诗歌艺术上的造诣,说明了文艺创作借鉴古人和外国人创造的优秀文艺遗产的重要性。

3. 冯至创作借鉴外来形式,并不是生吞活剥,生搬硬套,而是"经过自己的口腔咀嚼和胃肠运动,送进唾液胃液肠液"(毛泽东语),当作"养分"来消化吸收的。他那样做了,所以我们读了他的"蚕马"、"韩波砍柴"等叙事诗没有听出一个带有歌德或毕尔格④的德国腔来,而是出现了童年时代夏晚乘凉时,听大人讲鬼故事和狐狸精那样地感到害怕,但又怀着极大兴趣听下去一样的心情。

4. 人们好谈冯至的诗歌创作受存在主义和里尔克诗歌的影响,创作主体冯至自己也承认这一点。⑤但我认为,一是当我们提到他受这种影响时,应该说明这仅限于他自德留学归国到抗日战争初期这段时间里;二是我们不能把这种影响的程度夸大,把冯至受到的影响说成他是个存在主义哲学的信奉者;三是我们对这种影响的性质应有一个全面的认识:看到它对创作主体产生的正面影响,也应看到它起了负面影响。正面影响是使他在创作上摆脱无节制的浪漫主义式

---

① 见《文坛边缘随笔》,第267页。

② 转引谢冕《冯至先生对于中国新诗建设的贡献》,载《北京大学学报》(哲学社会科学版)1994年第4期。

③ 见孙玉石《中国现代诗里的哲人》,载《北京大学学报》(哲学社会科学版)1994年第4期。

④ 比尔格(Gottfried August Bürger, 1747—1794)德国"狂飙突进"时期诗人,作有叙事诗名篇《莱娜勒》。

⑤ 对此冯至多次提到并把这写进为《冯至学术精华录》撰写的"自传"中,见该书507—508页。

的感情泛滥，使他的诗歌具有了独特的沉思风格；负面的影响是使他在一定的时间里脱离现实、脱离政治。他的老友杨晦曾对他从德国回来后写的东西提过意见，说他的诗艺的水平提高了，但让人感到他对事物有一种"冷冰冰"的态度；④其原因就可能来自这种负面影响。但这种消极态度，在他受到国民党反动政治和黑暗现实的步步进逼之下，发生了变化；他的创作也随之发生了转变。他笔下的文字给人以"冷冰冰"的感觉消失了，代之以他对现实的关心，对光明热烈的向往和执著的追求。

这里可以用一个例子来证明这个论点："死亡"——这个存在主义者感兴趣的一个题目，它在冯至的诗歌里得到集中反映的，莫过于他为在1945年年底为昆明掀起的反对蒋介石打内战的"一二·一"学生运动中被杀害的4名师生写的《招魂》一诗了。我把这首诗抄录在下面加以考察，以便看出他与存在主义者的死亡观离得有多远：

"死者，你们什么时候回来？"
我们从来没有离开这里。
"死者，你们怎么走不出来？"
我们在这里，你们不要悲哀，
我们在这里，你们抬起头来——

哪一个爱正义者的心上没有我们？
哪一个爱自由者的脑里忘却我们？
哪一个爱光明者的眼前看不见我们？

你们不要呼唤我们回来，
我们从来没有离开你们，
咱们合在一起呼唤吧——
"正义，快快地到来！
自由，快快地到来！

光明，快快地到来！"

对存在主义者来说，证明"存在"的是每个独立的个体的"此在"。按健全理智的逻辑推论，死亡对活着的人的个体，意味着"此在"的消失，是"不存在"，是虚无；但在这首诗里表达的却是虽死犹生；在这里死亡呈现出辉煌，是生的升华。在我们看来，4名烈士为反内战，为争取人民幸福舍生取义的"死亡"，是与那些小昆虫由于本能"经过了一次交媾"、"抵御了一次危险"后的"死亡"不能相比的。

这首诗对参加过昆明"一二·一"运动的人，是特别亲切和难忘的。那时为了表达对烈士的悲悼和对国民党反动派的愤怒，诗歌、挽联、祭文如潮，但是被朗诵的最多、最感人，也给我们以最大勇气的，是冯至的这首《招魂》。我当时是西南联大外文系二年级学生，在惨案发生的当天，我曾和十几个同学在停放4烈士遗体的西南联大图书馆彻夜守护在死者的身旁，以防国民党特务劫尸灭迹。那4张血迹斑斑的年轻的脸至今还历历在目；第二天我读到在灵堂里贴出来的冯至写的《招魂》，立刻感到那首诗是如何真实地反映了我在守夜时的感受啊！这诗用金光闪闪的字迹刻在昆明四烈士墓的石碑上，它将永远不会被人遗忘。

（二）散文

冯至提到他的散文创作时，谦虚地说：解放前，"有薄薄的一本《山水》"，解放后，"有薄薄的一本《东欧杂记》"。[①] 这两本散文集，是从他写的许多散文中挑出来的选集。他写的这些文字都有以下的特点：

1. 他《山水》里的散文实际上就是一首首抒情诗。冯至的散文有抒情诗的效果，是因为他在感悟景物过程中渗透了真挚的感情——真挚和真诚也是他的人品的本质。他的《东欧杂记》是用优美的散文写的报告文学，这些文情并茂的游记向国内读者述说的并非是一些耸人听闻的海外奇谈，而是继承了我国"游记文学"的悠久传统，用情景交融，夹叙夹议的方式向我们介绍访问国家的

---

① 见《冯至选集》第1卷，第23页。

人民不同的生活习惯、文化背景和革命传统以及他们对中国人民的友好感情。它们像架在我国人民和外国人民中间增进彼此了解的一座座彩虹般的桥梁,并不因为像后来发生的政治变故而失去原有的光彩和不变的价值。

2. 他的散文平易近人。他服膺了服尔德"形容词是名词的敌人"这句话,① 散文里不以形容词的堆砌来描写事物和他的感受,他写的尽是朴素的语言;用平常话说平常事,可以说是他散文的基本风格,所以平易近人。

3. 他的散文意味深长。文章里写的常是平常事,但他作为"沉思"的诗人,总能从平常事里悟出深意来,写在散文里,读了使人感到意味深长,教人想个不停。冯至从他的"沉思"过程中悟到的"理"是融化在他的"情"里带出来的。比起他的诗来,他的散文毕竟更多地以记事、说理为归宿。他的散文中记的事,说的理,因为与感情融为一体,就有着强烈的感染力和说服力。

冯至一生辛勤创作,留给我们的诗歌和散文的遗产是一份宝贵的文学遗产。这份遗产不仅形成了我国诗歌创作发展链条上特放异彩的环节,而且对我们当前正经历的所谓的"转型期"的文艺创作具有重要的现实意义和价值取向;研究它学习它,可以避免当前文艺创作中出现的两极:以庸俗浅薄去媚俗或以强作深奥的晦涩来表现自我,使我们文艺在这所谓的"转型期"中不转到邪路上去,而是使文艺创作能更好地在"为人民为社会主义服务"的光明大道上前进。

三

冯至对自己学术评介,是谦虚的。他为《冯至学术精华录》一书写的自序中说:"我不是学者,没有写过一定水平的学术著作。……我于文学创作之外,写了少量关于作家作品以及个别文学问题的文章,我只能把这划入学术论著的范围。"收入《冯至学术精华录》的文章共有39篇,《杜甫传》一书有5个部分被选入该书,单另成书的《论歌德》中则有9篇文章收入该书,

---

① 见《冯至选集》第1卷,第15页。

自言只有"少数篇章没有收辑成集"。这样看来他讲的谦虚话也是实事求是的话。但是，估量一个学者的学术水平和学术贡献，不在于著作的数量，而在于它们的质量和创造性，在于这位学者在前人研究的基础上有没有添加什么新的东西。

有些研究者专注于也在冯至的学术论文里找出他与存在主义的关系。不能否认，这种关系像在他的文艺创作显示的那样，同样存在在学术研究中，他自己在为《冯至选集》写的"诗文自选琐记（代序）"中明白地谈到在该书中也收进了受存在主义影响，或在思想上与之不谋而合的文章，但他对此明确表示："其中有不少主观的不切合实际的议论，西方资产阶级文学哲学的影响随处可见。但也不能完全否定，个别的地方不无可取之处。"① 因此，要全面了解冯至的创作和思想发展，对这些影响的研究是不能回避的。

如果我们把冯至的思想和创作放到一定的历史条件和所处环境下来分析，如果我们用发展的观点并能从整体上来把握冯至，找出构成他思想矛盾的对立面双方中的主要方面，我们就不能不看到在中年以后的冯至身上，接受我国大诗人杜甫和德国大诗人歌德的影响是主要的和决定性的。他自己在晚年谈到这两位诗人对他的影响时说："在我阅读的书籍中，有两个诗人的作品（自我中年以来）对我的人生道路有较大的影响。那是唐代的杜甫和德国的歌德。"②

他的思想发展是受了杜甫和歌德影响，他在学术上的主要成就，也是集中在对这两个大诗人的研究领域中。人们只要打开他自选的《冯至学术精华录》一书，就一眼看出，他的大部分论文的题目是讨论歌德和杜甫的。

我们下面展示的就是：冯至在我国杜甫和歌德的研究领域中，起了开拓和开创性的作用；他把我国对这两个重要诗人的研究，推到了一个新的阶段。这就是他在学术上所作的杰出贡献。由于他对这两位大诗人的著述是用深入浅出的语言和带着丰富感情的笔调来写的，因此这使他的研究著作和文章，具有很

---

① 《冯至选集》第1卷，第24页。
② 见《文坛边缘随笔》，第257、282页。

大的"可读性"。这样，他的著述不仅具有高品位的学术价值，而且在我国广大读者中对这两个大诗人的了解和认识起了普及作用。

（一）冯至的杜甫研究

冯至学的是德国文学，但他从未抛开对中国文学的兴趣。他对杜诗开始接触，是在抗战流亡途中，他那时带着妻女过着流离颠沛的生活，他的行箧中带有杜诗选一本，一路上读杜诗，自然引起了他的共鸣。从此开始，他对中国古典诗歌的兴趣从晚唐逐渐转向了杜甫、陆游、辛弃疾等人。

杜甫研究在我国将近有千年的历史，有人统计，集注近400种，考证，笺释，辑评有200种，年谱有50种，关于杜诗的诗话可"车载斗量"，近代的杜甫研究者写了很多关于杜甫的论著和专章，其中有"不乏创见"的，[①] 但从整体上去把握杜甫的工作，一直都没有人作。

冯至是熟悉西方的文学研究状况的，他告诉我们，西方文学研究自18世纪以来不仅对第一流的诗人，连第二流、第三流的诗人都有整体性的研究，这种整体性的研究成果常常以传记的形式表现出来。他说，相比之下，我国拥有的大诗人和大文学家为数不少，却对他们缺乏这种整体性研究，而作为研究成果的这些大诗人和大文学家的传记著作，"书架上几乎还是空空的"。[②] 有鉴于此，他在西南联大得到了一部仇注杜诗，经过仔细阅读后，便打算写一本杜甫的传记。"准备工作"（实际上是研究工作）做了四五年，到1947年开始写，1951年完稿，共用了4年工夫。当分期发表在《新观察》上时，因为它吸引人，为了读《杜甫传》，人们一期一期地等着《新观察》的出版，热心的读者中有一个人，便是毛泽东，据有人写文回忆[③]：

1946年7月，冯至开始《杜甫传》的写作，令人没有想到的是毛泽东那时

[①] 见陈木焱《冯至先生的杜甫研究》，载《冯至先生纪念文集》，社会科学文献出版社1993年版，第35—36页。

[②] 见《冯至学术精华录》，第7页。

[③] 见《文艺报》1999年1月31日第4版载孙琴安文《毛泽东对杜诗的态度》。该文谈到毛泽东和郭沫若有扬李抑杜的倾向，并对原因作了分析和评论，我认为评论是比较公允的。

正指挥着解放战争,居然还偷闲读了《杜甫传》的一章,[①]可以见出他对杜甫生平的浓厚兴趣。

1950年,[②]《杜甫传》在《新观察》上连载,又被毛泽东注意到了,每期必看,而所看的总是冯至的《杜甫传》,有时甚至在开会的时候也在看。《杜甫传》连载完毕后,毛泽东对旁边的人说:《新观察》现在将《杜甫传》登完了,我《新观察》也不用看了。

关于《杜甫传》一书的评价,已有很多学者写了论文,论者几乎一致指出,冯至的这本传记是杜甫研究史上的第一本。它不仅在杜甫研究领域中有开创性的意义,而且对撰写我国古代其他诗人和文学家的传记都有启发。这就是冯至这部《杜甫传》的功绩。我本人对杜甫谈不上有研究,但作为《杜甫传》的一个普通读者,对此书谈一谈自己的感受和意见:

1. 读了《杜甫传》,一个栩栩如生的杜甫出现在人们的面前,完全达到了作者给自己定下的两个目标:一方面能"帮助人更深一层了解作品",另一方面"使人纵使不读作品,面前也会呈现出一个诗人的图像。"[③]冯至在他那篇题名为《我想怎样写一部传记》一文的结尾提出了希望:"若是没有杜甫的诗,这本书根本就不必写;可是这本书如果一旦写成了,我希望,纵使离开杜甫的诗,它也可以成立。"这个希望实现了。

2. 这本传记既是一本严谨的科学著作,也是一件动人的文学作品。要把这两点结合起来,只有诗人兼学者的冯至才能做到。

3. 我要对《杜甫传》"以杜解杜"的说法提出我自己的补充意见,目的是想澄清可能引起的误解。冯至写《杜甫传》遇到一个难题,生活在1200多年前的杜甫,要为他写一部反映他一生的传记,史料不足,现存的包括如出自号称为正史的《旧唐书》和《新唐书》中的杜甫传记,以及死后不久由元稹写的墓

---

① 毛泽东读到《杜甫传》应在1947年6月以后,因为该书首次发表的是第5章《杜甫在长安》,1947年6月在《文学杂志》第2卷第6期上刊登。参照周棉:《冯至传》,第488、489页。

② 有误,应为1951年,参照周棉:《冯至传》,第493页。

③ 见《冯至学术精华录》,第6页。

志铭，太简单，而且有明显的错误。冯至寻求史料而不足，最后只好回到杜诗本身，"以杜解杜"。①

这样的说法有可能使人对《杜甫传》的科学性提出怀疑；人们会问，传记作者引用了大量杜甫的诗来描述诗人自己，没有旁证，可靠吗？诚然，如果《杜甫传》能像我所了解的德国一些有名的诗人和音乐家，例如歌德，席勒，贝多芬，莫扎特等人的传记，传记作者不仅有本人的作品作为依据，而且有几乎没有遗漏的信件、同时代人的回忆以及研究传主活动有关的各种历史档案作根据，自然会更接近客观了。问题是这些传主都生活在18、19世纪，离开现在不过一、两百年，留下的史料多，而我们国家的历史比德国要长得多，正如歌德对爱克曼说的，"中国人有成千上万的这类作品，②在我们的远祖生活在野森林的时代，就有这类作品了。"③

反观杜甫，这时，中国文学的发展从诗经到杜甫已整整经历了1000年，④这位诗人给我们留下了1400多首诗，这些诗，唐人说因它们"推至见隐，殆无遗事"，宋人说它们"记当时事，皆有据依"，"读之可以知其世"因而把杜甫的诗名之为"诗史"，⑤所以在缺乏史料的情况下，诗本身可目之为史料，作为写传记的根据。其次，冯至在解读杜诗时，受歌德的启发，歌德在写歌颂大自然的诗时，把大自然当作一个"公开的秘密"来发微，他也把杜诗当作藏匿在作品后面的秘密来发微的。这说明冯至"以杜解杜"不是搞随心所欲，搞牵强附会那一套，而是像自然科学家那样，要求准确客观。正因为如此，他映证作品，纠正了不少史料中一向不受人怀疑的错误，澄清了一些杜甫研究中的悬案。

最后，还应该指出的是，"以杜解杜"只是一个方法（不得已的方法）。我认为，冯至写《杜甫传》仅仅用这个方法，哪怕以最严格的科学态度，还得不

---

① 见《冯至学术精华录》，第8页。
② 指歌德那时正读的中国小说《好逑传》、《玉娇梨》、《花笺记》等。
③ 见《歌德谈话录》，朱光潜译，人民文学出版社1978年版，第113页。
④ 以诗经产生于西周公元前770年至杜甫公元771年去世计。
⑤ 见《冯至学术精华录》，第145—146页。

出《杜甫传》这个有高度思想性的产物的。这里还有一个作者应用了马克思主义的观点对杜甫进行观察的原因。正因为冯至应用了马克思主义的文艺观，他得出了一个重要的结论：杜诗的成就，"只靠高度的艺术修养是不够的，主要是决定于我们一再提到的爱祖国、爱人民的政治热情"。① 这种见解是何等地正确，具有何等的现实意义！

（二）冯至的歌德研究

歌德在西方文学中是与但丁、莎士比亚并列的划时代的大作家。如果说但丁"是欧洲中世纪最后一位诗人，同时又是新时代的最初一位诗人"，② 而莎士比亚则是欧洲文艺复兴时期的代表作家，那么歌德是继承了前两个时期欧洲人文主义传统的启蒙运动诗人和思想家，他的诗歌和思想（以《浮士德》为代表）显示了西方近、现代文明的到来。

歌德生于1749年死于1832年。他的名字在我国出现，据钱钟书的考证，最早是1878年来自一位翻译过《浮士德》的英国外交官的讣告上，③ 一位清廷外交官的驻德日记上提到他的这位死去的英国同事生前业绩的同时，顺便把《浮士德》的作者歌德并非作为诗人，而是作为在魏玛公国得过勋章当过大官的人介绍给国人。

洋务运动开始后，在德国和日本的留学生带回了关于歌德更多的信息，到辛亥革命为止，先后有辜鸿铭，马君武，苏曼殊，鲁迅，王国维等人介绍或翻译歌德。但他们的介绍，有的只是顺便提到（鲁迅），有的并不是真正的歌德（王国维），翻译的诗歌也只是挑一首两首译者自己喜欢的篇章（马君武、苏曼殊），译文文字典雅优美，但用的是文言文，歌德的名字仅限于狭小的文人圈里知晓，谈不上有什么影响。

歌德在我国真正的传播并发生影响是在"五四"运动开始以后。三个青年人，在日本留学的郭沫若，田汉和在上海报社编副刊的宗白华，围绕着对歌德

---

① 参见陈木焱《冯至先生的杜甫研究》，载《冯至先生纪念文集》，第60—62页。
② 《马克思恩格斯选集》第1卷，人民出版社版，第269页。
③ 见钱钟书《七缀集（修订本）》，上海古籍出版社1994年版，第155—156页。

的崇拜进行通信；信件收集起来编成《三叶集》，吸引了包括冯至在内的广大青年并引起了他们对歌德的兴趣。这三个青年人在通信中认为时代需要歌德，他们立志在中国掀起一个"歌德热"。先是郭沫若把《浮士德》结尾合唱译出来作为他的诗集《女神》的序诗——这部诗集在年轻知识分子中广泛地被阅读，引起了热烈的反响。冯至就是受到影响者之一。继而郭沫若又把歌德的《少年维特之烦恼》译了出来（1921）。

这译本在中国引起的"维特热"不下于148年前歌德写出此书后在欧洲引发的"维特热"；① 它不仅推动了全国青年读者对黑暗现实的反抗，而且影响到那时的文学创作。冯至当时也如饥似渴地阅读了《少年维特之烦恼》，他回忆说：

> 对我发生较大影响的是郭沫若译的《少年维特之烦恼》。这部小说，现在可能很少有人读了，可是20年代初期它在中国青年读者群中的流行超过同时代其他外国文学译品。其轰动的原因是"五四"时期一部分觉醒而找不到出路的青年与18世纪狂飙突进运动中的人物有不少共同点，他们在这部小说中得到共鸣。我那时读这部小说，像是读同时代的作品。……②

郭沫若在南昌"八一"起义失败后，回到上海，去日本政治避难之前，他抽空参照了他1921年在日本译成的旧译稿把《浮士德》第1部重译了出来，1828年在上海出版；19年后，在解放战争期间，国民党扼杀国统区民主运动，又抓住空隙，又把《浮士德》第2部译了出来，1947年11月《浮士德》第1、2卷合集在上海出版，并写了一篇题名为《〈浮士德〉简论》的介绍文章。

由上可知，歌德在我国产生影响，是通过郭沫若的翻译和介绍。但我想指出，这种影响有两个局限，一是对歌德的介绍只限在他"狂飙突进"时期，作

---

① 此书在歌德生前58年间重版了55次，而它在我国从1922年第1版到1936年抗战爆发前14年间便出了50多版。

② 引自《文坛边缘随笔》，第264页。

品流行的只是他翻译的《少年维特之烦恼》，而该书不能代表歌德的全部。那时郭沫若虽也已把歌德的代表作《浮士德》第1、2部译了出来，译本也显出他一向的挥洒自如，才气横溢的文风，但毕竟该书含义艰深，结构奇特，不容易为一般读者接受；二是这本小说对青年的影响虽广，但这种影响在程度上和时间上都是有限的。抗日战争爆发了，读它的人也大大地减少。因为在深重的民族危机面前，个人的多愁善感引不起多数青年的共鸣了，维特的自杀被认为是没出息的行为。

从此，歌德在中国的接受发生了转变，《浮士德》的自强不息的精神，开始受到抗战时期中国爱国知识分子的赏识。冯至便是出于这种心情在昆明西南联大开始研究歌德的，从此冯至对它倾注了一生的心血；直到他去世前，汉堡版的歌德全集放在他书桌前最顺手的位置，以便他随时翻阅。

冯至的歌德研究成果主要收入1986年上海文艺出版社出版的《论歌德》一书中，全书由上下两卷，16篇文章组成，上卷的文章是解放前写的，下卷是解放后的，其中除《画家都勒》一篇外，都是关于歌德的论文。此外他1982年为《中国大百科全书·外国文学卷》撰写了1万多字的"歌德"条目，像他为《中国大百科全书·中国文学卷》写的"杜甫"条目一样，也是重要的学术贡献。不能把这简单地看作介绍性的辞书条目，因为这两个条目凝聚了他最后的研究心得。1958年他在北京大学主编了《德国文学简史》，其中有关歌德的章节出于他的手笔，深入浅出地介绍了歌德的生平和作品。

综观冯至的歌德研究有如下的特点和贡献：

1. 他用马克思主义的观点和"洋为中用"的出发点进行对歌德的研究。研究歌德和对歌德的阐述世界上和历史上有不计其数的"家"和"派"。冯至对歌德的研究的观点和方法是有个变化发展过程的，解放以前他是用歌德的世界观和人生观来看待歌德这个人和他的创作的，解放后他自觉地采用马克思主义的立场观点方法来研究歌德。他以1949年新中国成立为分界把他《论歌德》一书分为上下两卷，恐怕也出于这个原因。

冯至在解放前虽然没有运用马克思主义观点研究歌德，但由于读歌德受了他的影响，采取歌德观察问题的方法来观察歌德。歌德对历史对自然的观察是从客观实际出发的，他通过观察得出自然界和人是从原型变态而出的接近发展观点的蜕变论；他对自然对历史的观察不采取客观主义的态度，而是从人的立场出发的。他在歌德研究工作中，便采取与歌德同样的立场观点和方法，因而他的歌德研究比1932年为歌德逝世百周年纪念出版的《歌德之认识》① 中汇集的当时一些学者写的论文高出一筹。他摆脱了当时人文科学领域中惯有的以主观好恶和穿凿，甚至是感想式的态度写文章；他的论文是在占有了大量材料的基础上，从事实出发，用实事求是的态度写出来的。

尤为可贵的是，他一贯坚持用中国人的角度看外国文学的，对歌德也是如此。他是以中国文化作为"参照系"来观察歌德的，因为这样，他的研究成果不仅具有科学性，而且含有许多见西方研究者之所未见、发西方研究者所未发的新意和创见。

解放前夕，冯至开始接触马克思主义，读到了恩格斯对歌德有二重性的矛盾②的论述对他歌德研究有极大的启发；解放后，他认真学习马列主义、毛泽东思想，又从民主德国得到了大量马克思主义学者研究歌德的论著和资料，他便开始自觉地在自己的研究中应用马克思主义立场观点方法来分析歌德。由于冯至不盲从苏联和东欧盛行的教条主义，他对人们对歌德发表的对浪漫主义否定的言论，对《浮士德》悲剧结尾的过分乐观的解释等重大问题存在的偏颇看法，提出了批评性的意见并陈述了他自己的比较全面的见解。

冯至应用马克思主义观察文艺所以没有陷入教条主义和贴标签的通病，是与他在文艺问题上不采取从定义出发，不采用从理论到理论的思辨方法，而是采取"对具体情况作具体分析"的方法有关。一些学者不约而同地指出冯至的文艺研究方法是"从具体到一般"，他采用这种研究方法是与他本人是个有着丰富、具体的文学创作经验的诗人和作家有关。

2. 扩大了歌德研究范围，增进了我国学术界对歌德的全面认识。论文涵盖了歌德的全面，既讨论了他年轻时代的"狂飙突进"时代的创作，也讨论了中

---

① 宗白华、周冰若编：《歌德之认识》，南京钟山书店1933年出版。

② 见《马克思恩格斯全集》第4卷，第223—275页。

老年时代的创作,既涉及了他的文艺思想,人生观和教育思想,也涉及了他的自然科学方面的研究和自然观;而全书有较多的论文是讨论歌德的代表作《浮士德》的。这样就打破了过去"五四"以来,我们对歌德的了解仅限于"狂飙突进"时期的局限。郭沫若后来虽以他的《浮士德》的全译本填补了过去对歌德了解的这个空白,但对广大读者来说,时处解放前夕的大动荡时期,即使郭沫若为译本写了一篇深入浅出的诠释性的文章《浮士德简论》,大家还是无心去读这样艰深的书;解放后郭沫若忙于公务,他无法把由他发端的歌德研究继续下去,于是他把这个任务像接力棒似的交到了冯至的手中。① 所以说,歌德研究范围的扩大是从冯至开始的。

3. 交给读者以理解歌德的钥匙。冯至通过这书里所收的文章,对上述歌德研究的几个基本方面和一些关键问题,交给我们一把把理解它们的钥匙;有了它们,我们可以登堂入室,窥见歌德——这宏伟大厦的全貌了。比如,按我个人读《浮士德》的经验,书中主人公浮士德的苦闷和追求以及他的悲剧,如果不去弄懂靡非斯托非勒斯(魔鬼)的性质和作用,是理解不了的。冯至《论歌德》中的第一篇"《浮士德》里的魔"就交给了我们这把理解的钥匙;又如,郭沫若在他的《浮士德简论》中提到,《浮士德》第二部比第一部难懂,而插在正中间的海伦娜悲剧("古典的瓦而普基斯之夜"是它的序幕)尤为难懂,冯至便抓住了这个主要矛盾,为我们写了一篇专论《〈浮士德〉海伦娜悲剧分析》,此文把歌德《浮士德》最难懂部分的创作意图,人物和情节的来龙去脉,他们背后的象征意义,并抓住了歌队唱出的哀弗里昂悼歌进行分析,指出这悼歌中表现了对革命一向抱保守态度的歌德对以拜伦为代表的积极战斗的人生态度的向往和歌颂。最后,作者为我们深刻地分析了海伦娜悲剧的性质,指出了歌德在创作思想和创作实践上存在不一致的矛盾及其深刻原因。可以说,要是没有冯至在这篇专论中所作的这些分析的帮助,要读懂《浮士德》第二部比读懂天书还难。

---

① 解放初期郭沫若把寄给他的有关歌德问题的大批读者来信都转给冯至,请他回信。笔者那时是冯至的系主任秘书,曾频繁地收发过这方面的大量邮件。

4. 歌德在中国的第二次普及。第一次普及是通过郭沫若翻译的《少年维特之烦恼》，第二次普及便是通过冯至的努力了。他在我国所以在介绍歌德中起到普及作用，主要有两方面的原因，一个是由于《论歌德》中的研究文章文风平易近人。冯至所以能把难懂的《浮士德》给我们阐述的那么清楚易懂，因为他是歌德说的那种"享受时判断，判断时享受"类型的读者和批评家[①]，他能做到这一点，是和他与他自己是个诗人，有写诗的实践体会，和一个诗人的细致和高尚的感情有关；他把这两个优势应用到学术研究中去，介绍起歌德来，就能作到鞭辟入里和娓娓动听了。但纵使如此，我们还是不得不承认，由于这些论文的专门性强，它们的影响还多半限在学者和有较高文化修养的知识分子圈里。

另一个原因，他主编了教科书《德国文学简史》，发行到全国。这本书是解放后出版的惟一的德国文学史教科书，发行量大，专门性并不强，内容和文笔两者都通俗易懂，有高中文化水平的人都能读懂。人们遇到德国文学上的问题，都找它来翻阅查考。这样，由他执笔写的有关德国古典文学和歌德的章节，一时也就成了普通读者认识歌德的窗口了。它是"大跃进"时期北大德语专业师生突击出来的产物，冯至生前嫌它粗糙不成熟，常以主编了此书而成为他平生的憾事。不过如果我们把此书打开来读，冯至写的部分，内容基本正确全面，比起解放以前同类书籍，在科学性上，不可同日而语。因此这书向我国广大读者普及歌德的功绩不可抹杀。

5. 培养了我国新一代的歌德研究者。应该提到的在他直接的培养和指导或间接的帮助和影响下，解放后出现了一大批德语文学的研究者，其中包括歌德的研究者，可以说，歌德研究在我国已经形成了一支队伍，其中有不少在歌德研究和译介方面已作出了卓著成绩，成为饮誉海内外的歌德学者。

综上所述，如果我们可以把"五四"时代歌德在中国的接受与郭沫若的名字联系在一起，名之为"郭沫若阶段"的话，那么我们完全有理由把我国解放以后这一段歌德在中国的接受史名之为"冯至阶段"。[①]

---

① 见范大灿《从特殊到一般——冯至对德国文学的研究》，载《北京大学学报》（哲学社会科学版）1994 年第 4 期，第 48 页。

我们在此介绍冯至的学术贡献限于杜甫和歌德,仅取其荦荦大端。他的贡献不限于杜甫和歌德研究;他对鲁迅,对我国的现当代文学和古典文学遗产,对席勒、海涅以及西方带有时代批判性的晚期资产阶级思想家,如尼采、基尔克郭尔和他所喜爱的诗人里尔克都写过有见地、有启发性的文章。我们在此就不一一细说了。

四

冯至的治学方法是"洋为中用",学风特点是严谨,人品是诚实、正直,谦虚、平等待人和爱国。在这些方面,我有很多感性认识,现介绍如下:

(一)冯至"洋为中用"的治学方法。这实际上从前面对冯至学术和文学创作成就的介绍和分析中已经涉及了。他把他在创作中使用"洋为中用"的方法叫做"吸收外来养分"。这个提法本身生动表明"洋为中用"的主体是中国,"洋"为作为中国人的创作主体所用,为中国的广大读者能够并乐于接受。冯至的主要学术著作《杜甫传》、《论歌德》和他写的其他的学术论文都贯彻了这个精神,使他的学术著述具有了创造性和富于创见。他明确地说过:"我一向主张研究外国文学的人应当了解中国文学的过去和现状,特别是中国的当代文学。我们搞外国文学,并非为研究而研究,也不是为外国人研究,而是从中国的需要出发去研究,根本目的还是在于为发展社会主义提供借鉴。"[①] 他在北大当"西语系"系主任的时候,搞教改,多次修改教学计划,他每次都强调两件事:一个他强调西语系的学生要打好扎实的外语基础,另一个强调的便是学外国文学的人要学好中国文学。因此他在修订后的教学计划的课程安排中,老要看"外语训练"和"中国文学"这两条线够不够粗,他多次坚持学生除必修

---

① 《文坛边缘随笔》,第254页。

中国古代文学外，还要加学"五四"以来的中国现代文学，而且多次向中文系派来的老师建议课堂上要多分析作品，在课外则应要求学生多读作品。"学外国文学的人要懂得中国文学"这个观点是冯至非常鲜明的观点，它不仅体现我国外国语言文学为谁服务的根本性原则，而且也符合语言、文学具有整体性的学科规律。

冯至坚持"洋为中用"的又一重要表现，便是他主编《中国大百科全书·外国文学卷》要求撰写条目者，尽可能地把有关外国作家在我国的翻译、传播情况和影响写进去，有关的外国的文学概念与我国固有的进行比较说明。大家努力这样做了，但在编写过程中，感到我们的外国文学工作者过去在"洋为中用"问题（接受史，影响史）的研究做得不够，因而感到材料缺乏。

（二）严谨、求真的学风。对写论文，学术界流行着一句常说的成语，叫"言之成理，持之有故"，它表达了写文章不能信口乱说，写文章要有根据而且要符合逻辑，这恐怕就是"严谨"的要求。但我认为光按这句话行事，还远远达不到科学性的要求，因为这两个条件仅仅说明了写文章时对作者主观方面的要求，没有提出对写出来的文章要符合客观。因为"言之成理"，歪理也是一种理，它也可以说得头头是道，符合逻辑的；再按着歪理再去找根据，天地之大，宇宙之无限，根据总是可以找得着的。但如果在"严谨"之外再有"求真"这一条，就保证了文章里说的要符合客观，或力求接近客观，这样才称得上科学性的要求。冯至搞研究工作就是按"严谨，求真"这两条要求去做的。我们从他两部主要著作《杜甫传》和《论歌德》里就可以看出这种治学态度。《杜甫传》里的映证工作，《论歌德》里的从具体到一般的分析方法都体现了这种治学态度。现在我还要讲几件冯至经常强调的事情（或原则）来丰富我们对他"严谨，求真"的治学方法的认识：

第一，他强调搞外国文学一定要读原著。这里讲的"读原著"，当然最好是读原文，但西方国家有那么多的语言，对一般人不可能要求本本都读原文，因此至少也要读翻译出来的原著。他晚年写过一首讽刺诗叫《梦访书店》，[①] 对80

[①] 载《文坛边缘随笔》，第28—31页。

年代和90年代初大量出版的五花八门的作家辞典、作品欣赏之类的书籍进行辛辣的讽刺；讽刺的原因是这些书助长了不读原著便大做文章的不良作风。他曾对我说，写这种文章是在欺骗读者。

第二，冯至"严谨、求真"的精神还表现在他的翻译工作上。他要求翻译忠实于原文，在忠实于原文的前提下增加译文的可读性。冯至翻译了不少重要的德国诗人的作品，歌德、席勒、海涅、里尔克、荷德林、布莱希特等，但他不肯承认他是一个翻译家，[①] 别人这样称呼他，他总是要加以否认。其实说他是一个严谨和高超的翻译家，他是当之无愧的。

冯至在翻译工作里的"严谨、求真"的精神，我有亲身的体会。他"文革"中从河南劳动回来，在家无事可做，便着手翻译海涅的名著《德国——一个冬天的童话》。他要重译这本书的愿望很久前就有了。解放以后出版了哲学家艾思奇在延安的翻译本；冯至多次对我说，这本书是艾思奇在延安革命根据地困难的条件下译出来的，译者本人不是搞德国文学的，能译出来不容易，但里面错太多，这样重要的作品应该重译。有一天我接到他一封信，他告诉我，他在翻译海涅《德国——一个冬天的童话》，译到第9章时碰到一个德文字：Krammetsvogel。这是海涅长期流亡在法国回故乡省亲路过哈根时，餐桌上摆出的家乡风味——他爱吃的奶油煎乌的鸟名。字典上给的译文叫"田鸫"，这是这鸟在动物学上的学名。冯至不愿意用这个名称，写信来要我去北大生物系询问还有否其他的叫法，还说最好去看一看标本。我照办了。我看到了标本，并问到了这鸟在我国不同地区6种不同的俗名。他得知后挑选了北京地区"穿叶儿"的俗称，最后他在译文中定下了"穿叶鸟"的译法。

（三）冯至谦虚宽厚的为人态度。在"文革"前，我几次听到周扬当众表扬冯至，说冯至被鲁迅推崇为中国"最为杰出的抒情诗人"，而他自己却受到鲁迅的批评。那时，我思想片面，知识贫乏，对周扬所说的并不了解它真正背景，只以为周扬在讲些风趣话来自我解嘲。我在冯至那里则从来没有听到他解说过这段话的来由和背景，因为他一贯不喜欢谈论自己的过去和他所作的好事。我

---

① 载《文坛边缘随笔》，第272页。

们曾听说毛主席曾称赞过冯至《杜甫传》的传闻,然而冯至从来没有向我们谈起这件事情。有一次我和系里其他两个与冯至接近的同志特意去问他有没有这件事情。冯至告诉我们说有。他说:毛主席读的是《新观察》杂志上连载的《杜甫传》,当有一次机会会见毛主席时,有人把他介绍说他是《杜甫传》的作者,毛主席与他紧紧握手并连连说:"你为中国人民作了一件好事"。他在简略地叙述这件事时,脸上露出了我们平时少见的激动的神情。

冯至平等待人。无论是打字员、教务员、事务人员或图书管理人员他一律尊重他们的劳动和人格。他也从不把自己看成高人一等。冯至平易近人,对人态度诚恳和蔼,从不盛气凌人,因此得到全体同志的尊重和爱戴。

最后,我引用冯至3首诗,[①] 结合读诗体会谈谈我对冯至最为可贵的爱国主义品质的认识。诗的标题为《我的祖国》,是他81岁时因摘除白内障住医院时写的。读了以后,感人泪下。我抄录如下:

我和祖国之一

祖国,我爱你,
但我说不出豪言壮语,
也写不出昂扬的文字,
只会说谚语一句:
"儿不嫌母丑
狗不嫌家贫。"

祖国,我的母亲,
何况你并不丑,
只不过你久经忧患的脸上
多了几条皱纹。

---

① 见《立斜阳集》,第259页。

冯至

祖国，我的家，
何况你并不赤贫，
如果你一贫如洗，
又怎能哺育全世界
五分之一的人民。

我和祖国之二

祖国，你有千千万万的好儿女，
也有为数不少的不肖子孙，
有人丑化你的形象，
有人让你永葆青春。
我是什么样的儿孙，
我缺乏自知之明。
我也不值得将来有人
给我作盖棺论定。

我曾喝过海外的水，
总像是一条鱼陷入沙泥。
我曾踏过异国的土地，
总像是断线的风筝
漂浮在空际。
好也罢，不肖也罢，
只有一句话——
"我离不开你。"

我和祖国之三

祖国，你有沉重的负担，

这负担是你漫长的历史。
在这历史的担子里——
有崇高也有无耻，
有智慧也有无知，
有真诚也有虚伪，
有光明磊落也有阴谋诡计。
它们像天文数字的血细胞
循环在十亿人口的血脉里。

历史虽说是属于过去，
却不断在你的肩上加重；
血细胞用显微镜才能看清；
但它们起着巨大的作用。
祖国，为了给你减轻
十亿分之一的负担。
我的血液，
我要经常检验。

"爱国"这本来是我国老一代知识分子的共同特点和共有的感情，因为在旧时代我们中国自鸦片战争以来饱经内忧和外患，老一代的知识分子都是过来人，人人盼望祖国奋起抵御外侮，收复失地，走上繁荣富强的道路，自立于世界民族之林。冯至也不例外。但是，我们仔细地读他这3首诗，细心回味他的诗句，我感到爱祖国爱得像他那样深切，那样专注，实在是非同一般和令人感动的。他在诗里引用了"儿不嫌母丑，狗不嫌家贫"这谚语来比喻对祖国的态度，但他说祖国这个"母亲"并不丑，这位"母亲"饱经了包括像"文化大革命"这样灾难性的忧患也只在脸上添了几条皱纹而已；他认为把"狗不嫌家贫"这句话应用到祖国的身上并不恰当，因为"若是你一贫如洗，又怎能哺育全世界五分之一的人民"。他在诗里断然否定自己是属于丑化自己祖国的不肖子孙之列。

我认为这句诗是有的放矢的,① 因为那时候就有那么股风和时髦的论调来丑化我们国家的历史,把自己的国家说得一无是处。这些人恨不得要我们拜倒在西方资本主义文明的脚下。冯至又说他也曾喝过海外的水,也曾踏过异国的土地,但他与那些把外国看作《圣经》中说的 The Land of Promise② 的人不同,他在那里总感到自己是陷在泥沙里的鱼和断了线的风筝。尤其使我觉得可贵的是冯至的爱国主义不是停留在口头上的爱国主义或者是向祖国讨价还价的爱国主义。冯至的爱国主义是充满了责任感和奉献精神的无条件的爱国主义,他说:"祖国,为了给你减轻十亿分之一的负担,我的血液,我要经常检验。"像这样深沉的爱国主义精神是值得我们大家学习的,而且我认为他的学术成就的根子③也深藏于此。

(严宝瑜 撰稿)

作者简介

严宝瑜,1923年生,江苏江阴人。西南联合大学外文系毕业,任教于清华大学和北京大学。1954年留学前民主德国莱比锡大学,研究德国古典文学。1958年学成归国后任北京大学西方语言文学系副系主任,协助系主任冯至工作。现为北京大学西语系教授。

---

① 他对那时放映的电影《河殇》多次向我表示不满。
② 汉译《圣经》:"福地",直译:"希望之乡",是上帝耶和华恩赐亚伯拉罕的土地迦南地区,那里亚伯拉罕和他的后裔生活愈来愈富裕幸福,牛羊成群,子孙绕膝,金银满屋。
③ 杜甫忧国忧民的精神影响,以及以"洋为中用"的精神来研究歌德和外国文学。

冯至主要学术著作目录

《歌德论述》　南京正中书局 1948 年出版。

《杜甫传》　人民文学出版社 1952 年出版。

《诗与遗产》　作家出版社 1963 年出版。

《论歌德》　上海文艺出版社 1986 年出版。

《冯至学术精华录》　北京师范学院出版社 1988 年出版。

《冯至选集》　四川文艺出版社 1985 年出版。

《冯至诗文集》　人民文学出版社 1955 年出版。

许涤新

(1906—1988)

著名的经济学家。曾任中国科学院副院长、顾问、经济研究所所长,哲学社会科学部委员。

许涤新原名许声闻。1933年因偶见一"涤新洗衣店"，遂取为笔名，竟成定名。出生于广东揭阳县（今揭西县）。1924年毕业于揭阳第一中学。1925年秋加入共产主义青年团。1926年入中山大学预科。1928年进厦门大学作旁听生，舍弃文学改学政治经济学。1929年就读上海大陆大学，后又入国立劳动大学，再转入上海商学院，1933年毕业。1931年在上海参加"社联"。1933年经杜国庠介绍加入中国共产党。曾任"文委"委员，"文总"常委和组织部长。1935年被捕，1937年获释，到武汉参加《新华日报》筹办工作，先后任报社总支委员、书记。1939年9月与在八路军驻渝办事处工作的方卓芬同志结婚。1944年组织"中国经济事业协进会"。抗战胜利后，奉命到上海参加中共代表团工作。1946年去香港，任中共香港工委财委书记。1949年随三野进军上海，先后任华东财委副主任、上海工商局局长、统战部部长、上海市政府秘书长等职。1952年奉调北京，先后任中央工商行政管理局局长、中央统战部秘书长、国务院"八办"副主任等职。1955年当选为中国科学院哲学社会科学部委员。1979年任中国社会科学院经济研究所所长、副院长。1981年任汕头大学校长。

许涤新曾当选为第一、三届全国人大代表，第五、六届全国人大常务会委员。此外还担任过《资本论》研究会会长、中国人口学会会长、中国生态经济学会理事长等学术团体领导职务。

许涤新

许涤新于1929年初去上海，就读于大陆大学。旋大陆大学被封闭，他考入国立劳动大学。劳大第一外语为法文，而许以极大的努力自习英文，通读了英文版《资本论》（时尚无中文版），奠定了他今后治学的基础。

在上海，许涤新于1931年冬参加中国社会科学家联盟（"社联"），除负责"社联"、"教联"等4团体的领导工作外，他本人则偏重于经济和国际问题的研究。他曾于1932年创办《社会现象》周刊，惟出版7期即遭查禁。时国民党反动派的文化统制极严，"社联"主办的刊物前后不下10种，都只出版1、2期顶多十余期即被查禁。因而，组织一些学术性论文在当时著名的杂志上发表，会收到较好的效果。1933年到1935年初，许涤新在商务印书馆的《东方杂志》上发表论文19篇，在中华书局的《新中华》上发表论文十余篇。

由于叛徒告密，1935年许涤新被捕押送苏州陆军监狱。在狱中近三年，他以仅有的钱购买大代数等书学习。又偶得人偷送入狱的日文版河上肇的《新经济学大纲》，乃向难友苦学日文，通读之。又得研读偷入之《反杜林论》。他认为狱中这段学习的主要体会是，研究政治经济学必须与马克思主义哲学相结合，才能用于思考现实问题。抗日战争期间，许涤新的著述以分析战时经济和国际形势为主。他在《新华日报》发表论述90篇，在《群众》发表论述89篇（不包括不署名的社论和短评）。他还为邹韬奋主编的《全民抗战》写国际述评，为沈志远主编的《理论与现实》写经济论文。1938年他写了一本《三民主义读本》，出版后即遭查禁。1944年他出版《战时中国经济的轮廓》，后改写为《中国经济的道路》。此书1946年出版，读者踊跃，连印7版，惟次年即遭禁，改在解放区修订再版。又有《抗战胜利前后的市场》，1947

年发行。

抗战胜利，许涤新奉命于1946年4月到上海，参加中共代表团的上海工作委员会，负责工商界统战工作和经济调查工作。他将"经协"总部迁上海，又组设现代经济通讯社作为调查和宣传机构，并领导进步人士的《经济周报》。在上海7个月，他除了为沪版《群众》撰写时论外，完成了他在重庆已开始动笔的《现代中国经济教程》（1947年出版）。

国共和谈破裂，许涤新奉命于1946年10月去香港，负责统战工作和香港工委的财务工作，兼香港版《群众》编委和《华商报》编委。他又组织进步人士创办《经济导报》，于1947年元旦发刊，刊行至今。1948年冬，他又以"方潮声"笔名主编《大公报》的《经济生活》副刊。在香港二年半，许涤新在繁重的党的工作之余，为《群众》撰稿约50篇，于1948年出版轰动一时的《官僚资本论》，并以惊人的毅力写出后来成为他终身之作的《广义政治经济学》第一、二卷（1949年出版）。此外，还写了《新民主主义经济论》、《工商业家的出路》等小册子。

1949年5月许涤新随第三野战军进军上海。他在上海工作期间，正是我国国民经济恢复时期，也是全国建立新民主主义经济的时期。为培养干部，许涤新到上海后就在复旦大学设立经济研究所，任所长，招研究生两班。这时期他的讲话和论述，不少是阐述新民主主义经济政策和理论的，同时，撰写他的《广义政治经济学》第三卷（1954年出版）。

1952年9月，奉调北京工作后，这时期，我国由新民主主义经济进入社会主义经济，许涤新全力执行对资本主义工商业和资本主义分子的社会主义改造工作。作为经济学家，他总是把这些工作提高到理论上来，并进行历史研究。1960年他接受周恩来同志的指示，主编一部《中国资本主义发展史》。他组织了一个中国资本主义经济社会主义改造研究室，首先是收集、整理资本主义工商业的历史资料，先后出版行业、企业史料8种。继而编写了《中国资本主义工商业的社会主义改造》（1962年出版）。他自己除发表一些论文外，写了《中国过渡时期国民经济的分析（1949—1957年）》（1962年出版）、《论我国的社会主义经济》（1964年出版）。此外还有《我国过渡时期对资本主义工商业的改造和阶级斗争》、《对资本主义工商业进行社会主义改造的新阶段》、《论我国社会主义生产关系》、《经济思想小史》等小册子和论文集。

"文革"动乱，许涤新被关押在统战部的"牛棚"，1972年经周恩来同志干预改为"监护"，1973年7月始获自由。在残酷的环境下，许涤新第三次重读《资本论》，写下了45万字的笔记，四易其稿，于1979年出版《论社会主义的生产、流通与分配——读〈资本论〉笔记》，后又经全面修订，于1984年再版。

新时期，许涤新的学术生涯老树繁花，进入全盛时期。1975年冬他重组因"文革"中断的《中国资本主义发展史》编写组，于1985年出版第一卷（第二、三卷于1990、1993年出版）。1977年他组织大专学校专家撰写并主编我国第一部《政治经济学辞典》（三卷本1980—1981年出版，又简明本1983年出版）。1983年他参加《中国大百科全书》这一伟大创举，组织经济学者百余人撰写并主编《全书》的《经济学卷》（三卷本1988年出版）。他十分重视我国社会主义建设事业，撰写了大量论文（有61篇收入1986年出版的《许涤新选集》）。他又写了《中国社会主义经济发展中的问题》和具有历史总结意义的《中国国民经济的变革》（均于1982年出版）。1982年，他开始修订他的《广义政治经济学》，历时五载才完成（三卷本1984—1988年出版）。他勇于开拓新的研究领域，以3年时间撰写了《生态经济学探索》（1985年出版），主编《当代中国的人口》（1988年出版）。他仍然喜爱文学，除发表一些记事性的小品外，并著有《百年心声——中国民主革命诗话》（1979年出版）、《风狂霜峭录》（1989年出版）等。

二

许涤新学识渊博，一生治学勤奋，著作等身。其影响最大者，当推以下四项。

（一）广义政治经济学的先驱

自1877年恩格斯提出建立广义政治经济学以来，这门学科并未获得很快发展。前苏联科学院1925年开会讨论建立这门学科，以12比2的人反对而作罢。1936年苏共中央指示在高等院校开设广义政治经济学课程。而为此编纂的《政治经济学教科书》到1954年才问世。

许涤新研究广义政治经济学的背景，与前苏联学者完全不同。斯大林主持的1954年的《教科书》，是建立一套"人类社会"各历史阶段经济发展的普遍规律。这实际是不可能的。恩格斯在《反杜林论》中提出建立这门学科时就指出："人们在生产和交换时所处的条件，各个国家各不相同"，"政治经济学不可能对一切国家和一切历史时代都是一样的"[①]。许涤新是鉴于青年们因不能用当时流行的以《资本论》为基本内容的政治经济学解释半殖民地半封建中国所发生的经济问题而陷于困惑，并响应毛泽东在《中国共产党在民族战争中的地位》报告中提出的"使马克思主义在中国具体化"的号召，开始构思他"中国化的政治经济学"；1942年又经过周恩来的启发和鼓励，才"下定决心"写出一部既能说明世界形势，又能解释中国过去、现在和未来道路的广义政治经济学来。

这样的政治经济学肯定要随时代变革而不断更新的。许涤新的《广义政治经济学》于1949年出版后，立即广泛流行，许多学校采为课本。其后30多年，世界发生很大变化，中国已进入社会主义，作为理论根据的考古学、史料学、经济史学也有了很大发展。于是，他从1982年起将本书全面修订，1988年出齐。下面就以新版三卷本来看作者一些创造性贡献。

本书第一卷是研究原始社会、奴隶制社会和封建社会的生产方式。过去对原始社会的论述大多限于社会发展史的范围，本书则是以生产力和生产关系的演变为主要内容，并对中国原始农业的多元性和向奴隶制过渡的非单一性作了探讨。对奴隶制生产方式，不是单纯暴露其剥削残酷，而是根据马克思剩余价值学说，分析它从生活资料的生产向剩余价值生产的转化；同时，从中国政权、地权、税制的演变中，考察劳动者由奴隶、半奴隶到封建制农民的转化。这就改变了过去政治经济学抽象研究中简单化和非历史主义的倾向。

---

① 《马克思恩格斯选集》第3卷，人民出版社1972年版，第186页。

封建生产方式，史料较多，前人的研究也较多。本书是把封建地租作为剩余价值的最早形式，考察其演变过程，反映生产力和生产关系的发展。又着重考察了商品、货币关系和价值规律的作用，认为它们是生产力和生产关系在前资本主义社会发展的伟大成果。这就是马克思在《〈政治经济学批判〉导言》中所说，经济学的"简单范畴"（基本范畴，剩余价值、商品、货币等）在历史上早已存在，但它们深入而广泛地发展则是属于一个复杂的社会形式。作者的这种安排，正是体现了广义政治经济学的原理，也是在方法论上的创造。

本书第二卷包括资本主义、帝国主义、殖民地半殖民地经济三个部分。前两部分，作者废除了资本主义"总危机"的概念，对二次世界大战后资本主义世界的新变化作了理论分析，并结合新的科技革命，对资本主义周期性危机作了新的解释。在第三部分，理所当然地着重论述了半殖民地半封建的中国经济及其出路，这也是作者多年研究和最熟悉的事情。然而，他又以专门篇幅对第三世界其他国家的经济问题作了详细的分析，对近年来他们改善经济环境和发展民族经济的斗争作出评价。恩格斯在论广义政治经济学时就指出，不仅要研究资本主义生产、交换和分配形式，对于"在比较不发达的国家内和这些形式同时并存的那些形式，同样必须加以研究和比较"。[①] 这种不发达国家的经济形式，虽然不被承认是"独立的"社会经济形态，但都有他们自己的历史，正是在这种经济形式中生活着世界最大多数人民，以至这种不发达本身就形成一个"世界"。作者这种突破传统的"社会经济形态"的安排，在广义政治经济学体系中是又一创见。

本书第三卷原是研究新民主主义经济，新版改为研究社会主义经济，下面再谈。

许涤新是在筚路蓝缕的情况下研究广义政治经济学的。他在经济学研究中开拓了一个新的领域，建立了一个比较完整的广义政治经济学体系，给这门学科开辟了一条方法论的道路，尤其在"使马克思主义在中国具体化"上作出卓越的贡献。作为广义政治经济学的先驱，他是当之无愧的。

---

① 《马克思恩格斯选集》第3卷，第190页。

(二) 新民主主义经济理论和过渡时期经济理论的研究

新民主主义经济是我国新民主主义革命的产物，是人类史无前例的创造。它发轫于40年代毛泽东建立新民主主义社会的思想，经过在解放区的实践，于1949—1952年推行于全国。这种在国营经济领导下多种经济成分并存的体制，辅以"公私兼顾，劳资两利"的政策，能够最大限度地调动各方面的积极性。在短短的3年中，不仅国民生产各部门恢复或超过了战前最高水平，而且平衡了长达半个世纪以上的财政赤字和国际贸易亏损，改变了百余年来半殖民地半封建状态，建立起独立自主、欣欣向荣的新经济体系，举世誉为奇迹。

许涤新在建国前的论述和对工商界的统战工作，都是以宣传党的新民主主义经济政策为主要内容。他的两部专著即1946年出版的《中国经济的道路》和《现代中国经济教程》，则是从历史上，从经济结构即各种经济形式和生产关系上，论证中国经济的现代化必须走新民主主义的道路。建国后，他在1954年出版的《广义政治经济学》第三卷中，是根据马克思列宁主义和毛泽东思想的经济原理，从生产、交换、流通和分配上，从各种经济成分的关系和阶级关系上，分析和论证新民主主义经济的运行及其发展的规律。把新民主主义经济作为一个体系进行全面研究，许涤新当属第一人。

1956年国民经济的社会主义改造基本完成，我国进入社会主义计划经济，许涤新也转入过渡时期理论的研究。但是，他并未否定新民主主义经济。他是把整个过渡时期（原预计要15年，后提前到1956年止）都作为新民主主义经济的。他到80年代还发表一篇文章说，"新民主主义经济是过渡到社会主义的过渡经济"，这种经济包含有"无产阶级领导"和"统一战线"两方面的内涵；它"不仅证明计划经济能够同市场经济同时并存，而且证明计划经济并不因为市场经济之存在而损害其发展"；因而，新民主主义经济的一些根本原则，"对于我国当前实现社会主义现代化的建设，仍具有重大的现实意义"。[①]

马克思、列宁都有关于从资本主义到社会主义这一过渡时期一般理论的论述，但没来得及总结实践的经验。中国的过渡，是在经济十分落后的基础上，

[①] 《学习周恩来同志的〈新民主主义的经济建设〉》，载《红旗》1981年第5期。

通过新民主主义经济和对资本主义经济与资产阶级的和平改造实现的，这在国际共产主义运动中是一个空前的创举。许涤新参与了这个过渡的全过程，并主持了对资本主义经济和资产阶级改造的具体工作，因而，他1982年出版的《中国国民经济的变革》成为一部总结中国过渡时期理论和经验的权威性著作。这部书并非应时而出，而是在他一系列有关过渡时期著述的基础上，经过"文革"动乱，反复思考，屡经修订完成的。他不仅总结了这场巨大变革中正面的经验，也总结了它的反面经验，并找出造成缺点和失误的思想根源。

本书中，作者以他丰富的知识和经历，分析我国过渡时期的经济变革如数家珍，疏而不漏。同时，他把每项变革都提到马克思主义的理论高度，从资本主义的、个体经济的和社会主义的各种经济规律的作用相互消长中，观察变革的成果。例如，农民个体经济原是受价值规律作用的支配，但当国家进行农业投资和信贷、国家实行主要农产品计划收购、以至对农业进行合作化改造、并由低级合作社向高级合作社过渡时，社会主义经济规律的作用就逐步进入农业领域，最后居于支配地位。又如作为改造资本主义经济的国家资本主义，它由初级形式向高级形式发展，使社会主义经济规律的作用由企业外部进入企业内部；同时，国家对私营企业的生产由加工订货的间接计划过渡到公私合营的直接计划，使国民经济有计划发展的规律起着支配的作用。

在这种研究中，作者十分重视价值规律调节生产的作用。例如，国家对主要农产品实行计划收购，在规定收购价格时不能忽视价值规律，否则会犯错误。实行农业合作化后，合作社的产品去交换工业品时，仍不能违背价值规律。在国家资本主义的初级形式中，生产基本上还是由价值规律（通过工缴货价）来调节的。在高级形式的公私合营企业中，即使实行定息以后，在规定成本货价、劳动工资和经济核算上，仍然要考虑价值规律的要求。因而，在社会主义改造中，限制价值规律自发性的调节作用，也就是自觉地利用它，或者说，它的受到限制，是在被利用中表现出来。

在本书的最后一章，作者指出，建立社会主义生产关系并不等于发展生产力的问题同时宣告解决，决不能用解决生产关系的方式去处理发展生产力的问题。发展生产力必须有物的条件和人的条件，需要不断更新设备和培育掌握科学技术的人。同时，必须实实在在实行按劳分配的原则，把企业的经营和劳动者的物质利益结合起来。要进行社会主义现代化建设，必须防止唯意志论和左倾路线的干扰，这种主观主义和左倾路线，正是过去30年我们在国民经济变革和社会主义建设中产生挫折和失误的主要原因。

（三）具有特色的社会主义经济理论

许涤新一直关切着我国的社会主义建设，随时就发生的问题提到理论上进行评论。在破坏性很大的"大跃进"运动中，他勇敢地发表了《论社会主义制度下商品关系的必要性》（《人民日报》1959年10月28日）、《认识价值规律的客观性质》（《红旗》1959年第15期）。在痛定思痛的3年调整中，他写了《论社会主义的再生产》（《人民日报》1961年12月27日）、《论社会主义基本经济规律》（《新建设》1963年4月号）。总结这些经验，他写了一本《论我国社会主义经济》（1964年出版）。更深入的研究，是他在"文革"中被囚时所写数十万字读《资本论》笔记的基础上所写的巨型著作《论社会主义的生产，流通与分配》（1979年出版，1983年修订再版）。最后，他将他的论点，连同改革开放5年来的实践经验，写入他的《广义政治经济学》第三卷（1988年出版）。

许涤新的社会主义经济理论，在方法论和内容上，都有他自己的特色。他一向是把"使马克思主义在中国具体化"作为他理论工作的指针的。列宁在《国家与革命》中指出，马克思是用"最彻底"的发展论去考察现代资本主义，也用它来研究"未来共产主义的未来发展问题"①。许涤新是根据这种精神，以马克思指出的资本主义生产方式废除后的经济范畴和经济规律为线索（这些范畴和规律贯串于整个生产、流通和分配过程）来考察中国的社会主义实践、构筑他的理论体系的。这也就是恩格斯在《反杜林论》中论研究社会主义时所说，"必须首先从已有的思想材料出发，虽然它的根源深藏在经济的事实中"。② 这里的经济事实即我国的实践，社会主义实践不断前进，理论的认识也不断深化。因而，许涤新的理论体系具有历史唯物主义的、发展论的特征。

---

① 《列宁选集》第3卷，人民出版社1972年版，第243页。

② 《马克思恩格斯选集》第3卷，第56页。

作者认为,当时我国实行的社会主义计划生产仍然是商品生产,是劳动过程和价值创造过程的统一。同时,它也是一种剩余劳动的生产,劳动者要为社会提供剩余劳动。在这种生产中,价值规律决定在它所支配的全部劳动时间中能够用多少去生产每一种商品,如果国家的计划安排恰当,则表现了价值规律与国民经济有计划发展规律的一致性,但如果国家计划安排不当,就会受到价值规律作用的反抗。因此,要承认价值规律是社会主义生产的内在规律,但这种承认不是意在服从价值规律的自发性调节,而是要求自觉地利用它。

作者详细地考察了社会主义再生产过程。把重点放在综合平衡、提高经济效益和掌握正确的积累与消费的比例上,同时提出,需要有计划的人口再生产,才能保持生产和积累与消费的平衡;并需要把经济平衡同生态平衡结合起来,如果以破坏生态平衡来追求经济效益,势必造成再生产的失衡。

作者十分重视社会主义的流通过程,它是社会主义生产、交换和分配统一性的根据,是不可免的。国家计划调拨的产品(这种调拨正在缩小)虽然不经过市场,但并未取消它商品的意义。许涤新是从整个流通过程即马克思所说"从整体上看的交换"来研究它对发展国民经济的作用的。他还用马克思所说"服务就是商品"① 的原理,论证了发展第三产业就是发展商品经济的重要意义。当时我国尚未提出建立社会主义市场经济体制问题,但作者已预见性地探讨了市场调节与计划调节的关系,肯定了市场调节的必要性。

在社会主义分配的研究中,作者是用我国全民所有制经济、集体所有制农业和乡镇企业的国民收入分配的具体情况,以及国民收入再分配的情况,论证了社会主义国家财政在分配中的重要作用。又专篇研究财政、金融问题,指出财政预算资金、信贷资金与物资供应之间的平衡关系,是发展国民经济的关键性问题。当时我国国民收入统计尚未完全采取增加值体制,范围较小,国有企业的改造还处于"利改税"阶段,但这并不妨碍作者研究结果的战略意义。

(四)我国马克思主义人口学和生态经济学的开拓者

我国人口学的研究中断了20多年,一片荒寂,许涤新是在古稀之年,奋臂

---

① 见《马克思恩格斯全集》第26Ⅰ卷,第149页。

直呼,要求在马克思主义经济学和社会学原理指导下,重建这一学科的。在他的倡导下,于1978年、1979年、1981年召开了3次全国人口科学讨论会,他作了报告,成立了中国人口学会,他被选为会长。他于1980年在他领导的经济研究所设立人口理论研究室,迅速发展为中国社会科学院人口研究中心。他支持和领导了一些大型项目如《人口学辞典》、《中国人口年鉴》等的编纂,都已完成。他主编的《当代中国的人口》,1988年出版。他还以全国人大常委的身份参加1981年、1984年的国际议员人口会议。他主张,"不仅要对人口问题本身进行深入的调查研究,而且要善于同经济学、社会学、生态学、医学、优生学和教育学等科学密切协作","在社会主义现代化建设中,发挥人口科学的应有作用"。[①] 在他的倡导下,人口学已成为一个热门科学,大学和省市纷纷设立研究机构,各种研究会、学术讨论会蜂起,著述如林。

许涤新是中国生态经济学的开拓者,也是我国这一学科基本理论体系的奠基人。他在1980年的一个畜牧业学术会议上首先提出"按生态规律办事"的口号,同年他邀请生态学家和经济学家座谈建立这门学科问题。于是,在1981年、1984年、1986年召开了3次全国生态经济学讨论会,成立了中国生态经济学会,选他任理事长。这个学会是自然科学家和社会科学家合组的,体现了学术研究的一个新方向。并在省市推广这种组织,出版生态经济学的论文集、译文集、定期和不定期刊物。许涤新还被聘为国务院环境保护委员会顾问,任《中国自然保护纲要》的编委会主任委员。他还利用到各地视察、讲学和会议的机会,宣传环保和生态经济学,使这门学科日益活跃起来。

许涤新1985年出版的《生态经济学探索》,用马克思"劳动首先是人和自然之间的过程"[②]、恩格斯"劳动和自然界一起才是一切财富的源泉"[③]以及使用价值转化为价值的原理,确立经济学与生态学的关系。他根据30多年来我国工农业发展所造成的水土流失、环境污染等具体情况,提出经

---

① 《有关人口的几个理论问题》,见《许涤新选集》,山西人民出版社1986年版,第670页。

② 《资本论》第1卷,人民出版社1975年版,第201页。

③ 《马克思恩格斯选集》第3卷,第508页。

济平衡、经济效益必须与生态平衡、生态效益相结合的观点，特别对为追求短期经济效益而破坏生态平衡的行为作了严厉的批判。他指出，生态经济学不是回到自然主义，而是要贯彻局部服从整体、短期利益服从长期利益的社会主义原则，用于改善生态环境的资金应属于基本建设资金。

三

许涤新对马克思主义有坚定的信念，对中国的革命和社会主义建设充满了信心，这就使他无论是处在顺境或者逆境，都保持着乐观主义和旺盛的革命精神。1927年大革命失败后，他被迫还乡，仍然胸怀豁达，写下了《一滴水》："何处是归宿？滴水归大海。波浪兼天涌，千秋永不改。"1935年他被国民党反动派囚在苏州陆军监狱，曾作《菩萨蛮》明志："铁流滚滚长征去，姑苏城外幽黑处。窗外月如钩，心涛万里流。春雷震狱底，狱底无秋意。壮志岂能囚？抗争不罢休。""文革"动乱中，他被关进"牛棚"。院角有玫瑰一丛，3年无花，忽盛开，他咏怀云："三年花开第一春，积垢去后更销魂。玫瑰有知应谢我，经霜吐艳我羡君。"

这种饱满的革命精神，也使得他在治学上勤奋不辍，数十年如一日。无论是在艰苦的斗争岁月里，还是在白色恐怖的狂飙中，或是在浩繁公务的空隙间，他都不忘读书、思考、孜孜写作。1942年他生了肺病，党叫他在重庆歌乐山休养，他却在那里写出《战时中国经济的轮廓》书稿。1944年他再次大吐血，休养中，他又趁护理人员不在时偷偷地完成了《中国经济的道路》书稿。他的《广义政治经济学》第二卷最后一章，是1949年他从香港奉调北京时在轮船上写的。他最后一次修订社会主义政治经济学的提纲，是1984年在墨西哥城参加国际会议时利用会议闲暇时间写出的，又在同年苏州的一次会议时作了修正。许涤新的一生是融革命家与理论家于一身，而理论与实践的统一，也是他治学的首位要求。他在著书立说中常引用恩格斯的话："马克思的整个世界观不是教义，而是方法。它提供的不是现成的教条，而是进一步研究的出发点和供这种研究使用的方法。"① 而进一步研究的根据，就是社会实践，就是中国的历史和实际。许涤新的每项研究都遵循这个原则，不仅是关于中国革命、关于旧中国的经济、关于社会主义经济的研究，他在开拓人口学和生态经济学的研究时也是这样。理论与实践统一是很不容易的。这需要大量占有资料，需要实地调查，他为此下了很大工夫。更需要缜密的思考，反复的论证，不能用理论来剪裁实践，更不能用实践中虚伪的表象来附合理论。在许涤新的著作中常见到他这样的论证，这正是他治学严谨之处。

治学严谨，还表现在他坚持真理，不随风倒。在60年代初"三面红旗"的思潮铺天盖地的时候，他多次发表文章强调违反价值规律是错误的，并在各种场合坚持他开放自由市场的主张，支持农村"三自一包"的做法。"文革"晚期，出现一股批资产阶级法权的风，认为它是产生资本主义的基础。许涤新逆流而上，写了《论资产阶级法权》一文，阐明马克思、列宁在这个问题上的观点，肯定了以资产阶级权利作为原则的按劳分配制度。当时该文不能公开发表，他就以作报告形式传播。这种坚持真理的精神是需要无怨无嗳的勇气的，正如他在家乡参观韩愈祠时作的咏史诗所说，"敢于谏阻迎佛骨，何怨蓝关马不前？"

坚持真理，但绝不固执己见。他常说，人到老年，最怕是思想僵化。他的重要著作，差不多都修订过，以至修订两次；有些观点，在修订中指出原版的错误，并声明原版不再发行。他的治学，又是勇于开拓，不断探索，不断创新的。他非常重视马克思主义哲学的发展，以及其他社会科学研究的最新成果，考虑怎样把它们用于政治经济学研究。他也吸收和借鉴西方经济学有价值的东西，尤其注意投入产出法、国民生产总值理论及计量经济学的应用。

许涤新具有共产党人的修养，品德高尚，为人正派，襟怀坦荡，直言不讳。他居"官"，但没有一点官气，毋宁说有点书呆子气。他一生参加革命，历经艰险，但从不自诩，而是归功于领导和群众。他著有《永怀集》，缅怀几位革命老同志；在他自传体的《风狂霜峭录》中，是以很大的篇幅记述那些"不见经传"的英杰人物，包括党外人士。他是中外公认的著名经济学家，但他从不以

---

① 《马克思恩格斯全集》第39卷，第406页。

权威自居，而总是虚怀若谷，听取各方面的意见，平心讨论。尤其是他热情地对待青年，诲人不倦，鼓励后学，赢得大家的敬重，以至有很多人称他为"不曾授课的老师"。1984年，他以78岁高龄到汕头大学给同学讲学，有感怀诗云："面对青丝发，忘却顶上霜；愿把余热献，挥笔作春山。"

（吴承明　撰稿）

作者简介

吴承明，1917年生，河北滦县人。曾就读于清华大学经济系、北京大学历史系，后留学美国哥伦比亚大学研究经济学。长期从事中国经济史研究。现为中国社会科学院经济研究所研究员，中国经济史学会会长等。

许涤新主要著作目录

著　作

《中国经济的道路》　生活书店 1946 年出版。

《现代中国经济教程》　新知书店 1946 年出版。

《官僚资本论》　香港南洋书店 1948 年出版。

《广义政治经济学》　生活·读书·新知三联书店第 1、2 卷 1949 年出版，第 3 卷 1954 年出版。修订本由人民出版社分别于 1984、1985、1988 年出版。

《中国过渡时期国民经济的分析，一九四九——一九五七年》　科学出版社 1962 年出版。

《论社会主义的生产、流通与分配——读〈资本论〉笔记》　人民出版社 1979 年初版，1984 年修订再版。

《中国国民经济的变革》　中国社会科学出版社 1982 年出版。

《中国社会主义经济发展中的问题》　中国社会科学出版社 1982 年出版。

《生态经济学探索》　上海人民出版社 1985 年出版。

《许涤新选集》　山西人民出版社 1986 年出版。

主　编

《政治经济学辞典》（3 卷本）　人民出版社 1980—1981 年出版。

《简明政治经济学辞典》　人民出版社 1985 年出版。

《中国资本主义发展史（第一卷）·中国资本主义的萌芽》　人民出版社

1985年出版。

《当代中国的人口》 中国社会科学出版社1988年出版。

《中国大百科全书·经济学卷》（3卷本） 中国大百科全书出版社1988年出版。

尹 达
(1906—1983)

著名的历史学家、考古学家。曾任中国社会科学院历史研究所副所长,哲学社会科学部委员。

尹达原名刘耀，字照林，又名虚谷，1938年改用现名。生于河南省滑县牛屯集。幼年在家乡读私塾和小学；1921年到汲县读中学；1925年考取开封中州大学预科，因北伐战争而休学；1928年9月回到已改名的河南大学读本科，先在哲学系，后转国文系。不久，由学校推荐参加由中央研究院和河南省政府联合成立的"河南古迹研究会"。1932年大学毕业后任中央研究院历史语言研究所考古组助理员；1933年考取该所研究生，毕业后，于1937年任助理研究员。抗日战争爆发后，尹达于1937年底到延安投身革命；1938年先后在陕北公学、马列学院学习。之后分配到陕北公学分校任教。1938年4月加入中国共产党。1939年任马列学院历史研究室研究员兼陕公总校教员；1941年7月任中央出版局出版科科长；1945年11月在中宣部从事出版工作；1946年5月任北方大学教员兼图书馆馆长；次年1月任华北大学教务处处长。北平解放后任北平军管会文化接管委员会文物部部长；1950年任中国人民大学研究部副部长；1953年任北京大学副教务长；1954年起历任中国科学院历史研究所第一所、历史研究所研究员、副所长、《历史研究》、《史学译丛》主编、中国科学院哲学社会科学部委员、常务委员。党内职务任中国科学院党组成员和哲学社会科学部分党组成员。曾兼任中国科学院编译出版委员会副主任委员、全国高校文科教材历史教材编审组副组长等职。"文革"结束后，仍任中国社会科学院历史研究所研究员、副所长，兼任国家文物委员会委员、国家地名委员会委员。尹达是第一、二、三届全国人民代表大会代表；第五、六届全国政协委员；中国史学会和中国考古学会常任理事。

尹达

尹达是我国著名的历史学家和考古学家，为中国马克思主义历史学和考古学的发展作出了重要的贡献。

以勤奋叩开学术殿堂的大门

早在读大学预科时，尹达就为当时国家的贫穷落后而忧心忡忡。为了寻找救国救民的道路，他在朋友的指导下，逐渐涉猎了一些"禁书"。北伐后的河南首府开封，当时多少有些新的风气。家乡滑县一些共产党人的活动他也有所耳闻。特别是接触了从莫斯科归来的嵇文甫先生之后，受到革命思想的启发，使尹达的思想发生了巨大的变化。当他进入本科学习哲学时，常常和一些进步的同学研讨唯物主义哲学。他们用从"禁书"中学到的唯物主义观点与宣讲唯心主义的教师进行辩论，常常使后者理屈词穷，狼狈不堪。由于感到教师讲不出什么高深的理论，尹达不想白白浪费光阴，就转到国文系改学文史。这一改，使尹达与历史学结下了不解之缘。

1928年，中央研究院历史语言研究所（以下简称史语所）在河南安阳开始进行田野考古。但不久就因为与河南省的民族博物馆发生矛盾，发掘工作于1929年10月被迫中断。史语所考古组负责人李济、董作宾回北平向所长傅斯年汇报了情况。傅斯年觉得事态严重，急忙赶到南京向中研院领导请示解决矛盾的办法，并于当年11月到开封与各方有关人士协商。后经双方商定，由中央研究院与河南省政府联合成立一个"河南古迹研究会"，会址设在开封龙亭下西院；并由河南省派出数名专业人员参加工作。中央研究院一向是门户森严的。尹达曾经对我不止一次地讲过："史语所的研究人员几乎都是北京大学来的，不是北大的人不用。"这一协议突破了史语所用人的传统。尹达由于在河南大学学习成绩优异而被幸运地选送参加"河南古迹研究会"。

1931年春，尹达正式加入史语所田野考古的行列。最初是参加梁思永领导的安阳县西高楼后冈的考古发掘。这次发掘探明了小屯、龙山和仰韶三种文化的堆积关系，解决了中国史前文化的不少悬案，找到了一条探索中国史前社会的正确道路。

这一年，尹达从一个书摊上买到了一部私商翻印的《中国古代社会研究》。这是郭沫若运用马克思主义观点研究中国古代史宣传唯物主义的巨著。当时正值大革命失败之后，白色恐怖笼罩着全国，许多要求进步的青年知识分子感到前途迷茫，尹达也是其中的一个。郭沫若这本书使他豁然开朗，不仅对中国古代社会有了崭新的认识，而且对自己今后应走的道路也有了明确的方向。不久，尹达在开封《飞跃》双周刊上，以"水牛"的笔名发表了《关于社会分期问题》一文。这是尹达用唯物史观研究中国历史的习作。在此之前，为了读懂古文献，他钻研过小学，在音韵、训诂、考据等方面苦下工夫，段注《说文解字》被他逐字逐句圈点过，几乎整天埋在故纸堆里。后来他在和青年谈论学习历史的方法时，深有体会地说，学习文字学、音韵、训诂这些基本功是很重要的，但一定要能够钻进去，又能够跳出来，切忌跳不出"国故"的圈子。他之所以一直对郭沫若怀着深厚的感情，就因为郭沫若是他政治上和学术上的领路人。

尹达的勤奋好学和工作中的高度责任心，赢得了史语所专家们的好评与信任，也为他进入史语所创造了条件。1932年大学刚毕业，就被该所正式聘为助理员（相当于现在的实习研究员）。他十分珍惜这来之不易的职位，对考古组的学术环境作了认真地分析。史语所藏书相当丰富，考古组的主要成员大都是从国外留学归来的，这是他提高业务水平的有利条件。但是他也深深知道，史语所完全是一个学院派十足的研究机构，自己学历浅，年纪轻，一些较为重要的资料都掌握在人家手中，同事间封锁信息、把持垄断材料的事司空见惯，自己只能在夹缝中加倍努力，并在工作中作出成绩，才能站稳脚跟。鉴于当时我国史前研究领域基本上还是空白，他就确定以新石器时代考古为专业。为此，他生活上尽量节俭，用省下来的钱购买自己需要的图书。1933年他考取了史语所的研究生。毕业后，于1937年6月被聘任为该所助理研究员。

在30年代，中国的田野考古事业刚起步不久。尹达从1931年到1937年的6年多，有计划地系统地学习了当时较先进的考古学知识，并得到实际田野工作的锻炼，这使得他的业务水平有了较大提高。1932年春尹达参加河南浚县辛村西周墓地和大赉店龙山文化遗址的发掘，并成为后一工作实际上的主持人。这对于一个未毕业的学生来讲，是不多见的。大赉店的发掘报告由尹达完成，题为《河南浚县大赉店史前遗址》，在史语所的《田野考古报告》第1册发表后，受到了专家们的首肯。

向新石器时代考古"权威"安特生挑战

在《中国大百科全书·考古学》中的《尹达》条目中有这样的一段介绍："尹达的主要学术成就是，第一次详细论证了安特生在中国新石器时代分期问题上的不正确观点。"

安特生（J. G. Andersson）是瑞典的地质学家，本世纪初，北洋政府农商部为了勘察全国的矿业资源，请他来华作顾问。安特生在华北发现一些石器，引起了他改行搞考古的想法。1921年，他在辽宁锦西沙锅屯进行发掘，发现了彩陶。同年秋，又在河南渑池仰韶村进行大规模的发掘，得到大量新石器和一些彩陶，因而定名为彩陶文化，也称为仰韶文化。1923年和1924年安特生又在甘肃作考古调查，并作些小规模的发掘，也发现不少新石器时代遗址。

考古工作要求很严格，层位关系必须清楚，记录要详尽准确。而安特生由于原来不是搞考古出身的，不注意把文化堆积的层位弄清楚，因而在这方面出现了错误。他对中国新石器时代分期所依据的资料，大都是地面调查所得的东西；即使是他发掘所得的部分材料，也因为发掘工作粗疏，其科学价值相对减低了。他发现了仰韶文化遗址，功不可没；但是他仅凭地面上的材料和简单地挖掘就下结论，结果把仰韶文化和龙山文化系列颠倒，主观地认为单色陶（龙山文化）早于彩陶（仰韶文化），将两种文化错误地总称为一个时期的文化遗存。这样一来，就导致了中国新石器时代的分期出现混乱，使中国古代社会的面貌失真。安特生还带着民族偏见，为李希霍芬①的陈腐的"中国文化西来说"寻找根据。而许多研究中国远古历史的学者却把他的"成果"视为圭臬，把他奉为研究中国远古历史的"权威"，传播他的理论，产生了不良的影响。在30年代的中国考古学界，敢于对这样的一个"权威"提出挑战，是需要有相当大的学术勇气的。

1933年，尹达和石璋如在河南安阳西部洹水岸边同乐寨调查时，发现了新石器时代遗址，找到了龙山文化遗物，为后来梁思永在这里主持的发掘工作打下了初步的基础。他们在这里发现了仰韶文化层，进一步证明仰韶文化早于龙山文化。这使尹达对安特生关于此问题的结论开始产生怀疑。尹达仔细地研究了安特生所发表的考古标本照片和图录，用仰韶村新石器时代遗址的标本与其他新石器时代遗址的标本进行比较研究，分析安特生的论断，找出了安特生在分期问题上得出错误结论的原因。1937年安特生到南京，梁思永、尹达和另外几位考古工作者一起，对安特生的错误观点当面提出了不同意见。尹达和石璋如还布置了一个有关的陈列，摆出大量新材料和实物，请安特生参观。安特生在事实面前不得不承认自己的看法有自相矛盾之处。为此，史语所给予尹达和石璋如以各晋升一级的奖励。

1937年7月，尹达写成《龙山文化与仰韶文化之分析》一文，从地层和器物形态学方面对两个文化进行分析研究。他认为在河南北部龙山文化肯定晚于仰韶文化，仰韶村遗址中包含有龙山和仰韶两种文化遗存，应加以分别，不能混为一谈。他还对安特生所谓甘肃考古六期说提出了质疑。这是中国考古学者从理论上冲破了外国人建立的所谓中国新石器时代的文化系列，试图建立合乎中国历史实际的新石器时代文化系列的一次大胆的尝试。在尹达之前，吴金鼎、梁思永等人对于发现龙山文化，以及确认龙山文化和仰韶文化的堆积关系，都曾作出重要的贡献。尹达自己的文章中对此作出了充分的肯定。他在此基础上，

---

① 李希霍芬（Richthofen，1833—1905），德国地貌学家、地质学家，曾7次来华考察。

结合自己的田野考古实践，把一次次单独的发掘，一个个独立的遗址联系起来，加以综合比较和分析，从而得出了关于新石器时代分期的带有规律的意见，这就从根本上动摇了安特生的"权威"学说。

《龙山文化与仰韶文化之分析》一文写成之后，因抗日战争爆发，尹达离开史语所去延安等诸多原因，稿子一直压在史语所未发表。1947年3月，才在李济主编的《中国考古学报》第2册刊出。与此同时，《北方杂志》第2卷第1、2期也全文登载，署名都是刘燿。长期以来，这篇文章不但得到了考古学界的充分肯定，也受到了历史学界的高度赞扬，有的著名学者称它"是一篇划时代的论文，把中国新石器文化研究推上一个新的阶段"。[①]

在完成上述工作的同时，尹达还曾参加了史语所的其他田野发掘。史语所考古组费了7年的工夫，到1934年秋才在安阳侯家庄西北冈找到了一个宝藏丰富的殷代墓地，而且有了惊人的发现。考古组投入的发掘经费，每季度高达1万至3万银元。考古组的工作人员，大都调到这里，尹达也被调来。这时尹达在业务上已是独当一面的骨干，颇受考古组领导的重视。殷墟发掘的主持人之一梁思永让他负责发掘第1001号大墓。这次发掘一直持续到1937年，共发掘了10座殷代王陵和上千人牲祭祀坑，发现了大量殷代铜器及甲骨卜辞。这些出土文化，使原先晦暗不明的商代历史得以凸现出来。中国的信史由此得以向上推进了好几百年。

1936年春，尹达从殷墟被抽调到山东日照两城镇参加龙山文化遗址考古，由梁思永带队。这次发掘是为进一步探讨新石器时代龙山文化的面貌，共发掘50多个龙山文化时期的墓葬。发现最多的是陶器；墓中的头骨已经腐朽，经多方努力，收取了30多个。发掘所得于秋天运到南京。写发掘报告的重担，落在尹达肩上。他一面参加清理标本的工作，一面着手整理记录，编写考古报告。报告的主体部分写好后，还没有来得及写结论，日本帝国主义的铁蹄已经长驱直入，南京告急！1937年秋，尹达随史语所匆忙迁往长沙，敌机很快就对长沙开始轰炸。国难当头，尹达决心忍痛放弃即将完成的研究项目，毅然离开个人

---

① 杨向奎、张政烺：《斯人离世去，业绩在人间》，载《历史研究》1983年第5期。

收入优厚、工作条件令人羡慕的学术机构，投身到民族革命战争的伟大洪流。他和几位同事相约结伴，投奔延安参加抗日。1937年的年终这一天，尹达到达延安。

关于《山东日照两城镇史前遗址发掘报告》稿，考古学家梁思永在其1939年以《龙山文化》为主题所发表的论文中说："这个报告将成为对于山东沿海的龙山文化的标准著作，是研究龙山陶器不可缺少的参考书。"最近从台湾传来的消息说，中央研究院史语所将用尹达的原名刘燿，出版这部尘封了半个多世纪的考古报告的未完稿。这份由史语所带到台湾去的考古报告稿，在经过60多年的世事沧桑之后，终于获得了问世的机会，但报告的执笔人却无法看到自己的心血结晶了。

延安岁月和《中国原始社会》的出版

尹达到达延安初期，与大多数初到延安的青年知识分子一样，参加了短期训练班的学习。当时一般都是学习两个星期，就奔赴工作岗位。他们有的回家乡组织游击队，有的参加八路军到敌后抗战。几乎每天都有新来的，也有离开的。人来人往，这种紧张忙碌而有序的场面是抗战初期延安所特有的。

通过学习，尹达的政治觉悟有了很大的提高，抗日救国的心更加炽热。当他正准备奔赴前线杀敌时，却发生了一件意料所不及的事情。在一次欢送老学员上路的时候，有的学员要到寒冷而艰苦的远方去，尹达拿出自己的衣服和银元来支援这些刚刚相识不久的同志。这些钱物虽然不多，但在当时的延安却颇为引人注意，也引起了领导的重视。尹达后来回忆说，当时的青年人到延安参加抗日，组织上一般很少过问每个人的过去经历，也来不及作深入的了解。每个人的表现如何，需要在战场上去检验。当组织上知道尹达给出发的同志送银元、衣服这件事之后，就找尹达进行了深谈。尹达这时才有机会向组织讲自己曾经是史语所的助理研究员，并提到了早已投身革命的哥哥赵毅敏（刘绳）。当组织上了解了尹达的上述情况后，经研究决定把他留在延安。就尹达当时的思想情况来说，他是很勉强接受了组织上这个决定的。因为他也和许多青年一样，向往到抗日前线去经受锻炼。但党的这个决定应该说是有远见的，因为中国共产党不仅要建立政权，还要有自己的科学研究队伍，不能等到全国解放以后再去寻找这方面的人才。

后来尹达先后在陕北公学、马列学院系统地学习了马克思主义理论，读了不少在国统区见不到的书。学员中有来自各革命根据地的负责人，他们多数是有丰富实践经验的指挥员，尹达从他们身上学到了大学课程里所没有的东西。1938年4月，他加入了中国共产党。之后，被分配到陕公分校任教，主要教中国历史。

1939年2月，马列学院历史研究室成立，尹达调任该室任研究员兼陕北公学总校教员。不久，同室的人发现好久见不到尹达，觉得很奇怪也很神秘。后来才知道，原来为了开展研究室的工作，在党组织的周密安排下，尹达冒着生命危险秘密地穿过敌人的一道道封锁线，回到河南襄城一位老乡家中，将他赴延安之前存放在这里的中外文资料图书运回延安。就这样尹达又走上了历史研究的学术道路。

在延安期间，尹达主张学术上畅所欲言，各抒己见。在中国古代史分期问题上，他基本上同意郭沫若《中国古代社会研究》的观点；但对郭沫若书中的一些具体问题也持有不同看法。在参与编写《中国历史》的过程中，他先后发表了3篇关于殷商社会性质的文章，坦率地对范文澜、吕振羽的古史分期观点提出异议，在延安引起了一阵学术讨论热潮，活跃了革命圣地的学术空气。1940年7月，尹达在《中国文化》第1卷第5期发表了《中华民族及其文化之起源》，说明中华民族及其文化是在这块土地上繁荣、滋长起来的，批驳安特生、哥奈斯①等人的"中华民族来自西方"和"中国文化西来说"的谬论。与此同时，他开始着手撰写《中国原始社会》一书的初稿。这些学术活动，为抗战时中国马克思主义史学增添了新的篇章。

---

① 哥奈斯，法国人，于1785年毫无根据地倡言中国人发源于埃及的一个殖民地，说中国文化来自埃及。

从 1941 年 7 月到 1946 年 5 月的近 5 年时间里,尹达被调到中央出版局搞出版工作。他深入车间与工人打成一片,不断总结经验,很快变成了内行。他还根据当时延安的条件和技术设备,找出了比较科学的生产方法,较好地完成了繁重的出版任务。他根据实际工作经验写成了《书籍版式汇编》一书在延安出版,这是对解放区出版工作的一大贡献,填补了延安出版界专业的一项空白。

尹达虽然暂时离开了教学与科研工作岗位,但他的历史研究工作并未停止过。他一有时间,就整理和研究在史语所时的工作记录和资料,阅读能够借到的古文献,终于将《中国原始社会》书稿修改补充后于 1943 年出版。

《中国原始社会》一书通过大量可靠的材料,包括尹达自己参加田野发掘所保存的一些记录材料,阐述了原始社会的社会结构及其发生、发展和崩溃的过程。尹达认为,旧石器时代相当于氏族制以前的社会,新石器时代相当于氏族制社会,其中小屯文化期反映了氏族制社会走向崩溃的阶段。书中指出,中国原始社会的存在和发展,表明它"并不曾跑出一般社会发展的规律之外,它依然是遵循着一般的规律向前推移,向前发展"。由于受郭沫若《中国古代社会研究》的影响,尹达对商代社会生产力发展水平的估计偏低。但这部著作在纠正安特生错误观点的基础上,以中国新石器时代各期文化演进的序列作了比较合理的估定。作者把翔实的考古资料和历史文献结合起来,在马克思主义理论的指导下,对中国原始社会的历史发展作了科学的探索,这无疑是一个重大的贡献。著名历史学家侯外庐评论这本书说:"它在记述远古先人创造历史活动的同时,也留下了新史学开拓者自己披荆斩棘的辛勤劳绩,它的历史价值是永存的。"[1] 杨向奎、张政烺两位先生说:"在中国,运用文字材料之前的石器时代考古学上的成果探讨中国远古时期的社会,是尹达同志所创始的。"[2]

作为中央研究院历史语言研究所培养出来的一位学有所成的学者,放弃了工作和生活上的优越条件而投奔各方面条件都十分艰苦的延安,这对史语所的领导和一些同事来说,也许感到很惋惜。1945 年 7 月,第四届国民参政会成员

---

[1] 侯外庐:《尹达史学论著选集》序言,人民出版社 1989 年版。
[2] 杨向奎、张政烺:《斯人离世去,业绩在人间》,《历史研究》1983 年第 5 期。

一行5人到延安访问，其中有史语所所长傅斯年。他和毛泽东主席是旧相识，毛主席对学者又很尊重，他们单独畅谈了一整夜。两人谈话的内容十分广泛，海阔天空。其间傅斯年曾经谈到对共产党善于招揽人才表示佩服，他所举的例子中有一个就是刘翟。傅斯年在离开延安之前，和尹达见了面，并曾动员尹达和他一起回史语所。而这对已经选择了革命道路的尹达来说，当然是不可能的事情。

在新中国成立后的日子里

建国之后，尹达长期担任行政工作和学术组织工作，不可能有充分的时间从事个人的学术研究。但他始终念念不忘为建设在马克思主义指导下的具有中国特色的考古学而贡献自己的力量。1955年，他把过去写的有关新石器时代的文章集在一起出版，名为《中国新石器时代》（1977年增订再版时，改名为《新石器时代》）。同年发表《论中国新石器时代的分期问题》，对安特生的错误观点进一步作了系统分析和批判。尹达之所以要写这篇文章，是因为安特生在1943年以后出版的几部著作中，仍然继续坚持他20年代在《中华远古之文化》和《甘肃考古记》中的一些错误观点；而在国内外的历史学界中，他的错误观点还有相当大的影响。这篇文章列举大量的材料，证明安特生认为"单色陶器"早于"彩色陶器"的基本观点是完全站不住脚的；他对我国新石器时代的相对年代安排错了，因而他关于绝对年代的估计也就必然是错误的。1963年，尹达还借助考古研究所《新中国的考古收获》一书所提供的资料，撰写了《新石器时代研究的回顾与展望》长文。他指出，从1920年到1927年，我国的新石器时代考古还处于萌芽状态。外国人试掘了个别遗址，这部分资料大都运往外国，文章大多用外文发表。1928年到1937年，中国的学术机构曾经进行了某些调查工作，也发掘了少数遗址，但在当时的反动统治下，军阀连年混战，国家动荡不安，新石器时代的考古成绩微乎其微。从1937年至1949年，新石器石代的考古工作大体上陷于停顿状况。只是在新中国成立以后，新石器时代的考古事业才获得了迅速发展。他分析了黄河流域、长江流域、华南、北方草原地带和东北地区新石器时代考古所取得的成绩和对有关文化遗存的新认识，提出了一些尚待深入钻研的学术问题。如：既然仰韶文化早于龙山文化，而它们又各有其长期发展的历史，那么，是否仰韶文化结束之后才产生龙山文化呢？如果说龙山文化继承了仰韶文化而发展起来，其具体转化过程又是如何呢？又如，屈家岭文化、青莲岗文化和良渚文化同处于长江中游和下游，它们究竟是谁在前，谁在后，谁影响了谁呢？再如，从松辽平原的西部和中部这两个地方来看，它们在新石器时代是有一定差别的；草原地带含有"细石器"的文化遗存和松辽平原中部的文化遗存之间的相互影响又是如何呢？等等。尹达在文章中还对考古学和历史学的关系发表了自己的看法。他认为新石器时代遗址的考古调查、发掘和研究的最终目的，应当是为了更具体、更深入地了解祖国原始社会氏族制度的历史，而不是其他。为了使新石器时代研究工作更顺利的前进，必须把三个不同阶段的工作分别开来。科学的考古发掘和发掘报告的整理出版，是最根本的基础工作，也是第一个重要环节。全面而系统地科学反映某一遗址的现象，是它的首要责任。比较研究和综合研究是根据科学发掘的资料进一步的深入，这是考古学中必不可少的一个步骤；它将从考古学理论的高度，分析考古资料中所反映的复杂现象，解决某些学术性、理论性的问题。在这两个阶段中把考古学上所存在的问题基本解决之后，再进入第三阶段，在先前阶段的科学基础上，即从事氏族制度的研究。尹达强调应把考古发掘的遗物遗迹复原为完整而生动的社会历史资料，使之更加具有人的气氛、生活气氛和社会气氛。这样，氏族制度的历史面貌才可能重现出来。这三个不同阶段的工作，当然是相互渗透，不可机械分割的，但是应明确在每个阶段应有的主要任务。如果还未能识别和消化考古学所提供的大量资料，就随心所欲地妄加解说，侈谈氏族制度的历史，是不可能真正取得科学成果的。尹达还指出，陶器在新石器时代的研究中具有十分重要的作用。但陶器数量很大，变化较多，又易于破碎，研究者应避免陷入烦琐的泥沼。我们研究陶器的目的应当是：（一）通过它了解当时的日常生活用具的部分情况，了解手工制作的一个方面，了解它所可能反映的当时部分意识形态方面的现象；（二）通过不同年代、不同地区的陶器的比较研究，确定新石器时代的年代学研究的标准，确认各种不同的文化遗址的地区分布状况。

1954年，中国科学院成立历史第一、二、三所，郭沫若兼任第一所所长，尹达任副所长，主持日常工作。1958年，历史研究第一所、第二所合并，称历史研究所，郭沫若兼所长，尹达仍任副所长。他在协助郭沫若主持所务期间，十分重视马克思主义在历史研究中的指导作用，大力提倡对史学理论和中国历史上重大理论问题的研究。他还经常提醒青年研究人员要重视掌握史料和实证研究的基本功。在政治运动不断干扰正常研究秩序的情况下，他多次在所内强调研究所的任务是"出产品，出人才"，为此而受到不应有的批判。他先后参加了全国历史科学十二年远景规划的制订，中国历史博物馆的筹建工作和改绘杨守敬《历代舆图》（即后来出版的《中国历史地图集》）的学术组织工作。1953年12月，由郭沫若率领的中国科学家代表团首次赴日本访问，尹达是代表团的成员。他还先后应邀赴苏联和缅甸等国作学术访问。

1958年，尹达接受任务，协助郭沫若主编《中国史稿》，负责古代史部分的编写工作。他从组织写作班子、起草全书的指导思想和编写体例到具体审阅全书初稿，花费了许多心血。在编写过程中，尹达十分注意在书中反映主编的学术见解，同时又鼓励写作组成员各抒己见，积极开展学术上的自由争辩，充分调动了大家的积极性。郭沫若除了和写作班子座谈自己对若干重大历史问题的见解之外，还亲自为部分初稿作了修改。初稿写出后，曾在全国各大区和北京组织史学工作者讨论，征求意见。1962年和1963年，《中国史稿》第1、2册初稿经修改后，作为高等学校文科试用教材在全国内部发行。

在这期间，尹达还为郭沫若主编的《甲骨文合集》做了许多学术组织工作。作为历史研究所的副所长，他承担了大量的日常领导工作。同是副所长的侯外庐曾经深情地回忆他和尹达的共事："在长期的科研组织工作中，他耗费了大量的时间和精力，影响了自己的研究工作，但他为了史学事业的发展，宁愿牺牲自己，成就他人。这一点，我是深有感受的。"[①]

---

① 侯外庐：《尹达史学论著选集》序言。

从50年代后期开始,由于全国范围内"左"倾指导思想的影响,尹达在历次政治运动中不得不经常检查自己"寓右于稳"的思想,而这也就导致了他对史学界状况的判断走入了误区。1964年他写的《史学遗产与史学革命》,是他受"左"倾思想影响的集中表现。这篇本来是送交领导机关参考的内部文稿,在"文化大革命"刚开始时经过改写,题为《将史学革命进行到底》公开发表,起了不好的作用。但尹达本人很快就被江青、陈伯达指斥为"保皇派",勒令检查,此后遭到残酷斗争和迫害。1972年,郭沫若在毛泽东主席和周恩来总理的关怀下,准备修改《中国史稿》。他通过有关单位,把尹达从河南五七干校调回北京,重新组织班子着手修改。但不久"批邓"、"反击右倾翻案风"开始,《史稿》写作组被解散,尹达又成了批斗的对象。直到"四人帮"被粉碎,才得以恢复工作。

斯人已逝,壮志未酬

"文革"结束以后,尹达不顾年老多病,很想为中国考古学和历史学的建设多做一些工作。他除了继续主持《中国史稿》古代史部分的修改工作之外,还认真思考建国以来考古学和历史学走过的曲折道路和自己正反两方面的经验教训。1982年4月,他在母校河南师范大学作了《从考古到史学研究的几点体会》的学术报告①,就考古学和历史学的关系,马克思主义理论和史料的关系,如何继承祖国的文化遗产等问题,发表了自己的看法。他认为我国史学史上的著名史学家,在理论与史料的关系上一般都处理得比较好。他们都是在一定的理论指导下,驾驭着丰富的史料,而写出一些历史巨著来的。重视史学理论,是中国史学的一个传统。我们对马克思主义理论的掌握,正如胡乔木同志所说的,

---

① 收入《尹达史学论著选集》,人民出版社1989年版。

"还是很不够的,还存在很大的片面性和很多的武断"①。总结过去的教训,我们的任务是应当对史学理论状况进行科学的实事求是的总结,搞清楚什么是马克思主义的史学理论,哪些是被歪曲甚至阉割了的,使我们有一个比较清醒的认识,然后,把马克思主义的基本理论运用到社会历史研究的科学实践中去。在研究过程中,肯定会遇到新的问题,这些问题在马克思主义经典著作中不可能找到现成的答案。我们应该坚持在马克思主义基本原理指导下,认真分析社会历史现象的复杂性、多样性;通过对新问题的探索,丰富和发展马克思主义的史学理论体系,而不应否定马克思主义理论的指导作用。

1983年,由尹达主编的《中国史学发展史》开始编写,这是历史研究所史学史研究室集体编写的重点科研项目。尹达带领大家讨论并制订了本书的编写原则,并就一些重大问题发表了自己的见解。当全书初稿基本完成时,尹达因积劳成疾,不幸逝世。编写组的同志根据他生前对初稿的意见和有关谈话,又进行了讨论和修改,于1985年由中州古籍出版社出版。本书出版后得到了史学界的好评。

1978年,三联书店重印尹达的《新石器时代》。尹达在《前记》中说:"我准备抽出时间,到有关地方去看看那些新发现的遗址,对新出现的问题也作些必要的探讨,再写一本《新石器时代》的'续编'。现在这个本子,作为征求意见的稿本,也许还会有点用处。希望同志们提出批评和要求,这对我继续探索新石器时代的考古,将是莫大的帮助和鞭策!"这是尹达晚年的一个志愿。但他来不及实现自己的志愿,就走完了人生的历程,这对于他本人和中国的学术界来说,都是一件遗憾的事情。

---

① 胡乔木1980年4月在中国史学会第二次全国代表大会上的讲话:《关于史学工作的几个问题》,《胡乔木文集》第3卷,人民出版社1994年版。

作者简介

翟清福，1934年生，籍贯北京，中国社会科学院历史研究所副研究馆员。自1956年至1983年任尹达的秘书，并协助做资料工作。曾发表与尹达有关的文章和资料多篇。

尹达主要著作目录

《河南浚县大赉店史前遗址》　载《田野考古报告》第 1 册，1936 年 8 月，署名刘燿。

《中国原始社会》　1943 年延安作者出版社出版。

《中国新石器时代》　1955 年三联书店出版，1979 年增订再版，改名《新石器时代》。

《尹达史学论著选集》　1989 年人民出版社出版。

《中国史学发展史》（主编）　中州古籍出版社 1985 年出版。

钱俊瑞

(1908—1985)

著名的经济学家。曾任中国社会科学院顾问、世界经济研究所所长、哲学社会科学部委员。

钱俊瑞，笔名陶直夫、钱泽夫、泽夫、周彬等，出生于江苏省无锡县。1927年从师范学校毕业后曾到小学任教。1928年考入无锡江苏省立民众教育学院，并从事民众教育工作。1929年，参加了中央研究院社会研究所农村组负责人陈翰笙所领导的农村经济调查，并转入社会研究所工作。1933年到塔斯社上海分社工作。30年代中期，钱俊瑞参加了"苏联之友"社和社会科学研究会，曾一度出任"左翼文化总同盟"的宣传委员，并于1935年9月加入中国共产党。

抗日战争时期，1935年底，他与沈钧儒、邹韬奋、陶行知等在上海发起成立文化界救国会，并任该会党团书记，还任"全国救国联合会"党团书记。上海沦陷后，他辗转到武汉，创办了《战地知识》和"战时书报供应所"，从事动员和团结民主力量的工作。武汉失守后，他转入襄樊，主持第五战区文化工作委员会的工作，用合法形式帮助建立桐柏山根据地。1939年初到重庆，继续从事抗日救亡活动和人民外交工作。1940年7月，随叶挺军长自重庆到皖南新四军工作，负责组建战地文化服务处。皖南事变后，他转到苏北根据地，任华中文委书记，主编《江淮日报》；后任新四军政治部宣教部长，直到抗战胜利。

抗战胜利后，钱俊瑞被派赴北平参加军调部工作；随后任新华社北平分社社长兼总编辑，并创办了《解放》三日刊。1946年6月军调部工作结束后，钱俊瑞自北平赴延安任党中央秘书；9月调《解放日报》社，任社论委员会主任。1947年3月去河北，参加华北地区的土地改革运动，其后，他出任华北大学教务长。

1949年1月北平解放时，钱俊瑞任北平军管会文化接管委员会主任，负责接管清华、北大、燕京、北师大、辅仁等大学和各项文化教育机关；其后，他主持华北高等教育委员会的工作。建国初期，钱俊瑞先后任教育部党组书记、副部长、政务院文化教育委员会秘书长；文化部党组书记、副部长，兼国务院文教办公室副主任，并当选为中国科学院哲学社会科学部委员。他还是中共八大中央候补委员，第一、二届全国人民代表大会代表；第一、二、三、四、五、六届全国政协委员，第四、五、六届全国政协常务委员。

1978年，钱俊瑞被任命为中国社会科学院世界经济研究所所长。1980年后，他还兼任国家计委顾问、国家进出口管理委员会对外经济贸易研究中心主任、国务院经济研究中心顾问和中国社会科学院顾问等职务。

一 治学经历

钱俊瑞的学术生涯是从1929年参加中央研究院陈翰生教授所领导的农村经济调查开始的。当时，他们先后调查了无锡、保定农村；继而又在江苏宝山、河南许昌、山东潍县、陕北榆林、安徽二十里堡以及广东的若干个县进行调查。在对这次调查进行科学总结的基础上，钱俊瑞写了《中国农村经济现阶段性质之研究》、《中国地租的本质》、《评卜凯教授所著〈中国农场经济〉》等重要论文。

30年代上半期，钱俊瑞在上海文化界担任重要领导职务，从事大量的革命工作。但他并没有因此而放弃学术研究活动。当时，他的学术活动主要在如下两个方面进行：

其一，为了争取科研工作的自由，以原社会科学研究所参加农村调查的学者为核心，建立了中国农村经济研究会，并创办了会刊——《中国农村》月刊。钱俊瑞是研究会的理事之一和会刊的重要成员。在积极参加中国农村经济研究会活动的同时，他发表了《一九三一年大水灾中中国农村经济的破产》、《农村机械化的社会意义》、《评陈翰笙先生著〈现今中国的土地问题〉》、《现阶段中国农村经济研究的任务》、《中国农村经济性质问题的讨论》、《中国农村社会性质和农业改造问题》等重要著作，集中阐明了中国农村经济研究的对象、方法和任务,讨论了中国农村半封建、半殖民地的社会性质。

其二,为了加强对30年代瞬息万变的国际形势的了解,钱俊瑞与胡愈之、金仲华、张仲实等人以"苏联之友"社为基础,于1934年9月创办了《世界知识》杂志(我国最早以马列主义观点和方法,介绍和分析世界政治、经济的专门性杂志之一,至今仍在出版发行)。该刊先后由钱亦石、张仲实、金仲华和钱俊瑞任主编。在创办《世界知识》的过程中,钱俊瑞加强了对世界经济和国际问题的关注和研究,发表了《火药气下的世界景气》、《西班牙的土地问题和民族问题》、《保卫马德里》、《英国在非洲的殖民地》、《一九三七年资本主义世界经济的展望》、《太平洋市场的争霸战》等一系列文章。这些文章既论述了帝国主义统治下的殖民地附属国的经济特征,也分析了在加紧军备竞赛中各帝国主义国家的经济动向,从而揭示了帝国主义战争必然爆发的经济基础。

抗日战争时期,钱俊瑞积极从事抗日救亡的文化活动。1936年,在邹韬奋主编的《大众生活》周刊被迫停刊后,钱俊瑞等相继创办了《永生》周刊和《现世界》(钱俊瑞曾任这两个刊物的主编),继承《大众生活》周刊,积极从事抗日救亡的宣传。1938年,他还与孙冶方、姜君辰等共同编辑《救亡手册》,由生活书店发行全国。与此同时,在整个抗日战争期间,钱俊瑞的理论研究工作和著述活动都是围绕反对帝国主义战争和抗日救亡运动展开的。在这一时期中,他写了《汪精卫卖国的理论与实践》一书,及时揭露了汪精卫的卖国行径;出版了《中国国防经济建设》、《中国经济问题讲话》等专著,发表了《目前研究中国经济的目标》、《论民生主义的实质:资本主义乎? 社会主义乎?》、《中国国民经济的总动员》、《交通建设与抗日准备》、《国民经济建设方案》等文章,论述了经济建设与国防建设、全面抗战的关系;此外,他还发表了《论战争》、《从经济上观察意国侵阿战争的前途》、《论苏德战争》、《迅速建立太平洋集体安全制度》等有关国际形势和世界战争的专论,及时指出了时局发展的方向。

抗战胜利后到建国初期,钱俊瑞担任了重要的行政领导职务,从事大量行政工作。但即便在这一时期,他也仍然笔耕不辍。特别是建国后在教育部、文化部任职期间,他写了一系列有关文化、教育方面的文章,系统阐述了党的教育方针和文艺政策。

1978年,钱俊瑞被任命为中国社会科学院世界经济研究所所长后,在世界经济的研究和学科建设方面,进行了大量的组织工作。他领导制订了《1978年至1985年全国世界经济学科发展规划草案》,第一次在我国把世界经济作为一门独立的学科进行全面、系统的规划;筹建了世界经济资料中心,促进了完整的世界经济研究体系的逐步形成。此外,他还发起建立了中国世界经济学会,并被推选为该学会的会长;与上海世界经济研究所共同创办了《世界经济导报》,并担任该报社社长。所有这些活动,都大大推动了我国世界经济研究工作的开展。

钱俊瑞在担负繁重的组织领导工作的同时,还积极投身于世界经济的研究和著述,就世界经济领域中的重大理论问题(如战后发达资本主义国家和国际垄断资本出现的新现象问题、发展中国家民族经济发展道路的问题、社会主义国家经济建设的不同道路和模式问题,以及战后国际经济关系的新发展问题,等等)发表了一系列有创见的学术论著。在此期间,他著有《世界经济与世界经济学》、《世界经济与中国经济》、《马克思与当代世界经济发展规律》、《当代世界经济发展规律探索》等书;主编了《世界经济概论》(上、下册)和《资本主义与社会主义纵横谈》等专著;并主编了我国世界经济方面的大型工具书——《世界经济百科全书》和《世界经济年鉴》。

钱俊瑞还多次参加代表团,前往西欧、美国、日本、印度考察各国经济,并在瑞士、美国、日本、西班牙参加国际会议,作学术讲演,加强国际学术交流。

二 主要学术思想

(一)在30年代中国农村经济问题大论战中的主要观点

30年代,中国处于社会大变革时期。1934年,《中国农村》杂志发动了对中国农村经济问题的大论战。论战的中心问题是中国农村的社会性质问题。在论战中，钱俊瑞发表了一系列论文和专著，对论战中涉及的许多问题提出了有创见的观点。

在中国农村经济研究对象的问题上，钱俊瑞批判了美籍教授卜凯把农耕技术作为中国农村经济的主要研究对象的观点和托派分子所主张的对中国农村经济的研究应着重于人与自然的关系的理论；明确提出农村经济研究的主要对象应是农村生产关系，中心问题是中国的土地问题；并指出在说明农村生产关系时，不仅要分析土地的分配状况，而且要研究对农村生产关系的性质有重大影响的农业经营方式，以及对农业成本（从而对农业生产）有一定影响的地租问题和地价问题。钱俊瑞的这些论述坚持了马克思主义观点，具体展示了农村生产关系的各个方面，从而大大丰富了有关农村经济研究对象的理论。

在中国农村社会性质问题上，钱俊瑞批判了那种把商品经济发展与资本主义经济发展混为一谈的观点，以及那种根据中国处于国际资本的支配下就推断中国已是资本主义社会的观点；并在《中国农村经济现阶段性质的研究》和《中国农村社会性质与农业改造问题》两篇文章中，分别对资本主义在中国的特殊发展途径和中国农村生产关系内部各个方面进行深入分析，有力地论证了中国农村社会的半封建、半殖民地性质。

在中国的土地问题上，钱俊瑞发表的《中国现阶段的土地问题》一文，深刻地阐述了中国土地关系和租佃制度的特点，说明由于中国的多数地主（甚至富农）把大部分土地出租，而租进土地的又多数是那些没有土地或有地甚少的贫农，因此，细小经营就成为中国的农业生产形式。而这种细小的经营并不建立在雇佣劳动的基础上，因而也不具有资本主义性质。这就是说，中国的土地集中并没有产生大规模的资本主义经营。这从一个侧面进一步论证了中国农村的半封建、半殖民地性质。

在中国的地租问题上，钱俊瑞以马克思主义的地租理论为指导，对中国的租佃制度和地租形态作了具体的、历史的分析。在《中国地租的本质》一文中，他首先指出地租是一个社会历史范畴，并在此基础上区分了封建地租和资本主义地租；说明近代中国的地租虽在形式上有很多变化，但它仍是半封建的生产关系的具体表现，与资本主义地租仍有本质上的区别。

(二) 对中国金融货币制度的研究

30年代，钱俊瑞对中国的金融货币制度问题也进行了系统、深入的研究。他与章乃器、骆耕漠、狄超白合著的《中国货币制度往哪里去》一书，以及他所发表的一系列论文，全面论述了中国金融货币制度的演变过程、历史特点和30年代中期的币制改革及其发展趋势。

《中国货币制度往哪里去》一书在分析了中国近代金融机构产生的历史背景的基础上，进而说明了中国金融资本的三大特性：其一，它是帝国主义金融资本的附庸。帝国主义金融机关攫取了中国的税收权，垄断了中国的对外贸易，并拥有决定外汇价格、发行钞票等特权；而华商银行则成为外国金融资本统治中国金融财政的媒介，主要从事向钱庄提供资金、购买外商银行的汇票、代替洋商办货和收解款项等业务，具有明显的买办性。其二，它与官僚资本紧密联系在一起。中国银行业的另一项主要业务是代政府发行和认购公债，以收取高额利息。政府滥发公债造成了银行业的畸形发展；而银行业的扩张又使政府的财政得到更大的保障。其三，它与生产是脱离的。中国的金融资本并不是从工业资本发展起来的；它不过是买办资本与官僚资本的结合，因而它的发展基本上与产业无关。与在公债和地产方面的投机相比，中国银行业投放到工业方面的资本简直是微不足道的。

1929年爆发的世界经济危机根本动摇了世界金融体系的基础。在财政金融危机中，各国纷纷放弃了金本位制，并运用降低币值、调低汇价的方法去扩大它们的海外市场，加强与其他帝国主义国家的竞争，从而爆发了尖锐、剧烈的国际货币战。然而，既然一国可以通过降低币值来加强对外倾销，就不能禁止别国也采用同一方法或甚至走得更远。因此，帝国主义国家要全面控制殖民地市场，还必须控制其货币权。中国成了当时三大货币集团（英镑集团、美元集团和法郎集团）争夺的主要对象。中国30年代中期币制改革的过程实际上反映了列强对中国货币权的剧烈争夺。钱俊瑞在其一系列文章中，把中国的货币制度放在整个世界货币体系中来考察，从而更加深刻地揭露了中国货币制度的本质。

(三) 提出和建立了国防经济理论

在进入全面抗战时期，钱俊瑞除了发表一系列有关抗日救亡的时论外，在经济理论研究方面主要是提出和建立了国防经济理论。1936年，他在《中国国民经济的总动员》一文中，从经济实力对于决定战争胜负的重要性出发，论证了实行国家经济总动员的重要性，并提出了实现这种动员的各项经济措施。1937年，他在《国民经济建设方案》一文中则明确提出了抗战时期国民经济建设的基本任务，并论述了各经济部门为完成此项任务所应采取的具体措施。同年，钱俊瑞在其出版的国防经济理论的代表作——《中国国防经济建设》一书中，则系统地论述了抗战时期中国国民经济建设的基本任务、经济建设的政治前提，以及政府应实施的一系列政策。钱俊瑞指出，经济建设应服从于国防的需要；为了达此目的，应发展独立的民族经济；建立能代表各阶层人民利益的革命民主政府；并实施一系列维护民族独立、促进民族经济的发展、推行民主政治，以及停止内战、一致抗日的政策。

钱俊瑞对国防经济理论的研究，特别是其中关于发展独立的民族经济的论述，已远远超出国防经济本身的范围；这一理论实际上已初步提出了殖民地、半殖民地国家的发展道路问题。

(四) 对30年代世界经济的研究

30年代，世界经济处于剧烈变动的时期。在此期间，钱俊瑞发表了一系列内容广泛的有关世界经济的论著。其中主要包括世界经济形势评述、列强的市场争霸战和殖民地经济理论等。

资本主义世界在经历了1929—1933年的经济大危机之后，经济开始逐步回升。于是，全世界的资本家都在喝彩恐慌已成为过去，新的"景气"已经到来；一些学者也认为，资本主义国家已经"胜利地用人为的办法把恐慌克服了"。钱俊瑞在《火药气下的世界景气》一文中，从其独特的视角揭露了这种虚假繁荣背后的另一面。他列举了20年代末、30年代初在世界贸易总额下降的情况下军火贸易却不断上升的统计数字，援引了各国军火企业获得巨额红利的大量资料，并指出了各国政府为发展军事工业而采取的种种措施，从而揭露了各帝国主义国家国民经济军事化的实质，说明了各国的经济膨胀与国民经济军事化的密切关系。然而，军事工业急剧扩张只能导致各国财政危机和通货膨胀的加剧。因此，钱俊瑞指出，这种战前"景气"的前途必然是"恐慌的加深和战争的爆发"。他的这一论断不仅正确反映了30年代世界经济的发展趋势，而且也为随后爆发的世界大战所完全证实。

除对30年代中期的战前"景气"的论述外，钱俊瑞还通过对列强市场争霸战的分析，展现了当时国际经济关系的错综复杂的局面，以及列强之间为争夺市场（特别是殖民地市场）而产生的尖锐复杂的矛盾和斗争；并通过对殖民地经济的论述，揭露了帝国主义国家与殖民地之间压迫与被压迫、剥削与被剥削的关系，揭示了殖民地、半殖民地国家国内经济关系（如土地关系等）的本质。其中，《土耳其论》一文为读者提供了殖民地国家独立发展民族经济的一个颇具说服力的案例。

（五）70年代以来在世界经济领域的探索

70年代以来，钱俊瑞对世界经济领域的重大理论问题进行了大量的、深入的研究。在这一时期中，他的学术论著内容十分广泛，大致可归纳为如下几个方面：

1. 为了适应我国把工作重点转移到社会主义现代化建设上来这个历史性的伟大转变，钱俊瑞把为我国四个现代化服务规定为世界经济研究的指导方针和根本任务，并根据这一方针确定了当前世界经济研究的重点课题。在这方面，他的颇多论述为我国的世界经济研究工作起到了组织和协调的作用。

2. 在《世界经济与世界经济学》等文章中，钱俊瑞从对资本主义的产生和发展以及世界经济的形成的历史分析中，说明了人类社会在发展到资本主义阶段后，如何在国际分工、世界市场、世界货币和世界资本的基础上，逐步形成了世界范围的生产关系及与它相适应的交换关系的体系，即统一的资本主义世界经济体系。与此同时，钱俊瑞把这种世界范围的经济体系（及其进一步发展的形式）作为一个整体，规定为世界经济的研究对象。关于这方面的理论研究，尽管尚未充分展开，但钱俊瑞已作的这些论述，对于世界经济学作为一门独立学科的建设，对于世界经济学理论体系的形成，无疑是有重大意义的。

3. 在对当前世界经济的研究中，钱俊瑞不仅分别就资本主义国家、社会主义国家和发展中国家等不同社会形态的有关重大理论问题（如战后发达资本主义国家和国际垄断资本出现的新现象问题、发展中国家民族经济发展道路的问题、社会主义国家经济建设的不同道路和模式问题）提出了自己的看法，而且对这些不同类型国家的相互关系的新变化也进行了研究，从而对世界经济形势及其发展前景作了较全面的分析和判断。这种分析考虑了各种不同类型国家的社会经济制度、民族历史特点、科学技术发展水平，乃至于它们的自然条件等方面的因素；并把这些国家放在整个世界经济体系的一定地位中来加以考察。就其方法论而言，则既重视对事物内部运动规律的研究，也重视对某一事物与其他事物的联系的分析。

4. 在对发展中国家经济的研究中，钱俊瑞特别强调要根据当前世界的客观形势，从世界总战略的高度出发（而不是从个别具体问题出发），来确定发展中国家发展战略的基本任务以及制订这种战略的主要原则。这不仅使当前对发展中国家民族经济发展道路问题的讨论，向前推进了一步，同时也使他在30年代关于殖民地、半殖民地国家民族经济发展道路的理论，在新的历史条件下得到丰富和发展。

5. 在着重进行世界经济研究的同时，钱俊瑞对国内经济问题也给予高度的重视，进行了深入的探讨，并力图借鉴外国经验来解决我国当前经济生活中存在的问题。在这方面，他的许多论述我国当前经济改革的文章，提出了富有建设性的主张。

三 主要学术贡献及社会影响

钱俊瑞作为我国著名的经济学家、教育家和无产阶级文化战士，其学术贡献是多方面的。这里仅就他在经济学方面的著述活动，指出如下几个主要之点。

（一）关于制度因素对社会经济发展的重大推动作用

30年代，中国经济学界存在着一种抹杀制度因素或忽视对制度因素的深入研究的明显倾向。其中，金陵大学著名的美籍教授卜凯在其"权威"之作——

《中国农场经济》一书中就认为，研究农场经济的中心问题是在求得并比较各种农场的收支关系，以衡量其优劣。该书尽管是"一个历时最久，调查地域最广，调查项目最详，和比较上最富于科学性的农村调查"的成果，但由于其研究对象不是农村生产关系，而是中国的农耕技术，因而存在巨大的局限性。另一些人（如王宜昌）则主张对中国农村经济的研究应着重于人与自然的关系，这实际上是要"将一切人与人之间的社会关系还原到人对自然的技术关系"，使生产关系这一历史范畴"从具体的社会环境脱离出来，变成空洞而永久的范畴"。这就适合于"以旧秩序的持续和局部改良为出发点"的研究家的需要[①]。

钱俊瑞充分肯定了制度因素（特别是制度变革）对经济发展的推动作用。他认为，经济研究的对象是生产关系，而不是生产的技术方面；各种技术关系只有在其构成经济关系（影响经济关系）的范围内，才被考察。他的这一思想贯穿于他的全部经济著作。

任何制度都是在一定的社会经济条件下确定的。离开具体的社会经济条件，任何有关制度问题的讨论都只能是"概念"游戏。30年代，钱俊瑞的一系列涉及中国社会制度的著作，都充分考察了中国的具体的社会经济条件。例如，他明确指出，中国农业经济应研究的主要问题包括：列强资本对中国农村的直接间接的支配、国内封建性剥夺的加强、农村阶层的分化和小农经营的统治，等等。正是在此分析的基础上，他提出了许多有创见的观点，作出了重大的学术贡献。

钱俊瑞指出，资本主义在完成其对国民经济的统治时所采取的是两条迥然不同的途径：一条是自由的、顺畅的康庄大道；另一条是迂回的、惨黯的羊肠小径。一个国家到底采用何种途径，要由当时世界资本主义一般的发展程度和国内的经济结构来决定。从世界经济史看，资本主义在英国和美国的发展采取了第一种途径；在那里，通过"圈地"运动（英国）和政府收买土地（美国），造成租佃企业家（英国）和资本主义农场（美国）的迅速发展。而在英国统治下的印度和帝俄铁蹄下的中亚细亚，资本主义的发展则采取第二条途径；在那

[①] 钱俊瑞：《现阶段中国农村经济研究的任务》，载1935年《中国农村》第1卷第6期。

里，商业高利贷地主对农村经济的束缚加深，小农经营日益占据优势，形成了大量半封建佃农和无地雇农。中国走的也是第二条途径。由于帝国主义国家的资本对中国的支配多半是通过中国的买办资本和封建的、半封建的势力来实现的，这就使中国的封建势力不可能转变成近代资产阶级，就是土著资本也是沿用旧式资本（商业资本和高利贷资本）的剥削方式；农村直接生产者虽多数变成无产者和半无产者，但他们始终不能大批走进资本主义生产之门，多数只维持其分散的小农经营。因此，尽管外国资本的入侵摧毁了中国的家长制自给自足经济，但它只促进了农村简单商品经济的发展，并没有导致资本主义农业企业的出现。

对于为什么会出现上述情况的问题，钱俊瑞从中国的具体社会经济条件出发，作了独到的、精辟的论述。

钱俊瑞指出，由于中国的农产品市场在很大程度上为帝国主义国家所占领，农业企业实现剩余价值的市场条件日益恶化；与此同时，由于中国是小农经济占优势的国家，农产品市场价格只能由小农的产品来决定（它们只求得到工资或必要的生活资料，并不以追求利润和地租为目标）。这就使国内资本主义农业经营很难有立足的可能。因此，中国的"实业家"一般都不能冒经营农业企业的风险，而宁愿把资本用于购买土地再行出租，以坐收高额地租。正因如此，尽管土地集中是资本主义经济发展的前提条件之一，尽管农业经营与土地所有的分离是资本主义农业发展的基本行程，但中国土地所有权的集中和土地所有与农业经营的分离却没有导致资本主义租佃企业家的产生。中国的多数地主（甚至富农）把大部分土地出租给那些没有土地或有地甚少的贫农，从而形成了并不建立在雇佣劳动基础上的小生产的经营形式。而地主、富农、高利贷者、商人，以及军阀官僚则通过地租、利息、商业利润、捐税、征派等形式压榨这些小生产者，长期维持着这种破碎的小生产的经营形式。

钱俊瑞还认为，中国土地所有权的集中而引起的土地所有与农田使用的脱离，造成了农田使用的分散，并进而导致农业生产力的极度衰落，这就是中国土地问题的基本内容。因此，要推动中国农业生产的发展，首先必须进行制度变革，特别是土地制度的变革。钱俊瑞关于以制度变革促进经济发展的思想无疑具有重大的理论和实践意义。

（二）提出殖民地、半殖民地国家独立发展民族经济的道路

30年代，钱俊瑞对殖民地经济进行了深入、系统的研究。他认为，帝国主义对殖民地、半殖民地的统治主要采取如下方式：1. 维护殖民地的封建统治阶级和其他反动政治势力，以建立听命于帝国主义者的傀儡政权；2. 尽量保持殖民地、半殖民地的前资本主义的剥削形式，以便于对殖民地的掠夺；3. 在外国资本的入侵引起古旧生产方式的瓦解，并产生新型的地主和资本家的情况下，不断促使民族资本的买办化，使之成为外国资本的附庸；4. 控制殖民地、半殖民地国家的经济命脉，并直接掠夺这些国家的经济资源。所有这些都使殖民地、半殖民地国家民族经济的发展受到严重的阻滞。

有鉴于此，钱俊瑞认为，殖民地、半殖民地国家要发展民族经济，首先必须获得政治上的独立，建立近代国家。这个国家"应当实行高度的有革命性的民主政治"，全国统一，没有封建割据。政府应实行有利于发展民族经济的政策：在国内采取包括发展国家资本主义在内的各种有利于促进民族经济发展的措施；在对外政策方面，则必须与除敌对国外的一切国家建立平等友好的关系，借用它们的技术来提高自身的生产力，其中包括运用借款、甚至租让的形式。（钱俊瑞明确指出，这种形式会使我们受到一部分牺牲，但它是我们为提高生产力，学习外国技术和管理经济而不得不向人家缴纳的贡物。）

钱俊瑞认为，在帝国主义统治下的殖民地、半殖民地国家，民族经济的独立发展是绝无可能的。然而，一旦这些国家在政治上获得独立，建立革命的民主政权，并实行正确的内外政策，民族经济就能够获得迅速的发展。30年代，钱俊瑞明确指出，加拿大和澳大利亚已完成了从殖民地向与宗主国一样的资本主义国家的转变；而土耳其则已走上了独立发展民族经济的道路[①]。

钱俊瑞30年代有关殖民地、半殖民地国家民族经济发展道路的论述，特别是其中关于民族资产阶级所领导的民主革命，在一定的历史条件下能够促进独

---

① 钱俊瑞：《中国农村经济现阶段性质之研究》，载《新中华》杂志第1卷第23期；《土耳其论》，载1936年《世界知识》第3卷第11号。

立的民族资本主义的确立和发展这一基本论点,在理论上是一个重大的突破。这一理论对于今天的广大发展中国家来说,依然有着重大的现实意义;战后殖民地、半殖民地国家的纷纷独立和一系列新兴工业化国家的出现,都证实了这一理论仍然具有巨大的生命力。

(三) 对世界经济学作为一门独立学科的建设的贡献

世界经济作为一个历史的客观实体,是在资本主义生产方式越出国家的界限而成为世界范围的生产方式的基础上形成的。因此,西方国家的任何经济学科都可能涉及世界经济的问题。但一般说来,它们只在若干环节和若干组成部分对世界经济进行分析和研究。而在传统社会主义国家,对世界经济的研究则大多是从政治经济学的角度进行的,专门属于世界经济的著作不多。第二次世界大战后,以瓦尔加等人为代表的前苏联经济学界曾对世界经济进行了比较深入、广泛的研究,作出了一定的贡献。但他们的研究存在着不容忽视的缺点,即除了学术观点有"左"的错误外,最主要的就是对世界经济研究的对象不明确,因而长期不能形成一个科学的理论体系。

钱俊瑞认为,所谓近代世界经济,"就是资本主义生产方式下,在国际分工、世界市场、世界货币和世界资本的基础上逐步形成的全世界范围的生产关系及与它相适应的交换关系的体系"。因此,世界经济作为一个统一的客观实体,有它自己形成和发展的历史,有它自己的特殊矛盾和特殊的运动规律。它不是各国国民经济简单的总和;它的运动规律也不是各国国民经济运动规律的简单延伸。这就需要人们建立一门独立的学科来分析研究世界经济的特殊矛盾和特殊规律。这门学科就是世界经济学。

为了说明世界经济学的研究对象的特殊性,钱俊瑞还分析了世界经济学与政治经济学、国别经济研究、部门经济学、国际经济学之间的关系,比较了它们之间的异同点。此外,他还对世界经济学的方法论问题作了论述,特别是强调了坚持实践第一的原则的重要性。

总之,钱俊瑞从对资本主义的产生和发展以及世界经济的形成的历史分析中,说明了人类社会在发展到资本主义阶段后,如何在国际分工、世界市场、世界货币和世界资本的基础上,逐步形成了世界范围的生产关系及与其相适应的交换关系的体系；并把这种世界范围的经济体系及其发展形态作为一个整体，规定为世界经济学的研究对象。而正是确定了具有一定特殊性的研究对象，才使世界经济学有可能区别于其他经济学科，并从其他经济学科中分离出来，成为一门独立的学科。钱俊瑞的上述分析，对于世界经济学理论体系的形成及其作为一门独立学科的建设，都具有重大的意义；同时，它也在世界经济研究中打开了一个新的境界，从而对提高我国世界经济研究的理论水平起了巨大的推动作用。

钱俊瑞勇于探索和创新的精神，使他的一系列著作在社会上产生了广泛的、深远的影响。30年代，他的许多著作成了社会上的畅销书。全面抗战时期，他出版的《汪精卫卖国的理论与实践》一书，其笔锋的犀利、揭露的深刻使敌伪为之震惊。与此同时，钱俊瑞创办的刊物，特别是他所撰写的社评，也在社会上产生了广泛的影响。80年代上半期，钱俊瑞主编的《世界经济概论》一书则被列为高等院校的教材，并获1987年"吴玉章奖金"世界经济学特别奖。

还应指出的是，钱俊瑞也是一位国际知名的学者。他的学术思想在国际上影响颇大，其中，在日本就曾出现过研究钱俊瑞思想的学术机构。

四　学风和治学经验

钱俊瑞的学术成就与他严谨的学风和勤奋的、科学的治学态度是分不开的。

在谈到钱俊瑞的学风时，首先必须指出的是他一生所倡导和坚持的"实践第一"的观点。钱俊瑞一再强调，实践是研究的起点，同时也是研究的归宿。为此，他认为应当重视对研究对象的实地考察和调查。20年代末、30年代初，在刚刚跨入研究工作的大门时，钱俊瑞就参加了中国农村经济调查组，先后在涉及7个省的农村进行经济调查，足迹遍布中国的大江南北。为了强调对研究对象进行实地考察的重要性，他在1936年出版的《怎样研究中国经济》一书中，专门辟有"农村调查"一章，详细而具体地阐述了农村调查的方法；从调查项目的确定、调查表格的制定、调查过程中的注意事项、调查材料的审查和分类，直至调查材料的统计等等，书中都作了明确的说明。

然而，钱俊瑞也不同意那种把重视书本知识视为"读死书"和"逃避现实"的偏颇观点。他指出，对于一个研究者来说，他实际上不可能事事实践，处处实践；他的研究工作在很大程度上要借助于反映实践的科学著作。钱俊瑞认为，这与实践第一的观点并没有矛盾；因为，这些著作无非是前人实践经验的总结罢了。实地考察和调查固然很重要（因为它可以使研究者得到许多活的真切的材料），但报纸杂志和书籍中所记载的材料也是不能忽视的（因为它可以使研究者在较短的时间内获得大量有用的资料）。正因如此，钱俊瑞在研究工作中非常重视资料的搜集和积累。30年代上半期，他在参加成立中国农村经济研究会和创办《中国农村》杂志时，就曾同时建立了中国经济情报社和文化资料供应所。在战火纷飞的抗战时期，钱俊瑞撤离上海，辗转武汉，在他创办《战地知识》杂志的同时，也成立了战时书报供应所。70年代末被任命为世界经济研究所所长后，他除了一再强调每个研究人员都要认真掌握第一手资料外，还着手创建了世界经济资料中心，加强了所图书资料室的建设；并创办了《世界经济年鉴》，亲自担任主编。

除坚持科学的治学方法外，认真刻苦的治学态度和勇于创新的精神也是钱俊瑞的严谨学风的一个突出方面。钱俊瑞出生于家境并不富裕的农民家庭。家庭无力为其提供优越的就学条件，因此他甚至没有大学学历。然而，他刻苦努力，勤奋自学，在短短时间内就掌握了多门外语，步入了科学研究的殿堂；并在从事大量革命工作和建国后担任多种行政职务的情况下，始终孜孜不倦地从事和坚持科研工作，取得了巨大的学术成就。这是常人所难以做到的。钱俊瑞的一生都在科学研究的道路上追求和探索。80年代，他虽已年逾古稀，但仍是"烈士暮年，壮心不已"。作为世界经济研究的拓荒者和探索者，他不仅兢兢业业地从事世界经济领域中一系列具体问题的研究，而且对于"世界经济学"作为一门独立学科的建设和发展，有着深远的考虑和长期的规划。按照他的设想，80年代将使"世界经济学"发展成为一门独立的学科，即在对世界经济领域的一系列重大问题进行系统的理论研究的基础上，逐步建立起一个完整的"世界经济学"理论体系。为此，将在《世界经济概论》的基础上，编写一部《世界经济学原理初探》；与此同时，还将为建立和发展"比较社会主义经济学"和"比较发展经济学"积极准备条件。而在进入 90 年代以后，将在上一阶段的基础上，充实和完善"世界经济学"的理论体系；并力求在本世纪末将"比较社会主义经济学"和"比较发展经济学"建设成两门独立的、完整的分支学科。

然而，正当钱俊瑞执著地进行创建"世界经济学"的探索工作的时候，这位孜孜不倦、勇于创新的学者终因劳累过度，不幸于 1985 年病逝了。钱俊瑞虽然未能在生前完成他创建世界经济学的宏愿，但他对世界经济学作为一门独立学科所进行的有益探索和初步规划，无疑将对后人起到铺路奠基的作用。

作者简介

浦山，1923 年 11 月生，江苏无锡人。中国社会科学院研究生院教授、研究员；中国世界经济学会名誉会长。曾任世界经济与政治研究所所长，全国政协常务委员。

林水源，1939 年生，福建南安人，1964 年毕业于北京大学经济系。现为中国社会科学院世界经济与政治研究所研究员、中国东欧中亚经济研究会常务理事兼秘书长。

钱俊瑞主要著作目录

《怎样研究中国经济》 生活书店1936年出版。

《中国国防经济建设》 上海黑白丛书社1938年出版。

《中国货币制度往哪里去》（与章乃器、骆耕漠、狄超白合著） 新知书店1935年出版。

《中国经济问题讲话》（与徐雪寒、王渔屯、姜君辰、骆耕漠合著） 新知书店1938年8月出版。

《汪精卫卖国的理论与实践》 生活书店1939年出版。

《论战争》 新知书店1940年3月出版。

《世界经济概论》上、下册（主编） 人民出版社分别于1983年、1985年出版。

《世界经济与世界经济学》 中国社会科学出版社1982年出版。

《世界经济与中国经济》 人民出版社1983年出版。

《资本主义与社会主义纵横谈》（主编） 世界知识出版社1983年出版。

周　扬
(1908—1989)

著名的文艺理论家。曾任中国社会科学院副院长兼研究生院院长，哲学社会科学部委员。

周扬原名周运宜，字起应。湖南省益阳人。1927年国民党反动派"四·一二"反革命政变后，在白色恐怖的日子里参加了中国共产党。早年就读于上海大夏大学，1928年留学日本，1930年回到上海，参加领导左翼革命文艺运动。1932年重新入党，担任中共中国左翼作家联盟党团书记、中共上海中央局文委书记，兼任文化总同盟书记。主编左联机关刊物《文学月报》。抗日战争爆发后，离上海赴陕北。历任陕甘宁边区教育厅长、鲁迅艺术学院副院长、院长、中央文委委员、延安大学校长。抗日战争胜利后，到晋察冀边区，出任华北联合大学副校长、中共晋察冀中央局宣传部部长、华北局宣传部部长。

1949年7月，平津解放后，他与郭沫若、茅盾等负责筹备和召开了全国文学艺术工作者第一次代表大会，会上当选为中国文联副主席。

中华人民共和国成立后，任中共中央宣传部副部长、文化部副部长和党组书记、中国文联副主席、中国作家协会副主席和中国科学院哲学社会科学部委员、中共八届中央候补委员。"文化大革命"中受林彪、江青反革命集团诬陷迫害，遭囚禁长达9年之久。"文革"后，先后担任中国社会科学院副院长兼研究生院院长、中国文联副主席、主席、党组书记、中国作家协会副主席、顾问、中共中央宣传部副部长、顾问及中央顾问委员会委员。

周扬

　　在《周扬文集》终卷，收有周扬搁笔的前一年，答一家刊物记者问的文章，题曰："关于建设具有中国民族特点的马克思主义文艺理论问题"。50年代中期，他也曾作过类似问题的演讲："建立中国自己的马克思主义的文艺理论和批评"。是否可以将这个命题，作为周扬人生的一个概括？周扬的一生，是传播、阐说、践行马克思主义文艺理论，努力为马克思主义文艺理论"中国化"的一生。

　　周扬是一位翻译家，他首译了列夫·托尔斯泰的《安娜·卡列尼娜》和车尔尼雪夫斯基的《生活和美学》。周扬是一位美学家，他对马克思主义美学、中国古典美学有很深的修养。他可以算是车尔尼雪夫斯基美学研究的权威。周扬是一位艺术教育家，他实际上主持创办了解放区第一所艺术教育机构——延安鲁迅艺术学院。但是，他的一生主要业绩，主要贡献，是在文艺理论批评方面，他作为一名杰出的文艺理论批评家闻名于世。周扬又不是单纯的文艺理论批评家，而是无产阶级革命文艺的先驱者之一，是中国共产党文艺战线长达半个世纪未曾中断的领导人（"文革"时期除外）。这一独特地位与历史内涵，使他的文艺理论批评，具政治色彩、宏观特色和实践性。周扬一生的文艺批评活动，浓缩、凝聚了中国半个多世纪的文艺思想论争史，他的升谪沉浮折射着中共文艺方针、政策、路线、口号的变化。他就是一部左翼文艺运动史。这是周扬理论批评的价值与意义。周扬思想锐敏，视野广阔，见解深邃，学识渊博。毛泽东赞赏他"有文才，有逻辑"。[①]在半个多世纪跌宕起伏的文艺潮流中，他艰难地跋涉，走着曲折的道路，随着时代的变化，在总结教训，克服错误中前进。

---

① 转引自康濯《挽周扬舒群》，载1989年10月21日《文艺报》。

他的理论批评，前后期呈现较大的反差。终于在他的晚年，在困惑中挣脱出来，达到了他的理论批评生涯的巅峰。

周扬一生的文艺理论批评活动大体上可分为四个时期，即1932—1937年，上海左联时期；1937—1949年，延安及华北解放区时期；1949—1966年，建国后"十七年"时期；1978—1989年，改革开放的新时期。

一

周扬是受"五四"新思潮哺育成长起来的，他是"五四"以后第二代知识分子，他登上文坛，投身于左翼文学运动时候，"五四"时期"文学革命"已发展到"革命文学"的新阶段。30年代初，左翼文学运动狂飙突进，轰轰烈烈。那是一个不可阻挡的世界潮流，风靡欧亚美非四大洲，史学家称之曰"红色的三十年代"。周扬从译介苏俄文学与马克思主义文艺理论起步。他追随鲁迅、瞿秋白、郭沫若、茅盾等之后，做了为鲁迅比喻的"窃火煮肉"的工作。中国人接触马克思主义文艺方面理论不早于20年代中期，大量引进是在1930年前后，形成一个高潮。列宁的《党的组织与党的出版物》（那时通译为《党的组织与党的文学》），有多种译文。马克思、恩格斯关于文艺问题的几封信在苏联被发掘出来后，迅速地被介绍了过来。除此之外，也译介了普列汉诺夫、高尔基、卢那察尔斯基、波格唐诺夫、弗里契、吉尔波丁以及日本的青野季吉、藏原惟人、中墅重治等人阐述普罗文学理论的文章。真中有假，正误杂陈。但是，不管怎么说，马克思主义文艺理论作为一种文学新思潮，它在帮助文艺工作者树立历史唯物主义世界观、文艺观，促进文艺与时代更好地结合，加强文艺与人民大众的联系，无疑有着积极的历史意义，它奠定了无产阶级革命文学的理论基础。由于肇始之初，饥不择食，生搬硬套，囫囵吞枣，机械运用，教条对待的情况也确实存在。"红色的三十年代"，也是世界范围"左"倾思潮流行的时代。苏联出现的"无产阶级文化派"和随之登台的"拉普"的"左"倾机械论、庸俗社会学的思潮，成为一种国际现象，成为一种世界思潮。随着马克思主义理论在中国的传播，庸俗社会学的种种观点也被引进，这给中国以后长期的文艺发展，带来负面的消极影响。不管正面的还是负面的，积极的还是消极的，在当时都是不可避免的历史现象。大革命失败后，中国处于阶级关系急剧变动的历史转折关头。"九·一八"事变，国难日亟，中国面临亡国灭种的危险，民族危机空前尖锐。强调文艺的实用性、意识形态性、文艺的阶级性、文艺的政治性、文艺的革命性、战斗性，无论是正宗的马克思主义，还是冒牌的马克思主义实际上是庸俗社会学的出现，都与当时民族精神所契合。它们的出现有着客观必然性。这是周扬初期文艺理论批评生涯的历史背景，也是周扬初期文艺理论批评的长处与缺陷的所在。

　　周扬走上文坛小试牛刀，锋芒初露，是他参与左翼作家对所谓"自由人"、"第三种人"的论辩。平心而论，经过时间的沉淀，当时被称作"第三种人"的胡秋原等人的言论，也并非一无是处。如他们认为"艺术与哲学本质不同"，非议左翼作家对于非左翼作家"拒人于千里之外"等，也许是"歪打正着"，触动了左翼作家机械论、宗派主义的痛处；但是，若剥离了当时的历史背景与时代条件，作简单地翻案文章则不可取。"自由人"、"第三种人"在政治上对汹涌而来的左翼文学运动是持抵抗的态度。认为文艺与政治无关，完全超然于阶级之外，要政治"勿侵略文艺"，在学理上也属不妥。左翼批评家除鲁迅外，所操武器都带有程度不同的"拉普"色彩，这也是事实；可是，只要我们承认左翼文学运动虽有若干教训可资总结，但毕竟是"五四"以后现代文学史上的前进运动，我们就不能不认可这场论辩的意义。

　　周扬成功之作，也是奠定他在马克思主义文艺理论批评界的地位，是他发表在1931年11月《现代》杂志4卷1期上的《关于〈社会主义的现实主义与革命的浪漫主义〉》一文。他常常引为自豪地说他是在中国倡导社会主义现实主义的第一人。此话不假，尽管在他之前有过几篇文章零星谈到社会主义现实主义，但是正式地、比较系统地、影响大的向国人介绍社会主义现实主义，是从这篇文章开始，打那以后，社会主义现实主义汇入了中国主流文学。正如这篇文章的副题所示，提出社会主义现实主义是对"唯物辩证法的创作方法"的否定。"唯物辩证法的创作方法"一直是苏联"拉普"注意的中心。"拉普"的主要错误是组织上的宗派主义，思想上的教条主义和理论上的庸俗社会学倾向。当时"左联"一些代表人物，创造社、太阳社的成员，不少是从日本留学归来，不仅受"拉普"思潮影响，也受"拉普"的日本版"纳普"的影响，奉"唯物辩证法的创作方法"为圭臬。1932年苏联已解散"拉普"，清算"唯物辩证法的创作方法"，由于时间差，我们这边还势头正旺，炙手可热。周扬对"唯物辩证法的创作方法"的批判显示了他的思想锐敏，慧眼独具，恐不能以"赶浪头"、"追时髦"讥之。周扬还惹人注意地对浪漫主义作了积极地肯定，对浪漫主义与现实主义关系大体上作了辩证地解释，这也是精彩之笔。"拉普"的口号是"打倒席勒"，摒弃浪漫主义，这在中国也很有市场。这篇文章虽然是据苏联理论家吉尔波丁的报告编写的，但是有着周扬本人对社会主义现实主义的理解与认识，是周扬的代表作。

在中国共产党领导下，以鲁迅为旗手的左翼文学运动，在中国文学史上写下了光辉一页，同时也存在着历史局限和消极影响，周扬在这时期的理论批评活动，为这大背景所制约，具有启蒙性、革命性，也具有"左"的色彩的教条性。

1937年，抗日战争爆发，周扬由上海赴陕北。

二

由上海的亭子间到陕北的土窑洞，环境变了。全民抗战的实现，形势变了。进入而立之年的周扬，少了几分浮躁凌厉，多了几分冷静与反省。解放区时期的周扬，理论批评具有过渡性。说它过渡性有两层意思：一层是他的理论由幼稚走向成熟，一层是1942年毛泽东发表了《在延安文艺座谈会上的讲话》以后，周扬的理论批评思维进入一个新的阶段。

到陕北前后的周扬，文艺理论批评逐渐走向成熟，表现为反思与总结的特色，探索艺术规律的特色。《论〈雷雨〉和〈日出〉》、《文学与生活漫谈》等文章都记录着周扬认识上的飞跃。他尊崇文艺民主精神，反思宗派主义、关门主义的错误:"我们今天所急需反省与改正的是在论战中所表现的那种仿佛不容人商讨的非民主的态度,与唯有自己正确的那种高慢的宗派观点。"① 关于文艺与政治关系,"我们并不主张文学成为政治的附庸",但是"在社会情势急激变化的时期","中国是在生死存亡的关头,每个有民族良心的作家都不能对于政治采取超然的态度"。② 这是合情合理的平实之论。关于文艺与现实生活的关系,他强调文艺表现生活的手段、方式特殊性。在作家与现实的关系上,对于作家主体性的重视,有着精彩的思想火花:"作家有想象和幻想的最大权利","对现实的忠实并不是对现实的跪拜"。③ "创作的最高境界",是"融化了客观的主观,突入了对象的热情",如王国维所说的"意境两忘,物我一体"。④ 他强调文学反映生活的形象性,"形象在艺术可说是最本质的东西。没有优秀的形象化,就不能有真正的艺术"。⑤ 他对恩格斯关于文艺问题的见解,经过消化吸收,运用得更为得体了。结合"五四"文学,对鲁迅精神、郭沫若的创作、曹禺的作品,在理论上的提升、概括更到位了。

　　1942年以后,周扬文艺理论批评的路子、视角,作了大幅度的调整。

　　1942年,延安进行了文艺整风,毛泽东发表了著名的《在延安文艺座谈会上的讲话》,从此,周扬与这个《讲话》就结有不解之缘。

　　《延安文艺座谈会上的讲话》,在马克思主义文艺理论发展史上有新的发挥,主要是文艺与人民群众的关系问题。在实践上促进了文学艺术逼近底层人民的生活,开创了文学的一个新时代。作为教训的是以后人们把这个《讲话》越捧越高,视作教条,当作圣喻句句是真理。郭沫若当时对这个讲话的

---

① 《周扬文集》第1卷,人民文学出版社1984年版,第160页。
② 同上书,第228—229页。
③ 《周扬文集》第1卷,第227页。
④ 同上书,第329页。
⑤ 同上书,第214页。

反应是:"凡事有经有权。"① 这个评价很中肯。《讲话》中文艺与生活、文艺与群众的关系论述是经常性道理;但是毛泽东讲话的出发点、着眼点,是在战争时期、农村环境,针对的是一群来自城市还不适应新环境的知识分子。有些是权宜之计的说法便属自然。40年后,一位理论家在一个党的正式会议上评论毛泽东《讲话》的三点缺陷:关于文艺从属于政治的提法,关于具有社会性人性完全归结为阶级性的提法,关于知识分子的评价②。当然,这些话是拉开了时间的距离,经过实践检验之后,才讲得出来的,而在当时,在延安,《讲话》受到热烈欢迎,所有作家、艺术家,都接受了,认同了,包括一些在整风中受到批评的作家。周扬心悦诚服地拥护《讲话》。过去他说过,他是车尔尼雪夫斯基美学的信奉者,现在他公开宣称,他服膺《讲话》,他是毛泽东文艺思想的宣传者。他给他自己的文艺理论批评活动定了位。他以《讲话》来构建自己的理论框架,他以毛泽东文艺思想作为自己理论思维的依归。

1944年周扬编选了一本《马克思主义与文艺》,选辑了马克思、恩格斯、列宁、斯大林、普列汉诺夫、高尔基、鲁迅及毛泽东有关文艺问题的论述。第一次将毛泽东、鲁迅的文艺学论著列入马克思主义文艺学范畴。他为本书写的序言,是《讲话》发表以来对毛泽东文艺思想最早而有力的研究。

《讲话》发表后,周扬迅速捕捉到新的秧歌运动,指出它的"表现新的群众时代"的意义。周扬敏锐地抓住了赵树理成功的创作实践,作为典型解剖。赵树理小说艺术的成就,周扬将其归结为文艺与群众相结合,作家与群众相结合的产物。周扬认为赵树理的创作是毛泽东倡导的工农兵方向的一次成功实践。《论赵树理的创作》,成了当时运用毛泽东文艺思想、具有广泛影响的作家作品评论。尔后,文学界乐道的"赵树理方向",与周扬最初的推崇分不开。周扬深得毛泽东文艺思想的精髓。

---

① 见《胡乔木回忆毛泽东》,人民出版社1994年版,第60页。
② 见《胡乔木回忆毛泽东》,人民出版社1994年版,第60页。

这一时期，周扬对王实味文艺观的批判，显然是向《讲话》"左"的消极方向靠拢。

三

中华人民共和国建立后的周扬，文艺理论仍然承续《讲话》发表以来的套路；但是由于我们党已经夺取了全国政权，成为执政党，周扬身居文艺领导高位，作为党在文艺第一线的领导者，他的文艺理论批评活动还是显出新的阶段性。建国后到"文革"的"十七年"，周扬的理论批评大多是以领导人身份的讲话、报告的形式出现，常是传达最高领导人的批示精神和对于文艺方针、政策的理论阐释。作为批评家主体所发出的独特声音，往往是在环境宽松、纠错整偏、探索艺术规律时表述的非主流话语。他的理论活动具有权威性，无论是错误还是正确，都要产生现实的、直接的影响。

"十七年"中，周扬确实执行了"左"的政策，并用"左"的理论对"左"的政策进行论证。集中表现所谓"三次大辩论、三次大批判"以及"反右派"运动方面。但是，"十七年"还有另一个周扬，力主文艺自由，反"左"不遗余力的周扬。在提出"百花齐放，百家争鸣"方针的1956年和1957年的短暂的春天里，在60年代初，党对"左"的政策作某些调整的日子里，给周扬张扬理论家的个性，显示才华创造了条件，展现出他思想上的睿智与理论上的卓识。在1956年召开的中共第八次全国代表大会上，在这样庄严的场合，周扬作为代表发言，观点鲜明地指出建国后文艺界存在的"左"的问题："在我们中间，经常发生文艺上的教条主义、宗派主义，以及对待文艺工作的简单化、粗暴的态度，却严重地束缚了作家、艺术家的创作自由，成为实现'百花齐放，百家争鸣'的主要障碍。""文学艺术上的教条主义，主要表现在把马克思主义的美学观点庸俗化和简单化……"他主张，"文艺为政治服务，在今天就是为建设社会主义和保卫世界和平的事业服务"；"容许不同的创作方法并存"；"提倡题材的多样性"；"应当善于歌颂，也勇于批评"；"我们将更好地更大胆地吸收世界各国一切优秀的文化成果"①。他围绕"双百"方针做文章，差不多是全面地对文艺理论与政策"拨'左'反正"。可惜，不久"反右"风暴起，党的"八大"路线为毛泽东改变，周扬的这些话也都白说了。

60年代初，中国经济处于十分困难时期，但也是政治思想领域较为宽松、人们头脑较为冷静的时期。在文艺领域，周恩来率先带头，作出几次关于纠正"左"的观点与政策的重要讲话。后来人们知道，周恩来的讲话，毛泽东持保留态度②。周扬受到周恩来讲话的鼓舞，引为知音，全力支持，多方面加以发挥。1960年下半年到1962年，大约两年多时间里，周扬大体上做了两方面工作：一方面是到处开座谈会、做报告、讲话、大声疾呼，反"左"不遗余力；另一方面，花大气力主持编写文科教材，着眼建立中国式的马克思主义理论体系。他精力旺盛，意气飞扬。虽然还是戴着镣铐跳舞，为了防止别人抓把柄，讲话常常要讲"两面"，但重点是理论上、政策上反"左"，在"但书"上做文章，毫不含糊。有时，还有点放言无忌味道，敢于直抒胸臆，讲真话，表现一个真实的周扬。

他承续在中共"八大"会议上讲话的思想，强调文艺自由的权利，差不多每会必讲"双百"方针。他承认"过去我们也常讲'双百'方针……但实际上贯彻很差。""我们有很大责任"③。他又说："在贯彻'双百'方针方面，我们在党内有少数派的感觉，相当多的同志觉得不贯彻或违反'双百'方针没有什么关系"④。是什么原因造成的呢？"一连串的斗争所带来的消极因素，使'百花齐放，百家争鸣'和民主生活受到了一定的影响"⑤。还因为"从主观方面来说……最普遍最突出的表现，是把'双百'方针了解为两家争鸣，只是对付资

---

① 《周扬文集》第2卷，人民文学出版社1985年版，第474—480页。

② 参见胡绳主编《中国共产党的七十年》，中央党史出版社1991年版，第377页。

③ 《周扬文集》第4卷，人民文学出版社1991年版，第39页。

④ 《周扬文集》第3卷，人民文学出版社1990年版，第328页。

⑤ 《周扬文集》第4卷，第21页。

产阶级的手段","把它当作了'钓鱼'和'锄草'的政策"。① 怎么解决呢？怎么治一治一些单位领导人，他高兴放就放，不高兴放就不放呢？他想到党规、制度，"没有制度保证，我们讲的都会变成空话"。② 在周恩来的支持下，他主持制定了一个改进文艺工作的条例。条例共10条，"实际上只是一个问题，即保证执行'百花齐放、百家争鸣'的方针"。"文艺十条"（后来改为八条）受到文艺工作者热烈欢迎，产生很大影响，有人说应该将它刻碑。可是"文革"一来，它被打成"文艺黑线"的纲领。在一个人治的社会，什么制度都不堪一击。

他着重努力解决文艺与政治关系这一在"左"风盛炽时对文艺危害甚烈的麻烦问题。他批评"写中心、演中心、唱中心、画中心"口号的错误。他批评过去他自己也支持的"赶任务"、"写政策"观点的片面性错误。他批评"用政治代替艺术"的批评方法，他不赞成"文学的党性原则"的提法。他承认作家只要从生活的实际出发，创作方法正确，没有马克思主义世界观也可以真实地反映生活。放弃了他自己在左联时期持有的世界观对生活决定作用的机械论观点。历史的条件是，周扬在60年代不可能从根本上否定毛泽东在《讲话》中提出来的"文艺从属于政治"的基本论点，不容许他完全放弃"文艺为政治服务"的口号，他只能在这个框架下反对对文艺与政治关系的片面性、狭隘性、庸俗性理解。但是他确实已经走到改变主流观点的跟前了。1962年，他为《人民日报》撰写了纪念《讲话》发表20周年的社论，大胆地提出"文艺为最广大的人民群众服务"的口号。说它是对"文艺为工农兵服务"、"文艺为政治服务"的"延伸"也罢，"发展"也罢，说它是"突破"也罢，总之它是对《讲话》在这个问题上的超越。在"文革"中，这篇社论成了周扬一大罪状，成为周扬倡导"修正主义"、"全民文艺"的罪证。果不其然，姚文元批他是"篡改为工农兵服务的毛泽东文艺方向"。③

---

① 《周扬文集》第4卷，第22页。

② 同上书，第15页。

③ 姚文元：《论反革命两面派周扬》，载《红旗》1967年第1期。

人性问题，也是周扬那两年每会必谈的问题，他深知这是文艺创作的核心问题。"以往的文学作品很多是在追求一种比较有人性的真人"。[①] 他批评到处批判人性论、人道主义，到处贴阶级的标签。他鼓励创作人员，"'人性论'也没有什么可怕。"他反复说："我们并不否定人性"。但是他面对着"鲁迅与毛主席在《讲话》中都反对的""人性论"（鲁迅与毛泽东有区别——引者），囿于没有超阶级的人性观点，慨叹"我们这辈子是看不到没有阶级性的人性了"，[②] 所以只能在人性与阶级性之间兜圈子，说阶级性是渗透在人性中的，力求冲淡阶级性的分量，以至提出含糊其辞的文学要写有人性的真人的论点。即使这样，他的"有人性的真人"在"文革"中还是跑不掉被戴上鼓吹"资产阶级人性论"的帽子。身处那样一个位置，身处那么一个时代的理论家是多么艰难！

周扬在60年代初领导的文科教材建设工作，是"十七年"中文化理论建设中的一桩盛事。它在整理中国文化遗产，吸取外国先进文化，促进学术研究开展，推动理论建设方面具有十分深远的意义。大概是因为这一工作为"文化大革命"所打断，人们来不及去总结、探讨，周扬领导的这一桩文化建设所作的贡献、价值，远远没有被人们发掘与认识。截止"文革"前，新编选已出版及已完稿的教材一百多种三百多本的实绩，我们这里不论；从文艺理论家的角度来观察，周扬在文科教材建设工作中的理论建树，值得认真重视与高度的估价。大概是这一项事业由他独立负责，较少牵扯与制约，也由于那一段时间较少干预，给了他相对自由的空间，给了他充分施展才华、表现智慧、显露个性的条件。他在指导思想上，（一）坚持树立文化、思想和学术重在建设的方针，一切着眼于满足人民物质生活和精神生活的需要。文化、思想、学术发展的一个显著特点，就是需要积累，他要求对古今中外人类所创造的一切文化遗产采取科学的审慎态度，全盘否定或全盘照搬都不可取。（二）他坚持贯彻执行"百花齐放，百家争鸣"的方针，党内外同志在一起充分地、自由地、无所顾忌地进行

---

① 《周扬文集》第3卷，第384页。

② 同上书，第380页。

议论，既不搞少数服从多数，也不搞下级服从上级。鼓励大家在学术上坚持己见，不迎合。敢于发表不同意见，容许讲错话，犯错误。（三）尊重人才，广泛团结，依靠老专家重视新生力量。党内外，马克思主义者、非马克思主义者，共事合作、一视同仁。重视个人研究和个人写作。尊重前两年被斥为"资产阶级反动学术权威"的学术带头人。在教材编写期间，他在各种会议上的讲话，汪洋恣肆，纵横开阖，文采风扬。现在收在他的文集里的有近二十篇，涉及文、史、哲、经、教多种领域，才华横溢，知识渊博，思想开放，见解精辟。举例来说，他认为中国要赶上世界发达国家，需要向外国一切先进的东西学习，包括资本主义国家的东西。他从中国文化发展史论证，我国文化的高涨时期，都是由于吸收了外来文化的营养，隋唐是这样，"五四"新文化运动也是这样。我们要有一个新的文化高涨，学术繁荣，就要立足中国，立足今天，一手向古，一手向外，大量吸收外国先进的东西，用人类所创造的一切文明成果丰富自己，发展自己。文科教材建设活动，也许是周扬从30年代初登上文坛，到60年代初的30年期间，最能发挥、体现他理论才华的时期，是周扬探索马克思主义文化理论和学术中国化的新成果。

四

历史进入大动乱年代。运动之初，林彪、江青合谋炮制了一个所谓"座谈会纪要"，提出了骇人听闻的"文艺黑线专政论"。"纪要"经毛泽东亲自修改，受到毛泽东的支持。这也是毛泽东发动"文化大革命"战略布局的一着棋。此论一出，周扬覆没的命运便成定局。

在延续十年的大动乱方始之时，周扬就被林彪、江青反革命集团诬陷为"修正主义分子"，"文艺黑线总头目"，用以为那场给国家与人民带来无穷灾难的政治大风暴祭刀。十年内乱，九载楚囚，敉平林江之乱，迎来了改革开放的历史新时期。复出后的周扬，逐步调整了自己的理论思维，以崭新的面貌，重返文坛，一直站在时代思潮的前列。他对自己过去"左"的错误，作真诚的反省，坦然进行自我剖析。对"十七年"中因与他工作有关而遭受不公正对待、蒙受冤屈的同志，一再表示歉意，不厌其烦地进行检讨。这些反省检讨不是敷衍，不是姿态，是发自内心，是一种具有历史内容的认识。在那一个全民族反思的年月里，作为一位"人性回归"的理论家，他具有着反思的深刻性与彻底性。新时期的周扬，从历史反省中，悟出了马克思主义真理之道。他反省的基础，有着十年浩劫辛酸的感受，有着对马克思主义的重新学习（在狱中他又通读了《资本论》等著作），值得一提的是，还有着从群众中吸收的营养。在那梦魇般的日子已经过去的最初几年里，周扬接触了大量的文艺工作者。患难余生，同是天涯沦落人，彼此关系亲近。他真正感受到了文艺家们心灵的律动。他和广大的知识分子融合在一起了。他不无痛苦地在沉思，对历史真诚地沉思。终于，他从历史扬弃中走出一条坚实的道路。难能可贵的是，在这最后十年，周扬一旦选择了他要走的道路，他认定的真理，就一直坚定不移地走下去，坚持下去。无可否认，这十年，文艺工作者终于有了一个比较自由的环境和舒畅的局面；同样无可否认，这十年也常常有波谲云诡的时候。在那并非霁风朗月的日子，作为理论批评家的周扬经受了也许是文艺界任何人都无可比拟的精神重负。但是，他执着地追求真理，虽九死而不悔。在"实践是检验真理的惟一标准"大辩论中，他鲜明地支持这个在当时是政治路线的命题。在主持制定哲学社会科学规划时，着重谈"双百"方针，用他换一种说法就是"两个自由"，艺术上自由发展，学派上自由讨论。此后，"两个自由"成了他一以贯之的不变话题。他有切肤之痛，这是文艺上"左"倾错误症结所在。他最早提出对封建主义意识形态的批判，是"当前思想战线的重要任务之一"[①]，时在1978年。

复出后的周扬，重领文坛风骚，是由于他的《三次伟大的思想解放运动》的报告。这一篇报告奠定了他在新时期思想文化领域的地位。1979年春天所作的这篇报告，既有理论意义也有实践意义。周扬将当时进行的思想解放运动与"五四"运动、延安整风运动并列，称作是现代历史上的第三次伟大的思想解放运动。周扬的理论活动极具历史感。他的这种理论概括具有高屋建瓴的气势，

---

① 《周扬文集》第5卷，人民文学出版社1994年版，第66页。

高度地评价与科学地论证了这场思想解放运动的伟大意义与历史地位。"第三次伟大的思想解放运动"是他第一个提出来的。这篇报告以无可辩驳的逻辑力量，将那场伟大的思想解放运动，奠定在坚实的理论基础之上。

在伟大的思想解放运动中，周扬解放了思想，终于彻底从个人迷信的束缚中走出来；同时，又推动了这场思想解放运动的发展。

在1979年11月召开的中国文学艺术工作者第四次全国代表大会上，周扬所作的报告，旗帜鲜明地肯定在文学领域率先否定"文化大革命"的"伤痕文学"，摈弃了"文艺从属于政治"的不科学命题。

1983年，周扬在马克思逝世100周年学术讨论会作专题报告《关于马克思主义的几个理论问题的探讨》。这篇报告后发表在1983年3月16日《人民日报》上。文章引人注目地提出了马克思主义人道主义问题，着重论述了马克思主义关于人的全面发展的思想。这篇文章在当时有很大社会影响，并引起争议和受到批评。此文可以看作是周扬理论批评活动所奏的终曲。

（顾骧　撰稿）

作者简介

顾骧，1930年出生，江苏阜宁人。中国人民大学哲学系研究生班毕业。曾任中国作家协会创作研究室主任、研究员。出版有《顾骧文学评论选》等。现为中国当代文学研究会副会长、中国文艺理论学会副会长等。曾协助周扬作文字工作，编选《周扬近作选》，现正撰写《晚年周扬》一书。

周扬主要著作目录

《关于〈社会主义的现实主义与革命的浪漫主义〉》　原载《现代》1933年第4卷第1期，署名企扬。

《关于国防文学》　原载1934年10月2日《大晚报》，署名企。

《〈马克思主义与文艺〉序言》　原载1944年4月11日《解放日报》，解放社1944年出版。

《为最广大的人民群众服务》　1962年5月23日《人民日报》社论，收入《周扬文集》第4卷。

《在高等学校文科教材编选计划会上的讲话》　收入《周扬文集》第3卷。

《三次伟大的思想解放运动》　原载1979年5月7日《人民日报》，收入《周扬文集》第5卷。

《关于马克思主义的几个理论问题的探讨》　原载1983年3月16日《人民日报》，收入《周扬文集》第5卷。

《周扬文集》（5卷）　人民文学出版社1984、1985、1990、1991、1994年出版。

骆耕漠

(1908—2008)

著名的经济学家。曾任中国社会科学院经济研究所研究员,中国社会科学院顾问,哲学社会科学部委员。

骆耕漠出生于浙江省于潜（现属临安）。原姓名丁士通，出生后即丧母，过继给姑父为子，改姓名为李百蒙，曾用名李政、李抗风。幼时读过私塾。1926年底毕业于浙江省立商业专科学校。1927年2月参加北伐，任国民革命军十七军二师政治部宣传员。8月后在杭州参加共产主义青年团，相继任支部书记和一区区委书记。同年11月因叛徒告密被捕，关押在杭州陆军监狱，开始与狱中难友薛暮桥、徐雪寒等专心自学马列主义著作。1934年春出狱后到上海，与徐雪寒、庄启东、薛暮桥、钱俊瑞、姜君辰、孙冶方等一起从事革命文化工作，组织新知书店、生活书店等出版机构。后主要参加职业界救国会理事会工作。1937年回浙江工作，1938年加入中国共产党，担任浙江省委统战委员、文委书记等职务。1939—1940年间，陪同国际友人路易·艾黎在安徽屯溪考察并建立"中国工业合作协会"浙皖办事处，举办"工合"学习班。1941年皖南事变后，按中共地下党领导指示到新四军军部财经部任副部长、盐阜区行政公署财经处长、兼任苏北区党委财委会副书记。抗战胜利后，1945年9月任苏浙军区供给部长；1947年任华东军区供给部长兼华东野战军东兵团后勤部长；1948年8月任二野豫皖分局财委会副主任；1949年3月间调到总前委任财委委员兼秘书长。1949年5—6月，上海解放后，任华东财委会委员，副主任兼秘书长、计划局长。1953年3月调任中央国家计划委员会委员、成本物价局局长；同年4月任国家计划委员会副主任。

骆耕漠 1953 年任中国科学院经济研究所特邀研究员、《经济研究》编委；1955 年选为中国科学院哲学社会科学部委员；1958 年调中国科学院经济研究所专门从事经济科学研究。1980 年后历任中国社会科学院顾问、国务院学位委员会评议组成员、国务院经济研究中心顾问；中国社会科学院研究生院博士生导师、教授，兼武汉大学、湖北大学、杭州商学院教授。

骆耕漠是我国经济学界受人尊敬的前辈，是新中国经财工作的开拓者之一，他为新中国财政经济建设事业与马克思主义经济科学建设作出了重要贡献。离休后，他克服视力障碍，甚至在失明状态下仍坚持学术研究，以骆驼耕沙漠的韧劲、毅力与精神，向着 21 世纪奋勇迈进。

一

建国前后，骆耕漠曾长期担任财经领导工作，有着丰富的财经实际工作经验。他又有很高的马克思主义理论素养。1927 年底他被捕后，即在杭州监狱自学马列主义基础理论知识，通过译著攻读政治经济学。从蔡和森的《社会进化史》（即恩格斯《家庭、私有制和国家的起源》节译）、李季译博恰特《通俗资本论》、施存统译波格达诺夫《经济学教程》、日本河上肇《经济学大纲》和列宁《国家与革命》、《左派幼稚病》等书中受到启蒙，并从此与经济科学结下了不解之缘。在 6—7 个年头的狱中学习后，1934 年到上海他就开始了经济理论研究的生涯。在上海外国租界，他利用特殊条件撰写文章，揭露官僚、地主、买办勾结国际资本进行种种经济掠夺和半殖民地化的实际状况，宣传马克思主义经济学说。笔名骆耕漠意寓用骆驼耕沙漠的韧劲去追求真理和人类前程。这一笔名从20世纪的1934年开始，作为理论界的一种声音，持续地跨向21世纪的未来。《美亚工潮始末》，全面分析了上海最新最大的织绸厂（美亚织绸股份有限公司）工潮的起因和发展过程，揭露了厂方会同淞沪警备司令部镇压工人，剥夺工人基本生存权利的惨况，成为当时惟一把事件过程原本公之于世的文稿，在社会各界引起很大反响。《死亡线上的中国煤矿工人》，勇敢地为劳苦者呐喊，指出中国的工人原在极残酷的条件之下生活，而在这次相延数年的世界经济危机的影响下，更加深了他们所受的苦难。失业、减工、减薪和延长工作时间或增加劳动的强度，不得已为了生活的挣扎而对资方有所要求时，工人们所得到的往往是无理的迫害、杀戮和弹压。工人工作条件异常险恶，以死神为邻。侥幸不遭横祸，现实生活也苦痛难受。矿工的汗血变成乌黑的煤，变成在矿主手中闪耀着的金和银，变成浴室、高尔夫球场、跳舞厅，供矿主和高等职员消受享乐。《水旱灾的交响曲——中国水利经济的解体》，指出中国年年闹水旱灾，使在列强和封建的剥削关系下的农民处在更加的交迫之中。对于自然灾害问题，人们往往采取非社会的解析，水旱灾并作，归咎于山洪、诿罪于骄阳。中国农村经济所以任凭天时作弄，是因为种种现实使农民丧失了与自然搏斗抗争的能力。我们固然没有方法使气象改变，但是我们可以用植树、治河、引渠等方法来缓和或消除久雨或久旱的威胁。然而，这些被现实社会经济关系断送了，水旱灾遍及全国，甚至在同一区域内同时发生。深陷在水旱灾中的农民只有求老天仁慈了！中国的农业经营，因水利工程的瓦解，经不起水旱的轻轻一击。文章流露着鲜明浓重的感情色彩。在《信用合作事业与中国农村金融》、《中国农产运销的新趋势》、《农民借贷所与银行业的典当化》等文章中，骆耕漠把当局的统计资料进行整理换算，重新分类，进行分析研究，反映出事物的本质。《中日经济提携》，则尖锐地揭露了日本军国主义的侵略野心和东亚霸主野心，揭露了国民党对日本军国主义的不抵抗政策。据上海英文刊物《密勒氏评论周刊》报道，《中日经济提携》是上海群众性图书馆——华商总商会图书馆读者借阅人次最多的书刊之一。

抗日战争期间，骆耕漠在浙江、安徽先后创办《动员周刊》、《抗建论坛》、

《东南战线》、《皖南人》等期刊，宣传抗日民族统一战线，推动民族民主革命运动，宣传马克思经济理论，受到周恩来的约见和指示。在皖南中国工业合作协会浙皖干部训练班，他为各地基层"工合"组织进行政治经济理论与业务教育。在苏北抗日民主根据地，他根据对敌经济斗争、打破经济封锁、金融破坏和发展生产争取自给自足、克服财政经济困难、保障抗战事业需要等财经任务，撰写经济政策理论文稿。其中《盐阜区两年来的货币斗争》发表于根据地1944年3月出版的《新知识》月刊；《盐阜区农村的巨变》在《盐阜报》发表后，1945年4月19日延安《解放日报》曾予转载，《群众》杂志也作了转载。抗战胜利后的国内革命战争年代，他结合部队供给、后勤保障遇到的新情况、新问题撰文，为华东部队供给保障提供经验总结和工作参考；他在苏浙公学、华东军区供给干部学校分别担任副校长、校长，培训业务骨干。《如何解决战时部队的油盐菜供应问题》1947年7月14日发表于山东解放区《大众日报》；《新区初期的部队供给工作》刊印在1948年5月编印华东野战军后勤部《新区财经供给工作（参考文件）》上，现存江苏省盐城市国民革命军新编第四军纪念馆。

建国后骆耕漠主编华东财委刊物《财政与经济》，并参与主编中国科学院刊物《经济研究》；同时深入系统地研究马克思主义经济理论，联系各个不同历史时期的实际，特别是改革与发展的实际，钻研具有重大指导意义的基本理论，如商品货币关系、生产劳动关系、价值和价格、利润与地租等。由于他具有丰富的经济实践经验、深厚的理论造诣和突出的研究成果，50年代初就被新组建的中国科学院经济研究所聘为首批研究员、并被选为中国科学院哲学社会科学部委员。1981年经中央批准任中国社会科学院顾问，并受聘担任国务院学位委员会经济学学科评议组首届成员、国务院经济研究中心顾问、中国社科院研究生院教授和博士生导师，并从事院所重点项目的研究。进入90年代，他还主持了社科院重点科研项目《对我国十年来经济体制改革的考察和典型调查报告》和《我国社会主义初级阶段商品经济特点理论剖析》，完成了十个专题调研与一部学术专著。

70年来的艰苦探索和执著追求，骆耕漠著作颇丰、硕果累累。早期，他撰写的《美亚工潮始末》、《惊动全球的华北走私问题》、《中日经济提携》、《速起扑灭汉奸》等文章、书稿,以及到苏北根据地和华东战场后所写《盐阜区农村巨变》、《新区初期的部队供给工作》,已于1987年汇编在《骆耕漠早年文录》之中。从1949年至1964年与1978年至1988年这两个时期的部分文稿计38篇收录于《骆耕漠求知集》。《建国一年来华东区财政经济建设的成就》,就面临的困难作了国内外政治、军事、经济特别是农村经济与金融物价以及自然等因素分析;总结了华东六省一市在财经建设中争取财政平衡与稳定金融物价、调整工商业统筹兼顾各所有制经济、兴修水利多方利用自然能与机械能积极恢复农业生产,做到经济社会生态效益兼顾的成功经验。《关于区省两级财经部门的计划工作》记录了计划经济体制初期的工作体会与问题归纳。《学习苏联经济建设的经验》,阐述了苏联在经济发展战略、发展速度、建设布局、建设资金、计划统计等方面的重要经验,和对中国为巩固国防、加快工业化进程的实践借鉴。《关于我国过渡时期的基本经济规律》,针对1954年一年来理论界对过渡时期基本经济规律有与无及其地位作用等问题的争论,提出肯定的认识与意见。《1956年江苏省阜宁县农村调查报告》,反映了自1953年以来粮食流通体制实行粮食统购统销政策措施后,农民群众最关心的重大问题和政府贯彻上述政策的重要依据,口粮饲料标准与粮食产量问题,特别是在农村全面实行农业合作化组织后更加突出的问题的经济根源。《关于社会主义经济核算制度的几个理论问题的研究》,指出经济核算制度是生产分配关系的一个侧面,是国家、部门、企业单位之间的特定的生产分配关系。对这样一个历史范畴,我们必须把经济核算制度同现阶段的生产力状况和生产关系联结起来考虑。在另一篇文章中骆耕漠指出,1955—1957年间,苏联经过30年的历程正进行经济管理体制的调整,酝酿撤并国家经济委员会于国家计划委员会,并将中央经济部门管理的工业和建设项目交地方。而中国正处在经济管理体制初创阶段,刚刚把国家计划委员会分为长期和短期两个委员会以及设置国家科学技术委员会,数年间把地方上较大的企业集中到中央管理。苏联的调整措施给中国的提示,一是集中到中央的工厂一部分应及时交地方管理,二是集中管理中应警惕和克服缺点。苏联工业和建设管理办法给中国的借鉴在于:作为行政管理机关和社会经济的组织者的国家,在两重任务中应加强国家和地方的经济组织工作;克服机构重叠,加强计划部门的职责管理；在中央与地方及地方间的关系中，针对集中与分散的各种倾向性表现形式，和存在的本位主义、闭关自守、故步自封等问题，应充分利用统一的国民经济计划、集中的财政和全国性的统计等经济杠杆进行管理；分配物资的供与销是掌握和体现国家统一计划的重要关键，应当集中分配的是那些数量有限的极其缺乏的产品。此外应该注意和努力实行的还有：加强经济核算制，扩大企业权限，在计划指标中更多地反映赢利因素；财务计划与财务制度上收支结合；国民收入分配和居民货币收支平衡以及工资与物价的调整协调；提高统计部门的分析能力与预测能力，加强对计划执行情况所起的监督作用。《关于价格计划工作的几个根本问题的意见》是1960年2月15日在国家计委成本物价工作座谈会上的发言。其中就非计划价格与计划价格的区分，价格的经济杠杆作用，现阶段一部分价格背离价值的原因（剪刀差、劳动生产率、供求平衡等）及其必然性，以及十年来的基本不动个别调整的价格计划方针展开阐述。《1962年四川省眉山县思蒙公社调查报告》对农村生产经营管理组织形式，农村生产力的下降与恢复，农户实际口粮，自留地比例标准，社队干部等8个专题进行调研。《关于我国实行按劳分配制度的经验的研究》、《论按劳分配原则的两重性》、《补论按劳分配原则的两重性》、《关于如何正确贯彻按劳分配原则的问题》、《论按劳分配的阶级性》等系列文章，从经验与理论等层面，讨论了按劳分配原则的平等性和阶级性，以及如何贯彻这一原则等问题。《列宁论十月革命胜利后新的中心任务问题》，结合中国现阶段建设目标和经济改革与整顿工作，学习列宁《苏维埃政权的当前任务》的体会。《关于中国社会主义商品价格规律的几点研究》，结合现阶段经济实际以及经济学界在价格改革中讨论到的理论问题，从若干方面提出自己的看法。

几十年来，生活书店、财政经济出版社、人民出版社、科学出版社、上海人民出版社、中国青年出版社、东北财经大学出版社、经济科学出版社分别在不同时期出版过他的专著，如《社会主义商品货币问题的争论和分析》（总论·第一分册）、《马克思的生产劳动理论——兼评当代两种国民经济核算体系和我国统计制度改革问题》、《马克思论三种社会经济关系的演变》等。《社会主义商品货币问题的争论和分析》是作者始于1965年，出版于1980年的一部学术专著。1979年9月，中国财经出版社编者的出版说明写道：这部著作比较系统地介绍和阐述了马克思、恩格斯、列宁的有关商品、价值、货币理论和劳动券理论，以及作者研究、探讨这些理论的体会和见解；对目前经济理论界关于社会主义商品货币理论的争论，提出了自己的独特观点。《马克思的生产劳动理论》较系统、较全面地宣传介绍了马克思关于生产劳动和非生产劳动的理论，以期有助于澄清国内经济学界分别持有所谓"窄、中、宽"三种不同的说法；后又结合国内1984年开始的统计制度的改革，对当代两大国民经济核算体系（主要是对西方国家的"SNA"体系）作了探索性的评论。《马克思论三种社会经济关系的演变》是基于两个重要问题的更深一步的研究而撰写的。其一是对资本主义经济除了要着重介绍马克思的商品货币理论外，还需适当补充介绍马克思的雇佣劳动、剩余价值、平均利润及其各种再分配形式等理论。其二是对社会主义和共产主义的经济要做分阶段性的对比研究。该书分两部分，第一部分为：马克思对资本主义商品生产交换分配关系的剖析；第二部分为：社会主义和共产主义生产交换分配关系的区分问题。该书出版后，《社会主义商品货币问题的争论和分析》所拟的第二、三分册不再续写了。

二

骆耕漠是1982年离休的。在离休前后的那段日子里，他伏案工作、研究经济问题和经济学理论的时间仍保持在每天9—10个小时，对年近八旬的人来说，这是超负荷的劳动。他一向是这样满载工作的，不论是当年在新四军部队负责后勤工作，还是在接管华东上海乃至在国家计委主持金融财贸和价格事务时，都是这样。他每天在正常工作8小时之余，还要抽出时间阅读马列经典著作和国内外经济学理论等文献资料，撰写论文。他好像不是一位上了年纪的长者，也没有去想老年的问题。在离休的最初的那几天，有一次说到离休生活，他讲：国家和中央要老同志退下来，我就退下来。我是搞经济科学的，离休后仍然坚持继续工作，我的思考和研究是不会中断的，因为我有长期的计划并一直在写作，大脑还在转动。

1982年离休至今，骆耕漠发表论著达数百万字，平均每年作成书稿和研究文字十至二十余万字。而论文中，大部分是对疑难问题进行攻坚的。他一向认为，所谓研究，就是要攻克在整个经济学理论中那些疑难的环节，包括那些观念混淆最多的环节，以及本来是关键，而被时势所忽略及遗忘了的部分。不然，研究就没有科学意义。

在离休前后的一段时间里，骆耕漠研究了马克思、恩格斯论德国农民问题的经典论述，以及列宁关于十月革命后社会主义四种交换关系的论述。在两篇论文中，他详细阐述了经典著作关于社会主义经济有多种所有制形式并存阶段的观点。在很大程度上，这些论述被一些长期影响我国经济活动和政策理论的观点所篡改或机械地简化了。以这种简化、机械因而是歪曲了的模式为依据，进而推论在经典著作里，没有这方面的论述。骆耕漠通过缜密的研究将真正的面目还原出来，不仅是对经济理论的一种增进，也是有实践意义的。广义地说，也针砭了机械论的、形而上学的思维方法：将复杂的、系统的人文现象和实质，简化到教条的程度；或反过来，又将有的、存在的当成没有的、不存在的。泛泛而论的、大字眼儿的思维方法，不仅不是科学研究的精神品格，而且还成为危害人民经济生活的病因之一。

80年代中，骆耕漠着重研究的另一个主要课题是社会主义生产劳动的特质和划分标准。这一研究在如何看待物质劳动和精神劳动及其产品包括劳务、如何看待商业金融业服务、如何科学地进行国民经济核算等等问题上，都是基础性的。这一研究，衔接了部门业务、政策方针和经济理论的方方面面。

一个学科中的重要理论问题，正是经济建设活动关键部位的反映和折射所造成的。骆耕漠把很大精力投注到生产劳动和非生产劳动问题上，并数易其稿，反复修改，锻炼凝结成30万字的书稿，表现了他对国计民生的关注。一方面将他的理论中各个研究范围加以体系性的贯通发挥，一方面又与实践的长青之树久远相连。

在骆耕漠的研究中，理论的品位，使他的著述在各个部分里具有蔚然的总观，因此每一个部分的著述，其代表作都互相联系，而他对每一部分的研究又是体察入微、缩压成寸。在研究生产劳动和非生产劳动问题的过程中，他花较长时间去考察阐述对"第三产业"的划分问题，涉及国内国外在这方面的种种观点。由于改革开放以来，"第三产业"的涌现是经济活动中一个突出而活跃的特征，同时在它包括哪些行业的提法上，也存在着混乱现象。骆耕漠通过深入细致的研究，指出对"第三产业"或"第三次产业"的划分，存在着性质上的混杂，且对"服务"的所指也不准确统一。观念的变来变去表现了实践上的莫衷一是，从而把非产业的行业部门划进产业并计算产值，以至形成很大的谬误并影响到统计业务的准确性。——从这一事例可以看到骆耕漠关注长远问题又把握具体细微问题的广泛深入的研究特点。

在一个幅员辽阔、各系统在经济活动中叠合交叉的国度里，理论研究应当是有体系的，否则便只见树木，不见森林，不能或难以看清复杂的经济关系。这一点骆耕漠非常重视。

社会主义经济的探索正走在旷古未有的阶段上，没有一成不变的固定经验，这样，在科学研究上就存在着许多疑难，而攻克疑难问题便格外成为中国学者的大任。它不仅意味着忠于学术精神的品格，而且意味着生存之路上减轻重负和铲除障碍，既要是系统的，又要是详尽入微的。这种研究工作正是处于一种理论探险的状态中，探寻中国经济发展的规律。它有时甚至是以一种周密的理想状态的推演，先于实践若干步的，虽然在整个宏观上，理论是不能脱离实践或过分超前的。

正是在这种情况下，中国经济学者任重道远，面对着理论上的误差与变易，他们的精神活动也面对着严峻的历史洗刷和选汰，但勇于走上这艰苦的道路，才有可能为中国经济振兴提供比较长远的战略构想，而避免竭泽而渔的短期效应。因而，骆耕漠更加注重于理论上的研究和探索。理论研究既是以其科学论证为未来导向的一种尝试，又是将社会主义经济实践中产生的经验、教训定质定量分析的一种定向过程；当改革失去理论之光时，它也就盲目了，要付出很高的、且持续时间久又过程缓慢的代价。而在中国现代化过程中，过去那种盲目的、轻视理论的、支付高昂学费的经验主义方法，就不能再用了。骆耕漠常说：要讲科学、科学！

这正是骆耕漠热爱经济理论研究的缘由。经济思想，影响到千千万万人的生计，在这里并不是名望和显赫一时的问题，而是用自己的心血和智力使中国当代经济思想的各环节逐步得以阐发、建设的问题。因此，他不计较某一部分的研究是否与个人理论研究课题的主干有所偏远，而从国计民生的利益和需要来考虑，一再延搁自己主要著作《社会主义商品货币问题的争论和分析》三卷本的写作进程，而关注于经济生活中涌现的新问题。也因此在著述阐发生产劳动及"第三产业"等问题的研讨中，他才能提出并联系实际论述一些与时论有所不同的观点，而专心考虑在学术和国计民生方面所必有的严谨和长远之思，即使属少数派意见，他也坚持。

在时代崇尚"知识就是力量"、"科学技术也是生产力"的大前提下，骆耕漠曾指出，对精神劳动也不能泛泛地划为生产劳动或非生产劳动，他周详地阐述了环境中具体、有机、历史辩证的各个层面，而抛弃了"一言以蔽之"的笼统说法；在社会主义货币的商品性与非商品性问题上，他也并不以现成的理论观点为基础，而是对基础理论加以根本的研讨，联系实际从深处导出自己的观点。他指出：商品经济关系的特征，决不能笼统地归结为："为交换而分工的生产"，将其他不可分割的本质属性阉割掉。从而，他对商品经济的认识，展示了自己的深入思考。理论认识必须避免从印象式的、稀薄的观念出发，只有经历许多层面的严密分析才能形成丰富的、系统性的科学观念。

骆耕漠积数十年而养孕成的观点和理论，在70年代末、80年代初开始得以发挥，出现了他学术生命中的第二次高潮，他一个一个地逐步突破一些成见和定论，而发新义。他离休后研究的另一重要课题，是联系我国统计制度改革对当代国际上两大国民经济核算体系的比较与批判分析。几经研读深究并多次参加专题学术讨论交流信息，骆耕漠在更深层次展开评论写作，一部《马克思的生产劳动理论——兼评当代两种国民经济核算体系和我国统计制度改革问题》历时八九年方脱稿。

每逢这种时节——脱稿，他总要带着一种欣慰和完成感说起一个掌故：古代的书写在竹简上，要经过工艺处理使书简的水分及翠色退出，便于编整成册，这被称作"杀青"，后来人们把完稿写定也叫做"杀青"。

三

  骆耕漠离休后所写的百多万字著述，大大地消耗并损伤了他已经很弱的视力。骆耕漠自60年代初以来患有严重的青光眼和白内障，眼内压力的增高和视神经的萎缩缩小着视野，白内障又在那"管视"的窥区长期停留，这形成了他"管中窥字"的艰难。有好几年，他写作书稿像是在写大字报，为了看清自己写出的字，他用毛笔在一张16开400格稿纸大小的白报纸上写下20多个字。这样一张张地写，这样无数张地写，助手在伴随着艰难进程的不断誊写中，从那无尽的草稿上的那些深深浅浅、粗粗细细的墨迹的变化里看到了这位老专家眼疾的发展变化趋势。1987年以后，他在家中房间里行走都需要用手以触觉帮助确定方位。由于视力的年年下降、视野的逐渐缩小，他的毛笔字划虽然仍十分有力，但笔道越来越粗起来且墨色也日益显出更加浓重、甚至有时有些字的笔画连在一起而难以辨识。助手们与其家人在誊写书稿时也常常吃力于辨识。

  80年代，骆耕漠研究国民经济核算问题，对东西方两大核算体系的图表上的文字和数字已看不清楚；他要助手多次反复朗读，并将图表的分栏格式一一讲述给他，他在脑子里默记；有关的两本专著中的大图表的栏目及格式，他可以背诵出来，这使他以博闻强记的能力去弥补视觉缺陷与不足。但是，这样做他还嫌不够，对图表的专用部分，还要求逐一地放大制作，以便仔细地、逐栏逐数地研读。一张16开的图表要放大25倍，用墨笔墨汁描黑，供他一一反复对照。另一方面，人们拗不过他的一丝不苟的习惯，也尽可能帮助他多做些事情。到90年代，完成《马克思论三种社会经济关系的演变》书稿写作时，他只能依靠听读的方式进行信息的输入输出，从标题到篇章架构，从自然段落到标点符号，他更加细心用心，把字字句句、行行段段，结构关系记忆得清清楚楚。在80年代和90年代这两个十年间，骆耕漠的数以百万字的著述凝结了超高频的能量，俱是繁重劳动和滴滴心血浇铸而成的。

  1989年6月，骆耕漠获得"全国老有所为精英奖"。1990年底，他主持立项了社科院重点科研课题《对我国十年来经济体制改革的考察和典型调查报告》，邀请中央和地方十多位老中青专家学者参与承担了十个专题调查研究，集体成果《十个专题调查研究——加快改革开放促进我国社会主义经济建设》于1994年汇集出版。他的专著《马克思的生产劳动理论》在中国社科院经济所首次科研成果评奖活动中被评为优秀科研成果一等奖。正当他着手完成社科院重点科研项目另一部分《我国社会主义初级阶段商品经济特点理论剖析》并设计学术专著《社会主义商品、货币和市场问题研究》提纲时，他的视力已接近失明。幸赖领导上的关注和同志们的帮助，骆耕漠的科研在愈加艰难中得以坚持进行。从1992年到1999年的几年，其习惯的工作方法是：首先口述文稿的纲要，接下去由协助写作的同志转换成文稿，他听读后再提出修改意见，如此循环推敲，及至将书稿交付出版社编审排版仍在不断修改。录音机和录音磁带是工作时必用的，磁带已录满数百盘，录音机也已使用报废了几台。没有视力而依靠听觉来进行科研攻关著述，是常人难以想象的艰难困苦的事情。原预定计划在90岁前完成的学术专著《马克思论三种社会经济关系的演变》一书，终于在1998年9月由中国财政经济出版社出版。原中顾委副主任宋任穷为该书题写书名。1998年10月16日在中国社科院庆贺骆耕漠从事经济理论64周年座谈会上，为该书举行了首发式。

骆驼耕沙漠，舟行日日新。

这种自觉和顽强的意志从何而来呢？

经济学家孙冶方病终前，曾与骆耕漠谈到：我们有很多观点是比较相近、有所切磋的，我去之后，一些我们共同探索过的课题，还希望你能继续研究下去，完成它们。骆耕漠离休后，集中力量研究的社会主义生产劳动和非生产劳动问题，就是他与孙冶方所重点关注的一个共同方面。他们的友谊不仅是建立在人与人的共同经历上的，也是建立在学术见地和学术风范上的。——对于精诚奋斗过的同志同道者，骆耕漠总是不忘志向所同而形成的激励，把他们的大事当作自己的大事。

另外，骆耕漠这些年来除从事经济理论研究工作之外，所做的另一类工作就是参加浙江、江苏、上海、安徽等地方及军队党史资料、财经史料的编写工作，以及为当年蒙受"左"倾路线冤屈的同志所作的平反证明和材料申诉工作。他记挂那些老同志老领导，激励自己克服困难做学术研究工作。

1983年，骆耕漠看到自己1938年在浙江金华从事党的地下活动时的一张照片，心绪起伏、思绪万千，写下了《忆往昔——重见金华旧照》的诗句。诗中抒发了一种浩广、悠久、带有悲剧感的情怀。诗中写道：

　　秋风倏然起，
　　吹我单薄衣。
　　浪涛天际望，
　　心潮涌无已。

回顾过去，在骆耕漠学术生涯已经走过的70多年里的各个时期，国民革命、抗日救亡、敌后根据地、抗战后的国内战争、50年代的经济建设、60—70年代的政治运动、80—90年代的改革开放，一段段的岁月流逝，在骆耕漠心中留下了历史的紧迫感，以及丰富学术的使命感。中国现代史改变了中国人的史感，由"延绵"转为"紧迫"，这是代代志士仁人的基本感觉，而自强不息的精神就建立在这种基础感觉之上，形成中国学者的学术良知。对于已往的观点中有误差、有脆弱之处，有逻辑松散、有认识不足的地方，他在以后的言论著作中一一指出。而他的书稿校样，有些甚至是他逐字逐句亲自校对的。多年来，为了弄清经典原著中的一个掌故、一个比喻，他都要向专家同行去问清。骆耕漠直到现在，对于仔细研读过的书籍，仍能准确说出主要段落所在的章节甚至页码，然而他仍然好学不倦，孜孜以求。——他常说：准确无误是对历史和学术负责，才能有益。

骆耕漠的信念是，不论是学者、是专家，首先都应当是一个正直的人。做一个正直的人，也是学风正派的重要标志。

如果人们能以历史的眼光和跨世纪的观点看一看骆耕漠革命的生涯、学者的历程和晚晴的现状，就会感到时代风霜和学问陶冶，正继续鞭策着这位20世纪高龄者可持续地进行着骆驼耕耘沙漠的伟大事业。

迎着21世纪的曙光向前迈进!

附注：本文写作时参考了《学人谈治学》、《中国当代经济学家传略》等书文。

（韩孟　撰稿）

作者简介

韩孟，1954年出生于北京。1979年调中国社会科学院经济研究所工作。1981年起担任骆耕漠的助手，先后任研究实习员、助理研究员、调研员。20年来参加过由骆耕漠等主持的院所科研项目和课题，参加了骆耕漠著作（如《骆耕漠早年文录》、《骆耕漠求知集》等）的辅助性研究工作，撰写过《骆耕漠的非商品经济论》、《骆耕漠经济观》等文章和著作。

骆耕漠主要著作目录

《骆耕漠早年文录》　东北财经大学出版社1987年出版。

《我国过渡时期商品生产的特点和价值法则的作用》　财政经济出版社1954年8月初版，1957年6月第2版。

《社会主义制度下的商品和价值问题》　科学出版社1957年9月出版。

《我国过渡时期底历史阶段性和特点》　上海人民出版社1958年1月出版。

《从资本主义到共产主义的三个过渡问题》　上海人民出版社1959年11月第1版；1980年9月第2版。

《关于生产力和生产关系的几个问题》　中国青年出版社1962年5月出版。

《社会主义商品货币问题的争论和分析》（总论·第一分册）　中国财政经济出版社1980年6月出版。

《关于社会主义计划经济的几个理论问题》　上海人民出版社1982年5月出版。

《马克思的生产劳动理论——兼评当代两种国民经济核算体系和我国统计制度改革问题》　经济科学出版社1990年12月出版。

《骆耕漠求知集》　中国财政经济出版社1991年1月出版。

《马克思论三种社会经济关系的演变》　中国财政经济出版社1998年9月出版。

丁声树

(1909—1989)

著名的语言学家、词典编纂专家。曾任中国社会科学院语言研究所研究员,哲学社会科学部委员。

丁声树，号梧梓，生于河南省邓县（今邓州市）。1926年入北京大学预科学习，1928年转入本科中国文学系，1932年毕业。毕业后由北大教授推荐进前中央研究院历史语言研究所从事语言研究工作，先后任助理员、编辑员、副研究员、专任研究员。1944年至1948年赴美国考察，兼任美国哈佛大学远东语言部研究员、耶鲁大学语言部研究员。1950年后，一直在中国科学院（1977年5月后为中国社会科学院）语言研究所工作。他是一级研究员，中国科学院哲学社会科学部委员，在语言研究所曾担任学术委员会委员、主任委员，方言研究组组长，《中国语文》杂志总编辑，词典编辑室主任、主编等职务。1962年加入中国共产党。1959年至1964年当选为第三届全国政协委员，1964年、1978年先后当选为第三届和第五届全国人大代表，1984年当选为第六届全国政协常务委员。

丁声树是我国汉语研究领域的杰出学者。他在音韵、训诂、语法、方言、词典编纂等各个学科都有很深的造诣，并且都取得了突出的成就。

训诂学上独具慧眼

丁声树幼年上过私塾，熟读四书五经、纲鉴总论一类典籍。14岁入南阳市省立第五中学学习，受古文根底极深的国文老师影响，他打下了深厚的古汉语基础。在北京大学中文系又深受讲授训诂、音韵课程的钱玄同、沈兼士等人的熏陶，使他对古汉语研究感到兴趣，他的学术生涯就是从训诂学入手的。三四十年代，他基本上是致力于古汉语中典型字词的研究，发表过十多篇论文。这些论文，通过个别字词用法研究，对古汉语语音、词汇、语法进行了概括而深刻的阐述。古今结合，融会贯通，以新颖的思路，科学的方法，开创了训诂学研究的一代新风。

1934年1月，丁声树完成了第一篇学术论文《释否定词"弗""不"》。"弗"和"不"是古代汉语中常用的词，其用法早已受到人们的注意，如东汉时的何休、清代的段玉裁都解释过它们，认为二者有区别，但又说不清楚，只是从语气上说它们有深浅重轻曲直之分，令人难以捉摸。丁声树详尽地收集先秦典籍《诗经》、《易经》、《礼记》、《左传》、《国语》、《墨子》、《论语》、《孟子》等中的"弗""不"二字的材料，进行深入地分析研究，充分地论证了这两个同义否定词之间的区别，结论是"弗"是一个含有"代名词宾语"的否定词，略与"不之"二字相当，而"不"则只是一个单纯的否定词。这篇论文资料丰富，论证科学而严密，见解新颖精辟，使整个学术界大为震动，丁声树也因此一举成名，当时他还不满25岁。

1936年他发表的《诗经"式"字说》，对《诗经》中"式"的用法进行深入研究，推翻了前人将《诗经》中的"式"解释为"用"或无义助词的说法。认为在《诗经》中"式"每与"无"对言，为劝令之词，大致相当于现代汉语中的"应"或"当"。这篇文章绅绎全部《诗经》，反复推求，其研究方法和崭新结论，又一次受到学术界的极大关注。当时学术界的权威人士胡适对这篇文章极为赞赏，他写信给丁声树说："此文最大贡献在于指出'式'与'无'的对列联文"，"你从此入手，真是巨眼，真是读书得间，佩服佩服！"[1]

1938年他写成《诗卷耳苤苢"采采"说》一文，考证全部《诗经》"采采"叠字的用法，旁及先秦群经诸子叠字用法，认为"三百篇中，外动词不用叠字，凡叠字之在名词上者尽为形容词，则《卷耳》《苤苢》之'采采'，其义自当为众盛之貌，不得训为采取。"就是说，《诗经》中的"采采"义为"众盛之貌"，是形容词重叠，不能解释为"采采而不已"的动词重叠，推翻了毛氏诗传、韩诗章句及郑玄注经的传统的权威说法。他还进一步探究出先秦时代只有形容词、不及物动词的重叠用法，还没有出现及物动词重叠用法的普遍原则。论文资料翔实，论证严密，结论可信，令人大开眼界。这篇论文发表后，他很快被提升为专任研究员，那时他才不过32岁。

1942年他写成《论〈诗经〉中的"何""曷""胡"》又一篇力作。文章论证了"何、曷、胡"三个疑问词在《诗经》中用法的区别。认为"曷"绝大多数表示"何时"，而且是一律指未来的时间，"胡"绝大多数表示"何故"，"何"表示"何物"、"何事"、"何处"等。利用《诗经》的全部材料，又以同时代的其他典籍的语言材料佐证，进行科学的分析、归纳，结论令人信服。

1943年写出《"何当"解》，纠正了清代朴学大师桂馥在《札朴》一书中训"何当"为"当也"的说法，列举一百多个例句，证明"何当"意思是"何

---

[1] 见丁声树：《诗经"式"字说》后附《适之先生来书》。载《历史语言研究所集刊》第6本第4分册。

时",是从晋代到唐代人们所习用的问时间的词。1944年又写《"早晚"与"何当"》（改订于1948年），深入分析"何当"与"早晚"的异同。认为"何当"的用法限于问将来的何时，而"早晚"用法较广，既能用于问将来的何时，也可用于问过去的何时。

从上述几篇论文不难看出，丁声树的训诂研究，对古代汉语一字一词的考订，成绩十分显著。正像吕叔湘所说，丁声树善于发现问题，善于占有材料又善于驾驭材料。"论证周密而又条理分明"①。他对前人的说法多有推翻或补正，有不少新的发现、新的解说。在现代训诂学和古代汉语研究领域，丁声树独具慧眼，占有重要的地位。

音韵学界的权威

在现代中国音韵学界，丁声树是公认的权威，在音韵研究中建树颇多。早在他发表第一篇学术论文《释否定词"弗""不"》时，就曾对"弗、不、否"的语音演变问题跟音韵学名家李方桂进行过讨论，有极为精辟的见解。1943年，他写过《"碚"字音读答问》的文章。"北碚"是重庆市的一个地名，当地人读"碚"为bèi，而外地人却往往读成pěi。丁声树对"碚"字读音做了详细考证，认为当地人的读音是对的，并推论说："盖口耳相传，易存旧读，而望文为音，辄致讹变。"外地人是望文为音读成了白字。1952年，他发表《谈谈语音结构和语音演变规律》，以通俗易懂的文字对语音构造、对应、演变等等音韵学的基本问题进行深入浅出的说明。1962年，他发表的《说"匼"字音》，更是一篇贯串古今、旁征博引、解决一字实际读音问题的杰作。"匼"字的读音，在以往的字典辞书中，除《龙龛手鉴》注为"苦合反"（今当读kē）外，从《康熙字典》到《国语词典》，都取"邬感反"（今读ǎn）的音。丁声树通过考证古代史部、集部、小学类书籍的大量反切和叠韵联语异文，特别是结合调查现在山

---

① 吕叔湘：《丁声树同志的学风》，载《中国语文》1989年第4期。

西地名匼河镇在当地方言中的实际读音,以丰富确切的论据,断定"匼"应按现代方言读音折合普通话音为 kē,而一直被人们奉为经典的《康熙字典》的注音邬感切（ǎn）却是缺乏根据、大有问题的。论证鞭辟入里,细密严谨,无懈可击。

最能代表丁声树音韵学成就的,当推 1957 年和 1958 年他与李荣合作的《汉语音韵讲义》（李荣作图）和《古今字音对照手册》（李荣参订）两本著作。《汉语音韵讲义》（以下简称《讲义》）是丁声树为普通话语音研究班第一期到第三期（1956 年初到 1957 年中）汉语音韵学课编写的讲义,共分九章,每章都有习题,最后有总复习大纲。《讲义》对掌握《广韵》音系及古今语音演变规律很有用途。这本讲义出版较晚,但出版前竟以各种油印本广为流行了 20 多年,在高等学校中作为重要的音韵教学参考书。《古今字音对照手册》（以下简称《手册》）是本工具书,收常用字六千个左右,以今音（普通话语音）为纲,按韵母排列,同韵母的按声母排列,声母韵母都相同的按声调排列,每字下注明在《广韵》中的反切以及摄、开合口、等、声调、韵部、声母,以说明它的音韵地位。字表是在对等韵学和古今语音演变的精深研究基础上编订的。李荣说:"《手册》是《讲义》的基础,《讲义》是《手册》的升华。《汉语音韵讲义》文字精练,条理清楚。事实是已知的,说法全是新鲜的。……《手册》有好些本字的考订。考订本字根据古今音变的规律,又充实了古今音变的规律。还有,《手册》的例言是一篇无懈可击的文字。"[1]

方言调查研究的带头人

丁声树担任语言研究所方言研究组组长多年,作为学科带头人,在方言调查与研究方面的贡献也是很重要的。早在 30 年代后期,他就参与过湖北、四川等地的方言调查,1938 年编写《湖北方言调查报告》,他是执笔人之一。这个

---

[1] 李荣:《丁声树先生》,载《中国语文》1989 年第 4 期。

报告包括分地报告和综合报告两部分，从内容到体例都对以后的方言调查报告和有关著作的编写有重要参考价值。新中国建国后，他在制订方言调查和研究计划、培养干部、编制调查表格、带队实地调查、编写调查报告等方面做了大量的卓有成效的工作。

1955年10月，中国科学院在北京主持召开了现代汉语规范问题学术会议，在会上丁声树作了《汉语方言调查》的报告（与李荣合作），略述现代汉语方言状况和过去的调查工作，对以后的调查研究计划提出可行的建议，强调"不仅要调查语音情况，还要重视方言词汇和语法的研究"，这些建议一般都为会议决议和国家主管部门的指示采纳，对全国汉语方言调查工作的全面开展起了重要的推动作用。

为了进行规模较大的方言调查，需要培训出大批业务干部。根据他和李荣的建议，教育部和语言研究所从1956年2月开始共同举办普通话语音研究班。他带领方言组全体工作人员投入到研究班的教学工作。他亲自编写讲义为研究班讲授汉语音韵课。开此课程的目的就是要帮助学员通过今音（普通话的标准音，即北京音）掌握古音系统（指《切韵》、《广韵》所代表的语音系统），为进行汉语方言普查准备条件。在研究班上，方言组研究人员与学员同吃同住，不辞辛苦地对学员进行辅导、培训。研究班既为全国汉语方言调查工作培养了一支专业队伍，又为普通话教学和推广工作培训出一批骨干力量。这些专业人员和干部在完成全国两千个点的汉语方言调查的艰巨任务和普通话教学和推广方面发挥出不可估量的作用。

为方言调查创造条件，丁声树花费大量精力从事调查表格的编制工作。1956年编制出《汉语方言调查字音整理卡片》，1958年编出《汉语方言词汇表》。在许多地区开展的汉语方言普查中，使用统一表格和采取大体一致的调查方法，为大量的方言调查材料的整理和研究工作打下了坚实的基础。

1958年夏和1959年春，丁声树曾带队先后到过张家口和昌黎调查方言，在昌黎调查有半年多时间，后来主持编写了《昌黎方言志》。本书对昌黎方言音系、词汇、语法、方音与北京音对应、方言内部差异都做了详细描写和分析，是方言志由概况介绍转向语言结构各部分细致描写的代表作。这是本集体著作，但声韵调的确定，分类词汇表的草拟，方言地图每条每处的精心核校，都是他亲手做的。这本方言志作为当时各地方言调查的重要参考书，标志着我国方言调查研究整理工作的新水平。

语法研究方面的"方家"

在语法研究上，丁声树也有着巨大的成就。1952年至1953年，他主持语言研究所语法小组的研究工作，同吕叔湘、李荣等人一起写出《语法讲话》在《中国语文》1952年7月号至1953年11月号上连载。经过修订，1961年出版单行本，书名作《现代汉语语法讲话》。这是一部借鉴结构主义方法描写汉语重要语法现象的语法著作，按性质和用法划分词类，对词尤其是虚词的用法进行细致分析，用层次分析法分析句法结构，对复杂谓语和复句也有独到的阐述。本书特别重视对语言现象的描写、分析，材料丰富，引例精当，分析细致。它在我国语法学史上占有重要地位。周法高在《二十世纪的中国语言学》中认为它可以算作国内出版的"最好的一本语法书"。本书的"主语、宾语"部分由丁声树执笔。朱德熙认为这部分"写得十分精彩"，"把当时语法学界争论得不可开交的主宾语问题分析得十分透彻"，"就当时汉语语法研究的水平说，他走在了时代的前头"[①]。吕叔湘则称丁声树为语法研究的"方家"。

丁声树语法研究的基本观点是尊重语言事实，从语言实际出发，具体地分析具体问题，要通过语言事实阐明书面的和口语的语法现象。1956年他在青岛语法座谈会上发言指出："不可从现成的定义出发，不要简单地拿另外一种语言的语法系统硬套在汉语上"，"要先把事实真相弄清楚，先知道语言的事实'是'怎么样，然后才能说'应该'怎么样。"这种主张无疑是十分正确的。也正是有这种观点和较好的方法，他才能在语法研究上处在领先地位。

---

① 朱德熙：在丁声树先生学术活动追思会上的发言，载《中国语文》1989年第4期。

大型词典编纂的理想主编

1959年起，丁声树的业务工作逐渐转向词典，审看《现代汉语词典》试印本的部分条目。1961年他调到词典编辑室，主持《现代汉语词典》（以下简称《现汉》）编辑定稿工作。从此他把全部身心都献给词典事业，流行极广的《现汉》与丁声树的名字是密不可分的。

编写《现汉》是1955年10月全国现代汉语规范问题学术会议确定的课题，1956年2月国务院发布关于推广普通话的指示，明确规定中国科学院语言研究所应该"编好以确定词汇规范为目的的中型现代汉语词典"。1956年7月，语言研究所组建起词典编辑室。我国原有的词典编纂的专门机构新华辞书社和中国大辞典编纂处也合并入词典编辑室，由著名语言学家、当时的语言研究所副所长吕叔湘兼任词典室主任和《现汉》主编。在他主持下开始大规模收集资料和《现汉》编写工作，1960年印出《现汉》试印本，广泛征求意见。1961年根据工作需要，所长吕叔湘离开词典编辑室，丁声树接任了词典编辑室主任和《现汉》的主编。丁声树一心扑在词典工作上，夜以继日地工作，连节假日也常常在所里加班。他总是亲自收集资料，制作资料卡片，核查资料，校订稿样。他虚心听取各方面的意见，以渊博的学识，高度的责任心和艰苦细致的审订修改，使《现汉》试印本水平又有提高，1965年印出试用本。1975年后又经过修订，1978年正式出版。

在《现汉》的编写定稿中，丁声树努力贯彻国务院的指示，以确定现代汉语词汇规范和为推广普通话、促进汉语规范化服务为宗旨，把《现汉》编写成为我国第一部现代汉语规范性的中型语文词典。他在《现汉》"前言"中写道："这部词典是为推广普通话、促进汉语规范化服务的，在字形、词形、注音、释义等方面，都朝着这个方向努力"，使《现汉》成为推行国家语文政策的重要工具。

在《现汉》定稿中，丁声树特别强调科学性。尊重语言事实，继承优良传统，吸收新的科研成果，不拘泥于成说，使词典充满时代精神。丁声树学识渊博，严肃认真，对前人和同时代辞书的错误屡有发现。比如"皮里阳秋"这条成语中的"阳秋"原为"春秋"，东晋时为避一位名叫郑阿春的皇后讳而将"春秋"改为"阳秋"。过去的辞书都把郑后阿春误为简文帝的皇后，实际上是简文帝的母亲。再如前面提到过的"尀"字，《康熙字典》注成邬感切，以前的字典、辞书多以讹传讹，照此注音。丁声树经精心考证，订正为读 kē。他如"铸错"、"娘子军"、"中山狼"等许多条目，都在不同程度地纠正了前人的错误。在对现代汉语的虚词注释上，花费的精力极多。

重视语言实际，特别是注重调查研究人们口语中的活的语言材料，是丁声树研究工作的一个显著特点。对《现汉》收词、释义的处理也表现出这种作风。比如"甑"是北京人常用的词，"嬎"是北方话许多地方的常用词，丁声树把它们补入词典。"拎"字，过去词典注音为 líng，丁声树广泛调查北方口语，改注为 līn。"翟"过去只在 zhái 音下收姓氏义，Dí 音下不收。经调查浙江嘉兴等地有姓 Dí（翟）的，就增补了"翟（Dí）"的姓氏义。再比如"鲊"的释义，他曾不止一次询问身边的人，还请教过到他家作客的客人。"车皮"的含义，他也多次向北京铁道学院的老师请教。

谨慎小心，一丝不苟是丁声树主编词典的又一特点。词典是供人查检用来释疑解难的工具书，被人们奉为不开口的老师，字词的注释正确与否关系重大。丁声树常说，词典他越编越胆小，惟恐什么地方出现错误，那样就会贻误读者。这不只是出于谦虚，而正是他强烈的责任感的流露。解词释义，决不可一知半解，道听途说，也不可不经反复核查而轻信某种说法。比如"垴"字，是山西方言词，他问过不止一个会说山西话的人这个字的音、义，但是仍不放心，直到身边的人亲自去山西调查了解后才把这个字确定下来。再如"中山狼"的出处，他翻遍有关古书找不到前人所注出处的根据，于是《现汉》就改用了可以查到的出典。

《现汉》由许多专家参与编写，有吕叔湘、丁声树先后担任主编，详加审订，认真把关，又征求过很多人的意见，反复修改，才使得它能从内容到形式都成为现代词典的精品，在科学性、权威性、规范性、实用性上达到前所未有的高度。李荣说,《现汉》"突破了前人用文言解释白话的框框,意义分析周到妥帖,虚字用法提要钩玄,可以说是训诂学上一项成就"①。周祖谟评论说:"体例精当,审辨明晰,是本书的特色","收词方面较广,选择较细。解释特别注意科学性、知识性和准确性,力求详明","远非旧词典所可比拟"(《中国大百科全书·语言文字》)。朱德熙也说过,丁声树"大概是主持、领导大型词典编纂的最理想的人选"。②《现汉》正式出版以来,20年间发行了3000多万册,深受社会各界欢迎。在为推广普通话、促进汉语规范化服务方面,在促进汉语教学、研究及语文编辑工作方面都起到了不可忽视的作用。1993年《现汉》荣获了中国社会科学院优秀科研成果奖,1994年又荣获中华人民共和国新闻出版署颁发的国家图书奖,这对献身于词典事业的丁声树来说是表彰也是安慰。

1961年丁声树还主持过《新华字典》的修订工作,1978年又主持过《现代汉语小词典》的编辑工作,这两部小型辞书流传之广、作用之大也是众所周知的。1979年,他又积极筹划编写一部《现代汉语大词典》。他任主编,成立了以他为首的编委会,制定了编写计划。但不幸的是,由于长年超负荷的工作,劳累过度,突发脑溢血,病魔摧残了他,使他再也不能继续从事他45年来为之倾注心血的语言研究和词典编纂事业。

丁声树在语言学科几乎所有领域都有很高的成就,这在我国语言学家中是十分难得的。吕叔湘赞扬他"确实是一个才、学、识兼备的研究工作者"③。

广为学人称道的治学精神

从事一种事业,要想取得非凡的成就,就必须做出非凡的努力,表现出非凡的敬业精神。丁声树学术研究中表现出来的治学精神,就为不少知名学者称

---

① 李荣:《丁声树先生》,载《中国语文》1989年第4期。
② 朱德熙:在丁声树先生学术活动追思会上的发言,载《中国语文》1989年第4期。
③ 吕叔湘:《丁声树同志的学风》,载《中国语文》1989年第4期。

道。他的治学精神，可以归纳为以下几点：

第一，勤奋。丁声树资质聪颖，记忆力极强。早在中央研究院历史语言研究所工作时，人们都称他为"活字典"，他记的英文单词比谁都多。80年代初，他年过古稀，在身患重病脑溢血后，仍能在病榻上将《古文观止》背诵如流。但他并不依恃记忆和才气，而是靠自己的极端勤奋，记忆力强在一定程度上也是勤奋所致。他20岁至50岁的生命力最旺盛的30年里，大多数时间是单身生活，他抓紧一切时间拼命读书，读书之勤，读书之多，凡是与他有过接触的人无不赞佩。吕叔湘就号召人们"在勤读书这件事情上，我们都要向声树同志学习"①。丁声树每天坚持记日记，不断地写读书札记，利用一切机会调查语言事实。他把自己的一部书稿名为《有闻录》，就是取有闻必录之意。充分地占有资料给他的研究工作提供了用之不尽的源泉。前文提到他研究古汉语否定词"弗、不"，穷尽性地收集了先秦典籍中的有关材料，文章中列举例句就有一百七十多个。他研究《诗经》中"采采"用法，材料旁及了汉代以前的各种典籍。写文章旁征博引，材料丰富翔实，没有勤奋是做不到的。

第二，实在。朱德熙十分赞赏丁声树的实在学风。他认为丁声树的实在包括两个方面："一是学问根底扎实"，"二是著述切实具体"。② 由于勤奋读书，刻苦钻研，使丁声树业务基础很深厚。研究问题，写作论文，总是强调从实际出发，弄清语言事实，反对空谈理论。他的文章也都是针对具体问题，充分地摆出事实，分析绅绎出切实的道理。比如《说"匼"字音》一文，不过三千来字，引证材料的来源就有字书、韵书、训诂书12种，诗文13家，诗文注音5家，其他书2种。引用材料之多之广令人惊叹。不少学人称扬丁声树根底深厚扎实，写起文章来犹如雄狮搏兔，游刃有余。周祖谟说丁声树"由于平时蓄积者厚，体悟者深，所以水到渠成，有伦有序，自成佳作"③。学风实在，是丁声树获得突出学术成就的一个关键因素。

---

① 吕叔湘：《丁声树同志的学风》，载《中国语文》1989年第4期。
② 朱德熙：在丁声树先生学术活动追思会上的发言，载《中国语文》1989年第4期。
③ 周祖谟：在丁声树先生学术活动追思会上的发言，载《中国语文》1989年第4期。

第三，广博。丁声树在语言学的训诂、音韵、语法、方言、词典编纂各个领域都有很深造诣，都取得了突出成绩。在普通语言学方面，他虽无著述，但他在美国考察期间，多与那里的结构主义学派代表人物研讨语言学问题，其理论素养也是相当高的。人们称赞丁声树是全才的语言学家是一点也不过誉的。朱德熙说："他古书熟，对于传统的音韵、训诂之学有极深的造诣，同时对现代话的方言有广博的知识和高超的调查分析能力。这两种训练集中在一个人身上是十分罕见的。"他称道说："丁先生的学问真可以当得起博古通今四个字。"①

第四，创新。丁声树的学术研究，无论在哪方面都能够在继承前人成果的基础上，有所发现，有所前进，研究方法也有开创性。比如《诗经》中的"曷、何、胡"三个疑问词，人所习见，其区别前人也有所注意。但由于占有资料和研究方法的局限，不是解说得笼统含混，就是失之繁琐偏执。丁声树善于占有并驾驭材料，以古证古，以今证古，古今贯通，科学地归纳、分析，提出了令人耳目一新的见解。再如《汉语音韵讲义》，他能把人所已知的音韵事实，融会贯通，精心梳理，做出完全新鲜的解说。创新，是学术研究的生命，只有不断创新，学术研究才能向前发展。创新的精神，是学者获得突破性成功的重要因素。胡适说丁声树的文章"真是巨眼"，吕叔湘说他"善于发现问题，也就是说有眼光"②，都是在赞扬丁声树的创新精神。

第五，严谨。丁声树学术创作的十分突出的特点就是严谨。他常教导青年人：他人苦心研究的成果，要善于吸收，不必再去重复劳动；自己花费心血进行的研究，也要能够让他人不必再去重复劳动。这也正是他进行学术研究的经验之谈。他研究的课题，总要想方设法全面收集材料，进行周密研究，写作时冥思苦索，反复推敲，一遍遍修改，直到感到无懈可击才肯发表。在审订《现汉》中，拿不准的词语，就向各方面打问、求教，释义不断地琢磨修改，唯恐出错贻误读者，充分表现了他的严谨。吕叔湘说他"悬格太高，要能颠扑不破

---

① 朱德熙：在丁声树先生学术活动追思会上的发言，载《中国语文》1989 年第 4 期。
② 吕叔湘：《丁声树同志的学风》，载《中国语文》1989 年第 4 期。

才肯拿出来"①,季羡林说"他的每一篇文章都是千锤百炼的产品,达到很高的水平"④。他们都赞扬了丁声树的严谨学风。

丁声树勤奋、实在、广博、创新、严谨的精神受到不少知名学者的赞誉,值得我们认真研究和总结。我们要继承发扬他的治学精神,将学术研究水平推向新的高度。

德高而不显,望重而不骄的高尚品质

丁声树是一位杰出的语言学家,又是一位优秀的共产党员,他的许多高尚品质深受人们敬仰。

在旧社会,他就是一位正直、善良、热爱祖国的投身于科学事业的知识分子。对当时统治者的腐败、黑暗深恶痛绝。1944年夏天,他赴美国考察前夕,当局要他填表加入国民党,他坚决予以拒绝。1948年底,前中央研究院迁往台湾,历史语言所所长要他去台湾,他严词拒绝。解放后他努力学习马列主义、毛泽东思想,积极参加土改工作,几次到农村调查方言,加深了对农村的了解。他逐步由爱国主义发展到接受共产主义。1962年6月,光荣地加入中国共产党。他表示:要把一切都献给党,为社会主义、共产主义事业奋斗到底。

丁声树从不把个人名利放在心上。《现汉》正式出版,根据他的意见,不署主编和编者的名字。他自己生活十分俭朴,要求自己十分严格,坚决反对特殊化。上级两次为他调换条件好的房子,他都谢绝了,一再说应该给比他住得拥挤的人先调。他上下班坚持坐公共汽车,年届古稀,身体又不好,所里要派车接送他,他坚决反对。1960年我国经济困难时期,国家为照顾有卓越成就的专家,特发给每人一个副食供应证,他坚决不要。学部委员的津贴费,他不要,人大代表的车马费他不要,文章和词典的稿费,他也不要,而且根本不让计算他该得多少词典稿费。丁声树对党和国家,对他人却十分慷慨。抗美援朝时期

---

① 季羡林:在丁声树先生学术活动追思会上的发言,载《中国语文》1989年第4期。

他捐出了大部分积蓄；1960年河北发生水灾，他捐出了数量很多的现金和衣物。哪些同志经济困难，他知道后会马上给以帮助，有时还设法不让被帮助的人知道是他帮助的，他决不让人感谢他。他对所里青年人的成长十分关心，他常说自己应该"发扬做人梯的精神"，甘为青年人架桥铺路。有些青年人学习外语，他买一些外语辞典送给他们；有些青年人学习汉语音韵，他为他们讲课，并认真为他们批改作业，还买一些书籍送给他们。他常帮助青年研究人员确定研究选题，查找有关资料，提出参考性的观点，还仔细地为他们审稿改稿，但当那些文章发表时，他决不让作者在任何地方提到他的名字。他说帮助别人，培养青年是他的责任，他乐意做。确实，助人为乐是他的精神境界。

　　1983年4月，中国社会科学院党委召开全院党员大会，表彰丁声树的先进事迹，推崇他为从爱国主义走向共产主义的知识分子的优秀代表，新华社及许多新闻传媒进行了广泛的宣传。丁声树逝世后，语言所召开隆重的追思会悼念他。中国社会科学院的领导人讲话说："丁先生严谨的治学态度和科学精神，他的无限热爱祖国、政治上一贯要求进步追求真理的精神，特别值得我们学习。无论从学问上还是道德上，丁先生都无愧是老一代中国知识分子的最优秀的代表人物。"丁声树为我国的语言学事业做出了突出贡献，为学术界树立了榜样。他那杰出的成就，高尚的风范，不为名，不为利，德高而不显，望重而不骄，甘为沧海一滴水的精神，将会永远为人们传颂。

（韩敬体　撰稿）

作者简介

韩敬体，河南省柘城人，1940年出生。1964年北京大学中文系毕业后入中国科学院语言研究所工作。现任中国社会科学院语言研究所研究员、词典编辑室主任，中国辞书学会副会长。曾参加《现代汉语词典》等的编写工作，主持编写《古今汉语实用词典》等，主持修订《现代汉语词典》、《现代汉语小词典》，发表辞书理论研究论文多篇。

丁声树主要著作目录

著 作

《现代汉语词典》（主编） 商务印书馆1978年出版。

《现代汉语语法讲话》（与吕叔湘、李荣等合著） 商务印书馆1961年出版。

《古今字音对照手册》 科学出版社1958年出版。

《昌黎方言志》（与李荣等合著） 科学出版社1960年出版。

《汉语音韵讲义》 上海教育出版社1984年出版。

论 文

《释否定词"弗""不"》 载《历史语言研究所集刊·庆祝蔡元培先生六十五岁文集》下册。

《诗经"式"字说》 载《历史语言研究所集刊》第6本第4分册。

《诗卷耳芣苢"采采"说》 载《北京大学四十周年纪念论文集》乙编上。

《"何当"解》 载《历史语言研究所集刊》第11本。

《"碴"字音读答问》 载《历史语言研究所集刊》第11本。

《论〈诗经〉中的"何""曷""胡"》 载《历史语言研究所集刊》第10本。

《"早晚"与"何当"》 载《历史语言研究所集刊》第20本下册。

《谈谈语音结构和语音演变的规律》 载《中国语文》1950年创刊号。

《关于进一步开展方言调查研究的一些意见》　载《中国语文》1961年第3期。

《谈"叵"字音》　载《中国语文》1962年第4期。

夏 鼐
(1910—1985)

著名的考古学家和历史学家。曾任中国社会科学院副院长、考古研究所所长、名誉所长，哲学社会科学部委员。

夏鼐字作铭，浙江温州人。1934年毕业于清华大学历史系，原治中国近代史。1935—1939年留学英国伦敦大学考古学院，攻读埃及考古学，后获博士学位。1941年回国后，历任中央博物馆专门设计委员，中央研究院历史语言研究所副研究员、研究员，并曾代理该所所务。

新中国成立后，夏鼐于1950—1961年任中国科学院考古研究所副所长，1955年起任中国科学院哲学社会科学部委员（1957年起任常务委员），并曾兼任北京大学历史系教授。1962—1982年任考古研究所所长（1978年起属中国社会科学院），1983年起任中国社会科学院副院长兼考古研究所名誉所长。又曾兼任国务院学位委员会委员、中国考古学会理事长、中国史学会常务理事、国家文物委员会主任委员、《中国大百科全书》总编辑委员会委员兼考古编辑委员会主任等职。他于1959年加入中国共产党，1959—1985年连任第二至六届全国人民代表大会代表。

1974年起，夏鼐先后被授予英国学术院通讯院士、德意志考古研究所通讯院士、瑞典皇家文学历史考古科学院外籍院士、美国全国科学院外籍院士、第三世界科学院院士、意大利近东远东研究所通讯院士，成为我国学术界接受外国国家级最高学术机构荣誉称号最多的学者之一。

夏　鼐

夏鼐是我国杰出的考古学家和历史学家，新中国考古工作的主要指导者和组织者，中国现代考古学的奠基人之一。他的卓越学术成就在国内外学术界享有崇高的声誉，产生深远的影响。

一

夏鼐出生在一个经营丝绸业的商人家庭。少年时代就学于培育过众多知名人士的浙江省立第十中学初中部（现名温州中学），后转至上海光华大学附属中学学习。他那勤于思考、善于钻研的好学精神，当时即已有所表现，曾在光华附中的刊物上发表与知名学者吕思勉商榷的文章，从科学常识和文字训诂上对"茹毛"指"食鸟兽之毛"的说法提出质疑。进入清华大学以后，夏鼐在陈寅恪、钱穆、蒋廷黻等教授的指导下，进一步打下深厚的史学基础，先治中国近代外交史，后转中国近代经济史，曾发表若干篇资料翔实、考证精到的论文，开始在史学领域崭露头角。随后，他以优异成绩考取中美庚款留学名额，决意出国学习现代考古学。为了做好出国前的必要准备，他于1935年春以实习生的身份前往安阳殷墟，参加梁思永主持的殷代王陵区发掘，从此走上以田野考古为终身事业的漫长道路。

1935年夏，夏鼐经有关方面同意，改赴英国伦敦学习。那时的伦敦大学考古学院，可称全世界科学考古学的最高学府。日本考古学的奠基人滨田耕作，就是在那里师从彼特利（W. F. Petrie）教授，从而将考古学的理论，方法和技术引进日本的。夏鼐留学伦敦大学时，彼特利教授已经退休，田野考古学课程改由惠勒（M. Wheeler）教授负责。他受教于惠勒教授，参加过由惠勒领导的梅登堡（Maiden Casrle）山城遗址的发掘，又曾在随英国调查团去埃及、巴勒斯坦进行发掘期间，谒见定居耶路撒冷的彼特利教授，得到这位考古学大师的直接教导。当时，夏鼐的主攻方向是埃及考古学，他师从伽丁内尔（A. H. Gardiner）教授，学习深奥的古埃及象形文字；又在格兰维尔（S. Glanville）教授的指导下，对古代埃及的各种珠子进行系统的类型学研究，成为我国第一位埃及考古学专家。他的长篇博士论文《古代埃及的珠子》，至今仍是这一方面值得称道的重要论著。

1941年夏鼐在伦敦大学获得博士学位（因战争关系延至1946年正式授予），回到抗日战争中的祖国后方，投身于中国考古学的广阔天地。他先是参加四川彭山汉代崖墓的发掘，后与向达共同负责西北科学考察团历史考古组，在经费严重不足、条件十分困难的情况下，前往甘肃敦煌和河西走廊进行为期两年的艰苦考察，对新石器时代和汉唐时期的考古研究作出了令人刮目相看的贡献。

新中国成立以后，夏鼐领导国家考古研究中心机构，历时30余年。他致力于考古工作队伍的建设和实事求是优良学风的形成，考古研究规划的制定和田野考古水平的提高，自然科学方法的应用和多种学科研究的协调，以及与外国考古学界的学术交流，从而极大地推进我国考古工作的全面发展。

建国初期，掌握田野考古技术的专门人才奇缺，急需迅速建立和健全考古工作的队伍，以应付国家基本建设发展的严重局面。当时，郑振铎以文化部文物局局长身份兼任科学院考古所所长，梁思永和夏鼐作为既在国外受过正规科学训练、又有丰富实践经验的田野考古学家被任命为副所长，协助郑振铎所长主持考古所的业务活动，指导全国的田野考古工作。由于梁思永卧病已久，行动不便，只有夏鼐能够亲临田野考古的第一线。他到任刚刚一个星期，便率领当时考古所的全体业务人员（共计12人），前往河南辉县进行规模较大的示范性发掘。以后又连年为协助北京大学考古专业，并为中央和部分省区的考古人员训练班的举办而尽力，亲自讲授考古学通论和田野考古方法，并曾多次进行实地操作辅导，从而为新中国的考古事业培养一批得力的业务骨干，使科学的考古发掘普及全国，成为中国考古学的主流。

夏鼐一贯坚持考古研究的基础在于田野工作，强调提高考古发掘的科学水平，要求大家在考古调查发掘中认真辨别复杂的地层情况，弄清楚遗迹、遗物的各种关系，并且要把观察到的一切有关现象详细正确地记录下来。1950年末，夏鼐在辉县琉璃阁的发掘中，冒着严寒，以其娴熟的发掘技巧，第一次成功地剔剥一座大型的战国车马坑，被国际考古学界誉为战后田野考古方法的一项新的进步。1958年，他在北京明定陵的发掘中，忍着病痛，连日深入地下玄宫，匍匐清理棺内散乱的冠冕等物，耐心观察和记录种种细微迹象，使之得以恢复原来的形状。夏鼐以其实践告诉大家：考古工作的成绩如何，主要不是看你发掘出什么东西，而是看你用什么方法发掘出这些东西而定，切忌有"挖宝"思想。

1962年，夏鼐在《新中国的考古学》①一文中，曾经通过总结已有的考古研究成果，将中国考古学的基本课题归纳为：人类起源和人类在我国境内开始居住时间问题，生产技术发展和人类经济生活问题，古代社会结构和社会关系问题，国家起源和夏文化问题及城市发展问题，精神文化（艺术、宗教、文字等）方面问题，汉民族和中华民族共同体的形成过程问题。多少年来，夏鼐正是根据中国考古学的学科发展需要，部署考古所这一考古研究中心机构的田野考古和室内研究工作，有计划地着重进行黄河中下游和邻近地区的史前考古研究，夏文化的探索和历代都城遗址的勘察发掘，以及新疆、内蒙古等边疆地区的考古研究，并且注意开展甲骨文、金文、简牍、石刻等出土文献资料的整理研究，为建立和完善中国考古学的学科体系作出不可磨灭的重要贡献。同时，他还经常通过个别交谈和书信往来，耐心细致地帮助各地同志明确学科要求，解决田野工作中的许多关键性问题。他曾多次亲临重点发掘工地，例如70年代以后的长沙马王堆汉墓、北京大葆台汉墓、广州南越王墓、大冶铜绿山矿冶遗址、北京琉璃河西周墓地等项发掘，都曾进行具体的现场指导，直到突然与世长辞前几天，还前往偃师商城遗址视察工作。在他的关怀和指导下，我国一系列重点发掘工作显示了较高的科学水平，赢得国际考古学界的广泛称赞。

夏鼐十分重视在考古研究中应用现代自然科学方法，突出的表现是及时将

---

① 载《考古》，1962年第9期。

碳14断代法引进我国。早在1955年美国科学家开始发表有关著作之后不久，他便对其重要意义有明确的认识，呼吁早日建立中国自己的实验室以应考古工作的需要。正是由于他的远见卓识和多方筹划，考古研究所采取自力更生的办法，于1965年建成我国第一座碳14断代实验室，并且在以后的全国同类实验室中长期居领先地位，为中国考古学研究，特别是史前考古学研究，发挥非常显著的推进作用。夏鼐还积极倡导考古学界与有关科技单位之间的协作，有计划地开展出土文物中金属、陶瓷和其他制品的自然科学分析鉴定，在判别一些器物的原料成分及其产地，究明它们的制作方法等方面取得了很大的成绩。

夏鼐本人的学术研究，具有学识渊博、视野广阔和治学严谨的特点。他不仅熟练地掌握现代考古学的理论、方法和技术，具有丰富的自然科学和技术科学知识，而且对中国传统的文史学、金石学也有很深的造诣，从而善于把多方面学问紧密地结合起来。他还具备优越的外国语文的条件，在与国外著名学者保持广泛联系的同时，经常涉猎大量新出版的外国书刊，因而通晓国际学术界的研究成果和各种动态。在这样的情况下，他的研究工作便有非常深厚的基础，善于从世界范围和多学科角度考虑中国考古学问题，既能追求现代的国际水平，又能发扬中国固有的学术传统。我们长期在先生身边工作，还清楚地知道他撰写每一篇学术论文，都是从收集资料、查对文献到成文清稿，乃至设计各种插图等等，事无巨细，亲自动手，从不假手于人，直到晚年仍然如此，为考古学界树立严肃认真、一丝不苟的良师风范。

夏鼐在建国以后，特别是1959年加入中国共产党以后，努力用马克思列宁主义指导自己的研究工作。他坚持认为，考古学作为历史科学的重要组成部分，所作研究不应局限于鉴别遗迹、遗物的年代和判明它们的用途及制作方法，而是应该将研究的最终目标指向阐明存在于历史发展过程中的客观规律。这便要以科学的调查发掘为基础，通过对大量实物资料的整理、分析和多学科研究，经过归纳，加以提高，进而从理论上探讨古代社会历史的发展。他坚信实事求是是马克思列宁主义的基本原则，反对以空论代替具体的研究，甚至歪曲事实真相，也反对忽视理论，脱离历史，重蹈为考古而考古的覆辙。

夏鼐在相当长的时期内，是我国与世界各国在考古学领域进行学术交流的总代表。他的卓越学术成就，受到国际学术界的普遍重视，成为我国学术界接受外国国家级最高学术机构授予荣誉称号最多的学者。

二

夏鼐对中国考古学的巨大贡献，首先表现在对中国史前考古学进行了长时期的创造性研究，不断地拓宽道路，引导大家走向新的境地。主要是根据可靠的发掘资料，改订黄河上游新石器文化编年体系，规范考古学上的文化命名，提出中国新石器文化发展多元说。他还是现阶段最早从考古学上探讨中国文明起源的著名学者。

建国以前，中国史前考古学的研究基础相当薄弱，作过正式发掘的典型遗址为数甚少。20年代初期，应聘来我国工作的瑞典学者安特生，根据甘肃地区缺乏地层关系的实物资料，将中国新石器时代划分为齐家、仰韶、马厂、辛店、寺洼、沙井六期，后又臆测各期的绝对年代。1931年，梁思永在黄河中下游确认龙山文化，并从地层上判断仰韶文化、龙山文化和殷商文化的相对年代，揭开中国史前考古学科学化的篇章。后来，尹达根据类型学分析，判定安特生所说"仰韶文化"包含龙山文化因素，推断齐家文化不可能早于仰韶文化。夏鼐则在40年代中期，通过甘肃宁定县阳洼湾齐家墓葬的发掘，从地层学上确认齐家文化晚于甘肃仰韶文化（即"马家窑文化"），最终纠正了安特生的错误。他又因临洮寺洼山遗址的发掘，第一次提出中国史前时期的文化系统问题，认为晚于马家窑文化的寺洼文化和辛店文化是同一时代的两种文化，沙井文化也属于不同的文化系统，相互之间并没有因袭变迁关系，并且推测寺洼文化可能和文献记载中的氐羌民族有关。这便宣告，曾有相当影响的安特生分期体系已彻底破产，中国史前时期考古研究进入了新的发展阶段。

新中国成立以后，随着田野考古工作在全国范围的逐步展开，许多地方发现前所未知的新石器时代文化遗存，过去习用的几种文化名称已经难于概括。面对这种日趋复杂的情况，如何正确进行新的文化区分和命名，便成为考古研究进一步发展的关键。1959年初，夏鼐及时发表《关于考古学上的文化命名问题》①，对什么是考古学文化、划分考古学文化的标准，以及定名的条件和方法等问题，给予科学的明确回答。文章指出，考古学上的"文化"是指某一社会（尤其是原始社会）的文化在物质方面遗留下来可供观察的一群东西的总称，用以表示考古遗迹中（尤其是原始社会的遗迹中）所反映的共同体，通常以第一次发现典型遗迹的小地名来命名。文章又说，这样命名是想用简单的名称来表示一种特定的含义，以便大家在共同使用时互相了解，不致产生误解。他认为确定新的"文化"名称，需要具备三个条件：（一）必须是有一群具有明确特征的类型品。这种类型品，经常地共同伴出，而不是孤独的一种东西。（二）这种共同伴出的类型品，最好是发现不止一处。（三）必须对这一文化的内容有相当充分的认识，至少有一处遗址或墓地做过比较全面而深入的研究。夏鼐的基本态度是从实际出发，慎重处理，既不要迟疑不决，以致不同类型的文化遗存长时间地混淆在一起，延缓研究工作的进度；又不要轻率浮夸，看到某些片面的个别现象，就匆忙地给它一个新的名称，造成一些不应有的纠纷。他不赞成直接用历史上的族名作为考古学文化的名称，认为那只适用于年代较晚的一些文化，并且必须是考据无疑的，否则最好仍以小地名命名而另行交代可能属历史上的某个民族，以免因乱扣帽子而产生种种谬论，反而引起历史研究的混乱。他还预见到，区分考古学文化时，对"哪些可以算是两个不同的文化，哪些只是由于地区或时代关系而形成的一个文化的两个分支"，即在考古研究中如何界定文化、类型和分期的问题，学者之间会有不同看法，需要留待将来再作详细讨论，启发大家更加深入地思考问题。夏鼐的这篇文章，统一了我国考古学界对文化命名问题的认识，从而极大地推进考古研究的健康发展，尤其是对中国新石器时代的文化分布、类型划分和分期问题的研究起了重要的指导作用，使之出现新的局面。

夏鼐对中国史前考古学的又一重大贡献，是他于1977年发表《碳14测定

---

① 载《考古》，1959年第4期。

年代和中国史前考古学》① 一文，根据当时公布的各种史前文化年代数据，结合文化内涵和地层证据，全面讨论它们之间的年代序列和互相关系，亦即中国史前文化的谱系问题。该文提出许多富有启发意义的独到看法，尤其可贵的是更加明确地提出中国新石器文化的发展并非黄河流域一个中心的多元说。其实夏鼐早就考虑这个问题，在1962年发表的《新中国的考古学》一文便曾提到："根据考古资料，现今汉族居住的地区，在新石器时代存在着不同的文化类型。连黄河流域的中游和下游，也有很大的差异。古史传说中也有这种反映。"在上述1977年的文章中，他重提并发挥这一论断，指出所谓文化类型的不同是"表明它们有不同的来源和发展过程，是与当地的地理环境适应而产生和发展的一种或一些文化"。他在此文中又说："当然这并不排除与黄河流域的新石器文化可能有互相影响，交光互影。这种看法似乎比那种一切都归于黄河流域新石器文化的影响的片面性的传播论，更切合于当时的实际情况，更能说明问题。"要之，中国远古文化的发展由传统的黄河流域一元说改变为并非一个中心的多元说，这是中国史前时期考古研究的重大突破。最近20多年的考古发现与研究，使多元说进一步确立，成为我国多数考古学家的共识。

　　夏鼐早就重视新石器时代早期文化的探索。60年代初期，他在《中国原始社会史文集》的序言中特别讲到早期新石器文化，指出这在当时我国几乎是空白，而西亚的前陶文化遗存对于我们的探索有借鉴作用。陕西西乡县李家村遗址发掘以后，许多学者怀疑李家村文化遗址的年代未必早于仰韶文化。他却根据李家村遗址所出圈足钵、直筒形三足器等独具特征的陶器曾见于宝鸡北首岭和华县元君庙仰韶遗址中的最早期墓葬或底部文化层的事实，当即表示李家村文化可能年代较早，是探索仰韶文化前身的一个较可靠的新线索②。后来，李家村的一件标本经碳14测定的年代晚于仰韶文化，有的学者又怀疑起来，而夏鼐则明智地指出测定年代与地层堆积前后颠倒"是难以接受的"，再了解到那件标本出土的地层情况不明，便断然将该数据摒弃不用，仍然认为李家村文化的年

---

① 载《考古》，1977年第4期。
② 《我国近五年来的考古新收获》，载《考古》，1964年第10期。

代较早。磁山、裴李岗的文化遗存发现以后,他曾亲赴磁山遗址发掘现场视察,后又满怀喜悦地指出,"如果继续上溯,或可找到中国农业、畜牧业和制陶业的起源"。① 经过广大考古工作者的多年努力,已经在这方面取得更大的突破,先后在北方和南方的若干地点发现距今1万年左右的农业遗存。

随着有关考古资料的日益丰富,夏鼐又于1983年提出从考古学上探讨中国文明的起源这一中国史前考古学和世界文化史上至关重要的课题,② 强调其理论意义在于是"传播论派和独立演化派的争论的交锋点"。他从明确基本概念入手,强调"文明"一词是"指一个社会已由氏族制度解体而进入有了国家组织的阶级社会的阶段"。他还详细指出:"这个社会中除了政治组织的国家以外,已有城市作为政治(宫殿和衙署)、经济(手工业以外,又有商业)、文化(包括宗教)各方面活动的中心。它们一般都已经发明文字和能够利用文字作记载(秘鲁似为例外,仅有结绳记事),并且都已知道冶炼金属。文明的这些标志中以文字最为重要。"他认为:根据现有考古资料,不仅深刻地认识到殷墟文化是高度发达的文明,更重要的是从殷墟文化向上追溯到二里冈文化和更古老的二里头文化,三者互相联系、一脉相承;而二里头文化,至少它的晚期既够得上文明,又有中国文明的一些特征,如果不是中国文明的开始,也是接近于开始点了;至于比二里头文化更早的各种文化,都属于中国的史前时期。夏鼐还特地讨论中国文明是否独立地发展起来的问题,着重分析那些与中国文明起源问题关系最密切的史前文化,主要是中原地区、黄河下游和长江下游的晚期新石器文化,断定"中国文明的产生,主要是由于本身的发展"。他说:"中国虽然并不是完全同外界隔离,但是中国文明还是在中国土地上土生土长的。中国文明有它的个性,它的特殊风格和特征。"夏鼐还曾讲到,进行中国文明起源的探索,"主要对象是新石器时代末期和铜石并用时代的各种文明要素的起源和发展,例如青铜冶铸技术、文字的发明和改进、城市和国家的起源等等",同时又强调"文明的诞生是一种质变,一种飞跃"。这便为中国文明起源问题的探索指

---

① 《三十年来的中国考古学》,载《考古》,1979年第5期。
② 《中国文明的起源》,文物出版社1985年版,第79页。

明方向，从而导致此后有关研究和讨论长盛不衰，不断深入，取得了很大的进展。

三

夏鼐说过，考古研究进入"历史时期"，便要掌握狭义历史学中的大量文献和运用文献考据功夫。夏鼐在历史考古学方面的一系列论著，突出地反映他本人熟知文献资料，擅长历史考据，善于从丰富的考古资料出发，结合可靠的文献记载，不断进行新的探讨。

40年代后期，夏鼐根据甘肃考察所获考古资料，发表过两篇蜚声史坛的考据性文章。《新获之敦煌汉简》一文，对1944年敦煌两关遗址和烽燧遗迹发掘出土的30余支汉简进行考释，判定玉门关的确切位置，提出玉门关设置年代的新看法；又就汉武帝征和年号问题纠正了近人将其释作"延和"的谬误。《武威唐代吐谷浑慕容氏墓志》一文，则在考释当地发掘所获金城县主、慕容曦光两方墓志的基础上，结合早年出土的四方慕容氏墓志，参以两《唐书》、《册府元龟》、《通典》、《资治通鉴》等文献资料，用年表的形式对吐谷浑晚期历史作了详细的叙述。

建国以后夏鼐亲自主持和具体指导的田野考古工作，除渑池仰韶村等史前遗址的调查外，绝大部分属于历史考古学的范畴，其中尤以50年代初期的几项工作意义为大。例如：辉县琉璃阁的发掘，第一次在安阳以外发现早于殷墟的商代遗址；郑州附近的调查，确认二里冈是早于殷墟的又一处重要商代遗址；长沙附近的发掘，初步判明当地战国两汉时代墓葬的演变情况，为楚文化的考古研究打下基础。这样，便使我国田野考古工作的重点，在地域上从北方的黄河流域扩大到南方的长江流域，在年代上从石器时代、商周时代推延到汉代以至更晚，过去那种"古不考三代以下"的不合理状况，开始发生彻底的改变。

夏鼐关于历史时期考古研究的论著，往往是在对具体学术问题作独到论断的同时，又从方法论上给人以深刻启示，引导大家正确对待文献资料，深入细致地研究各种问题。例如夏文化问题，50年代末期当这项探索性考古工作开始着手进行的时候，他曾在考古所的会议上再三申明，对于所谓"古史传说"资料需要审慎地对待，这类资料中既有古老民族口耳相传的真正传说，又有先秦诸子编造的历史哲学。1977年有关单位发掘登封王城岗遗址以后，有的学者认为王城岗遗址可能是"禹都阳城"。夏鼐针对当时众说纷纭中的糊涂观念，着重从基本概念上进行澄清①。他说："夏文化"应该是指夏王朝时期夏民族的文化。有人以为仰韶文化也是夏民族的文化，纵使能证明仰韶文化是夏王朝祖先的文化，那只能算是"先夏文化"。夏王朝时期的其他民族的文化，也不能算成"夏文化"，不仅内蒙、新疆等边区的夏王朝时代的少数民族文化不能称为夏文化，如果商、周民族在夏王朝时代与夏民族不是同一个民族，那也只能称为"先商文化"、"先周文化"，而不能称为"夏文化"。他又指出：夏文化问题在年代学上很麻烦，商年和夏年都有悬殊较大的不同说法，目前并没有弄清楚；夏都的地理位置也很麻烦，"禹都阳城"说出自上距夏禹两千年的《孟子》，另外还有禹都安邑的说法，纵使"禹都阳城"可信，它和东周阳城是否一地仍需证实。这种周密思考、认真分析的科学态度，推动了夏文化探索工作的发展，使有关研究不断深入，现已取得较多的共识。

夏鼐关于商代和汉代玉器的几篇文章②，在玉器研究方法上有新的突破。首先，他注意探讨中国古玉的质料和原料产地，提倡对各地出土的玉器多作科学鉴定，从矿物学上判别它们的显微结构和所含元素，以便与地质矿产资料比较分析。其次，他强调正确判定玉器的类别、名称和用途，不能继续采取吴大那样的"诘经"方法，而应改变为谨慎的考古学方法，即根据考古发掘所见各种玉器的出土情况，以及它们的形状，结合传世品和文献资料考证其古名，无法判定古名的另取简明易懂的新名，用途不明的暂时存疑。他又着重论述礼学家

---

① 《谈谈索夏文化的几个问题》，载《河南文博通讯》1978年第1期。
② 《有关安阳殷墟玉器的几个问题》、《殷墟玉器》（文物出版社1982年出版）、《商代玉器的分类、命名和用途》（《考古》1983年第5期）、《汉代玉器——汉代玉器中传统的延续和变化》（《考古学报》1983年第2期）、《所谓玉玑不会是天文仪器》（《考古学报》1984年第4期）。

所谓"六瑞"以礼天地四方的传统说法,指出这显然是战国和汉初儒生理想化的礼器系统,并不符合历史实际,强调历年发掘的上万座先秦两汉墓葬所出大量玉器并没有某种玉色和某种器形的特别结合,而汉儒关于周代葬制中六种玉器(璧、琮、圭、璋、琥、璜)摆放位置的说法更是出于杜撰。夏鼐还从器物形态的发展上论证,过去被称"睿玑"的这种周缘有三节牙形突起的玉器,实际是璧的一种,是带有礼仪和宗教意义的装饰品,而决不会是天文仪器,不必为其使用方法枉抛心力。他主张根据这种玉器形制的差异,分别命名为"简单三牙璧"和"多齿三牙璧",总称"三牙璧"或简称"牙璧",而将"睿玑"一名放弃不用。他又考虑到玉器研究中常被引用的《尔雅》所记璧、瑗、环三者的"肉"、"好"比例无论怎样解释都与大多数实物不符,建议将这类玉器统称璧环类,或简称为璧,而将其中孔径("好")大于全器二分之一者特称为环,"瑗"字则因原义不明可放弃不用。这样,便为中国古代玉器的研究开辟新的途径,使古玉研究从礼学家烦琐考证的窠臼中解放出来,对历史考古学其他方面的研究也有重要的指导作用。

夏鼐对古代葬制方面的问题,更是从考古发掘所见实际情况出发,考证历史文献的有关记载,对照起来进行研究的。长沙马王堆一号汉墓发掘以前,在许多论述中对如何区分棺椁存在着一定的混乱。夏鼐于1973年发表《长沙马王堆一号汉墓的棺椁制度》[①]一文进行辨析,认为椁室是用厚木材在墓坑现场搭成的,内棺和外棺则是预先做成的"有盖的木盒子",可以整体迁移,盛放尸体后套合起来葬入墓中。该文论据中最有说服力的,就是马王堆一号汉墓所出四层套棺均内外涂漆,而棺室的各个部位却不加髹饰,彼此区别得非常明显。弄清楚棺椁界限这个葬制上的基本问题,避免继续在礼书记载的个别文字上打圈子,便使棺椁制度的研究前进了一步。夏鼐还最早列举汉代"玉衣"的考古发现和文献记载进行考证[②],指出这种葬服在汉代文献中一般称"玉匣"或"玉柙",偶尔称为"玉衣",战国墓葬发现的缀玉面幕和衣服可能是"玉衣"的前

---

① 《考古》,1973年第6期。

② 《关于"金缕玉衣"的资料简介》,载《考古》,1972年第2期。

身,也可能就是《吕氏春秋》中的所谓"鳞施"。他又指出,汉代的皇帝和贵族使用"玉衣"埋葬的重要原因,可能是迷信"玉衣"能够保存尸体不朽。

夏鼐对历史考古学的重要分支铭刻学非常重视,集殷周青铜器铭文大成的《殷周金文集成》,就是在他的亲自筹划和具体指导下编纂的。他为《集成》撰写的长篇前言中,对考古学(包括它的组成部分古器物学)和铭刻学的含义,以及中国铭刻学的特点作了详细的阐述。该文指出,铭刻学研究"包括认识文字、读通文句、绅绎文例、考证铭文内容(例如考证纪年、族名、邦国、人名、地名、官制和史事等),以及根据字形、文例、考证的研究结果,来断定各篇铭文的年代和它们的史料价值"。他说,铭刻学研究除将铭文中的古文字经过考释改写为今日的楷书以外,"它的考证方法,和利用传世的一般古代文献记载一样,完全是属于狭义的历史学范围"。夏鼐还严肃地批评,"现下仍有个别搞铭刻学的人,过分强调铭文的解读,有时完全不顾古文字的原则或通例,将一些不易考释的铭文中每字都加考释,每句都加解说,实际上不过是'穿凿附会'而已"。夏鼐不仅对铭刻学研究发表如此重要的指导性意见,而且亲自进行过某些具体的考证。例如,他曾列举传世秦戈,补释长沙新出吕不韦戈铭文,指出秦戈铭文中"职官名的后面都是或仅举人名,或兼举姓氏和名字,但没有仅举姓氏而不书名字的"。[1]他又曾根据《宋史》等书记载,印证长沙杨家山宋墓所出残缺姓氏墓志的有关文字,判明该墓墓主应为宋高宗时被秦桧罢官下狱的知名之士王[2]。再如,1972年他在一篇文章中提到陕西蓝田新出土的西周铜器永盂时,注意到铭文涉及的人名"井伯"见于穆王时器"长田丨皿禾"和若干恭王时器,其人是周王左右的主要臣僚,因而判定永盂"应是穆、恭时期彝器"[3]。当时,有一位古文字学家发表考释文章,将永盂考定为恭王时器,认为井伯是恭王时期的人,论证时虽曾提到长田丨皿禾,却忽略该器铭文的"即井伯大祝射"一语,看到夏鼐的文章如此博通金文,深为赞叹。

---

[1] 《最近长沙出土吕不韦戈的铭文》,载《考古》,1959年第9期。

[2] 《长沙东郊杨家山南宋墓墓主考》,载《考古》,1961年第4期。

[3] 《考古》,1972年第1期。

四

　　中国科技史的考古研究，是夏鼐极为重视的一个方面，他为此花费很大的精力，作出了开拓性的贡献。50年代初期，他根据自己亲手发掘的辉县战国车马坑和长沙汉代车船模型，进行古代交通工具的复原研究。60年代起，他又创造性地利用考古学的资料，运用考古学的方法，深入探讨我国古代科学技术领域中天文、纺织、冶金和其他方面的光辉成就，主要研究成果编集为《考古学和科技史》一书。他在1977年发表的一篇同名文章被列于该书卷首作为"代序"，对1966年以来我国考古工作中有关科技史的新发现，归纳为天文和历法、数学和度量衡、地学、水利工程和交通工具、纺织陶瓷和冶金、医学和药物学、农业科学等专题，进行全面的介绍。这实际是想说明考古资料对于科技史研究工作的重要性，借以促进考古学家与科技史专家之间的协作，共同解决考古学上和科技史上的重要课题，使科技史研究得到更好的发展。

　　夏鼐在中国天文学史方面，主要是对几幅有代表性的古代星图进行了研究。我国古代的星图有两类：一类是天文学家所用的星图，它是根据恒星观测绘出天空中各星座的位置，一般绘制得比较准确，所反映的天象也比较完整。另一类是为了宗教目的而作象征天空的星图和为了装饰用的个别星座的星图。夏鼐作过详细考察的有：后一类星图中我国已发现的年代最早的洛阳西汉壁画墓星象图，最早表现黄道十二宫的宣化辽墓星图；前一类中现存年代早的唐代敦煌星图[1]。

　　洛阳西汉壁画墓星象图发现以后，有人对比现代星图提出过解释，由于不了解中国古代天文学和西洋天文学的起源不同，所作解释必然有很多不当之处。所以，夏鼐的讨论便从辨明正确的研究方法入手，提出：（一）这星图的内容，

---

[1] 《另一件敦煌星图写本——敦煌星图乙本》，载《中国科技史探索》，上海古籍出版社1982年版，第143—144页。

并不是比较全面地表现北天的星图，仅仅是选用少数几个星座，因而只能用我国古代星座对照，不应该用西洋星座对照；（二）这星象图是西汉末年的，应该以《史记·天官书》作为主要的对比材料，而以《晋书·天文志》所载作为补充；（三）比较不能漫无边际，首先应该注意的是北天亮星的几个星座和天球赤道附近的二十八宿，它们可能是古人绘制星象图时用以选择的主要对象。经过这样的重新比较，他确认这星象图既不是以十二个星座来表示十二次，更不是象征十二辰，只是从汉代天官家所区分的"五宫"中每"宫"选取几个星座用以代表天体而已。

夏鼐关于宣化辽墓星图的论文，根据辽墓壁画中的二十八宿和黄道十二宫图像，结合大量文献资料，进一步论证中国古代天文学体系的特点，指出以赤道为准的二十八宿显然是起源于中国，后来由中国传入印度的，而黄道二十宫则至迟在隋代，随着佛经的翻译由印度传入中国（王仲殊在研究铜镜的论文中对此说作过补充）。至于我国二十八宿创立的年代，他认为"由可靠的文献上所载的天文现象来推算，我国二十八宿成为体系，可以上推到公元前七世纪左右。真正的起源可能稍早，但现下没有可靠的证据。至于文献学方面的考据结果，也和它大致相符而稍为晚近，现下只能上溯到战国中期（公元前四世纪）而已"。夏鼐的意见，被公认为中国天文学史研究中对于二十八宿创立年代这个聚讼纷纭问题的较为稳妥的提法。

关于敦煌写本中的两件唐代星图，夏鼐将现存英国不列颠图书馆的一件称为甲本，现存敦煌县文化馆的一件残卷称为乙本。他所进行的探讨，首先把甲、乙二本的紫微宫图各星官列成一表进行比较，发现两种星图的内容与《丹元子步天歌》所述最为相近，而与《晋书》、《隋书》二史《天文志》的记述差异较多，但都属于一个系统。继而又就两本之间的大同小异互相对比，感到乙本的原来蓝本在星官数和星数方面，实稍胜于甲本的原本，但仍是一个系统的两个不同本子；至于两本中各星官的形状和位置，一般而论，都绘制得不很正确，却又没有很大的错误。他又将甲、乙二本的抄写年代和《步天歌》的撰写年代一并讨论，认为《步天歌》的撰述时代不能早于李淳风活动的时代，歌辞和诠释的作者应该都是唐开元年间道号丹玄子的王希明；进而推测敦煌星图的原本应是根据《步天歌图》，它不会比《步天歌》的撰写年代（唐开元时即八世纪前半）更早，但其转抄的年代稍晚，甲本在开元天宝，乙本在晚唐五代。这比英国李约瑟将甲本的年代定为后晋天福年间（公元940年），提早了200年。乙本则是第一次进行如此缜密的研究。

夏鼐是我国学术界根据考古资料进行纺织史研究的先驱。早在20年代，西方学者即已进行新疆出土汉代丝织品的研究，我国学者则开始于60年代初期。1961至1962年，夏鼐通过新疆民丰、吐鲁番两地新发现的汉唐丝织品的若干残片和一些照片，参考过去其他地方出土的有关资料，考察汉唐时代绮、锦和刺绣的织造工艺与图案纹样，并附带讨论中西交通史上的问题。1972年，他又发表《我国古代蚕、桑、丝、绸的历史》一文，系统论述我国汉代和汉代以前养蚕、植桑、缫丝和织绸方面的发展情况，并对汉代织机进行新的复原研究，以进一步阐明我国古代劳动人民对人类文明的这一伟大贡献。

夏鼐指出：发明蚕丝生产技术的确切年代，目前虽然还无法确定，但我国在上古时期是惟一掌握这种技术的国家，至迟在殷商时代已经充分利用蚕丝的优点，改进了织机，发明了提花装置，能够织成精美的丝绸，遗存实物有普通平纹、畦纹和文绮三种织法。他说，我国当时除使用竖机之外，可能也使用平放或斜卧的织机，这便和古代希腊、罗马等国家专门使用竖机不同，可能改进到使用吊综提花和脚踏。东周时期已有织锦，更应该是使用一种有提花设备的平放织锦机。他又指出，我国的丝织生产发展到汉代至少已有一千多年历史，达到了一个高峰，五色缤纷的汉锦代表汉代织物的最高水平，一般是使用二色或三色的组织法，如果需要四色或四色以上，便需要采用分区的方法，在同一区内一般都在四色以下。至于汉代的织机，夏鼐根据实践经验，认真分析，指出有些学者所复原的织机"是不能工作的"。遂以铜山洪楼画像石中的织机图为主要依据，经多次讨论、反复试验和修改，重新作出比较合理的复原方案。他指出，汉代画像石上的织机都是简单的织机，但根据出土的锦、绮、文罗等实物，可以推测汉代已有提花机。当时，夏鼐从织物花纹单元的高度和纬线的密度考虑，认为有时需要提花综40—50片之多，推测汉代的织机已有提花设备，可能是"提花线束"，而不是长方架子的"综框"。后来，他对自己的这一影响甚广的看法有较大的改变，1983年在日本的讲演中说："汉代提花织物可能是在普通织机上使用挑花棒织成花纹的，真正的提花机的出现可能稍晚。"① 令人遗憾的是，他没有来得及具体论证自己的这一看法，便与世长辞了。

夏鼐在中国冶金史的研究方面，也有相当重要的贡献。首先，他最早指出藁城台西商代遗址所出铁刃铜钺可能是用天然陨铁制成的。1972年台西遗址出土的铁刃铜钺，是中国考古学上的一项重要发现，表明我国人民早在公元前14世纪已经认识了铁，因而迅速得到夏鼐的高度重视。开始进行的技术鉴定，以为铁刃属古代熟铁。他考虑到人类在发明炼铁以前有时利用陨铁制器，而鉴定结果中铁刃的含镍量又高于一般冶炼的熟铁，当即表示鉴定并未排斥这铁是陨铁的可能，还不能确定其为古代冶炼的熟铁，需要进一步分析研究②。后经夏鼐约请钢铁专家柯俊重新组织鉴定，多种现代化手段的分析结果证明藁城铜钺的铁刃不是人工冶炼的熟铁，而是用陨铁锻成的③，从而避免了中国考古学和中国科技史上的一场混乱。众所周知，夏鼐还纠正了我国早在3世纪的西晋便能提炼铝的错误说法。1953年宜兴周处墓发现17件金属带饰，发掘者将一块碎片请人鉴定，分析结果为铝。由于炼铝是19世纪发明电解法后才被人们掌握的一种新技术，这项发现迅速引起国内外的广泛注意。但是，后来有人分析的一块碎片，却是银制的。为了澄清事实的真相，夏鼐请人采取几种不同的方法，对现存的全部带饰重新鉴定，检验结果都是银而不是铝。他注意到周处墓曾被盗扰，小块铝片有系后世混入物的重大嫌疑，因而建议大家不再引用它作为晋代已知冶炼金属铝的证据。夏鼐又根据考古所有关同志在湖北大冶铜绿山古铜矿遗址进行发掘的资料，讨论这处古代铜矿由竖井→横巷→盲井掘取矿石的过程，以及为采掘矿石而在提升、排水、通风等方面采取的相应措施，推想当年矿工利用发掘中见到的那些采矿工具进行采掘工作的情况，并且亲自设计了提升用木

---

① 《中国文明的起源》，文物出版社1986年版，第55页。
② 《〈河北藁城台西村的商代遗址〉读后记》，载《考古》，1973年第5期。
③ 李众：《关于藁城商代铜钺铁刃的分析》，载《考古学报》，1976年第2期。

辘轳的复原方案①。他还指出：田野考古学的引入，使中国青铜器的研究提高到一个新的水平。今天，我们不仅研究青铜器本身的来源（出土地点），还要研究它们的原料来源。对古铜矿进行调查、发掘和研究，这是中国青铜器研究的一个新领域，也是中国考古学新开辟的一个重要领域。

在中国陶瓷史方面，夏鼐没有发表过专题论文，但一直是非常关心的。50年代，他曾在《考古》杂志上特地介绍陶瓷专家周仁等的专著《景德镇瓷器的研究》②，对国内采取现代科技方法进行瓷器研究的这一开端表示热情的欢迎。这篇书评说："作为一个社会科学工作者，我们所最感兴趣的，不是作为古董来玩赏的古瓷，而是制造这些古瓷的陶业工人。我们所以要分析和鉴定古代陶瓷的原料的成分、成品的物理性能和制造技术，只是因为它们是陶瓷工人的技术知识和手艺技巧的表现。此外，古代陶瓷工业还有另一方面，便是当时的审美观念。这便须要研究古瓷的器形和花纹。……如果忽视了这一方面，仍不能算是对于古瓷的全面的研究。"后来，正是在夏鼐的约请下，周仁和他的几位助手对古代陶瓷标本进行大量的分析鉴定工作。这便使中国陶瓷史研究走上了科学的道路。

此外，夏鼐的研究还涉及科技史领域的其他许多方面。例如，《元安西王府址和阿拉伯数码幻方》一文，讨论了中国引进阿拉伯幻方和数码字的经过，属数学史问题；《我国出土的蚀花的肉红石髓珠》一文，讨论石串珠蚀花技术及其年代和地理分布，属化学史问题；《梦溪笔谈中的喻皓木经》一文③，对中国古代建筑史上的一部重要技术著作，进行整理和校释；《略谈番薯和薯蓣》一文④，所论则属农业作物史上的问题，等等。

---

① 《湖北铜绿山古铜矿》，载《考古学报》，1982年第1期。
② 《介绍周仁等著〈景德镇瓷器的研究〉》，载《考古学报》，1959年第6期。
③ 《考古》，1982年第1期。
④ 《考古》，1961年第8期。

五

利用考古学资料探讨中西交通史上的问题，是夏鼐学术研究的又一重要的方面。他所进行的研究，既包括中国古代通过陆上的丝绸之路与波斯、拜占庭、阿拉伯等国家之间的交往情况，又包括海上交通和古外销瓷等问题。

夏鼐对我国各地出土的波斯萨珊朝文物作过许多研究，例如对新疆、青海、西安、洛阳和定县等地出土的银币，大同、西安和敖汉等地出土的金银器皿，新疆阿斯塔那墓地出土的织锦，都曾撰写专文进行考察。在逐项具体研究的基础上，他又先后发表《综述中国出土的波斯萨珊朝银币》[1]和《近年中国出土的萨珊朝文物》[2]两篇综合性文章，进一步讨论中国和伊朗两国人民友好往来的历史，还对中西交通的路线提出创见。

我国各地发现波斯银币的地点，大多数分布在"丝绸之路"的沿线，或者在它东端长安、洛阳到其他城市的延长线上，共计30余批1100多枚。据夏鼐鉴定，这些波斯银币分别铸造于萨珊王朝中期和后期的12个国王在位期间，从沙卜尔二世（310—379年）到最后的伊斯提泽德三世（632—651年），延续近350年。其中半数属库思老二世式的阿拉伯—萨珊银币。铸造地点明确的，几乎都在萨珊帝国的中部和东部。他认为，这些银币的发现反映了萨珊帝国的权力起落和经济兴衰，也反映了它作为中国和东罗马（拜占庭）之间的贸易中间站的历史地位与发展情况，并且恰好能同中国史书的有关记载相互印证。特别是根据青海西宁的发现，他引证《法显传》、《宋云行记》和《高僧传》等书，提出从4世纪末到6世纪初，即东晋南北朝时期，中西交通路线除甘肃河西走廊一线外，西宁也在重要的孔道上。他说，当时由西宁进发，或经柴达木盆地北行过当金山口至敦煌，然后西行进入新疆，或经柴达木盆地南缘越阿尔金山至

---

[1] 《考古学报》，1974年第1期。

[2] 《考古》，1978年第2期。

新疆的若羌，这条偏南的交通线之所以骤形重要，应与吐谷浑的兴盛有关。在夏鼐提出此说以前，中西交通史研究者对这条路线却不够重视。

夏鼐根据一些地方发现的萨珊式金银器和织锦，深入讨论波斯文物在中国的流传及其深刻影响。他说：在唐朝以前，萨珊朝金银器已输入中国，唐朝初期输入更多，并有中国的金银匠人模仿制作，可能也有波斯匠人在中国制作的。萨珊帝国覆灭以后，直到安史之乱，仍有这种风格金银器的输入或仿制。中国制造的仿制品，一般器形和波斯所制大致相同，但花纹常是唐代的中国风格。而在瓷器、漆器和铜器中，也有模仿萨珊式金银器的情形。他又曾指出：古代丝绸的织造技术有两种不同的传统，中国汉锦是经线起花的重组织，西亚和中亚的织锦则采取纬线起花的方法织成；新疆发现的资料表明，中国丝绸的织造技术和花纹图案，经过魏晋南北朝到唐代，由于西方的影响发生很大的变化，6世纪时有一种可能为外销而生产的萨珊式花纹经锦，后来中国织锦的织法也改用纬线起花。这些都是古代中西文化交流互相取长补短的具体事例。

对某些北朝和隋唐墓葬中发现的东罗马和阿拉伯的金币，夏鼐也都进行过考释[①]。据鉴定，河北赞皇东魏李希宗墓所出三枚属狄奥多西斯二世（408—450年）和查斯丁二世（565—578年），西安土门唐墓一枚则为635年阿拉伯人开始占领拜占庭部分地区的仿制后希拉克略式，而西安窑头村唐墓出土的三枚阿拉伯金币则被判定为702年阿拉伯首都大马士革的铸品，是我国第一次发现的奥梅雅朝（白衣大食）时期的金币，也是我国发现的年代最早的伊斯兰铸币。夏鼐在文章中根据这些金币，分别讨论了中国和拜占庭、阿拉伯之间的友好往来及相关问题。

对于东西交通的海上航路问题，夏鼐同样十分注意。他除在自己的文章中提到南京东晋王氏墓出土印度所产"金刚指环"、广东英德和曲江的南朝墓出土

---

① 《咸阳底张湾隋墓出土的东罗马金币》，载《考古学论文集》；《西安土门村唐墓出土的拜占庭金币》，载《考古》，1968年第8期；《赞皇李希宗墓出土的拜占庭金币》，载《考古》，1977年第6期；《西安唐墓出土的阿拉伯金币》，载《考古》，1965年第8期。

波斯银币等早期物证外，又专文讨论了泉州两种文字合璧的元代也里可温墓碑①，扬州拉丁文的元代天主教徒墓碑及广州明墓出土的威尼斯银币②。他还较早地研讨中国古外销瓷问题，曾于1963年撰文介绍东非各地发现的中国宋元以至明清瓷片，特别提到他本人于1938年至1939年两度前往埃及福斯特遗址调查，亲手采集到当地仿制的青瓷和青花瓷残片，说明中国人民和非洲人民之间悠久的历史友谊③。后来，他又根据在瑞典看到的一大批18世纪中国烧制的"洋瓷"，讨论中国瓷器在当时采用西方的珐琅彩和"泰西画法"的情况④。

夏鼐的《真腊风土记校注》一书，对元代周达观这位温州同乡根据亲身经历记载柬埔寨吴哥时代真实情况的名著进行全面校勘和缜密注释，是他对中外交通史研究的又一重大贡献。《真腊风土记》是同时代人对吴哥文化极盛时代柬埔寨的惟一记载，向为国内外学术界所重视，法国汉学家伯希和等人即有多种译注问世。夏鼐以数十年的积累，收集十多种刊本、抄本，以及中外学者的有关论著，博采众说，择善而从，使之成为目前最好的、可依赖的一种本子。这也充分反映他在文献考据方面令人叹服的功力。

---

① 《两种文字合璧的泉州也里可温（景教）墓碑》，载《考古》，1981年第1期。
② 《扬州拉丁文墓碑和广州威尼斯银币》，载《考古》，1979年第6期。
③ 《作为古代中非交通关系证据的瓷器》，载《文物》，1963年第1期。
④ 《瑞典所藏的中国外销瓷》，载《文物》，1981年第5期。

作者简介

王仲殊，中国社会科学院考古研究所研究员。浙江宁波人，生于1925年10月。1950年北京大学历史系毕业，同年进入中国科学院考古所，从事汉唐考古学和日本考古学的研究。在夏鼐任考古所所长时，曾长期协助进行学术组织工作，并任所学术秘书、副所长，最后继任为所长。此外，又曾任中国考古学会秘书长、全国政协委员等职。

王世民，中国社会科学院考古研究所研究员。江苏徐州人，生于1935年7月。1956年北京大学历史系毕业，同年进入考古所，从事中国考古学史和商周考古的研究，以及图书资料和秘书工作。曾任考古所图书资料室主任、中国考古学会理事等职。近年承担《夏鼐文集》的编辑工作。

夏鼐主要著作目录

《辉县发掘报告》（主编并撰写部分章节）　科学出版社1956年出版。

《长沙发掘报告》（主编并撰写部分章节）　科学出版社1957年出版。

《考古学论文集》　科学出版社1961出版。

《考古学和科技史》　科学出版社1979年出版。

《真腊风土记校注》　中华书局1981年出版。

《中国文明的起源》　文物出版社1985年出版。

《夏鼐文集》　社会科学文献出版社1999年出版。

狄超白
(1910—1977)

著名的经济学家。曾任中国科学院经济研究所（现属中国社会科学院）代所长，哲学社会科学部委员。

狄超白原名狄幽青，又名狄操诚，生于江苏省溧阳县。1930年毕业于苏州中学，同年考入南京中央大学政治系。1931年加入中国共产党。1932年任中共溧阳县特别支部书记，创办《溧阳日报》。同年3月被捕，监禁于南京警备司令部，判刑10年。1934年7月在党的营救下，通过国民党上层人物于右任等出面保释出狱。1935—1937年在南京从事救亡运动。"七·七"抗战爆发后，深入安徽省六安一带，从事救亡活动。1938—1939年任安徽省抗敌动员委员会宣传部长。1940年1月转移到重庆，从事文化宣传和统战工作。1941—1944年任中共桂林文委书记，后被派往国民党粤系首领李济深处工作。1945年抗日战争胜利后，被派往广州。1946年转移到香港，任中共香港工作委员会学术小组组长。1947年香港达德学院成立，狄超白兼任教授。1948年底，达德学院被港英政府查封。1949年初狄超白根据党的决定，率部分师生回到北平。1949年3月起，就任中央财政经济部统计处处长。新中国成立后，改任中央财经委员会计划局统计处处长。1953年任国家统计局综合处处长，并兼任北京大学经济系教授。1954年春，狄超白被任命为中国科学院经济研究所代理所长，并被选为中国科学院哲学社会科学部委员。同年被选为第一届全国人民代表大会代表。1955年狄超白负责创办了《经济研究》杂志。1956年主持了《经济科学研究十二年（1956—1967）远景规划》（草案），并担任经济学副博士研究生导师。1958年遭受错误处分，被开除党籍。1977年重新工作后，担任了许涤新主编的《政治经济学辞典》编辑部的负责人。1977年11月7日因心肌梗塞逝世。1978年8月16日中共中国社会科学院经济研究所党总支决定对狄超白恢复党籍，撤销处分。1986年6月中纪委批准为狄超白彻底平反的结论。

狄超白

1932年2月狄超白受中共南京市委的派遣，回溧阳县开辟工作，在那里发展党员，建立了党的组织，他担任特别支部书记。当时国民党改组派在溧阳颇为活跃，狄超白为了掌握改组派的情况，在上级党组织的同意下，与改组派取得联系，从而能及时正确地掌握有关敌情。同时他还利用与改组派的关系，创办了《溧阳日报》，作为舆论宣传的阵地。同年3月，由于中共南京市委中一些人叛变自首，党的组织遭到重大破坏，狄超白被溧阳县政府逮捕押送南京警备司令部。在狱中狄超白坚贞不屈，拒不承认自己是共产党员，保护了溧阳特支的安全。后被判处10年徒刑，关押在中央陆军监狱。在监禁中，他把监狱当作自修马列主义的大学校，刻苦地钻研马列主义基本理论，写成了《通俗政治经济学讲话》一书。此书于1936年由上海新知书店出版，出版后受到读者的热烈欢迎，曾9次再版。1947年他在香港达德学院讲授政治经济学时，又将此书增写了"中国社会的经济法则"几节，改名为《政治经济学讲话》于1949年6月由上海三联书店出版，12月再版。1951年1月又再次修订，增加了关于新民主主义经济的新内容。

狄超白出狱后，参加了王昆仑、孙晓村等人组织的读书会，专门从事救亡活动。1936年1月上海各界救国联合会成立。随后，南京亦秘密成立了各界救国会，狄超白是该会五个常委之一，负责领导文化界、学生界和职工界的救国会。他利用一些合法组织的名义，多次举办"学术"讲演会，请曹孟君、孙晓村、千家驹、章乃器等主讲，向大学生和文化界、知识界宣传抗日活动。

"七·七"抗战爆发后，沈钧儒在南京创办《抗敌周刊》，狄超白任主编，大力宣传中共的抗日救国十大纲领。1939年春，狄超白为了向干部进行系统的理论教育，创办了《文化月报》。随着东南国土的大片沦陷和国民党当局对共产党活动的限制,狄超白根据中共区党委的指示,转移到武汉,又于1940年1月辗转来到重庆,继续从事文化宣传工作和统一战线工作。

1945年日本投降后,狄超白被派往广州、香港,继续从事统战和文化工作。1946年6月,周恩来电召狄超白到上海、南京汇报工作,并指示他:全面内战已不可避免,回香港后专作经济研究工作,不要再作统战工作了。狄超白回到香港后,担任中共香港工作委员会学术小组组长,成立了研究机构,搜集国内外经济资料,编辑出版了《中国经济年鉴》1947年和1948年各一卷。同时他还在香港达德学院兼任教授。达德学院是一所由民主党派出面,实际是中共与民主党派共同创办的为中共培育和输送干部的学校。建校初,由李济深任董事长,陈其瑗任校长。沈志远、邓初民、黄药眠、陶大镛、莫乃群、胡绳、侯外庐、翦伯赞、梅龚彬、章乃器、曾昭抡、萨空了、周而复、杜国庠、杨东莼、许涤新、马叙伦、乔冠华、何香凝、茅盾、郭沫若、夏衍、曹禺、章伯钧、臧克家、沈钧儒、邵荃麟、欧阳予倩、柳亚子、连贯、朱蕴山等一大批学者、作家和知名人士,都曾在此讲学,讲授文学、历史学、政治经济学等。狄超白在讲授马克思主义政治经济学时,还增加了"中国新民主主义经济制度"的新内容,宣传解放区经济制度的优越性。

1948年底,达德学院被港英政府查封。1949年3月,狄超白根据党的决定,与冯乃超一起率领达德学院部分师生回到北平,他除担任党中央财政经济部统计处处长外,还参加了新政协和新经济学会的筹备工作。新中国成立后,他改任中央财政经济委员会计划局统计处处长。1953年中财委统计处扩建为国家统计局,狄超白改任国家统计局综合处处长。此时正是我国统计工作的草创时期,他为我国统计工作的基础建设,作出了不少贡献。如编制定期物价报告,为稳定全国物价,提供决策性的重要参考。他还先后组织开展全国人口普查、全国国营大型工矿企业普查和大型私营企业普查,为编制第一个五年计划,开展大规模经济建设,提供了基础资料。此外,在工矿业普查的基础上,逐步建立起各个领域的定期统计报表制度,并在清理全国调查统计报表的基础上,制订了关于颁发调查统计报表的审批办法等。

狄超白在主持创建新中国统计工作十分繁忙的情况下，还应北京大学经济系的聘请，兼任教授，开设了《新民主主义经济之理论与实践》课程。他的讲课，深入浅出，理论联系实际，内容丰富、生动而又风趣，深受学生们的欢迎，每次讲课都座无虚席，大小教室挤得满满的。在课外，他还热情帮助学生们，让他们到中财委统计处去实习，使他们在工作实践中得到锻炼和提高。

1954年春，狄超白被任命为中国科学院经济研究所代理所长，在中国科学院成立学部时，被选为哲学社会科学部学部委员。同年，他被选为全国人民代表大会代表，出席了第一届全国人民代表大会。

自1953年党的过渡时期总路线公布后，我国的社会主义工业化建设和对私人资本主义工商业及农业手工业的社会主义改造就全面展开。客观的经济实践对我国经济理论研究工作，提出了更高的要求。为使我国的经济科学研究，进一步满足经济建设发展的需要，党决定创办经济理论刊物《经济研究》杂志，由狄超白负责筹备。1955年2月《经济研究》创刊。狄超白在〈发刊词〉中对当时经济研究工作的任务，作了如下的概括：（一）对国家的经济活动和社会经济的发展，不断进行调查和掌握足够资料，发现问题，并从理论上来解决这些问题。（二）研究政治经济学和部门经济学；研究和讨论我国过渡时期的经济法则及其作用，阐扬社会主义经济理论，以及批判和消除资产阶级唯心主义理论的影响。（三）整理和综合近代经济资料，作为有系统地研究各门经济科学和经济史的基础。（四）吸取苏联在社会主义建设过程中对于经济理论的研究成果，结合中国的具体条件和实践，加以丰富和发扬。同时也要研究社会主义阵营内部的经济关系及亚洲各国和重要资本主义国家的经济情况。狄超白认为这些都是时代赋予我国经济科学研究工作者的任务，因此无论在组织领导经济所的科研工作中，还是在自己的科研工作中，他都积极致力于实现这一时代的要求。

1954年末和1955年初，为了推动理论界关于我国过渡时期经济法则问题的理论研究，更好地为社会主义革命和建设服务，狄超白和中宣部理论处及《人民日报》理论部，共同发起举办了"关于我国过渡时期的经济规律问题"的学术座谈会，邀请了有代表性的经济学家展开百家争鸣，并决定把讨论情况及有代表性的论文，分别在《学习》杂志、《人民日报》和《经济研究》上发表。

为此,《经济研究》从创刊号起,就设置了"关于我国过渡时期的经济规律问题的讨论"专栏。这个专栏,始终坚持学术自由的方针:凡是在马克思主义指导下进行理论探讨,具有一定学术水平的文章,不论观点如何,一律根据"文责自负"的原则,不加删改地予以发表。讨论展开后,理论界出现了两种比较明显的理论倾向:一种观点认为,在我国过渡时期,社会主义基本经济法则已是支配整个国民经济的惟一的基本经济法则,剩余价值法则已不再是我国资本主义的基本经济法则,价值规律也不再是商品生产的基本法则了。另一种观点则认为,社会主义基本经济法则还不能发生作用,或并不处于支配地位。狄超白认为,这两者都是极端的偏见。前一种观点,把社会主义基本经济法则在国民经济中的作用范围夸大了,而后一种观点则把它缩小了。为了正确阐明我国过渡时期的经济规律,他在《经济研究》1955年第4期发表了题为《对于我国过渡时期经济规律问题的意见》(提纲)一文,全面地阐述了他对我国过渡时期经济规律问题的观点。

首先,他认为过渡时期是社会主义与资本主义两种生产方式谁战胜谁的时期。每一种生产方式都有自己的基本经济规律,离开了一定的生产方式来谈基本经济规律是形而上学的。国营经济是社会主义的经济形态,因此,社会主义的基本经济规律就是它的基本运动规律,不能因为社会主义的经济体系还不完整、不完善,就怀疑或否定它的规律。

其次,资本主义经济虽然在国民经济中的比重会逐渐缩小,然而它是贯穿于整个过渡时期的一种经济成分。因此,资本主义的基本经济规律——剩余价值规律必然要存在并发生作用和影响,虽然社会主义的外在影响可以限制剩余价值规律的作用和影响的范围,但并不能改变剩余价值规律在资本主义经济内部的支配作用。

第三,个体经济(小商品经济)是自己占有生产资料,以自己的劳动力为主进行生产的一种生产方式。价值规律是调节小商品生产的规律,所以价值规律的作用的存在,是不可否认的。

第四,国家资本主义是社会主义与资本主义相结合具有过渡性质的经济形态,它既然还存在着资本家所有制和资本剥削,就不能称之为社会主义企业。

如果只看到社会主义基本经济规律在公私合营企业中的主导作用，就认为资本主义经济规律已经不存在了，利润也不是剥削性质的了，这是不符合实际的。

第五，农业生产合作社经济是生产资料个体所有制和社会主义集体所有制相结合的经济形态，社会主义经济规律的作用范围，不仅受着集体所有制的范围的限制，而且还受着物质基础较落后的限制。因此国家的社会主义工业化对农业的社会主义改造具有决定性的意义，不能认为仅仅依靠农业合作社内部的力量，也可以达到社会主义。

第六，生产关系一定要适合生产力性质的规律，在过渡时期有广阔的作用场所。只有社会主义基本经济规律，才是能够体现过渡时期社会主义必然胜利的前途。

狄超白上述的这些观点，无论就当时我国的历史现实而言，还是就马克思主义理论而言，都是比较正确的。他之所以在标题上加上"提纲"二字，是本想在学术界展开深入讨论时，再详加论述。然而就在此时，因《经济研究》1955年第2期发表了林里夫《论决定我国过渡时期的各种生产底社会形态的基本经济法则》一文，遭致了有关方面的政治诬陷，而狄超白作为《经济研究》的主要负责人，亦遭到了有组织的批判，迫使他不得不作出"自我批评"，在这种情况下，在"提纲"基础上再作进一步论述的设想，就不得不搁置了。

1956年1月周恩来总理作了《关于知识分子问题》的报告，传达了毛泽东主席提出的赶上世界科学先进水平的号召。中国科学院党组召集全国各学科的科学家，着手制定12年赶上世界科学先进水平的科学研究规划。与此同时，发出通知要求动员全院党团员掀起一个向科学进军的高潮。狄超白根据院党组的要求，负责主持了《经济科学研究十二年（1956—1967）远景规划》（草案）的起草工作，同时领导经济研究所党支部讨论贯彻院党组关于检查工作任务完成情况和动员向科学进军。当时狄超白和党支部对青年中存在的为争取候补博士学位而奋斗的思想，采取了否定的态度，认为它会助长青年人脱离或减少为研究工作服务和为科学家作好助手工作的思想情绪，不利于党的向科学进军路线的贯彻执行。但是不料却引发了一场由经济所内直到全国范围内的批判经济所党支部的斗争，而狄超白则是首当其冲。紧跟着这场批判而来的是1957年的反右派运动。到1958年经济所党支部竟被定性为"狄超白、林里夫反党集团",狄超白则被错误地划为反党集团分子,受到开除党籍,撤职降级的处分。从此蒙受不白之冤达20多年。

狄超白在被开除党籍以后,依旧是以党员标准要求自己,依旧是孜孜不倦地进行社会主义政治经济学的研究和写作。为了使理论研究密切结合实际,他参加了经济研究所派赴东北和浙江、江西、广西等地的调查组,进行专题调查,深入基层,搜集第一手资料和统计数据,写出了一系列调查报告。他针对当时"左"的思想和政策,揭示了经济建设中存在的一些问题,提出了具有战略指导意义的理论观点和思考。由于狄超白的冤案在他在世期间未得平反,他的调查报告也就一直未能发表。在他去世后,他的遗稿因无人整理而大多遗失。但从现在所找到的他在1963年所写的《当前农业生产力性质及经济关系》、《当前农业技改的方向和工农关系》、《在社会主义价格理论问题座谈会上的发言》等遗稿看来,他的一些观点,对于我们总结经济建设的历史经验和理论研究,都是很有教益的。例如:

第一,他认为迄今为止,在我国的农业中,仍是以个体劳动、手工工具和简单协作为主,农业生产力的性质还比较落后,因此集体经济的规模不能过大。因为劳动资料的性质,决定着改造劳动对象的深度和广度。是生产规模决定劳动组织,而不是劳动组织决定生产规模。生产力的革命,固然要由劳动力的革命开始,不打破劳动者的单干形式,就不能为生产资料的革命开辟道路。但是,如果没有继之而起的生产资料的革命,则劳动力的革命既不能彻底,也不能巩固。只要生产过程的个体性质没有得到彻底改造,单干倾向就不可能消除。

第二,农业生产资料的革命,是农业技改的基本任务。在农业生产力中,人的作用比在工业中还重要,培养掌握先进知识技能的农业劳动者,是农业技改的首要任务。发展农业生产力,不但需要丰富的自然科学知识,还需要一定的社会科学知识,尤其是政治经济学的知识。对于一定的劳动对象,使用什么劳动手段和劳动力,或者一定的劳动力和劳动资料,用于什么劳动对象,是一个科学技术问题,同时又是一个经济学问题。经济发展速度,既决定于主观能动作用,又决定于是否掌握客观经济规律。符合客观经济规律的主观能动性,能够事半功倍，反之，则会事倍功半。

　　第三，现代化农业是工业装备的农业，是自然科学与政治经济学相结合的农业。农业生产力的每一个因子——劳动资料、劳动对象和劳动力——在社会总生产过程中能否或如何发挥最大的经济效果，不但取决于科学技术指导是否正确，而且首先决定于生产关系、经济管理体制和指导思想能否保证按照经济规律进行全面的经济核算。如对于有限的水源，灌在什么地区，灌什么作物，才能达到最大经济效果，存在着客观经济规律。由于我们初期阶段的经济管理体制还不完善、不统一，在农业建设投资方向上，有的地区违反了社会主义全面核算的经济原则，尤其是这些年来，许多干部把自然斗争和阶级斗争混同起来，将用于对敌斗争的经验，用于对自然的斗争，其结果，既在自然规律面前碰了壁，也在社会经济规律面前碰了壁。同时，不适当的削弱商品关系，过分压缩统销数量，机械地执行"以粮为纲"政策，加强了农业生产的自然经济倾向。此外，农业的自然条件和生产条件，都具有地区性特点，只有因地制宜，才能充分发挥自然的和社会的生产力。因地制宜要求地区分工分业，这是农业生产力社会化的重要方向，但是由于我们的经济区域隶属于行政区域，地区的自给平衡，扼杀了地区分工的发展。上述这些问题，有的反映了主观认识与客观存在之间的矛盾，有的反映了地区之间的矛盾，也有的是反映生产力与生产关系之间的矛盾。对于这种种矛盾，只有以恢复和发展社会主义生产力为主要指导思想，才能逐步得到克服。

　　第四，我国农业技术改革的目的，一是要巩固和发展社会主义现代化农业，把农业置于现代化物质技术基础之上；二是要使农产品总量有巨大的增长。归根到底，是要增加按全国人口平均对农畜产品的占有量。

　　狄超白十分强调社会主义农业必须是农林牧副渔全面发展的大农业。他认为在我国耕地少、人口多的条件下，尤其不能单纯依靠种植业。综合发展林牧渔业，可以为种植业的精耕细作和扩大再生产，提供物质的和经济的条件。同样，种植业的发展，反过来又能以更多的劳力和饲料等去发展畜牧业、林业和兴建水利工程。因此社会主义农业应以广义农业为基础。举例来说，要在黄河流域发展农牧业，关键措施是根治黄河。因此兴修三门峡水利工程枢纽及有关各项工程的主要目的，应是防洪蓄水（附带发电），以发展流域范围内的农牧业。为此目的，就需要在中上游植树造林，种牧草，防止水土冲刷，调节径流。这不仅为延长三门峡水库的寿命，更主要的是彻底改变黄河流域的自然面貌和农牧业的自然条件，为流域林牧业的发展和农业的精耕细作创造前提。没有这个前提，即使有更多的电力、化肥和拖拉机，也很难改变黄河中下游的自然面貌，很难实现全流域农业的精耕细作，从而也不能给工业发展创造条件。他指出，过去我们进行的流域规划，一般以发电为主，以供工业用电为主，如果根据以农业为基础，工业为主导的方针，则有些工程就需要重新研究。北方的河流，除黄河上游外，也许应以发展广义农业为主。北方多煤，可以火电为主。南方缺煤，河流建设水电站的自然条件较好。可以分别情况，采取发电、灌溉并重的方针。

狄超白在强调发展广义农业时，特别着重指出发展林业的重要意义。他说，我国平原耕地少，山区丘陵草原占全国土地面积的三分之二以上，年降雨量500毫米以下地区，占全国土地面积半数以上。因此要在全国耕地上推行精耕细作，除实行农牧结合和兴修水利工程外，还应大力利用广阔的宜林地，普遍植树造林。森林是自然生产力的重要物质泉源，它能增加雨量，调节径流，调节空气湿度，增加灌溉土壤的有机质。所以哪里有森林，哪里就有"青山不老、绿水长流"，就会在其附近和中下游发展出兴盛的农牧业。森林本身在很大程度上也是种植业，它能提供工业原料，木本粮食和木本油料，繁殖野生动物。人类一开始就是利用森林的自然生产力而生产生活的。数千年剥削制度，把全国的原始森林和天然次生林破坏殆尽，这是建设社会主义大农业的不利条件。过去在私有制生产方式下，要在全国范围内绿化山林，是绝对不可能的，社会主义生产方式提供了可能。全国有20至30亿亩宜林地，可以分批分期绿化。山林的绿化，会极大地恢复和促进农业与工业的生产力。因为自然生产力与社会生产力是相互依存、相互转化，能够相互促进的，充分认识和掌握这个规律，去建立起广义农业的生产结构，就能充分发挥农业的基础作用，为工作的发展，提供有利的条件。任何一个缺乏这种农业生产结构的社会主义国家，即使有较大的工业体系，其基础也是不完善的，事实上也难以实现经济上的独立自主。

第五，充分利用自然条件，农林牧副渔以一业为主，综合经营，应是我国社会主义农业生产发展的基本方针。这既与资本主义国家的生产单一化有区别，也与苏联农业的生产专业化有所不同。当前大部分公社和生产队都有依靠自己力量开展多种经营的能力，生产队经济的巩固与发展，也在很大程度上依靠多种经营的开展。以不同形式、不同规模发展多种经营，有利于将各种现代化科学技术应用于农业生产，进一步促进农业的精耕细作，它将代表崭新的农业生产力，其增产幅度所展示出的辉煌远景，都远非资本主义和小农经济所能比拟的。

狄超白的上述观点，在一定意义上可以认为是他准备写进他的《社会主义政治经济学》专著的一些基本观点。但是，遗憾的是，他的这部专著，刚写完第一篇第一章《从资本主义到社会主义》，就不得不因参加农村"四清"运动而搁置，接着又因在"文革"十年浩劫中遭受新的政治迫害而无法完成——虽然他早就拟定了全书的纲目。

"文革"以后，狄超白重又焕发了革命的青春，一再表示要为发展马克思主义经济科学贡献力量。1977年夏，许涤新主持编写《政治经济学辞典》时，约请狄超白具体负责辞典编辑部的工作，狄超白全身心地投身到辞典编辑工作中去。1977年11月2日他在泰安举行的"政治经济学辞典会议"总结会上，作了《关于〈政治经济学辞典〉凡例的几个问题》的报告。由于长时间的积劳过度，于11月7日回到北京的当天，因心肌梗塞而与世长辞。

1978年8月16日中共中国社会科学院经济研究所党总支，就狄超白的冤案申诉进行审查，做出初步决定，宣布给他恢复党籍，撤销处分。11月4日给狄超白举行了追悼会。在悼词中肯定了"狄超白同志在数十年中，立场坚定，爱憎分明，忠于人民，忠于党"，"他的不幸逝世，是我国经济学界的一个损失"。

1985年4月中共中国社会科学院经济研究所分党组作出《关于"狄超白、林里夫反党集团"问题的复查平反结论》，1986年6月中国社会科学院在《院内通讯》发表了《中纪委批复我院纪委：彻底为"狄超白、林里夫反党集团"平反》的消息，狄超白的冤案，得到了彻底平反昭雪，还了这位坚定的马克思主义经济学家以公平和清白。狄超白一生坚定的革命立场，孜孜不倦勤奋好学的态度和热情培育后学的精神，将永远是值得人们学习和怀念的。

附注：本文参考了《中国当代经济学家传略》中《狄超白传略》和友仁的《狄超白传略》。

（朱家桢　编撰）

作者简介

朱家桢，1929年11月生，江苏吴县人。1948年入苏州东吴大学经济系。1953年毕业于上海财经学院经济系，同年分配到中国科学院经济研究所（现属中国社会科学院）先后任研究实习员、助理研究员、副研究员、研究员。同时兼任教授、硕士生和博士生导师，中国经济思想史学会副会长。著有专著、论文、调查研究报告多部（篇）。

狄超白主要著作目录

《通俗政治经济学讲话》 新知书店 1936 年出版。

《经济学讲座》 《教育短波》1937 年。

《经济学讲座》 《文化月刊》1939 年第 2 期。

《论游资》 重庆《新华月报》1941 年。

《原子能与资本主义经济体系》 《自由世界》1946 年 5 月。

《中国土地问题讲话》 香港生活书店 1947 年出版。

《生产力与生产关系》 香港生活书店 1948 年出版。

《政治经济学讲话》 三联书店 1951 年出版。

《新民主主义的合作经济》 《学习》杂志第 1 卷第 3 期。

《过渡时期的个体经济》 《学习》杂志第 1 卷第 4 期。

《过渡时期各种利润的性质及其法则》 《学习》杂志第 3 卷第 2、3 期。

《国家资本主义的性质、形式及其作用》 《学习》杂志第 4 卷第 4 期。

《对于我国过渡时期经济规律问题的意见提纲》 《经济研究》1955 年第 4 期。

《我国过渡时期社会主义经济的发展及其规律》 《经济研究》1956 年第 4 期。

季羡林
(1911—2009)

著名的古文学学家、历史学家、作家。曾任中国社会科学院南亚研究所（现亚太研究所）所长，哲学社会科学部委员。

季羡林生于山东省清平县（现并入临清市）。在济南市上小学、初中和高中。1930年考入清华大学西洋文学系。1934年毕业，回母校济南高中任国文教员一年。1935年考取清华大学与德国的交换研究生，赴德国入哥廷根大学学习梵文、巴利文和吐火罗文等。1941年获哲学博士学位。1946年回国，任北京大学教授兼东方语言文学系主任。1956年当选为中国科学院哲学社会科学部委员。1978年兼任北京大学副校长、中国社会科学院与北京大学合办的南亚研究所所长。1984年研究所分设，改任北京大学南亚东南亚研究所所长。1956年加入中国共产党。历任第一届北京市人民代表大会代表，第二至第五届全国政协委员，第六届全国人民代表大会代表，并当选为六届人大常委。先后担任中国外国文学学会会长、中国南亚学会会长、中国民族古文字学会名誉会长、中国语言学会会长、中国外语教学研究会会长、中国高等教育学会副会长和中国敦煌吐鲁番学会会长等。著作已经汇编成《季羡林文集》，共有24卷，内容包括印度古代语言、中印文化关系、印度历史与文化、中国文化和东方文化、佛教、比较文学与民间文学、糖史、吐火罗文、散文、序跋以及梵文与其他语种文学作品的翻译。

季羡林

季羡林出生在山东省清平县一个农民家庭。童年时代，家境贫寒，是村里最穷的一家。常年吃的是"红高粱饼子就苦咸菜"，心目中天下的最高享受是能吃上"白面馒头"。童年的艰苦生活养成了他日后吃苦耐劳、自强不息的刚毅性格。

6岁时，叔父接他去济南，供他上学。学生时代，喜爱文学，在给予他深刻影响的中学国文教员中，既有桐城派古文作家王昆玉，也有新文学作家胡也频和董秋芳。同时，他刻苦学习英语，成绩在班上名列前茅。因此，季羡林在中学时代就已在报刊上发表多篇文学创作和译作。

1930年，季羡林中学毕业，同时考取清华大学和北京大学。他选择了清华大学，入西洋文学系，专修方向是德语。在大学四年中，专业成绩始终优秀，毕业论文是 The Eearly Poems of Holderlin（《荷尔德林的早期诗》）。在清华园里，以共同的兴趣和爱好，与同学中的吴组缃、林庚和李长之结为好友，称作清华园"四剑客"。在清华期间，季羡林先后发表散文创作和译作十多篇。

1934年，季羡林大学毕业，应母校山东省立高中校长之邀，回母校任国文教员。他认真教书，平等待人，与学生关系融洽。教书之余，还为一家大报主编一个文学副刊。当时，郑振铎要为他出一个散文集。季羡林本人也有意于此，并为自己的散文集想好了一个书名，叫《因梦集》。恰好在这期间，他考上了清华大学与德国的交换研究生，此事暂时搁浅。直至半个世纪后，即1986年北京大学出版社出版的《季羡林散文集》中才用上这个书名。这部集子共收入季羡林的四个散文集：《因梦集》、《天竺心影》、《朗润集》和《燕南集》。

留学德国是季羡林学术生涯的转折点。倘若没有遇上这个机会，季羡林一生对中国文化的贡献或许会集中在散文创作上。留学德国后，季羡林走上东方学研究道路，毫不吝惜地奉献自己的才智和心血。但散文创作仿佛已成为他生命的有机组成部分，永远无法割弃。几十年来，在研究工作之余，季羡林一直坚持散文创作。而且，十分奇特，季羡林进入老年后，创作活力愈发旺盛。继上述4个散文集后，近些年中结集出版的还有《万泉集》、《小山集》、《留德十年》和《牛棚杂忆》，在国内文学评论界享有"老生代"的美称。季羡林已成为中国现代学者散文流派的重镇，荣获1995—1996年鲁迅文学奖中的全国优秀散文杂文荣誉奖。

季羡林的散文创作成就值得国内学术界认真研究。季羡林在青年时代广泛阅读中国古典诗文。他尤其喜欢抒情性散文，如司马迁的《报任少卿书》、陶渊明的《桃花源记》、李密的《陈情表》、韩愈的《祭十二郎文》、欧阳修的《泷冈阡表》、苏轼的《前后赤壁赋》和归有光的《项脊轩记》。他也十分欣赏词藻华丽的六朝骈文，李商隐和李贺的诗，姜白石和吴文英的词。而季羡林性格内向，感情往往积聚心中，唯有散文能叩开他的心扉。季羡林天性也正直质朴。因此，他的散文最终没有走上追求词藻华丽的一路，而坚持有感而发，以情驭文。

季羡林对中国古典散文的借鉴主要有三条："感情必须充沛真挚"；"遣词造句必须简练、优美、生动"；"整篇布局必须紧凑浑成"①。在充沛真挚的感情表达上还要补充一条，即"讲究含蓄，讲究蕴藉，讲究神韵，言有尽而意无尽"②。他认为中国现代许多散文大家的作品都继承了中国优秀古典散文的传统。当然，中国现代散文也接受西方散文的影响。季羡林的散文也在潜移默化中接受英国散文、俄国散文（主要是屠格涅夫）和日本散文的影响。但他认为同样接受西方影响，与中国现代诗歌、小说和戏剧相比，中国现代散文的"中国味"还是"颇为浓烈"的③。而季羡林爱读日本现代散文，也是觉得日本散

---

① 《季羡林文集》第2卷，江西教育出版社1996年版，第175页。

② 《季羡林文集》第2卷，第180页。

③ 同上书，第179页。

文中有一种"东方的神韵"①。正因为季羡林在散文创作中注重真情实感，追求神韵，讲究遣字造句和布局结构，通读季羡林的散文不仅能享受到艺术美，而且能深切体验一位中国杰出学者在20世纪的心路历程。

1935年秋，季羡林到达德国，进入哥廷根大学。开始的时候，为选择专业科目，有过一阵彷徨和烦恼。后来，在大学教务处看到教授开课的布告中，有瓦尔德施米特（Waldschmidt）教授开设的梵文课。他顿时心里一亮，决定学梵文。这一决定看似偶然，却寓有必然。在清华大学读书时，选修课中给他影响最深的是朱光潜的《文艺心理学》和陈寅恪的《佛经翻译文学》。他曾与几个同学一起请求陈寅恪开梵文课，未能如愿。如今他终于在哥廷根大学圆了这个梦。人生中的机会真是可遇而不可求。

巧中还有巧。瓦尔德施米特是吕德斯（H. Luders）的学生。而陈寅恪早年留学德国学习梵文和其他东方古文字，业师就是吕德斯。陈寅恪回国后，利用梵文、巴利文和其他古代文字史料，拓展中国边疆史地、佛教和中外文化交流研究领域，备受学术界同仁景仰。季羡林在清华大学读书时，就深知梵文对于中国文化研究的重要性。此刻，他决定学梵文，也是一种理性的选择。他在当时的留德日记中写道："我终于非读Sanskrit（梵文）不行。中国文化受印度文化的影响太大了。我要对中印文化关系彻底研究一下，或能有所发明"②。

季羡林随瓦尔德斯米特教授学了5个学期梵文后，开始撰写博士论文，题目是《〈大事〉偈颂部分中限定动词的变化》。《大事》是一部用混合梵语写成的佛典。混合梵文（Hybrid Sanskrit）是佛典语言从俗语向梵语转化过程中产生的一种语言，对于佛教文献研究具有重要意义。而在第二次世界大战爆发后不久，瓦尔德斯米特教授被征从军，于是，已经退休的西克（E. Sieg）教授代替瓦尔德斯米特教授上课。西克教授是吐火罗语专家。吐火罗语（Tocharian）是中国新疆出土的一种古代文献语言，由西克和西格灵两位教授在比较语言学家舒尔策帮助下读通，并合著吐火罗语的奠基作《吐火罗语法》。这样，季羡林一

---

① 《季羡林文集》第13卷，第131页。

② 《季羡林文集》第2卷，第440页。

面撰写博士论文，一面跟随西克教授学习梵文和吐火罗语。经过5年的收集资料、研究和写作，季羡林于1940年完成博士论文，并于1941年以优等的成绩获得博士学位。

学业完成后，季羡林一心想要回国，但战争期间交通受阻，无法如愿。在此后被迫滞留德国的4年中，季羡林专心从事佛典语言研究。在险恶的战争环境中，他长期忍受饥饿的折磨。当时，季羡林读到俄文原著果戈理《钦差大臣》中，仆人奥西普躺在主人床上的一段独白："唉，我的天，哪怕有点菜汤喝喝也好呀。我现在恨不得要把整个世界都吞下肚子里去"，引起强烈共鸣，感到这话"写得何等好呀！"[①] 轰炸和饥饿交相压迫，季羡林却在佛典语言研究中找到强烈的生命乐趣。诚如他在后来结集的《印度古代语言论集》前言中所描述："机声隆隆，饥肠雷鸣，人命危浅，朝不虑夕。然而我却是积稿盈案，乐此不倦，开电灯以继晷，恒兀兀以穷年。稍有所获，则拍案叫绝。此中情趣，诚不足为外人道也。"[②]

季羡林记取瓦尔德斯米特教授在指导他写作博士论文时，要求他删去一切陈言的训示，在研究中恪守学术贵在创造的信条。他先后写成并发表了3篇重要论文。《〈福力太子因缘经〉吐火罗文本的诸异本》运用包括汉译本在内的《福力太子因缘经》各种文本，进行比较研究，以解决吐火罗语语义问题。这种文本比较方法是研究失传的古文字的最有效途径。《中世印度语言中语尾am向o和u的转化》揭示中世印度西北方言的一个重要语法特点。《使用不定过去时作为确定佛典年代和来源的标准》揭示中世印度东部方言多用不定过去时以及其他5个语法特点。由于印度古人历史观念淡薄，历史和神话传说长期混淆不清，给现代学者从事包括佛教史在内的印度古代史研究造成极大困难。而季羡林通过语言比较研究，确定各个地区古代语言的语法特点，为探索佛教起源、发展和传播提供了一种可靠的论证手段。季羡林在留学德国期间撰写的这几篇富有创见的论文现已成为佛教语言研究史上的重要文献。

---

① 《季羡林文集》第2卷，第475页。

② 《印度古代语言论集》，中国社会科学出版社1982年版，第1页。

1945年，第二次世界大战一结束，季羡林就辗转取道回国，历经种种困难，于1946年5月到达上海，回到阔别10年的祖国怀抱。同年秋，经陈寅恪推荐，季羡林被聘为北京大学教授，创建东方语文系。他确定了东方语文系的办学宗旨和方案。他还著文宣传东方语文学的重要性：在实用方面，可以培养派往东方国家的合格外交人员，不至于在外交工作中给中国人丢脸；在学术方面，中国与东方国家的文化交流史，应该由我们中国学者自己研究，而不应该由西方学者越俎代庖。尤其是在中国出土的吐火罗语、于阗语和粟特语等古代语言文献资料，若让外国学者包揽研究，而我们自己视若无睹，更是民族的耻辱。还有，佛教对于中国文化的影响众所周知，而对佛教的深入研究又离不开梵文、巴利文和其他古代语言。因此，季羡林鼓励青年学者要有勇气投身东方语文学这块学术研究的新园地。

　　季羡林回国后，随着学术环境和研究条件的变化，不可能像在德国那样专攻佛典语言，尤其是混合梵语和吐火罗语，而是以自己掌握的多种古代语言为工具，着重研究佛教史和中印文化关系史，发表了一系列富有学术创见的论文。

　　《浮屠与佛》（1947），揭示梵语 Buddha（佛陀）一词在早期汉译佛经中译作"浮屠"是源自一种古代俗语，译作"佛"则是源自吐火罗语，从而纠正了长期流行的错误看法，即认为佛是梵语 Buddha（佛陀）一词的音译略称。这里顺便指出，季羡林在1989年又写了《再论浮屠与佛》，进一步论证汉文音译"浮屠"源自大夏语。这样，根据梵文 Buddha 一词的汉文音译，可以看出佛教从印度向中国传播有两条途径：

　　（1）印度→大夏（大月支）→中国

　　　　Buddha→Bodo，Boddo，Boudo→浮屠

　　（2）印度→中亚新疆小国→中国

　　　　Buddh→But 等→佛

由此也可以证明东汉《牟子理惑论》中关于《四十二章经》译自大月支的说法是符合历史事实的。这样，汉代之所以称佛为"浮屠"也就得到满意的解释。

　　《论梵文 ṭḍ 的音译》（1948），揭示汉译佛经中用来母字译梵文的顶音 ṭ 和 ḍ 是经过了 l 一个阶段，而 ṭ > ḍ > l 这种语音转变现象不属于梵文，而属于俗语。

因此，依据汉译佛经中梵文 td 的音译情况，可以将汉译佛经分为汉至南北朝、南北朝至隋和隋以后三个时期。前期汉译佛经的原文大半不是梵文，而是俗语或混合梵文；中期的原文也有很多是俗语和混合梵文，但梵文化程度有所进步；后期的原文是纯粹的梵文。

季羡林的这两篇论文在中国佛教史研究领域中别开生面，用比较语言研究方法，令人信服地证明汉译佛经最初并不是直接译自梵文，而是转译自西域古代语言。季羡林也据此提醒国内运用音译梵字研究中国古音的音韵学家，在进行"华梵对勘"时，一定要注意原文是不是梵文这个大前提。唐玄应《一切经音义》、慧琳《一切经音义》和玄奘《大唐西域记》中常常指称某某词语的旧译"讹也"或"讹略也"也都是在这个大前提上失误。

《论梵文妙法莲华经》（1947），指出《妙法莲华经》有多种汉译本，互相之间的不同表明梵文原本的不同。而依据现存《妙法莲华经》不同梵文原本中残留的俗语语法特点，可以推断这部佛经最早是用印度东部方言写成，后来传到印度西北部，期间经过梵文化过程，由印度西北部传入中亚，由中亚传到中国。

《记根本说一切有部律梵文原本的发现》（1950），揭示根本说一切有部律的梵文也留有俗语痕迹，说明它是由俗语转化过来的梵文。而与唐代义净的汉译本对勘，可以看出散文部分汉译忠实，偈颂部分则多有删削。

《三国两晋南北朝正史与印度传说》（1949），揭示中国正史中所记帝王形貌受佛经中所谓"三十二大人相"和"八十种好"的影响。

《〈列子〉与佛典》（1949），揭示《列子·汤问篇》中抄袭《生经》（西晋竺法护译）中的机关木人故事，证明《列子》不是先秦古籍，而是东晋张湛制造的伪书。

1956 年，为纪念佛教创始人释迦牟尼涅槃 2500 周年，季羡林撰写了《论原始佛教的语言问题》，依据 5 种汉译佛经异本，说明国外学者多少年来争论不休的巴利语《小品》中那句佛陀的话，只能译为"我允许你们，比丘呀，用（你们）自己的语言来学习佛所说的话"。这个结论的重要性在于它涉及佛陀的语言政策。佛教初起时，之所以在民众中传播很快，而佛经异本很多，语言很杂，都与这一语言政策有关。

1958年，季羡林又撰写了《再论原始佛教的语言问题》。这是一篇与美国梵文学者爱哲顿（F. Edgerton）展开学术论争的文章。爱哲顿在《佛教混合梵文文法和字典》（1953）一书中否认存在一种用"原始语言"写成的佛典。而季羡林同意德国梵文学者吕德斯的观点，在论文中以确凿的语言材料证明存在一种用"原始语言"写成的佛典。这种"原始语言"就是印度古代东部的方言，即古代"半摩揭陀语"。

在中印文化关系史研究方面，以往国内外学者大多偏重研究佛教对中国文化的影响，甚至有论者据此认为中印文化关系是"单向贸易"（one-way traffic）。季羡林认为这种看法不符合文化交流的历史实际。因此，季羡林在研究中，一方面重视佛教对中国文化的影响，另一方面着力探讨为前人所忽视的中国文化输入印度的问题。他先后写成《中国纸和造纸法输入印度的时间和地点问题》（1954）、《中国蚕丝输入印度问题的初步研究》（1955）和《中国纸和造纸法最初是否是由海路传到印度去的？》（1957）等论文，以翔实的史料，考证了中国纸张、造纸法和蚕丝传入印度的过程。

与此同时，季羡林兼治梵文文学，翻译出版了印度古代寓言故事集《五卷书》（1959）、迦梨陀娑的剧本《沙恭达罗》（1956）和《优哩婆湿》（1962），并撰写有《印度文学在中国》、《印度寓言和童话的世界"旅行"》、《〈五卷书〉译本序》、《关于〈优哩婆湿〉》和《〈十王子〉浅论》等论文。

从季羡林回国20年中奉献的丰硕学术成果看，佛教史、中印文化关系史和梵文文学，确实是一座座学术富矿，亟待中国学者努力开采。但梵文、巴利文和其他有关古代语言是开采的必备工具，而中国缺少这方面的人才，难以形成一定的规模，以发挥原本属于中国的学术优势。为了使这门学科后继有人，发扬光大，季羡林于1960年开设新中国成立以来的第一届梵文、巴利文班，与金克木合作，亲自执教5年。我有幸也是这个班的学生之一。两位先生对我们这个班寄予厚望，悉心培养。季羡林依据留学德国的经验，尤其注重激发学生学习的积极性和主动性。凡学习梵文课文，都要求我们事先预习，培养我们独立解决问题的能力。在课堂上采取讨论式教学方法，先由学生讲解课文，最后由老师解答疑难。梵文文法繁琐复杂，应该说是一种比较难学的外国语言。如果学生在学习中缺乏积极主动的思维能力，纵然勉强坚持读完5年，也未必能把梵文真正学到手。因此，这届梵文、巴利文班中，后来在学术上有所作为的学生都永远铭记两位先生的恩德。

季羡林倾心尽力完成这届梵文、巴利文班的教学任务后，没过一年，就遇上了"文化大革命"。季羡林在"文化大革命"中备受折磨，经历了生死考验。这在他"和泪写成"的《牛棚杂忆》中有详细记述。因为我毕业后分配在中国科学院（后中国社会科学院）外国文学研究所工作，这本书中记述的许多读来令人心酸的情况，当时我并不知道。1973年，我们研究所已初步开始恢复业务。所长冯至写信给季先生，拜托他指导我的业务。不久，冯先生告诉我季先生已回信表示"愿效绵薄之力"。于是，我兴冲冲前往北京大学东语系找季先生，却不是在系主任办公室，而是在学生宿舍值班室找到先生。原来，他当时还未"解放"，被安排在学生宿舍楼里看门、收发和传呼电话。先生邀我坐在长条板凳上，与我促膝而谈，授我治学之道。这次问学，先生给我留下印象最深的一句话是："做学问要从Bibliography（目录学）入手。"

季羡林从我们研究所开始恢复业务，肯定能预感到中国学术有复兴的希望。正是从1973年起，他开始偷偷翻译梵语史诗《罗摩衍那》。年复一年，矢心不渝。季羡林着手翻译这部巨著，并不存在出版的奢望。他只是出于一个学者的本能，为翻译而翻译。《罗摩衍那》是印度两大史诗之一，共有7卷。到1976年，季羡林已译出将近3卷。人民文学出版社得知消息后，立即委托我与他联系，将《罗摩衍那》列入出版计划。季羡林原先只准备译到第3卷为止，也算这几年里没有虚度光阴，以后便集中全力撰写《印度佛教史》，现在却欲罢不能了。这样，他坚持译下去，7卷8册的《罗摩衍那》中译本终于在80年代头5年里全部出齐，为中印文化交流史建立了又一座新的丰碑。结合《罗摩衍那》的翻译，季羡林还写了一部专著《罗摩衍那初探》（1979）。这部专著不仅对《罗摩衍那》的思想内容和艺术特点作了全面评价，还对与分析《罗摩衍那》密切相关的印度种姓、印度古代社会性质和历史分期问题提出自己的见解。他还发掘多种文字资料，撰写了长篇论文《〈罗摩衍那〉在中国》（1984），论证

《罗摩衍那》在中国汉族、傣族、蒙族、藏族和新疆地区的传播和影响。

　　1978年，季羡林恢复北京大学东语系系主任职务，随即又担任北京大学副校长，兼任中国社会科学院和北京大学合办的南亚研究所所长。在这期间，季羡林为了振兴中国的印度学，已经招收几名研究生。他将我们这批"文革"前的学生称作他的"第一代学生"，而将现在的这几名研究生称作他的"第二代学生"。从1981年年底起，他组织我们这两代学生举行每月一次的学术聚会。聚会的宗旨是交流国际印度学研究动态。与会者事先按照分工，浏览国外的东方学杂志，在会上介绍印度学研究的近期和最新动态。这个学术聚会坚持了整整一年，对我们开阔学术视野，选择研究课题，起到很好的作用。先生在聚会上也时常谈及治学方法，教导我们要依据原文，依据第一手材料进行研究；要熟悉前人的研究成果，以免"炒冷饭"，重复劳动；要经常了解学科发展的新情况，不要孤陋寡闻，故步自封；学术研究一定要有新发现，新见解，新贡献。

　　季羡林随着80年代进入古稀之年，但他学术生命仿佛进入了黄金时期。尽管行政事务和社会活动缠身，他依然故我，"咬定青山不放松"，抓紧一切可以利用的时间，潜心研究，勤奋写作，学术成果犹如高产油井中的石油喷涌而出。

　　季羡林主持的《大唐西域记校注》于1985年问世。玄奘的《大唐西域记》是一部蜚声海内外的史地名著，在国外已有多种语言译本。由于校注难度极大，此书在国内一直未有校注本。季羡林于1977年受中华书局委托，组织了一个各有专长的学者班子，通力协作，费时5年，终于贡献给学术界一部厚实的《大唐西域记校注》。这部校注既充分吸收国内外学者的研究成果，也纠正前人成果中的错漏，并努力解决前人忽略的问题或遗留的难点。季羡林还结合校注，写了一篇10万字的长篇论文《玄奘与〈大唐西域记〉》，作为校注本的前言。这篇论文对唐初中国和六、七世纪印度的宗教文化背景、唐初中印交通情况、玄奘生平事迹以及《大唐西域记》的学术意义作了充分论述。完成《大唐西域记校注》后，他趁热打铁，又主持完成《大唐西域记今译》（1985），为下一步完成《大唐西域记英译》创造了条件。因为现有的国外两种英译本都不可避免地存在不同程度的错误，实有重译的必要。这是中国学者对国际学术界应尽的职责。

　　随着国际学术交流机会增多，季羡林对国外学术的进展有了更深入的了解。

1980年，他读到几本国外学者关于原始佛教语言的论文集，激发他对这一问题又作了一次深入研究，写成《三论原始佛教的语言问题》(1984)。季羡林发现国外有些学者在原始佛教语言研究中有意标新立异，然而学风不够严谨，以致立论轻率，论证粗疏。因此，这篇论文也具有论争性。与前两论相比，这篇《三论》探讨的问题更广泛，涉及原始佛典的形成、佛教的传播、宗派的形成以及对阿育王碑的评价等等一系列问题。他有的放矢，对有没有一个"原始佛典"？"原始佛典"使用什么语言？是否有个"翻译"问题？释迦牟尼用什么语言说法？阿育王碑是否能显示方言划分？《毗尼母经》等经中讲的是诵读方法（音调），还是方言的不同？逐一阐述自己的看法。虽说具有论争性，他始终坚持以材料说话。季羡林在论证中也充分利用汉译佛经资料，体现中国学者在佛教研究领域的这一特殊优势。

在写作《三论》的同时，季羡林还发表了《中世印度雅利安语二题》(1984)。一是利用健陀罗语《法句经》、吉尔吉特残卷、《妙法莲华经》和《佛母宝德藏般若波罗蜜经》等4种新材料，再次论证他早在40年前就已提出的中世印度西北部方言一个重要的语法特点，即语尾 am 向 o 和 u 的转化，并指出这也是探索大乘佛教一条途径。二是依据巴利文具有大量使用不定过去时等语法特点，确认巴利文是印度中世东部方言。在此之前，季羡林也曾接受西方学术界的通行看法，认为巴利文是印度西部方言。但这种看法与巴利文具有许多东部方言特点相矛盾。因此，他经过深入思考，确认巴利文是印度中世东部方言摩揭陀语的一种形式。这样，也就能与上座部佛教关于佛典语言的传统说法达成一致，呈现历史的本来面目。

在佛教语言研究方面，季羡林还写了一篇重要论文《论梵文本〈圣胜慧到彼岸功德宝集偈〉》(1988)。这部大乘般若经是用混合梵语写的，表明它是般若部中早出的；其语言的主要特点是语尾 am 变成 o 或 u，表明它与印度西北部方言有关。这就涉及到大乘佛教的起源问题。过去一般认为大乘佛教起源于南印度，几乎已成定论。而季羡林认为大乘佛教分成原始大乘和古典大乘两个阶段。原始大乘使用混合梵语，内容处于小乘思想向大乘思想发展的过渡阶段。古典大乘则使用梵语，内容是纯粹的大乘思想。原始大乘起源地应该是东印度，时间应该上溯到公元前 2、3 世纪，滥觞于阿育王时期。因此，《圣胜慧到波岸功德宝集偈》虽然是早出的般若经，还不是原始的般若经。季羡林在这里提出的关于大乘佛教起源的创见还有待进一步深化，但已向揭开笼罩在佛教神话传说中的大乘起源之谜迈出了可贵的一步。佛教史研究中的空白和难点还有许多。季羡林于 1985 年以顾问身份参加以刘大年为团长的中国学者代表团，赴德国斯图加特出席第 16 届国际历史科学大会，提交了一篇近 10 万字的长篇论文《商人与佛教》，论述商人在印度的起源和在古代社会中的地位，探讨商人与佛教关系密切的原因，并同中国商人与宗教的关系进行比较。季羡林的这篇论文丰富了佛教史的研究内容，表明佛教研究的深化也要与社会史研究相结合。

季羡林的另一篇论文《佛教开创时期的一场被歪曲被遗忘的"路线斗争"》(1987)，论述佛教史研究中长期受到忽略的提婆达多问题。提婆达多是释迦牟尼的堂兄弟，在佛经中通常被描绘成一个十恶不赦的叛逆。而实际上，他代表早期佛教内部的不同派系，有自己的戒律、教义和信徒。晋代法显、唐代玄奘和义净都在印度看到过他的信徒，足见他的影响深远。因此，季羡林认为以后再写印度佛教史，不应该再忽略这个佛教史上的重大问题。

季羡林还在《佛教的倒流》(1991) 这篇论文中，钩稽中国佛教典籍中记载的史实，诸如永嘉禅师的《证道歌》传入印度；印度僧人叮嘱含光把智𫖮著作翻成梵文；玄奘在印度撰写梵文著作《会宗论》和《破恶见论》，回国后又将《大乘起信论》和老子《道德经》翻成梵文，揭示中国文化智慧融入佛教，传回印度的"倒流"现象。季羡林提出的这个问题发人深省。这也是他努力突破中印文化交流研究中所谓"单向贸易"论的又一次实践。

在吐火罗文研究中，季羡林撰写的《梅旦利耶与弥勒》(1989)，论证汉译佛经中弥勒的译名最早来自吐火罗文 Metrak（弥勒），而不是来自梵文 Maitreya（梅旦利耶）。前者出现在后汉和三国时期，后者出现在唐代。这篇论文与他的《论浮屠和佛》和《再论浮屠和佛》的论旨一致，说明佛教最早经由中亚传入中国，因此，最早的汉译佛典的原本不是梵文或巴利文，而主要是中亚（包括新疆）的古代语言。季羡林的另一篇论文《论"出家"》(1982) 考证吐火罗中的"出家"一词译自汉文，提供了文化交流中"倒流"现象的又一例证。

1975年，新疆吐鲁番地区由于一个偶然的机会，发现88张吐火罗文A（焉耆文）《弥勒会见记剧本》，用印度婆罗米字母中亚斜体写成，时间估计为唐代。新疆博物馆研究人员不识内容，1982年送来放大照片，请季羡林鉴定。季羡林将第一页看了几行，就发现了书名《弥勒会见记剧本》（Maitreya-Samiti-Natkam）。过去德国学者校订出版的残卷中，也有这部书的断片，但数量极少。这次新疆发现这样多而又连贯的残卷，实在是吐火罗文研究史上的空前盛举。季羡林认为这是我国博物馆工作者和考古工作者对世界学术的一个重要贡献。他义不容辞，自1982年开始，在自己的工作日程中又增加了这一项研究和译释吐火罗文《弥勒会见记剧本》的任务。他不断地挤出时间，历时七、八年，终于完成全书的译释工作。由于目前国内唯有季羡林通晓吐火罗文，此项译释工作的艰辛，别人也就难以真切体会。但我们只要读一下他的《吐火罗文A中的三十二相》（1982），多少也能窥豹一斑。"三十二相"也就是佛陀的"三十二大人相"，出现在该剧的第二幕中。季羡林通过有关"三十二相"的多种文字异本的对比研究，逐一确认吐火罗文三十二相的用字，纠正过去吐火罗文研究中一些弄错的或模糊不清的字义。这说明尽管西方学者早已读通吐火罗文，此后也不断有吐火罗文研究的成果问世，但一旦发现新的吐火罗文残卷，许多问题并无现成答案可查，仍要独立研究解决。方法就是不辞辛劳，参照各种平行的语言文字或译本，进行对比研究，别无捷径可走。而解决前人没有遇到或遇到而没有解决的种种问题，也就是为完善吐火罗文这门学科作出新贡献。

与译释吐火罗文《弥勒会见记剧本》同时，季羡林进行着另一项中印文化关系史研究中的重要课题——《糖史》研究。早在1978年季羡林撰写的《中印文化关系史论文集》前言中，就已经提出中印两国在制糖上互相交流的过程。印度最早制造出砂糖（Śarkarā），传到中国，也传到埃及和西方。因此，糖字的英文sugar，法文sucre，德文zucher，俄文caxap，都源自梵文Śarkarā。后来，中国又提高制糖术，将紫砂糖净化为白糖，"色味愈西域远甚"。这样，白糖又输入印度。因此，印度印地语中称白糖为cīnī（意思是"中国的"）。1981年，季羡林考释一张有关印度制糖法传入中国的敦煌残卷，并以此为题发表了一篇论文。这张残卷记载了中国工匠制造砂糖和煞割令（即Śarkarā）的方法，需要考释的问题涉及甘蔗的种类、糖的种类、砂糖与煞割令的区别等等。这激起季羡林全面深入研究糖史的兴趣。此后，他又发表两篇论文《古代印度砂糖的制造和使用》（1983）和《CīNī问题——中印文化关系交流的一个例证》（1987）。最终，于1996年完成一部近80万字的辉煌巨著《糖史》。

为了写这部《糖史》，季羡林跑了几年图书馆，在浩如烟海的群籍中爬罗剔抉。我们现在看到书中的大量引证取自中国古代正史、农书、医书、科技书、地理书、游记、方志、类书、笔记、杂著、诗文集以及外国人的游记和著作，举凡与糖史有关的材料，几乎"竭泽而渔"。季羡林也在书中形容自己"用最原始、最笨拙，但又非此不可的办法：把想查阅的书，不管多厚多重，一页一页地，一行一行地搜索"。有时候，这样"看下去，看下去，直看得书上的字在我眼前跳舞，一动不动，枯坐几个小时，全身疲软，头昏耳鸣"，但只要"能找到一两条对我有用的资料，我就兴会淋漓，手舞足蹈了"①。

季羡林穷数年之心力，写成这样一部《糖史》，或许在一般人看来仿佛是"小题大做"，殊不知他是以小见大，在追求一种理想，一种义理，一种"道"。他在引言中明确表示："我的一个小小的希望就是通过我这一本《糖史》，把一个视而不见的历史事实揭露给大家，让大家清醒地意识到，在像糖这样一个微不足道的日用食品的背后，居然还隐藏着一部人类文化交流史。"而"文化交流是人类进步的主要动力之一。人类必须互相学习，取长补短，才能不断前进，而人类进步的最终目标必然是某一种形式的大同之域"②。

其实，季羡林近10年来积极参与国内东西方文化问题的讨论，也贯彻着这一思想。季羡林将人类文化分为四个体系：中国文化体系，印度文化体系，阿拉伯伊斯兰文化体系，自古希腊、罗马至今的欧美文化体系。而前三者共同组成东方文化体系，后一者为西方文化体系。季羡林为东方民族的振兴和东方文化的复兴呐喊，提出东西方文化的变迁是"三十年河东，三十年河西"，在国内引起强烈反响。季羡林表达的是一种历史的、宏观的看法，也是对长期以来统

---

① 《文化交流的轨迹——中华蔗糖史》，经济日报出版社1997年版，第115页。

② 《文化交流的轨迹——中华蔗糖史》，第12、13页。

治世界的"欧洲中心主义"的积极反拨。但反对"欧洲中心主义",并不意味提倡"东方中心主义",或提倡"东方文化救国论"。季羡林依然是主张学习西方文化的,学习西方文化的精华,结合东方文化的精华,就能迎来东方文化的复兴。他认为德国学者斯宾格尔在第一次世界大战中写作《西方的没落》,能认识到具有活力的西方文化也会"没落",是他的可贵之处。但美中不足的是,他还没有认识到东方文化和西方文化的存在和交流关系。后来,英国历史学家汤因比比斯宾格尔高明之处,是引入东方文化的讨论,并寄希望于东方文化。

国内对于东西方文化问题的讨论,已有一百多年历史,难有定论,今后还会讨论下去。我始终觉得,季羡林不是作为政治家,也不是作为哲学家,而是以一个终身从事东方学的学者身份参加东西方文化讨论的。他表达的是一种信念,对于在近代和现代经历了地狱折磨和炼狱煎熬的东方民族终将复兴的伟大信念。季羡林也并不是在充当预言师,因为他心里十分明白,21世纪的东西方文化关系"不是一个理论问题,而是一个将由历史的发展进程来证明的事实问题"①。

季羡林虽然也参加东西方文化问题讨论,但近10年的工作重心依然是佛教史研究、吐火罗文研究和糖史研究。季羡林多少年来一直有志于撰写两部专史——《中印文化关系史》和《印度佛教史》,但始终未能如愿。季羡林曾于1991年,为《神州文化集成》丛书写过一本《中印文化交流史》,但限于丛书体例,只能写12万字。他认为只能大题小做,"戴着枷锁跳舞一场",以后还是要写一部《中印文化关系史》的。季羡林还没有写出这两部专史,原因固然不止一端,而究其深层原因,则与他的治学风格有关。季羡林通晓德语、英语和法语,掌握多种印度和西域古代语言,又有中国文史根底,若以综合前人研究成果为主的方式编写这两部专史,并非难事。但这不契合他的治学志趣。季羡林一向恪守学术研究贵在创造的信条。如果按照他的治学方法撰写这两部专史,那么,前人的研究成果要批判地吸收,研究史上的空白要努力填补,研究史上的难点要尽量解决。实际上,季羡林几十年来一直在做这种准备工作,取得的

---

① 《东西方文化议论集》,经济日报出版社1997年版,第16页。

成果陆续发表在各种学术刊物上，然后收在论文集中。但是，中印文化关系史和印度佛教史研究中的难点和空白又何其多，季羡林却乐此不疲。仅仅一个糖的文化交流，他越钻越深，追求"彻底性"，花费了几年的工夫。这样，撰写这两部专史的心愿一时也就难以实现了。

或许正是有感于此，季羡林曾在他的论文集《佛教与中印文化交流》（1990）后记中写道："专著诚然很好，但也有它的局限。一写专著，必求全面，结构框架，一一推敲。为了装点门面，中间必然掺上一些搔不着痒处的东西。论文则不然，可以就一个小问题阐述自己的看法，直抒胸臆，不用掺水。从世界学术史上和中国学术史上来看，论文的作用都不能低估。"[①] 确实，从学术发展史来看，有志于撰写专史或通史的学者都会不同程度地陷入一种两难境地。专著必须以创造性的专题研究为基础，一味地抄抄编编，学术就无从进步。而各项专题研究无有止境，专著也就无望诞生。在学术史上，这种两难境地多半只能依靠学者群体的学术分工来解决。但我们永远要对从事创造性学术研究的学者致以最高的敬意。今后国内诞生的《中印文化关系史》和《印度佛教史》，无论是由季羡林亲自动手撰写，或是由其他学者撰写，都将会充分吸收季羡林几十年来在这两个领域中提供的创造性研究成果。

季羡林自1946年从德国回国，受聘北京大学，创建东方语文系，开拓中国东方学学术园地。50多年如一日，他每天天不亮就起身，争分夺秒，勤奋治学，在佛典语言、中印文化关系史、佛教史、印度史、印度文学和比较文学等研究领域创获良多，著作等身，成为享誉海内外的东方学大师。同时，在他的倡导、培植和促进下，国内东方学也已成为一门颇有实力的学科，教学和研究队伍蔚为壮观。中国东方学有季羡林这样一位学术大师，实为中国东方学之福祉。

（黄宝生 撰稿）

---

① 《季羡林文集》第13卷，第126页。

作者简介

黄宝生，1942年出生于上海市。1960至1965年师从季羡林先生，毕业于北京大学东方语言文学系梵文巴利文专业。现任中国社会科学院外国文学研究所所长，研究员，《世界文学》主编。长期从事印度古代文学和诗学研究，主要著作有《印度古代文学》、《印度古典诗学》和《东方文学史》（合著）等。

季羡林主要学术著作目录

《中印文化关系史论丛》　　人民出版社 1957 年出版。

《印度简史》　　湖北人民出版社 1958 年出版。

《1857—1859 年印度民族起义》　　人民出版社 1958 年出版。

《罗摩衍那初探》　　外国文学出版社 1979 年出版。

《印度古代语言论集》　　中国社会科学出版社 1982 年出版。

《中印文化关系史论文集》　　三联书店 1982 年出版。

《原始佛教的语言问题》　　中国社会科学出版社 1985 年出版。

《大唐西域记校注》（合著）　　中华书局 1985 年出版。

《佛教与中印文化交流》　　江西人民出版社 1990 年出版。

《比较文学与民间文学》　　北京大学出版社 1991 年出版。

《季羡林学术论著自选集》　　北京师范学院出版社 1991 年出版。

《留德十年》　　东方出版社 1992 年出版。

《吐火罗语研究导论》　　新文丰出版公司 1993 年出版。

《文化交流的轨迹——中华蔗糖史》　　经济日报出版社 1997 年出版。

何其芳

(1911—1977)

著名的文艺理论家、诗人、作家。曾任中国科学院文学研究所（现中国社会科学院文学所）所长，哲学社会科学部委员。

何其芳原名何永芳，生于四川万县割草坝一个封建家庭。1926年入万县中学，1929年夏，入上海吴淞中国公学预科。1930年，以优异成绩同时考取北大、清华二校。先入清华外文系，两三个月后即离开。1931年秋，入北大哲学系，名诗《预言》即写于此时。1936年以散文集《画梦录》获《大公报》文艺奖。1935年北大毕业后，何其芳先后任教于天津南开中学、山东莱阳乡村师范、成都联合中学。在成都时与卞之琳等创办《工作》半月刊，从事抗日宣传。

1938年8月，何其芳与卞之琳、沙汀一行辗转奔赴延安，受到毛泽东接见，旋即安排到鲁迅艺术学院工作。11月到晋西北和冀中生活与工作，次年4月返回延安，任鲁艺文学系主任。1942年参加了延安文艺座谈会。1944年到1947年，曾两次被派往重庆工作。从重庆回延安后先后在中央城工部和中央工委工作，作过3个月朱德秘书。1948年1月，到河北平山县参加土改和整党工作，11月调马列学院任国文教员。1949年参加筹办并出席第一次文代会。1953年奉调创建文学研究所（原属北大，1956年改为中国科学院文学研究所），历任领导小组组长、副所长、所长、一级研究员。他是中国科学院哲学社会科学部委员、《文学评论》主编、《人民文学》和《文艺报》编委。他还是第一、二、三届全国政协委员，第三届全国人大代表，全国文联委员，中国作家协会理事、书记处书记等。

何其芳

屈指算来,先师何其芳辞世,已21年有余了。岁月流逝,泉台幽邈,但他的人格风范,他的诗、文、著述,特别是他的治学精神,却长留人间,给后辈学人以榜样,以启迪,以力量,不废如江河行地。

他为人真诚、平易、宽厚,从来不摆领导的架子,也没有某些学者的清高,乃至霸气。在文学所任所长的一二十年间,虽德高望重,能做到令行禁止,但上上下下,党内党外,大家都亲切地免姓称他其芳同志,谁也不以职衔相称。只有毛泽东在为他修改《不怕鬼的故事·序》时,特意在何其芳的署名之上添了"中国科学院文学研究所所长"12字的正式官衔。

关于何其芳的学术贡献和治学精神,周扬曾作过这样的评价:"其芳同志在艺术上不断进行着新的追求和探索,在理论上也有自己的独立建树。其芳同志治学严谨,刻苦勤奋。他研究了我国古典诗歌、民歌、新诗在形式上的特点,根据现代汉语的客观规律,提出了建立现代格律诗的主张,并且在自己的创作实践上,对诗歌的形式进行了新的探索。他关于我国古典文学的研究,提出了不少自己独到的见解,推动了我国古典文学研究的发展。他不止一次地说过,做好古典文学研究工作,特别是总结那些带有规律性的问题,不仅有助于社会主义文学的发展,还可以丰富我国马克思主义的文艺理论。丰富和发展马克思主义文艺理论——这就是他的,也是我们大家的一个共同的奋斗目标。每个国家的文艺作品都有自己的民族特色。马克思主义文艺理论也只有在自己民族的基础上才能得到很好的发展,这就要求把马克思主义文艺理论不但要和我国当前文艺运动实践结合起来,而且要和我国悠久的文化传统结合起来。其芳同志在这一方面做出了自己的努力和贡献。"① 应该说，这是一个有分寸的，实事求是的评价。而且也只是在何其芳的广阔研究领域中举其大要。事实上，还有一些重要的方面应该提及，如当代文学批评、外国文学研究、文学艺术教育、科研组织领导等，他都有自己的建树。总之，从做人，到作文，他都有许多值得记忆，值得效法的东西。

真诚、善意、"书生气"

何其芳是一个真诚的人，坦率的人；有童心，常显出几分天真。对待同志，对待学生，他从不设防，别人也不会防他。他的诗歌和散文，无论是早年的《预言》、《画梦录》，还是参加革命后的《夜歌和白天的歌》，抑或是晚年写的《深深的哀悼》及其续篇，还有为数不少的近体古诗，都因为能够向读者袒露襟怀，能够见出真人格、真情性，而备受欢迎。有论者认为，他非常喜欢在诗文中诉说自己，这是不错的。他不仅喜欢，并且很善于把自己的所经所历，所想所思，直到细微的心理隐曲、情感波流，通过优美的文字，传递给读者。不仅作品如此，就是他的那些大块头的学术文章，在相当规范的专业术语和理论框架的后面，敏锐的读者，也不难窥见一个可以与之彼此交流的作者的存在，析理论事，都没有"隔"的感觉。他的文字常见灵智的闪光，如电火行空，启人醒悟，有时亦不免一切人都会有的偏颇和缺陷。但无论是灵智的闪光，还是偏颇与缺陷，都真实地袒露在那里，既无遮拦，更无作伪。

何其芳的真诚，一半出于天性，但更重要的是一种信念，是一种自律。在《刻意集》序里他说，"现实的鞭子终于会打来的，但一个人最要紧的是诚实"②；还说，"一个踏实于自己的人应当最知道他自己"③。因此，他也就不怕把自己所想的东西如实地告诉别人。陈荒煤说，他对人没有恶意，心里存不住

---

① 《何其芳文集》序，见《何其芳文集》第1卷，人民文学出版社1982年版，第4页。

② 《何其芳文集》第2卷，第123页。

③ 同上书，第121页。

话。据荒煤回忆，在延安鲁艺的时候，"工作中有不同意见和看法，学生中发生了什么使他感到不安和不快的事，发现了文学系同学中的好作品，工作中感到什么困难，甚至恋爱中的烦恼、欢乐，他都要对我们讲。我们已经养成一种习惯：如其芳晚间迟迟没有上山时，就在窑洞外边等他'汇报'。更不用说，当他写了得意的诗章，他一定要对我们朗诵。他的心始终是向他的战友打开的。因为天真、坦率，无论在生活或工作中，其芳有时也有烦恼、苦闷、痛苦的。除了向我们倾诉之外，我清楚地记得，他有时还会站在山头大声叫嚷道：'哎哟，怎么得了哦！'，使得全东山的同志都知道我们的其芳有了不称心的事。"[1] 这是一种典型的不失其赤子之心的诗人气质。

在现实生活中，这种诗人气质，则又常被称为书生气、书卷气。当年曾与何其芳一起奔赴延安的沙汀回忆说："他给我的印象比较一般：长袍、眼镜、身材不高，黝黑的脸显得胖胖的，书生气相当重。"[2] 看来，书生气是许多人对他的共同感觉和共同印象。据他生前告诉我，解放以后，曾有多年没有见到毛泽东，有一次在会上碰到，毛泽东远远走过来打招呼，头一句话就问："怎么样，还是那么书生气吧？"

书生气是一种评价人的模糊概念，当它被人们用来说明何其芳的真诚性格的表现时，指的是天真、厚道、心口如一。陈荒煤说，和这样的同志一道工作，让人感到省事、愉快。巴金也很肯定何其芳的这种快人快语、敢讲真话的品格，他说："给我印象最深的另一件事，就是他从来不隐瞒自己的观点，他敢说、敢想、敢争论，辩论起来不怕得罪人，不怕言辞尖锐。有一次听见一个朋友婉转地批评他，他不接受。他说，有意见就应当讲出来；要分清是非，就是把话讲清楚；不能因为怕得罪人，有话不讲，讲出来，错了就改正……我当时也不完全理解他的意思，我有这种不正确的想法：为了团结人，何必这样认真？不用说，我没有讲出来。但是从此我没有得到安定：讲不讲的问题始终不曾解决。每当我听到了面面俱到、不痛不痒的话，或者看见人为了'明哲保身'什么话

---

[1] 《忆何其芳》，见《何其芳研究专集》，四川文艺出版社1986年版，第53页。

[2] 《何其芳选集·题记》，见《何其芳研究专集》，第18页。

也不讲，不然就是当面一套背后一套、睁起眼睛信口随说的时候，我就仿佛挨着皮鞭的抽打，我就想到其芳，我深感自己同他差得太远了。"① 巴金是一位挚诚温厚的老人，因为能够向读者坦诚地披露自己的襟怀，特别是因为在晚年的杰作《随想录》中进行了自我灵魂的拷问，还有深沉的自省和严格的自我解剖，而赢得了社会的尊敬。他对何其芳的真率笃诚的性格的肯定，实际上是一种内在人格的相期和相求，是心灵贴近的共振与和声。

何其芳因为真诚而诗文俱佳，而赢得人们的敬重，但也惹来不少麻烦。他要讲自己真实的意见和看法，就难免会碰上"哪壶不开提哪壶"的尴尬局面，特别是他的真实意见和看法与当时的潮流大相径庭的时候。比如1958年的新民歌运动，他原是抱着很大的热情下去考察的，到西安作协时，召开了一个座谈会，我有幸参加，那是我第一次见到他。记得他在会上讲了许多让我惊诧的意见。他说他看了许多有名的"诗村"，那里的干部扬言他们村要出几个李白，几个杜甫，几个白居易，几个郭沫若，他颇不以为然，说那怎么可能呢，中国几千年，不就只出了一个李白，一个杜甫，一个白居易，一个郭沫若吗？你一个村子，几天就要出几个，太不实事求是了。出一个大诗人，要有许多主观和客观条件，不是说出就能出的。记得他还谈到一位被称作"大诗人"的农民诗人，凡到哪个村里参观的领导，他都要当场作诗献上。何其芳说，他去参观时，这个农民诗人也献给他一首，实在说不上有什么好。他还说，哪儿有那么多灵感？他举自己的例子，说是当年在延安写诗，写得很苦，从这个山头到那个山头地转，有时一天也琢磨不出一句好诗来。因此很为那个农民诗人难过，认为他肯定穷于应付。

作为真诚的杰出诗人，何其芳不仅写出过许多深受读者欢迎，传诵很广的优美诗篇，而且是"五四"新文学运动以来第一位系统地探索，并建立了现代格律诗的理论体系的学者。早至1953年的《关于写诗和读诗》的文章里，他就提出了现代格律诗的问题，把新诗区分为格律诗和自由诗，主张建立现代格律诗。1954年，他专门写了《关于现代格律诗》的长篇论文，就建立现代格律诗

---

① 《衷心感谢他》，上海文艺出版社1987年版，第3—4页。

的必要,现代格律诗的顿和押韵,现代格律诗不能采用五、七言体等问题,进行了系统而又周详的论证与发挥。他提出,现代格律诗除了应该具备诗的一般特点外,以形式而论,还应每行有一定的顿数,可分三顿、四顿、五顿几种不同的句式。在长诗中,如有必要,顿数可以变化;其次要押大致相适的韵,不一定非要一韵到底,可以少到两行一换韵,四行一换韵。何其芳关于现代格律诗的理论主张,是在研究了中国古典诗歌和民歌的传统,研究了"五四"以来新诗创作的实践经验,并借鉴了外国诗歌的形式规律的基础上提出来的。基于这样的系统研究和一贯主张,他在1958年写了《关于新诗的百花齐放的问题》的文章,认为民歌体有较大的局限。他对新民歌的态度以及关于民歌的局限的看法,显然与毛泽东在成都会议上对于新诗发展要走民歌和古典诗歌相结合的道路的意见不十分一致,于是遭到一次全国范围的围攻。他在自己主持的《文学评论》上连续发表了《关于诗歌形式问题的争论》和《再谈诗歌形式问题》,向围攻的人进行了说理的反驳,文章气势逼人,很见锋芒。因为在新民歌问题上讲了真话,不仅当时遭围攻,就是后来在"文革"中挨整时,也是他的一条重要罪状。

毛泽东称赞他做事"认真"

记得50年代末,60年代初的时候,我做研究生,有一次何其芳来和我们谈写文章。他认为文章就是要认真地写,认真地改,一遍一遍地改、抄。对于一些人写文章的潦草,他持严厉的批评态度。写出草稿不看、不改、不抄,就拿出去发表,他认为是不负责任的表现。他说,他写文章,从不把草稿拿出去发表,写完后总要反复修改,最后誊抄一遍,一边誊抄,一边修改。他有这样一句话,给我留下了深刻的印象,至今记忆犹新:"自己的文章,连重抄一遍的兴趣都没有,还能指望读者有兴趣看吗?"

何其芳的这种反复誊抄自己文章的极其认真的习惯,一直坚持到他生命的终点。我这里现在仍珍藏着他1976年所写的《深深的哀悼》的两份誊抄件,它们因抄写中进行了修改而彼此有一些不同，并且也与收在文集中的稿本互见差异。1977年7月，他以癌症而住院，动完手术，刚拔下输血的针头，醒转过来，插在刀口上自胃中引流的管子还往外排着带血的液体，他就嚷着叫拿他刚写出的回忆录《毛泽东之歌》的清样来，他要赶快校改。那已经到了他弥留之际了。

据沙汀回忆："毛主席曾经赏识过其芳同志的工作作风，说他做事认真。而据我所知，他那种事无巨细都有不肯马虎的精神，真也值得学习。"① 周扬对何其芳的认真负责，也有很高的评价，他说："不论在战争年代，还是在和平时期，不论是进行文艺创作、文学史和文艺理论的研究，还是搞教学工作和行政领导工作，以及党所分配给他的任何其他工作，他都是那样忠心耿耿，兢兢业业。在'鲁艺'期间，他为学员看稿、改稿，有时一首小诗，他也会写上几百字、千把字的评语；学员办墙报字写的不好，他就亲自动手帮他们抄写。50年代，他服从党的分配，领导文学研究所的工作，他就亲自深入去熟悉材料，占有材料，从《诗经》、《楚辞》一本本从头学起。他为我党培养了一批文艺创作人才和理论研究人才。毛泽东同志称赞其芳同志做事'认真'。认真负责，一丝不苟，这就是其芳同志的工作作风。凡是和其芳同志共过事的人，无不感到他的这种工作作风值得钦佩。毛泽东同志用'认真'二字来称赞何其芳同志，这个评价是多么贴切，多么正确。'认真'是不容易做到的。共产党人就是世界上最认真的人。我们要无负于共产党员这称号，就得做一个真正认真的人。在这点上，何其芳同志正是我们学习的榜样。"② 毛泽东曾讲过，世界上怕就怕"认真"二字，共产党人就最讲"认真"。实际上是把这一点作为革命者的重要品格加以强调的。我以为，"认真"在何其芳的身上，既是一种工作作风，也是一种学术品格，更是非常难能可贵的做人风范，处世原则。

60年代初，他根据毛泽东的指示，领导编选了《不怕鬼的故事》。成书以后写了序言，拿给毛泽东过目。毛泽东三次召见了他，并对序言作了修改，在毛泽东加进的一段话里，用了"光昌流丽"一词，原话是："难道我们越怕

---

① 《何其芳选集·题记》，见《何其芳研究专集》，第20页。

② 《何其芳文集》序，见《何其芳文集》第1卷，第4页。

'鬼','鬼'就越喜爱我们，发出慈悲心，不害我们，而我们的事业就会忽然变得顺利起来，一切光昌流丽，春暖花开了吗?"① 何其芳没有见过"光昌流丽"这种组词法和用法，有点不放心，怕出"硬伤"，贻笑大方。以往，他的文章拿出去发表前，一般都要请所里学识渊博的老专家帮助把把关，以尽可能避免差错。于是打电话给俞平伯，请教"光昌流丽"有没有这种用法，俞老先生说有，他也就踏实了，从而更加佩服毛泽东学问的高深。这件事后来在"文革"中作为他的重大"反毛主席"的罪名而被反复批斗。

　　何其芳的认真，是连着他率真、坦诚的本性的，这种品格，经过长期的自律，经过学术的、生活的磨炼，表现在他身上，已经成为一种近乎本能的东西了。他的认真，不是为了做给别人看的表面文章，而是在他看来本来就应该如此。在学术研究上，他非常强调从详细地占有材料出发，认为这是一切研究工作的起点，他说："材料占有得越充分，问题的面貌也就越清楚。而且我们做研究工作，不应当只是重复前人的结论，总要努力去发现新的问题，解决新的问题。问题的发现和解决的线索也总是存在于材料之中。我们占有了相当数量的材料，然后才可能知道在我们研究题目的范围内有哪些问题前人还没有解决，才可能发现前人不曾提出过的问题。我们又围绕这些问题占有更大数量的材料，然后才可能看清楚问题的关键在哪里，才可能找到问题的正确答案。"② 这是他身体力行的经验之谈。

　　在写文章、用材料的问题上，何其芳常说的一句话是："要经得起查书。"主编《文学评论》的那些年，凡属要发表的稿件，他都要求编辑认真查对其中的引文，一看文字是否有错讹，二看引证是否符合原意，尽量避免断章取义。在论争中，他特别厌恶那种为了加罪加错于他而不惜歪曲他的观点的做法。别人对他采取攻其一点，不计其余的断章取义的办法，但他从不"即以其人之道，还治其人之身"。"要经得起查书"的衡文标准，很有一些源于他自己的深受曲解之害。

---

　　① 《不怕鬼的故事》序，见《何其芳文集》第6卷，第206页。
　　② 《少数民族文学史编写中的问题》，见《何其芳文集》第6卷，第271页。

学术大师治学录

"文革"后期，研究所部分恢复业务，他领导一批研究人员与北京齿轮厂合作编注一部《唐诗选》。说是合作，其实主要由文学所完成。从选目的确定，到每篇的题解、注释的审定，都由他最后拍板。唐山大地震后，家家户户都住进防震棚里，他却若无其事地坐在书房里校改大家的注释稿。为了他的安全，我们好不容易把他劝到搭在长安街南侧人行道上的防震棚里，他仍然带着书稿。有一天我去看他，他正拿着一份注释稿，说："这些个注解多不准确，就是不愿意查书，举手之劳嘛！"我看那稿样，几乎每条都被他仔细地用红色圆珠笔改正过，这如其说是×注，还不如说是何注。记得当时就在旁边的师母牟决鸣埋怨他死认真，往往为一条注释跑回家去爬上爬下地翻书，让家里人为他操心。在何其芳眼里，那随时都有可能发生的地震的危险，远没有一条唐诗注解的准确性重要。正是在他的这种言传身教的严格要求之下，培养了文学研究所的一种可以称之为传统的踏实、认真、求实的学风。

历史、现状、马列主义

记得作研究生的时候，其芳师专门给我们做过一次关于研究方法的报告，那是应同学们的要求做的。他一走上讲台便提出要大家仔细读读毛泽东的《改造我们的学习》，说这篇文章同学们肯定都读过，甚至读过不止一遍，但是恐怕很少有人把它作为从事学术研究方法的文献来学习。在他看来，做学问的方法，研究的方法，在本质上是一种思想方法，是哲学的世界观和方法论在具体学术研究领域的应用。他一再强调，学术研究方法其实是一种特殊的工作方法。他认为，毛泽东在《改造我们的学习》里，所提的历史、现状、马列主义，或历史、现状、理论的观点，带有普遍的指导意义，无论做什么工作都不能不注意，文学研究亦如此。

在具体的研究对象上，何其芳非常重视占有和掌握资料，通过占有和掌握资料，尽可能详细和周密地了解课题的历史和现状，例如，前人有些什么重要的、值得重视的研究成果，有哪些值得借鉴之处，存在着哪些局限，以及现在进展到什么程度，水平如何，难点何在，等等，只有这样，才能找到自己进行研究的着力点，最终获得创造性的实绩。以对屈原的研究为例，他告诉我们，这并不是他原先非常熟悉的领域。为尽可能详细地占有资料，了解屈原研究的历史和现状，他阅读了能够找得到的古往今来的全部《楚辞》的注本，特别是文学所图书馆馆藏的屈赋注本。另外，还全面涉猎了古人的研究成果和包括郭沫若、游国恩等在内的大量今人的研究成果。最后写成了他第一篇系统的有分量的古典文学研究学术论文：《屈原和他的作品》。在这篇论文中，何其芳论证了屈原作品的人民性的问题，地域文化特色的问题，探讨了这些作品的思想成就和艺术价值，并且论述了屈原在文学史上的地位及其对后世的影响。这篇论文能够反映当时学术界运用马克思主义方法研究屈原所达到的水平。

按照何其芳原先的设想，既然党派他组建并主持文学所的研究工作，他就要取得发言权，自己也应成为名副其实的这个领域的专家。屈原是他选择的第一个突破口，取得经验后，再及于其他。他的雄心是，在屈原研究结束后，还要按照历史的顺序，把中国文学史上最有代表性的作家，一个个研究下来，提出自己的看法，得出自己的结论。但在论文写出后，他发现，工程太大，靠他一个人的力量根本无法完成此项计划，何况他还有非常繁重的行政和业务领导工作，以及繁忙的社会活动，毕竟一个人的精力有限。他不得不在后来放弃了这个他自己的系统研究计划。不过，他的这一研究意图，到了60年代初，在他领导下由余冠英主持集体编写的文学所三卷本《中国文学史》里，却得到了相当程度的贯彻。

《屈原和他的作品》在何其芳古典文学研究的历程中，不只是取得了对一位具体作家作品的研究成果，而且具有学术研究方法论上的意义。通过资料的占有和梳理，他取得了运用马克思主义观点与方法分析、评价古代作家作品的较为系统的经验。这一点在论文中是有明确的反映的。他在开始引用列宁的如下一段话很值得注意："'马克思主义是站在事实的基础之上，而不是站在可能的基础之上。马克思主义应当只把真正的和无可争辩的被证实了的事实，作为自己政策的前提。'列宁这几句关于无产阶级的政党应该在什么基础上规定自己政策的话，它的精神对于研究工作也是适用的。这是我们首先应该建立的观点。

根据这种观点，我们就要提倡实事求是的态度。做研究工作，在这点上和毛泽东同志在《改造我们的学习》中所说的做实际工作应该是一样的：必须不凭主观想象，不凭一时的热情，而凭客观存在的事实，详细占有材料，在马克思主义一般原理的指导下，从这些材料中引出正确的结论。关于中国古代文学的研究，由于前人的辛勤的努力，积累了丰富的材料，这是应当肯定的。但是，也应该说明，在一部分研究者中却产生了一种不好的风气，那就是牵强附会地追求个人的创见，极少根据或者毫无根据就制造出一些新奇的议论。这样的研究者实在是无实事求是之意，有哗众取宠之心。"① 从这段话中不难看出，无论是正面的阐述，还是对反面的批评，都可以归结到一点，这就是强调马克思主义最根本的精神，即毛泽东思想的精义所在：实事求是，一切从事实出发，从客观存在的实际出发。终其一生，何其芳所反复强调的"马克思列宁主义的理论的指导"，都可以从方法论上作这样的理解。

毛泽东在《改革我们的学习》里所一再申说的实事求是的思想原则，表现在何其芳的研究实践中，就是他的求实的学风。这种学风，首先通过他的一系列研究成果，即他的涉及面很广的学术论著体现出来；同时，因为他是文学所的领导人，这种学风也通过他的组织与带动，而成为这个学术群体共同认可，一致遵循的学风，久而久之，也就逐渐形成一种弥足珍贵的传统。比如，在历次由他主持的文学研究所办所方针任务的修订稿中，都有专门的条目谈学风。他做事细致、认真，办所方针任务的制定，包括文字的起草、改定，都由他亲自动手，不用旁人代劳。直到1965年下半年，"左"祸日炽，乌云压城之势渐成，"文革"浩劫将至，即使在这种山雨欲来的沉闷形势下，由他手订的学风条仍这样写着："文学研究所坚持和发扬谦虚的、刻苦的、战斗的、实事求是的学风。"现在看来，这里的"战斗"，就是马克思主义经典作家常讲的"战斗的唯物主义"，"战斗的马克思主义"的意思，指一种批判精神、积极进取精神、革命精神，即敢于追求真理、坚持真理、为真理献身的精神。学术研究是科学，是人们借助于科学向未知领域的推进，既是推进，就要有勇气。这也就是马克思在

---

① 《何其芳文集》第4卷，第428页。

《〈政治经济学批判〉序言》末尾所强调的:"在科学的入口处,正像在地狱的入口处一样,必须提出这样的要求:'这里必须根绝一切犹豫;这里任何怯懦都无济于事'。"

写在方针任务中的学风,是研究所学者群体所遵循的规范,但作为这一学风的倡导者、制定者,何其芳又是它的力行者和主要代表。这种求实的学风,在他个人的研究实践中,又与他真诚、坦率的品格,认真勤奋的自律相结合,再加上他的诗人气质,艺术禀赋等因素,遂形成一种个人特点非常鲜明、非常突出的他自己的学术风格。

像毛泽东在《改造我们的学习》里提出历史、现状、马列主义的观点一样,何其芳对于它的理解和运用也主要在求实一点上。从这一点来说,历史、现状、马列主义,在何其芳的学术活动中,当然主要是起一种方法论的作用,但又不只是方法论,它还是一种学术研究的格局。从个人的学术研究格局来说,他的关注领域大体上可以划分为三个部分:其一,是文学史的研究,包括文学史的一般规律的研究,古代、现代重要作家作品的研究;其二,当代文学现状的研究,包括当代文艺思潮、作家作品、文艺纷争、文艺批评等;其三,理论研究,这里主要是对马克思主义文艺理论,特别是毛泽东文艺思想的阐释,也包括在马列主义指导下对一系列具体理论问题的研究。

另外,从文学所研究组、室的设置上,即他所领导的研究群体的学术格局上,也大体可以见出相近的思路。以中国文学历史作为研究对象的主要有两个研究室:一是古代文学研究室,其研究范围从远古直到"五四"文学革命之前,含近代文学;一是现代文学研究室,其研究范围上起"五四"文学革命,下迄1949年全国解放。专门负责文学现状研究的是人民共和国文学研究室,以名称过长,为称呼方便后改称当代文学研究室。另外,还有专门的文艺理论研究室,主要研究马克思主义文艺理论,马克思主义美学,兼及马克思主义指导下的中国古代文论研究。就是说,这种研究室的划分法,基本上对应着历史、现状、马列主义观念。因为文学研究所的特殊地位和它拥有的国内第一流的文学研究的学者群,所以它的由研究室的设置而体现出来的学术格局,不仅影响了各高校中文系相应的教研室的设置,而且影响了此后几十年中国文学研究的学科划分与配置。就连文学研究学科划分的某些不尽合理，不尽科学的缺陷也与文学所的组室设置不无关系。比如，当代文学和现代文学两个学科的划分，不仅名称含义容易混淆，就是时段的切割也不尽合理，"20世纪文学"概念提出，就是对这两个文学研究学科重新整合的结果。尽管如此，也不能抹杀何其芳依据历史、现状、马列主义的指导思想，在建立我国文学研究学科上的历史贡献。

古今中外

这里所说的古今中外，对于何其芳来说，首先是指一种文化素养，同时也是一种学术研究的文化视野和格局。

作为文化素养，何其芳是主张多读书的。他认为，从事文学研究必须要有广博的学识，不仅要广博，而且要扎实。因此，他总是勉励年轻人读好书，多读书，而且必须刻苦地、勤奋地读。记得作研究生时一入校，他就给我们开了一个"必读书目三百部"，凡属没有读过的，毕业以前都要补读。这个书目，全系名著，以文学为主，但又不局限于文学，还包括了大量哲学、史学、经济学等领域的重要著作，是一个涵盖了古今中外的书目。在开这个书目之前，他还征求过他在所内外的一些专家朋友的意见。

我们做研究生的课程，也由他亲自设计，请哪一些专家来讲，也是他定的，有些还是他屈尊延请的。课程设置，也是古今中外。外国文学的专题有罗念生讲的古希腊悲剧，李健吾讲的法国文学，季羡林讲的印度文学，冯至讲的德国文学等，都是各自领域第一流的专家。中国文学也一样，讲《诗经》专题的是余冠英，讲《楚辞》的是游国恩，讲杜甫的是冯至，讲《西厢记》的是广东中山大学的王季思等。为了讲好现代文学，并训练学生的写作，他特意把唐弢从上海调到所里，做专职的研究生指导教师，就近住在研究生宿舍所在的铁狮子胡同一号。此外，还有朱光潜讲的西方美学史课程，宗白华讲的中国古代美学专题，以及其他专家讲的哲学课，逻辑学课，美术史课等。我总觉得，何其芳在很大程度上是按照自己的知识结构，文化素养来要求和培养他的学生们的，因此必读书目和课程设置，都注意到了古今中外的兼收与包容。

何其芳出身于四川万县的一个有文化的封建家庭，有家学的传统，受过长时间的私塾教育，系统地读过一些古代典籍、诗文和古典小说等，后来又受新式教育，大学先后读过外文系和哲学系，酷爱读书，古今中外，涉及面极广。以新诗而论，做学生时，他就读过当时大学图书馆收藏的全部新诗集，包括翻译的。他还读过当时能找到的、借到的几乎全部已经翻译过来的外国文学作品。这不仅为他早年的诗文创作，培养了很好的艺术感受力，又为他后来的从事文学研究，打下了很扎实的基础，养成了勤奋读书的习惯。

他爱书如命，嗜书如命。平生不抽烟，不喝酒，几乎说不上有什么嗜好。如果非得要说有什么嗜好的话，就是嗜书。写作、工作之余，他惟一经常光顾的地方就是琉璃厂中国书店。那里有了什么好书，特别是善本、孤本，他一定要为所里图书馆买来，或为他自己买来收藏。文学所48万册藏书，其中的线装书，尤其是善本书库的收藏，基本上都是在他当所长时购置的。而文学类珍、善本的收藏，仅次于北图，而与北大图书馆互有短长。他个人的藏书，达3万余册。除了曾作过文学所第一任兼职所长的藏书家郑振铎，在文学所，他就是首屈一指的了。他的藏书，以线装书为主，也有善本，加上大量平装书，在内容上含古今中外。这些图书在他身后为广播学院（今广播电视大学）所收藏，那里的图书馆设有专门的何其芳藏书阅览室。

何其芳读书，有做批语的习惯，许多很重要的思想见解，就批在他自己的书上，它们大部分没有被系统地整理过。整理这些批语，不仅对于何其芳研究，就是对于更广的意义上的文学研究，也都是非常有价值的。

从文化视野上来看，何其芳学术研究所关注的领域，也可以说涵盖了古今中外。在他留下来的学术遗产中，属于中国古代文学研究的，以1956年写的长达8万余字的《论〈红楼梦〉》为代表。在这篇论文中，他不仅对《红楼梦》作了全面的精细的思想分析和艺术分析，对其中一些主要的人物典型如贾宝玉、林黛玉、王熙凤、晴雯等给了准确的评价，对当时与以往红学研究中的一系列重要问题，如"市民说"的问题，后四十回的真伪问题等，都经过缜密的研究，发表了自己的见解，而且，通过对这部封建时代社会生活百科全书式的作品的研究与评价，充分而全面地展示了自己的才情与学力、学风和品格。这篇论文可以视为何其芳文学研究的一个制高点，它代表了当时以及以后相当一段时间内《红楼梦》研究的最高水平，至今读来，仍不觉其陈旧，仍能给人以艺术的和生活的启发。

"市民说"曾是当时《红楼梦》研究中有代表性的论点，为了考察这种观点的确实性，我有一次听他说，他曾大量阅读了他并不十分熟悉的非文学领域的书，如经济史、学术史、文化史方面的原始资料，他甚至硬着头皮通读了黄宗羲的《明儒学案》和《宋元学案》。他得出的结论是："市民说"找不到过硬的论据，因而是站不住的。读何其芳的《论〈红楼梦〉》，从论文本身的知识风貌上，你能感觉到他的许多论断都有扎实的《红楼梦》之外的知识背景和文化参照，有许多文外功夫，但是并无知识的堆砌与炫耀，他的学术焦点始终扣紧着作品本身的思想艺术分析与评价。

除《论〈红楼梦〉》外，在这前后的重要古典文学研究论文还有诸如《答关于〈红楼梦〉的一些问题》、《吴敬梓的小说〈儒林外史〉》、《关于李煜词的讨论》、《〈琵琶记〉的评价问题》、《文学史讨论中的几个问题》、《曹雪芹的贡献》、《关于曹雪芹的民主主义思想问题》等。其中，有关《红楼梦》和曹雪芹的三篇文章，都在《论〈红楼梦〉》的延伸线上，是其某些方面的补充或发挥。何其芳个人比较重视、也一再对人提到的是《琵琶记》的研究与评价。这个作品在他写论文的当时，存在着分歧很大的不同评价，他认为评价的分歧源于作品的复杂、矛盾的内容。在对作品做了精到的分析之后，他的结论是："在它里面，两种矛盾的成分，对于封建道德的宣扬和对于封建社会封建道德的某些方面的暴露，概念化的弱点和现实主义的描写，同时存在，而且它们是那样紧密地交织在一起。"[①] 像《论〈红楼梦〉》一样，这篇论文对剧中的蔡邕、赵五娘、牛氏，都作了很有见地的分析。最后肯定这部剧作"在艺术上更有它的独创性和新的发展"。[②] 至于《文学史讨论中的几个问题》，则是针对1958年大学师生

---

① 《何其芳文集》第5卷，第316页。

② 同上书，第341页。

在"拔白旗"之后编写的几部文学史，主要是北大55级编写的《中国文学史》中存在的一些简单化的问题谈的，有许多中肯的、批评性的意见。比如，他不赞成用现实主义和反现实主义的简单公式去概括文学史的基本规律；认为把民间文学作为文学史的主流而把许多伟大作家排斥在主流之外，也是片面的等。这些意见在稍后北大55级重写的四卷本《中国文学史》中，大部分采纳了。上述这两篇论文，都特别突出地体现出何其芳求实的学风与品格。

在现代文学研究中，《论阿Q》是一篇最能体现他的学术贡献和理论贡献的论文。阿Q是一个由鲁迅先生在《阿Q正传》中创造的著名典型。因为这个典型在概括生活的深度和广度上达到了无与伦比的水平，丰富、复杂、思想容量大，所以对思想评价和艺术评价历来多有歧义。何其芳对这个艺术典型进行了历史的与文化的、阶级的与人性共同弱点的全面分析。以此为根据，他在理论上提出了"典型共名说"，简称"共名说"。他是这样表述的："一个虚构人物，不仅活在书本上，而且流行在生活中，成为人们用来称呼某些人的共名，成为人们愿意仿效或者不愿意仿效的榜样，这是作品中人物所能达到的最高的成功的标志。"[1] 阿Q就是这样的一个成为人们不愿意仿效的不朽典型的共名，而在生活中广为流传的。这个"共名说"是何其芳对马克思主义美学中现实主义典型理论的创造性的发挥，突破了当时在理论批评和文学研究中片面的、绝对化的阶级分析的束缚，承认某些人类弱点的共同性和超阶级性。他指出，"对阶级社会中的文学现象，是必须进行阶级分析的。但如果以为仅仅依靠或随便应用阶级和阶级性这样一些概念，就可以解决一切文学上的复杂问题，那就大错特错了"。[2] 在稍后完成的《论〈红楼梦〉》里，他也运用和发挥了这一观点，说是"不仅贾宝玉和林黛玉，凤姐和刘姥姥也同样流行在社会中，成为某些真实的人的共名"。[3] 这个"典型共名说"，现在看来简单，但在提出的当时却要有极大的理论家的勇气，而且何其芳也确实为他的这个"共名说"付出了代价。

---

[1] 《何其芳文集》第5卷，第173页。
[2] 《何其芳文集》第5卷，第185页。
[3] 同上书，第251页。

何其芳虽有"书生气",但青年时代就奔赴延安,参加革命,做过许多实际的革命工作,经受过包括战争在内的洗礼与锻炼,因而,即使从事学术研究,也绝不是书斋型的学者,而是入世型学者、战士型学者。他有战绩,写过许多有深度的评论,为推动我国进步文艺事业的发展作出了他自己的贡献;当然也有战错的时候,比如在所谓"胡风反革命集团"的文字狱冤案中,他的那篇写于运动结束时的带有总结性的长篇论文,现在看来就很难说是正确的了。这是他的,也是当年许多知识者共同的悲剧性的局限。

何其芳还从事外国文学的研究,写过《托尔斯泰的作品仍然活着》的长篇论文,常拿托尔斯泰与曹雪芹相提并论。另外,在他的理论文章和中国文学研究文章中,外国文学也是他引证的论据和必要的参照。直到晚年,他还对于被恩格斯称为"德国无产阶级第一个和最重要的诗人维尔特"进行了研究,并且翻译了他的诗集。就是说,终其一生,何其芳都不肯停止自己文化视野和学术领域的拓展。

诗人型学者

我们在前面说过,无论在参加革命前,还是在参加革命后,何其芳都是一位真诚的诗人,真诚地对待人生,真诚地对待自己,真诚地对待艺术和读者。后来由于革命工作的需要,他不得不放弃他心爱的诗歌创作,从事文学教育,后来又长期从事文学研究和理论批评。尽管他在这些领域取得了公认的实绩,作出了不可磨灭的贡献,带出了文学所的几代研究者,培养了弥足珍贵的求实学风,但他始终不认为这是他的优长。相比较而言,他更向往从事创作,特别是诗歌创作,他固执地认为,自己的天性更适合于创作。这从他 1964 年写的《效杜甫戏为六绝句》第六首中就可以看出:

少年哀乐过于人,借得声声天籁新。
争奈梦中还彩笔,一花一叶不成春。

何其芳

他对自己过人的哀乐体验,对由此而来的少年时代的诗作,是相当自负的,但无可奈何的是后来竟像梦中被伟丈夫索走怀里的彩笔的江淹一样,徒叹才尽,纵能抽时间写出一首半首,也难成气候了。政务、党务缠身,运动接连不断,连静下心来搞研究,写论文,也都是在午夜以后。看他文后所署的日期和时间,多在深夜的一时、三时、四时,乃至凌晨。这样怎么能抽出时间写诗呢?想要创作,渴望创作,可就是苦于没有时间,因此,就形成了一个难解的创作情结,一有机会便会流露出来。

诗人的真诚,写诗的情结,对他的学术研究,乃至学术风格,都有很大的影响,以致使他成为一个真正的诗人型的学者。这可以从以下一些方面看出来:首先,影响他对于学术研究课题的选取。关于诗的论著占了他的学术论题的很大一部分,如单独印行、销量一直不错的《关于写诗和读诗》、《诗歌欣赏》等,还有关于探讨格律诗的那些著名的文章,以及对诗人的研究等。他一方面说自己只谈诗而不能实际写诗颇为遗憾,一方面又不断地写着关于诗的论著。这一矛盾,只能用情结来解释:论诗在某种程度上成了无法写诗的代替品,而读者也就只能咀嚼他的实践不足而理论设想却非常充分,论证也很完备的现代格律诗的主张了。

其次,他常以诗意的眼睛看取作品,看取作家,在那个人们把政治和文学批评的政治标准强调到绝对化的环境下,这个特点显得十分突出。那时"左"的观念占统治地位,由于他所处的领导地位,以及自己思想的局限,他也不可能一点不受影响。但是,他是一个诚实的人,认真的人,而且自己有过非常成功的艺术实践,在一片浮而不实的极左喧嚣中,他更相信自己亲历后的经验,因此,对一系列重要的文艺理论问题,他都有非常难能可贵的清醒认识。针对以政治代替文艺,要求文艺直接配合具体政策,图解政治理念的倾向,他提出了"按照文学艺术的特点和规律对待文学艺术"的主张。他尖锐地批评了诸如"写中心、演中心、唱中心、画中心","领导出思想、群众出生活、作家出技巧"一类口号的荒谬。其所以荒谬,就是因为违背了文艺创作的最一般的规律。在他看来,"文学艺术创作是一种通过艺术形象的对于现实的反映;文学艺术作品总是浸透了文学艺术思想感情和审美观念的产物,而且它们又总是诉之于欣赏者的思想感情和审美感觉的；文学艺术劳动是一种十分精细的劳动，而且一般都是以个体的方式进行的，就是某些以集体方式进行的艺术部门也总是带有个人的印记"①等，就都属于文艺创作的一般规律。他一再强调，这些规律是应该受到尊重的。针对"唯题材论"或"题材决定论"的偏颇，他认为题材固然有重大与非重大的差别，但决定作品成功与否的却主要并不取决于题材。他还认为社会生活有多么广阔，文学作品的内容就有多么广阔，不应设置题材的禁区，插上牌子："此系禁地，文学免进。"他的这些见解，体现了极左环境下一个正直的文化人的学术品格和理论良知。正是基于这样的品格与良知，比如当俞平伯先生受到严重的一边倒的否定性批判时，他虽然也不能不跟着去批判，但却高度评价了俞先生的艺术鉴赏力，肯定他在论定《红楼梦》后四十回非曹雪芹原作上的贡献。他的文艺评论，有一种行家眼光，不仅文字漂亮，有一种内敛的美，而且活跃着对于评论对象的艺术感受与识断。

最后，也是最主要的，他把诗人的诗性的真诚，带进学术研究之中。像他的诗歌、散文创作一样，他的学术研究论文也非常鲜明地体现了他襟怀坦荡的人格，不失其赤子之心。比如，他的《论〈红楼梦〉》的部分文字曾作为序言刊印在人民文学出版社出版的《红楼梦》的卷首。因为他在"文革"中罹祸，当时出版社的新版本要换上另一个人写的新序。此序的稿子送何其芳征求意见。那时何其芳刚从干校回来，经过反复折磨，他的身体情况很差了，思维常出现中断，说着说着话，便不知道说到了什么地方；下班回家，甚至会迷路。有一次我去看他，说起征求意见的事，他说那篇序言对他的批判缺乏善意，不实事求是，说他"披着马克思主义外衣"如何如何。何其芳非常激动地说："你说我马克思主义学得不好，用得不对，可以。你也可以指出我在什么地方用错了，你说得对，我就改，但你不能说我'披着马克思主义的外衣'，这太不实事求是了。"尽管如此，何其芳仍然在身心状况极差的情况下，花了一个多星期，断断续续地写了八千余字的长信，谈了自己的意见。

诗人的真诚固然给何其芳带来过诸如此类的大大小小的麻烦，但是却使他

---

① 《战斗的胜利的20年》，见《何其芳文集》第6卷，第327页。

的学术研究文章在真话遭劫的年代讲了不少真话，见出了学者的良知，也使他以一个诗人的不可遏止的求新的意识，追求着学术研究的创见，走自己的路。他在《戏为六绝句》的一开头便说："溯源纵使到风骚，苦学前人总不高。"这既是一条规律，也是他作为诗人型学者终生奉行的宗旨。他既然是一位操马克思主义枪法的进取者、求新者，他就只能如马克思主义创始人那样，不断地在艰难崎岖的小径上向上攀登，而不可能在任何一点上停留下来，止步不前，直到生命的最后一息。

这就是先师何其芳的人格，这就是他的治学精神和治学方法。

（何西来　撰稿）

作者简介

何西来，本名何文轩，曾用笔名秦丁、骊声等。1938年生于陕西临潼。1958年毕业于西北大学中文系。1963年毕业于中国人民大学与文学所合办的文艺理论研究班，同年调入中国科学院文学研究所。曾任中国社会科学院文学研究所副所长，《文学评论》主编，社科院研究生院文学系主任。现为研究员，所学术委员，中国作家协会会员。有《新时期文学思潮论》等著作多种。

何其芳主要著作目录

《画梦录》（散文集） 文化生活出版社 1936 年 7 月出版。

《还乡日记》（散文集） 文化生活出版社 1939 年出版。

《预言》（诗集） 文化生活出版社 1945 年 3 月出版。

《星火集》（散文集） 群益出版社 1945 年 9 月出版。

《夜歌和白天的歌》（诗集） 人民文学出版社 1952 年 12 月出版。

《关于现实主义》（论文集） 海燕出版社 1950 年 3 月出版。

《西苑集》（论文集） 人民文学出版社 1952 年 12 月出版。

《关于写诗和读诗》（论文集） 作家出版社 1956 年 11 月出版。

《没有批评就不能前进》（论文集） 人民文学出版社 1958 年 9 月出版。

《论〈红楼梦〉》（论文集） 人民文学出版社 1958 年 9 月出版。

《文学艺术的春天》（论文集） 作家出版社 1964 年 4 月出版。

《何其芳文集》（6 卷） 人民文学出版社 1982—1984 年出版。

向 达
(1900—1966)

著名的历史学家。曾任中国科学院（现中国社会科学院）历史研究所第二所副所长，哲学社会科学部委员。

向达，字觉明，亦字觉民。笔名方回，佛陀耶舍（按佛陀耶舍Buddhayasa's 即觉明的对应梵名）。生于湖南溆浦县。土家族。1917年毕业于长沙明德中学。1919年考入南京东南高等师范学校（后改为东南大学）的数理化部，专攻化学。一年后，转入文史地部，以历史为专业。1924年大学毕业，考入上海商务印书馆编译所任编辑。1930年秋，到北平新建的北平图书馆任编纂委员会委员和写经组组长。同时参与编辑《国立北平图书馆馆刊》。1934年，兼任北京大学讲师。1935年秋去英国，在牛津大学的鲍德里氏图书馆整理中文图书。次年，转赴伦敦，在不列颠博物馆检索敦煌写卷和中文图书。1937年冬，赴德国柏林，检索普鲁士科学院所藏勒柯克等由我国西北地区搜集去的壁画、写卷等文物、文献。又到其他各地博物馆参观、检索从我国流失的文物、古籍。而后他又到巴黎研究法国国立图书馆收藏的由伯希和席卷去的敦煌写卷，抄录明清之际来华耶稣会士的有关资料。1938年秋天回国。1939年春，应竺可桢之聘，到迁至广西宜山的浙江大学史地系任教。1939年夏，应迁至云南昆明的北京大学聘请，任北大文科研究所导师，兼任西南联合大学史学系教授，讲授《中西交通史》。1942年9月—1943年7月及1944年，他两次参加有关单位组织的西北史地考察团。解放后，担任北大图书馆馆长，校务委员会委员。1954年，任中国科学院历史研究所第二所副所长，哲学社会科学部委员。他参加了新政治协商会议。当选为北京市人民代表。历任全国政治协商会议第二、三、四届委员。1957年被错划为"右派"。"文化大革命"中惨遭迫害。1966年11月20日病逝。

向达

向达是著名的中西交通史、敦煌学和目录版本学专家。治学严谨，尤其重视实地考察。对于现存的古迹、文物，如石刻、绘画、建筑遗址、科技工具、日常用具等，都具有很高的鉴别和鉴赏功力。所以，也是考古学家。但他不是一个仅凭个人兴趣钻冷门搞历史的，而是怀着强烈的爱国热情、以"我以我血荐轩辕"的精神投身于历史科学的。

向达出生于本世纪之初。他亲身感受到满清政府的腐败无能，丧权辱国。辛亥革命后，仍然没有改变国家贫、病、愚、弱的状况。中学毕业时，他受"实业救国"思想影响，想学化学。1919年考入南高师时，正赶上"五四"运动余波，他积极投入校内外各项活动。"五四"运动以其彻底反帝反封建精神和强烈要求科学和民主的新思潮，深深地影响了向达，对他以后的为人和治学都起了很大作用。他感到帝国主义和国内恶势力不打倒，学了声、光、电、化等先进科技，也不能使祖国富强。为了探求救国真理，必须放眼世界，鉴古知今，于是他只学了一年化学，就转入该校文史地部，以历史为专业。

当年的南高师已改名东南大学。学者云集。柳诒徵、吴宓、汤用彤、梅先肃、陈鹤琴等都在那里执教。他们的学术主张与发起"五四"运动的北大不同。他们认为要在发扬我国优秀文化传统的基础上，吸收西方文化菁华，创建我国的新文化。以"保守"著称的"学衡"学派，就是由柳、吴、汤、梅等人发起的，宗旨是"昌明国故，融会新知"。这与高喊打倒"孔家店"的新文化运动的主流方向并不一致。向达接受过双方面的影响。在学术上，不断追求新知，又不简单地鄙薄传统文化。他博采众家之长，孜孜以求。形成他个人治学特点。在政治上，他义无反顾地反帝反封建，坚决拥护"德先生"和"赛先生"。

为了追求新知，向达勤奋地学习外语和西方文化知识，以赶上世界学术新潮流。为了掌握祖国传统文化菁华，他在国学大师、著名的目录版本学家柳诒徵的教导下，从目录版本着手，在熟悉我国传统文化的基础上，进一步了解我国学术思想文化发展脉络。他学习勤奋，刻苦认真，深得柳诒徵、陈鹤琴等先生器重。汤用彤讲的哲学课程，对他的影响也很大。汤对佛教以及佛教在我国的传布和影响深有研究。佛教文化是最早传入我国的外来文化。由向达执笔，与郑鹤声联名发表的《摄山佛教石刻小记》，是向达发表的第一篇考证文章，并由此逐渐将自己的研究重点放在中西交通史方面。

关于中西交通史，向达的理解是："在时间方面既需上下几千年，在空间方面也得纵横九万里。不仅要述到中外政治上的交通，即在文化方面，小而至于名物度数之微，大而至于思想世运之转，都不能不为之一一标举，溯其流变。"[①] 这番话，可以说是向达的治学纲要。由于19世纪末叶考古学和比较语言学兴起后，中亚考古前仆后继，在那里发现的古文化很多，中国同其他文化错综糅杂的痕迹到处可见。可是到中亚考古的外国学者，多带有轻侮中国的偏见，到我国西北考古，往往将我国的宝贵文物席卷而去。这是中国学者最为痛心的事。在旧中国要光复旧物谈何容易。但在学术上一定要赶上世界学术潮流，发愤图强。这是向达的志向。

在他看来，故步自封是不会进步的。中国文化的发展是在对外交流的过程中促进的。他认为"中国的文化并不是孤立的，不仅各时代环绕中国的其他民族想同中国交往，就是中国自己也不绝地有人抢着玄奘法师'发愤忘食、履险若夷，轻万死以涉葱河，重一言而之禁苑'的精神，去深入他国"[②] 对玄奘，对汉代的张骞，对明代七下西洋的郑和，他满怀敬意地歌颂他们不畏险阻，克服重重困难和世界上其他民族沟通，吸取外来文明的精华。50年代，他在《旅行家》杂志上写了多篇文章，介绍他们的历史功绩。他自己也以玄奘为榜样，为中华民族的振兴，在史学园地努力耕耘。

---

① 《中外交通小史》"赘言"，上海商务印书馆，1933年4月初版。

② 见《中外交通小史》"赘言"。

向达的治学历程，大体可分为四个阶段：毕业后到商务印书馆工作（1924—1930）为第一阶段；从北平图书馆到由欧洲回国（1930—1938）为第二阶段；在昆明西南联大到解放前夕（1939—1949）为第三阶段；解放后为第四阶段。其中又可以1957年为界分成前后两个时期。

一

在商务印书馆工作期间，是向达从工作中充实和提高阶段。当年商务印书馆编辑所规定每人每天至少编译1500字。头一天未完成，第二天补足，长期不能达到定额要扣工资，甚至除名。超额则有少量奖金。为了完成工作定额和个人学术上的追求，向达每天工作十余小时，晚上背诵英文字典。他博览中外史籍，翻译了大量资料和学术著作，已发表的译著和论文约有二十余种。其中有的论文具有开创性的影响。他发表的第一篇论文是《龟兹苏婆琵琶七调考原》。文中提出苏婆琵琶七调渊源于印度北宗音乐的假设。这是他从敦煌所出通俗文学中有佛曲这一名词，联系到《隋书·音乐志》中的龟兹音乐家苏婆所奏琵琶有七调的记载后提出来的。由于文章中从罗振玉说将佛曲与敦煌所出的通俗文学中的变文混为一谈，于是又写了《论唐代佛曲》一文，纠正前人和自己的失误，辨明佛曲与变文、俗文不同，佛曲与龟兹乐有关，而变文一类的通俗文学乃是唐代通行的一种讲唱文学即俗讲文学的话本。这篇文章发表后，对于变文的研究，在范围内容和体裁方面又深入了一步，充实了我国唐代文学史的内容，在敦煌学界有很大影响。《唐代刊书考》是他写的有关我国雕版印书起源的考证文章。通过他当时所能找到的中外史料，他认为唐代刊书到唐懿宗咸通前后（公元9世纪中叶）已较普遍。印书地点可考者有江右、江东、蜀、东都及敦煌，遍布于长江、黄河流域，且流传到日本。刊书源于印佛像，由佛像进而印禁咒，由禁咒进一步始成为经文之刊印。现存最早的唐刊本应是伦敦不列颠博物馆所藏斯坦因由敦煌掠去的咸通本金刚经。此文是研究我国印刷术史的力作。这三篇文章，都是有关唐代和敦煌学的。此外，围绕中外关系他还发表了好几篇文章，他的上司——编辑主任何炳松称赞他是"精于中外史学"的青年史学家。①

二

第二阶段，是向达以唐代为基点，大力推进敦煌学的研究和发展时期。

1930年秋，他经南高师同学赵万里介绍，到北平图书馆工作。北平图书馆的正、副馆长是蔡元培和袁同礼。那时的北平，有许多著名学者。就研究中外文化交流方面而言，长者有陈垣、陈寅恪和冯承钧。馆内还有一批潜心治学的青年精英，如赵万里、王庸、王重民、贺昌群、谢国桢、孙楷第、于道泉、刘节等人。他们各有专长，互相砥砺，在整理和介绍馆藏图书文献的同时，密切关注当代学术发展潮流，既传播学术信息，又不断开拓新的研究领域。盛况一时，迄至今日，现任北京图书馆馆长任继愈还对他们称道不已。

在此期间，向达发表了他的代表作《唐代长安与西域文明》一文，刊于1933年《燕京学报》专号。他认为"李唐一代之历史，上设汉、魏、六朝之余波，下启两宋文明之新运。而其取精用宏，于继袭旧文物而外，并时采掇外来之菁英。两宋学术思想之所以能别焕新彩，不能不溯源于此也"。② 7世纪时的唐代都城是一个国际大都会，为万国之所崇仰，是唐代政治、经济、文化中心。在那里东西文化的交相辉映，历历可见。他征引中外史籍、包括正史、文集、谱牒、碑文、佛曲、道藏、诗词、绘画、敦煌文物和文书，形象地介绍了唐代长安的方方面面。涉及人物、宗教、戏曲、乐舞、绘画、诗歌、文体（如打马球）、器物、饮食、服饰、商业、寺庙建筑、婚姻与丧葬风俗等各个领域，在读者眼前展现了一幅唐代社会文化生活的风情画。文中提出了不少新见解，有的

---

① 何炳松、敦斌译：《〈西洋史学史〉序》，商务印书馆1929年版。
② 《唐代长安与西域文明》叙言，载《燕京学报》专号之二，1933年10月出版；又收入《〈唐代长安与西域文明〉论文集》，三联书店1957年4月版。

说法一直为文化史和艺术史研究者所引用。英国著名科技史专家李约瑟博士说这是"有关唐代长安西方人之卓越论文"。① 我国著名艺术史专家常任侠说他写《汉唐之间西域乐舞百戏东渐史稿》受此文启发不少。②

此时，他又出版了《中外交通小史》，并写成《中西交通史》，在北大开设《明清之际西学东渐史》。

1935年秋，作为交换馆员，向达去英国牛津大学鲍德里氏图书馆整理中文图书。1936年秋转伦敦，在不列颠博物馆检索敦煌写卷和中文图书。当时敦煌写卷尚未编目，因而在借阅过程中，不时受到个别主管人员的刁难，为了维护祖国的学术尊严，向达据理力争才得以浏览敦煌文书中的许多写卷。早在出国之前，他就翻译了《斯坦因敦煌获书记》、《斯坦因第三次中亚考古略记》、《斯坦因西域考古记》等文，对于斯坦因所获我国文物、古籍有所了解。现在原物近在咫尺，却要克服重重困难才能看到，作为一个爱国学者，怎能对此不气愤填膺，感慨万端。为了使国内学者能多了解一些流失国外的宝藏，促进我国"敦煌学"的研究，他尽可能地将看到的材料拍照，抄条，写成目录提要。近一年的时间，他看了汉文和回鹘文卷子共500卷左右，写成《伦敦的敦煌俗文学》和《伦敦所藏敦煌卷子经眼目录》两文。比他先去欧洲的王重民写了《巴黎敦煌残卷叙录》。他们此行对"敦煌学"的贡献，隔了40多年后，周一良在《敦煌吐鲁番文献研究论文集·序》中写道："经过他们的系统阅读所编写的目录和提要，提出并解决了不少有关历史、考古、文学、目录学等方面的重要问题，把敦煌学文献的整理、利用和研究大大地向前推进了一步。"③

1937年冬，向达由伦敦转赴柏林，研究普鲁士科学院所藏勒柯克由我国西北地区搜集去的古文书。然后他又到巴黎研究法国国立图书馆收藏的被伯希和掠去的敦煌写卷，抄录明清之际来华耶稣会士的有关资料。

---

① 李约瑟：《中国科学技术史》，第1卷第2分册，科学出版社1975年版，第411页。
② 常任侠：《汉唐间西域传入的杂技艺术》附注，载《向达先生纪念论文集》，新疆人民出版社1986年版，第144页。
③ 周一良：《敦煌吐鲁番文献研究论文集·序》，中华书局1982年版。

至于向达个人对"敦煌学"的研究，除了上述的目录和提要外，便是对《唐代俗讲考》一文的修订和补充。1934年，向达在《燕京学报》第16期上发表了这篇文章。1937年在巴黎他看到记载俗讲仪式的一个卷子，使他对这个问题得到比较满意的解答。于是1940年将旧稿整理重写一遍。有关学者认为"先生的《唐代俗讲考》新定稿贯穿旧文，辅以新知，体大思精，触及唐代俗讲的所有基本问题，如俗讲的分类、唐代寺院中俗讲盛行、俗讲的仪式、俗讲的话本、俗讲文学的演变和对后世文学的影响等等。此文与孙楷弟先生的《唐代俗讲转范与其本之体裁》一文被公认为研究散韵交错、讲唱兼及的唐代变文的不刊之作，永为研究唐代文学史的人们所必读"。[①] 向达在文章中根据所看到的资料，对唐代俗讲作了极为生动有趣的描述，进而指出唐代俗讲为宋代说话人开辟了道路。后世话本、白话小说、弹词、宝卷无一不萌芽于此，为研究中国文学史和民间文学作出重要贡献。

三

从1938年回国到解放前夕，是向达通过实地考察，促进敦煌艺术研究所成立，使石窟遗书和石窟艺术研究结合起来，并从历史、地理方面溯源，从而深入开拓中外文化交流史的研究时期。

向达在昆明西南联大和北大文科研究的工作期间，曾于1942年到1944年两次参加西北考察团，到敦煌实地考察。第一次西行行程达2个月之久。他于1942年8月份由云南入川，9月下旬才由重庆抵兰州，10月初西行，经武威、张掖、酒泉、出嘉峪关抵敦煌。由安西至敦煌没有公路，汽车循大车辙道在戈壁上行进，途中备受艰辛。他沿途考察古迹，10月9日中午抵敦煌，下午就去千佛洞。在莫高窟住了7个月。冬天取暖无柴，没有蔬菜，更无肉食。居室寒

[①] 张广达：《向达先生文史研究的贡献》，载《唐代文学研究年鉴（1985）》，陕西人民出版社1987年版。

如冰窟，他遍历莫高窟诸洞，夜间在昏暗的油灯下，呵指疾书，记下所见所闻，尽管工作生活条件十分恶劣，但是祖先留下的艺术瑰宝，给予他高度精神享受。他写道："余居莫高窟凡七阅月，朝夕徘徊于诸窟之间，纵观魏、隋、李唐以及五代、宋、元之名迹，……复往榆林窟、摩挲残迹，几逾旬日。神游艺苑，心与古会，边塞行役之苦，尘世扰攘之劳，不复关情，平生之乐无逾于此也。"[1]与此同时，他目睹莫高窟因缺乏必要的维护和管理，遭到人为的和大自然的损坏，他用三天写成《论敦煌千佛洞的管理研究以及其他连带的几个问题》一文，亟陈应将莫高窟收归国有和设立管理、研究机构的必要。此建议在学术界引起极大反响，最终促使国民党政府成立敦煌艺术研究所。

向达将两次沙漠远征所看到的各类材料写成《西征小纪》、《两关杂考》、《罗叔言〈补唐书张议潮传〉补正》、《记敦煌石室出晋天福十年写本寿昌县地境》5篇文章。这是他通过实地调查，对照古籍所作记录的考证。文中审慎地提出自己的看法，抒发怀古情思，文字也很优美。保留了十分重要的科学价值，为学者提供了进一步访求的线索。1944年春，他再度去敦煌，不仅仔细考察了敦煌一带的壁画艺术，还发掘了一些汉唐墓和遗址。

抗日战争胜利回北平后，向达在教学之余，仍关注着"敦煌学"的研究。1948年12月北京大学50周年校庆之际，他主持了北大文科研究所的"敦煌考古工作展览会"，展出了自己收藏的有关千佛洞的史料、拓本和抄本；还借展了吴作人、董希文等临摹的敦煌壁画。这一展览得到了北平艺专徐悲鸿的赞助，促进了学术界对"敦煌学"研究的重视。

四

1949年1月，向达和北大师生一起欢欣鼓舞地迎接了解放。向达在参加新

---

[1]《莫高、榆林二窟杂考》，载《文物参考资料》第2卷第五期，《敦煌文物展览特刊》下册，1951年5月，第76—95页。

中国的多项文化建设工作之余，继续他的学术研究。其间以1957年为界，又可分为两个时期，前期参加文化建设工作较多，后期主要是教书育人、潜心治学。

解放后，他努力使自己的工作适应新中国文化建设的需要，各项工作他都认真负责地完成。他与徐特立、王重民、于光远等专家学者一起，于1951年应文化部郑振铎领导下的社会文化事业管理局（下称文管局）图书处之请，制定了新中国第一份比较科学的图书分类法。1952年，文管局与中国科学院考古研究所、北京大学合作，在北大举办了"考古工作人员训练班"，为全国各省市培养急需的文物考古干部。由著名的考古学家和古人类学家裴文中任班长，向达任北大副班长。学员毕业后回原单位工作。其中大多数成员后来都成为全国各地的业务骨干、专家和学者，有的成为地方文物考古工作的领导人。这个训练班从1952年到1955年一共办了4届。

新中国成立后，敦煌艺术研究所改组成为敦煌文物研究所，石窟保护和研究进一步开展起来。1951年春，在北京举办了一次规模空前的敦煌文物展览会。《文物参考资料》为此发了特刊。向达发表了《莫高、榆林二窟杂考》及《敦煌艺术概论》等文。抚今追昔，他写道："敦煌千佛洞设立了研究所了，石窟里面装上电灯了。西自天山，东至于海，所有的石窟寺都由国家进行保护了。敦煌发现的俗讲文学的话本也已汇集起来即将出版了。回想以前埋首伏案于伦敦、巴黎的图书馆中摸索敦煌残卷，以及匹马孤征，仆仆于惊沙大漠之间，深夜秉烛，独自欣赏六朝以及唐人的壁画，那种'遹填索涂'、'空山寂历'的情形，真是如同隔世。"他感到"凡在见闻，莫不欣跃。"[①]

1951年，他从朝鲜慰问中国人民志愿军归来，到新疆传达抗美援朝的英雄事迹的同时，得以巡礼了古代高昌（今吐鲁番），焉耆（今焉耆），龟兹（今库车，拜城）诸地的石窟寺；更进一步得出了吐鲁番和敦煌是一线的看法。这正是历史上中西文化通过西域的汇合处，也是兄弟民族在中外文化交流史上作出重大贡献的史迹。他将此行见闻，先后写成《新疆考古概况》、《西域见闻琐记》两篇文章发表。

[①] 《唐代长安与西域文明》"作者致辞"。

1956年，他利用业余时间，参加了由王重民、王庆菽发起的《敦煌变文集》的编纂，并负责写引言。同时参加的还有周一良、启功、曾毅公。编成后，1957年由人民出版社出版。该书成为当时国内变文辑本中最丰富的一本。原计划在这个校注本外，还要印刷供一般读者用的选注本和专家用的影印本。但未能按计划出版。

同年，国家制定了关于发展科学的十二年规划。他认为这是一个伟大的事业，不仅在我们的历史上，就是在世界的历史上，也是一个伟大的事业，我们过去在科学上落后的现象将要消灭了，12年以后，我们在科学方面将要以一个崭新的面貌出现。他满怀信心地为祖国科学事业的发展而憧憬着。他一方面以自己的代表作《唐代长安与西域文明》作为书名，总结了自己过去的研究工作，"为自己立一个里程碑"以鞭策自己；另一方面准备为历史科学的繁荣发展尽更多的力量。于是在党的发展学术的"双百方针"的号召下，他在1957年大鸣大放的日子里，提出了在史学界贯彻"双百方针"的意见，不料竟被错划为史学界"第二号大右派"。

划了右派之后，除保留政协委员以外，所有职务都撤销了。但向达并不灰心气馁，而是集中精力在北大历史系教书育人，仍然坚持着把敦煌学的发展和研究推向前进。他曾邀集季羡林、王重民、贺昌群、阴法鲁、闫文儒等在北京大学举办《敦煌学术六十年》的专题讲座。1964年他自费赴广州，在向陈寅恪请教《大唐西域记》中的梵文时，应邀为中山大学历史系作了《敦煌学六十年》的报告。当时听众之一、现已成为敦煌学专家的姜伯勤回忆道：这位当时处于逆境的耿直学者，以一种赤子般的爱国热情，深深地打动了听众。

为了推进中外交通史的研究，向达与有关学者发起编《中外交通史籍丛刊》，开列专书42种。他提出整理的要求是选定版本、标点、注释、写序言，必要时加索引、地图或附录有关参考资料。他按此要求，整理出《郑和航海图》和明巩珍的《西洋番国志》、《两种海道针经》于1961年出版。他写的序言，实际上是专题研究。他指出《郑和航海图》是15世纪以前，我国记载亚非地图图籍中最丰富的一本。并从航海用罗盘定方位与西方印度洋上靠观星定方位不同，驳斥了西方学者认为此图是阿拉伯人地图为蓝本的臆说。《两种海道针经》是他从英国抄回来的。序言更是一篇我国航海小史。他热情地歌颂了我国古代航海家——火长们，称他们是无名英雄。1966年春天，他为北大历史系拟定了一份《自明初至解放前（cir1405—1948）中国与非洲交通史料选辑说明》，短短800字，言简意赅，内容丰赡，为近五世纪的中非交通史的研究设计了瑰丽的蓝图。

向达治学范围很广。在国内少数民族历史的研究方面，他也是一个先行者。早在30年代，他就写了几篇很有分量的关于西北少数民族历史的文章。他在《唐代长安与西域文明》一文中已有所论列。1930年发表《论龟兹白姓》，1946年发表《昭武考》（大月氏史拾遗）。1954年又发表了有关西南少数民族历史的《南诏史略论》，1961年出版了他早在昆明时就着手校注的世称难读的《蛮书校注》。他说："国内少数民族历史的研究，在我们今天的历史科学中是最重要的一个部门。而在过去从事这一方面的研究者，往往不能不有'孤芳自赏'之感。这一部门将来会有极其光辉的成就的。"① 他谦称他自己对南诏史的研究，不过是"抛砖引玉"而已！他认为对于国内少数民族史的研究，"不仅仅建立了他们本民族的历史，并且在历史科学理论上，也会呈现出新的光芒的"。② 他曾提出南诏史上的部曲家丁是一种奴隶制的表征；又在他亲手缮刻的、在北大讲授《中西交通史》的教学大纲中，明确指出敦煌文书里的"头下户"和"团头"等名称，系指俘掠来的人口，是一种奴隶。唐末五代敦煌寺院中的头下户甚多，说明那时候的寺院经济就是一种奴隶主经济或农奴主经济。但是，他仅仅初步作了探索，没有在理论上继续深入下去。

向达致力历史科学的研究，并不断开拓新的领域，挖掘新的材料。陈寅恪说："一时代之学术，必有其新材料与新问题，取用此材料，以研究问题，则为此时代学术之新潮流。"③ 但旧时学者，重视新材料的同时，往往将新材料视为私有财产，秘不示人。向达则不然，他十分重视史料的搜集及整理工作。并精于目录版本之学。他曾多次讲授史料学。他在科研实践中，总是以整理资料为

---

① 《唐代长安与西域文明》"作者致辞"。

② 同上。

③ 陈寅恪《敦煌劫余录序》，中央研究院历史语言所研究所排印，1931年。

开端。郑天挺在纪念向达时曾这样说:"向先生从不炫耀自己的收藏和秘录,但对旁人研究的需要,绝不吝秘自己的珍籍。我在昆明写《释阿玛王》所引中国现实情形(The Presenf state of China)第一册,原书即向先生所借(我女儿郑雯译)。我曾说清初耶稣会士印行的关于杨光先事件文本有删节(见《历史检索》1981 年第 1 期),就是根据向先生在英国携回的晒蓝本(在昆明供抄)。"郑天挺还说,1950 年冬北京大学编印的《太平天国史料》,"多数是向先生在国外抄来的文件",后来把它扩大并增加国内的资料,编成《太平天国》,收入《中国近代史资料丛刊》。"这两部资料实在是在向先生指导下编成的。"[①] 何兆武回忆起他协助侯外庐编《中国思想通史》时,向达把大量自己收藏的书刊及在国外抄录晒蓝本所得有关西学东渐的资料借给他们。年轻人只要向他请教,他都真诚相助。他鼓励东语系的陈炎写《中缅关系史》,主动把从巴黎手抄来的《四夷馆考》珍籍借给他。凡此不胜枚举。最令人感动的是他早就准备整理唐玄奘《大唐西域记》,在错划"右派"之后,他失去了亲手整理的条件。在得悉章巽、范祥雍将继起加以整理时,他在给中华书局编辑部的信中说:"我所藏《西域记》的材料不多,已同范祥雍先生谈过,如果他们认为有用,我都可以奉借。"后来摘了"右派"帽子,他又着手此项工作。1963 年在佛教协会东院开始整理这本书。他计划分别出版影印本、简注本、译注本。1962 年先发表了《记现存几个古本〈大唐西域记〉》的文章,1964 年暑假为此专门自费前往广州向陈寅恪请教一事,一时传为佳话。陈寅恪临别给他赠诗三首,表示了欣慰和期许。"文革"浩劫夺去了他的生命。其遗愿只能由陈寅恪的学生季羡林以不同的方式完成了。向达的《大唐西域记·古本三种》于 1981 年出版。1985 年季羡林主持编纂的《大唐西域记校注》出版。

  环绕中外文化交流这个主题,艺术史、科技史也是向达所关注的。他治学勤奋,孜孜不倦,整理古籍近十种,撰写和翻译西文著作十余部,已刊未刊论文近百篇,他在历史、考古、文学、艺术、宗教、目录版本等方面拥有渊博的知识,因而在解决东西交通、中外文化交流等领域的具体问题方面,能得心应

  [①] 郑天挺:《向达先生纪念论文集·序》。

手地运用多方面的材料，得出全面、深刻的答案或给人以启示。他曾对邹衡说：到任何一地考古，都要全面了解当地的历史状况和文化古迹，以及现在的风土人情等。一个考古工作者总要做到腿勤、眼勤、嘴勤、手勤，要学孔夫子入太庙每事问的精神。如果只管你商周考古那一套，其他什么也不闻不问，那就意趣少了。① 他自己正是用一颗爱国之心，立体地、形象地复原着祖国的历史，鉴古知今，满怀信心地展望未来，总是不忘记作为一个中国人的责任。

向达研究历史的同时，密切关注祖国的命运，受"五四"运动的影响，解放前，他一直站在革命人民一面。30年代，商务印书馆的工会在陈云领导下，排字工人同资方斗争，向达十分同情，经常给予道义上和经济上的支持。他去英国工作时，正是抗日战争前夕，他一到英伦便积极参加留英学生抗日救国会的工作。还与吕叔湘、王礼锡等人办了一份油印的《抗日小报》。据吕叔湘回忆，刻写小报最多的是向达和女作家陆晶清。这份报纸一共出了一百多期，免费供华侨阅读。这份报纸曾远播荷兰、比利时，甚至开罗。同在英伦留学的钱钟书曾有题为《戏赠向觉明达》的一首七律旧体诗，现仅余一联，诗云："读书埋首李唐代，论政醉心罗宋人。"概括了向达当年的读书生涯和政治思想倾向。"七七"事变后，他急于回国抗日，在巴黎接受革命前辈吴玉章的劝导，才未急忙归国。在昆明时，他公开发表文章支持"一二·一"运动。1946年12月，古都北平发生了抗议美军暴行的爱国学生运动，他在北大民主广场与撕毁学生有关罢课斗争的布告和标语的特务暴徒正面斗争。他在著名的北平十三教授《保障人权宣言》上签名，并为此事奔走。同时签名的有陈寅恪、汤用彤、徐炳昶、朱自清、俞平伯、张奚若、金岳霖、吴之椿、钱端升、陈达、许德珩、杨人便等。接着他又与俞平伯、沈从文、容肇祖等发表了《北京大学教授宣言》。他与进步学生往来，掩护中共地下党员。他渊博的学识和主持正义的言行，在广大青年学生中享有很高威信。因此，他的名字列在了国民党反动派特务拟定的"黑名单"中。他公开批评北大图书馆馆长用学校图书经费购买高价的《水经注》供校长胡适研究之用。无怪乎郑天挺说他"为人戆直，是非分明，毫不宽

---

① 邹衡：《永远怀念向达先生和夏鼐先生》，载《考古学研究》（一），文物出版社1992年版。

假，而对人一善，又称道不去口"。[1] 谢国桢说他"为人耿介、守正不阿、愤世嫉俗，遇不平则鸣，不知者且以为狂，向郑西谛（振铎）、王以中（庸）诸君独器重之、盛赞其为人"。[2]

今年是敦煌石室藏书发现100周年。改革开放以来，敦煌学，中外关系史研究，少数民族历史研究，中国科技史研究……凡是向达曾涉及的历史科学领域，都有了很大进展。学问之道，譬如积薪，后来居上。他的研究成果，有的也许过时，或有欠缺和失误，但是作为一个开拓者，一个正直的爱国的历史学家，他的治学和为人，都是值得后来者学习和纪念的。

附注：本文内容曾同向达之子向燕生先生讨论过。

（萧良琼　撰稿）

作者简介

肖良琼，女，1931年生，湖南石门人。1954年毕业于北京大学历史学系。中国社会科学院历史研究所研究员，从事殷商甲骨文研究。

---

[1] 郑天挺：《向达先生纪念论文集·序》。
[2] 《向达先生纪念论文集》，第68页。

向达主要著作目录

《中外交通小史》　商务印书馆 1933 年 10 月初版，1934 年 2 月再版，1947 年三版。

《中西交通史》　中华书局 1934 年 3 月出版。

《唐代长安与西域文明》（论文集）　生活·读书·新知三联书店 1957 年 4 月出版，1982 年再版。

《西洋番国志》　（明）巩珍著，向达校注，中华书局 1961 年 8 月出版。

《郑和航海图》　向达校注，中华书局 1962 年 5 月出版，1982 年再版。

《蛮书校注》　（唐）樊绰撰，向达校注，中华书局 1962 年 5 月出版。

《〈大唐西域记〉古本三种》　向达校注，中华书局 1981 年出版。

刘大年
(1915—1999)

著名的历史学家。曾任中国社会科学院近代史研究所所长，名誉所长，哲学社会科学部委员。

刘大年出生于湖南华容县一个中小地主家庭。抗日战争前家境已经衰落。6岁入小学，大部分时间念私塾。1936年肄业于长沙湖南国学专修学校。1938年从家乡到长沙八路军办事处，受到湖南知识青年尊崇的"徐先生"（徐特立）、老资格共产党人王凌波指点，8月间到达陕北，进了陕北抗日军政大学，同年加入中国共产党。抗大毕业后被分配在冀西和冀南抗日根据地工作。1939年起，先后任冀西专区行政干部学校教导主任，冀南行政主任公署、晋冀鲁豫边区政府冀南行署宣传科长、教育科长，冀南抗战学院、政治学校教员，北方大学工学院副主任，北方大学、华北大学历史研究室副主任。1950年5月中国科学院近代史研究所成立，担任研究员，兼中国科学院编译局副局长，并为科学院党组成员。1954年以后，任近代史研究所副所长、中国科学院哲学社会科学部委员。那时候，近代史研究所所长范文澜年事已高，经领导机关同意，专心于中国通史的写作，由刘大年主持所务。1978年任中国社会科学院近代史研究所所长，社会科学院研究生院教授，博士生导师。1964年起，刘大年连续当选为第三届至第七届全国人大代表，第四届至第七届全国人大常委，是六、七届全国人大教科文卫委员会委员。1980年中国史学会重建，他当选为第二、第三届史学会主席团成员、执行主席。现在是中国社会科学院近代史研究所名誉所长、孙中山研究学会副会长、中国抗日战争史学会会长、北京理工大学校友会名誉会长。

一

　　从小学至湖南国学专修学校肄业，刘大年大半受的是旧式传统教育。他把所谓"国学"看做根本学问，一意追求，很少接触社会政治现实。到陕北以后，读到的第一本马克思主义原著是《共产党宣言》。虽然似懂非懂，却在自己头脑里打开了一个前所未有的新天地。从此，只要是新书，不管是政治经济学的、哲学的、外国历史的，都如饥似渴地去读。从湖南到陕北的途中，他还提醒自己："国学"是我们祖宗立国的根本，不可忘记。读过那些有限的新书以后，仿佛大梦初醒。盲目崇拜孔学的观念，不知不觉烟消云散了。他从此确立起马克思主义的思想基础和献身革命的人生道路。那条道路，最现实的就是到烽火连天的抗日战争前线去，从事民族解放的斗争，经受锻炼和考验。这是那时许多有觉悟的青年知识分子共同走过的道路。

　　在抗日根据地里，他一直从事宣传教育工作，需要重视马克思主义理论学习；同时又在一些院校、训练班屡次讲授社会发展史、中国革命运动史等课程，更需要读有关的书，特别是读历史书。抗日根据地环境艰苦，谈不上多少文化设施，但也不是无书可读。李达的《社会学大纲》、郭沫若的《中国古代社会研究》、吕振羽的《史前期中国古代社会研究》、《殷周时代的中国社会》，以及苏联人、日本人讲中国社会历史的书，在少数人手里仍然能够找到。他就是在那时读到上面这些著作，并引起对哲学、历史学的重视的。抗日战争的八年，在一方面可以说是他为以后从事学术研究工作做准备的八年。

抗战胜利后,刘大年弃戎从学,开始从事学术工作。如果说,抗日战争的八年,刘大年是作为一名战士,经历战火的洗礼与考验,关注中国的命运的话,那么,这时候,他开始尝试换一个角度,以学者的身份观察中国的历史与中国的命运。刘大年不是一个只坐在书斋里、钻进象牙之塔里做学问的学者。他像在前线作战的战士总是依据战线的实际而又迫切的需要,选取最重要的突破口那样,依据中国社会现实的急切需要以及从中国与世界关系发展的大局出发,提出课题,展开研究。他具有"国学"的良好根底,运用马克思主义唯物史观作为解剖刀,分析历史资料,研究历史与现实的关系,他写出的一些研究论著,受到新兴的中国近代史学科的研究者重视。

刘大年写的头一本书是《美国侵华简史》。1947年,他生病离开工作修养,开始收集中美关系史资料。那时美国在抗日战争后期就确定下来了的扶蒋反共政策正在加紧实施,中国人民与美国统治集团的矛盾一天天激化。中美关系的历史怎样,很自然地成了人们关心的问题。在解放区,研究这个题目,苦于缺乏原始资料。北方大学校长、历史学家范文澜向他提到可以注意两部书,一部是李鸿章全集,一部是王芸生的《六十年来中国与日本》。《美国侵华简史》的有关部分就大量利用了这两部书的材料。为了收集资料,他经过当时中宣部副部长陈伯达介绍,访问了中共党内国际问题专家王炳南和柯伯年。文稿最后经过在中宣部工作的哲学家艾思奇审阅,认为可以出版。1949年8月,《美国侵华简史》由华北大学出版,同时在《人民日报》上连载。不久经过修改、补充,于1951、1954年以《美国侵华史》为书名,由人民出版社出第1、第2版。苏联、朝鲜、捷克斯洛伐克和民主德国相继出版译本。苏联《大百科全书》第2版第21卷(中国卷)历史部分刊有记录。《美国侵华史》的出版适应当时的需要,在社会上产生了相当的影响。这是从革命根据地走出来的学者在观察、研究中美关系时写的第一本书,也是新中国建国初期出版的第一本有关中美关系的学术著作。半个世纪过去了,今天有关中美关系历史的研究已经大大前进了,但是人们仍然没有忘记刘大年这本给新中国献礼的书。对于作者来说,这是他研究中国近代史的开始,同时也奠定了他在中国近代史学界的地位。

1955年至"文化大革命"以前,刘大年出版了《台湾历史概述》(与丁铭楠、余绳武合著)、《中国史稿》第4册(主持编写)、《中国近代史诸问题》等3本书。《台湾历史概述》可以说是《美国侵华史》的续篇。1950年美国出兵台湾,派遣第七舰队进驻台湾海峡,引起了全体中国人民的严重抗议。《台湾历史概述》就是这种形势在学术界的反映。这本书简要通俗,出版后,得到过中国科学院学术奖金,70年代曾印行第2版。

《中国史稿》第4册的编写与历史学界的百家争鸣直接相关。郭沫若与范文澜都以马克思主义观点研究历史,他们对于中国奴隶制与封建制的分期看法不同。以前各讲各的,到了北京以后,两人的著作都为自己的观点辩护,谁也没有基本上改变。1954年中国科学院决定新设立两个研究所,连同原来的近代史所,称历史一、二、三所。郭沫若、陈垣、范文澜分别担任所长。目的是加强中国历史学研究,推进百家争鸣。经过酝酿,郭沫若准备主编一部中国通史,范文澜则继续写他的《中国通史简编》。郭编通史后来定名为《中国史稿》,古代部分由历史一、二所合并后的历史所承担,分为1、2、3册,尹达负责组织编写;近代、现代史分为第4册、第5册,由刘大年、田家英主持编写。刘大年主持了《中国史稿》第4册的全部编写工作,从提出提纲到最后定稿,近代史研究所的部分学者为这本书的编写,贡献了心力。以前讲中国近代史的书,包括拥有众多读者的范文澜著《中国近代史》,一般带有纪事本末的特点,而且内容偏重于政治史。这在当时是有道理的,但是需要改进。《中国史稿》第4册作了改变。依照刘大年的看法,1840至1919年近代中国80年的历史,明显地表现为鸦片战争至太平天国失败、1864年至戊戌变法与义和团运动失败,以及1901年至"五四"运动爆发的三个不同时期。在那几个时期里,帝国主义、中国社会各阶级的相互关系、他们的矛盾斗争各有特点。其中社会经济状况、阶级斗争、意识形态是结合在一起的,统一的。因此,新的著作要求根据历史演变的时间顺序讲述事件:不只讲政治事件,也要讲经济基础、意识形态;不只讲汉族地区的历史,也要讲出国内各民族在斗争中与全国的联系和相互关系。《中国史稿》第4册这种写法,就是总结了建国以来中国近代史学科的研究成果,加以概括和升华,给中国近代史搭起了一个新的架子,有些地方做出了可喜的概括。当时它是指定的高等学校教材,印数很多。1982年全国近代史专家在承德举行学术讨论会,有的研究者评论说,60年代最有影响的近代史著作是郭沫若主编、实际上是刘大年写的《中国史稿》第4册。这个评论指出了那本书在一段时间里流行的情形。此后,我国高等学校历史系编写或者使用的中国近代史教材,大体上也参照过这个框架。

《中国近代史诸问题》是一本论文集,1965年出第1版,1978年出第2版时改名为《中国近代史问题》。其中《回答日本历史学者的问题》、《亚洲历史评价问题》和《论康熙》三篇论文,引起过国内外的评论和争论。1963年12月,刘大年参加中国访日学术代表团,在日本历史教育工作者协会大阪支部举行的欢迎会上演讲,事后根据日本《历史地理教育杂志》刊载的讲演记录稿写成《回答日本历史学者的问题》,发表在《人民日报》上。文章中有关于世界历史发展中心、如何评价历史人物等问题的论述。1965年4月,毛泽东看了这篇文章,认为文中说的世界历史发展中心应该是世界人民革命斗争的主要潮流所在的地方,讲得很对;但对于如何评价历史人物提了一个问题:照这么讲,剥削阶级的历史人物还是没有什么作用罗?这说明那时史学论著上对剥削阶级的历史人物的研究和评价存有简单化偏向。刘大年的论述不免也蒙受其影响。1965年5月,他应邀出席巴基斯坦第15届历史学会,提供的论文叫《亚洲历史评价问题》,受到与会者欢迎。1965年7月《人民日报》全文发表,同年11月和1966年3月,《北京周报》英、日文版和德、法文版先后刊载,表明论文提出了许多读者关心的问题。《论康熙》在《历史研究》杂志发表后,在国内引起反应是很自然的,那时候史学界存在着"左"的偏向,高喊"史学革命",主张打倒帝王将相,以为刘大年讲帝王将相,是想"反潮流"。时隔不久,又在国外引起了苏联方面的批判。苏联《历史问题》杂志1963年10月号上发表苏联科学院院士齐赫文斯基等人的文章,说那样评价康熙,"在刘大年以前,中国没有一个历史学家提出过",并认为它所表现出的错误倾向是同中国离开国际共产主义运动的协调一致路线有密切关系的。《历史问题》开了头,以后苏联报刊多次举出《论康熙》加以批驳。刘大年在《中国近代史问题》一版、再版后记里也都简要予以回答。一个学术问题的争论变成了政治性的争论,它从一个局部、一个侧面反映出了历史的曲折。实际上,《论康熙》这篇文章,运用马克思主义唯物史观，观察和分析了康熙皇帝和清朝初期的历史，对康熙皇帝和清朝初期在中国历史上的地位，做出了客观的评价，至今仍被史学界看作是历史研究的一篇范文。我国清史专家戴逸教授最近还指出："《论康熙》这篇文章，一直是我们研究清史的人经常阅读的。"①

"文化大革命"以后，刘大年的研究工作，一是继续研究中国近代史，二是研究历史学理论问题。这以后，出版了《赤门谈史录》、《中国近代史稿》（第1、2、3册，主持编写）、《刘大年史学论文集》、《抗日战争时代》以及《中国复兴枢纽——抗日战争的八年》（主编）等几部著作。

《赤门谈史录》主要讨论辛亥革命的性质，列举经济基础、领导革命的社会力量、同盟会纲领、革命的主力军等四项根据，说明辛亥革命是资产阶级民主革命。在叙述中分别评价了国外同类著作上的代表性观点。关于辛亥革命的性质，海峡两岸研究者的评价截然不同。此岸学者认为辛亥革命是中国资产阶级性的革命，彼岸学者坚决不同意，认为是全民革命，或者国民革命。这种讨论在80年代初引起过广泛的注意，至今还在进行，可见分歧之大之深。台湾学者认为，领导革命的孙中山等人不是资产阶级，中国当时还没有资产阶级，即或有，也是大贫、小贫，怎么说辛亥革命是资产阶级性的革命呢！《赤门谈史录》在这次争论前数年，就对辛亥革命是资产阶级民主革命进行了翔实的论证，卓有见地。《赤门谈史录》是多次讲演的结集，讲演的听众是日本学者。这是因为，1979年，刘大年由日本东京大学校长向坊隆聘请为东大研究生院特聘教授，讲授中国近代史，着重讲辛亥革命。《赤门谈史录》就是在那个讲稿基础上写出的。东京大学的校门为江户时代加贺藩"大名"前田家旧物，朱漆大门，称为"赤门"，本书命名的寓意在此。

"文化大革命"后期，郭沫若主编的《中国史稿》准备扩充篇幅，重新编写的任务提上日程。近代史部分仍由刘大年主持编写。他那时从设在河南农村的"干校"回到了北京，还没有"解放"。由于预计要写的字数较多，经郭沫若同意，把近代部分独立出来出版，定名为《中国近代史稿》。刘大年约集丁名

---

① 戴逸：《刘大年同志与中国历史研究》，载《近代史研究》，1995年第5期。

楠、钱宏、樊百川、张振昆鸟、龙盛运、刘仁达、金宗英等参加编写。他根据各位作者提供的初稿，从头加以改写、定稿。1978年出版第1册，1984年出版第2、3册。第1册付印时郭沫若去世，书上的署名是中国社会科学院近代史研究所。《中国史稿》第4册树立了中国近代史的一个框架，如有的评论者所说，"有骨头无肉"，《中国近代史稿》大体上采用了那个框架，加上以后的研究成果，大大丰富了各章节的内容，使某些主要部分的论证更有说服力，史料则大为充实了。每个时期各有总评，成一家之言。第3册讲完了义和团运动，后面尚待继续编写。这3册书出版后，也被定为高等学校教材，印制数量不少。

二

《刘大年史学论文选集》出版于1987年，讲史学理论的文章排在首位，占的篇幅也较多。刘大年认为中国历史学传统悠久，中国的和世界的历史学各有自己的科学成分，有了它们我们才能够认识以往的历史。但是历史学是否以及怎样成为一门科学，至今仍是一个争论问题。马克思主义的历史唯物主义给历史学奠定了科学基础，它并不能代替历史学理论。探讨历史研究如何成为科学，就是历史学理论最后要解决的问题。他讲历史学理论的文章不少，大部分收拢在这部论文集里面。这些文章是：《历史研究的指导思想问题》、《历史研究的对象问题》、《历史前进的动力问题》、《历史上的群众与领袖问题》、《历史研究的时代使命问题》、《历史学理论的建设问题》等。对于历史学理论的一些关键问题他都讲了自己的看法。本书出版以后，他还在继续思考马克思主义历史学理论问题。这些问题和看法是：

（一）关于哲学指导思想问题。刘大年指出：科学，无论自然科学和社会科学研究，都离不开一定的指导思想。就像恩格斯说的那样，不管自然科学家采取什么样的态度，他们还是得受哲学的支配。问题只在于他们是愿意受某种坏的时髦哲学的支配，还是愿意受一种建立在通晓思维的历史和成就的基础上的理论思维的支配。有的历史研究者在对待指导思想问题上，喜欢标榜"无偏无党,浩然中立",其实那不过是表示他拒绝某种思想,而选择另外的思想。马克思主义的历史唯物主义是科学思想中的最大成果。历史研究要成为科学,只有依靠马克思主义的哲学指导。这里是指它的思想体系,不是指个别的词句与某些哪怕是很重要的论点。马克思主义已经被人们"驳倒"了一千遍,一万遍。最新的反驳来自于苏联、东欧国家社会主义制度崩溃之后,一些预言家们站出来说,这是共产主义的"大失败"、"总危机",断言马克思主义已经"过时"了。

在这样的历史背景下,要想讲清楚历史学的哲学指导思想问题,首先要讲清楚什么是马克思主义、什么是唯物史观。刘大年认为,马克思主义历史唯物主义作为一个科学理论体系,简单说起来,那就是它以人类社会任何共同生活里的基本事实,即生活资料的谋得方式为出发点。第一,它找到了人类社会存在和历史运动的物质存在、物质基础。人们依赖一定的生产力并结成相应关系进行解决衣食住行需要的物质资料生产,来开始自己对历史的创造。其他一切创造都起源于和最终依赖于这个创造的存在和继续。这是认定历史运动是独立于人的意志的客观过程的头一个也是决定性的根据。这个根据是推不倒的,所以历史唯物论是推不倒的。第二,它指出了社会生活中经济、政治、意识形态是不可分割的以及他们各自的作用和相互关系。人们的社会关系同时表现为经济、政治和意识形态的关系。它是一个统一的社会关系客观体系。人们按照自己的意志创造历史,但人们不能脱离物质生活环境条件,而必须受物质环境条件的约束从事创造。这就是说,人们以前总是从人的思想活动说明历史是飘浮无根的,只有从所生活的那个物质环境条件来说明历史,才能落到实处。第三,人们对于在社会生活中多种多样的活动,以前似乎是不可能加以任何系统化的,现在则被综合起来,归结为完全可以从物质上量化查考的社会经济结构系统化了。这就是归结为物质生产体系结构中不同利益人群,即不同阶级可以量化查考的状况,以及由此而来的不同地位作用上。一定的质必定表现为一定的量,社会物质生活中不能以某种方式量化的事物,就很难确定其质的地位。

(二)关于历史研究的对象问题。刘大年认为:历史研究的对象为何物,一向众说纷纭。或者认为历史研究不存在一定的客观对象,或者认为凡过去的一切全部都是研究对象，或者认为历史上某些事物、某个领域的状况是研究的对象。以某些事物、某个领域为对象的，又有"人事"说、社会说、结构说、文化说、综合说、规律说等各种主张。从它们中间选择一种，或者对所有各种主张兼收并蓄，综合成为某种新说，都行不通，必须另寻出路。判别历史研究的对象，首先要找出它的客观根据。其根据应当是时间上连续性的事物，全面、集中体现出人创造历史的和客观实在的事物。依照这个根据，从社会关系及其运动考察历史研究的对象，我们就知道，原始社会、私有制时代和未来的共产主义社会都是建立在一定的社会关系之上，而又各有自己的特点的。私有制社会历史研究对象的本质，就是社会阶级、阶级矛盾斗争，它们相互关系的消长变迁，和以此为纽带的全部社会关系的客观体系及其运动。

（三）关于历史前进的动力问题。对于什么是人类历史前进的动力，同样存在各种各样的答案，有过无数的争论和辩难。在私有制社会，生产力与阶级矛盾斗争，其中只有一个是推动历史前进的动力，还是两个都是？如果只能有一个，它是生产力还是阶级矛盾斗争，如果两个都是，它们的关系到底怎样？对此我们需要有统一完整的理解。刘大年认为：生产力是最终起作用的，阶级矛盾斗争是直接起作用的。它们的关系不是一个排斥一个，一个代替一个。它们紧密相联结，又各立门户。生产力与生产关系的矛盾运动，生产方式的变化和发展，决定整个社会的变化和发展。在私有制历史上，这种变化和发展，是通过阶级矛盾与对抗，通过阶级间的斗争来实现的。因此，说阶级矛盾斗争推动历史前进，是对问题的直接回答。这种观点不同于"历史是由个人创造的"那种空洞的观点，而是指出了个人活动是由一定社会关系、环境决定的，它会使人认识到社会历史过程，最终也是自然历史过程。

（四）历史发展规律问题。历史之所以成为一门科学，最后在于它是有规律可循的。找不出规律的认识，就不能以科学相矜夸。以前人们有时拿历史唯物主义的一般规律、社会经济规律来说明历史运动。它们或者失于宽泛，或者失于狭窄。我们认定了社会阶级、它们间相互关系的消长变迁是历史研究的对象，我们就知道了它们运动演变的规律也就是历史前进的规律。规律要从事物的重复性表现出来。物质生产过程，产品交换分配，同一经济形态下的生产力与生产关系矛盾,不同范围不同形式的社会阶级、阶级矛盾斗争,一种社会制度代替另一种社会制度等等,论现象背后的本质,无不处在重复中。例如中国近代史中的帝国主义、封建阶级、人民大众的状况,每一次重大事变、社会变动的过程,就是它们间的斗争、它们的性格、相互关系重复表演与发展的过程。社会历史中的重复性就是常规性、规律性。与自然界的事物不同,历史运动规律要通过有思想意志的人的活动、斗争来实现。历史运动方向并不随着权力人物的意志愿望改变,这说明人们的意志只有在与重复性所表现出的客观规律性相适合才能起作用。写得比较好的近代史的书,就是写出了这种运动规律的书。

刘大年认为:历史唯心论与历史唯物论,面对的社会现象相同。由于立脚点相反,对事物、事件的看法处处分歧对立。唯心主义看到了社会现象的复杂性,但无法抓住现象的本质。因此,它的科学成分,只能停留在个体的、现象上的描述、分析,对于整个社会关系内在的联系,他们的演变,不得不出于臆想和猜测。先天的弱点,使那种研究不能真正成为现代科学。唯心论否认历史运动中存在不以人的意志为转移的客观规律性;有时也讲规律,但并非指对社会关系内在联系的认识,不过表示研究者的主观任意性。根据历史唯物主义观点,确认历史研究的对象是社会阶级、阶级矛盾斗争以及由此构成的社会关系客观体系及其运动,事情就截然不同了。它找到了历史研究如何成为科学的前提。

这就是刘大年对马克思主义唯物史观的阐述,是他对于马克思主义历史学理论的思考。在刘大年看来,"马克思主义是建立在近代社会生产力基础之上的,是资本主义生产力与生产关系存在、资本主义生产关系存在的产物。资本主义这个人类历史上的特殊阶段没有走完它的行程,马克思主义这个伟大的认识科学,就依然是人们认识社会、认识社会历史走向的科学思想体系"。[①] 我们说,宇宙间一切事物都是变的,只有变是不变的。马克思主义是人类社会发展到资本主义阶段的产物。这个阶段正在蜕变中。研究对象的暂时性,决定了科学本身的暂时性。马克思主义论述资本主义社会矛盾的部分有一天是要过时的,

---

① 刘大年:《历史学的变迁》,载《北京大学学报》(哲学社会科学版),1998年第4期。

但那是在世界资本主义生产关系消灭以后。

三

刘大年是在抗日战争的洪流中成长起来的。在他的晚年，他又把他的研究兴趣同抗日战争的历史研究自然地联系了起来。

1982年，在我们的邻国日本发生了一件引人注意的事。日本文部省规定修改中学历史教科书，公然否认日本对中国的侵略。教科书的作者家永三郎教授起而抗议，同日本政府的文部省打起了官司。这一事件引起了中国、东南亚各国以及世界舆论的关注，也引起了刘大年的密切关注。这个抗日战争时期的八路军战士不能不把历史研究的眼光逐渐转移到抗日战争这一段历史上来。这一年，他第一次发表有关抗日战争历史的文章。1987年，他在《近代史研究》第5期发表《抗日战争与中国历史》一文，表明他研究的深入。1989年2月20日，刘大年作为全国人大常委在七届全国人大常委会第六次会议上，就日本当局在侵华战争性质问题上的倒退作了义正词严的发言，曾引起国内外媒体广泛注意。日本报纸迅速转载这个发言，前苏联、法国、美国报纸、通讯社纷纷发表评论，谴责日本当局的行径。此后几年里，刘大年撰写了好多篇有关抗日战争史的论文。1996年，他将这些论文结集出版，题名《抗日战争时代》。同时，他还用相当多的精力，组织并主持编写了《中国复兴枢纽——抗日战争的八年》这本学术著作。该书在抗日战争胜利50周年时由北京出版社出版，1997年修订再版。

抗日战争的历史，国内学术界的认识，并不完全一致。刘大年认为，"抗日战争的历史和整部中国历史一样必须成为科学的客观研究的对象。我们必须把抗日战争的研究建立在坚实的科学基础上，提高它的科学性。……对于叙述历史，我们主张客观的历史是怎么样，写出来的历史也必须是怎么样"[1]。这就要

---

[1] 刘大年：《照唯物论思考》，载《抗日战争研究》，1996年第2期。

求，在研究抗日战争历史时，一是必须以事实为根据，二是必须具体问题具体分析。实际上，有的研究者在人物评论中，看重人物的自我表白，胜过看重客观事实。有的史实评论中，看局部多，看全局少。顾虑把共产党的地位、作用降低了的，有之；顾虑把国民党的地位、作用降低了的，也有之。问题争论、讨论中不乏停留在表面的，没有解决的远远多余解决了的问题。按照胡乔木的说法，"对这段历史的认识还有许多不够深刻的地方"[1]。这些问题中，有两个特别重要，这就是正面战场和敌后战场的作用问题，国民党和共产党的领导作用问题。

刘大年认为，弄清这些问题，就要认识抗日战争时期历史的特别复杂性。抗日战争时期的对日战争，首先是民族战争，同时也是人民战争；其间交叉着错综复杂的矛盾，既有民族矛盾，又有阶级矛盾；抗日战争既是一场民族解放战争，又是一场与国内民主革命相结合、相伴随的战争。既有正面战场，又有敌后战场；既有国民党对正面战场的领导，又有共产党对敌后战场的领导。只有依据历史事实，看到抗日战争历史的复杂性，具体分析具体问题，才有可能把抗日战争历史研究中认识不够深刻的地方，进一步弄清楚。由此出发，刘大年对于抗日战争历史，有如下观点：

（一）中国抗日战争是在中国共产党倡导的抗日民族统一战线的旗帜下，以国共合作为基础，各阶级、各族人民团结起来进行的中华民族解放战争。当时国家权力掌握在蒋介石、国民党手中。抗日战争有蒋介石、国民党参加，才有了全民族的抗战。抗战期间，蒋介石虽然没有放弃反共，也没有放弃抗战。从全民族战争的角度看，蒋介石、国民党在抗战中的重要地位和作用，应当得到客观的、全面的理解。同样，中国共产党领导的人民力量的存在和发展，是这场民族解放战争胜利的基本条件之一，而且，这个基本条件所发生的作用，贯穿在抗战的全过程里。如果没有这个基本条件，全民族抗战是否能实现，或者一时实现了，能否坚持下去而不中途夭折，以及中国是否能取得抗战的最后胜

---

[1] 胡乔木：《致中国抗日战争史学会成立大会的信——代发刊辞》，载《抗日战争研究》，1991年第1期。

利，就要打一个大问号。所以，人民力量的存在和发展这个基本条件的极大重要性，更加应该得到客观的、全面的理解。因此，抗日战争这场民族解放战争的胜利，是国民党、共产党和全国人民共同奋斗争取得来的。

（二）两个战场的存在是决定抗日战争面貌和结局的关键。抗日战争的特异之处是蒋介石政权控制的正面战场与共产党领导的敌后解放区战场并存。它们在战略上互相依托、互相配合，与强大的敌人角胜。两个战场是互存互补的关系，缺一不可。缺了一个，抗日战争的胜利都是难以想象的。有正面战场的坚持，又有敌后战场的强大存在，才有战争胜利的结局。两个战场的存在来自于国共合作，来自于抗日民族统一战线。在战争中日军由胜利推进转向失败，国民党和共产党的力量朝相反的方向运动这种复杂的过程，是从两个战场上开始和完成的。两个战场在战争中的不同表现，直接影响着全国的政治局势。因此，两个战场的地位和作用，客观地表现了国民党和共产党在抗战中的地位和作用。既不要看轻国民党的作用，更不要看轻共产党的作用。

（三）在抗日战争中，国民党、共产党两个领导中心并存。国民党与共产党在抗日战争中的领导权，是由抗战前两个敌对政治实体的关系嬗变而来的。说国民党、蒋政权发挥了领导作用，是因为它掌握着民族战争所必需的、国际国内承认的统一政权，它指挥200万军队，担负着正面战场的作战任务。它虽然积极反共，在抗日问题上严重动摇，但到底把抗日坚持下来了。说共产党发挥了领导作用，是因为它坚持了抗日统一战线，使民族战争所必需的国内团结能够维持下来，指挥八路军、新四军，担负着敌后战场的作战任务。它们所处的地位不同，能够起作用的方面不一样，也不表现为某种平衡，而又都是不可缺少的。在抗日战争这个整体大局中，国民党，共产党都起着领导作用。这个作用，都是全局性的，不是局部的、暂时的。双方这种都是全局性的领导作用，不是由于它们存在某种形式的共同领导或与之相反的分开领导来实现的，它们的领导作用是在又统一、又矛盾斗争中来实现的。在抗日统一战线内部又统一、又斗争的过程中，国共力量的消长发生着变化，总的趋势，是人民的力量、共产党的力量逐渐增强，并且历史性地改变了国内政治力量的对比。这是对抗日战争中国民党、共产党的领导地位和作用的最终的说明。

（四）抗日战争是中国近代历史发展的一个根本转变，是近代以来中国第一次取得的对外战争的全局胜利。这个胜利，改变了中国历史发展的航向。抗日战争中，军事上和国内政治关系上同时并存着两个过程、两种演变：一个是日本的力量由强变弱，由军事胜利到最后的彻底失败；另一个是国内两大政治势力的力量对比发生了重大变化。前一个演变关系到中国亡不亡国、民族能否独立的问题，后一个演变关系今后是新中国还是旧中国、中国能否打开通向近代化前途的问题。

以上可以看出，这些看法，可以说是抗日战争史研究的一次思想总结，他所提出的一系列看法，较之以前一些简单的说法，显得具有科学性了，更加实事求是了，更加符合历史真相了。这是一个八路军老战士，一个马克思主义的历史学家在他晚年的学术生涯中所达到的一个新的境界。

四

刘大年的历史学研究，有着非常明显的特点。除了始终坚持马克思主义历史唯物主义的指导外，他还非常注意历史研究与现实的关系，非常注意追踪中国近代史研究的前进步伐。

在历史学理论的研究中，刘大年曾提出历史与现实的关系进行讨论。他认为，讲过去的事，回答现在的问题，瞻望未来，是历史科学的基本特点，也是它与文学、经济学研究中结合现实需要所不同的地方。他说：中国马克思主义历史学一诞生，就明白宣告了自己负担的迥然有异于封建阶级、资产阶级历史学的崭新使命。它把过去与现在、未来的联系，完全不是看做外部的偶然的联系，而是看做内在历史运动客观规律的联系。他认为，从今天来说，从社会主义事业出发，古今中外的历史都需要研究。今天的现实生活要求历史解答的问题，不是减少，而是增加了，研究任务不是减轻，而是加重了。从宏观角度看，现实的研究任务是：第一，深入研究中国历史发展的全部客观过程，揭示中国的社会主义、共产主义长远前途，仍然是中国历史科学首要的和根本的任务。

第二，中国今天是社会主义建设时期，社会主义建设需要各方面的知识。认识中国全部文明史，就是认识我们的先民是怎样对待、改造他们所处的环境、改造世界的，从中吸取和改造一切有价值的东西，来服务于今天的社会主义建设事业。第三，必须通过一个国家的具体历史的研究，找出与其他国家的共同点与不同点。我们今天需要从全世界历史的广度，从发达国家现代化的高度，进一步观察人类社会发展的前景，把我们对社会主义前途的科学认识，提高到一个新的水平上来。第四，中华人民共和国的历史，应当认真开展研究。中华人民共和国已经过去了差不多半个世纪，其间有顺利发展，也有重大曲折。顺利发展所取得的辉煌成就，证明社会主义制度是惟一合乎"国情"的最富有生命力的制度，而所遇到的重大曲折，并没有证明这个制度不具有强大生命力，只是证明它需要改革。历史的长河看不到尽头，社会生活中的改变、革新也就不会有尽头。总之，刘大年认为，一门中国近现代史，一门历史学理论，是历史学里面与现实关系密切的领域。他的研究工作的注意力主要放在这两个门类上。为什么研究历史，由此可以见出他的志趣所在。

刘大年的中国近代史研究，在研究课题的选择上，研究方法和学术观点的运用上，是开放的、进取的，不是一成不变的、故步自封的。在历史学理论和中国近代史研究上，他经常关注着国内外研究的进展。在他的论文中，经常引证国外某些著名学者的论点，描述国外研究的状况。他随时阅读国外报道，为了论证或者便于自己阐述某种观点，经常引用国外著名政治家、学者或者重要报章社论的最新见解，以及经济发展数字。前些年，有的青年学者引用国外的所谓"三论"，来驳斥他的观点，他也作文回答，用很专业的术语描述国外自然科学最新发展的情景来为自己辩护。在讨论中国近代史发展主线的时候，他在《中国史稿》、《中国近代史稿》以及有关论文中，有很鲜明的观点。但是，他并没有停止在这种思考上。

改革开放以来，中国近代史学界有人主张用近代化的观点重新改写中国近代史。这不失为一种应当思考的主张。1990年，刘大年在中国社会科学院近代史研究所为建所40周年举办的国际学术讨论会上，就中国近代化的道路与世界的关系提出论文，指出："适应世界潮流，走向近代化，是中国社会发展的必然趋势"，同时指出，"近代中国没有实现西方那样的近代化，但它凭自己的力量打开了走进近代化世界的大门"①。此后，他又进一步指出：在110年的中国近代史期间，"明显地多了一个帝国主义的侵略压迫，少了一个民族独立；多了一个帝国主义支持下的封建统治，少了一个社会工业化、近代化。因此，中国近代史上的基本问题是两个，第一，民族独立问题，第二，社会工业化、近代化问题"。至于这两个基本问题之间是什么关系，刘大年认为："没有民族独立，不能实现近代化；没有近代化，政治、经济、文化永远落后，不能实现真正的民族独立。中国人民百折不回追求民族独立，最终目的仍在追求国家的近代化。"② 民族独立和近代化问题，两者的内容虽不相同，不能互相代替，但又息息相关，不能分离。

刘大年认为：中国近代史上存在着一个特殊的矛盾现象：在民族遭受压迫和民族工业出现上存在着虽不相等确是明显的两个走向、两条路线。一条是急剧的下降线，半殖民地半封建统治秩序不断加深，中国最后被推到了接近亡国的险境。一条是曲折而微弱的上升线，上一个世纪60、70年代中国近代工业出现，本世纪初短暂地显现出一个小小的浪潮，直到日本发动全面侵华战争，民族工业也仍多少保持增长倾向。就是伴随着民族工业的产生，中国出现了新的社会力量，出现了民族资产阶级、工人阶级、近代知识分子。其中，工人阶级是近代工业的生产劳动者，最富于革命性、创造性，民族资产阶级、近代知识分子也各有特色。这些新的社会力量，各自凭着自己的作用，再加上占人口最大多数、深受压迫的农民群众，才构成了争取民族独立的最后支柱。了解了这些新生的社会力量与民族工业直接间接的关联，了解了中国近代史上民族压迫与近代工业同时存在的下降与上升两条线、两个走向的矛盾运动，也就可以对中国近代历史有更完整、更丰富、更深刻的认识了。

---

① 刘大年：《中国近代化与世界的关系》，载中国社会科学院近代史研究所科研组织处编：《走向近代世界的中国》，成都出版社1992年版，第2、13页。

② 刘大年：《抗日战争与中国近代史的基本问题》，载《抗日战争时代》，中央文献出版社1996年版，第125、130页。

中国的现代化要走什么道路来实现？刘大年把它论述中国近代史的观点贯穿下来，反复讲，中国走社会主义道路来实现现代化，是历史的选择。对于社会主义，在讨论邓小平社会主义初级阶段理论中，他认为现在中国是在社会主义的黎明。他说："社会主义初级阶段实际有两重意思，一是起点不高，二是前程远大。这好比从黑夜到白昼，必须经过黎明那一段。黎明也有两重意思，一是还处在晨光之熹微中，二是跨过这一段，前面就是天光大亮。照我看，社会主义初级阶段可以归结到一点：中国社会主义是在黎明，世界社会主义是在黎明"[1]。"黎明"是一种文学形象的说法，它讲了眼前，也进了未来，可以认为是有科学性的形象说法。这里也指出了中国要实现现代化有很长的路要走。

五

新中国诞生后，中国历史学发展到了一个新的阶段。刘大年在这时与学术界的接触多起来。1953年秋天，中共中央设立历史问题研究委员会，中宣部提名委员会由陈伯达、郭沫若、范文澜、吴玉章、胡绳、杜国庠、吕振羽、翦伯赞、侯外庐、刘大年、尹达等11人组成。毛泽东批准了这个名单，并指定陈伯达为委员会主任。在委员会里，刘大年比大多数人都年轻，属于晚辈后学。委员会活动很少，有些工作是通过科学院去做的。刘大年因为担任中国科学院学术秘书（负责联系哲学社会科学），又在近代史所工作，有责任协助郭沫若院长，担负起有关的组织事务性工作。组织科学院研究人员思想改造工作，筹备成立历史一、二所（如西北大学校长侯外庐、上海顾颉刚调来历史二所分别担任副所长、研究员，都是刘大年经手的。中山大学历史系陈寅恪教授与中国科学院和《历史研究》杂志的联系也经由刘大年之手），筹备中国科学院哲学社会科学学部，遴选学部委员，制订十二年科学发展远景规划等，他是始终参与者或日常事务的主持者。1958年范文澜经上级批准，集中时间写书，刘大年实际

---

[1] 刘大年：《邓小平理论与社会主义黎明》，《人民日报》1997年10月10日。

主持近代史所的工作。他回忆说，长时期在科学院工作，有很多机会向学术界前辈和同志学习，深受教益。但政治运动、行政工作又往往把作为研究员担任的科学研究变成了业余，计划经常不能实现。他的感受是：研究学问和从事革命事业中的任何其他工作一样，要取得相当成绩，环境当然有关，关键在人的追求、奋斗。环境影响人，人克服困难，在改造环境中前进。

刘大年与我国老一辈社会科学家、历史学家有密切联系。他与我国史学界著名的"五老"：郭沫若、范文澜、吕振羽、翦伯赞、侯外庐有很多工作关系。他经常对后学谈到"五老"的风范。当1987年"五老"中的最后一位侯外老去世时，他曾经满怀感情地回忆并评价"五老"对创建我国马克思主义历史学的功绩。他说，他们那一代人为推动时代前进，付出了辛勤劳动，他们做完了时代交给的答卷。但那些答卷也只代表过去的时代。他认为，马克思主义历史学必须跟上时代步伐，不断发展前进。以往已经证明马克思主义历史学与中国革命实践相结合，表现了巨大生命力，"那么，现在和今后，按照新的条件，坚持这种结合的马克思主义历史学就是常青的"①。刘大年还与我国老一辈的自然科学家有密切联系。1946年他担任晋冀鲁豫边区北方大学工学院首任负责人，组建工学院，接触一些自然科学家。他以后在中国科学院工作，同许多自然科学家交往。他与竺可桢、杨钟键、梁思成、贝时璋、华罗庚、钱三强等自然科学家都有很好的工作关系和个人关系。数学家华罗庚和被称为"西医先驱"的北京协和医院张孝骞老大夫去世后，他都写过悼念文章。

刘大年在对外学术交流中也非常活跃。他从1953年参加中国科学院访苏代表团，到最近一次（1998年11月）访问日本，有许多次出国进行学术访问和政治性访问的机会，到过许多国家。1983年，在他的推动下，中国史学会加入国际史学会。1985年，他率中国历史学家代表团出席有4000人参加的第16届世界历史科学大会，并在开幕式上讲话，表示中国史学家将与各国同仁一道，为繁荣国际历史科学而努力。按照惯例，国际历史科学大会开幕式除了东道国的贺词外，就是国际史学会秘书长的工作报告，特别安排刘大年讲话，使中国史

---

① 刘大年：《侯外庐与马克思主义历史学》，载《历史研究》，1998年第1期。

学家获得了荣誉①。大会开幕式后，德国总统魏茨泽克举办招待会，邀请三十余位学者出席，中国代表团团长刘大年和代表团顾问季羡林应邀出席。当德国总统与刘大年交谈时，苏联科学院院士齐赫文斯基教授主动代为翻译。齐赫文院士是苏联首屈一指的汉学家，研究中国近代史的学者。40年来，刘大年与齐赫文之间有过许多的学术交流、争论，彼此参加过在各自国家召开的各种学术讨论会。近代史研究所与苏联科学院东方学研究所、远东研究所建立起来的学术交流关系，与他们两人之间的友谊有很大关系。1992年，齐赫文出版了他的回忆录《我的一生与中国》，记录了他从30—90年代与中国的交往。书的末尾，一一列举对他有过帮助的老师、教授的名字，说"是他们培养了我对中国及其勤劳的人民，对中国丰富的文化和悠久历史怀有深深的敬意"；同时又说："我还想在本书结束的时候，向我在生活道路上遇到的中国学者郭沫若、侯外庐、曹靖华、吴晗、刘大年、胡绳以及其他许多中国朋友深表谢意，是他们帮助我理解和正确评价我的邻国——中国的丰富文化遗产，促进了苏中两国人民之间相互理解和友谊的发展。"②

　　刘大年还与德国著名学者、老一代汉学家贝喜发教授、日本著名学者、诗人吉川幸次郎、井上清教授等，建立了学术交流关系。国外这些知名学者都成了中国人民真诚的朋友。中国十年内乱结束，1978年，吉川写给刘大年的诗上说："今闻日月重开朗，蓬矢桑弧兴味除"③，是祝贺，也是赞扬。京都大学名誉教授井上清应刘大年邀请，访问近代史研究所，从这时候开始，刘大年与井上清结下了深厚的友谊。此后学术交流、思想交流，从未间断。1990年，近代史研究所建所40周年，井上清专程前来祝贺，他对刘大年表示：近代史研究所是他学术活动的第二个"家"。前面提到过的刘大年1979年东京大学的讲学，那时的主持者是东京大学田中正俊教授。1986年，已经是东京大学名誉教授的田中正俊写了一本小书，题为《战争·科学·人》。这本书，以他自己21岁被

---

① 张椿年：《中国史学界的骄傲》，载《近代史研究》，1995年第5期。
② 齐赫文斯基：《我的一生与中国》，陈之骅等译，社会科学文献出版社1994年版，第121页。
③ 引自刘大年《赤门谈史录》，人民出版社1981年版，第135页。

作为"学徒兵"驱赶上战场的亲身经历,揭露日本军国主义的罪恶。他在序言里说:"谨以本书献给抗日民族解放战争的英勇战士,我们的老师刘大年先生。"① 短短一句话,不仅表明了作者追求真理的可贵品格,也代表了日本正直学者对中国学者,对刘大年——一位八路军出身的历史学家的尊重之情。

(张海鹏　撰稿)

作者简介

　　张海鹏,1939年5月出生于湖北省汉川县,1964年毕业于武汉大学历史学系。现任中国社会科学院近代史研究所研究员、所长。1964年进入近代史所,在刘大年领导下工作。1975年年底开始协助刘大年从事《中国近代史稿》的编撰工作。1990年协助刘大年组织中国抗日战争史学会的工作。

---

① 田中正俊:《战争·科学·人》,韩一德译,黑龙江人民出版社1990年版,第6页。

刘大年主要著作目录

自　撰

《美国侵华史》　　华北大学1949年出版；人民出版社1951年版、1954年再版。

《台湾历史概述》（与丁名楠、余绳武合著）　北京三联书店1956年初版、1962年再版；香港三联书店1978年出版。

《中国近代史诸问题》　人民出版社1965年初版，1978年再版时改名《中国近代史问题》。

《赤门谈史录——论辛亥革命的性质》　人民出版社1981年出版。

《刘大年史学论文选集》　人民出版社1987年出版。

《抗日战争时代》　中央文献出版社1996年出版。

主　撰

《中国史稿》第4册　人民出版社1962年、1964年出版。

《中国近代史稿》第1册　人民出版社1978年出版。

《中国近代史稿》第2、3册　人民出版社1984年出版。

主　编

《范文澜历史论文选集》　中国社会科学出版社1980年出版。

《孙中山书信手迹选》　文物出版社1986年出版。

《中日学者对谈录——卢沟桥事变50周年中日学术讨论会论文集》　北京

出版社1990年出版。

《中国复兴枢纽——抗日战争的八年》 北京出版社1995年初版、1997年再版。

于光远

（1915— ）

著名的经济学家和哲学家。曾任中国社会科学院副院长，马列主义、毛泽东思想研究所所长，哲学社会科学部委员。

于光远原姓郁，名钟正，"于光远"是他参加革命后改的名字，上海人。1935年北平"一二·九"运动的参加者。1936年毕业于清华大学物理系。同年赴广州岭南大学任助教，以此职业为掩护，在当地组织抗日救亡团体。1937年3月加入中国共产党。1937年初至1939年5月在北平、太原、武汉、广州、粤北等地从事中国共产党的青年工作和组织工作。1939年7月至1945年11月在延安从事党的青年工作、文化教育工作和经济研究工作。1946年在北平任党中央办的《解放（三日刊）》的编委，随后在延安任《解放日报》言论部副主编。1948年至1975年在中共中央宣传部工作，先后在科学处、理论教育处任副处长、处长。期间，兼任《学习》杂志总编辑、国务院专家局副局长、中央科学小组成员等职。1964年任国家科委副主任。1975年任国务院政治研究室负责人，同年兼任国家计委经济研究所第一任所长。1977年重任国家科委副主任。同年中国社会科学院成立，任副院长，并兼任马列所所长。1982年、1987年当选为中国共产党十二大、十三大中央顾问委员会委员。在学术方面，1955年被选聘为中国科学院哲学社会科学部委员。现任中国社会科学院研究员，并兼任多所高等院校的教授或名誉教授。他创办了许多研究会，并长期担任中国马克思列宁主义毛泽东思想研究会、中国自然辩证法研究会、中国国土经济学研究会、中国技术经济研究会、中国生产力经济学研究会、中国政治经济学社会主义部分研究会的会长或理事长。现在他仍担任中国太平洋学会的会长。

一　走向社会科学

（一）放弃成为物理学家的梦想

于光远1915年出生在上海。他的父亲早年毕业于上海兵工专业学校，学的是兵器制造，并接受了西方民主思想，拥护共和制。他的母亲贤惠勤劳，虽然没有上过学，却也能读书、写信，并且思想开通。于光远从小生活在一个经济不宽裕，但却充满爱与平等气氛的家庭环境中。

对少年时的于光远来说，读书是他的最大乐趣。据他回忆，他从7岁时起，就开始把父亲的藏书翻出来读。他父亲的藏书数量虽然并不算多，但却相当多样化，包括中国古典小说如《三国演义》、《水浒传》，近代西方学者著述如赫胥黎的《天演论》，戊戌人物的政论如《梁启超文集》，还有代数、几何、物理、化学、枪炮制造原理等。到11岁时，家中的藏书已全部被他浏览过了。12岁那年，他随父母搬到北京。当他偶然发现西单南路有一个"头发胡同图书馆"，里面有许多书后，兴奋异常，于是成为那里的常客。谈到自己上学时的学习经历，他认为图书馆给予他的知识不亚于学校。

除了学校和图书馆之外，于光远还从其他生活经历中学到知识。由于父亲失业，家境困难，他从16岁开始半工半读，曾在一家化学工业社当技师，从化学工业社的实验室中，他获得了实用化学知识；看别人下棋打牌，则为他后来研究竞赛论铺垫了初步知识。几年前他写《漫谈竞赛论》时，所用的部分知识据说就是那时获得的。

于光远在青年时代一度想成为一个物理学家。1934年，他通过了清华大学吴有训教授的考试，从上海大同大学转到清华，成为清华大学物理系三年级的插班生。在此之前，清华物理系从未招收过三年级的插班生，于光远的破例进入，表明了他在物理学学习方面的出众才能。吴有训、周培源等前辈学者都对他寄予厚望。当时的清华大学物理系是一个培养物理学家的基地，这里有优秀的教师和富有才华的同窗，他的同班同学，如钱三强、王大珩、何泽慧等后来都成为著名物理学家。

但于光远的物理学家之梦却没有成为现实。面临日本帝国主义的侵略日益逼近华北，局势一天天紧张，学生们已不能安心读书了。生长在殖民地的上海、从小受到爱国主义思想熏陶、富有正义感的于光远，投身到1935年底爆发的"一二·九"学生运动中。经历了学生运动的洗礼，在学校共产党组织和革命青年的影响下，于光远决心义无反顾地投身到拯救中华民族的事业中，因而也放弃了成为物理学家之梦。

于光远的毕业论文是有关相对论的，导师是周培源。1937年，周培源从普林斯顿大学进修回到清华后告诉他，论文给爱因斯坦看过，爱因斯坦提出了一些意见。周希望他能尽快进行修改，然后在物理学报上发表。但由于卢沟桥事变爆发，党组织委派他去保定建立"民先"（"抗日民族解放先锋队"简称）临时总队部，修改论文的事便不了了之。这一年，他还主动放弃了与同班同学钱三强竞争报考约里奥·居里（居里夫人的女婿）的研究生的机会。在钱三强出国前夕，他在钱的纪念册上写下了这样一段话：我现在参加反对帝国主义和封建势力的斗争，目的是建立一个民主的劳动人民当家做主的国家。革命成功之后要进行建设，你出国深造，回来之后就可以为这样的国家服务，到那时我们还会合作。后来果然如此。日本投降后钱三强学成归国。那本纪念册钱三强一直保留着，直到"文革"中被毁。

（二）在革命工作中研究社会科学

于光远此后怎样成为一个社会科学家的呢？他曾在一篇自述文章中写道："从1936年物理系毕业到1955年我被选聘为中国科学院哲学社会科学学部委员，这时期是我逐渐成为社会科学家的十九年。要对这个过程进行叙述，说来话长。概而言之，我并没有想当社会科学家的意识，我只是为革命学习，研究社会科学，在革命工作中学习研究社会科学——当然是马克思主义的社会科学，——因为革命需要社会科学，社会科学对革命能起指导作用，使我对社会科学发生了强烈的兴趣。我也相信，在革命中学习社会科学，才能学到对革命有重大意义的社会科学真理。我就是这样自然而然地最后成了一个社会科学家的。"[1]

然而青年时代所受过的严格科学训练和自然科学的基础，对他后来进行社会科学的学习和研究无疑提供了有利的条件。

他最早阅读马克思主义著作是在清华大学学习期间，接触的是哲学。他对哲学的喜爱，在初中时就开始了。在上海上高中和大学时，他就看了一些有关自然哲学的书。到清华以后，1936年上半年，他选修了张申府教授开的"形而上学"课程，张教授在给学生开出的十几本参考书中，有恩格斯的《反杜林论》和列宁的《唯物主义和经验批判主义》。于光远在大学图书馆里借到了这两本书的英译本，阅读中使他感到从未有过的震撼。接着，他又开始研读英译本的《资本论》。1936年夏天他回到上海时，参加了艾思奇、章汉夫等人组织的自然哲学研究会。从此，开始了他的哲学、社会科学研究生涯。

大学毕业后，他到广州岭南大学任物理学助教，以此为掩护从事革命工作。当他着手建立的地下革命组织被破坏之后，他被党组织调回北平，参加民先全国总队部的工作。1937年3月，他加入了中国共产党。

从1937年初到1939年5月，他先后在北平、广州、太原、武汉、粤北等国民党统治区从事党的青年工作，1939年被调往延安，在中央青委工作。1940年至1942年，兼任延安中山图书馆主任，并在毛泽东青年干部学校讲授社会发展史等课程。1942年至1943年，任中共中央西北调查局研究员。在此期间，他开始研究土地问题和陕甘宁边区的减租问题、农业累进税问题、农村互助合作问题等，在农村做了许多调查研究。他与柴树藩、彭平合写的《绥德、米脂土地问题初步研究》当年在延安印刷，1979年由人民出版社正式出版，后被译成多

---

[1] 见《中国社会科学家自述》，上海教育出版社1997年出版。

国文字。1943年至1945年他在延安大学财经系任教，并负责学校教务工作。在延安期间，由于有较好的学习和研究条件，他得以阅读了大量马克思主义的著作，包括中译本《资本论》，并着手翻译恩格斯的《自然辩证法》。同时，他参加了延安的几个读书会。在1940年延安新哲学学会的年会上，他关于事物发展中过渡阶段产生原因的发言，引起毛泽东的重视。他还积极参加了延安自然科学研究会的筹建工作，成为这个研究会的驻会干事之一。

日本投降后，1946年他被中共中央派往北平创办《解放（三日刊）》，任编委。国共谈判破裂之后，他回到延安，担任《解放日报》言论部副主编。1947年3月，他参加了中央土改工作团，在晋绥、河北、山东等革命根据地参加土改，同时进行调查研究。1948年，他被调往中共中央宣传部工作，同时开始编写普及性的社会科学知识教材，如专门讲授如何进行调查研究工作的《调查研究》（该书1949年出版，1981年经改写后以《怎样进行调查研究》为名由中国青年出版社出版）。

从1948年到"文革"之前，他担任过中宣部理论教育处副处长、科学处处长，国家科委副主任，《学习》杂志主编。50年代初，他写出了相当数量的理论著述，编写了多部教材。如，与王惠德合著了《中国革命读本》（人民出版社，1951年）；与胡绳、王惠德合著了《社会科学基础知识讲座》（1—4册）（人民出版社，1951—1952年）；与王惠德合著了《政治经济学讲座》（三联书店，1951年）；与胡绳、廖沫沙、季云合著了《政治常识读本》（上、下）（学习杂志社，1951年）等。这些读物在当时对于普及马克思主义理论曾起过重要作用。

二　经济学研究

于光远是一位研究领域广泛的学者。人们通常知道他是"经济学家"和"哲学家"，但除了经济学和哲学以外，于光远还涉猎许多其他学科，如政治学、社会学、教育学等。在这些领域中，他也撰写了不少文章。例如在教育方面，他的已出版的著作包括《教育思想文选》（湖南教育出版社，1989年）、《导师与研究生的对话》（湖南教育出版社，1989年）、《我的教育思想》（河南教育出版社，1991年）等。因为他研究兴趣广泛，所以有人称他为"杂家"。由于本文篇幅所限，只就他对经济学和哲学的研究，做一些介绍。

（一）政治经济学

于光远从50年代开始，将他的研究重点放在政治经济学社会主义部分上面。"政治经济学社会主义部分"这一用语是他最先使用的，并被一些经济学家所接受。在此之前，这个领域的研究通常被称为"社会主义政治经济学"，现在仍有一些经济学家采用这一用语。于光远认为，有的对资本主义经济的政治经济学研究，如马克思的政治经济学，由于其着眼点和结论是社会主义的，因此也可以说是"社会主义政治经济学"。但这种研究和以社会主义经济关系为对象的研究是不同的，所以他主张将后者称为"政治经济学社会主义部分"。

1958年，于光远将他在政治经济学社会主义部分的研究论文结集出版，定名为《政治经济学社会主义部分探索》（人民出版社）。60年代初，中央委托他主持编写政治经济学教科书。资本主义部分的编写工作以马克思的《资本论》为基础，很快便完成了，成为当时高等院校的教材。但社会主义部分的编写则困难得多。于光远组织了一批经济学家从1961年到1966年工作了5年，完成了几十万字的《社会主义经济问题》初稿。在准备修改之际，"文化大革命"爆发，工作不得不中断。

"文化大革命"开始后，于光远受到批斗，被剥夺了正常工作的权利，但他的思考并没有停止。他在对"文化大革命"的观察中，更深刻地考虑社会主义国家面临的一些根本性问题。1975年他恢复工作，是邓小平直接领导下的国务院政治研究室的负责人之一。他积极投入和"四人帮"的斗争，并同时开始继续他的政治经济学社会主义部分研究。

"四人帮"倒台之后，于光远组织学术界针对"四人帮"宣传的"按劳分配产生资产阶级"、"全面专政"、"批判'唯生产力论'"等召开了一系列理论讨论会。这些讨论打破了长期形成的思想禁锢，推动了思想解放，同时也深化了政治经济学理论的研究。

从这一时期关于按劳分配理论讨论的文献可以看出,于光远对于按劳分配概念、劳动报酬形式、按劳分配与平等的关系等问题作出了较以往更为深入的阐述,同时还提出了他的"所有制实现论"。

所有制理论是于光远政治经济学研究的一个主要领域。从50年代开始,来自苏联的政治经济学研究的传统架构是,将经济关系分为三个方面,即生产资料所有制、生产过程中人和人的关系、消费资料的分配。这三个方面中,生产资料所有制决定着其他两个方面,因而是最重要的。而生产资料所有制,在这个分析框架中,被处理为外生的,并不受经济活动过程的直接影响。于光远不满于这样的处理。在系统研究了马克思有关所有制的论述后,他根据马克思关于"所有制是生产关系的总和"的思想,发展出"所有制实现论"。根据这一理论,所有制要在生产组织、交换、分配等经济过程的各个环节中实现,才是有经济意义的,否则便只是法律的想象。这样,所有制便不是被理解为由国家强制力一次性安排下来的,而是伴随着各种经济活动的一种过程,它在这一过程中被塑造、硬化或改变。他运用这样的观点,对于"四人帮"将按劳分配和公有制割裂开的做法进行了批判。"所有制实现论"为中国的一批经济学家所接受。

从1978年起,于光远把研究重点放到社会主义经济体制改革问题上。他是最早主张我国经济体制改革的核心是所有制改革的经济学家之一。他提出,在决心改革之后,首先必须明确的是,应该确立怎样的所有制的形式和结构。他批评了当时的不少干部头脑中存在的以"大"和"公"为标准判别所有制优劣的看法,批评了当时流行所有制优劣的序列表,即国有制无条件地比集体所有制优越;集体所有制无条件地比私有制优越;在集体所有制范围内,公社所有无条件地比大队所有优越,大队所有无条件地比小队所有优越;在小队所有的范围内,不联系产量的工分制无条件比联系产量的责任制优越等。他认为,这样一张所有制优越性的序列表不破除,改革是很难开展的。他在70年代末写的文章中明确主张以生产力为标准判别所有制的优劣,他主张的态度是:凡是最能促进生产力发展的所有制,就赞成和支持;凡是虽能促进、但促进作用不大的,就不能那么赞成,不能那么去支持;凡是不能促进生产力发展的,就坚决反对。为表示其态度的坚决，他在一些场合表示，他可以承认自己是"唯生产力论者"。

在对改革的研究中，于光远反复考虑的一个问题是商品经济或市场经济问题。他在70年代末提出，过去我们根据列宁的公式将社会主义基本制度理解为"生产资料公有制加按劳分配"是存在问题的，他认为商品生产和交换存在是一个必须补充的基本点。他一再强调，市场经济制度和按劳分配制度一样，是为促进生产力发展所不可少的制度。他在1992年因患癌症住院治疗期间，写了一系列有关市场经济的文章，汇成以《社会主义市场经济主体论》为题的文集，于当年8月由中国财政经济出版社出版。

在思考我国改革前的重大政策失误时，于光远意识到，正确认识我国社会所处阶段是十分重要的，因此，他开始研究发展阶段问题。他认为，必须认识到我国社会与马克思主义经典作家所说的生产力高度发展、消灭了商品生产的社会主义之间的差异。同时他也不赞成认为我国处在向社会主义过渡的阶段的看法。因为"过渡时期"按列宁的说法就是"衰亡着的资本主义与生长着的共产主义彼此斗争的时期"，是强调无产阶级专政的时期。他思考的结果是，我国正处在社会主义初级阶段。但是确认"我国正处在社会主义初级阶段"，并不意味着仍然认为原来所追求的那种没有市场经济、没有多种经济成分的社会主义是更高级的阶段。他认为，50年代的那种看法，并不是在对社会生产力和其他影响社会发展进程的主要因素进行了科学分析的基础上得出的。今后将进入怎样的阶段，必须以现实为基础，进行了科学分析后才能知道。

从1981年起，他利用参与起草和讨论中央文件的机会，多次主张将社会主义初级阶段的概念和其基本特征的论述写入中央文件。他的意见，发挥了一定的作用。

1987年，于光远在多年研究的基础上，写出了专著《中国社会主义初级阶段的经济》(中国财政经济出版社，1988年)。

从50年代起，于光远在政治经济学领域中已经耕耘了四十余年。他的学术积累虽然日见丰富，但他却已经放弃了完成政治经济学社会主义部分教科书的想法。四十多年的探索，使他越感探索的必要。他仍以《政治经济学社会主义部分探索》为名出版他在这个领域中的研究成果，至今已出版了6卷（人民出版社）。

（二）经济效果学

这是于光远从50年代起着手和倡导研究的学科。当时，针对以政治为引导的大范围的浪费行为，他开始对经济效果问题进行研究，并在研究中力求将数学方法引入，他将经济效果学定义为，对各项社会实践活动进行经济效果计算、分析、评价的理论和方法，以及如何应用它们的科学。

于光远的经济效果（经济效益）理论的一个特点，是强调个人使用价值（或个人需要的满足）是社会经济效果的基础。他的这一认识在50、60年代的研究中已经基本清晰化和系统化。这种社会经济效果观和当时盛行的将政府目标等同于全社会目标的观念有着不同的理论基础。可以这样说，于光远后来的经济改革思想和他的这种理念有密切的关系。事实上，这种社会经济效果观（或社会经济效益观）和用政府目标，特别是政府的政治目标取代社会经济效益目标的政策间的矛盾，是引导出70年代末、80年代初由于光远首先提出讨论的我国经济建设中的生产目的问题的一个较深层的根源。

于光远在考虑数学方法的运用时认为，不仅经济学需要利用数学，而且数学很可能会因为经济学而得到发展。他和华罗庚教授共同倡导经济学家和数学家合作，并商量好两人合作带研究生。但是因为"文革"开始，未能实现这个计划。

于光远关于经济效果的早期论述，汇集于《论社会主义生产中的经济效果》一书。该书由人民出版社于1978年出版，1984年又出版了该书的增订本。

（三）开拓新研究领域

于光远认为，经济学可以研究的领域是十分广泛的，而我们又面临建设现代化社会主义强国的任务，因而有必要发展比较完整的经济科学体系。从这样的考虑出发，他热心倡导和支持开拓新的研究领域，在逐渐积累研究成果的基础上形成新的学科。

例如，他在80年代初提出，以国土为对象的经济学研究事实上已经在进行，因而可以建立一门国土经济学。这门学科是从经济学的角度为保护、开发和利用国土资源提供科学根据。在国土经济学研究方面，他写了《合理利用阳光和地表地下资源》（中国社会科学出版社，1985年）等著作。他还亲自带领中国国土经济学研究会考察了甘肃、青海、贵州、江西等省和珠江、乌江流域等地区。他有关国土经济学研究的一些意见不仅为经济学界所重视，而且也被政府所采纳。

又如，80年代初他提出应该开展经济社会发展战略问题的研究。在这个研究领域，他强调产值目标的局限性，强调对生活质量、环境质量的重视。他在经济发展战略的一般问题研究的基础上，又提出了地区经济发展战略的研究问题。他提出的地区经济发展战略中的两个维度，即全国战略中的地区战略和地区战略中的地区战略，产生了重要的影响。地区发展战略研究，对改革开放之后我国地区经济的发展起了推动作用。他在经济社会发展战略研究方面的著作有：《经济社会发展战略》（中国社会科学出版社，1982年；增订本出版于1984年）、《战略学与地区战略》（辽宁人民出版社，1984年）、《论地区发展战略》（经济科学出版社，1988年）。

于光远在经济学方面倡导发展的学科还有：生产力经济学、技术经济学、消费经济学、教育经济学、灾害经济学、环境（或生态）经济学、旅游经济学等。为促进这些学科的发展，他写了大量文章，也做了许多组织工作。

三　哲学研究

有的人认为，于光远的经济学研究在许多方面可以说是经济哲学。的确，他在进行经济学以及其他学科的研究时常常借助于或引发出哲学思考。这和他在哲学方面的素养是分不开的。事实上，于光远不仅在经济学方面著述颇丰，而且在哲学研究领域也很有建树。他曾谈到，如果在"经济学家"和"哲学家"之间选择一个头衔的话，他更像"哲学家"。

（一）自然辩证法研究

前面已讲到他在延安时翻译了恩格斯的《自然辩证法》。此后，这始终是他研究的一个领域。他在延安时期的译文，经曹葆华、谢宁等人整理、校译后，于1955年由人民出版社正式出版（此书在80年代初，在于光远主持下，由查汝强等人重新校译后，人民出版社出版）。

在自然辩证法研究领域，他将个人研究、研究生的培养和以各种方式组织学术界有兴趣的人共同研究结合起来。50年代初期，他就找到李四光等自然科学家酝酿成立自然辩证法研究会。1956年由他积极倡议，取得潘梓年的支持，在制订十二年科学规划时，由他负责专门制订了一个全国范围的自然辩证法学科发展规划，并且在中国科学院哲学研究所内成立了自然辩证法研究组，创办了《自然辩证法研究通讯》。也是在他的积极推动下，1981年10月成立了中国自然辩证法研究会，他担任了该研究会的第一、二届理事长。

他所倡导的自然辩证法研究具有强烈的社会实践特色。他在1991年为《自然辩证法百科全书》撰写"自然"这一条目时这样写道："自然辩证法这门哲学要在社会主义建设中更好地发挥作用，对本学科的对象——自然，必须有更为全面和深刻的理解。其中十分重要的一条，就是既要重视对象中的天然的自然，也要重视对象中的社会的自然。在对社会的自然进行的自然辩证法研究中又要从两方面努力：一是从中国社会主义建设的实际出发，考虑到其中涉及到大量关于社会的自然物，因此需要以社会的自然为对象的自然辩证法研究对之帮助；二是开展以社会的自然为对象的各个学科的研究，考虑能否取得有利于解决社会主义建设中的实际问题的哲学工具。"[①] 1994年，于光远在一部哲学著作中论述了他所倡导的自然辩证法研究的特色（见《一个哲学学派正在中国兴起》，江西科技出版社出版）。

（二）关于规律的客观性质的研究

1953年，于光远在读了斯大林的《苏联社会主义经济问题》一书之后，一方面深感经济规律客观性质问题在理论和实践上的重要意义，另一方面鉴于斯大林对人和客观经济规律关系的论述存在一些问题，从而写下了"关于规律的两个问题"的文章。到了1956年和1957年，他在研究政治经济学社会主义部

---

① 引自《自然辩证法百科全书》，中国大百科出版社1995年版，第765页。

分的过程中，发现在经济政策实践和理论问题的讨论中存在着一些对规律客观性质的错误看法，这些看法对社会主义经济建设的顺利进行妨碍很大，于是写了《关于经济规律的客观性质的一些问题》等论文。但是，在经济建设中不尊重客观规律的思想仍有很大影响，并给经济发展造成了很大损失。在这样的背景下，于光远结合自然现象和社会现象，进行了更系统的哲学思考，写成了题为《关于规律客观性质的几个问题》（人民出版社，1979年）的专著。在这部著作中，他探讨了什么是规律，规律的客观性质和人的意志发生作用的关系，规律之不能违背，人如何通过改变规律起作用的条件、如何使诸种规律共同起作用来实现其目的等问题。

（三）改革开放中的哲学思考

在改革开放中进行哲学思考，是于光远的近二十年哲学研究的一大特点。

1978年关于真理标准问题的讨论是中国走向改革开放的重要思想标志。这个讨论并不是于光远参与发起的。但是，他于一年前在经济学界发起的关于按劳分配的讨论，已率先冲击了"两个凡是"在经济领域的影响，他在辩论中反对"神学式"的方法已将问题提到哲学的高度。当时学术界"经济繁荣，哲学贫困"的状况给哲学家们以很大的激励。

1978年5月11日《光明日报》发表《实践是检验真理的惟一标准》的文章后，于光远非常支持。他特别看重题目中的"惟一"两字，认为有了这两个字，问题提得尖锐彻底，直指"两个凡是"，使这篇文章具有了很强的现实意义。在1978年年底召开的具有伟大历史意义的党的中央工作会议和十一届三中全会上，他和许多同志一起，反对一些人对这篇文章的否定，坚决与"凡是派"进行斗争，从而积极推动了真理标准问题讨论在全国范围的展开，推动了党内外干部和群众的思想解放。

于光远认为，"改革是一场哲学革命"，为了促进改革，必须在哲学思想上有一个大的提高。他以此为题进行了讲演。他还倡议哲学界讨论"真理的具体性"问题，通过哲学讨论来提高认识，避免工作中的概念化、"一刀切"倾向。

他反对教条式的哲学，反对死记硬背式地学习哲学的方法，主张哲学应是使人聪明的学问。他认为，改革开放中碰到的一些思想障碍不仅来自"左"的思想路线，也和某种愚蠢的思想方法有关。为此，他在1987年发起创办了一本"专门讨论聪明与愚蠢"的《方法》杂志，并热心提倡"聪明学"。他在这个方面的议论，后来集成《漫谈聪明学》一书（国际文化出版公司，1995年出版）。

（四）反对"伪科学"

50、60年代，于光远在中宣部科学处和国家科委工作时，就主持过检验、揭露所谓有透视功能的"钉螺姑娘"等骗局的工作。70年代后期和80年代初，当打着"科学"旗号的所谓人体特异功能再度招摇于市时，担任国家科委副主任的于光远和一批科学家一起坚决反对不经科学检验、仅靠看表演来确论"事实"的做法，坚决主张按科学程序进行严格检验，反对伪科学。此后当这种现象越演越烈时，他尽管受到种种威胁和嘲笑，但在坚决维护科学的严肃性上从没有动摇。他撰写了多篇论文揭露所谓"人体特异功能"，并结集出版了《评所谓"人体特异功能"》（知识出版社，1986年）、《反人体特异功能论》（贵州人民出版社，1996年）。

四　科学组织工作

于光远不仅是一位学者，而且是一位科学工作组织者。在科学组织工作方面，几十年当中，他倾注了满腔热情，做了大量具体工作。

（一）哲学社会科学规划的制定工作

1956年6月底，周恩来总理召集各部、委、办、院的人举行了一个会议，宣布国务院科学规划委员会成立，正式开始制定我国1956—1967年《十二年科学发展远景规划》。当时于光远担任这个委员会下属具体工作机构的副组长。在这个会议上，他向周总理提出：这个科学发展远景规划应该由两部分组成，一是自然科学方面的，一是哲学社会科学方面的。周总理对这个建议立即表示同意，并要于光远负责社会科学规划工作。会后，成立了哲学社会科学规划委员会，组织力量制定了规划。这个规划经批准后，由科学院哲学社会科学学部负责实施。这是建国以后第一个全国哲学社会科学发展的长期规划。

1963年12月，于光远随聂荣臻到中南海向毛泽东汇报工作。毛泽东表示，社会科学应该有个规划，应当拨付一些经费，包括外汇。此后，于光远和学部的同志便着手准备制定新的全国哲学社会科学规划。可是后来因为"社教"运动及紧接其后的"文革"，这项工作中断了。

1977年底，中国社会科学院成立后，正式向中央提出制定新的（1978—1985年）全国哲学社会科学规划，得到中央的支持，后写进五届人大一次会议的政府工作报告中。当时担任中国社会科学院副院长的于光远具体负责这个规划的制定工作。他多次主持召开各学科的研讨会，分析各学科现状、重点和优先研究的课题、发展前景等问题。在规划制定中，他特别强调要充分重视这项工作的思想性，运用思想手段来做好各学科的规划。

（二）大百科全书的编辑工作

在制定1956—1967年《十二年科学发展远景规划》时，于光远就积极主张把编辑出版《中华人民共和国百科全书》作为一个重要任务列入规划。1957年他和刘导生赴莫斯科期间特地访问了苏联大百科全书编辑部，与总编辑邵武勉院士会见。然而，真正把编辑大百科全书的工作组织起来，还是在"文革"结束以后。这项工作在姜椿芳等人的积极努力下，得以落实。于光远担任编委会副主任，协助姜椿芳工作。后来，虽然因故他没有继续管这项工作，但他始终对此十分热心。他对于如何编好大百科全书提出过不少意见。例如，他主张，"我们的百科全书应该既是仓库——具有时代性的知识宝库，又是生产现代先进武器的兵工厂，具有批判性和战斗性"[①]。他还提出，"一部高水平的百科全书还应该有若干条当代学识高超的人撰写的、高水平的、富有独立思想的创作"[②]。他建议，在初版之后，百科全书的编辑们应注意搜集使用者的意见和建议，准备出版《增补》和为新版做准备。

[①]《对百科全书工作写这么几句话》，载1998年10月14日《中华读书报》。

[②] 同上。

(三）组织各种学术研讨会

早在1956年，于光远就与薛暮桥、孙冶方共同组织了每两周举行一次的社会主义经济学理论座谈会。三人轮流主持，团结和吸引了经济学界的同仁共同研讨问题。这一座谈会召开了近百次。中间曾因政治运动而不得不暂时中断，待运动过去又恢复起来。除了这个定期座谈会外，他又同孙冶方组织了一些其他研讨会。其中规模最大、影响最深的是1959年在上海举行的经济理论研讨会。这次研讨会针对当时严重存在的"共产风"和"左"的思潮，讨论了商品生产、价值规律和计件工资等问题，宣传价值规律是个"伟大的学校"。1961年，他与孙冶方等经济学家一起组织了关于社会主义再生产、经济效果和经济核算等理论问题的多次研讨会，从理论上总结"大跃进"中的一些经验教训。

"四人帮"倒台后，在70年代后期于光远发起和组织了一系列影响很大的讨论会，包括对"批判'唯生产力论'"的批判，全国性的按劳分配讨论会，生产目的讨论会等。这些讨论会对于解放思想，活跃学术研究起了重要的作用。

1982年初他提出研究经济社会发展战略问题。在他的倡议和组织之下，首都十几个单位联合举办了"经济社会发展战略问题座谈会"。这个座谈会由讨论发展战略理论发展到讨论地区发展战略，又发展到讨论部门发展战略。后来因为要求参加的人多了，讨论的问题扩大了，于是改为"经济学双月活动周"，不仅讨论发展战略，还讨论社会主义经济理论、国土经济学等。这个活动一直持续到1989年，共举办了五十多次，在全国范围产生了很大影响。

1992年在中共十四大提出建立社会主义市场经济体制后，于光远在首都经济学界发起举办"市场经济论坛"，讨论有关市场经济的理论与实践问题。这个"论坛"至今已经举办了五十多次。

从1997年起，在他的倡议下，北京哲学界部分同仁也举办了一个"哲学论坛"。

于光远曾写过一篇文章，题目是《同台演出》。文章中说，在为建立和完善社会主义市场经济体制而努力的学术舞台上，除了担任主角的经济学工作者外，还应邀请其他学术领域的学者、官员、企业家、其他文化工作者同台演出。大家应该走到一起，进行讨论乃至辩论，自觉发挥彼此之间的互助互补作用。

（四）推动民间学术研究团体的建立

从70年代末开始，为了繁荣我国的科学事业，充分发挥广大科学工作者的积极性，于光远积极呼吁、热心奔走的一件事是建立各种各样的民间科学研究团体。他说，这些学术团体在科学技术工作体系当中有它特殊的地位和作用，是科学技术工作体系里不可缺少的一个组成部分。他认为研究会具有成立易、花钱少、成效大的特点，是科学工作者的积极性得以在其中发挥的一种形式。他提倡研究会成为"五性组织"，即具有"开放性、松散性、民间性、非赢利性、实干性"的组织。在他身为国家科委副主任、分工主管中国科协工作时，他不主张把民主集中制原则写进中国科协的章程中，他说，"民主原则本身就包含了集中"，"中国科协的章程里不写进民主集中制，只是表明一个群众团体不强调集中，实行的不是集中制罢了"[1]。

他曾经预测民间学术研究团体在我国会发展到四位数字，这个预测在80年代已经成为现实。

在学术团体的建立方面，他不仅呼吁，而且身体力行。在他直接发起或推动下建立的学术研究团体有：中国国土经济学研究会、中国自然辩证法研究会、中国马列主义著作研究会、中国政治经济学社会主义部分研究会、中国生产力经济学研究会、中国技术经济研究会、中国经济学团体联合会等。他曾在这些学术团体中担任会长或理事长，为这些团体的发展做了大量工作。至今他还担任着一些团体的顾问或名誉会长，经常参加这些团体的活动。1994年周谷城先生以九十多岁高龄辞去中国太平洋学会会长职务后推荐于光远担任该会会长，他不敢推辞，目前他惟一担任会长的学术团体就是中国太平洋学会。

四　治学特点

同时兼有着深切的社会关怀和深切的学术关怀，是于光远治学的最大特点。

---

[1] 于光远：《改革·经营·生活·组织建设》，湖南人民出版社1986年版，第205页。

他从学习物理学转而研究社会科学，他对政治经济学社会主义部分、经济效果理论、经济体制改革的研究，他的与实践紧密结合的哲学思考，他对伪科学的揭露，都是和他的这两个方面的关怀分不开的。

问题从哪里来，在很大程度上反映着一个学者的取向。深切的社会关怀，使于光远特别重视从"时代"特征中获得灵感和寻找问题。他曾讲过，我们一定要时刻记住我们所处的时代，研究时代的特点、时代的任务，把握时代的精神，使我们的研究能够解决时代等待解决的重大理论和实践问题，在即将跨入21世纪门槛的时候，他再次强调"时代"问题。1996年他在中国太平洋学会组织召开的国际会议上发表了他对时代问题的看法。他的看法是，20世纪可以分成两个时期。前半个世纪是战争与革命的时期，资本主义国家和社会主义国家并存。后半个世纪，则是世界性的大调整时期，资本主义国家在调整，社会主义国家在调整（改革），国与国之间的关系在调整。这种调整将会在进入21世纪后持续一段较长的时间。他认为，在学术方面有必要开展世界大调整时期的历史学、经济学、政治学、社会学等学科的研究。中国的改革和发展的研究，也有必要放到这样的大背景下来考虑。他对当前时代的看法，收录在《文明的亚洲和亚洲的文明》一书中（经济科学出版社，1996年）。

要了解于光远的治学风格，可以看他的《碎思录》一书。在这本由广东岭南美术出版社出版、有戈革先生配以篆印的书中，共收录了他在1987年、1988年写的100篇格言式的超短文。这些超短文可以说是他的人生体验和治学经历的结晶。在这里我们不妨摘录其中几篇，以反映他的风格。

独立思考，只服从真理 "'独立思考'就是不盲从，不附和，……思考的本性就是独立的，不独立就谈不到思考。'只服从真理'讲的是服从什么的问题。能服从一己的利害得失吗？能服从真理以外的某种权威吗？"

真理属于对具体事物作了具体分析的人 "真理是具体的，不存在抽象的真理。……一个人，不论他学问多大，地位多高，如果对某个具体事物未作具体分析，他就是一个门外汉。我不主张取消门外汉的发言权，但他应有自知之明，尊重掌握了具体真理的人，向他们学习。"

研而究之 "'研究'是词典中我最喜欢的词之一。'研'成粉末，言考察之精细也。'究'是溪流之尽处，言考察之深远也。遇到任何问题，本人第一个反应便是要对它进行研究。……宗教要求对它膜拜，法律要求对它服从，科学要求对它研究。"

不使用未经自己批判的语言 "使用自己没有批判过的语言，意味着某种盲目性。一个人在自己的进步中应该接受新思想，从而也应该接受新语言，而且应该经常这样做。但不应有任何盲目性，不应该随便接受，也不应该随便拒绝。应该对未曾接触过的语言持批判的即分析的态度。一时还来不及去做这种分析怎么办？暂不使用。"

防止研究成果异化 "取得某种'研究成果'后沾沾自喜，会使自己成为本人劳动成果的奴隶。这也是一种'劳动异化'。……这是可能遇到的一个陷阱。避免的办法是把研究的成果置于自己批判对象的地位。"

无时不思，无日不写 "不是警句，更不是格言，只是本人的习惯。人各有特点，我的特点就是思考和写作。我感到世界上总有许许多多的问题值得去思考。思考了就想留个记录，就去写。多年如此，养成了我的习惯。自己体会到，这种思和写有助于自己对世界认识的深入"。

如今已84岁高龄的于光远，仍然笔耕不辍，写作已经成为他的日常生活方式，每天都要工作十几个小时。不仅在家中，而且在飞机上、火车上，……只要有时间，他便抓紧写作。以至于80年代初，有一次他在广州白云机场候机，一位与他几十年未见面的延安时期的老战友，竟然凭着他在候机厅中以膝为桌低头写作的身影认出了他。那位老战友感慨地说："于光远当年在延安就是这样抓紧时间。几十年如一日，一点没变。我一看到有人候机时还在低头写作，就判断一定是他。"在学术界，于光远以高产著称，这是与他超乎常人的勤奋分不开的。

（胡冀燕、刘世定　撰稿）

作者简介

胡冀燕，女，1947年9月出生，浙江乐清人。1978年底至今在中国社会科学院工作，从1977年起一直担任于光远的秘书。

刘世定，男，1951年5月出生，四川大邑人。1979年考入中国社会科学院研究生院，在于光远指导下学习。现为北京大学社会学人类学研究所教授。

于光远主要著作目录

《政治经济学社会主义部分探索》（1—6卷）　人民出版社1980—1996年出版。

《论社会科学研究》（1—2卷）　四川人民出版社1981—1985年出版。

《哲学论文演讲和笔记》　人民出版社1982年出版。

《中国社会主义初级阶段的经济》　中国财政经济出版社1988年出版，广东经济出版社1998年再版。

《社会主义市场经济主体论（札记）》　中国财政经济出版社1992年出版。

《我的市场经济观》　黑龙江教育出版社1993年出版。

《论我国的经济体制改革》　湖南人民出版社1985年出版。

《经济社会发展战略》　中国社会科学出版社1984年出版。

《我的教育思想》　河南教育出版社1991年出版。

《思考与实践》　湖南人民出版社1984年出版。

顾颉刚

(1893—1980)

著名的历史学家。曾任中国社会科学院历史研究所一级研究员。

顾颉刚生于江苏省苏州市。原名诵坤,字铭坚。6岁入私塾。1906年考入长元吴公立高等小学校。1908年考入苏州公立第一中学堂。1913年考入北京大学预科。1916年考入本校文科中国哲学门。是新潮社首批社员。1920年毕业留校,次年北大研究所国学门开办,任助教,兼图书馆编目员。1923年,在《与钱玄同先生论古史书》中,提出"层累地造成的中国古史"观,引起一场古史大辩论。1926年任厦门大学国学研究院史学研究教授。1927年任中山大学史学系教授兼主任。主持中大语言历史学研究所工作。创办民俗学会,编辑《民俗周刊》。1929年初离广州北返,任燕京大学历史学系教授。1931年任北京大学史学系兼课讲师。1933年组织通俗读物编刊社(原名"三户书社"),主持编印鼓词等民众读物,宣传抗日。1934年2月创办《禹贡》半月刊。1935年任北平研究院史学研究会历史组主任。1936年5月正式成立禹贡学会,8月出任理事长。同年在燕大发起成立边疆问题研究会。"七七"事变后受管理中英庚款董事会聘,任补助西北教育设计委员,到兰州及甘肃各县、西宁等地考察教育,在临洮、渭源县举办小学教员讲习会。1938年抵昆明,任云南大学教授。创办《益世报·边疆周刊》。1939年到成都,任齐鲁大学国学研究所主任。创办《责善半月刊》及《齐大国学季刊》。1941年6月抵重庆,主编《文史杂志》,兼任中央大学教授。1943年3月中国史学会成立,选为常务理事。因厌倦学界的争名、政界的争权,转与商人合作,被推为中国史地图表编纂社社长。1944年任复旦大学史地系教授。抗战胜利后移居苏、沪,又先后任苏州社会教育学院教授、兰州大学教授兼历史系主任。1948年当选为中央研究院人文组院士。1954年8月抵京,任中国科学院历史研究所研究员。先后主持标点《资治通鉴》、《史记》。1959年开始整理《尚书》。1971年主持标点"二十四史"。1980年12月25日逝世于北京医院,遗体捐献中国医学科学院。

顾颉刚

一

顾颉刚是我国著名的历史学家。在上古史、历史地理、民俗学等领域取得了杰出的成就。

先生出身于晚清苏州的一个读书世家。自幼读《四书》、《五经》。读书之余喜听祖父祖母讲苏州的掌故旧闻及民间故事，启发了他浓厚的历史兴趣。常把长辈给的零花钱积攒起来买书。读书不肯盲从，常在书上批抹己见。喜欢把一件事考证得明明白白。8岁时根据《论语》中的古人名字和《孟子》里讲道统的话，再结合祖父所讲盘古等神话，串联成一篇"小史"。读《古文翼》，跟父亲学习作文。读《新民丛报》，喜爱梁启超的文章。14、15岁时阅《汉魏丛书》和《二十二子》，略识中国古书全貌。从《国粹学报》中接受章太炎"整理国故"的思想。上中学后受师友影响，极爱诗文，常到玄妙观旧书肆闲览。从《国朝先正事略》"阎若璩传"中得知其已辨明《古文尚书》是魏晋间人伪造的。又从姚际恒《古今伪书考》，知其将《汉魏丛书》里不少书列为伪书，深感古书问题之多。到北京上大学后看了两年戏，对民间传说得到一个大体的领略。经过弄文学、哲学及参加政治运动，碰到不少钉子，逐渐认识到自己的才性在考证的学问上。听章太炎讲学，得知今古文经学的分歧。受到同学毛子水认真读书的影响和章太炎攻击今文家"通经致用"的启发，有了自觉的治学意志——为求真而治学。夏曾佑的《中国古代史》历史教科书总称三皇五帝时代为"传疑时代"，很佩服其眼光。1914年冬立《寒假读书记》，为毕生所记200册读书笔记之首。1915年由章太炎对今文家的痛恨而搜读康有为的《新学伪经考》、《孔子改制考》，引起了对古史的不信任观念。1916年编《清代著述考》，又列学者籍贯和学术传衍表，花了半年工夫成稿20册，看清楚清代学术流派、贡献及近三百年学术思想的演变。1917年蔡元培任北大校长，聘陈独秀、胡适任教。当时《新青年》鼓吹思想革命。胡适的中国哲学史课，讲"中国哲学结胎的时代"，用《诗经》作时代的说明，丢开唐虞夏商，从周宣王讲起，对人们充满三皇五帝的脑筋是重大打击。同学中遇到勇于批评的傅斯年。这些都促使他解放思想，日后敢于大胆宣布胸中积蕴的许多打破传统学说的见解。1918年北大教授征集歌谣并在《北大日刊》陆续发表，读后感到耳目一新。适值他在家养病，遂搜集家乡歌谣，后整理成《吴歌甲集》。经研究方知歌谣也和小说戏剧中的故事一样，会随时随地变化，并由此而注意到相关的许多风俗材料。工作后，读胡适的《〈水浒〉序》和辩论井田的文字，了解其研究方法，认识到研究古史也可用研究故事的方法。1920年冬，胡适嘱标点《古今伪书考》，欲由此总结前人辨伪的成绩。1921年与胡适、钱玄同讨论辨伪书伪事，提起编集辨伪材料的兴趣。标点《四部正讹》、《诸子辨》等，辑录《诗辨妄》。1922年始标点编订《崔东壁遗书》，至1936年出版，前后历15年。为商务印书馆编教科书，由此研究《诗经》、《尚书》、《论语》中古史资料，从尧舜禹地位的演变发现古史是层累造成的，发生的次序和排列系统恰是一个反背。1923年在《努力周报》发表《与钱玄同先生论古史书》，提出"层累地造成的中国古史"观，引起一班传统封建思想学者的痛驳，因而定了周密的计划决心做毕生的研究。1924年在北大研究所国学门编辑《歌谣周刊》，便于接近民众材料。作《孟姜女故事的转变》，引起巨大反响，一时孟姜女研究成为数十位学者共同的课题。次年受北大风俗调查会之托，到京西妙峰山调查进香风俗，作《妙峰山的香会》。1926年，编辑《古史辨》第1册由朴社出版，收入他与胡适、钱玄同、刘炎藜等讨论古史的函件与文章，并作6万言自序，畅言自己研究古史的方法和所以有这种主张的原因。此书在学术界和社会上引起轰动，一年中重印了20版。在以后十几年中，《古史辨》陆续出版，全书7册共汇编了350篇文章，约三百二十五万字，他主编其中第1、2、3、5册。这就是本世纪20年代出现的高举"疑古"旗帜，旨在用科学的方法考辨古代史料和古史传说、推翻封建古史体系的学派——古史辨派的由来。抗战前，他在大学教授的课程有"中国上古史研究"、"尚书研究"、"古代地理研究"、"秦汉史"、"春秋战国史"等。研究《尧典》、《禹贡》、《周易》经传之著作时代问题，三皇五帝之系统问题。写成《五德终始说下的政治和历史》，专门研究王莽时代的五帝说，揭露古史体系层累构成的经过。后将此文以通俗的叙述体形式改写为《汉代学术史略》（50年代后改题《秦汉的方士与儒生》），多次出版。1934年因授"中国古代地理沿革史"课，遂以学生课作为基础，创办《禹贡》半月刊。这年夏赴绥远参观，注意到边疆危机和民族问题的严重，研究方向从沿革地理转到研究民族演进史、边疆历史和记录边疆现状方面，至"七七"事变时，此刊共出7卷81期，造就了"禹贡学派"。抗战中在后方由于生活动荡，难以作系统的研究，他结合实地考察，证诸古史古籍，撰写大量读书笔记，1949年整理成《浪口村随笔》，以曾居住的乱中取静、得以尽力读书的昆明北郊浪口村为书名，来纪念那段特殊的日子。后将其中一部分修订增补，于1963年出版《史林杂识初编》。他用一生心血研究《尚书》，1925年作《盘庚》、《金》篇今译。10年后始与顾廷龙合作，编辑《尚书文字合编》。主编出版《尚书通检》。1951年作《周诰》8篇校释译论。1959年起着手作全面整理，直至1966年"文化大革命"，成70万字的《大诰译证》，其中在1962年将《〈尚书·大诰〉今译》摘要发表。《大诰》之史实考证各篇去世后陆续发表。"文革"后，与助手继续整理《尚书》中其他各篇，以及自己的积稿，以85岁高龄拟订3、5、8年工作规划。真正做到把整个生命奉献给学术事业的发展。

二

1958年顾颉刚在填写《中国科学院干部简历表》中"有何发现与发明"一栏时写到："在1922—1937年中，我推翻了传统的三皇、五帝的系统，移后了《尧典》、《禹贡》等篇的著作时代，以民间文学来解说《诗经》，在当时也算是一种创见。"用三句话概括了一生的主要学术成就。

1922年在草拟《最早的上古史的传说》时，把《诗》、《书》、《论语》三部书中所载的古史作比较，发现禹的传说是西周时就有的，尧、舜是到春秋末年才流传起来的，伏羲、神农是在战国以后出现的。于是提出了一个假设："古史是层累地造成的，发生的次序和排列的系统恰是一个反背。"① 第二年在给钱玄同信中进一步阐发为三层意思：一、时代愈后，传说的古史期愈长；二、时代愈后，传说中的中心人物愈放愈大；三、我们即使不能知道某一件事的真确状况，但可以知道这件事在传说中的最早的状况。对于这个发现，胡适称其为今日史学界的一大贡献，"是用历史演进的见解来观察历史上的传说"。② 郭沫若认为这一发现"的确是个卓识"，"在旧史料中凡作伪之点大体是被他道破了"。③ 为了从杂乱的古史中分出信史与非信史，他又提出四项标准：一、打破民族出于一元的观念；二、打破地域向来一统的观念；三、打破古史人化的观念；四、打破古代为黄金世界的观念。他认为三皇五帝系统中的许多古人本来或是各部落的酋长，或是他们的祖先，或是他们的图腾，或是他们的上帝。原来在周代，各族各有其始祖，与他族不相统属，各族还有不同的奉祀之神。战国后因民族的混合、政权的统一，使这些神与人也混合起来，发生父子、翁婿或君臣的关系，于是在混合而成的系统中分出了时代先后、编排出继承关系。另外，阴阳五行的信仰也是构成帝系说的重要原因。在这个研究中，并不要判断孰是孰非，并不想取什么丢什么，只想看清古史传说在二三千年中曾起过什么样的变动，以便一个个推翻它们在史实上的地位，一个个建设它们在传说上的地位。1929年在《中国上古史研究讲义》中研究三皇五帝的来源，后将其改写为《五德终始说下的政治和历史》及《三皇考》两文，说明三皇是战国末的时势造成的，其传说出于"太乙生两仪"哲理的神话化，同时泰皇的传说又出于黄帝（上帝）神话的演化。五帝之说，大约是战国后期起来的，出于五色天帝的神话，又人化为历史人物，再拿帝王人名来实定五帝之位，于是出现多家

---

① 《古史辨》第1册"自序"，上海古籍出版社1982年版，第52页。
② 《古史讨论读后感》，《古史辨》第1册，第192页。
③ 《中国古代社会研究》，人民出版社1982年版，第305页。

不同的五帝说。他对《世经》作了鞭辟入里的分析，指出其中排列的古帝王的五德系统，出于创造和依托。是两汉人将战国后期邹衍的五德相胜说改为相生说，王莽为夺汉代天下，在"相生"的循环中找出他做皇帝的依据。他系统地说明五德说在秦汉间的变迁之迹。至于五帝、三王的道德功业，则是战国后的学者为了统一的需要编造出来的。这里，他始终曷櫜的原则——依据各个时代的时势来解释各个时代传说中的古史。经过周密的考辨，中国人头脑中历代相传的"自从盘古开天地，三皇五帝到如今"的观念从根本上动摇了。那一时期他还撰写了《战国秦汉间人的造伪与辨伪》、《禅让说起于墨家考》、《夏史三论》、《州与岳的演变》、《九州之戎与戎禹》、《鲧禹的传说》等文，论证禹是社神和夏史中许多传说出于神话演变。

　　《尚书》是二千多年来最受儒家尊崇的经书，最先由儒家确立的尧舜禹汤文武这一古史骨干系统，就是由《尚书》建立的；儒家托古所提出的一些制度，也多在其中；他们所倡的道统，亦是利用此书所建立的帝系而成立的。同时，纷扰二千多年的今古文经学之争，主要是由它引起的。因此顾颉刚认定，要从帝系、王制、道统、经学四方面清算古史，就必须攻破《尚书》这一首要堡垒，把它从圣经地位恢复到史料地位。他在中山大学开设"书经研究"课，搜集自汉代至近代研究《尚书》的主要各家之说62种，编成《尚书学参考资料》8巨册。在燕京大学编《尚书研究讲义》分甲乙丙丁戊5种，每种再分册搜集资料。这些是研究《尚书》最根本的物质建设。对于其中《尧典》、《禹贡》两篇，他下的工夫尤深。认为《尧典》是儒家政治理想的结晶而将其史事化，作者利用不少远古材料，借了尧舜禹稷契皋陶伯夷等古代不同时期、不同民族的传说中祖先或神话人物，集中安排到一个朝廷里，成为君臣、兄弟、姻戚，以及前后相承的政权继承人。又把他们说成是理想的圣人，做了许多美政。他做《尧典著作时代问题之讨论》，据篇中十二州、南交、朔方等地名，郊祀、封禅、举贤良、制赎刑、三载考绩等制度，提出该篇可能写定于汉代。《禹贡》则是战国之世走向统一前夕由当时地理学家所作总结性记载，把当时七国所达到的疆域算做天下，根据自然地理划分区域，希望统治者对各州土地都能很好地利用，各地向中央进贡特产、田赋则根据各州土地肥瘠决定等次。这是对战国时政治地理作出的一个理想的规划，而儒家把它作为大禹时代的作品，把禹美化为尧舜之后的圣王，就违背了历史的真实。总之，在大一统呼声日涨的战国时代，历史方面出现了论述祖先同源说和中央集权说的《帝系》、《尧典》，地理方面出现了划分天下为九州之说的《禹贡》、《职方》，这种舆论为秦始皇统一工程铺平了道路。这一研究成果被学术界所称许，徐旭生说："疑古学派最大的功绩，是把《尚书》头三篇的写定归之于春秋和战国的时候。"① 吕思勉说："发明《禹贡》不但非禹时书，所述的并非禹时事，乃后人据其时的疆域附会，则不可谓非一大发明。"② 1951年顾颉刚通过翻译《尚书》中最难读的《周诰》八篇，确定了校、释、译、论的翻译体裁，并在有生之年以这一形式对《大诰》篇作了彻底整理。以唐石经作底本，把各种古刻（汉、魏石经）和古写本（敦煌、日本古写本）逐一校勘；再选取古今人的注释，打破今古文和汉宋学的藩篱，为之疏通贯穿；然后把全文分节标点，译为现代汉语。他认为整理的最终目的是要认识古代的真面目，把《大诰》的历史背景即周公东征管蔡武庚这一关系周王朝成败的重大事件，作了细致考证。上及传说时代和夏代，下及春秋战国，清理出周初民族大迁移的重要史实，撕破周公"救民于水火之中"的假象，揭示出古代东方的大民族——鸟夷族的组成、分布及兴亡。在整理中，涉及几乎所有的先秦古籍，利用吸收清人和当代学人的研究成果，以及甲金文材料，成70万字巨著。由于倾注了极大心血，被他自称为留给后人的"学术示范之作"和"学术的遗嘱"。对于他整理《尚书》的成就，学术界有很高的评价，李平心称其治《尚书》计划"博大而又周密，在《尚书》学史上还没有过先例"。③ 许冠三称他后期的研究是"历尽60年的沧桑与曲折，他终能合疑古、辨伪、考信为一"写出的"一生最圆熟的严谨之作"，"不但会通了汉魏以后各类专家学说的精华，而且抉择准当，论断公允，其疏证之详明精确与绵密细致更在王国

---

① 《中国古史的传说时代》，科学出版社1960年版，第26页。
② 《从章太炎说到康长素、梁任公》，载《月刊》第1卷第3期，上海权威出版社1946年1月5日。
③ 《从〈尚书〉研究论到〈大诰〉校释》，载《历史研究》1962年第5期。

维之上。至于资料繁富，体例创新与双重证据配搭的挥洒自如，犹在其次"①。

　　《诗经》研究是顾颉刚早期的工作。1921年为了辑录《诗辨妄》，较深入地研究了它的作者郑樵，次年写成他最初的论文《郑樵传》和《郑樵著述考》，并由此受启发研究《诗经》，决心离开齐、鲁、韩、毛、郑五家的传统说法自己找寻其真正的意义。他用一种全新的方法——以研究民间歌谣的方法来研究《诗经》。他对歌谣本身并没多大兴趣，而是要借此窥见民歌和儿歌的真相，知道历史上所谓童谣的性质是怎样的，《诗经》上所载的诗篇是否有一部分确为民间流行的徒歌。作《诗经在春秋战国间的地位》，提出《诗经》的幸运和厄运的论题，辩证地说明这个古代诗集被儒家作为经典而提高其地位，得以较完整地保存并长期流传，这是它的幸运；同时它又被封建统治阶级利用作为愚民工具，附以种种歪曲解说，掩盖了它的真面目，这又是它的厄运。他反对孔子删诗的说法，指出它是古代诗歌总集，包含着大量民间创作，这就将它的真相了然于世间。又作《论诗经所录全为乐歌》，就歌词的复沓、方面的铺张、乐曲的采集、民歌的保存几方面说明其所录尽为乐曲；从典礼与非典礼所用的歌曲上证明宋人程大昌和清人顾炎武依据《仪礼》所载的乐章而定诸国诗为徒歌的谬误。经过这些辨订，"三百篇全入乐，已为现代学者接受为不可移易的定论"。②以后又研究风、雅、颂的分类，反对传统说法，指出"颂"多无韵、不分章叠句，由大钟伴奏，配合舞蹈，是诗歌舞三合一的宗教性祭祀乐歌。"雅"即"夏"，雅言就是标准话，雅乐就是宫廷和贵族用的正乐。"风"是乐调，风名的本义即地方乐调，国风就是各国的土乐。风雅颂三类诗是以它们各自不同的乐调来分类的。从而深入了对《诗经》编排体制的研究。

---

① 《新史学九十年》，香港中文大学出版社1986年版，第192—193页。
② 夏传才：《诗经研究史概要》，中州书画社1982年版，第229页。

三

　　顾颉刚吸收了我国历代学者的疑古辨伪的优秀成果，并在此基础上利用历史进化论、民俗学和考古学等西方的科学思想，对中国上古史研究作出了重大的贡献。

　　他的疑古思想继承宋代郑樵、清代姚际恒和崔述的传统："崔东壁的书启发我'传、记'不可信，姚际恒的书则启发我不但'传、记'不可信，连'经'也不可尽信。郑樵的书启发我做学问要融会贯通，并引起我对《诗经》的怀疑。所以我的胆子越来越大了，敢于打倒'经'和'传、记'中的一切偶象。"① 拿"层累地造成的中国古史"观和历史上疑古辨伪的言论作比较，可以看出顾颉刚不但继承了他们的一些基本思想，而且有了质的变化。崔述认为"其识愈下则其称引愈远，其世愈后则其传闻愈繁"。② 虽含有层累地造成的观念，但只是描述了历来相传的古史系统的现象，知其然而不知其所以然。顾颉刚则排除与古史系统远近无关的识见和繁简，单纯以古帝神话传说发生时代的先后次序和古书中所讲的古史系统排列先后来比较，从而得出两者先后恰恰相反的规律。从司马迁到崔述，二千多年来一直都以"考信于六艺"作为区别古史真伪的标准，他指出这是不正确的，经书和传说只是时间的先后，没有截然不同的真伪区别，因此他以历史进化论为依据，提出推翻非信史的四条标准（详上一节），证明顾颉刚是史家的辨伪，远远超过了历来儒家的辨伪。同时他强调把传说的经历看得比史迹的整理还重要，重视研究伪古史系统产生的社会背景和历史条件。余英时称"这是中国传统考证学者在历史意识方面从来没有达到的高度"③。因此可以说，"层累造成的中国古史"观的提出，为考辨古史传说提出了新的思想方

---

① 《我是怎样编写〈古史辨〉的》，《古史辨》第1册，第12页。
② 《崔东壁遗书·补上古考信录》，上海古籍出版社1983年版，第28页。
③ 《顾颉刚、洪业与中国现代史学》，香港《明报》月刊1981年第5期。

法，标志着我国的疑古辨伪之学进入了一个新时代。

近来流行一种说法：要从"疑古"的阴影下走出来，这无非是说疑古派怀疑的某些古书是怀疑错了，并举出若干考古发掘的资料证实其错误。须知中国的疑古辨伪思想萌发于战国、秦、汉而勃发于唐、宋、元、明，到清代已趋于成熟阶段。这是一个传统，一道割不断的历史长流，也是祖国珍贵文化遗产中不容随意弃置的一部分。"疑古"并不曾独占一个时代，也不是以顾颉刚为代表的"疑古派"所专有。即使当年考证先秦诸子时代和真伪的文章，不仅看法不尽相同，有些还有激烈争论，这只要翻一翻《古史辨》就能看到，并不存在定于一尊、不容他人批评的气势。用简帛所写的战国秦汉古写本和佚书佚文来修正或否定旧说，只要言之成理、持之有物，完全是正常的、自由的学术批评，谈不上"走出阴影"的问题。从这一说法，又引出了"信古、疑古、释古"的三阶段论，以为研究上古史的三个阶段中，前两阶段已经过去，现在到了"释古"的阶段或时代。其实，首先提出这三个概念的冯友兰当年说的很明确："疑古一派的人所作的工夫即是审查史料。释古一派的人所作的工夫即是将史料融会贯通。就整个的史学说，一个历史的完成，必须经过审查史料及融会贯通两阶段"，"但就一个历史家的工作说，他尽可只作此两阶段中之任何阶段，或任何阶段中之任何部分"，[①] 明白指出无论疑古释古，都是中国史学所需要的，其间没有孰轻孰重、孰先孰后之分，更谈不上用所谓"释古"的时代取代"疑古"的时代。而且从逻辑上说，信古派和疑古派其实都在释古，只是站的立场不同，对古史的解释不同而已。顾颉刚以疑古为手段，建设真实的古史才是他的最终目的。上节所述他的学术创见，都是真正而严肃的释古工作。当然，他所作的开创性工作不可能十全十美，在这一史观发表后，没有再作深入系统的阐述，对层累与分化、演进的关系等论述的也不够完善。由于时代的局限，考古发现不多，有些结论至今需要修订或改正。这些都有待于后来考辨古史的学者继续充实和发展。

顾颉刚生前多次表达一句肺腑之言：没有"五四"运动，就没有我。"五

[①]《古史辨》第6册"冯序"。

四"新文化运动的一个重要趋向，就是坚决要求用科学的方法，重新估价中国的文化遗产，从这个意义上说，它是思想启蒙运动。沐浴解放思想的春风，他明确指出自己的工作"要使古人只成为古人而不成为现代的领导者，要使古史只成为古史而不成为现代的伦理教条，要使古书只成为古书而不成为现代的煌煌法典"，① 在当时尊孔读经的氛围中实在是一种革命性的呼声。这是一个大破坏，但不是虚无主义的抹杀和破坏古代一切，而是要让它们各个回复其历史上的地位：真的商周回复其商周地位，假的唐虞夏商周回复其先秦或汉魏的地位。长期以来，学术界对他有一种误解，认为疑古造成对古代历史文化认识的空白。其实"空白"是原有的，而非疑古派造成的。记载商代以前的文献材料，并不是可靠的信史，只是传说，其中包含历史的因素，但还有很多是战国以后托古改制的东西。他的功绩在于让人们看到这段历史的空白，认清传说与信史的区别。为建设真古史，就必须先去掉这些伪古史，即所谓不破不立。他也不否认夏代的存在，只是认为禹是传说中的人物，推想其为夏族的图腾，主张将禹与夏代分开；为探索夏代疆域和都城作了不少工作。总之，顾颉刚深受新文化运动反封建精神的鼓荡，是这场运动中站在历史学领域里反封建传统的主将。当时的有识之士，只要是站在新文化运动一边的，不论其后来的政治倾向如何，对他的疑古辨伪工作几乎无不表示支持和赞同，除上节所举胡适、郭沫若的评价外，傅斯年将他在疑辨古史中的地位比作"牛顿之在力学，达尔文之在生物学"。② 几十年来历史教科书上不再见到把三皇五帝、夏禹定九州等作为信史来讲授，应该承认是顾颉刚和《古史辨》的不朽功绩。

顾颉刚重要的学术贡献，还在于独辟蹊径地借用了民俗学的方法。对某些历史传说成分特多的古史，以"故事的眼光"解释其构成的原因，比如从孟姜女故事如何顺随了文化的中心而迁流、承受了各地的时势和风俗而改变、凭借了民众的想象而发展，如何由蕴含丰富的神话意味到清代《广列女传》，便可了解古史演变的类似之处，懂得现在没有神话意味的古史原来是文人学者从神话

---

① 《古史辨》第4册"自序"。

② 《古史辨》第2册，第298页。

的古史中筛滤出来的，即如禹由传说中的神变成古史中的王。因此若把《广列女传》的叙述看做孟姜女的真实事实，而把唱本、小说、戏曲中所说看做怪诞不经之谈，就是本末倒置了。对于古史中的典型人物，用"角色的眼光"考察其行为，如商纣王由《尚书》中的酗酒亡国到《封神榜》中的暴君，其实均出自其身死国亡的地位，如果把它当作《徐文长故事》一类书看——天下的暴虐归于纣与天下的尖刻归于徐文长一样——就懂得许多古代的史实完全无异于现代的传说。对古书记载中相互冲突的古史传说，借民俗学的方法也可作出合理的解释。他以研究孟姜女故事的转变来认识上古传说，以考察东岳庙的神和妙峰山香会来作古代神道和社会的研究，以歌谣研究弄清《诗经》真相，都是以民俗学印证古史的具体成绩。同时，编辑《吴歌甲集》、《孟姜女专号》、《妙峰山进香专号》；发起成立我国第一个正式的民俗学会，在《民俗周刊》的发刊词中提出"要站在民众的立场上来认识民众"，"要打破以圣贤为中心的历史，建设全民众的历史"。以自己的努力，确确实实为中国学术界开创了一个新天地。以新史学家的眼光和手段，使我国民俗学在发端及奠基之时即立于一个很高的起点上。

使用民俗学和考古学的方法对于上古史的研究都是必要的。他主张"既可用了考古学的成绩作信史的建设，又可用了民俗学的方法作神话和传说的建设"，[①] 是很高明的见解。三代以前的许多传说，难以在考古学上得到直接的证明，即使在今天，对于黄帝和尧舜禹，也未发掘到足以证明其为人王的实物或文书；就是夏商周三代的历史，也有许多传说出于神话的演化，同样难以直接运用考古学证据。因此在这个领域中民俗学的方法尤为重要。

当年他为中山大学图书馆购书时，除古籍之外，还大量收购杂志、日报、家谱、账簿、日记、公文等，甚至于民间文艺、民众迷信等不登大雅之堂的东西，正是基于利用一切可以利用的史料这个原则，把戏剧、歌谣、风俗、宗教与高文典册中的经学、史学放到平等的地位上做研究的题材。他把史料分为记载、实物、传说三类，主张把文献的记载、考古发掘的实物和民俗学的神话传

[①] 《中国上古史研究讲义》"自序一"，中华书局1988年版，第1—2页。

说结合起来，较之王国维的"二重证据法"、傅斯年的"史学就是史料学"所涵盖的资料范围又有所扩展，而且从方法上比王氏的"二重证据法"更进一步，是"三重考辨"的方法。这个主张与他坚决的反封建思想和犀利的科学家的眼光是分不开的。

顾颉刚在研究古史的同时，十分重视对古代地理的研究。1934年，与谭其骧一起创办《禹贡》半月刊，以燕京、北京、辅仁三大学学生课卷为基础，讨论的内容，包括古代和当代的地理沿革，一方面旨在恢复清代学者治《禹贡》、《汉书·地理志》、《水经注》等书的严谨精神，另一方面要利用当前的科学方法取得更大成果。《禹贡》半月刊最初每期仅二三万字，撰稿者不过二十余人。不到两年，会员增至200人，篇幅扩充至七八万言。半月刊这时早已超出发表学生习作的范围成为社会上颇有声誉和地位的学术刊物，学会的工作也不断获得社会的支持，前教育总长张国淦将城内一处房产捐出，使学会工作得以进入正轨。1936年5月禹贡学会正式成立时，会员已达四百多人。不久，得到管理中英庚款董事会的补助，设置专业研究员、编辑员、绘图员、事务员等。半月刊自第5卷起，按专题刊出西北、东北、后套水利、南洋、康藏、察绥、回教与回族、利玛窦地图、古代地理等专号。他还采纳会员建议，在半月刊中设"通讯一束"专栏，以加强会员的联系，促进交流。他自己在此刊中发表研究《禹贡》、古代地理与民族、近代边疆问题的文章，其中《王同春开发河套记》、《回汉问题和目前应有的工作》等，在当时产生很大影响。另外，他主持编印《地图底本》，出版3种缩尺、3种颜色的最新分幅地图，用以作全国历史地图之准备，这一工作成为学会"最值得注意的"学术活动之一。① 他还组织河套水利调查团等，将其调查报告编为专号发表。到1937年，半月刊每期字数增至14万，印数从初起的500册增至1500册，同时学会中渐渐集合了各方面的人才。这个以私人力量组织的、靠顾颉刚的捐款、会员的会费及社会上的资助而维持下来的学会，在短短3年中取得巨大进展，以至引起日本学界的注意，被称作"禹贡学派的人们"。可以说，在"七七"事变前的几年间，他把主要精

---

① 侯仁之：《回忆与希望》，《历史地理》1981年创刊号。

力都投入历史地理学、边疆和民族学的开创，为这一新兴学科培养了整整一代人才，为学科建设打下基础，影响深远。因此当今学术界认为"我国当代的历史地理研究，是在先生倡导下开展起来的"①。现在的中国历史地理学，研究范围从沿革地理扩大到经济地理，出现了历史自然地理、历史民族人口地理等多个分支，但顾颉刚的奠基之功，人们是不会忘记的。

四

顾颉刚一生为后人留下大量学术成果的同时，还留下了丰富的精神财富，它体现在治学精神中，体现在对民族前途的关怀中。

顾颉刚的治学精神，可用"求真、勤奋、宽容"六字概括。"五四"时期，胡适提出"以科学方法整理国故"，几十年来訾议甚多，然而却无论如何推翻不了这个命题，而顾颉刚正是矢志不渝的执行者，他自觉地承受了"五四"时期大力提倡的、中国传统文化中所缺乏的科学精神，具体来说就是"真正作为科学基石的'为求知而求知'的精神"。② 在他从事古史研究之前，就"感到学的范围原比人生的范围大得多，如果我们要求真知，我们便不能不离开了人生的约束而前进"，"应用只是学问的自然的结果，而不是着手做学问时的目的"。③认为这个觉悟是他生命中最可纪念的，因为它是学问上取得建树的根基。以后又多次讲过学问的目的在求知而不在应用，在学问上只当问然不然，不当问善不善。有了这个信念，他能够竭力破除功利的成见，用平等的眼光去观察一切好东西、坏东西，对于民俗材料的处理，就是充分证明。有了这个信念，他能够本着固有的是非之心，不趋附权威，只凭搜集到的证据来说话。有了这个信念，他在研究学问的时候有宗旨有鉴别力有自信力有镇定力和忍耐，表现出坚

---

① 《沉痛悼念顾颉刚先生逝世》，《历史地理》1981年创刊号。
② 李慎之：《什么是中国现代学术经典》，载《文汇报》1998年8月23日。
③ 《古史辨》第1册"自序"，第25页。

强的人格。清代学者也极力提倡实事求是的学风，但经学终究不能成为科学，因为横亘着两个障碍：一是圣道观念，凡圣人的话都不能批评，甚至官定的"正注"也不容置疑。二是家派的观念，清代学者将自己束缚于汉代的家派里，不能作真正客观的研究。由于顾颉刚是具有独立思想和自由意志的批判者，把两种障碍都打消，将研究从一开始就纳入科学轨道。他早年受到钱玄同启发，对经学史的重大问题——今古文之争持客观的立场。认为汉代今文经学由孔子学派传衍，经过长期蜕化而失掉真面目；古文经学异军突起，将得到的一些古代材料加以整理改造，与今文经学唱对台戏。双方都有谬误，但攻击对方的话往往是正确的，应该用这种相互间的批评来揭露他们的真相。对于清末学者，他认为古文家主张六经皆史，把孔子看做哲学家和史学家，是极合理的。章太炎攻击今文家的"通经致用"，是对他立志为求真而治学的最有力启发。但章氏对现在许多站不住脚的汉代古文家之说还要弥缝，鄙薄铜器、甲骨文研究，这种看家派重于真理、看书本重于实物的观念是不足取的。作为今文家的康有为，以历史进化论观点指出古代并非黄金时代，其"上古茫昧无稽"的说法直接引发他创立了"层累观"。但康氏的目的在于"托古改制"，将政策与学问混而为一，虽是极鄙陋的谶纬也要拿来做自己的武器，在学问上轻易屈抑自己的理性于怪妄之说下，又是顾颉刚十分不以为然的。他经常说："为要了解各家派在历史上的地位，不免要对于家派有所寻绎，但这是研究，不是服从。"[①] 因此他能够超越今古文经学的传统观点。否则就"不能有他的古史观的产生，他至多是新古文家或新今文家"。[②] 如果有人把陈寅恪、钱穆等人建树的史学视作"文化史学"的话，[③] 那么顾颉刚建树的史学即是当之无愧的"科学史学"。

顾颉刚勤于动脑、动手的治学风格，被认为"确是现代学人所罕见"。[④] 在

[①] 《古史辨》第1册"自序"，第82页。

[②] 余兼胜：《顾颉刚古史观的形成与其古今文经学认识的关系》，载《历史教学问题》，1992年第3期。

[③] 《中国现代学术经典》"总序"，河北教育出版社1996年版，第42页。

[④] 《新史学九十年》，第201页。

他看来，学者的本分就像农夫和泥瓦匠，须一粒粒的播种，一块块地砌砖；学问是一点一滴积累起来的，决无顿悟的奇迹，所以摒却侥幸取巧之心，肯用全力在细磨的功夫上。他说，不靠实学而靠活动和其他关系得来的有名学者，也会像司马迁说的"当时则荣，没则已焉"。[①] 他年轻时每天常要写七八千字，工作14小时以上。乐于遇事注意，将思考的问题和新鲜的材料及时登之于册，随手可稽，别人惊其记忆力强，他却说是"以抄写代其记忆"。他逝世后出版的四百多万字的《顾颉刚读书笔记》，就是一生的积累，包括古籍的摘录研究、古史问题的思考、实地考察以及戏剧小说等相关资料的心得、师生友朋往来论学通信，等等。他认为记笔记是"证据欲丰而辞句欲简"的治学形式，承继了《梦溪笔谈》、《容斋随笔》、《日知录》的传统，代表了"我国文体之一种"。[②] 他为追求材料的完整、判断的正确，作文章总要反复修改。即使发表过的文章，日后又得到新材料和新认识，也时常部分地或全部重写。他自1960年至1966年所作《大诰译证》，其中各部分的改动几乎均在3次以上，各次稿本累计达100万字，小的改动则不计其数。1万字的"序言"，现存竟有12稿之多；"史事考证"则由初稿的5万言，改至二稿十余万言，再改至三、四稿的三十余万言。当时他在日记中写道："连日修改考证，改一次，深入一次，其精湛处有想象不到者，真一乐也。"凡是读过顾颉刚著作的人，无不称赞他的文字流利通畅，有"近代历史学家中"的"大文学家"之誉，[③] 即使数万字的长篇，也可一气读下，这除了得自他渊博的学识和飞扬的文采之外，还离不开修改上的千锤百炼之功。

顾颉刚从来不满足于"从书本到书本"的学究式读书。20年代调查妙峰山香会，他放下大学教授的架子，把人们熟视无睹的进香"会启"（名字是他假定的）当众抄录下来，分类排比，考察妙峰山香会的组织、从明代到清代直到当年的香会情况、香会的分类、办事日期和项目等，以见民众要求的意欲、组织

---

① 刘起釪：《治学的三点感受》，载《文史知识》1991年第3期。
② 《顾颉刚读书笔记》，台湾联经出版公司1990年版，第2689页。
③ 瞿林东：《杨向奎先生访问记》，载《史学史研究》1984年第2期。

的严密、同情的互助、想象的神奇，决不是可用"迷信"二字一笔抹杀的。抗日战争后，巡游西北、西南，超出都市而入农村，超出中原而至边疆，以今证古，破旧立新，纠正许多前人的成说，写出《浪口村随笔》，被学术界称为"中国民族考古学的最早专著"。① 达到了"读万卷书，行万里路"这一中国世代知识分子追求的境界。

顾颉刚深信"知出于争"，提倡学术讨论，欢迎批评，勇于改正错误。7大册《古史辨》从头到尾都以讨论集形式出现，尽量辑入反驳文章，为的是改变学术界不动思想和暧暧昧昧于一先生之说的旧习，造成讨论学术的风气。他喜欢有人反驳，因为"驳了我才可以逼得我一层层的剥进，有更坚强的理由可得"。他在学问上表现的宽容的气量，可举出许多例子来。钱穆的《刘向歆父子年谱》，与他的观点相左，但他拿来在自己主编的《燕京学报》上发表，又推荐钱氏至燕京大学任教。因二人治学方向有异，他希望对自己有所补偏救弊，还将新作《五德终始说下的政治和历史》请钱氏批评，后又将他们对此文的往返辩论公之于世。他在燕大讲《尚书》时，认为《尧典》中的十二州是袭自汉武帝十三州的制度，当时作为学生的谭其骧对此有异议，课下向他提出，他当即鼓励谭氏把自己的看法写成文字。写出后，他于次日就回了一封六七千字的长信，表示赞成哪些、反对哪些，几天后谭氏再写商榷之信，他又复信。不久，他把这4封信并在一起加上"附说"，拟题"关于《尚书研究讲义》的讨论"，作为该课讲义的一部分，印发给全班同学。他在"附说"中说："现在经过这样的辩论之后，不但汉武帝的十三州弄清楚，就是王莽的十二州也弄清楚，连带把虞舜的十二州也弄清楚了。"彻底搞清了这一时期的分州制度。

顾颉刚爱惜人才、奖掖后进，他经常针对每个学生的学力、禀性的不同而给予不同的课题，引导各人向自己所长的方面深入进去，然后又供给他们参考的材料，其中包括自己为作文而搜集的资料以及写而未竟的文章，继而又指导他们作文的方法，并为之修改文章。侯仁之回忆他最初登在《禹贡》半月刊上的文章，经先生修改补充，发表时竟面目全非了。他还常在经济上接济穷困但

---

① 汪宁生：《论民族考古学》，载《社会科学战线》1987年第2期。

有发展前途的青年，有的毕业后一时找不到出路，他或请其为自己做一些整理、抄写工作，按月付酬，或径让其以自己的名字写书撰文，因他当时名气大，稿费高于一般人，使那些青年得以靠稿费生活。他培养人才的一个有效方式，即是办刊物，通过推进学术发展来培养人。他常说，若为自己成名计，自可专做文章，不办刊物，若知天地生才之不易，与国家社会不爱重人才，就得办刊物以弥补这缺憾。他一生所编众多刊物中，以《中山大学语言历史学研究所周刊》、《燕京学报》、《禹贡》半月刊等成绩最著，现在学术界很多有成就的学者，多是由这几个刊物培养起来的，尤其是《禹贡》半月刊，成就了整整一代历史地理学人才。

顾颉刚出生的第二年即发生了中日甲午战争，从此国耻国难，未有穷期，因此他很早就在思考一个历史问题："中国民族是否确为衰老，抑尚在少壮？"想"用了这个问题的研究做我的惟一的救国事业，尽我国民一分子的责任"。[①]他认为由于长期的封建专制和儒教的垄断，汉民族从身体、知识、志气、感情无一处没有衰老的表现，再加上近代外来侵略的加剧，亡国灭种之虞就在眼前。但换一个角度看问题，还有许多生路可寻，如中华大地上有许多少数民族尚处在原始的生活状态下，它们连壮盛都不到，哪里说得上衰老？即使汉族，封建思想文化虽是衰老，但"礼不下庶人"，衰老的文化没有在民众中普及。现在的贫弱国势只算"病态"而不是"老态"。只要各民族能够得到相当的教育，发生自觉的努力，中国的前途终究是有望的。所以不但要做理论的研究，还要身体力行地做民众的宣传教育工作。"五卅"惨案之后，他写了民歌体裁的《伤心歌》，印成传单散发，没几天便广为流传。"九·一八"事变后，创办通俗读物编刊社，征求抗日鼓词，经他修改后出版，以极低廉的价格销售。继而又把宣传范围扩展到史地、医药卫生、社会、工农业等方面的常识，用民众熟悉的章回小说、鼓词、歌谣、年画等形式和用语，宣传爱国、科学的思想。在甘肃临洮等县办小学教员寒假讲习会，亲自授边疆问题课，编讲义"帝国主义与我国边疆"，并约燕大同来的学生和兰州的专家讲习自然、社会科学常识、农田水

[①] 《古史辨》第1册"自序"，第90页。

利、农村卫生、合作事业及国防教育课。在目睹了西北各民族相处的情况之后，撰写《中华民族是一个》等文，从历史上说明民族并不组织在相同的血统和文化上，中华民族是在长期不断的融合中形成的。希冀在中国最危难的时代，以自己的同情心、爱国心造成民族的心理建设，使中华民族团结起来，共御外侮。在民族危亡的日子里，他不懈的探索和自觉的实践，以独特方式表达炽烈的爱国之情。

（顾洪　撰稿）

作者简介

顾洪，女，1947年生，顾颉刚之女。中国社会科学院文献信息中心副编审。在文献信息中心"顾颉刚文库"从事古籍和顾颉刚遗著整理工作。

顾颉刚主要著作目录

《〈诗经〉在春秋战国间的地位》 《古史辨》第3册，朴社1931年出版；上海古籍出版社1982年影印。

《与钱玄同先生论古史书》 《古史辨》第1册，朴社1926年出版；上海古籍出版社1982年影印。

《孟姜女故事的转变》 《歌谣》周刊第69号，北京大学1924年11月；《孟姜女故事研究集》，中山大学语言历史学研究所1928年4月、上海古籍出版社1984年重印本；《孟姜女故事论文集》，中国民间文艺出版社1983年出版。

《妙峰山的香会》 《京报副刊》第157—210号《妙峰山进香专号》（2）至（5），1925年5月23日至7月17日；《妙峰山》，中山大学1928年出版、上海文艺出版社1988年影印。

《古史辨》第1册"自序" 《古史辨》第1册，朴社1926年出版、上海古籍出版社1982年影印；台湾远流出版公司1989年出版；英译本，荷兰莱顿的布利尔出版公司1931年出版；日译本，创元社1940年出版；日译本，岩波书店1953年出版。

《五德终始说下的政治和历史》 《古史辨》第5册，朴社1935年出版；上海古籍出版社1982年影印。

《中国上古史研究讲义》 燕京大学1930年油印；中华书局1988年出版。

《〈尧典〉著作时代考》 燕京大学石印本；《文史》第24辑，中华书局1985年4月。

《秦汉的方士与儒生》（原名《汉代学术史略》） 上海亚细亚书局1935年出版、北京东方出版社1996年再版；中国文化服务社1936年出版；成都东方书社1941年出版；上海群联出版社1955年出版；上海人民出版社1957、1962年出版；上海古籍出版社1978、1983、1998年出版；日本大修馆书店1978年出版。

《史林杂识初编》 中华书局1963年出版。

《〈尚书·大诰〉今译》（摘要） 载《历史研究》1962年第4期。

《〈逸周书·世俘篇〉校注、写定与评论》 载《文史》第2辑，1963年4月。

《由"烝"、"报"等婚姻方式看社会制度的变迁》 载《文史》第14、15辑，1982年7月、9月。

《周公东征史事考证》 其中（一）刊《文史》第22辑，1984年6月；（二）刊《文史》第23辑，1984年11月；（三）刊《文史》第26辑，1986年5月；（四之一）刊《文史》第27辑，1986年12月；（四之二）刊《文史》第29辑，1988年1月；（四之三）刊《文史》第30辑，1988年7月；（四之四）刊《文史》第31辑，1988年11月；（四之五）刊《文史》第32辑，1990年3月；（五）刊《中国史学集刊》第1辑，江苏古籍出版社1987年4月。

俞平伯
(1900—1990)

著名的文学理论家、作家、诗人。曾任中国社会科学院文学研究所一级研究员。

俞平伯，名铭衡，字平伯，以字行。浙江德清人。曾祖俞樾是清末著名学者。俞平伯6岁入家塾读书。辛亥革命后，1915年（时年16岁）入苏州平江中学求读。同年考入北京大学文科国文门。受1917年陈独秀、胡适发难"文学革命"的影响，1918年开始发表新诗，并加入"新潮"社，任干事部书记。"五四"运动爆发，积极投身于运动。同年于北京大学毕业。自1920年起，先后任教于杭州第一师范学校、上海大学、燕京大学、北京女子文理学院、清华大学、北京大学和中国大学。1945年加入九三学社。全国解放后在北京大学任教，曾为校务委员会委员。1953年调入中国社会科学院文学研究所的前身北京大学文学研究所，为研究员。1954年被选为全国人大代表，直至"文化大革命"。1978年任全国政协委员，直至去世。

俞平伯

俞平伯是"五四"以来集"作家"与"学者"于一身的著名人物之一。作为一位作家,他的诗歌与散文卓有成就,曾吸引过很多读者。1922年,当时还居住在北京故宫的清室末帝溥仪,约见胡适,问及《诗》月刊,那正是俞平伯与朱自清、叶圣陶、郑振铎等人创办的现代文学史上第一个新诗刊物。而且溥仪还向胡适打听俞平伯其人。① 这个故事从一个角度说明,俞平伯的新诗创作一开始就脍炙人口。事实上,他的第一个诗集《冬夜》也正是新诗园地中最早的成果之一,在新诗的发展历程中有着重要地位。

作为一位学者,俞平伯的治学方面很广,博学宏通,著作等身。今我不辞谫陋,撰写此文,分作四个部分,略窥俞先生的学术贡献。

在"五四"新文化运动的感召下开始古典文学研究活动

俞平伯的古典文学研究活动,和他的创作活动一样,都是在当时时代潮流影响下开始的。他自1921年开始研究《红楼梦》,就同"五四"新文化运动的一些领导人物为了提倡白话文学,为了反对传统的文学偏见,把小说、戏曲提到文学正宗地位并加以推荐和颂扬有关;他于1923年在上海大学讲授《诗经》,从而开始作《诗经》的研究,也同当时的文化风气有关。

《诗经》是我国文学史上第一部诗歌总集,是中华民族的文化瑰宝之一。对《诗经》的研究,自汉至清,著作繁多,还形成

---

① 见《胡适的日记》,载《胡适文萃》,作家出版社1991年版,第678页。

"汉学"和"宋学"两大派别，但无论"汉学"还是"宋学"，有一个共同的前提，即把《诗经》奉为儒学经典之一。在《诗经》的流传过程中，特别是魏、晋以来，《毛诗序》（分《大序》和《小序》）的影响很大，其《大序》把诗歌说成是"先王以是经夫妇，成孝敬，厚人伦，美教化，移风俗"的工具；其《小序》解释各篇题旨，服从于《大序》的基本观点，且常用牵强附会的方法表达。东汉经学家郑玄作《毛诗传笺》，发挥《毛诗序》之说。同时他又说《大序》是孔子的弟子子夏所作，《小序》是子夏和毛公合作，而毛公之学，又出自子夏，更树立了《毛诗序》的地位。宋儒对《毛诗序》的作者是子夏、毛公之说，不予相信，对《小序》的观点有所驳难，但在文学的基本观点上还是认同于《大序》。大体上说，自宋以后的《诗经》研究，跳不出"汉""宋"门户，更跳不出儒家诗说的限制。

"五四"新文化运动提出反对旧文学，提倡新文学，反对旧道德，提倡新道德，把批判矛头指向"孔家店"，也就必然要清算同传统文学观点密切相关的前代儒家对《诗经》的研究，尤其要批评对传统文学观点影响极大的《毛诗序》。因此，20年代初期出现的《诗经》研究"热"，正是"五四"文化批判精神的延续。郑振铎在1923年发表的《新文学之建设与国故之新研究》中就说：

> 必须根本的把《毛诗序》打倒，或者把汉儒传经的性质辨白出来，使他们失了根据地，他们的主张才会摇动，他们的旧观念才会破除。正如马丁·路德之宗教改革，旧教中人藉《圣经》以愚蒙世人，路德便挟《圣经》的真义，以攻击他们。路德之成功，即在于此。我们现在的整理国故，也是这种意思。"擒贼先擒王"，我们把他们的中心论点打破了，他们的旧观念自然会冰消瓦解了。①

俞平伯在上海大学讲授《诗经》并开始撰写研究文章，正是在这个时候，后又在北京清华大学讲授，但我们今天能读到的他辑成的《读〈诗〉札记》只

---

① 见《小说月报》14卷1号，1923年1月。

17篇，涉及到的《诗经》篇章不多。还有一些文章未曾编集。当时发表这方面文章最多的是从事古史辨研究工作的顾颉刚。俞平伯的《读〈诗〉札记》也都是有功力的文章，这些文章大抵是就《诗经》的若干具体作品作论说，同时联系着对《毛诗序》的总体批评。和当时的一些学者一样，俞平伯也是据《后汉书》的记载，认为《毛诗序》是汉人卫宏所作。他在释《召南·小星》篇中说：

> 《小星》一诗既文义昭然，何来《小序》之谬说，又何故郑玄从之而后人亦从之耶？此答甚长，非此能尽。简言之，则缘诸说其根本即已谬矣，故枝叶亦因之而谬，且亦不得不谬。所谓根本之谬者何？即他们以《诗》为孔子六经之一，以为是有功能、有作用的东西。《诗》之功用何在？美刺正变是也。有美斯有刺，有正斯有变；故《风》《雅》俱分正变。《风》之正，二《南》是也；其变，十五国风是也。正风有美而无刺，故尽是后妃夫人之德化。《周南》每篇必曰后妃，而《召南》每篇必曰夫人，而且必定是美诗。此所以"小星"不得不喻群妾，而"三五"不得不喻夫人。此所以明明是怨诅而硬派作感谢。此所以把"宵征"见星，"抱衾与裯"曲解作燕昵之事。他们之谬非缘此诗而生，乃借此诗而见；不伐根本而枝叶谋之，其谬种故在，又何益耶？①

这里所说的要伐卫序郑笺的"根本"，指它们宣扬的儒家的文学功能论。那时的研究家们，在批评《毛诗序》的时候，大抵都持这种看法。但同时也涉及到汉儒释《诗》的牵强附会特点，"《周南》每篇必曰后妃，而《召南》每篇必曰夫人"，正是一种牵强附会。《读〈诗〉札记》对"小序"的批评，常常是很严厉的，"小序之误，不待多言"，"以小序之妄说，可谓独步古今"，"小序说《诗》，谬妄成癖"，等等。这种严厉态度几乎也是当时的一些学者共有的态度，

---

① 《读〈诗〉札记》，《俞平伯全集》第3卷，花山文艺出版社1997年版，第23—26页。

郑振铎1927年发表的《读毛诗序》中说①："《毛诗序》最大的坏处，就在于他的附会诗意，穿凿不通"，"几乎百分之九十以上是附会的"，"强合经文，绝无根据"，"这是《诗序》给中国文艺界的最坏的影响之一"，"《诗序》如不打翻，则这种附会的文艺解释，也是不能打翻的"。当时钱玄同致顾颉刚的信中还有"毛学究"、"郑呆子"等讥刺挖苦之言（《论诗经真相书》）。俞平伯的《读〈诗〉札记》中也说毛、郑"高谈家法师承之如何，引经据典以讲说破碎支离、淆混驳杂之名物训故，而全不省其间之条理，此等《诗》说自身先已站不住，遑论合乎古人之心与否耶"，并说："毛公病在冬烘愚拙，然其妄却小逊于二氏（按：指卫宏、郑玄）。"当时学者的这种严厉态度在很大程度上是1917年文学革命发难者们反对旧文学时表现出来的严厉态度的继续。如果把20年代初期的对以《毛诗序》为代表的《诗经》研究的批判，看做是"五四"时期"打倒孔家店"的文化批判精神的一种延续和深化，那么，那时学者们所持的严厉态度也就可以得到历史的解释。

"五四"时期学人们在破除旧时种种牵强附会之说同时提出的各种见解，曾扩展和丰富了《诗经》研究园地。俞平伯《读〈诗〉札记》中提出的有关《诗经》作品的见解常有独到之处，而且体现了科学的治学态度，我想可以这么说，严格的文化批判精神和科学的治学态度的结合，正是《读〈诗〉札记》的主要特色。

《读〈诗〉札记》在申述作者见解同时，常常伴随着对前人训诂、考订和论辩的探讨，或扬弃，或择从。俞平伯还常常本着他的治学态度发表议论，这些议论涉及通训诂和考据对研究《诗经》的重要，实际上也是说的通训诂和考据与研究古典文学的关系。

针对那时在"整理国故"的争论中，有人全盘否定考证工作，讽刺为"无益的"、"非科学的旧法"，并且大有不屑为之的态度。俞平伯说：

> 退一步言，即使自己无意或无力去做考证论辩之事，亦不当菲薄他人

---

① 《读毛诗序》，载《中国文学研究》，作家出版社1957年版，第3—23页。

做此项工作的。何则？这两种工作相待而成故。①

"五四"时期的《诗经》研究者跳出前人经论窠臼，从汉学、宋学门户中解脱出来，这是《诗经》研究史上事关全局的大突破、大转折，但全局上的突破并不意味着局部上也统统扬弃。这正是学术研究中的通例，实际上又是一种带有规律性的现象。俞平伯《读〈诗〉札记》中关于训诂、考证与文学批评、研究关系的见解，涉及到我国文学研究中又一个通例，一般史学研究中的史料学、年代学等，在文学研究中也适用或者在某种条件下适用，这就是通常说的学科交叉。对文学作品作校勘，作版本的研究，恰恰有助于文学本体的研究，有助于对文学的鉴赏和对文学作理论说明，或者说是为鉴赏和作理论说明提供了条件或若干条件，彼此不存在相互排斥的问题。

俞平伯对他的议论又是身体力行的，《读〈诗〉札记》中对字义训诂与引申持严格的态度。他还把当时释《诗》中出现的训诂、考辨上的偏执与武断同当时"疑古运动"的特点联系起来考察。"五四"以来的疑古派和疑古运动的兴起，本和推倒经学偶像有关，也就是与新文化运动的批判精神有关，但疑古运动中确也出现不少偏颇，俞平伯认为疑古运动作为"一种新的反动"、"又很容易矫枉过正"，所以他认为应当力戒片面和极端。

总之，从俞平伯的《诗经》研究文章，我们既可发现它们具有"五四"文化批判精神，又可见到一种科学的治学态度，这两者都是十分可贵的，因为它们既与当时专以国故为纯金的守旧观点划清了界限，也与只视国粹为败絮的虚无观点划清了界限。

在词学批评上的卓越成就

俞平伯早年在大学开设"词课"，1924年就开始发表论说诗词的文章，30

---

① 《俞平伯全集》第3卷，第44页。

年代出版《读词偶得》，40年代出版《清真词释》，到50年代末期选注唐宋词。在词学研究，尤其在词学的"批评之学"方面，卓有功绩。学人都知道，词学发端于宋，清代大盛。本世纪30年代主编《词学季刊》的词学家龙沐勋曾在《研究词学之商榷》一文中标举清代"词学成绩之彰彰"的五个方面：图谱之学、音律之学、词韵之学、词史之学和校勘之学。他认为还应另创声调之学、批评之学与目录之学。其实，王国维写成于清末的《人间词话》正是清代词学中的"批评之学"的代表作。而俞平伯则是继王国维之后，在词学批评上有着重要建树的词学家。

俞平伯对《人间词话》是很推重的，1926年，他把散见于《国粹学报》上的六十多则《人间词话》文字录出，交由朴社印行。虽不完备，却是《人间词话》的第一个单行本。他在《重印〈人间词话〉序》中说此书"明珠翠羽，俯拾即是"，"虽只薄薄的三十页，而此中所蓄几全是深辨甘苦惬心贵当之言，固非胸罗万卷者不能道"；又说："其实书中所暗示的端绪，如引而申之，正可成一庞然巨帙"。① 自《人间词话》刊布以来，最早对它作出如此高度评价的，俞平伯是第一人。但俞平伯词评的角度不完全同于王国维，他十分重视词本体的研究，他对王国维脱离原词本义作这样那样的引申未必都赞赏。他在《〈唐宋词选释〉前言》中就批评王国维把李煜词解成"俨有释迦、基督担荷人类罪恶之意"是"拟于不伦"。

《读词偶得》和《清真词释》是俞平伯的著名的说词之作，也是"五四"以来重要的词学批评著作，其中有很多精彩的艺术见解，已广为人知。这里我想举一个不见于以上两书的例子（见1930年写的《"标语"》），这个例子又同纠正《人间词话》的误说有关。

《人间词话》里有这样一节："词忌用代字，美成［解语花］之'桂华流瓦'，境界极妙，惜以'桂华'二字代月耳。"王先生的话我常是佩服的，此节却颇可商量。说做词非用代字不可固非，说什么"忌用"也不必。

---

① 《俞平伯全集》第2卷，第101页。

如"桂华"之代月，在此实含有典故、词藻两种意味。周词原作上片是："风消焰蜡，露邑烘炉，花市光相射。桂华流瓦。纤云散，耿耿素娥欲下。衣裳淡雅，看楚女纤腰一把。箫鼓喧，人影参差，满路飘香麝。"这是实感与幻觉之错综。首三句，以实在景致起。"桂华"句为转折之关捩，不但状月光之波动，且仿佛感触月中桂子的香，情味渐近实幻之间。下文落入幻境，"素娥欲下"，才一点不觉突兀，否则月色一好，嫦娥就要思凡下界，未免太忙哩。想象中的素娥也还是陪客，再转出事实上的楚女来，而"纤腰"仍用上述玉溪诗意，双绾月姊，尤为巧合。自此以下皆记实事，妙以"飘香麝"作结，遥应上文"桂华"，给我们以嗅觉方面实幻两种的交错。清真之词工细绵密之甚，都此类也。彼此作释，则"桂华"二字义别于单纯之月，不可径相代，明矣。[①]

以下还有用"桂华"于调法为佳的说明，不详引了。凡读俞平伯的这类赏析文字，不禁会想起前人评他的散文有"独特的风致"的话，这类赏析文字确也具有"独特的风致"，它们本身几乎就是一篇神韵超逸的美文。

俞平伯盛赞《人间词话》，赞誉它的"境界"说，"隔"与"不隔"说。他尤推重王氏所说的"入乎其内，故能写之；出乎其外，故能观之"。他说："吾于论文艺批评亦云然。"王氏这段话本是谈"诗人对宇宙人生"的关系，俞平伯却是从评论者与被评论对象的关系来作阐发的。所以他后来形成了词学批评也是文艺鉴赏中的"由外向内"说（关于此点，后文将详细论述）。如果说《人间词话》突破了长期弥漫于传统词话中的牵强的比兴说，也就是并无根据的、外加于词人词作的比兴说，那么俞平伯的"由外向内"说不仅同那种外加的比兴说进一步划清了界限，更使词学中的本体批评进入了一个新的境地，从而也与传统的只以笺注疏证来体现乃或代替词的本体批评现象划清了界限。俞平伯的"由外向内"说是同他的文艺创作的"由内及外"说紧密联系在一起的，这样也就使他的词学本体批评更加显得丰富和严密。早在20年代，他在《茸芷缭衡室札记》中就说到这个问题，他说他虽然对晏几道、周邦彦和柳永的三首词作了分析，还谈到了它们结构的细密，但他认为并不能"拿来死讲死揣"，"此仅可资欣赏者之谈助"。① 也就是说，俞平伯几乎在他写作论词文章的一开始就强调词的批评与词的创作虽然相关却又截然有异，因为这里实际涉及到一个重大问题，即创作的规律和批评的规律的不同。在今天的文艺批评家看来，这是不成为问题的，但遥想当年，即使是在清末民初，桐城派的文论和常州派的词论，还被认作是一种绝对的创作规律呢！在这点上说，俞平伯的见解确实是《人间词话》以来的一个重要补充和发展。

　　与上述有关，俞平伯在词的"批评之学"上又提出了一个也是存在已久、被一些传统词学批评家习焉不察的问题，即词的批评与词的本义之间的辩证关系。实也涉及后人评论与前人创作的关系问题。当然，在这方面，古人早已有"以意逆志"的说法。俞平伯对这说法未持异议，所以他还是重视探求作品的"本义"。但归纳他在一些论著中的见解，实际上，他认为作为批评的主体是很难完全"回到"被批评的客体上去的。俞平伯还把读者的联想，认定是作品之得以永远流传的一个重要原因。文学史家的基本任务是论定一个古代作品的历史价值，不免也就给人一种印象，某个作品或作品之所以千古流传，纯是由它的历史价值（包括历史的美学价值）决定。但按照俞平伯的观点，作品之所以永久流传，这里面还有别种因素。他说："以彼此今昔联想不同，作品流传遂生生不已。"② 古人的作品已是历史陈迹，它们"生生不已"的生命力，并不仅仅仗着它们的历史成就，这也就是俞平伯说的"阅水成川，已非前水，读者此日之领会与作者当日之兴会不必尽同，甚或差异"③。俞平伯在这里用了"兴会"一语，这同通常说的"本义"是有差别的。"本义"尚且难以完全回归，"兴会"就更难了。1946年，俞平伯到天津津沽工商学院讲演，后来讲演稿发表时题为《诗余闲评》。他在讲演中说到，随着时代的推移，古人的环境和事物都和现在不同，古人诗词中表现的情趣，可以大致了解，却也未必洞烛，更难重复体会。他举例说："比如古人有两句诗：'洞房花烛夜，金榜题名时'。诗的好坏

---

① 《俞平伯全集》第4卷，第414页。

② 同上书，第385—386页。

③ 同上。

不谈，这印象我们就难体会。现在的学生投考被录取，和从前封建时代的金榜题名，其情趣是迥不相侔的。"① 可能是为了适应听讲学生的实际，俞平伯用了一个较为通俗浅显的例子，但实质上还是为了说明"难以回到原来的点上"。

凡读俞平伯的论词著作，他并不主张作批评、鉴赏时"跑野马"，他承认"有本义与引申之别"，也主张"读者宜先求本义而旁及其他"。但他同时认为，这个"本义"是难以回归的，以意逆志，"庶几近之"，可以靠近，却不能回归。至于说到"兴会"，就更难回归了。由于不能回归，只能靠近，惟其如此，这个靠近比侈谈回归，重要得多。

俞平伯的论词著作最为人所知的是《读词偶得》和《清真词释》。其实他的词学研究还涉及其他方面，比如他在词的音律、格律与今人填词的制约与突破关系上是有独到见解的，他的《唐宋词选释》也是有特点的（他自己谦虚地说"稍有新意"）。无论是他的词论或选释，都显出他的深湛学识和功力。俞平伯对前代著名词学家、词学著作是尊重的，也有借鉴。但他与前代词学家的最大不同是始终坚持词的本体批评和强调主体认识。很使人感动的是，他在1979年写的《略谈诗词的欣赏》一文的开头第一句，就说到他的《唐宋词选释》，并说由"选注经过中的联想"，才写此文，而在文章的末尾，强调"读者此日之领会"，至于"笺注疏证亦可广见闻，备参考"。这里所说的"笺注疏证"，当然也包括他的《唐宋词选释》在内。按我的理解，这并不属通常的谦虚，而是同他一贯坚持的本体批评和主体认识紧密联系的。

俞平伯从20年代初就提倡、坚持文学批评中的主体认识，而且应用到词论上，较之《人间词话》体现的相关观点更丰富而全面，尤其还扬弃了《人间词话》的若干片面性。

虽然俞伯平的关于词的批评见解，已经越出了词学范围，涉及文艺批评的全局，正如王国维的《人间词话》已经越出词学批评，实际上表达他的文艺批评论一样，但它们确又是词学史的"批评之学"。

总之，俞平伯的"由外而内"说，探求"本义"只能"近之"而不能回归

---

① 《俞平伯全集》第4卷，第13页。

说，诗词作品生生不已流传也有赖于读者本体的"引申"或"联想"说，等等，正是王国维《人间词话》后在词学的"批评之学"上的重要补充和发展。再从俞平伯以上这些重要观点发端于20年代这个历史事实来考察，那么，在词学的"批评之学"方面，他正是王国维以后的第二人。

在诗词鉴赏学方面的重大建树

俞平伯在词学批评方面的成就，又是同他在诗词鉴赏学上的建树相联系着的。

"五四"以来，以鉴赏的方式来对古典诗词作批评和研究的著作和文章是很多的，著名的学人从事这项工作的，除俞平伯以外，还有朱光潜、朱自清、缪钺和傅庚生等。如果我们不是只停留在局部论说他们的这种那种见解，而从他们为现代诗词鉴赏学作出贡献这个全局来探讨，那么我认为这或许还是一个新的课题。同样从全局上说，今天的诗词鉴赏文章必然同前人的撰述有所继承、借鉴和有所发展、变化。由此我更感到，就"五四"以来学人们在这方面的贡献作研究、探讨，确实又是一个迫切的课题。

从20年代到70年代的半个世纪内，俞平伯从未间断过这方面的写作。那么，是什么原因促使俞平伯50年来不间断在诗歌鉴赏园地中的耕耘呢？有的学人从新诗创作如何借鉴古典诗歌，并且联系俞平伯自己的新诗创作的若干特点来作解释，如利用古典诗歌中的情境表达新意，把古典诗歌的音节融入白话，等等，这诚然是一种符合实际的解释。也有的学人联系俞平伯的鉴赏、批评文章大都是围绕着教学工作和写给青年看的特点，肯定他帮助青年的热忱和功绩。这诚然也是一种符合实际的看法。但我想或许还可以作点补充，我以为俞平伯长期撰写诗词鉴赏文章同他的艺术价值观有关，他在1921年披露的《诗底进化的还原论》中说："我自己相信，艺术本无绝对的价值可言，只有相对的价值——社会的价值。"这是他在驳难当时一种"诗是贵族的"观点时说的话，持那种观点的人认为，一件诗歌艺术品即使读者全不能了解、鉴赏，并不妨害它的价值，这种价值依然可以独立、无条件地存在。俞平伯则认为，艺术作品并无绝对的价值，只有相对的价值，即社会价值，如果一个诗歌作品全然不被读者了解、鉴赏，那就失去了它的社会价值，"即有了，价值也等于零，或者等于负号的数目"。从这种观点出发，他就读者了解和鉴赏诗歌作品问题发表了如下见解：

> 我们常常听人家说，自己也说："了解"、"不了解"、"能鉴赏"、"不能鉴赏"。其实这些太笼统了。须知全不能与全能之间，并非空无所有，还有许多间隙的型——部分的了解、鉴赏……严格讲来，绝对的了解和鉴赏，只在作者他自己；再精密一点，在作者下笔构思成就作品的那一瞬……但依这种极端的事例来解释了解和鉴赏，却不大合理，不全知，并非全无所知；不能充分鉴赏，并非充分不能赏鉴，这是很明白的。作者虽竭力表现他思想底路径，到了最明白通晓的地位，但终究不能使人人皆知，即使人人皆知，亦决不能人人和作者一般的全知，这个事实我极承认……见仁见智，原在乎读者底眼光和所处之地位，但启发仁或智底可能性，却应为作品所固有，决非渺不相干的。①

这一番议论实际上涉及到俞平伯的关于文艺鉴赏的基本观点。俞平伯在论述诗歌鉴赏的基本观点时，常常把鉴赏（或批评）和创作比较来说明。俞平伯说他最早刊行的析说诗词的文章见于1924年的《我们的七月》，题为《茸芷缭衡室札记》，文中称赞宋人诗词佳处在于细密，并举晏几道的［临江仙］、周邦彦的［蝶恋花］和柳永的［八声甘州］为例。为了分析的方便，他不仅逐叠而且还逐句作解释，如分析［八声甘州］"对潇潇暮雨洒江天"一首层次细致复密时，说上叠"专写秋景"，其间"上两节是外物的描摹，下两节是内心的抒发。然下半虽是抒情，情乃缘境而生，与下叠自述心事者不同"。对柳词的下叠也作了类似的这样细致的分析。但在文章最后，俞平伯说：

---

① 《诗底进化的还原论》，《俞平伯全集》第3卷，第533—539页。

虽有如上边所列举，但我并不以为作者当时定了格局然后作词的，只是说有些好词，如分析其结构，精密有如此者……凡文必有条理（无条理则不成文），佳文尤为显明。但这种条理只随成熟的心灵自然呈露，不是心灵被纳入某种范畴而后始成条理的。①

俞平伯自己很重视这段话，1948年写的《清真词释序》中重予抄录，并说：

现在我还这般想，《清真词释》如此写出，亦应作如是观。清真词的妙处虽似难尽，而细密二字似颇得要领。论文词之"作"与"解说"，其过程恰好相反。分析如剥蕉抽茧，不得不繁复，愈细则愈见工力，而作者会之一心，则明清简易而已。若如分析时的委曲烦重，作者纵为天才亦是凡夫……②

以后，俞平伯在1950年写的《漫谈〈孔雀东南飞〉》和1951年写的《杜律〈登兖州城楼〉》中，分别都说了"所以创作和批评，其过程实在是颠倒的"，"批评分析，在过程上正和创作相反"。到了1979年，俞平伯在《略谈诗词的欣赏》中就说得更加明白了：

概括地看，创作的过程由内及外，诵习的过程由外而内，恰好相似，只是颠倒过来。但经过一往一复，却不一定回到原来的点上。因为作意并非单纯的，有本义与引伸之别。本义者意在言中，引伸者音寄弦外。读者宜先求本义而旁及其它。亦可自己引伸，即浮想联翩与作者的感想不同，固无碍其为欣赏也……读者见仁见智，原不必强同，只后人之假想不容取代作者之用心。欣赏当以了解为前提，本旨重于引申，此一般皆然，初学

---

① 《俞平伯全集》第4卷，第415页。
② 《俞平伯全集》第4卷，第80页。

尤宜注意耳。①

俞平伯所说创作过程"由内及外"，是指作家从开始写作品到作品产生的过程，他说"内外相符的了知，只存在于创作时的一刹那"，即指创作过程，所以是狭义的而非广义的。这里涉及俞平伯对文艺的基本观点，我觉得通过他在1925年写的《文学的游离与其独在》可以窥知，这篇文章有不好懂处，但总体上是强调创作过程中作家的主观作用，如说：

> 实在的事例，实在的感触都必经过文学的手腕运用之后，才成为艺术品。文学的技工何等的重要。实感的美化，在对面着想，恰是文学的游离。②

这里所说"实在的事例"和"实在的感触"相似于他常说的"经验"和"生平的经验"，"实感的美化"指作家的艺术创造，相似于通常所说的作家的审美创造，通过这种创造产生的作品已经不是原来"实感"的重现，所以叫做"文学的游离"。俞平伯在这篇文章中还说：

> "游离"不是绝缘的代词，"独在"也只是比况的词饰。如有人说是我说的，文学的创作超乎心物的诸因，我在此声明，我从未说过这类屁话，这正是那人自己说的，我不能替他顶缸。我只说创作的直接因是作者当时的欲念、情绪和技巧；间接因是心物错综着的，启发创作欲的诱惑外缘。③

这里所说"直接因"都是属于作家主观的因素，"间接因"是客观物即"外缘"的因素。

---

① 《俞平伯全集》第4卷，第385页。
② 见《俞平伯全集》第2卷，第4—9页。
③ 同上。

了解俞平伯对文艺的一些基本观点，就更可明白他的"由内及外"说确是用来表明作家在开始写作到作品产生过程中主观因素的重要，因此，"由外而内"说又正是用来说明在文学鉴赏过程中，读者主体作用的重要。但读者的主体作用又要受到作品的制约，即对作品有所凭借，惟凭借作品又未必全符合作家原意，所以俞平伯不止一次说分析者的看法未必就是作家的想法。特别是对诗词作品的结构、层次所作分析，如由远到近、由虚到实等的分析，更不必是作家当时的想法，赏析家分析艺术作品的结构、层次，常借助于社会科学中的一些手段，而作家是不能用这种手段来写作的，所以俞平伯总是说："若如分析时的委曲烦重，作家纵为天才亦是凡夫。"

赏析家鉴赏文艺作品，须对原作品有所凭借，但赏析见解却又可构成一种再创造。俞平伯《读词偶得》中曾对温庭筠五首［菩萨蛮］作过析说，其中一首的上片作：

水精帘里颇黎枕，暖香惹梦鸳鸯锦。江上柳如烟，雁飞残月天。

由于开头两句写暖香惹梦，清人张惠言就认为三四句是"略叙梦境"，此说文通意顺，自可成立。但俞平伯不取此说，他认为温庭筠词的特色是"每截取可以调和的诸印象而杂置一处，听其自然融合"，一二句写"帘内之情农如斯"，三四句写"江上之芊眠如彼"，就是"杂置一处"而又"自然融合"，这样，"在读者心眼中，仁者见仁，智者见智，不必问其脉络神理如何，而脉络神理按之则俨然自在"。今人鉴赏古诗词，以意象（或物象）并置构成所谓"迭象美"来论说古典诗词的表现手法，虽来自电影学理论，但实与俞平伯这种见解相近相似。

张惠言的看法拘于一般文章的理法习惯，缺乏艺术神理，俞平伯的见解显得神飞灵动。他们都不可能知道作者原意，他们都对原词有所凭借，俞平伯的见解实际上又构成一种再创造。我深切地感到，俞平伯的"由外而内"说，正是他作诗词鉴赏、批评实践得出的一种理性概括，而这种理性概括又指导和支配着他的实践。俞平伯在《略谈诗歌的欣赏》一文中把"引申"分作"作意"

（即作者之意）的引申和读者的引申。但俞平伯同时说："读者见仁见智，原不必强同，只后人之假想不容取代作者之用心。"我想这里所说"用心"主要指真善美的用心。读者自己的引申会有高低之别，对诗句词句的引申会出现种种复杂现象，众所周知的王国维把晏殊的［蝶恋花］、柳永的［凤栖梧］和辛弃疾的［青玉案］中的词句说为"古今之成大事业大学问者，罔不经过三种之境界"，那是高尚美善的联想和引申；唐代王叔文在政治斗争中失败后，以杜甫《蜀相》诗名句"出师未捷身先死，常使英雄泪满襟"自喻，虽也是他的引申和联想，但显得不伦，因而招人讥笑；至于把本是真善美的诗句乃至诗篇"引申"为恶札，更是一种丑陋现象了。对后一种现象，人们常称之为歪曲诗意，但美好的引申和联想实际上于作品原意也常不符合，但人们通常不说它是歪曲诗意。这个问题其实多少已超过鉴赏学的范围了。所以，我想俞平伯用"假想"用"取代"这种字眼，实是有一种加以区别的用意的。

俞平伯虽然认为读者阅读古诗词，尽可自己引申，但同时又强调"欣赏当以了解为前提，本旨重于引申"，这里所说"本旨"相同于另一处所说的"作意"，而"作意"中既也有本义与引申之别，俞平伯主张"读者宜先求本义而旁及其它"。"本义"是我国文学批评史上早就出现的名词，但在经学家那里，曾经被用来作为经师论定的同义语，俞平伯此处所说本义，实际指的是作品的历史具体性，也就是作品的客观性，既重视读者的主体作用，又重视作品的历史具体性，我认为这正是俞平伯"由外而内"说的基本内涵。

总之，如果我们按照俞平伯的"由外而内"说，按照他既重视读者的主体作用，又重视对作品"本义"的认识（实是强调作品的历史性对读者的制约作用），按照他的创造和诵习过程"一往一复"，"却不一定回到原来的点上"的论说，就可鲜明地看出俞平伯诗歌鉴赏的基本观点以及这种观点的理论内核，在我看来，这也是俞平伯对现代诗词鉴赏学作出的重大建树。

"新红学"的奠基人之一

俞平伯在《红楼梦》研究上的成果很多，举凡考证、校订和批评，都有涉及，他的论著使他无愧于成为蜚声中外的"红学"家。从《红楼梦》研究的历史来看，他在 20 年代刊布的《红楼梦辨》尤是十分重要的著作。

"五四"新文化运动的领导人物陈独秀和胡适，为了提倡白话文和平民文学，为了反对传统的文学偏见，把古代小说和戏曲提到文学的正宗地位加以扬举。1921 年，胡适撰写《红楼梦考证》，在宏观的意义上，正是推崇小说、戏曲主张的一种实践。同时，这篇文章提倡用考证的方法来反对在这以前在《红楼梦》研究中流行的索隐方法。

用索隐的方法来研究《红楼梦》，后来被称作索隐派，其中影响最大，也是最有代表性的著作是蔡元培的《石头记索隐》。索隐派的特征是离开小说的文学特征，离开文本中的实际描写，去作种种附会的猜测。如王梦阮的《红楼梦索隐》认为小说中的贾宝玉是清世祖，即顺治皇帝，林黛玉是董鄂妃，即明末秦淮名妓董小宛，但据孟森《董小宛考》，董小宛于顺治八年即已去世，时为 28 岁，这时顺治皇帝才 14 岁，由此可证王梦阮的猜测在根本上站不住。蔡元培在《石头记索隐》中则认为这部小说的作者"持民族主义甚挚"，认为"书中本事在吊明之亡，揭清之失"。他在作具体论证时，说"书中红字多影朱字，朱者，明也，汉也"。他又说："宝玉有爱红之癖，言以清人而爱汉族文化也。"他还说："所谓曹雪芹于悼红轩中增删本书，则吊明之义也"，他还说：《石头记》第一回写 3 月 15 日葫芦庙起火，"即指甲申三月间，明愍帝殉国、北京失守之事也"。还说书中所写贾瑞字天祥，"言其为假文天祥也"，是作者用来代表降清的"钱谦益之流"。还说："书中女子，多指汉人，男子多指满人，不独女子是水作的骨肉，男人是泥作的骨肉，与汉字满字有关也。"如此等等。[①] 这种任意

---

① 以上引蔡元培语均见《石头记索隐》，《蔡元培全集》第 3 卷，中华书局 1984 年版，第 75—76 页。

去取，随意解释的研究方法实际上是肢解了文学作品的艺术形象。胡适批评为"很牵强的附会"。他说："我现在要忠告诸位爱读《红楼梦》的人：我们若想真正了解《红楼梦》，必须先打破这种牵强附会的《红楼梦》谜学！"①

胡适曾说他在《红楼梦考证》中所实践的是："根据可靠的版本与可靠的材料，考定这书的著者究竟是谁，著者的事迹家世，著书的时代，这书曾有何种不同的本子，这些本子的来历如何。"②他说："这些问题乃是《红楼梦》考证的正当范围。"③以他的那篇文章为标志，也就规定了"新红学"的方法上的特点就是考证。

胡适的《红楼梦考证》发表的当年，俞平伯和顾颉刚频繁通信讨论《红楼梦》，这些通信的内容，在很大程度上构成了他在1922年写成、1923年出版的《红楼梦辨》的基本内容。

在批评索隐派这点上，俞平伯和胡适持同一见解，他批评了历来红学研究者的两种派别，一是"猜谜派"，二是"消闲派"。他说的"猜谜派"即指索隐派，他说："他们大半预先存了一个主观上的偏见，然后把本书上底事迹牵强附会上去，他们底结果，是出了许多索隐，闹得乌烟瘴气不知所云。"④

新红学破旧红学的任务，是由胡适发难的，但就新红学的建树来说，就它开创出一个新局面来说，俞平伯无疑有着重要功绩。"五四"以来的学人也把胡适、俞平伯视为新红学的代表人物。由于新红学的特点是考证，因而它的研究内容，主要有两个方面：《红楼梦》作者的考证和《红楼梦》版本的考证。当然也涉及《红楼梦》思想内容的评论，但那不是主要的。如果说，胡适的《红楼梦考证》主要集中在作者（包括作者的身世、家世等）的考证问题上，那么俞平伯的《红楼梦辨》则是主要集中在文本本身的考证上。即使胡适那篇文章也涉及前八十回和后四十回非一人所作问题，但与俞平伯的论说角度不同，当

---

① 见《红楼梦考证》，《胡适文存》（一集），亚东图书馆1921年版，第185—249页。
② 同上。
③ 同上。
④ 《俞平伯全集》第5卷，第151页。

时刘大杰在致俞平伯的信中就认为:"胡适之先生是从外面书上的考证,先生是从内容的研究,证明后四十回与前八十回决不是一个人做的"①,也就是说,前者重外证,后者重内证。俞平伯在《红楼梦辨》中举出大量内证并结合外证,考定后四十回确非曹雪芹原作,从而构成信说。书中还举出前八十回的内证来考索曹雪芹原著八十回后的内容,同时根据戚蓼生序本中的批语,考索另一个续本的内容,后来随着脂砚斋重评本的发现,证明俞平伯所考非是续本而是曹雪芹原本的内容,因此实际上也就是钩沉工作。这就在很大程度上奠定了后来所说的《红楼梦》探佚学的基础。《红楼梦辨》又是《红楼梦》版本学的开端著作之一。1954 年俞平伯在受到政治上的不公正待遇之后,继续坚持《红楼梦》的研究,他完成了《红楼梦》流传史上第一部参汇几种早期脂评本的校本——《〈红楼梦〉八十回校本》。他又对《红楼梦》版本发表了许多精当的见解。他还对《红楼梦》的文学、艺术成就,作了很多有独到见解的论说。凡此种种,学人自有论定。

作为新红学的奠基人之一的俞平伯,他与胡适有一个重大不同,那就是他不像胡适那样,把文学研究中的考证方法绝对化。这里先从《红楼梦》是否是曹雪芹的"自传"问题说起。胡适在考证曹雪芹的身世和家世后,得出了一个"自叙传"说:"《红楼梦》是一部隐去真事的自叙:里面的甄贾两宝玉,即是曹雪芹自己的化身。"②所以他的文章中常常以曹推贾,以贾推曹,把作者和书中人物完全混为一谈。俞平伯在《红楼梦辨》中也曾有过"自叙传"的说法。但在《红楼梦辨》出版后的第 3 年,即 1925 年,俞平伯发表《〈红楼梦辨〉的修正》一文。修正了"自叙传说"。

他说:"本来说《红楼梦》是自叙传的文学或小说则可,说就是作者自叙传或小史则不可。"为了进一步阐明这个"修正",他说:"我以为文艺的内涵——无论写实与否——必被决定于作者生平的经验;同时,我又以为这个必

---

① 见《致刘大杰》附录《刘大杰致俞平伯书》,《俞平伯全集》第 5 卷,第 301 页。
② 见《红楼梦考证》,《胡适文存》(一集),亚东图书馆 1921 年版,第 185—249 页。

非作者生平经验的重现,无论其作风是否偏于写实。"① 又说:"若创造不释为无中生有,而释为与非写实的区别,只是一个把原经验的轮廓保留得略多,一个少些。就根本上观察,两项作品既同出于经验里,又同非经验的重现。所以视写实的文艺为某实事的真影子,那就'失之毫厘,谬以千里'了。一切文学皆为新生的,而非再生的。这个通则实没有例外。"②

从以上这些论述,联系他在文中另一处说的"我先宣示我是一个崇拜经验的人",再联系他在文中说的"所谓宇宙间的神秘,只因我们的愚昧而始有,我除自忏我有这重共命的翳障以外,不信世间有真的神秘存在",那么我们就可清楚地看到他所持的是人们通常说的现实主义的理论观点,或者说是建筑在认识论基础上的现实主义理论观点。

与以上观点相联系,俞平伯在这篇文章中,还说到用考证方法来研究文学作品,是有局限性的。当时胡适把他在小说研究中应用考证方法,不仅说之为"科学的方法","历史的方法",而且几乎翊之为惟一正确的方法。俞平伯则不然,他说:"历史的或科学的研究方法,即使精当极了,但所研究的对象既非历史或科学,则岂非有点驴唇不对马嘴的毛病。"③ 这番话的意思就是指出文学研究中可以应用考证方法,但文学作品既然不是历史著作或科学论文,考证的方法的施用也就有限了。如果夸大其词,走向极端,纯以"考据癖"来读《红楼梦》这部"不可磨灭的杰构",那么,很可能同"猜谜法"一样,使人"觉得可怜而可笑"。为此,他还希望胡适不要完全依赖"呆的方法和证据",要用文学批评的眼光来看《红楼梦》,也只有这样,才能"净扫"索隐派。这里所表现的俞平伯对文学本体论批评观念的坚持,同他在诗词研究中坚持文学本体论是一致的。

1948年,俞伯平在《关于"曹雪芹的生年"》一文中再次申述:"索隐"和"考证"不可能真正"估定"《红楼梦》这部"中国顶好的一本小说",而这种

---

① 见《俞平伯全集》第5卷,第285—292页。

② 同上。

③ 见《俞平伯全集》第5卷,第285—292页。

估定,"属于批评欣赏的范围"。① 一直到1980年,在《一九八年五月二十六日上国际〈红楼梦〉研讨会书》中,俞平伯又一次重申:《红楼梦》"毕竟是小说","属于文艺的范畴","论它的思想性,又关及哲学,这应是主要的。""今后似应多从文、哲两方加以探讨,未知然否。"② 这种重申,依旧是坚持文学的本体论。

从《红楼梦》研究的历史发展来考察,以考证为主要方法的新红学,较之以索隐为主要方法的旧红学,无疑是一大进步,是一次开创性的前进。考证方法和考据学在我国有着古老传统,到了清代朴学家那里,又有了巨大的发展。但那时只用来施之于经史,或者施之于诗歌、散文等正统文学的研究中。改变这种传统格局,开一代风气,始于近现代学者,王国维就是其中的一位,他把考据学系统地用之于戏曲研究。至于把考据学系统地用在小说研究中,则是在"五四"时期。以胡适、俞平伯为代表的新红学的影响所及,也就使考证方法在古典小说研究上日益引起人们的注意,取得了可观的成绩。这样,新红学在中国小说研究上的功绩也就不限于红学范围了。

作为新红学奠基人之一的俞平伯,在文学研究上,重视考证而又不囿于考证,既有重视考证的论说和实践,又有不局限于考证的论说和实践,恰又显示出一位文学研究大家的本色和风范。

(邓绍基 撰稿)

① 见《俞平伯全集》第5卷,第315页。
② 《俞平伯全集》第6卷,第428页。

俞平伯

作者简介

邓绍基，江苏常熟人，1933年2月生。1955年毕业于上海复旦大学中文系，同年入中国科学院文学研究所工作。曾任研究室主任和副所长等职，现为该所研究员、学术委员会主任。长期从事中国古代文学研究。与俞平伯共事35年，对俞的学术道路与学术贡献有所研究，并撰有专文。1956年曾参与俞平伯整理《红楼梦八十回校本》的部分工作。

俞平伯主要著作目录

《红楼梦辨》　亚东图书馆1923年出版。

《红楼梦研究》（《红楼梦辨》的修改增订本）　棠棣出版社1952年出版。

《俞平伯论红楼梦》　上海古籍出版社1988年出版。

《红楼梦八十回校本》　人民文学出版社1958年出版。

《读〈诗〉札记》　人文书店1934年出版。

《读词偶得》　开明书店1948年出版。

《清真词释》　开明书店1948年出版。

《论诗词曲杂著》　上海古籍出版社1983年出版。

《唐宋词选释》　人民文学出版社1979年出版。

《文学的游离与其独在》　见《杂拌儿》，开明书店1928年出版。

《诗底进化的还原论》　载1922年《诗》刊1卷1号。

《略谈诗词的欣赏》　载1979年《文学评论》第5期。

注：以上论著均已收入花山文艺出版社1997年出版的《俞平伯全集》。

罗尔纲

(1901—1997)

著名的历史学家、考据学家。曾任中国社会科学院近代史研究所一级研究员。

罗尔纲乳名幼梧。1901年1月29日生于广西省贵县（今广西壮族自治区贵港市）。1925年，就读于上海浦东中学。1926年，考入上海大学社会学系三年级。该校被国民党查封后，转入中国公学文学系。以在全校成绩最优异的前5名之列，得免费学习。1930年，毕业于中国公学，获学士学位。自1930年7月至1931年9月，在中国公学校长胡适家中做家庭教师，并作胡适的助手。1932年至1933年，在广西贵县，任贵县中学教员，兼任该县修志局特约编纂。1934年3月再至胡适家中工作。该年11月起，任北京大学文科研究所助理员。1935年1月，妻小来到北平，他搬出了胡家，在外赁屋居住。1937年"七七"事变后，他离开北平。11月，奔赴长沙，转入中央研究院社会研究所工作，任助理员。1939年，升副研究员。1944年，由广西通志馆借调，至广西研究李秀成自传原稿。1947年，升为研究员。1948年，兼任中央大学教授。中华人民共和国成立之后，中央研究院社会研究所改为中国科学院经济研究所，他仍任该所研究员。1954年4月，调入近代史研究所。1956年，被评为一级研究员。从1950年12月起，在南京筹办太平天国起义100周年纪念展览，调查太平天国史迹，发掘、编纂太平天国资料。1956年，主持创建南京太平天国历史博物馆，兼任南京大学教授。1964年4月，从南京回到北京工作。1958年加入中国共产党。曾是第二、三届全国人大代表，第二、五届全国政协委员；中国太平天国史学会名誉会长等。

罗尔纲

罗尔纲大学毕业后，在胡适家中，一项重要工作，就是整理其父胡传的《铁花遗著》。胡传（1841—1895），字铁花，出身秀才。曾在吉林宁古塔吴大军营效力，遍历三姓、珲春等处。曾与俄国官员会勘中俄边界。吴大任广东巡抚，委胡传在广东差遣。吴大调河道总督，胡传随往办理河工。后又奉委办理苏垣水陆总巡保甲局、淞沪厘卡总巡、全台营务总巡、台南提调盐务处总巡、代理台东直隶州知州、台东直隶州知州。其遗著涉及外交、内政、军政、河工、地理学，有年谱、文集、诗集、申禀、书启、日记。约八十万字。胡适曾经几次请人抄录，都没有做得下去，因为胡传这一堆草稿，不但写得很潦草，而且东涂西改，左添右补，十分难认，再加上年久破损，更是难上加难。罗尔纲拿起笔来，也是抄不下去。后来，他先细看那些草稿，看了几天，认识了胡传的字体，摸出了胡传的语法。又看出胡传把同一事件分别记在各项草稿中的情况，找到互相核对以解决问题的工作方法。于是才开始抄录整理，用9个多月的时间，终将此项工作圆满完成。罗尔纲从此养成了伏案工作时，具有忍耐、小心、不苟且的好学风。罗尔纲曾将胡传于光绪十三年游历琼州、黎峒行程的日记抄登一过，发表于《禹贡》第2卷第1期。胡传在台湾的日记和禀启，1951年，已由台湾文献委员会出版，书名《台湾日记与禀启》。1960年，再由台湾银行经济研究室出版。以上两种版本，均署胡传（铁花）著，胡适、罗尔纲校编。

罗尔纲在胡适家中的另一项重要工作，是协助胡适做《醒世姻缘传考证》。胡适为了要查《醒世姻缘传》的主角狄希陈在蒲松龄的集子中有无影子，必须先编一部比较完整的《聊斋全集》出来。于是，借了两部《聊斋全集》的抄本，一部是清华大学图书馆藏本，一部是淄川马立勋藏本，请罗尔纲把这两种抄本中的文、诗、词的目录来和上海中华图书馆出版的石印本《聊斋全集》对照，列一个对照表，然后，单就那两种抄本，校其异同，重新辑录一部清华本与马本的混合本《聊斋全集》。罗尔纲做成了三种《聊斋全集》目录对照表，发现石印本的文和词，除了极少数之外，都是清华本和马本所收的。最奇怪的是石印本的诗，共262首，没有一首是清华本和马本里面见过的。胡适据此写成了《辨伪举例——蒲松龄的生年考》，考出蒲松龄终年76岁，而非86岁。石印本所录262首歪诗都是捏造的。从而教会罗尔纲怎样从对照的结果看问题，怎样一层一层地去做辨伪工作。

1932年，罗尔纲从光绪《贵县志》中看到《张嘉祥传》，与薛福成的记载完全不同，经过查对，发现薛福成纯属虚构。引起阅读道光、咸丰年间文献的兴趣，从而走上了研究太平天国史的道路。接着，贵县成立修志局，罗尔纲受命担任特约编纂，专责关于贵县太平天国史迹的咨询。得以阅读修志局搜罗的二十余种广西各府、州、县方志，并参考若干官书私乘，在1933年年底，写成了一部《太平天国广西起义史》。陈独秀见到此稿后，深为赞赏，拟与罗尔纲合作撰写太平天国史，后因故未能实现。

罗尔纲兼职贵县修志局时，该局发现一批天地会文献。翌年即由罗尔纲刊布，并据以写成了一篇讨论《水浒传》与天地会关系的文章，考出天地会这个大会党的创立，是从《水浒传》"八方共域，异姓一家"的思想而来。为研究《水浒传》和天地会的学者所重视。

1934年5月，吴晗、汤象龙、梁方仲在清华同学会里发起组织一个研究史学的团体，叫做"史学研究会"。又邀约谷霁光、朱庆永、夏鼐、孙毓棠、刘隽、罗玉东、罗尔纲、张荫麟、吴泽等参加。汤象龙担任部务，吴晗、罗尔纲先后担任编辑，谷霁光担任文书。这个青年人的小团体，是立志为建设中国新史学而尽力的友谊学术团体。曾经主办天津《益世报》的《史学副刊》和南京《中央日报》的《史学副刊》，刊出一百多期。中央研究院社会研究所出版的《社会经济史集刊》，也是他们几个会友做撰稿人。

该年10月，胡适介绍他到北京大学文科研究所考古室作助理员，整理艺风堂金石拓本。艺风老人缪荃孙收藏金石拓本一万零八百多种，胡适请罗尔纲先编目录，由胡适定了一个目录表，印成卡片，每一种拓本，要登记它的年代、地域、碑主姓名、撰人姓名、碑的高广、碑文行数和字数、碑文漫漶剥泐的部分，等等。碑的正面要记，碑阴、碑侧也同样要记。卡片上还有附注一栏，专记工作时的发现。罗尔纲每天独自一人在长方桌子上摆上那些拓本，用尺去量它，沿着桌边一个字一个字去读它，然后坐下来去登记它，偶然遇有发现的地方，真是欢喜得要跳起来。使罗尔纲养成一种更大的忍耐，一种锲而不舍的精神。终于写成《金石粹编校补》4卷、《艺风堂金石文字讹误举例》。

1937年，他在《社会经济史集刊》第5卷第2期上，发表了《清季兵为将有的起源》一文。讨论清代督抚专政，民初军阀割据，均起源于"兵为将有"；"兵为将有"又起源于咸丰初年代绿营制度而起的湘军制度。

同年，他在商务印书馆出版了《太平天国史纲》，此书非常重视经济、社会因素及其变化，以太平天国革命背景为始，远因方面，认为雍正、乾隆以来豪富兼并、人口增加等情况促成革命的到来，已成为不可避免的命运；近因方面，指出鸦片输入，造成金银外溢，以致银贵钱贱，自耕农无法完纳钱粮，只好丢下土地，离乡背井；庸工之得，益无足以维持生计，只好走上逃亡的道路；连年灾荒造成的灾民，更成为太平天国的预备军；满汉对立产生秘密会社；清廷倡士人务利之风，贪污横行，政治腐败；兼以军备废弛，鸦片战争中失败，都是太平天国革命的源由。认为太平天国革命，其基本群众以贫农为主，故其性质为贫农革命。这样的见解，在当时的学术界是颇为难能可贵的。但是，他还指出，太平天国的性质虽为贫农革命，却和中国古代的陈胜、吴广，直至乾、嘉之际的白莲教等贫农革命不同，因为太平天国时的中国社会，已受到若干西洋思潮的影响，其制度的精神，已经含有民主主义的要求，并且，参人了社会主义的主张。此外，他也论述了太平天国社会制度的理想与实质，并给予高度评价，认为那是个理想的公有制度。即令"天朝田亩制度"只是一个部分实施的理想，这样的一个社会制度，便是中国古哲人所梦想的各尽所能，各取所需的理想社会。这个社会制度，虽仅得实行于军中，虽仅短短几年便成过去，但它却给太平天国的历史以永远不灭的光芒。至于太平天国革命的影响，则又罗列了清代军制的变化、政治势力的转移，上海公共租界制度的出现、厘金制度的产生、海关管理权尽落入外人之手、举借外债之始、货币制度的变动、长江流域各省的减赋、人口因战乱而锐减、田亩抛荒等。这本书被当时惟一的书评刊物——《书人杂志》评为中国最新10部佳著之一。被《大公报》誉为一部具备时、地、人条件的好著作。金毓黻在1944年出版的《中国史学史》中，将此书列入唐、宋以来值得称道的私修史内。直到近年，美国学者费正清等人主编的《剑桥晚清史》一书，在关于太平天国史单元的推荐书目中，也称赞此书是概论专书中最好的一种。并指出在他的带动下，新一代有创见的史学家根据从外国博物馆和图书馆所发现的许多中文资料，开始开发这个领域。胡适虽批评此书专表扬太平天国，同时，也认为此书叙事很简洁，是一部很可读的小史。

1937年秋，中央研究院社会研究所迁至长沙。经汤象龙介绍，罗尔纲于11月奔赴长沙，转入该所工作，任助理员。研究清代兵制史。1939年，升副研究员。出版《湘军新志》。他从清代湖南一省的学风、地理环境、民情、种族分布、经济背景等方面分析，认为，实际上正是因为三湘一省的独特性，方才造就了湘军这样的部队。他统计182位湘军将领的出身，证明书生实为湘军领导阶层的主干。曾国藩创立湘军制度，兵皆弁所招，弁皆将的亲信，故其营伍皆为其统领所私有，甚至虽同隶于统帅曾国藩之治下，然若非其本营统领，竟号令不得。其就地筹饷之法，更加巩固"兵为将有"之局。饷源既不由中央拨给，国家既无能支配，将帅各私其军之势更不可止。湘军攻陷天京之后，曾国藩即下令遣撤湘军。湘军返乡之后，又对湖南的社会、经济产生了重大影响。从全国来看，湘军的创立又为清代兵制的重大改革，成为兵为将有的起源，后来形成了督抚专政，至民国时期，更进而成为军阀割据。

这一年，他还出版了一本《捻军的运动战》。

1943年，他出版了《洪秀全金田起义前年谱》（与陈婉芬合著）、《太平天国史丛考》、《天地会文献录》。

1944年，由广西通志馆借调，至广西研究李秀成自传原稿。该年，出版了《洪秀全》、《师门辱教记》。《师门辱教记》记述了罗尔纲从学胡适的经历。胡适一口气读完了这本书，在这本书的《序》中写道："我很早就看重尔纲这种狷介的品行。我深信凡在行为上能够'一介不苟取，一介不苟与'的人，在学问上也必定可以养成一丝一毫不草率、不苟且的工作习惯。所以我很早就对他说，他那种一点、一划不肯苟且放过的习惯就是他最大的工作资本。这不是别人可以给他的，这是他自己带来的本钱。"又写道：读完了这本书，"很使我怀念那几年的朋友乐趣。我是提倡传记文学的，常常劝朋友写自传。尔纲这本自传，据我所知，好像是自传里没有见过的创体。从来没有人这样坦白、详细的描写他做学问的经验，从来也没有人留下这样亲切的一幅师友切磋乐趣的图画。"[①] 1958年12月7日，胡适又将此书改名为《师门五年记》，加以重印，作为10天后他过生日时对贺寿人的回礼，每人一册，以作纪念。直到胡适逝世的当天，他还向回台湾的吴大猷、吴健雄、袁家骝、刘大中4位科学家谈起这本书，并每人赠送一册。台湾著名历史学家严耕望看了这本书后，称赞此书"不但示人何以为学，亦且示人何以为师，实为近数十年来之一奇书"。从此，台、港书商纷纷翻印，传播之广，影响之大，可能超过他的专门著作。1995年，此书与罗尔纲新作之《胡适琐记》一起，由三联书店出版。

　　1945年，他出版了《绿营兵志》，证明绿营是兵为国有的制度，他广征博引各种资料，依据清代各朝《会典》、《会典则例》、《文献通考》、《中枢政考》、《东华录》及各家奏折、文稿，与故宫档案，就绿营之历史、兵制、兵政三大主题，在制度条文的规范及其实际的情形，分项别类述之。在绿营历史方面，讨论了绿营成立之因由、承袭与变革明代之制的源流所在，其建制沿革之情况，衰败没落，以致虽欲重建而不可得，终至裁汰的原因与经过。在制度内容方面，详列18行省营制表，借以表明各地建制，论断绿营是"土著的世业的制度"。又详述其于承平之日司责差操、防汛与巡防之职的情形，战时征调、编制、粮秣运输、缺额补充等制及其实况。在军政方面，则就其诠选、简阅、奖惩、恩恤、俸饷、退休、军器等项之状况分别叙述，亦不以制度规章为准，而是举证若干实况讨论其利弊所在。从整体观之，其论旨仍是自反面证明"湘军以前，兵为国有；湘军以后，兵为将有"这一假设。他论证绿营是"土著的世业的制度"，驻防各地之绿营兵皆须为本地人，外籍之人不得充任，身入绿营之后，终

[①] 罗尔纲：《师门五年记·胡适琐记》，三联书店（香港）1994年版。

生在伍，迄老残方始得退，不能自由退伍，其子弟亦皆馀丁，优先考补，因而将帅升转不已，兵则永为土著，不得随将为去留。将皆升转，亦不得久持一地兵政。其兵籍系由兵部掌理，全国兵数皆可按籍稽之。饷发于户部，疆臣不但不得擅自动用，更不得擅自筹划来源。也就是说，兵、饷二者全皆受中央紧密控制，是兵为国有之军。绝不可能和湘军一样，组成、遣散之令皆操诸将帅，饷源更由将帅自筹，终至酿成兵为将有之局。他的《绿营兵志》，与《湘军新志》一起，赢得了广泛声誉。美国学者拉尔夫·尔·鲍威尔在其《1895—1912年中国军事力量的兴起》一书中，不仅引用了《清季兵为将有的起源》一文和《湘军新志》一书中的资料及论点，而且称罗尔纲为"中国军事历史家"，"对中国近代史的研究，作了有价值的贡献"。认为罗尔纲的结论"对充分了解晚清军事制度和权力结构的本质极其重要"。台湾学者潘光哲也对罗尔纲与胡适在学术方面的异同作了比较，他指出："罗尔纲在《太平天国史纲》一书中展现了析论历史，重建历史时，对社会、经济背景及其变迁的重视；反观胡适一生的学术研究成果，……他几乎不曾对传统中国社会、经济方面的变化历程，或是，某个时代的社、经变迁等具体问题，做过有系统而详尽的研究。……罗尔纲的《太平天国史纲》一书，作为他在太平天国史的第一部具体研究成果，既是如此重视社会、经济方面的因素与影响，已然显示他述史的关怀意向同胡适几无一致之处；罗尔纲后来的著述，如《清季兵为将有的起源》、《湘军新志》、《绿营兵志》等，更皆显示这样的差异与变化。"①①又说："师生各自开展与各有贡献的学术研究领域，却有相当大的差异。在初期，老师固然曾有引路之功与助益之力，学生之治学也显示确实深受师教的影响，文章论证的风格深得师教神蕴；但就当学生自己披荆斩棘，在这方亟待深耕易耨的园地中生产了自己的果实之后，就已超越老师治学的樊篱，在学术历程上走出自己的路来。"②

　　1947年，升为研究员。1948年，出版了《太平天国金石录》、《太平天国史考证集》、《太平天国广西首义志》。

---

① 潘光哲：《胡适与罗尔纲》，台湾大学《文史哲学报》第42期，第82页。

② 潘光哲：《胡适与罗尔纲》，第99页。

中华人民共和国成立之后，中央研究院社会研究所改为中国科学院经济研究所，他仍任该所研究员，兼任南京大学历史系教授。1950年，在南京筹办太平天国起义100周年纪念展览，往来江苏、浙江、安徽各地，发掘、搜集到一大批珍贵文物与史料。该年，出版了《太平天国的理想国》、《太平天国史辨伪集》。

1951年，出版了《李秀成自传原稿笺证》、《太平天国史稿》。《太平天国史稿》，在篇幅上比《太平天国史纲》扩增一倍，在体裁上采用司马迁开创的传统的纪传体，这种体裁，便于考见各类人物的活动情况，分门别类地叙述各项典章制度。

1954年，他出版了《忠王李秀成传》。该年4月，由经济研究所调入近代史研究所。因主持太平天国史料编纂委员会的工作，筹建太平天国历史博物馆，仍留南京。他搜集太平天国史料，一是向全国各地广泛征集，二是到江苏、浙江、安徽等省搜访，最主要的，是在南京图书馆颐和路书库、龙蟠里书库和前苏南区文物保管委员会书库发掘。仅就颐和路书库来说，该书库藏书共有七十多万册，他带领工作人员按库、按架、按排的次序，除经部之外，所有清朝道光二十年鸦片战争后的史部、子部、集部、丛书、杂志、报纸、函牍、档案等，都一册一册地，一页一页地翻阅，凡看见有关太平天国的史料，就登记在簿子上，把它的库数、架数、排数、书名、著者、出版处、年代和册数等一一记录下来，遇有特别重要的史料，并作一简略提要。通过这样有目的、有计划的摸底工作，计搜集得有关太平天国史料的刻本、稿本和钞本925种，方志730种，共1655种，15274册。他经过长期的努力，从1200万字的史料中，选择出800万字，然后，用按地区编纂方法，编成广西、湖南、湖北、江西、安徽、江苏、河南、直隶、山西、山东、浙江、福建、广东、贵州、云南、四川、陕西、甘肃等18个地区史料。其中属于全国性的史料，则编为总类。总类用文体分类编纂。合成《太平天国资料丛编》。没有编入丛编的，还有约四百万字，编成一部《太平天国参考资料》，收藏在太平天国历史博物馆。《太平天国资料丛编》篇幅浩大，印刷需要一定的时间，也需要一定的条件，为着使其中那些未刊的和少见的重要史料能更快提供研究工作者应用起见，他又从《丛编》中再选一部

罗尔纲

分稿本、抄本、少见的刻本、孤本，以及从刻本上选辑出的重要文件，等等，编成140万字的《太平天国史料丛编简辑》，由中华书局上海编辑所于1961年出版。1964年，香港著名太平天国史专家简又文发表《五十年来太平天国史的研究》，他写道："据最近报告，罗先生近年进行一种极为艰巨的工作，……编成《太平天国资料丛编》。……又缩编为一部简辑。……此书问世后，当为太平天国史吐发不少新光，而为一般研究者所最欢迎者，诚罗老先生之至大贡献也。"他对太平天国史资料的搜集、整理、出版，确实为研究者提供了很大便利，极大地促进了太平天国史研究的深入发展。

1955年，他出版了《太平天国史稿》（改写本）、《太平天国新军的运动战》、《清代乾、嘉、道、咸、同、光六朝人口统计》（附刊于经济研究所编写的《中国近代经济史统计资料选辑》一书内）、《太平天国史记载订谬集》、《太平天国史事考》、《太平天国史料辨伪集》、《天历考及天历与夏历公历对照表》。他初从胡适学考据，于1934年发表《贼情汇纂订误》和《读太平天国诗文钞》时，就决心在太平天国史考信、辨伪的道路上，做一名披荆斩棘的"清道夫"。继入北京大学考古室考订金石，深受乾嘉学派，特别是钱大昕精微缜密考据方法的影响。新中国建立后，又努力学习辩证唯物论与历史唯物论。上承我国古代疑古学派，又受"五四"时期提倡怀疑、追求真理的精神熏陶，善于独立思考，敢于打破陈说。他常用孟子说的一句话以自勉，"自反而缩，虽千万人，吾往矣？"真理如在自己手中，虽千万人反对，也要勇往直前。所作《太平天国与天地会关系考实》、《洪大全考》、《天朝田亩制度的实施问题》、《太平天国政体考》、《太平天国领导集团内讧考》、《太平天国的妇女》、《李秀成伪降考》、《清朝统治阶级诬蔑太平军杀人放火奸淫掳掠考谬》、《太平天国史料里第一部大伪书〈江南春梦庵笔记〉考伪》等，均为名篇。考据方法，远迈前人。已经不再是片面地、孤立地看问题，而是全面地、联系地看问题；不再是从现象看问题，而是从本质看问题；不再是"是则是、否则否"地看问题，而是从矛盾对立之中看问题；不再是静止地看问题，而是发展地看问题；不再是无视或掩盖阶级斗争，而是正视和揭露阶级斗争；不再是无视或蔑视群众，而是有群众观点和走群众路线。建国后，他共出版了太平天国史论文集10本，在这10本书中，他对太平天国史研究中许多重要问题,都一一加以考证辨伪。刘大年同志说:"现在我们对那场农民革命运动一些重要史实,能够有比较准确的了解,在很大程度上要归功于这些考证所取得的成就。有些考证,近来研究者中有了新的看法。但新看法也还是由于罗尔纲同志的研究提供了讨论基础,然后取得进展的。"①

1956年,他被评为一级研究员。这一年,他出版了《太平天国史料考释集》、《太平天国文物图释》、《太平天国史画》、《太平天国文选》。

1957年,他出版了《李秀成自传原稿笺证》(增订本)、《太平天国史稿》(增订本)。《太平天国史稿》原来采用传统的纪传体。纪传体为历代正史所采用,自然是有它的优点。其缺点是"大纲要领,观者茫然"。罗尔纲为了补救纪传体这个缺点,经过艰苦探索,认为可用叙论的体裁,写一卷综合的论述,加于卷端,既不打乱纪传体系的完整,又可以达到补救纪传体缺点的目的。他写了一卷《叙论》,对太平天国的时代背景,革命运动的分期,革命的性质和成就,失败的原因,及对中国近代史的影响,等等,作综合的论述,使读者开卷即对太平天国史的大纲要领,整然在目,得到了一个概括性的认识。这是著者对纪传体所作的第一次改造。他把这一卷《叙论》加入这次出版的《太平天国史稿》(增订本)中。范文澜看了这本书,对罗尔纲这种作法给以高度评价,说罗尔纲这本书"可以不朽矣"。

1958年,他出版了《太平天国史迹调查集》、《忠王自传原稿考证与论考据》。1959年,他出版了《太平天国艺术》(太平天国文献第四集)。1960年,他出版了《太平天国诗文选》。1961年,他出版了《太平天国印书》(太平天国文献第一集)、《太平天国史料丛编简辑》。

1964年4月,他从南京回到北京工作。1979年,他出版了《太平天国文书汇编》、《太平天国资料汇编》(第一册、第二册)、《太平天国史事考》(第二版)、《太平天国史迹调查集》(第二版)。1981年,他出版了《太平天国史丛考甲集》。1982年,他出版了《李秀成自述原稿注》。《李秀成自述原稿注》是他

---

① 罗尔纲:《太平天国史》,刘大年序,中华书局1991年版。

在1931年当时所能得到的《李秀成自述》的本子上开始作注，到1951年出版了《忠王李秀成自传原稿笺证》。1957年再加增订。在此基础上经过积年累月的努力注成的，先后出版6种版本。他为了鉴定《李秀成自传原稿》是不是李秀成亲笔，特别请教了书法专家，又研究宋、明以来的书家著作，运用"书家八法"的理论，把《李秀成自述原稿》与《李秀成谕李昭寿书》两个文件的相同字制成照片，挂在墙上对比研究。他还创造性地把两个文件中相同笔画提析出来，对运笔和写法作比较。最后判明，两个文件皆出于同一人的手笔，从而证明《李秀成自述原稿》是李秀成的真迹。此书是他的力作之一。他作注是批判继承裴松之注《三国志》的体例，而创立自己的新体例，分为名物训诂与史实考证两方面。所做训诂，包括太平天国制度、避讳字、特殊称谓、人物、地名、事物、专门名辞、特殊的简写字、典故、辞句、方言、乡土称谓等12个方面，目的是帮助读者了解原文，以免误会。所做史实考证，包括事实错误、时间错误、有所为而言者、有意隐瞒的地方、缺略之处、大事记而未明、记而不详者等10种情况，目的是为了不使读者误假为真，因而误解历史。他经过逐条、逐项的注释，共注六百一十多条，约十五万字，为原文的5倍。此书对太平天国全部历史提供了极宝贵的资料，为初学太平天国史者提供了极大的方便，读了这本书，太平天国简史的轮廓和资料都已具备了。有几位著名的太平天国史专家回忆说：就是读了李秀成自述注而开始研究太平天国史的。他在此书的《前言》中写道："回首初作注时，已四十九年。古人说白首穷经，我注李秀成自述，也从青春注到白首了。"[①] 胡绳同志赞扬说："这样实实在在地下工夫是值得敬佩的。无论如何，他是为后来的学者作出了极其有益的贡献。"[②] 1984年，他出版了《湘军兵志》（改写本）、《绿营兵志》（修改本）。1985年，他出版了《太平天国史记载订谬集》（第二版）、《太平天国史料辨伪集》（第二版）、《太平天国史料考释集》（第二版）、《太平天国史丛考甲集》（第二版）。1986年，他出版了《困学集》。1989年，他出版了《困学丛书》、《水浒传原本》。罗

---

① 罗尔纲：《李秀成自述原稿注》"前言"，中华书局1982年版，第11页。
② 胡绳：《祝贺时的感想》，载《太平天国学刊》（第五辑），中华书局1987年版。

罗尔纲研究《水浒传》，起于20年代。40年代初，探索出《水浒传》取"水浒"为书名，是根据《诗经》歌颂周朝开基建国的史诗，以表明梁山泊与宋王朝对立，要建立新政权的全书宗旨，抓住了《水浒传》性质的核心问题。从70年代末起，用了10年的时间，全力撰写《水浒传》考证。考定《水浒传》著者为元末明初人、著有《三国志通俗演义》、《三遂平妖传》等小说的罗贯中。《水浒传》是一部反抗封建统治，宣扬农民起义的不朽名著。解决了长达600年的《水浒传》悬而未决的著者问题，推翻了60年来笼罩学术界《水浒传》只反贪官，不反皇帝，是一部奴才传的谬误论断，为《水浒传》恢复了光辉的名誉。因此，《水浒传原本》的出版，受到了海内外学者和读者的广泛关注。

1991年，他出版了《生涯六记》、《四季诗》、《太平天国文书》、《太平天国史》。《太平天国史》以《太平天国史稿》为基础，历时近40载，五易其稿，终成150万字的巨著。考证精深，博雅翔实。此书以序论、纪年、表、志、传等五部分组成。"序论"概括叙述太平天国历史全貌，阐明作者的理论观点，论述人民群众在革命中的作用，起义的时代背景，革命运动的分期、性质和成就，失败原因，以及对中国近代史的影响等。"纪年"记述自1843年洪秀全创立上帝教起至1869年最后一支太平军在陕西保安县全部壮烈牺牲止的重大事件。"表"共用48个表，将零星分散的史料，经过勾稽分类，系统编排成会党和各族起义，太平天国各类官爵人物、叛徒、奸宄和丝输出等表。"志"记太平天国的典章制度，如：上帝教、天朝田亩制度、政权、政体、刑律、天历、外交和艺术等。"传"，入传人物达170名，注重为群众立传，如名不见经传的蒋老水手，密藏"合挥"的太平军战士家属柴大妹、祝大妹，凡有一节一行可以风示后人的，均为之立传，而摒弃那个所谓"天父第六女"的杨宣娇，后来逃走的东王女簿书傅善祥。此外，还有"叛徒传"和"奸宄传"，使这些败类遗臭万年！

在体裁方面，又对中国传统的纪传体作了进一步的改造，他认为纪传体的本纪，专记帝王一人的统治，其目的是要体现出封建君主的统摄万方，纲纪后代，具有浓重的封建性。又认为纪传体以人物为本位，偏于记述人物，突出了个人，就会掩蔽人民群众，使读者产生英雄创造历史的错觉。于是，把天王洪

罗尔纲

秀全，幼天王洪天贵福的事迹移入列传，取消本纪。传统的纪传体，以本纪、表、志、列传组成，记人物的本纪、列传占全书四分之二部分，表、志只居于从属地位。他改为以叙论、纪年、表、志、列传五部分组成，列传只居全书五分之一部分。后来，又将纪年记事改为纲目体，以大字提要为纲，小字叙事为目，使大事易明易记。又因"列传"本是和"本纪"对称的"天子称本纪"，而"列传者，谓叙列人臣事迹"，既取消了"本纪"，"列传"的涵义已不复存在，于是，又将"列传"改为"传"。《太平天国史》用"叙论"概括全书，用"纪年"记载大事，用"表"标明复杂繁赜的史事，用"志"记载典章制度，用"传"记载人物。"叙论"用综合概括的体裁。"纪年"用纲目体裁。"传"用传记文学体裁。终于将传统的纪传体改造成为一种新型的综合体裁。于是，《太平天国史》显得有骨有肉，丰富多彩，恰似一幅幅的画面展现在读者面前。这本书，不但是他个人毕生心血的结晶，也是新中国太平天国史研究的总结。

1992年，他出版了《水浒传原本和著者研究》、《太平天国文物》。1993年，他出版了《太平天国散佚文献勾沉录》，积数十年的功力，共搜集、整理三百七十余件太平天国散佚文献，为学术界再献一璧。

1994年，他出版了《太平天国艺术》（增补本）。1995年，他出版了《太平天国史丛考乙集》、《太平天国史丛考丙集》、《增补本李秀成自述原稿注》。

1998年，中华书局又为他出版了《晚清兵志》（包括《淮军志》、《甲癸练兵志》、《陆军志》、《海军志》、《军事教育志》、《兵工厂志》）。

统而计之，他共出版著作五十多种，发表文章约四百多篇，共约八百多万字。编纂出版太平天国文献和资料，共约三千多万字。由于他在学术方面的卓越贡献，1950年，被选为广西贵县人民代表。1953年，被选为南京市人民代表。1954年，被选为江苏省人民代表。第二届全国政协委员。1958年，加入中国共产党。1959年，被选为第二届全国人民代表。1964年，被选为第三届全国人民代表。1978年，被选为第五届全国政协委员。近年，又被推举为北京太平天国历史研究会顾问，中国太平天国史学会名誉会长，广西史学会及太平天国历史研究会顾问。

在1986年，他从事学术研究60周年时，广西和南京，都举行了庆祝会。海内外学者出版《罗尔纲与太平天国史》、《太平天国学刊》第五辑（庆祝罗尔纲从事学术活动六十年专辑）志庆。他被称为太平天国史学的奠基人、一代宗师、道德文章第一流。日本学者小岛晋治说："在日本，罗尔纲先生作为太平天国研究的先驱和最杰出的学者，夙享盛名。"① 美籍学者邓嗣禹说："罗尔纲先生，……毕生精力，主要集中于太平军之钻研，每一文、书出版，仍不惜一再修订。所出版之书、文，真不可胜举。且每在一地，如在南京，对太平天国之研究，无形中似有领导启发之功，回到北京亦然。"② 德国学者施泰格说："罗（尔纲）先生为中国研究太平天国前辈学者，对世界学术研究贡献巨大，为后学者树立楷模。"③

罗尔纲于1997年5月25日在北京逝世。1998年，在他逝世一周年之际，中国社会科学院近代史研究所在《近代史研究》1998年第3期上，开辟了"纪念罗尔纲逝世一周年"专栏，发表了《罗尔纲书信选》及有关悼念文章多篇。中国太平天国史研究会、江苏省政协文史资料委员会、太平天国历史博物馆编辑、出版了《纪念罗尔纲教授文集》。广西社会科学院历史研究所编辑、出版了《罗尔纲纪念文集》。

（贾熟村　撰稿）

---

① 《太平天国学刊》第五辑，中华书局1987年版，第46页。
② 同上书，第25页。
③ 同上书，第62页。

作者简介

贾熟村,河南偃师人,生于1930年,中国社会科学院近代史研究所研究员。1955年毕业于西北大学历史系,分配到近代史研究所工作,拜罗尔纲为师,研究太平天国史。曾任本所政治史研究室主任,北京太平天国史研究会会长,《太平天国学刊》编委。

罗尔纲主要著作目录

《太平天国史》　　中华书局 1991 年出版。

《增补本李秀成自述原稿注》　　中国社会科学出版社 1995 年出版。

《太平天国史事考》　　生活·读书·新知三联书店 1955 年出版。

《太平天国史纲》　　商务印书馆 1936 年出版。

《湘军兵志》　　中华书局 1984 年出版。

《绿营兵志》　　中华书局 1984 年出版。

《晚清兵志》　　中华书局 1997 年出版。

《师门五年记·胡适琐记》　　生活·读书·新知三联书店 1995 年出版。

《水浒传原本和著者研究》　　江苏古籍出版社 1992 年出版。

《困学集》　　中华书局 1986 年出版。

贺 麟
(1902—1992)

著名的哲学家、翻译家。曾任中国社会科学院哲学研究所一级研究员。

贺麟字自昭，8岁入私塾，后进小学和中学，1919年考入清华学校（清华大学前身）中等科二年级，1926年夏毕业于该校高等科。1926年至1930年，先后在美国的奥柏林、芝加哥和哈佛三所大学学习，受到系统的西方哲学和社会科学的严格训练。1930年夏，赴德国柏林大学系统学习和研究黑格尔哲学一年。回国后在北京大学哲学系任教，1936年成为哲学系正教授。1942年出版《近代唯心论简释》，1945年出版《当代中国哲学》，1947年出版《文化与人生》，此三书确立了他在当代中国哲学、特别是"新儒家"学术潮流中的重要地位。1950年，贺麟译《小逻辑》出版。以后多次印刷和再版，影响巨大。1955年，调入中国科学院哲学研究所，任外国哲学研究室主任，一级研究员。贺麟在1957年的"反右"运动中受到触动，"文革"中受到严重迫害。"文革"后出版了多本著作和译著，获得数项学术奖。1982年加入中国共产党。贺麟是全国政协第四、五、六届委员、民盟第三、四、五届中央委员、中华全国哲学史学会名誉会长，中文《黑格尔全集》编译委员会名誉主编。

一　学术活动的特点和方法

与其同时代学人相比，贺麟一生的学术活动有一个独特之处，即深入了解中西哲学各自的正宗本源，并使这两大主潮互参互比，发生实质性的接触或对话，以求中国思想的新生命。这也就是他所说的搞学术者所应有的"直捣黄龙的气魄"。① 他看出近代的中国人在与西方文化打交道时的一个根本缺点，即"只知道从外表、边缘、实用方面去接近西洋文化"，而不去努力明了其根本或"大经大法"。这不仅表现为"中学为体，西学为用"的态度，而且在涉及引入西方哲学思想并创造新哲学时，依然是只从外表、边缘和实用方面着手，从而达不到"西人精神深处的宝藏"。如他所言："功利主义，实证主义，实验主义，生机主义，尼采的超人主义，马克思的辩证唯物论，英、美新实在论，维也纳学派，等等，五花八门，皆已应有尽有，然而代表西方哲学最高潮、须要高度的精神努力才可以把握住的哲学，从苏格拉底到亚里士多德，从康德至黑格尔两时期的哲学，却仍寂然少人问津。"② 对这样一条西方哲学的主干，他有时称之为："唯理论"，更多的时候则称之为"唯心论"或"理想主义"。在中国方面，他心目中的正宗本源乃是儒家思想（及一部分道家思想），尤其是这思想的"最高潮"——宋明儒学。所以他讲："在西洋，最伟大的古典哲学家是苏格拉底、柏拉图、亚里士多德、康德、黑格尔等。在中国则有

---

① 贺麟：《五十年来的中国哲学》，辽宁教育出版社1989年版，第24页。
② 同上。

孔、孟、老庄、程、朱、陆、王。"①

在他看来，中国近百年来的危机，根本上是一个文化危机。而"民族文化的复兴，其主要的潮流、根本的成分就是儒家思想的复兴，儒家文化的复兴"。② 这复兴并不能靠固守旧垒、回光返照达到，而必须卧薪尝胆、"舍己从人"、以死求生。所以，所谓"打倒孔家店"的新文化运动，"其促进儒家思想新发展的功绩与重要性，乃远远超过前一时期曾国藩、张之洞等人对儒家思想的提倡"。③ 儒家思想必须对西方思想的主流开放，"华化、中国化、儒化的西洋文化"。所以，其关键就"在于中国人是否能够彻底地、原原本本地了解并把握西洋文化；因为认识就是超越，理解就是征服。真正认识了西洋文化便能超越西洋文化。……以形成……新的民族文化"。④ 他认为必须以西方的哲学、宗教、艺术来发挥儒家文化，因为"儒家是合诗教、礼教、理学三者为一体的学养，也即艺术、宗教、哲学三者的谐和体。因此，儒家思想的开展，大约将循艺术化、宗教化、哲学化的途径迈进"。⑤

这是一种可能受到两面夹击的立场。一方面，谁敢保证"理解就是征服"，而不是完全意义上的舍己从人？另一方面，"华化、儒化"了的西洋文化是否还是真实的、有生命的西洋文化呢？贺麟之所以有信心提出并在自己前半生的学术活动中践履这种主张，最重要的原因是他从黑格尔那里学得了"辩证法"这样一个方法，即在否定自身，转向他者和转化他者之中赢得更真实、更丰满的自身的方法。这也正可以见得他主张"直捣黄龙"、领会西方大经大法的用心所在，因为辩证法正扎根于西方哲学的正宗主流里。不回溯到巴门尼德、芝诺、苏格拉底、柏拉图、康德、费希特，就无法真正理解辩证法的学理脉络。反过来讲则是，辩证法如果不深浸于文化和历史的海洋中，就只是干枯的概念构架，

---

① 贺麟：《五十年来的中国哲学》，第75页。
② 贺麟："儒家思想的新开展"，见贺麟：《文化与人生》，商务印书馆1988年版，第4—5页。
③ 同上书，第5页。
④ 同上书，第7页。
⑤ 同上书，第9页。

就无法实现其具体内容。贺麟自始至终都对文化历史充满了思想的兴趣，认为它们具有哲学的实在性。虽然我们不能说他在这个问题上的看法等同于海德格尔讲的解释学存在论，但他对"理"与"文化"及"历史（时）"，或"辩证法"与"人生经验"的有机关系的重视在解释黑格尔的学者中算是很突出的，具有"精神现象学"的见地。同样，他所理解的儒家是"合诗教、礼教、理学三者为一体的学养"，绝不只是伦理学说。

为了从方法上更深刻地贯通辩证法与文化现象，由此而加强辩证法解决中国文化危机、时代问题的能力，贺麟提出了直觉法。他用了三种方式来阐发直觉法：第一，探讨斯宾诺莎的直观法的深刻含义；其次，在黑格尔的辩证法中找出并深化其"直觉"的一面；第三，提出宋儒的主要思想方法是直觉法，并深究之。以这种方式，贺麟找到了中西哲学两大主潮在方法上的接触点，并由此而深入到文化和时代的问题中。

由此可见，贺麟学术活动的最强动机，即民族文化的当代复兴，与他的学术方法，也就是充满直觉体验的辩证法，或与辩证法相连的直觉法是内在相关的。与文化和时代无缘的方法，比如实在论等，不能使他满足；而没有直观和东方悟性引导的方法，比如概念化的辩证法，在他看来就只是一套没有心灵、情感、信仰和文化呼应的框架。从本世纪初开始，中国思想界中谈"直觉"者颇有人在，柏格森的直觉主义在那时的中国不胫而走。这与中国人的传统思维方式有关，也与近代中国在西方科学与技术文化的大潮中寻找自身身份的努力有关。另一方面，推崇西方概念哲学方法的人们又看不到直觉作为方法的可能。贺麟则处于两者之间的一个更为原本的交合点上，达到了一个新的思想境界。

二　西方主流哲学的领会与阐发

贺麟将在清华毕业之时，收到老师和后来的朋友吴宓为他写的一首长诗，其中有"学派渊源一统贯，真理剖析万事基"之句。这既是对贺麟的期望，又在一定程度上是对其作学问的特点的观察，即贺麟的求学总要达到"一统贯"

之"基"本，而且总是通过追溯"学派渊源"而"剖析"出真理。此外，同学张荫麟为贺麟写的毕业生小传说他"生于诗人之乡，下笔而斐然成章。态度温和，宽厚有容，注重直觉，相信权威"。① 今天再读这几句写于 1926 年的话，让人不能不佩服张荫麟所描述之准确传神。贺麟上中学时（1917 年），国文老师就称赞他是"全校能把文章（应是古文和半古文）写通的两人之一"。可见其国学根底。说他"态度温和，宽厚有容"，则是与贺麟交往过的人的一致印象。但这并不妨碍他有"狂狷"远大的学术抱负和诗人的气质。他一生不仅写过古体诗和白话诗，更重要的是，他对"诗"的思想含义、精神含义有敏锐的感应。入清华后深受有诗人气质的学者梁启超的影响，并由此而钻研陆王（陆象山与王阳明）之学。② 所以说他"注重直觉"是一点不假。但由于有"国学根底"和"诗"的调剂，对直觉的注重并不使他流为心学余脉（比如阳明弟子王龙溪、王心斋等）的"猖狂乖僻之行径，豪放粗疏之才气"，③ 而是认同"由（学问、诗、礼）工夫以识本体"的路子，从而在中学方面融释心学与理学（比如朱子），道家与儒家，在西学方面绝不限于柏格森、尼采，而势必自其古希腊正源统贯而下，直至辩证直觉化了的黑格尔方为尽意。由此而可谈其"相信权威"或归依正宗。当然，这不是外在的盲信，而是有内在学理和直觉枢机的认同。所以，上一节所说的贺麟的方法论境界，除了与其时代化的学术动机深刻相关之外，还有其个人性格和学习经历上的原因。

有了这样的了解，就可明白贺麟留学和回国后阐发西方哲学的特点了。20 年代后期至 30 年代的美国和德国，实在论、实用主义、生命哲学盛行。贺麟虽然也认真地去理解它们，尤其是实用主义，但谈不上有深刻的精神感应。让他真正动心的首先是斯宾诺莎，因为他的哲学揉严格的理性与直觉于一体，既似宋儒，又似庄子，且人品高洁，为信仰而甘受终生的迫害与贫困。贺麟后来写

---

① 以上见张祥龙所撰《贺麟传略》，载《会通集——贺麟的生平与学术》，三联书店 1993 年版，第 53—54 页。

② 参见《会通集——贺麟的生平与学术》，第 52—53 页。

③ 贺麟：《哲学与哲学史论文集》，商务印书馆 1990 年版，第 206 页。

了一首《斯宾诺莎像赞》，抒其景慕之忱："宁静淡泊，持躬卑谦。道弥六合，气凌云汉。神游太虚，心究自然。辨析情意，如治点线。精察性理，揭示本源。知人而悯人，知天而爱天。贯神人而一物我，超时空而齐后先。与造物游，与天地参。先生之学，亦诗亦哲；先生之品，亦圣亦仙。世衰道微，我生也晚，高山仰止，忽后瞻前。"此诗对斯氏思想人格的表述和称颂，句句贴切，耐人寻味；但又处处透露出一位中国哲人的独到眼光。情深、意真、理洽、境高，此《像赞》本身可说是中西交融的一件精品，而且可看做贺麟本人学术和人生理想的展示。他多次向人（包括本文作者）说过：他一生最感相契无间、也最为敬重挚爱的西方哲学家是斯宾诺莎。1931年，贺麟留学德国时拜访斯宾诺莎国际学会秘书长格布哈特，两人语会神交，成为朋友。贺麟也因此成为该学会的中国成员。但不久后，格布哈特即被纳粹迫害致死。

贺麟首次将斯宾诺莎的主要著作和思想引入了中国。除了两本重要译作《伦理学》、《致知篇》之外，他还发表了一些介绍和讨论斯氏的文章。比如，他为《致知篇》写了一篇很有影响的译者导言：《斯宾诺莎的生平及其学说大旨》。此文前一半以充满感情的笔触叙述斯氏生平，"其崇高，其凄楚，其孤洁无瑕，其陶写吾人情感，有似一出古典的悲剧之处，就是他那三度放逐两重隔绝的身世"。[①] 后一半讨论其思想及影响，将斯宾诺莎比作哲理和信仰世界中的哥伦布和伽利略："哥伦布可以说是开拓地理世界的英雄，伽利略可以说是开拓物理世界的代表，而斯宾诺莎便是承袭此精神更进一步开拓天理世界的先觉。"为此，斯氏必得自己求得一种比科学的仪器还要更精密准确的新仪器和新方法，使求真的科学探讨与求安心立命的宗教生活调合一致，使神秘主义的识度与自然主义的法则贯通为一。这方法"就是可以求得他所谓最高级的——第三种的知识的直观法。……又叫做'从永恒的范型之下'以观认一切物性的方法"。[②] 此方法使斯氏对于本体论、宇宙论和人生观及修养论有了更深刻新颖的看法。它的独特之处在于能中止"无穷后退"，达到自身确立的真理。"斯氏有一名句

---

① 贺麟:《哲学与哲学史论文集》，第235页。

② 同上书，第249页。

说：'一如光明一方面表示光明之为光明，一方面又表示黑暗之为黑暗，所以真理一方面是真理自身的标准，一方面又是鉴定错误的标准。'""真理的标准就是真理，就是天。要追求真理，首要之务就是知天。……因为天就是实体，就是一切存在、一切知识的本源"。① 可见，贺麟当时对斯宾诺莎的介绍与欣赏重在如何以直观法解决信仰与知识、人生的诡谲与理性的真纯的关系问题，从而达到那能从自身放射出光明的真理或"真观念"。1949年之后，贺麟才必须面对"斯宾诺莎是唯物主义者还是客观唯心主义者"的问题。不管怎样，他直到晚年还是坚信"真理本身就是能动人的，感动的"。② 没有这种内在的、在终极处闪烁的光明，就无人生的根本意义可言。

黑格尔哲学在中国的传播是与贺麟的名字分不开的。正如张岱年先生所写："贺麟先生学贯中西，对于康德、黑格尔哲学及宋明理学研究尤深。在30年代，贺麟先生已被称为'黑学'（黑格尔哲学）专家。"③ 贺麟本人于1936年时曾谈到他研究黑格尔的初衷："我之所以译注黑格尔，其实，时代的兴趣居多。我们所处的时代与黑格尔的时代——都是：政治方面，正当强邻压境，国内四分五裂，人心涣散颓丧的时代；学术方面，正当启蒙运动之后；文艺方面，正当浪漫文艺运动之后——因此很有些相同，黑格尔的学说于解答时代问题，实有足资我们借鉴的地方。而黑格尔之有内容、有生命、有历史感的逻辑——分析矛盾，调解矛盾，征服冲突的逻辑，及其重民族历史文化，重有求超越有限的精神生活的思想，实足振聋起顽，唤醒对于民族精神的自觉与鼓舞，对于民族性与民族文化的发展，使吾人既不舍己骛外，亦不故步自封，但知依一定之理则，以自求超拔，自求发展，而臻于理想之域。"④

贺麟理解和阐发黑格尔哲学有这样几个特点：（一）明其源流。此源流即自古希腊以来西方哲学中的正宗唯理派，并兼顾其他流派。国外的学习和回国后

---

① 贺麟：《哲学与哲学史论文集》，第250—251页。

② 同上书，第586页。

③ 《会通集——贺麟的生平与学术》，第39页。

④ 《五十年来的中国哲学》，第118页。

多年的讲课，早已使他将西方哲学史烂熟于胸，并形成自己的独到看法。他认为要真切理解黑格尔，除了古希腊哲学之外，最重要者莫过于弄通斯宾诺莎和康德。贺麟总难忘在哈佛大学学习康德的经历。开设此课的路易斯教授头脑敏锐，要求学生极严。每个学生一个星期要读康德原著50页，两个星期交一次读书报告。康德的文字（尤其是《纯粹理性批判》）枯淡严冷但寓意幽深，贺麟感到压力很大，常常是临到上课才赶出读书报告。其他同学也是这样。课堂上提问题时谁也不说话，路易斯为此时常生气。这样一年下来报告积了一两百页。学完了《纯粹理性批判》的大部分、《实践理性批判》、《道德形而上学基础》和《未来形而上学导言》。那年暑假贺麟翻出朱熹的书，惊喜地发现读起来有了如此丰富的感受，"就像读小说书一样"。他这才知道，路易斯已用康德的巨手把他举到了一个新的学术境界里。而他理解黑格尔也是由此而摸到了"（先验）逻辑"的门径。"要理解黑格尔哲学，非先从康德哲学出发不可，……康德哲学最后逻辑地必然要发展到黑格尔哲学上来"。① 实际上，不过康德这一关，就无法进入西方正宗哲学的堂奥。绝顶聪明的王国维未能打通康德，就只能从叔本华和尼采处讲起了。至于斯宾诺莎，正如黑格尔所言，不浸透于其"实体"之中，就进不了思辩哲学的大门。

（二）体现黑格尔思维方式本身的巨大历史感。贺麟在《黑格尔学述》的"译序"中写道："黑格尔哲学就是以历史为基础的系统。他认为哲学就是世界历史所给予吾人的教训。因此他的见解和他的方法实有足资吾人借鉴之处。太史公所谓'究天人之际，通古今之变，成一家之言'，几可以说是描写黑格尔哲学的最好最切当不过的话。"贺麟曾引用鲁一士（J. Royce, 1855—1916）的说法，将黑格尔这种观点称为"逻辑与历史或逻辑上的矛盾进展与人文进化的平行论"。当然，这种历史感体现在多个层次之中。黑格尔的逻辑学关注概念本身陷入矛盾和克服矛盾而进展的过程，本身就有历史的维度；而他的自然哲学、精神哲学（历史哲学、艺术哲学、法哲学）则是这种辩证逻辑的运用，处处无不展现出这种矛盾进展的历史性。至于哲学史，对于黑格尔来讲就是哲学本身；

---

① 《五十年来的中国哲学》，第121页。

而哲学也必从其历史渊源和前后线索中才能得到切当的领会。由此,上面第(一)点也可得到更深的理解。

(三) 得其方法,即黑格尔那彻始彻终、贯注全系统的辩证法。贺麟强调,黑格尔与其他绝大多数哲学家不同,他不是尽力避免陷入矛盾,而是去揭示概念和存在者本身包含的矛盾,并由此而获得哲学的洞察。正是由于康德的批判,使得人们认识到追求终极真理的"理性"本身必然陷入悖论或矛盾之中。而黑格尔则进一步以积极的、深刻的和历史辩证发展的方式来看待矛盾,使其成为哲学思维的根本动力。所以,贺麟认为,黑格尔的矛盾法或辩证法是一种矛盾的实在观,因为"凡是实在的皆经过正反合的矛盾历程以达到合理的有机统一体"。它又是一种矛盾的真理观,因为在黑格尔看来,"真理是包含相反两面的全体,须用正反相映的方式才能表达出来"。黑格尔《精神现象学》第一章中充满了这种看似矛盾的真理,比如"现在就是过去,过去就是现在;此地即是彼地,彼地亦是此地";"我即非我,非我即我;为己即所以为人,为人即所以为己";"绝对相反之物,即为同一之存在"。又比如庄子所谓"方生方死",老子的"无为而无不为",等等。最后,这矛盾法是一种矛盾的辩证法,即以子之矛攻子之盾的辩难法。它在西方始于芝诺和苏格拉底,其实际妙用乃在于分析意识经验和人生宇宙之矛盾所在,而指出其共同归宿点。①

(四) 吸收一些新黑格尔主义者或当代黑格尔研究者,比如鲁一士、鲍桑葵、哈特曼、克洛齐等人的见解,结合对斯宾诺莎和宋明儒学的理解,因而特别注重黑格尔的辩证法中直接体验的方面,以及与艺术的直觉洞察相通的一面。贺麟很重视哈特曼的这样的见解:"辩证法的天才,完全可与艺术家的天才相比较。……辩证法的定律是没有确定的认识的,但又是具有规律的,强迫的,不停息的,有必然性的——一切皆如艺术家的创造。""从黑格尔的《精神现象学》看来,辩证法很少是方法的问题,而其本质即在内容里面。黑格尔之所以成为辩证法的大师,并非基于其方法意识,而乃由于他特别忠于事实,或沉浸

---

① 见贺麟:《黑格尔学述》"译序",载《黑格尔哲学讲演集》,上海人民出版社1986年版,第645页以下。

于客观事实。由于忠于事实,而且即由事实自身所寻得的形式,就是辩证法。"① 这样理解的辩证法,就颇有些近乎现象学的"到事情本身中去"的方法论意向了。无怪乎这一派人,包括贺麟,都特别重视黑格尔早期思想著作《精神现象学》,而不同意那些只以《哲学全书》的体系来理解黑格尔的倾向。贺麟的全部学术活动都有此溯源归本而气韵生动的特点。于是他"对哲学家的早期思想有了偏好。……(因为)一个哲学家的早期思想大都朴素真诚,为此后思想的源泉"。②

(五)特别注重辩证法与文化的有机联系。黑格尔哲学是一条巨鲸,只有进入人类文化与历史的汪洋大海中才能舒展其特性,才能成活。在这方面,贺麟不仅探求黑格尔哲学产生的丰富背景,关注其早期阶段,而且将它与中国的宋明理学相比较,运用它来分析现实问题,使之在当代中国人的眼中活泼起来、亲切起来。他发表的第一篇关于黑格尔的文章是《朱熹与黑格尔太极说之比较》,马上产生了不小的影响。比如熊伟回忆道:"1930 年贺先生在《大公报》'文学副刊'上发表的《朱熹与黑格尔太极说之比较》这篇文章给我极深印象,使我第一次朦胧地感到:它开辟出一条中西哲学会合的新思路。当时我在北大读书,我感觉似乎汉学都是西方的强。当时的哲学系主任张颐先生开四门课,讲的都是德国哲学。汤用彤先生中西学都讲,但没有比较,仍然是中是中,西是西。贺先生回国后,是把中西哲学结合起来讲,他所开辟的新思路至今仍有意义,并有待进一步发扬光大。"③ 至于贺麟当时在报纸杂志上发表的讨论文化、历史、时局、建国、修身、致学等方面的论文,因其有方法的洞察、生动的表达和透彻的分析而影响广大深远。时至今日,这些文章的汇集《文化与人生》仍在祖国内地、港台和海外吸引着各类读者。④ 其中一篇《王船山的历史哲学》,用黑格尔历史观中"理性的机巧"的思路来分析王船山的历史观,颇具

---

① 引自贺麟《哲学与哲学史论文集》,第 229—230 页。
② 同上书,第 207 页。
③ 《会通集——贺麟的生平与学术》,第 407—408 页。
④ 参见《文化与人生》1988 年"新版序言"。

新意。

1949年之前，贺麟阐发黑格尔哲学的最具学理性的文字要属《黑格尔理则学简述》（北京大学出版部，1948年）。这本小册子主要论述黑格尔逻辑学的主要思路和基本概念，但也对如何从整体上理解黑格尔发表了看法。主张不单以《哲学全书》为准，而"应以《精神现象学》为全系统的导言，为第一环；以《逻辑学》（包括《大逻辑》、《小逻辑》）为全系统的中坚，为第二环；以《精神哲学》（也包括《自然哲学》、《历史哲学》、《艺术哲学》、《法哲学》等全部应用逻辑学）为全系统的发挥，为第三环。……《精神现象学》的特点是活泼创新，代表黑格尔早年自由创进的精神。《逻辑学》的长处是深造谨严，代表他中期的专门艰深的纯哲学系统。《精神哲学》、《自然哲学》等是应用逻辑学，其长处是博大兼备，代表他晚年系统的全体大用，枝叶扶疏"。[①]

1949年之后，贺麟发表了更多的阐发黑格尔哲学的文章和演讲。由于黑格尔哲学是马克思主义的重要来源之一，因而"黑学"这时受到了更多的关注，贺麟的有关学术活动以其学术水准的精深到位和理解方式的亲切自然而广受欢迎。比如，他1961年受邀到中国人民大学讲黑格尔的《小逻辑》，由于听者过多，临时加了许多椅凳。他一开始还试图边讲边去（硬性地）批判其唯心论，但台上要求他不要批判，只管讲来。于是其演讲便如行云流水，自然成章。该校哲学系西方哲学史教研室组织了一个小组，对此演讲进行了记录、整理，以供该室教师备课参考。此项活动的组织者在给贺麟的信中写道："《小逻辑》笔记这份材料，阅过的同志倍加赞许，感到对学习黑格尔的著作，帮助非常大。"[②] 80年代中期，贺麟将前后五十多年间讨论黑格尔哲学的文字汇成一本近七百多页的书，题为《黑格尔哲学讲演集》（上海人民出版社，1986年）。它涉及黑格尔哲学的方方面面，从时代背景、早期的《精神现象学》，到逻辑学、自然哲学、法哲学、艺术哲学、哲学史等，是中文学术界中关于黑格尔哲学最系统、最有研究功力的著作。而且，这本书的结构安排也体现出他在《黑格尔理则学简述》

---

① 贺麟：《黑格尔哲学讲演集》，第150页；又参考《五十年来之中国哲学》，第124页。

② 《黑格尔哲学讲演集》，第4页。

中所表述的看法。它对中国"黑学"的研究已经并将会产生持久的影响。

除了斯宾诺莎和德国古典哲学（康德、费希特、谢林、黑格尔）之外，贺麟还以他渊博的学识和深刻的哲学理解力向中文世界介绍和阐发了许多位西方哲学家的思想和哲学学派，比如柏拉图、培根、休谟、叔本华，特别是众多的现代西方哲学家和学派，包括尼采、柏格森、爱默生，实用主义诸大家，新实在论，罗素、怀特海、格林、鲁一士、桑提耶纳，等等。这些研究和写作的成果主要被收集在《哲学与哲学史论文集》（商务印书馆，1990年）和《现代西方哲学讲演集》（上海人民出版社，1984年）两书中。它们充分表现了贺麟学术活动"根深株正，枝叶扶疏"的特点。正因为他所理解的辩证法充满了体验的洞察和新的可能，这方法绝不会固守现成的理论，而总要在新的思想遭遇中、在尽可能贴切地理解对方的道理之中表现出自身。在中国的哲学界，似乎还没有其他人在阐发西方哲学时达到这样既深又广的境地。

三　儒家思想的新生命——"心即理也"与"直觉法"

贺麟全部学术活动的目的在于求得中华民族文化的当代复兴。他千辛万苦到西方取来"真经"，是为了更清晰、更敏锐、更有方法论自觉能力去理解中国的古典思想，尤其是以宋明理学为突出表现的儒家思想，最终发展出有时代生命力的新思想。在这关键之处，贺麟最重要的两个贡献是：以中西主流贯通的方式讲出"心即理"的深刻思路，揭示并论证了宋儒的直觉法。

冯友兰和金岳霖都试图以中西结合的方式创立自己的学说。但由于他们深受新实在论的影响，抛开"心"而言"理"与"气"、"道"与"能"，令贺麟无法认同。在他看来，不用说陆象山与王阳明，就是程朱理学也同样有深邃的心性之说；离心而理，就根本谈不上什么"接着讲"了。所以，贺麟在他的"点睛"之作《近代唯心论简释》和《怎样研究逻辑》中就明白地标出"心即理也"（陆象山语）这一主张。然而，这"心"不是受物之支配、可被当作心理学对象来研究的心，而是"主乎身，一而不二，为主而不为客，命物而不命于物（朱熹语）的主体"。① 所以，"心"主要意味着一种原本纯一的发生方式，贺麟称之为"逻辑意义的心"。当然，这"逻辑"绝不只限于"形式逻辑"，它实际上是贺麟从西方正宗唯理论那里领会到的先验主体的意义逻辑或本体（存在）根基，发而为万事万识的前提和基础。其根本精神在贺麟看来可用斯宾诺莎"据界说以思想（thought by definition）"和"康德所谓'依原则而认知'（knowledge by principles）"来表达。② 换言之，把握住这样两点："（一）不问目的，但问本质；（二）据界说以思想，依原则而认知，便算把握住了逻辑的本质，认识了逻辑的根本精神。而此两种特性皆出于数学，且为斯宾诺莎和康德逻辑思想的核心。我们现在要研究逻辑，其正当途径自亦不外采取此种出自数学的方法（现代德国现象学派胡塞尔所倡导的逻辑，保持先天方法、注重本质的观认，似为现代最能承继并发挥康德、斯宾诺莎的逻辑思想者，可惜中国很少人涉猎到这方面）"。③ 这段话和《怎样研究逻辑》这篇文章极为重要，是了解贺麟从西方得到的"大经大法"的关键引导。它表明在贺麟的理解里，西方唯理论的正根扎在"数学的方法里"，以概念的先验逻辑（"理"）表现之，而统握、灵化于先验主体（"心"）之中。这段话的另一要点是表现出了贺麟对胡塞尔现象学的关注，④ 这在当时（30、40年代）的中国学术界恐怕是独一无二的。之所以会这样，想必与他对"直觉法"的重视相关。

这就是贺麟公开主张"唯心论"的本意。它不是贝克莱、休谟意义上的"唯（经验观念之）心论"，④ 而是本身充满了"理-想"的和具有原发意义的唯心论。"自然与人生之可以理解，之所以有意义，条理，与价值皆出于此心即理也之心。故唯心论又尝称为精神哲学，所谓精神哲学，即注重心与理一，心负

---

① 引自《哲学与哲学史论文集》，第131页。
② 《哲学与哲学史论文集》，第216页。
③ 同上书，第219页。
④ 除了这段话之外，贺麟还在《近代唯心论简释》中提及胡塞尔的"识性"（Wesensschau，"本质直观"或"本质观看"），同上书，第134页。

荷真理，理自觉于心的哲学。"① 这样看来，他讲的"心"不完全等同于陆、王"心学"之心，尽管他极为欣赏陆象山的"心即理也"的明快见识。先秦儒学、程朱理学（尤其是其格物致知的直觉法和西方的唯理论或唯心论，都在他的中心视野里），在他看来，在这样一个关键之处，东方圣人与西方哲人可谓是此"心"同、此"理"同。中国人称此先验逻辑之心为"道心"（"人心惟危，道心惟微"）、本心、义理之心、良知。"这些见解，都已在先秦的儒家典籍中，隐约地、浑朴地、简赅地通通都具备了。到了宋儒才将这些伟大哲学识度重新提出来，显明地系统地精详地加以发挥"。② 而在西方一面，"物者理也、性者理也、天者理也、心者理也种种见解，已隐约地、浑朴地、平正地、美妙地、简赅地通通具于从苏格拉底到亚里士多德时期的正统哲学中了"。近代哲学里，笛卡儿、斯宾诺莎对此都有重大贡献，但只是到了康德，才真正成立了"心即理亦心学亦理学的批导哲学或先天哲学"。③ 所以康德与陆象山在中西哲学中各自占有一个关键性的地位。但正如"心即理也"的识度在程朱理学及后来合心学理学为一的王船山的学说中亦有不同于陆王心学的重大表达一样，康德的先天逻辑的"心即理"的思路在后康德的德国古典哲学中，特别是黑格尔的辩证逻辑中有令人耳目一新的表现。所以，贺麟总是将黑格尔与朱熹和王船山相比较。

如此看来，这"心即理也"的讲法绝不干枯和唯我，而一定要表现于人类的生活之中。"故唯心论者，不能离开文化或文化科学而空谈抽象的心。若离开文化的陶养而单讲唯心，则唯心论无内容，若离开文化的创造、精神的生活而单讲唯心，则唯心论无生命。故唯心论者注重神游冥想乎价值的宝藏，文化的大流中以撷英咀华取精用宏而求精神的高洁与生活之切实受用，至于系统之完成，理论之发抒，社会政治教育之应用，其余事也。"④ 因此，这样的唯心论，也就一定有突出的直觉体验，乃至有治学求知的直觉方法。

---

① 贺麟：《近代唯心论简释》，载《哲学与哲学史论文集》，第131页。
② 同上书，第151页。
③ 同上书，第152—153页。
④ 贺麟：《近代唯心论简释》，载《哲学与哲学史论文集》，第132—133页。

贺麟写"宋儒的思想方法"费时四个多月，写完后生了一场大病，可谓呕心沥血。此文与他关于"辩证观"的看法很有关系，但它深入到宋儒的精神天地中，获得了中华文化的生命力。贺麟认为，汉学家用的主要是假设与求证的考证法，因而可以视之为一种科学方法。但宋儒的思想方法就不是严格的科学方法了。那么，陆王所谓致知或致良知，程朱所谓格物穷理，又是什么方法呢？贺麟认为是哲学的直觉法。

按照梁漱溟，"直觉是一种生活的态度"，它是反功利的、随感而应的、活泼而无拘滞的、充满了浩然之气的修养境界。"这种锐敏的直觉，就是孔家的'仁'。……就是代表中国文化以别于西方计较功利的文化的生活方式"。① 但是，梁漱溟并不认之为一种方法。冯友兰也不承认直觉是方法。而贺麟则"经过很久的考虑……仍以为直觉是一种经验，复是一种方法"。② 他举出了许多赞成和否定直觉为方法的西方思想家来辨析之。赞成者中有巴斯卡尔、斯宾格勒、克罗齐、哈特曼和斯宾诺莎。比如"哈特曼认矛盾思辨法为一艺术……我想由此足见直觉法恐怕更是一种基于天才的艺术，而此种艺术之精粗工拙仍须以训练学养之酣熟与否为准"。③ 所以，贺麟主张："第一，真正的哲学的直觉方法，不是简便省事的捷径，而是精密紧严，须兼有先天的天才与后天的训练，须积理多学识富，涵养醇，方可逐渐使成完善的方法或艺术。第二，我并要说明直觉不是盲目的感觉，同时又不是支离的理智，是后理智的，认识全体的方法，而不是反理智反理性的方法。"④ 因此，陆王的"不读书"（"与他减担"）、"回复本心"、"致良知"是直觉法，朱熹的"虚心涵泳，切己体察"的格物致知法也是直觉法；一方是直接"就血脉上感动他"，另一方是"用力既久，而豁然贯通焉，则众物之表里精粗无不到，而吾心之全体大用无不明"。两者都是"用理

---

① 贺麟：《宋儒的思想方法》，载《哲学与哲学史论文集》，第175页。
② 同上书，第179页。
③ 同上书，第180页。
④ 贺麟：《宋儒的思想方法》，载《哲学与哲学史论文集》，183页。

智的同情以体察事物,用理智的爱以玩味事物的方法"。① 但总的说来,主张有所谓"哲学的直觉方法"有利于朱子,因为这就说明他讲的读书穷理并非是"支离事业",其中也大有"简易工夫",从文化和艺术的角度更能体现出"心与理一"的思路和境界。除此之外,贺麟在别处还讲过"佛家所谓'以道眼观一切法'的道眼或慧眼",以及"庄子所谓'以道观之,物无贵贱'的'道观法'"。②

至于辩证法与直觉法(或辩证观)的关系,可以简略地说成是:辩证法需要直觉法或辩证观的引导,而直觉法所体验者需要辩证法的曲折往复的磨炼和开展。两者都不能离开深刻意义上的"文化",即自然(天地之文)、人文和历史的"时"潮的摩荡;不然"吾心"就会沦为任性的狂妄,而"天理"或"概念"就会空疏抽象而无切实着落。

四　影响巨大的西方哲学翻译

翻译、介绍西方哲学名著是贺麟学术活动中的重要组成部分。他的译文以深识原著本意、学问功力深厚、表达如从己出、行文自然典雅等特点得到学术界的一致赞许。

他赞同严复"信、达、雅"的翻译三标准,且有发挥,但从整体上指导他翻译的是他的西为中用、振兴民族文化的学术思想。所以,他的翻译不但选材精审,于重要概念的译名择定上尤其下了一番追本溯源和沟通中西的苦功。可也正是在这方面,他往往不被人理解。

中国的翻译事业起步晚,不得不临时借用大量的日本译名。贺麟对此状况很不满意,"这倒并不是在学术上来讲狭义的爱国反日,实因日本翻译家大都缺乏我上面讲说的中国文字学与中国哲学史的功夫,其译名往往生硬笨拙,搬到

---

① 贺麟:《宋儒的思想方法》,载《哲学与哲学史论文集》,,第184页
② 贺麟:《斯宾诺莎的生平及其学说大旨》,载《哲学与哲学史论文集》,第249页。

中文里来，遂使中国旧哲学与西洋的哲学无有连续贯通性，令人感到西洋哲学与中国哲学好像完全是两回事，无可融会之点似的。当然，中国翻译家择用日本名词已甚多，流行已久，不易扒除，且亦有一些很好的日本名词无须扒除。但我们要使西洋哲学中国化，要谋中国哲学之建立，不能不采取严格批评态度，徐图从东洋名词里解放出来"。①

为此，他将黑格尔哲学中的"the Absolute"（一般译为"绝对"）译为"太极"，取宋明理学中周敦颐的"无极而太极"和朱熹的"不言无极则太极同于一物而不足为万化根本；不言太极则无极沦于空寂而不能为万化根本"之说，意蕴深厚，经脉畅达，可收中西哲理相映成趣之效。或将黑氏的"dialectical method"译为"矛盾法"或"矛盾思辨法"（一般译为"辩证法"），取《韩非子·难势》中"以子之矛攻子之盾"之意，以突出此种方法的尖锐性、根本性以及通过与自身对立而得真知的特点。又译康德的"kritik"（一般译为"批判"）为"批导"，取《庄子·养生主》"依乎天理，批大郤，导大［窾］"之意，等等。

贺麟的这些译法虽在深思志同者中不无影响，但至今未成翻译界中主流，甚至他自己后来也只得从众。原因或许是：（一）日译名先入为主，已成气候，只凭个人力量难于拔除；（二）日译名虽有生硬、冷涩之弊，但在眼光只知向外探索的时代，也未尝没有逼人跳出传统文化窠臼，标新立异之效果。

贺麟回国后，以在美国时所作工作为基础，在较短时间内译出斯宾诺莎主要著作《伦理学》的第一、二部分，作为教材。他将稿子给当时掌握译文出版基金的胡适看，问可否译完出版。胡适的回答是："我们不能说你译得不好和没有研究，但你的名词与现在隔得太远。"稿子就这样退回，一压多年。1949 年后此书出版时又遇麻烦。一位主管人对贺麟写的 2 万字序言不满意，要他重写，对斯宾诺莎要多作批判。贺麟干脆删去了序言。他感慨地说："翻译要认真地搞，还要有思想准备，越是你心爱的，便越是让你伤心。"此前的 1943 年，贺麟译的斯宾诺莎的另一本重要著作《致知篇》（以后再版时改为《知性改进

---

① 《黑格尔学述》"译序"，载《黑格尔哲学讲演集》，第 662 页。

论》）在商务印书馆出版。

在美国时他已将鲁一士《近代唯心论演讲集》中关于黑格尔《精神现象学》的几章译出，回国后以《黑格尔学述》为名与另一本介绍黑格尔的译著、即开尔德的《黑格尔》同时于 1936 年由上海商务出版。此外，他还译了《五十年来之德国哲学》（1935 年）。建国后，由贺麟主持，北大哲学系西方哲学史组集体翻译了黑格尔的《哲学史讲演录》（共 4 卷，由贺麟和王太庆等译出，1956 年至 1959 年出版 1 至 3 卷，1978 年出版第 4 卷）；《小逻辑》（1950 年）、《精神现象学》（与王玖兴合译，1961 年上卷，1979 年下卷）更是贺麟译品中的力作。此外，还有马克思的《黑格尔辩证法和哲学一般的批判》（1955 年）和《博士论文》等。

贺麟搞翻译极为严谨，往往要对照几种不同文字的版本进行校订；对于难解处，他查阅各种资料给予译注。他一向反对不懂原著的思想就套语法生译，强调译文的传神和中国化。译著前面，他常附上自己写的较长的"译序"，帮助读者理解。

由于中西文皆有素养，贺麟的翻译工作一般都较顺畅，只是《小逻辑》和《精神现象学》译起来最感困难，常常是反复修改，有时还改错了。这之后就容易了，名词也固定下来。他自 1941 年起译《小逻辑》，译到后半部才通顺了，以至 1949 年后，短期内就译出十多万字。他的《小逻辑》译得精当凝重，意味深长，传神地体现了黑格尔晚年炉火纯青般的哲理意蕴和表述风格，是中国最成功的西方哲学译作之一。如此晦涩艰深的哲学著作，居然一版再版，供不应求，对中国的哲学研究产生了极大而持久的影响，因而被认为是严复的《天演论》之后影响最大的中文学术译著。[①]《精神现象学》译本 1983 年获中国社会科学院"优秀科研成果一等奖"。

[①]《会通集——贺麟的生平与学术》，第 407 页。

五　我与贺麟的师生缘

初次见贺先生，是在他那刚刚打开不久的书房。时值70年代中期，"文革"还未过去，但对老先生的歧视已有所缓和。我那时在一家工厂做最脏累的清砂工，在乡下租了一间农舍耳房，工余便在鸡鸣狗吠点缀着的宁静里读书。

贺先生个子不高，在家里还常带着一顶软帽，帽檐上露出白发。人极温和可亲，说话之间不时露出真正快活的微笑。他的眼睛尤其清亮，在激动时会放出异彩。一见之下，我烦闷的心一下清爽了不少。与他谈了些什么，已很模糊了，只记得最后由于我的请求，他让我在占满三面墙的书架中挑一本书去看。我找到一本书叫《伦理学》，贺先生没有多说什么，我就告辞了。事隔很久，他对我讲："你一下子就选了这本书，我心里就动了一动，因为它正是我最喜欢的。"

从此，劳累过后，便在农舍小屋中读这本还夹着一些繁体字的书。它一开篇便是"界说"、"公则"，然后是许多"命题"及其"证明"和"附释"，就像几何书一样。我那些年一直读中外文学、政治、历史和一点宗教方面的书，虽多有感受，但总觉得无法应对人生本身的问题。初读这本地道的西方哲学书，风格大异，令我举步维艰。但由于见贺先生的新鲜感受和寻找珍宝的热情的鼓动，就一行行地读下去。几个月中，读它多遍，数次携书去先生家请教。他每次见我，都显得很高兴；待我说完困惑之处，便为我讲解。有时是逐词逐条地讲，有时则是引开来讲，从斯氏的身世、信仰、人品，讲到他与其他人（比如莱布尼兹、笛卡儿）的关系，他对后人（比如莱辛、歌德、黑格尔）的影响，以及他本人学习斯宾诺莎的经历和体会。说到会心之处，那笑容就如孩子一般粲然纯真；讲到动情之际，那头上的软帽也要偏到一边。我有时真听到心中发热，脊背发冷，想不到人生里居然有这样一番天地。每次请教回来，再读此书，就觉得近了一层。这样反复揣摩，反复对比，终得渐渐入境，与贺先生的谈话也更加生动了。他每看到我的一点进步，都欢喜，但极少直接夸奖，而是以更投入的、更意趣横生的谈话表露出来。我们一老一少，在外边还是"阶级斗争"、"批林批孔"的时刻,在这书房里忘情地谈着,由他领着畅游那神、自然、理性、情感贯通一气的世界。这些对我来讲实在是太珍贵、太美好了。我的心灵,从情感到思想到信念,得到极大的净化、提升、滋润,整个人生由此而得一新方向。贺师母开始时担心,怕他"又向青年人讲唯心论";贺先生则抚慰之:"斯宾诺莎不是唯心论呀。"其实,他与我的谈话中,几乎从不提这些那时颇有政治含义的大名词,只是讲思路、讲人格、讲精神境界。我真真切切地感到,他是在不顾其他一切地倾诉他最心爱的东西,滚滚滔滔,不可遏制。有好几次,他忘了别的事情,比如约好在外边请人吃饭,结果完全忘掉。当我们谈兴正浓时,师母懊恼而归,让我极感歉意。"文革"以后,贺先生又忙碌起来,我也上了大学。再去拜访,他对我还是一样亲切,但我逐渐明白,那是一段永不会再有的时光了。

对我而言,这本由他翻译和讲解的《伦理学》给我的陋室带来了一种奇异的气氛。文字上的困难、理智上的阶梯被攀登过去之后,就渐次进入了一个有回声呼应、有风云舒卷的高山深谷般的精神世界之中。凭借超出感性与概念理性的直觉,我们能从神(或自然)的永恒形式下来观认事物,获得斯氏所讲的"第三种知识"。它使我开始相信,人的思想意愿确可决定其人生,因为这是与神或自然及最曲折微妙的情感相通的直觉化思想。以前所读的书引发过大感动、大醒悟,却都不长久,但《伦理学》却给我劳苦孤寂的生活带来较持久的温煦"幸福"。之所以说"幸福",而不只是明白,是因为其中除了思想,还有极美的深心体验和某种信念。压抑、彷徨感消散了,代之而起的是对这一生的信心和几乎是每日每时的"快乐"。在这种感受中,我写了这辈子第一篇哲学文章,谈我对《伦理学》这本书,尤其是其中的"神"的含义的理解。文章送去时,贺先生不在,托师母转呈。下次再去,贺先生见我时非常兴奋,说那篇东西写得很好,对他也多有启发。这可真让我惊喜得说不出话来了。

从此,我就钟情于西方古典哲学,在贺先生的指导下又学了康德、费希特、谢林、黑格尔,并由此而走上"哲学"或"纯思想"这条道路。也是过了许多年后我才省思到,像《伦理学》这样能给人带来如此深刻的精神(而不只是思想)变化的哲学书是极罕见的,而能将《伦理学》读成那样充满个人体会的时刻也是不多的。所幸的是，我遇到了真正能开启我、理解我、欣赏我的一位老师，使"哲学"在我那时的心目中成了比艺术、宗教所能给予的还要更美、更纯和更真的一个人生世界！我并不认为贺先生只是善于引导学生，他对我的称赞也不只是一般鼓励；他那时根本就没有用什么"学术标准"来衡量我，我们的交谈（不管是口头的还是文字的）中确有真正的精神相投、快乐和缘分。他眼中没有我的幼稚、偏执和可笑，只有那慢慢显露出来的一个精神生命。以后，他也没有建议我把那些习作修改了去发表。这样的老师难道不是最地道的吗？

结束语

贺麟一生的最大两个成就是：（一）沟通中西主流思想的方法论，由此而为中国古代思想，特别是儒家，找到一条新路。（二）对西方哲学、特别是黑格尔和斯宾诺莎哲学的精当阐发和翻译，使之生意盎然地传入中国。他的学术活动所具有的深刻性、丰富性和影响力不能用"新心学"或"新黑格尔主义"以及这两者的融合表达尽，因为理学、道家、斯宾诺莎、其他的德国古典哲学家的学说等等也是他思想中有力的活要素。

一位学者的思想价值，很少有能被"盖棺论定"的。决定其历史地位的主要因素是：该思想本身的素质和未来世界的走向。贺麟在这两个方面都处于相当有利的地位。首先，他的思想贯通中西正宗主流中的最深邃者，在打通先验逻辑方法和直觉法这个关键问题上做出了创造性的工作。其内在的思想素质和成就在他那个时代的哲学界中是属于最出色之列的。其次，人类世界将进入一个各种文化、特别是东西文化相激相融的时代，而那些能够站在这个交汇之处，能真正有助于理解这样一个历史过程的学说将获得更多的关注。尤其是，在这数理化、技术化、商品化的时代，他既不躲避，亦不苟从，而是能在"理"化中不失"心"之源，或以新鲜的方式体会出"心即理也"者，当有极蓬勃的活力和未来。

（张祥龙　撰稿）

作者简介

张祥龙，1949年生于香港九龙。1982年毕业于北京大学哲学系，获学士。1986年获美国俄亥俄州立托莱多大学硕士。1992年获美国纽约州立布法罗大学博士。现为北京大学哲学系外国哲学研究所常务副所长，教授。发表有《海德格尔思想与中国天道》、《海德格尔传》等。

贺麟主要著作与译作目录

著 作

《德国三大哲人（歌德、黑格尔、费希特）处国难时之态度》 天津《大公报》1931—1932 年连载，1934 年出单行本。

《近代唯心论简释》 重庆独立出版社 1942 年出版。

《文化与人生》 商务印书馆 1947 年出版，1988 年再版。

《当代中国哲学》 胜利出版社 1949 年出版，1989 年辽宁教育出版社再版时改名为《五十年来的中国哲学》。

《黑格尔理则学简述》 北京大学出版部 1949 年出版。

《现代西方哲学讲演集》 上海人民出版社 1984 年出版。

《黑格尔哲学讲演集》 上海人民出版社 1986 年出版。

《哲学与哲学史论文集》 商务印书馆 1990 年出版。

译 作

《黑格尔学述》 鲁一士著，商务印书馆 1936 年出版。

《黑格尔》 开尔文著，商务印书馆 1936 年出版。

《小逻辑》 黑格尔著，商务印书馆 1950 年出版。

《伦理学》 斯宾诺莎著，商务印书馆 1958 年出版。

《知性改进论》 斯宾诺莎著，商务印书馆 1960 年出版。

《精神现象学》 黑格尔著，与王玖兴合译，商务印书馆 1962 年出版。

《哲学史讲演录》 黑格尔著，与王太庆等人合作（前两卷译者以"北京大学哲学系外国哲学史教研室"署名，后两卷署名"贺麟，王太庆"），商务印书馆1956年—1978年出版。

钱钟书

(1910—1998)

著名的文学史家、作家。曾任中国社会科学院副院长、特邀顾问、一级研究员。

钱钟书字默存，号槐聚，曾用笔名中书君。出生于江苏无锡县城内一户书香世家。父亲钱基博曾任清华大学、圣约翰大学、光华大学、国立蓝田师范学院等校教授，是一位学富五车、著作等身的著名国学大师。因伯父无子，钱钟书一出世就出嗣给长房。周岁时"抓周"抓得一本书，从此得名"钟书"。伯父当年为他所取的名字"仰先"只当得小名。

1933年清华大学外文系毕业，1935年赴牛津大学攻读，获B. Litt.（Oxon）学位。后又至巴黎大学研究法国文学。归国后，曾任昆明西南联大外文系教授，国立师范学院英语系主任，上海暨南大学外语系教授，中央图书馆外文部总编纂等。建国后，任清华大学外文系教授。1953年转任中国科学院文学研究所研究员。新时期又担任中国社会科学院文学研究所研究员和中国社会科学院副院长、院特邀顾问，还曾任第六届全国政协委员，第七、第八届全国政协常务委员。钱博学多能，兼通数国外语，学贯中西，在文学创作和学术研究两方面均做出了卓越成绩。解放前出版的著作有散文集《写在人生边上》，用英文撰写的《十六、十七、十八世纪英国文学里的中国》，短篇小说集《人·兽·鬼》，长篇小说《围城》，文论及诗文评论《谈艺录》。其中《围城》有独特成就，被译成多国文字在国外出版。《谈艺录》融中西学于一体，见解精辟独到。解放后，出版有《宋诗选注》、《管锥编》、《七缀集》、《槐聚诗存》等。还参与《毛泽东选集》的外文翻译工作。主持过《中国文学史》唐宋部分的编写工作。他的《宋诗选注》在诗选与注释上都卓有高明识见，还对中外诗学中带规律性的一些问题作了精当的阐述。《管锥编》体大思精，旁征博引，是数十年学术积累的力作，曾获第一届国家图书奖。

一

  钱钟书3岁开蒙识字，5岁入小学，6岁入私塾，7岁起随伯父读书，同时读了许多中国古典小说。10岁入高小，13岁上中学，读了许多新小说和翻译小说。十七八岁时，曾代父亲写一些文章，如曾为乡下某大户作墓志铭、为商务印书馆出版的一本钱穆的书作序，等等，都受到好评。19岁投考清华时，数学才得15分，由于中、英文成绩特优，而被罗家伦校长破格录取。

  清华大学校长罗家伦与"诗弟子"钱钟书当时颇有唱和之作。钱钟书青少年时代，风华正茂，才气飞扬，曾学做黄仲则等风流人物的近体诗，除了被父执陈石遗着实教导一番以外，受到罗家伦的影响，也是他日后诗风改弦更张的一个原因。罗家伦为"五四"新文化运动中的骁将。钱钟书尊其诗为"英雄余事"，"诗才肆而诗胆大，力破余地"，盛称其"为国为道"的襟抱，并自谦己作为"虫吟"，谓："偶有少年哀乐之作"，"皆絮絮昵昵儿女之私。"[①] 而罗校长确是赏音，对钱诗亦颇多夸奖。清华大学西洋文学系教授吴宓对钱钟书极为赏识，曾感慨地说："自古人才难得，出类拔萃、卓尔不群的人才尤其不易得。当今文史方面的人才，在老一辈中要推陈寅恪先生，在年轻一辈中要推钱钟书，他们都是人中之龙，其余如你我，不过尔尔！"[②] 在为初刊本钱钟书诗集题诗时，又高度评价说："才情学识谁兼具，新旧中西子竟通。大

[①] 罗久芳：《钱钟书先生早年的两封信和几首诗》，台湾《联合文学》1989年第4期。
[②] 郑朝宗：《记钱钟书》，《梦痕录》，香港三联书店1986年版。

器能成由早慧，人谋有补赖天工。源深顾赵传家业，气胜苏黄振国风。悲剧终场吾事了，交期两世许心同。"叶公超教授曾在自己所编的《新月月刊》发表过钱钟书的评论文章多篇。温源宁教授对他也格外赏爱。几位师长都将他视为忘年知交。钱钟书此时还担任着《清华周刊》的英文编辑，并不时在这家刊物上发表诗文。在同学眼中，钱钟书更是卓卓如鹤立鸡群。邹文海说："他到清华时，文名已满全校。"① 饶余威说："同学中我们受钱钟书的影响最大。"② 郑朝宗说："钱钟书……读书之多，才力之雄，给全校文科师生留下了极深的印象，甚至被誉为有学生以来所仅见。"③

1933年从清华毕业后，钱钟书入上海光华大学任教，同时，写作了许多诗文。

1935年，钱钟书考取庚款将入英伦牛津大学留学，夫人杨绛女士自费留学，二人同船赴欧。在牛津时，钱钟书对"版本和校勘"课毫无兴趣，便每天读一本侦探小说，借以"休养脑筋"。结果因达不到"能辨认15世纪以来的手稿"的要求而考试不及格，后来补考了事。④

1937年，钱钟书的论文《十六、十七、十八世纪英国文学中的中国》通过，获副博士（B. Litt.）学位。为了写这篇论文，钱钟书博览群籍，详赡地辑录近代英国文学对中国的反映，着重研究中英文学间的影响问题，是一部非常重要的比较文学论著。是年，夫妇二人又转赴法国巴黎索邦大学进修一年。

1938年，清华大学破例录用钱钟书为教授，当年9、10月间回国至西南联大外文系讲授"欧洲文艺复兴"、"当代文学"和"大一英文"。当时的高年级学生许国璋后来回忆说："钱师讲课，从不满足于讲史实，析名作。凡具体之事，概括带过，而致力于理出思想脉络，所讲文学史，实是思想史。师讲课，必写出讲稿，但堂上绝不翻阅。既语句洒脱，敷陈自如，又禁邪制放，无取冗

---

① 邹文海：《忆钱钟书》，台湾《传记文学》1962年6月，第1卷第1期。

② 饶余威：《清华的回忆》，转引自杨绛《将饮茶》，三联书店1987年版。

③ 郑朝宗：《记钱钟书》。

④ 杨绛：《将饮茶》。

长。学生听到会神处，往往停笔默记，盖一次讲课，即是一篇好文章，一次美的享受。"① 当时的低年级学生许渊冲回忆说，讲课时，"钱先生只说英文，不说中文；只讲书，不提问；虽不表扬，也不批评，但是脸上时常露出微笑。""钱先生谈笑风生，妙语连珠，大有'语不惊人誓不休'之概"；有时"言简意赅，一语破的"，有时则"比较婉转，往往曲达其意"。②

1939年秋钱钟书回上海探亲后，为照顾生病的父亲，转赴湖南蓝田国立师范学院任英语系主任兼教授，闲暇中开始撰写《谈艺录》。吴忠匡回忆当时情景说："在蓝田时期，除了和极少数熟悉的同人有往还交际而外，钟书并无外事困扰，手头的时间是充裕的。晚饭以后，三五友好，往往聚拢到一处，听钟书纵谈上下古今，他才思敏捷，富有灵感，又具有非凡的记忆力和尖锐的幽默感。每到这一时刻，钟书总是显得容颜焕发，光彩照人，口若悬河，滔滔不绝。当他评论某一古今人物时……'如老吏断狱，证据出入无方'。听钟书的清谈，这在当时当地是一种最大的享受，我们尽情地吞噬和分享他丰富的知识。"③

1941年暑假，钱钟书回上海，原拟小住即返内地，不料珍珠港事变突发，自此沦陷在上海。一时没有工作，临时在震旦女子文理学院授课，同时担任家庭教师，一家四口艰难度日。教书之余，则勉力完成《谈艺录》，并创作短篇小说。同年，散文随笔集《写在人生边上》出版。

1946年，中短篇小说集《人·兽·鬼》出版。在一部分知识分子中受到好评。同年，长篇小说《围城》在《文艺复兴》上连载，第二年由上海晨光出版公司印行。此书一出，作者声名鹊起，一时洛阳纸贵，连连印了三版。此书当时曾受到无数的好评，也受到不断的攻击。

1948年，《谈艺录》出版，许多学人叹为观止。

1949年冬，钱钟书回母校清华大学任外语系教授。举家搬迁北上时，第二

---

① 许国璋：《外语教育往事谈》，转引自许渊冲：《钱钟书先生及译诗》，载《钱钟书研究》第2辑，文化艺术出版社1990年版。

② 许渊冲：《钱钟书先生及译诗》。

③ 吴忠匡：《记钱钟书先生》，载《随笔》1988年第4期。

部长篇小说《百合心》已写出的手稿不慎遗失。令天下读者惋惜的是,钱钟书从此不再写小说了。1980年,钱钟书在忆及此事时说:"事隔三十余年,我也记不清楚当时腹稿里的人物和情节……剩下来的只是一个顽固的信念:假如《百合心》写得成,它会比《围城》好一点。"①

1952年,全国院系调整后,钱钟书到文学研究所(原属北京大学,后调归中国科学院哲学社会科学部,即现在的中国社会科学院)外国文学组任研究员。从此,钱钟书离开教学岗位,成为专职研究人员。此前他已被领导安排参与了《毛泽东选集》的英译工作,这项工作一直到1953年底才完成。实际上不但没有时间再搞创作,就连真正意义上的学术研究和文学翻译的时间都没有多少了。1958年,《宋诗选注》刚一出版,就受到公开的批判,被扣上诸如"资产阶级学者"、"白旗"一类帽子。后来,由于日本汉学家小川环树和夏承焘分别发表文章,对此书高度评价,称赏有加,才使这场批判不了了之。

此后,钱钟书主持了编写《中国文学史》唐宋部分,参加了《唐诗选》选注、《毛泽东选集》四卷英译定稿和《毛泽东诗词》英译定稿等集体编撰工作。他本人只发表了几篇文艺理论论文。

1966年,"文化大革命"一开始,钱钟书夫妇就备受摧残,先后被揪斗,分别被剃了"阴阳头"和"十字头"。据一位同事回忆:"钱钟书虽然当了'黑帮',但并不认为自己就'低人一等',人家动手打他他就还击,绝不干'君子让人'的'儒家'勾当!他受过西方'民主'的教养,懂得什么叫人格,什么叫人权,所以奉行'头可杀,士不可辱'的哲学,与'造反派'大打出手,闹得满城风雨。"此事"扬名千里,连'造反派'都敬重他'三分',认为'老头儿'有骨气!"②

1969年底,钱钟书被送到河南"五七干校"劳动改造。直到1972年春,钱钟书夫妇才被作为"老弱病残"回到北京。

1978年秋,钱钟书赴意大利出席欧洲汉学会会议。在会上见到《围城》

---

① 钱钟书:《围城·重印前记》,人民文学出版社1980年11月版。
② 方丹:《我所认识的钱钟书》,载香港《明报月刊》1979年第8期。

法、俄等文字的译者，才知道此书早已走向世界。

1979年至1980年，钱钟书先后出访美国和日本，《围城》先后在美国、前苏联出版，国际上刮起一阵"钱钟书旋风"。早在1961年，美国哥伦比亚大学夏志清教授就在英文专著《中国现代小说史》中辟专章评述钱钟书的文学创作，称《围城》是"中国现代文学中最有趣和最用心经营的小说，可能亦是最伟大的一部"。该书出版后，在欧美台港极有影响，流风所及，出现了许多好评，包括一批博士、硕士论文。在国内，随着《管锥编》、《旧文四篇》、《围城》的先后推出，使理论界和文学界受到震动和冲击，也出现一股"钱钟书热"。正当此时，厦门大学中文系主任郑朝宗教授首倡"钱学"。

1983年至1985年，《写在人生边上》、《人·兽·鬼》重印，《谈艺录〈补订本〉》、《也是集》、《七缀集》亦先后在京、港、沪出版。社会上，钱钟书著作拥有一个广大的读者群。

1989年，《钱钟书作品集》在台湾出版。这是第一次经作者授权在该地出版的非盗印本。

1990年，《钱钟书论学文选》出版。同年，在钱钟书80岁诞辰到来之时，根据同名小说改编的10集电视连续剧《围城》上映，受到学术界和观众的广泛好评。国内再次出现抢购小说《围城》的风潮。

二

钱钟书以毕生心力辛勤结撰的精神产品可以分为学术和创作两大部类。学术研究部类中主要包括《管锥编》、《谈艺录》、《宋诗选注》、《七缀集》和尚未出版的《宋诗纪事补正》、《钱选唐诗》等。

《管锥编》是钱钟书最重要的研究成果。本书用典雅的文言写成，引用了大量英、法、德、意、西原文，是一部不可多得、必然传世的多卷本学术著作。三联书店版4册（中华书局版5册）近130万字，是作者研读《周易正义》、《毛诗正义》、《左传正义》、《史记会注考证》、《老子王弼注》、《列子张湛注》、

《焦氏易林》、《楚辞洪兴祖补注》、《太平广记》、《全上古三代秦汉三国六朝文》10种古籍时,所作的札记和随笔的总汇。本书考论词章及义理,打通时间、空间、语言、文化和学科的壁障,其间多有新说创见,皆发前人之覆者。书中引述4000位著作家的上万种著作中的数万条书证,所论除了文学之外,还兼及几乎全部的社会科学、人文学科。本书未刊部分尚有考论《礼记》、《庄子》、《全唐文》、《杜少陵诗集》、《玉溪生诗注》、《昌黎集》、《简斋集》等10种书的札记。显而易见,这部高品位的著作是钱钟书数十年心血的结晶。本书出版后,在海内外学术界引起重大反响。尽管出版者中华书局起初并没有为该书申报"国家图书奖",然而,博学的评委们还是公正地将其列入了首届获奖名单。

《谈艺录》是中国最后一部集传统诗话之大成的书,也是第一部广采西方人文、社科新学来诠评中国古典诗学诗艺的书。全书45万字,古来诗家作品多所评骘,唐以后一些有代表性的诗人更被重点论列。本书征引或评述了宋以来的诗话近一百三十种,中国诗话史上的重要著作几乎都被涉及。举凡作者之心思才力、作品之沿革因创、批评之流敝起衰,等等,都包容其中。各节论述具体入微,多所创见,行文则或兼综、或条贯,或评点、或专论,长短自如,不拘一格。采二西而反三隅,引述西方论著五百余种,内容包括曾作为思想理论界显学的佛学、精神分析学、结构主义、文化人类学、新批评和较新起的流派如超现实主义、接受美学、解构主义等等。本书是研究中国古典诗歌的必读书。

《七缀集》是比较文学论集。本书基本上是《旧文四篇》和《也是集》的合编。收入书中的7篇研究文章被钱钟书戏称为"半中不西、半洋不古"。其中,《中国诗与中国画》借助西方文艺理论,阐明中国传统批评对于诗和画的比较估价,同时纠正外国人对中国诗与中国画的许多误解。与此成为对照,《读〈拉奥孔〉》则是通过考究中国古代美学来阐发西方文艺中关于诗歌与绘画的功能区别的理论。《通感》提出并探讨了一种古代批评家和修辞学家都没有理解或认识的中国诗文描写手法。《林纾的翻译》则是借以探讨翻译艺术的一些基本问题。本书当与《管锥编》参互而读。集中每篇文章相当于《管锥篇》中一节考论之铺张扬厉、充类至尽;《管锥编》中每节札记则如本书各篇之缩略提纲。

《宋诗选注》是中国古典文学读本丛书之一。卷首之序为钱钟书多年潜心研究宋诗之后写成的一篇重要诗学论文。文中不仅对宋诗的历史地位及其成败得失见解独到，对中国古典诗歌的基本理论多所建树，而且对诗文选政颇有创见。然而，由于那时候意识形态的严峻戒律，钱钟书以为可选的诗往往不能选进去，而他以为不必选的诗倒选进去了。这种晦昧朦胧的状态，正是他当时处境的清楚不过的表现。钱钟书选诗不能自己做主，但是注诗时却可以自出机杼。这部选本厚积薄发，由博返约，既继承了传统注本精于注疏的特点，又注意用现代观念和世界文学的眼光进行观照，提出了许多独到的见解。钱钟书精熟中西典籍，宋诗的本事掌故，随手就能征引。他又素喜以小说家自居，故在注诗时往往以小说家笔法勾勒形象、点染轶事，语虽简约，人物却活脱跳出。其论评皆警醒显豁，深入浅出，具体落实，常常别出心裁。因此，我们可以说：《宋诗选注》的价值主要不在于选而在于注。该书出版后，远在台湾的胡适虽然对选目很不满意，认为迎合风气，但也认为："注确实写得不错。"①

《宋诗纪事补正》是对清厉鹗所撰《宋诗纪事》一书所作的补正，卷帙浩繁，内容丰赡，书稿已经整理完毕，即将出版。

钱钟书学术方面的不朽贡献，不仅在于产生了以上这些重要著作，而且在于创立了一种连接传统与现代的独特治学方法。

钱钟书的治学方法独标高格，主要是打通、参互和比较。钱钟书在学术研究当中，数十年不懈地从事着打通学术壁障的工作。他说："吾辈穷气尽力，欲使小说、诗歌、戏剧，与哲学、历史、社会学等为一家。"② 钱著考论词章及义理，颇能开拓万古之心胸，推倒一时之豪杰。犹如美国新批评派 C. 布鲁克斯和 R. P. 沃伦的读本《理解诗歌》是以戏剧观点说诗，钱著一个显著特色是以小说观点解读古书史。例如，《管锥编》引《后西游记》一妖评释典之语，而称其"颇具藻鉴，未可以妖废言"。③ 另一处论宋玉"登高而悲"的浪漫情绪，即胪

---

① 胡颂平：《胡适之先生晚年谈话录》，转引自钱钟书：《〈宋诗选注〉前言》，香港天地图书公司版。
② 钱钟书：《谈艺录》，中华书局 1984 年版，第 352 页。
③ 钱钟书：《管锥编增订》，中华书局 1982 年版，第 97 页。

列古来在赋、文、诗、词、曲中反复出现的此意境，同时，简择英、法、德、意等国著名作家、诗人之名句，但见齐心如出一口。或以小说与释典打通，或将中、外文学打通，皆发前人所未发。

参互就是在文学研究中，以社会科学的多种方法交替推挽、相互经纬。例如，文化人类学研究人类的生活状况、社会组织、伦理观念、宗教、巫术、语言、艺术等的起源、演进及其相互影响。其研究成果表明：人类文化的发展过程就是不同文化或同一文化的不同成分、不同学科互相渗透、互相启迪、互相借鉴的过程。很明显，这种方法可以给文学研究以许多启发。再如，作为美国当代思想史流派之一的单位观念史学，研究相同的单位观念在不同的思想领域或不同地区的现状和影响。钱钟书经常从既往的文化典籍中摘出一种单位观念，以此引端推类，并从大量的不同著作中剖贝取珠，选义按部，考辞就班，一一编结在前引单位观念之下，形成一个"观念串"，并对此进行研究。又如，本世纪以来一直活跃于欧美思想界的语义分析学，有一个很重要的组成部分，就是对语词的主要的、通常的意义与边缘的、偶有的意义作出分别。这类研究在钱著中可谓比比皆是。而他关于指号情境、语义场和模糊性的论述，更具胜义。又如，一般系统论关于整体不是部分简单相加的观点，特别有利于打破分隔各门学科的壁垒。钱著把对于文学现象的分析，纳入一个文化系统。在这个系统中与文学并列的哲学、宗教、语言学、历史学、艺术学、神话学等等学科，统统被用以阐释文学。除了这些以外，还有心理学、风格学、逻辑学、修辞学，等等，均为钱钟书所参稽，限于篇幅，不能备述。

所谓比较，就是为显真黜惑，探究规律，对大量的文学现象甚至包括非文学现象进行观照、分析和综合，揭示其间相同、相异或共生相成之性质。惟其作者腹笥充盈，故能随手比较。例如，在论陆游、杨万里诗风时，钱钟书指出："人所曾言，我善言之，放翁之与古为新也；人所未言，我能言之，诚斋之化生为熟也。放翁善写景，而诚斋善写生。放翁如画图之工笔；诚斋则如摄影之快镜，兔起鹘落，鸢飞鱼跃，稍纵即逝而及其未逝，转瞬即改而当其未改，眼明手捷，踪矢蹑风，此诚斋之所独也。放翁万首，传诵人间，而诚斋诸集孤行天壤数百年，几乎索解人不得。""诚斋肯说学晚唐，放翁时时作乔作苟态，此又二人心术口业之异也"。① 寥寥数语，攸宜各得，二人神气已经跳出。

钱钟书读书既多，思辨又精，常能在古来无人着眼处独具慧眼。为严沧浪辨诬便是一例。严羽为南宋文学批评家，论诗极有见地，而其以禅喻诗之说，颇遭人诟病，至清冯班竟著专书批驳。后来上庠师宿，囿于冯说，"视沧浪蔑如也"。钱钟书昔曾熟读《庄子》，精研禅宗，后又细读西方神秘主义哲学家普罗提诺、柏洛克勒斯、爱克哈脱等人之书，对神秘主义经验的根本恍然有知，回过头来再看沧浪，具识其独到及不足处。因此，力排众议，亟称"沧浪别开生面"。② 于是，物论顿移。又如，苏东坡诗："竹外桃花三两枝，春江水暖鸭先知。蒌蒿满地芦芽短，正是河豚欲上时。"曾被清人毛奇龄讥为"效唐人而未能者"。钱钟书抉剔入微，只用三言两语，便指出了欣赏此诗应取的正确思路，颇能益人神智。③ 诸如此类的精妙议论，在钱著中俯拾即是。

从创作部类看，钱钟书也是成果斐然。计有：《围城》长篇小说 1 部、《人·兽·鬼》中短篇小说集 1 部、《写在人生边上》散文集 1 部、《槐聚诗存》诗歌集 1 部，以及一些散见的旧诗、散文、随笔。

《围城》是钱钟书惟一的长篇小说，也是一部家喻户晓的现代文学经典，有论者认为是现代中国最伟大的小说之一。书中描写了抗战时期一群高级知识分子的生活，通过主人公方鸿渐的坎坷境遇和不幸爱情，暗示现代文明背景下的人生困境。本书初版时，晨光文艺丛书的介绍词说："人物和对话的生动，心理描写的细腻，人情事态观察的深刻，由作者那支特具清新辛辣的文笔，写得饱满而妥适。零星片断充满了机智和幽默，而整篇小说的气氛却是悲凉而又愤郁。"《围城》内涵充盈，兼以理胜于情，是小说中的宋诗。所谓"围城"，如书中人物所说，是脱胎于两句欧洲成语。英国人说："结婚仿佛金漆的鸟笼，笼子外面的鸟想住进去，笼内的鸟想飞出来，所以结而离、离而结，没有了局。"法国人的说法是：结婚犹如"被围困的城堡 fortress assiégée，城外的人想冲进

---

① 钱钟书:《谈艺录》，第118页。

② 同上书，第596、258页。

③ 钱钟书:《谈艺录》，第544页。

去，城里的人想逃出来"。本书的主人公方鸿渐本来不知道有"围城"之说，然而，当他听人说到"围城"，并且经过后来的坎坷，便对"人生万事，都有这个想法"。"围城"是一个极具内涵的情境。"围城"是一种哲学概括，是一种文学比喻，是一种精神象征，又是人生中一种常见的情形。"围城"是一种殷殷期冀，是一种神秘诱惑，是一种浪漫企恋，也是一种可以捉摸的实在环境。"围城"是一种人际隔阂，是一种自我束缚，是一种普遍存在，也是一种悲剧观的人生观念。"围城"是造物主给人制造的恶作剧，是人生给人生观开的玩笑。"围城"非常形象地揭示了一种人生秘密，给予我们许多有益的启迪，引起我们对许多过去忽焉未察的事情重新进行认真的思考，从而得出新的结论。"围城"是对一种人生情境的形象概括，也是对一种心理意态的巧妙把捉。"围城"所描绘的，乃是人类理想主义和幻想破灭的永恒循环。古往今来，多少人都是从自以为天佑神助开始，而以意识到造化戏弄人结束。《围城》中时起时伏，处处申说的，都是理想的不断升腾和一再破灭。经常是事将成矣而毁即随之，浪抛心力而已。许多人终身处于"围城"境遇而不察，因此，"围城"几乎可以作为人类身处困境、屡遭挫折的象征。钱钟书旁观浮生，思虑沉潜；指点世态，寄慨遥深；以形而下示形而上，使读者对人生恍然如有所知。本书风格清新，哲思隽永，语言幽默，妙譬可人，读之颇可领略汉语文字的深沉粹美。

《人·兽·鬼》是中短篇小说集。共收作品四篇。其中，《上帝的梦》葆有从随笔转向小说的鲜明印记。这篇小说既写人与人之间的疏隔、不可沟通的普遍现象，又写希望的目标在达到的过程中变质，创造物是创造意愿的异化这样一类严重情况，完全是那种后来才标举出名目的"围城"情境。《猫》讽刺了一群无聊的知识分子，可以看做《围城》的雏形。夫妇之间、情人之间、朋友之间的深刻隔阂，人生途程上偶然事件中所蕴含着的必然性，得到的并不是原来想要的……这些都正是后来在《围城》中得到了更深刻表现的内容。《灵感》是另一篇讽刺知识分子的作品。作品也是一篇寓言。作者所表现的是自作自受、自筑围城和精神产品的异化。《纪念》则是写家人、夫妇间无法弥合与沟通的疏隔。故事一层层推进，人物便不停地反复冲进和跑出"围城"：梦寐以求的东西到手后才觉出其了不动人；事情的发展往往与初衷不符；家人、夫妇间的疏隔是无法弥合与沟通的。作者对男女主人公心理意态的巧妙捕捉和细致描写，为作品平添了许多魅力。

《写在人生边上》是散文集。收入《魔鬼夜访钱钟书先生》等10篇。作为一位智者，钱钟书能够跳出自身所处的位置，站在人生边上，把人生当作一部好看的大书来读，似乎并没有怀着多少功利性的目的。他只是随着兴之所之，一路上津津有味地流连；遭逢妙事佳句，便难免朱勾墨画地圈点一番；碰到会心独赏之处，则自自然然地写上几句批识。而这种不经意的文章，却常常有着迈越寻常的识见。我们读《魔鬼夜访钱钟书先生》时，深感作者睿智多识，功力不凡。作品的思想水平和认识能力，都达到了相当的高度。作者是带着"一种业余消遣者的随便和从容"，以旁观者的姿态对世道人心发表看法的，博闻善说，睿智幽默，在中国现代散文史上算得上一个独特的品种。

《槐聚诗存》是旧体诗集。本书由钱钟书亲自选定，由杨绛抄录保存。钱钟书自幼读书学诗，几十年间所作总在千首以上。但钱钟书自觉比较满意而收入本集的，却尚不足三百首，足见其标准之高。书中言志、抒情、感时、论诗之作，应有尽有，殊耐吟咏。其中古意、无题诸章，最具李义山风致。作者在序中自叙少年学诗门径以及编定本书之原则与经过，皆能引起读者极大兴趣。钱钟书在序中还笑谓："他年必有搜集弃余，矜诩创获，且凿空索隐，发为弘文，则拙集于若辈冷淡生活，亦不无小补云尔。"

《石语》是钱钟书用文言记述的他在1932年与陈石遗之间的一次谈艺对话。钱钟书的《谈艺录》开篇即言："余雅喜谈艺，与并世才彦之有同好者，稍得上下其议论。"与石遗老人的对话即属此类。钱钟书记陈衍之语，要言不烦而口角生动，颇能传神。使我辈今日读其书，如闻其声，如睹其人。石遗老人与晚辈诗人对谈，放言阔论，或臧否人物风格，或抗论诗文得失，皆剀切而中肯。在听石遗老人谈话之时，钱钟书的答对应声而作，机智博辩，《石语》中对此类情景，亦多有记述。对于他的别作解会和大胆发挥，老先生予以颇多的称许推爱。钱钟书在文中随手所加的按语，也妙趣横生。这些作品有一个共同特点，就是同属"学人之作"。雅驯的书卷气、淹博的运典、创辟的比喻、传神的描绘、流畅的语言、粹美的文字……这些形式上的特点，不但强化了作品的艺术魅力，而且深化了其思想内涵。内心世界的独白、人生边上的随笔、社会一隅的景观、人类本性的昭示、幽默家的哲学、求生者的困境……这些内容上的特点，不但揭示了人生奥义，而且提高了作品的美学价值。钱钟书的文学创作，为文学的人物画廊提供了新的形象，为文学反映人生主题提供了新的样本，为文学创作表现现代意识做出了新的探索，为文学创作的表现手法创造了新的意象、新的象征和新的技巧。

钱钟书既是一位实践着的理论家，又是一位学者化的作家，他不仅坐而论道，而且起而行动。他的创作时时印证着他的理论，他的理论又由于包含着创作的亲切体验而着实可以凭信。

三

钱钟书作为文学大师，几乎是在本世纪 80 年代才被中国学术界和一般读者所认识。许多人过去不知道或不了解钱钟书其人，然而，一旦接触了他的著作，都能够立刻感受到他独特的魅力。

钱钟书在《管锥编》中指出："立意行文与立身行世，通而不同"，"所谓'作者修辞成章之为人'与'作者营生处世之为人'，未宜混为一谈。"① 我们读钱钟书的书，亦应本着这样的态度。当我们从他的小说、散文中发现，天地间的众生相，无论是上帝还是魔鬼，也无论是伟大人物抑或是芸芸小民，从言谈到举止，从外表到内心，几乎都无可规避地被他用极为辛辣的文字，进行了一番着实的讽刺。例如，《围城》中描写高松年老于世故、骗人有术，有这样的句子："高松年直跳起来，假惊异的表情做得惟妙惟肖比方鸿渐的真惊惶自然得多；他没演话剧，是话剧的不幸而是演员们的大幸……"。又如，《写在人生边上》中描写某些文人之弄文学，"仿佛旧小说里的良家女子做娼妓，据说是出于不甚得已，无可奈何。只要有机会让他们跳出火坑，此等可造之才无不废书投

---

① 钱钟书：《管锥编》，中华书局 1986 年版，第 1389、1388 页。

笔，改行从良"。诸如此类，语极犀利，能够入木三分，绝无曲学阿世之情。于是，想象中便可能以为他是一个很尖刻的人。当我们读他的学术著作，知其于古今中外的重要文化典籍无所不窥，对文史哲经诸学科颇有非同凡响之心得，特别是读到他痛斥黑格尔之鄙薄汉字为臆见矜高[1]和指出王国维引叔本华以解释《红楼梦》实出误会，[2] 等等。于是，想象中便又可能以为他是一个声色俱厉的人。其实，钱钟书乃是一个极温厚的人，他的面容睿智而慈祥，他有着一对能够看透历史迷雾的慧眼和一双善于舞凤飞龙的巧手，不管什么时候，他不是俯身在他那巨大的书桌上读书写作，就是在对客高谈为文之道。

钱钟书自称"是一个比较 retired person（闭门不管天下事的人）"，[3] 他总是力图站在"人生边上"，对声名利禄都取超然物外、避之唯恐不及的态度。就是在推辞不掉，出任中国社会科学院副院长，并且被选为全国政协常委后，他仍不觉得自己是个"官"，还是一如既往地坐拥书城，专心著作，不以物喜，不以己悲，还是那个散淡的人，没有一点架子。某国有个名声很不好的传记中心，只要给钱，无论何人都可被列为"名人"。有一个时期，某些中国人趋之若鹜，争相出资，以自费进入该名人词典为荣。与此作为对照，钱钟书在唾手可得的声名面前，却丝毫不为所动。一次，香港中文大学欲授予荣誉博士学位，钱钟书乃坚辞不受；该校以为他是因年高行动不便而推托，便称可以委托他人代领证书云云。其实，他的女儿钱瑗教授当时就在香港，钱钟书却秘而不宣，坚持婉言谢绝了该校的美意。钱钟书博识多闻，学贯东西，有多家学会、刊物欲请其任顾问。钱钟书皆大泼冷水。他多次说过，所谓"顾问"，常常是只顾虚名而不问实务；顾此而失彼，问东而答西；一顾倾人城，一问三不知；因此，大可不必设"顾问"之类的职务。近年来，纪念会之风大起，钱钟书亦深不以为然，认为大凡此类会议，无非是"招邀不三不四之闲人，谈讲不痛不痒之废话，花

---

[1] 钱钟书：《管锥编》，第1—2页。
[2] 钱钟书：《谈艺录》，第348—352页。
[3] 水晶：《侍钱"抛书"杂记》，载香港《明报月刊》1979年第7期。

费不明不白之冤钱也"。① 虽是解颐妙语，却也能鞭辟入里，足以警世。

钱钟书认为："学问文章之起家树誉，每缘巧取强致，行事与《阴符经》、《鬼谷子》、《计然策》冥契焉。"② 他还说过："大名气和大影响都是百分之九十的误会和曲解揿和成的东西。"③ 并在《围城》中对伪学人假文士之欺世饰伪、沽名养望、脱空为幻诸方便解数予以彻底揭发。与此成为对照的，是钱钟书本人。他几十年钟情于书，默然而存，不求闻达。有论者著文研究钱钟书之创作与学术成就，他往往极力劝止，并称此举为："刻画无盐，疏凿混沌"。钱钟书律己甚严，对所著诸书皆不十分满意。他说："我写过《围城》，就对它不很满意。"他把《谈艺录》说成是"现在更不满意的一本文学批评"，④ 把《管锥编》比作"木屑竹头"，⑤ 把《宋诗选注》视为"模糊的铜镜"，⑥ 把《旧文四篇》称作"贫薄的小书"。⑦ 这已成为常经惯例。在某机关的档案里，有钱钟书填写的一份表格，在"懂何种外语"一栏中，赫然写着的是："粗通英、法、德、意语。"相形之下，我们素常所见的某些自称"精通几国外语"的伪学者们的嘴脸，就显得丑不堪言了。

钱钟书认为，"大抵学问是荒江野老屋中二三素心人商量培养之事"，⑧ 因此自谓："平生素不喜通声气，广交游，作干乞。人谓我狂，不识我之实狷。老来岁月，更无闲气力作人情。"⑨ 以钱钟书之阅历和识见，当然洞明世态，了解人情，他之厌恶应酬、谢绝记者、自甘淡泊、不喜张扬，乃是为了专心致志做学问，为中华文化做建设性贡献。但是，他的这种境界为许多人所不理解，有人硬是要把

---

① 吴忠匡：《记钱钟书先生》，《随笔》1998年第4期。
② 钱钟书：《管锥编》，第992页。
③ 陆文虎：《实至名归，事所必然》，《文艺报》1989年11月11日。
④ 钱钟书：《围城·重印前记》。
⑤ 钱钟书：《管锥编·序》。
⑥ 钱钟书：香港版《宋诗选注》前言。
⑦ 钱钟书：《旧文四篇·序》，上海古籍出版社1979年版。
⑧ 郑朝宗：《钱学二题》，《厦门大学学报》1988年第3期。
⑨ 吴忠匡：《记钱钟书先生》。

他拖到是非圈中来。几十年中的种种苦难，他都默默无言地忍受下来了。但是，近年来，商业气息上扬，人文精神下坠，社会上"一切向'钱'看"的影响及于各行各业，甚至学术界也充斥着"市侩化"倾向。《围城》由人民文学出版社出版后，有十多种盗版书招摇过市。或说钱钟书诉诸公堂，乃一笑置之，不闻亦不问。后有关机构查办版权问题，坐事者惶惶然，有二三人携银求谒，阴图"私了"。钱钟书一概拒见，并告友人曰：天下本无事，贪夫自扰而复扰人，可叹可恨！某出版社未经钱钟书同意，对《围城》进行汇校并予以出版，牟取暴利，一面自吹其"学术价值"，一面自辩其赚钱有理。某出版社出版《围城之后·围城续集》，本是侵权行为，某报却称事先曾征得钱先生本人认可。诸如此类侵权并伤害作者之事一而再、再而三地出现，钱钟书被逼无奈，只好站出来。在诉诸法律的同时，他说，对于一个出版社也好，一个新闻记者也好，一个责任编辑也好，不能只顾眼前，也应该讲一点职业道德。法律应该是公正而周到的，但不应忘记高于法律的还有道德准则，它的价值，它的力量，会更高更大，它需要通过作品来体现，更要以文化人的自我铸造来换取。以为崇高的理想，凝重的节操和博大精深的科学、超凡脱俗的艺术，均具有非商化的特质。强求人类的文化精粹，去符合某种市场价值价格的规则，那只会使科学和文艺都"市侩化"，丧失去真正进步的可能和希望。历史上和现代的这种事例还少吗？我们必须提高觉悟，纠正"市侩化"的短视和浅见。大家都要做有高尚品格的人，做有文化的人，做实在而聪敏的君子。[1] 这段话在学术界引起极大震动。

对某些学人不潜心学问文章，而一味热衷于在名利场上驰逐争竞，钱钟书也很不以为然。他常常给人以热情鼓励，意在奖励后辈学者。他没有想到有人却借此进行自我标榜。有的人为了证明自己同钱钟书关系密切，逢人便出示钱钟书的来信，却没有看懂信中对收信人的批评，难免贻笑大方。更有甚者，竟自谝云："本人学问高超，连钱先生都说他不如我。"后有好事者以此语质之钱钟书，他说：我不如他，是事实；我没说过这话，也是事实。此等语又岂是那些大言不惭之辈所能道出者？

---

[1] 纪红：《夜访钱钟书先生》，《人民政协报》1993年1月9日。

当我们较多地读到钱钟书的著作，就能够得到较多的启示。尽管我们不可能学到钱钟书那与生俱来的天分和才情，也不可能企及他那异乎寻常的睿智和学养，但是，倘能不时徜徉于其戛戛独造的学术境界，我们的识见必能得到充盈和提高；倘能坚持踵武其冲和淡泊的人生态度，我们的心灵必能得到净化和升华。因此，我们不仅应当了解他的治学方法和学术风范，而且应当进一步认识他伟大的人格和特立的风格。

四

钱钟书在文学研究和文学创作方面的卓越成就，对于我们建设中国新文化，特别是在科学地扬弃中国传统文化和有选择地借鉴外来文化方面，具有重要的启示意义。钱钟书给予中国文化的主要影响是：

（一）以一种文化批判精神观照中国与世界。在精熟中国文化和通览世界文化的基础上，钱钟书在观察中西文化事物时，总是表现出一种清醒的头脑和一种深刻的洞察力。他不拒绝任何一种理论学说，也不盲从任何一个权威。他毕生致力于确定中国文学艺术在世界文学艺术宫殿中的适当位置，从而促使中国文学艺术走向世界，加入到世界文学艺术的总的格局中去。为此，他既深刻地阐发了中国文化精神的深厚义蕴和独特价值，也恰切地指出了其历史局限性和地域局限性。他既批评中国人由于某些幻觉而对本土文化的妄自尊大，又毫不留情地横扫了西方人由于无知而以欧美文化为中心的偏见。钱著对于推进中外文化的交流，对于使中国人了解西方的学术，使西方人了解中国的文化，起了很好的作用。

（二）以一种新的学术规范发展和深化中国学研究。中国是诗书礼义之邦，中国的学问源远流长，中国学早已蔚成世界之显学。在这个领域，一方面是勤谨笃实，硕果累累，另一方面却是陈陈相因，难以出新。思想方法上的僵化固守和学术方法上的画地为牢，极大地阻滞了前进的速度。在这种亟待变革的形势下，钱钟书的治学方法应运而生。他数十年间所实践的"打通"、"参互"、

"比较"的方法，努力使中国学自觉地成为一个科学的、开放的体系，从而获致一个更深、更广、更新的发展。

（三）以一种现代意识统领文学创作。钱钟书生活在一个农业国，但是，他却没有小生产者所固有的狭隘保守观念；他的术业专攻的是中国古代文学，但是，他却没有"三家村"学究的陈腐迂阔做派。钱钟书在诗歌、散文、小说创作中，都贯注着一种强烈的现代意识。譬如，他在散文名篇《魔鬼夜访钱钟书先生》中记叙了现代人对现代文明的批判和抗议；在短篇小说《上帝的梦》中描写了人的孤独和人际关系的疏离；在长篇小说《围城》中则表现了人类理想的破灭……凡此种种，都是中国现代文学中并不多见的、有别于同时代一般作品的、与世界文学潮流颇为合拍的创作。特别值得重视的是，钱钟书的文学创作都不是那种生吞活剥的东西，而是具有真正中国风格、中国气派、为中国人也为外国人所喜爱的作品。

（四）以一种高尚的形象为中国知识分子树立人格上的榜样。在三四十年代，钱钟书不向恶势力俯首，用文学作品辛辣地嘲弄了那个黑暗社会。新中国成立前夕，英国、香港特聘他前往任教，正在逃台的国民党政府也极力加以笼络。但是，钱钟书均不为所动，毅然留下，迎接了人民革命的胜利。此后，他虽然"经过九蒸九焙的改造"，"文革"中更是受尽凌辱和折磨。但是，智者是不可征服的。钱钟书在任何时候都没有忘记他作为一个学者，要为祖国和世界文化作出贡献的历史使命。他不走冷门，不投热机，不计利钝，不易操守，反对树宗立派，反对宣传自己，只是一心一意地搞研究、出成果。在当今之世，这种品格更其难能可贵。

钱钟书25岁时有两句诗，似乎颇能道出他当时和以后的心事。诗曰："以抉文心穷道窍，期回末俗破陈言。"前句可以看做他在学术研究中追求真理的决心，后句则可以看做他在文学创作中不懈努力的目标。在后来的六十多年里，钱钟书始终胸怀热心肠，坐定冷板凳，对于声名利禄，总是息影谢事，退避三舍，犹恐不及；对于黄卷青灯，却总是一往情深，夙心以求，夜寐以思。正是这生知的天分和勤笃的苦修，成就了钱钟书其人，也成就了他的一家之言。

（陆文虎　撰稿）

作者简介

陆文虎，1950年4月生，甘肃榆中县人，厦门大学文学硕士（1982年），中国作家协会全国委员会委员等。现任中国人民解放军总政治部艺术局局长。曾著有《围城内外》、《钱钟书的文学世界》、《管锥编谈艺录索引》等。曾创办学术丛刊《钱钟书研究》、《钱钟书研究采辑》、主持国际互联网"钱钟书集"网站等。

钱钟书主要著作目录

《管锥编》　中华书局1986年出版。

《谈艺录》（补订本）　中华书局1993年出版。

《宋诗选注》　人民文学出版社1989年出版。

《七缀集》　上海古籍出版社1985年出版。

《围城》　人民文学出版社1991年出版。

《人·兽·鬼》　福建人民出版社1983年出版。

《写在人生边上》　中国社会科学出版社1990年出版。

《槐聚诗存》　三联书店1995年出版。

《石语》　中国社会科学出版社1996年出版。

《宋诗纪事补正》　即将出版。

后 记

本书中介绍的三十四位学术大师，都是在中国社会科学院或其前身中国科学院哲学社会科学部工作过的、闻名于海内外的老一辈专家学者，其中包括中国社会科学院的前几任院长、中国科学院哲学社会科学部的学部委员和一级研究员，他们为繁荣和发展中国的哲学社会科学事业和文化事业做出了不可磨灭的贡献。为这三十四位学术大师撰写治学录的作者大多数是熟悉这些大师情况的学生、助手或同事，而且他们自己多数也已经成为各自学科领域中有成就的知名专家学者。为完成本书的撰稿任务，许多人放下了手中既有的研究工作。为了研究概括大师的主要治学成就，他们重新找来大师的主要成果仔细阅读；为了准确评介大师的治学经验和优良学风，他们尽可能地搜集和参考了有关大师的自述、传记，以及各种回忆文章。他们把撰写好介绍学术大师的文章看作自己的义务，也看作是对振兴学术，繁荣和发展哲学社会科学事业的贡献。正是由于这些作者严肃认真和辛勤的劳动，才有了这本《治学录》的问世。在此我们对他们表示衷心的感谢。

这本《治学录》是由中国社会科学院科研局负责组织撰写的。最初，时任中国社会科学出版社社长的郑文林同志提出了选题设想并建议由科研局组织落实。科研局经过研究并经请示院领导同意后，着手组织作者队伍，并于1998年8月召开了编写工作会议，明确了本书的内容、体例等方面的要求。承担本书具体编辑工作的有郑文林、章绍武、李正乐三位同志。黄浩涛同志参加了全书的组织工作并审阅了部分书稿。

在这里，我们还要感谢中国社会科学出版社的支持和配合。本书被列入该社1999年出版计划，并决定作为向建国50周年献礼书目出版。该社抽出了最优秀的编校和设计人员，为书稿进行编辑加工、校对和装帧设计。本书能在今天以如此优良的质量与读者相见，与出版社的努力和支持是分不开的。

后记

　　当然，本书从酝酿、组织编写到出版，时间仍比较仓促，虽然各方面都做出了最大努力，但由于我们的编辑水平和某些条件的限制，仍会存在不足，诚恳希望各界读者提出宝贵的批评意见。

中国社会科学院科研局
1999年6月